जनजातीय मिथक

[उड़िया आदिवासियों की कहानियाँ]

डॉ. वेरियर एलविन

अनुवाद

निरंजन महावर

राजकमल प्रकाशन

ISBN : 978-81-267-1547-3

मूल्य : ₹ 1595

पहला संस्करण : 2008
चौथा संस्करण : 2023
This book is printed on **Print on Demand** Technology : 2026

प्रकाशक : राजकमल प्रकाशन प्रा.लि.
1-बी, नेताजी सुभाष मार्ग, दरियागंज
नई दिल्ली-110 002

शाखाएँ : अशोक राजपथ, साइंस कॉलेज के सामने, पटना-800 006
पहली मंजिल, दरबारी बिल्डिंग, महात्मा गांधी मार्ग, प्रयागराज-211 001
1, अनमोल सोराबजी संतुक लेन, धोबी तलाव, मरीन लाइंस, मुम्बई-400 002

वेबसाइट : www.rajkamalprakashan.com
ई-मेल : info@rajkamalprakashan.com

JANJATIYE MITHAK : UDIYA AADIVASIYON KI KAHANIYAN
by Dr. Varier Elvin
Translated by Niranjan Mahawar

भूमिका

यह निर्विवाद है कि जनजातीय समाज अपने स्वभाव से ही संस्कृति, परम्परा और प्रकृति की धरोहर को सहेजते-सँवारते रहा है। और यह भी कि चाहे प्रदेश हो या फिर देश, सभी अपनी जनजातीय विशिष्टता से एक पहचान और पूर्णता पाते हैं। हर एक सभ्य समाज की यह सर्वोपरि आवश्यकता है कि वह अपनी जनजातीय संस्कृति, परम्परा, आख्यान, मिथक, विश्वास और जीवन से एक आत्मीय परिचय एवं रिश्ता कायम करे। समय-समय पर देश और दुनिया के संवेदनशील तथा गुणी लेखकों-मानव समाज के अध्येताओं ने जनजातीय समाज के सरल और गूढ़ रहस्यों को समझने के प्रयास किए हैं। वेरियर एलविन, ग्रिग्सन, रसेल हीरालाल आदि के अध्ययन हमारी मूल्यवान सम्पदा हैं। परन्तु इन अध्ययनकर्ताओं की पुस्तकें अब प्रायः दुर्लभ हो चली हैं। और दूसरे ये अध्ययन अधिकतर अंग्रेजी भाषा में हैं। यह जतलाने की आवश्यकता नहीं है कि हमारे समाज का एक व्यापक हिस्सा और स्वयं जनजातीय समाज भी अपनी भाषायी सीमा के कारण इन मूल्यवान अध्ययनों और उनमें संचित अपरिहार्य ज्ञान वैभव से वंचित ही है। *वन्या प्रकाशन* ने काफी समय पहले वेरियर एलविंन सहित अनेक अध्येताओं के शोधकार्यों को अंग्रेजी में प्रकाशित किया था। अब इन बहुमूल्यवान अध्ययनों को हिन्दी में अनूदित कर *आदि सन्दर्भ* पुस्तकमाला अन्तर्गत व्यापक लोक समाज तक पहुँचाने की दृष्टि से पहल की है। महत्त्व के शोध कार्यों के अनुवाद तो इस पुस्तकमाला में प्रकाशित किए ही जाएँगे साथ ही साथ हिन्दी में ही मूल रूप से किए गए कार्यों को भी लीक उपलब्ध कराने का प्रयास भी किया जाएगा।

हमारा विश्वास है कि *आदि सन्दर्भ* पुस्तकमाला से जनजातीय समाज की एक बेहतर समझ बन सकेगी।

अध्यक्ष, वन्या प्रकाशन

प्राक्कथन

इस ग्रन्थ में लगभग एक हजार कथाएँ हैं जो आदिवासी उड़ीसा से संगृहीत हैं। इनको उसी पद्धति से व्यवस्थित किया गया है जैसा कि मैंने 'मिथ्स ऑफ मिडिल इंडिया' ग्रन्थ में किया था, उसी क्रम में विषयवार और योजनानुसार ताकि मिथकों का उनके सभी पक्षों को आदिवासियों के जीवन के सन्दर्भ में अध्ययन किया जा सके। मैंने पहले यह सोचा था कि कथाओं को उनकी मूल जनजातीय उत्पत्ति के आधार पर समायोजित किया जाए परन्तु मुझे ऐसा प्रतीत हुआ कि यद्यपि कोंड और साँवरा कथाओं में उनकी जातीय विशिष्टता मिलती है परन्तु अधिकांश कथाओं की उत्पत्ति के मूल स्रोत कौन से हैं यह कहना कठिन है अतः मैंने इन्हें प्रस्तुत करने के विषय में पुनः विचार किया। कुछ अपवादों को छोड़कर गदबा कथाएँ परेंगा कथाएँ हो सकती हैं और कुछ नामों के परिवर्तन के साथ कोया कथाएँ दिदयि। इससे भी अधिक महत्त्वपूर्ण यह बात है कि कोई व्यक्ति यदि किसी एक जनजाति की पुराण कथाओं का अध्ययन करना चाहे उदाहरणार्थ जैसे सम्पूर्ण साँवरा पुराण कथाएँ इस ग्रन्थ को पढ़ते समय जो साँवरा कथाएँ उचित खंडों में प्रस्तुत हुई हैं, वह ऐसा सुविधापूर्वक कर सकता है जो किसी अन्य प्रकार के प्रस्तुतिकरण में कम सुविधाजनक होता, उदाहरण के लिए मृत्यु की उत्पत्ति से सम्बन्धित मिथकथाएँ या तम्बाकू की उत्पत्ति से सम्बन्धित मिथक। और जहाँ भी उनमें पाठभेद हैं, उन्हें वहीं पर देखा जा सकता है।

यह सुनिश्चित करना आसान नहीं है कि इस प्रयास हेतु कितना व्याख्यात्मक स्पष्टीकरण आवश्यक होता और कितनी विवेचनात्मक सामग्री इस ग्रन्थ में जोड़नी पड़ती। यदि मैं ऐसा करता तो इन कथाओं के लिए सम्पूर्ण सामग्री इस ग्रन्थ में जोड़नी पड़ती। यदि मैं इन कथाओं के लिए सम्पूर्ण सामग्री जो आवश्यक है उसे प्रस्तुत करता तो पुस्तक का आकार दोगुना हो जाता। ऐसे ग्रन्थ हेतु, जैसे कि 'मिडवल के थेड़ल' कभी भी पूर्ण नहीं हुआ होता, मैं भी अनेक वर्षों तक ऐसे ही इसी कार्य को करता रहता। परन्तु मैं एक क्षेत्र कार्यकर्ता (फील्ड वर्कर) हूँ, और इस नाते मैं इसे अधिक महत्त्वपूर्ण मानता हूँ कि ऐसी सामग्री जो लोकजीवन में तीव्र गति से लुप्त हो रही है अपनी ढलती उम्र को देखते हुए उसका संकलन करना कहीं अधिक महत्त्वपूर्ण कार्य है, बजाय इसके कि उन पर टिप्पणियाँ प्रस्तुत करना जो कार्य अन्य अध्येता भी कर सकते हैं। इस ग्रन्थ को 'मिथ्स ऑफ मिडिल इंडिया' का उत्तरवर्ती कार्य न मानकर इसे उसका पूरक ही माना

जाना चाहिए। इन दोनों ग्रन्थों का अध्ययन साथ-साथ ही करना चाहिए। दोनों ही ग्रन्थों में 'मोटिफ इन्डैक्स' दिए गए हैं जो एक-दूसरे के सहायक हैं, प्रथम ग्रन्थ में 'लोक साहित्य' के विभिन्न पक्षों से सम्बन्धित आलेख भी प्रस्तुत किए गए हैं। इस ग्रन्थ में मैंने उन जनजातियों पर विस्तारपूर्वक सामग्री प्रदान की है जिनसे सामग्री संकलित की गई है और मैंने उन जनजातियों की पुरा कथाओं की विशिष्टता की पड़ताल करने का भी प्रयत्न किया है। प्रत्येक विषय के सम्बन्ध में मैंने सन्दर्भों का उल्लेख किया है जो गम्भीर अध्येताओं के लिए सहायक होंगे।

ये कथाएँ मेरी लम्बी यात्राओं और वहाँ रहकर सन् 1941-1951 के दस वर्षों में संकलित की गई हैं। इस कार्य में विविध कथा कहनेवालों और अनेक दुभाषियों का सहयोग लिया गया है जो मेरे लिए एकदम आवश्यक था। मैं सौभाग्यशाली था कि मुझे साँवरा और कुई हेतु गंदरयो और साँवरीपानी के ऐसे डोम लोगों का सहयोग प्राप्त हो सका जिन्होंने सम्पूर्ण जीवन उनके बीच रहकर बिताया था। इसी प्रकार से दीनबन्धु का सहयोग मिला जो कुटिया कोंडजनों के बीच आजीवन रहे थे। कोया, दिदयि और गदबा ग्रामों के लिए अधिक विशिष्ट दुभाषियों की आवश्यकता नहीं पड़ी परन्तु इस हेतु उनका सहयोग ही पर्याप्त था। भतरा बोंडों, झोरिया, जुआँग, परेंगा और पेंगू कथाएँ हमें उड़िया भाषा में सुनाई गई थीं क्योंकि सभी कथा प्रस्तोता द्विभाषी थे। विंझवार, गोंड और कमार मिथकथाएँ एक ऐसी भाषा में कही गईं जो लगभग छत्तीसगढ़ी से मिलती-जुलती थीं।

मेरी कार्यशैली उन कथाओं को उन्हीं स्थानों पर यथावत या जैसा उन्हें प्रस्तुत किया गया था वैसे का वैसा ही अनुवाद करना था। मैंने अपनी ओर से बिना कुछ भी जोड़े या ऐसे शब्दों का प्रयोग किए ज्यों का त्यों इस प्रकार से अनुवाद कार्य किया मानो कि मैं कविता का अनुवाद कर रहा था। न मैंने उनमें अपनी ओर से कोई प्रतीक या बिम्ब जोड़े न ही उनमें कोई सुधार किया। मैंने अपनी ओर से जरा भी ऐसा प्रयत्न नहीं किया कि कथाओं को अपने पाठकों हेतु प्रस्तुत करने योग्य या रोचक बनाया जाए। इसके परिणामस्वरूप कुछ कथाएँ सीधी-सपाट और उबाऊ लग सकती हैं परन्तु यह उनका दोष है तो यह दोष उनका अच्छा पक्ष भी है, क्योंकि उड़िया आदिवासी अच्छे प्रस्तोता नहीं हैं। वे अल्पभाषी और सरल प्रकृति के हैं।

मुझे यहाँ के आदिवासियों और मध्यवर्ती भारत के परधान बैगा आदिवासियों के बीच जिनसे मैं परिचित हूँ बहुत अन्तर प्रतीत हुआ, जो बहुत जिज्ञासु और अच्छे कथा प्रस्तोता हैं। दानी नामक परधान जिसे श्यामराव हिवाले ने अपनी पुस्तक के द्वारा अमर कर दिया है, वह अपनी काव्यपटुता, हाजिरजवाबी और अश्लीलता से सराबोर था। अनेक बैगा इतने रोचक ढंग से कथाएँ सुनाते कि श्रोता उन पर मोहित हो जाते हैं। परन्तु उनकी तुलना में साँवरा, गदबा और कोंड लोगों की कथा सुनाने की शैली एकदम नीरस लगती है।

कथा प्रस्तोता अधिकतर बुजुर्ग व्यक्ति थे, जो ग्राम प्रधान, पुजारी या ओझा थे। मैंने कथा संकलित किए जानेवाले गाँव, जिले और जनजातियों का उल्लेख किया है

परन्तु कथा प्रस्तोताओं के नामों का नहीं, यद्यपि मैंने स्वाभाविक रूप से उनके नाम भी अपने पास लिखकर रखे हैं। मैंने जानबूझकर उनके नामों का उल्लेख इसलिए नहीं किया है कि उनके द्वारा प्रस्तुत की गई कथाएँ उनके द्वारा रचित थीं, उनकी व्यक्तिगत स्मृति की पूँजी ही न मान ली जाएँ। वस्तुस्थिति ऐसी नहीं थी। मुझे उड़ीसा में कोई नया कथा प्रस्तोता नहीं मिला। अधिकांश कथाएँ कुछ लोगों के समूह द्वारा कही जाती थीं, जब कोई कथा कहनेवाला किसी स्थान पर आकर अटक जाता था तो दूसरा व्यक्ति उसे आगे बढ़ाता था। कथाएँ किसी भी गाँव से प्राप्त होती थीं न कि किसी व्यक्ति से जैसी कि हम उड़ीसा की जनजातियों से अपेक्षा रखते हैं, क्योंकि यहाँ सामुदायिक जीवनशैली अभी भी अत्यधिक प्रबल बनी हुई है और इसलिए यहाँ कोई भी उत्कृष्ट या श्रेष्ठ व्यक्ति दिखाई नहीं पड़ता।

प्रस्तावना में मैंने कथाओं के क्षेत्रीय विस्तार, उनके प्रस्तुत किए जानेवाले अवसरों, उनके सामाजिक और उत्सवी महत्त्व और उनमें दृष्टव्य हिन्दू प्रभाव की चर्चा की है। टिप्पणियों में मैंने तफसील में उन विशिष्ट अभिप्रायों पर विचार किया है जिन पर पूर्व ग्रन्थ में विचार नहीं किया गया था।

श्यामराव हिवाले इस एक दशाब्दि में इस ग्रन्थ को पूरा करने हेतु मुझे निरन्तर मित्रवत प्रोत्साहन प्रदान करते रहे। सुन्दरलाल नर्मदा प्रसाद जो उड़िया भाषा धाराप्रवाह बोलते हैं और कुछ सीमा तक साँवरा और कुई भाषा की भी उनको जानकारी है, उनका सहयोग मेरे लिए हमेशा की तरह अतुलनीय बना रहा।

प्रोफेसर स्टिथ थाम्पसन ने अपने लोककथा मोटिफ इन्डैक्स के अनुसार मेरे द्वारा तैयार किए गए मोटिफ इन्डैक्स को संशोधित किया। उनकी मेरे इस कार्य में ली गई रुचि एवं प्रदत्त सहयोग मुझे निरन्तर प्रोत्साहित करते रहे।

आरम्भ में मुझे इस शोध कार्य हेतु मेरटॉन कॉलेज से आर्थिक सहयोग प्राप्त हुआ, तत्पश्चात लेवर ह्यूम फाउंडेशन से अनुदान प्राप्त हुआ जिसके लिए मैं उनका ऋणी हूँ। परन्तु इस दौरान बम्बई के सर दोराबजी टाटा ट्रस्ट, जे.आर.डी. टाटा ट्रस्ट एवं श्री जे. पी. पटेल के सतत मिलनेवाले महत्त्वपूर्ण सहयोग के बिना मेरा यह शोध कार्य पूरा होना कठिन था अतः इन सभी के द्वारा उदारतापूर्वक प्रदान किए गए सहयोग के प्रति मैं हृदय से आभारी हूँ।

पाटनगढ़,
मंडला, जिला भारत
1 मई, 1952

—वेरियर एलविन
अनुवाद : निरंजन महावर

प्रस्तावना

''मैं यह कहने के लिए लालायित हूँ कि लोककथाएँ मूलतः आदिम कला के रूप हैं।''* बहुत पहले इ.बी. टायलर ने सुझाया था कि पुराकथाएँ आदिम नृतत्वशास्त्र की काव्यात्मक अभिव्यक्ति हैं। और वर्तमान अमेरिकी लेखक डेविड बिडने के मतानुसार, पुराकथा आत्मनिष्ठ भावनाओं से प्रेरित न होकर वे प्रकृति और जीवन को समझने का प्रयास है अतः ये परीकथाओं से भिन्न धार्मिक सरोकार या ऐतिहासिक तथ्य या आध्यात्मिक सत्य की तरह हैं। जहाँ परीकथाएँ एक ओर अभिलाषित संसार और वैयक्तिक परितोष की अभिव्यक्ति हैं, वहीं दूसरी ओर मिथकथा को मानव अस्तित्व से सम्बद्ध नाट्य कहा जा सकता है। मिथक का उद्‌देश्य स्वेच्छापूर्वक, जानबूझकर संसार के प्रति ज्ञान को तोड़-मरोड़कर प्रस्तुत करना नहीं है वरन विश्वदृष्टि को गम्भीरतापूर्वक समझने का प्रयत्न है। मिथक संसार को समझने की एक अन्तर्दृष्टि की प्रक्रिया है इसलिए उसे आदिम दर्शन या मेटाफिजीकल विचार मान सकते हैं। टायलर के मतानुसार मिथक वास्तव में उसके रचनाकारों का इतिहास है न कि उनकी जनता का। उपरोक्त विचारों के सन्दर्भ में इस ग्रन्थ में संकलित कथाएँ अत्यन्त महत्त्व की हैं। इन कथाओं के माध्यम से उड़ीसा के आदिवासी विश्व की उत्पत्ति और जीवन के रहस्य एवं अर्थ पर विचार कर रहे हैं। आदिवासी मस्तिष्क अमूर्त को ग्रहण करता है और सहज ही उन्हें दार्शनिक विचारों का रूप नहीं देता, और इसीलिए आदिवासियों के धर्मतत्वज्ञ विचारों को ठोस रूप में प्रस्तुत करने से बच जाते हैं।

शायद इसी दृष्टिकोण से उड़ीसा के मिथकों को सामान्यतः देखा जाना चाहिए। मिथक को वर्तमान परिप्रेक्ष्य में अनेक प्रकार से परिभाषित किया गया है। जिसमें कोई एक पक्ष पर जोर देता है तो कोई दूसरे पर, परन्तु मिथक इतना व्यापक और परिपूर्ण होता है कि उसे किसी एक अर्थ में सीमित करना सम्भव नहीं है, और हमें यह स्वीकार करना चाहिए कि वह अलग-अलग संस्कृतियों में अलग-अलग भूमिका का निर्वाह करता

---

* फ्रेंज बोआस

है और एक ही संस्कृति में भी उसकी अनेक भूमिकाएँ हो सकती हैं। मिथक और कर्मकांड के सम्बन्धों पर काफी जोर दिया गया है, उदाहरणार्थ कर्मकांड मिथक से उद्‌भूत होते हैं और मिथक उन्हें प्रेरित और पुष्ट करते हैं ऐसा उड़ीसा में भी होता है परन्तु कभी-कभार। साँवरा जनजाति कृषि पूर्व बीजों का उपचार करते समय जेमरा किटिम और उनकी पत्नी से सम्बन्धित कथा जम्मोलपुर अनुष्ठान के अवसर पर करते हैं, इस कथा में न केवल इसकी कर्मकांड की उत्पत्ति का वर्णन है और इसका पालन किया जाता है परन्तु इसके माध्यम से गुनिया (सिरहा) के महत्त्व को भी प्रतिपादित करता है और धर्मभीरुतापूर्ण धार्मिक अनुष्ठानों का पालन करवाता है। साँवरा अधोराकर पर्व के अवसर पर एक कन्या के साथ दिव्यसर्प अधोरासुभ के संग उसके विवाह की कथा भी कहते हैं ताकि उनके बच्चे उस दिव्यसर्प के आक्रोश से सुरक्षित रह सकें। कोंड जनजाति के लोग जब भी भूखी भूदेवी को असन्तोषजनक भैंसे की बलि नरबलि के विकल्प के रूप में चढ़ाते हैं तब उन्हें नरबलि की कथाएँ स्मरण होती हैं। उनके एक नृत्य में वे आपस में एक-दूसरे पर धनुष-बाणों से आक्रमण करते हैं और उसके उपरान्त वे उन दो दिव्य भाइयों की कथा कहते हैं जो सत्ताईसवें अध्याय में प्रस्तुत की गई हैं।

जबकि सामान्यतः मिथकों और लोककथाओं के वाचन का अवसर निश्चित नहीं है। किसी भी समारोह के अवसर पर गुनिया अवसर से प्रेरित होकर उपयुक्त कथा कहने के लिए चुन लेता है परन्तु यह आवश्यक नहीं कि वह कथा उस अवसर से सम्बन्धित हो, और नृत्य करते समय अनेक अभिप्रायों में से नर्तक एक या अधिक का प्रयोग अपने गायन में समाविष्ट कर लेते हैं। जहाँ कहीं युवक एवं युवतियों के लिए शयनागार हो वहाँ कोई भी बुजुर्ग व्यक्ति आकर कथा सुनाने लगता है और इसी कारण उस व्यक्ति को युवकों की मंडली में प्रवेश मिल जाता है, और यह बहुत स्वाभाविक भी है जब लोग अपनी फसल की रखवाली करने के लिए बैठे हों या किसी पर्व के अवसर पर बीच में विश्राम कर रहे हों। ऐसे अवसरों पर कथाएँ सुनाई जाती हैं परन्तु ऐसा कोई निश्चित नियम नहीं है और कुल मिलाकर उड़ीसा में मिथक और कर्मकांड के बीच कोई गहरा सम्बन्ध न होकर एक साधारण सम्बन्ध है।

मिथकों का एक अन्य उद्‌देश्य आदिवासी परम्पराओं के निर्वाह पर जोर देना है। इस पुस्तक में संकलित कुछ कथाओं के बारे में यह बात सच है। इनमें ऐसे सशक्त सोद्‌देश्य मिथक वे हैं जो परिधान एवं आभूषणों से सम्बन्धित हैं। जुआँग आदिवासियों का पत्तों का परिधान, गोंड स्त्रियों का सिर मुँढ़ाना, गदबा लोगों की कान की बालियों में किसी भी परिवर्तन को स्वीकार इसलिए नहीं किया क्योंकि इन सबकी उनके पुराविश्वासों में गहरी जड़ें हैं। जब जुआँग लोगों पर उनके पत्तों से बने परिधानों को छोड़ने का दबाव पड़ा तो उन्हें अपनी दरिद्रता का वैसा ही आभास हुआ जैसा बैगा जनों को बेवर खेती त्यागकर हल के द्वारा खेती किए जाने के लिए बाध्य किए जाने पर हुआ।

परिधान के बाद मिथकों में सर्वाधिक महत्त्व खाद्य सम्बन्धी होते हैं। साँवरा भैंसे का मांस क्यों खाते हैं और बोंडों, गाय का मांस, इनसे सम्बन्धित जो कथाएँ हैं, उनसे यह बात स्पष्ट होती है, दूसरी ओर साँवरा, गुनिया गौ मांस नहीं खाते, बन्दर का मांस क्यों नहीं खाते और साँवरा स्त्रियाँ सूअर का मांस नहीं खातीं। चूहे और मगरमच्छ को खाना, घोड़े के मांस का निषेध, भोजन पकाने की भिन्न-भिन्न विधियाँ और दूसरों के द्वारा छोड़ी गई जूठन खाने को वर्जित मानना आदि अनेक कथाओं की विषय-वस्तु हैं।

अन्य रीति-रिवाज जिनका वर्णन मिथकथाओं में हैं वे मृतक संस्कारों से सम्बन्धित हैं, परेंगा जनजाति में शिशु जन्म के उपरान्त अपरा को गुप्त स्थान पर छिपाने की प्रथा, साँवरा जाति में गौड़ मृतक संस्कार प्रथा, बलि के रूप में नारियल और ताड़ी चढ़ाने की प्रथा, साँवरा और परेंगा जनजातियों में पक्षियों को भगाने के लिए बन्दर बिजूका निर्माण की प्रथा, जोआँग जनजाति में अग्नि पूजा की प्रथा, कन्ध जाति में भूकम्प एवं ग्रहण के अवसर की प्रथाएँ, बलि में पकवान एवं रक्त प्रदान करने की प्रथा, विवाह एवं धार्मिक अवसरों पर नृत्य करने के पूर्व की रीतियाँ। बेवर खेती अथवा जंगल जलाकर उस पर बीज छिटककर की जानेवाली खेती जो कि वनों के लिए अत्यन्त घातक है, उसके सम्बन्ध में प्रचलित सर्वव्याप्त विश्वास उसे रोकने में बाधक है कि स्वयं ईश्वर ने मनुष्य को इस प्रकार की खेती करना सिखाया।

उड़ीसा की कथाओं में सर्वाधिक महत्त्वपूर्ण लक्षण उनका घरेलूपन है, इन कथाओं का सृजन दैनन्दिन जीवन की घटनाओं से प्रेरित है जो लोगों की भावनाओं और हृदय को स्पर्श करती है और उन्हें आकर्षित करती हैं। इस प्रकार अधिकांश कथाएँ एक पुरुष और उसकी पत्नी से आरम्भ होती हैं जिनके नाम आदिवासियों के लिए सुपरिचित हैं। इन कथाओं में पुरुष अकसर या तो कबीले का प्रमुख या गुनिया होता है, उनकी सन्तान होती है जिनके विवाह वे लोग सम्पन्न करते हैं, कथाओं में ऐसे विवाह निरर्थक होते हैं किन्तु कथा के लिए वातावरण तैयार करने में उनका योगदान होता है। वह युवक जो अपने श्वसुर के घर पर लमसेना का कार्य करता है, वह आरम्भ में तो एक रोमानी किन्तु कुछ असंगत लगता है, इस पात्र का उल्लेख कथाओं में आते ही श्रोताओं की रुचि कथा के प्रति जागृत हो जाती है। आदिवासियों को समारोह प्रिय है इसलिए अनेक कथाएँ भोज, विवाह, मृतक संस्कार या फसल सम्बन्धी उत्सवों से सम्बद्ध हैं।

आखेट की पृष्ठभूमि से सम्बन्धित कथाएँ अत्यधिक लोकप्रिय हैं क्योंकि वे जंगली परिवेश एवं साहसिक परिवेश में रची गई हैं। हमें अकसर कथाओं में किसानों के अपने खेतों पर जाने का उल्लेख मिलता है और अनेक घटनाएँ उस समय घटित होती हैं जब उनकी स्त्रियाँ उनके लिए मध्याह्न का भोजन लेकर जाती हैं और उनके सभी काम-काज जैसे फसल की रखवाली, शहद एकत्र करना, पहाड़ी नालों में मछली मारना, कन्दमूल इकट्ठा करना, दोना-पत्तल बनाने के लिए पत्ते तोड़ना ऐसे सैकड़ों कार्यों में उन्हें

चमत्कारिक एवं दिव्य शक्तियों की नाटकीय अनुभूति होती है और इनसे उन्हें अपने सामान्य परिवेश में उत्तेजना प्राप्त होती है।

हम देखते हैं कि उड़ीसा की मिथकथाओं का प्रचलन व्यापक विस्तृत क्षेत्र में है। मिथकथाओं की निश्चित शैली प्रमुख रूप से पौराणिक शैली सदृश्य परम्परा में विकसित हो गई है। सम्पूर्ण आदिवासी भारत में चन्द्रमा की कक्षाएँ एक जैसी हैं। ग्रहण सम्बन्धित सिद्धान्त एक समान हैं, और चन्द्रमा द्वारा सूर्य को धोखा देकर उसके द्वारा अपने बच्चों के भक्षण की कथा तथा इस कारण से दिन में सितारों का नहीं दिखाई पड़नेवाली कथा भी सार्वभौम है।

तम्बाकू की उत्पत्ति से सम्बन्धित मिथकथा जिसमें एक युवती का किसी भी व्यक्ति के द्वारा प्रेम न किए जाने पर कुंठित होकर मृत्यु उपरान्त सभी जनों की चाहत के रूप में तम्बाकू के पौधे के रूप में उत्पन्न होना बोंडों, कोंड, जुआँग और गदबा यहाँ तक कि बस्तर के मुरिया, बिहार के संथाल, मंडला के गोंड और सम्भवतः सम्पूर्ण भारत में प्रचलित है। इस कथा का एक विषयान्तर रूप उस लड़की के बिच्छू के रूप में जन्म लेकर बदला लेनेवाली कथा अल्प प्रचलित कथा है।

इसी तरह ताड़ वृक्ष की उत्पत्ति का मिथक जो स्नान करते समय युवक एवं युवतियों के आभूषण के खो जाने पर उनसे उत्पन्न हुए, वह भी बहुत व्यापक रूप से प्रचलित हैं। इसी प्रकार से मदिरा की खोज का मिथक जिसमें कोई देवता या पुरानायक पक्षियों को मदिरापान पर नाचते हुए देखकर उनका अनुकरण करने से हुआ, यह भी अनेक जनजातियों की पुराणकथाओं में व्याप्त है। इसी तरह धुँधले रूप में दन्तवाली योनि और विशाल शिश्न के मिथक भी व्यापक क्षेत्र में मिलते हैं जिसका विस्तारपूर्वक अध्ययन 'मिथ्स ऑफ मिडिल इंडिया' में प्रस्तुत किया गया है।

इन मिथकथाओं में हिन्दू अभिप्राय का होना भी सामान्य बात है और मैंने उन्हें विभिन्न आदिवासी कथाओं में पाया है। हिन्दू प्रभाव का अनुमान लगाते समय हमें भाषा के अन्तर से दिग्भ्रमित नहीं होना चाहिए। अनेक बार किसी भी आदिवासी देवता के लिए हिन्दू देवता का नामकरण कर दिया जाता है ताकि उसे धार्मिक सम्मान प्राप्त हो जाए, यद्यपि उसका चरित्र और उसके कार्यकलाप की किसी भी रूप में उनके नाम के साथ संगति न बैठती हो। उदाहरणार्थ साँवरा जनजाति के दो पुरानायक हैं राम्मा और भिम्मा जो अन्तर नामों में राम और भीम के स्थानीय उच्चारण भेद के कारण उत्पन्न हुआ है। परन्तु ये दोनों पुरानायक जो कि दोनों महान आख्यानों के चरित्र हैं उनसे इनका जरा भी साम्य नहीं है। कुछ कथाओं में उनका उल्लेख भाइयों के रूप में हुआ है, कुछ अन्य कथाओं में उन्हें पति-पत्नी बताया गया है। दूसरी ओर बोंडों और गदबा कथाओं के पात्र राम, लक्ष्मण और सीता सीधे रामायण से ग्रहण किए गए हैं। हिन्दू देव महादेव आदिवासी लोकवार्ता में बहुत प्रसिद्धि पाते जा रहे हैं और भीमसेन वर्षा के देवता के रूप में प्रसिद्ध हैं।

उड़ीसा की जनजातियाँ

इस ग्रन्थ में जिन-जिन जनजातियों की कथाएँ सम्मिलित की गई हैं, उनमें आपस में काफी समानता है। उनकी दैनन्दिन जीवन शैली में, उनकी अर्थव्यवस्था में, उनके सामाजिक संगठन में, यहाँ तक कि उनके विश्वास और उनके आचरण में भी सम्पूर्ण क्षेत्र में अत्यधिक समानता पाई जाती है। जहाँ भी उनमें विभिन्नता दिखाई पड़ती है वह अनेक जातीय वैशिष्ट्य के कारण से नहीं है, वरन वह परिवेश, शिक्षा और हिन्दू प्रभाव के फलस्वरूप आई है। तुलनात्मक दृष्टि से एक आदिम कोंड एक आदिम दिदयि के अधिक समानता रखता है बजाय उत्तर-पश्चिम पर्वतीय क्षेत्र के किसी कोंड के जो रसेलकोंडा मैदानी क्षेत्र के कोंड के अधिक समीप लगता है। वास्तव में एक ही जनजाति के लोगों के रहन-सहन के मध्य कहीं अधिक अन्तर विद्यमान है बजाय भिन्न-भिन्न जनजातियों के मध्य।

आजकल सभी आदिवासी गाँवों में निवास करते हैं, परन्तु उनके आकार और चरित्र में काफी भिन्नता है। कुटिया कोंड जो अधिकतर बेवर खेती पर निर्भर हैं, वे खेती के समीप ही डेरे बनाकर रहते हैं जो खेती के स्थान-परिवर्तन के साथ ही अन्य स्थानों पर आसानी से ले जाए या स्थानान्तरित किए जा सकते हैं। दूसरे कोंड बड़े एवं स्थायी गाँव बनाकर रहते हैं। परन्तु सभी कोंड दो सीधी लम्बी कतारों में झोंपड़ियाँ बनाते हैं जो एक-दूसरों से सटी हुई हों और उनके मध्य में एक खुला हुआ प्रांगण हो। उनकी छतें (छप्पर) नीची होती हैं और फर्श भूमि की अपेक्षा गहरा होता है। दूसरी ओर साँवरा गाँवों में रास्ते होते हैं जो सभी दिशाओं में जाते हैं। वे अधिकतर पहाड़ियों पर मकान बनाते हैं। और वे भूमि से पर्याप्त ऊँचाई पर बनाए जाते हैं। वे मुहल्लों में विभक्त होते हैं, जिनमें एक ही खानदान के लोग निवास करते हैं। बोंडों जनों के मकान दूर-दूर तक बेतरतीब फैले होते हैं और उन्हें बनाने में कोई योजना नहीं दिखाई पड़ती, न ही उनमें यथावत कोई रास्ते होते हैं। जुआँग जनों के गाँव अलबत्ता अधिक नियोजित होते हैं जो युवकों और पुरुषों के रात्रि शयनालय को घेरकर बनाए जाते हैं और जिन्हें एक दीवार से घेर दिया जाता है। गदबा, झोरिया और परेंगा जनों के गाँव आकर्षक होते हैं, जो विशाल घने वृक्षों से आच्छादित होते हैं तथा सभी घरों से संलग्न एक बाड़ी होती है जिसमें वे तम्बाकू या मक्का बोते हैं। सभी गदबा घर गोलाकार होते हैं जिनसे सम्बद्ध एक चौकोर भवन होता है।

रात्रि शयनालय, जिसका प्रभाव युवकों पर अत्यन्त प्रभावशाली होता है, वे बोंडों, दिदयि, गदबा, कोंड और मुरिया जनजातियों में विद्यमान हैं और वे झोरिया तथा परेंगा में भी आरम्भिक अवस्था में हैं। परन्तु आश्चर्यजनक रूप से साँवरा जनों में वे अज्ञात रहे हैं। अनेक गाँवों में वयस्कों के लिए एक सामुदायिक स्थान भी होता है जिसका उत्सवी या अनुष्ठानिक महत्त्व है जिसमें गदबा, दिदयि, बोंडों तथा अन्य परजा जनजातियों के बैठने हेतु शिलाएँ होती हैं जहाँ बलि आयोजित होती हैं। ये शिलाएँ

अनेक निषेधों द्वारा सुरक्षित होती हैं। जिस रूप में मन्दिरों की अवधारणा विद्यमान है, वैसे मन्दिर तो इन गाँवों में नहीं बनाए जाते, परन्तु गाँवों के बाहर एक छोटी-सी झोंपड़ी का निर्माण पूजा-स्थल के रूप में किया जाता है जिसमें पुरखों और देवताओं के प्रतीक रखे जाते हैं।

ग्रामों में एक नियमित श्रेणी विभाजन होता है, जिसके सदस्यों की मिथकथाओं में महत्त्वपूर्ण भूमिका है। प्रत्येक गाँव का एक मुखिया होता है, जो वहाँ का प्रवक्ता और व्यवस्थापक होता है। कुछ गाँवों में जैसे कि साँवराओं में उसे अत्यधिक अधिकार प्राप्त हैं अन्य स्थानों पर जैसे बोंडों जनों में वह मात्र एक प्रतीकात्मक प्रमुख होता है। उसके सहायतार्थ कुछ सहायक होते हैं जो उसे कर वसूल करने या अधिकारियों से व्यवहार करने के कष्टपूर्ण कार्य में सहयोग प्रदान करते हैं। दूसरा महत्त्वपूर्ण व्यक्ति ग्राम पुजारी होता है जो कृषि सम्बन्धी अनुष्ठानों को सम्पन्न करता है और ग्राम देवताओं की पूजा-अर्चना करता है। कुछ गाँवों में गाँव के ओझा के कारण उसका व्यक्तित्व कम महत्त्व का हो जाता है। इनकी संख्या बहुत है और चूँकि इनका सम्बन्ध आध्यात्मिक जगत से होता है, अतः इनका प्रभाव समाज पर बहुत महत्त्वपूर्ण है। इस ओझागिरी के क्षेत्र में अधिकांश संख्या महिलाओं की है, साँवराओं ने विशेष रूप से ओझिनों का एक संस्थान विकसित कर लिया है जिनका उनके यहाँ काफी सम्मानजनक स्थान है।

आदिवासियों का प्रमुख कार्य कृषि है जो निश्चित खेतों में जो उचित रूप से समतल नहीं हैं, वहाँ की जाती है। ऐसे स्थान वे हैं जो पर्वतों पर सीढ़ीदार खेती के रूप में धान के सिंचित खेती हेतु तैयार किए गए हों या पहाड़ी ढलान पर जंगल साफ करके उन्हें जलाकर तैयार किया गया हो। साँवरा तीनों प्रकार की खेती एक साथ करते हैं, कुछ थोड़े से लोग जैसे कुटिया कोंड और सुदूर अंचलों में बसे हुए जुआँग ही बेवर खेती (Axe cultivation) पर निर्भर हैं। सामान्य रूप से प्रत्येक आदिवासी धान की खेती दो-एक खेतों में करते हैं और अपने बेवर में वे कोदो, कुटकी मड़िया जैसे निम्नकोटि के अन्न एवं दालें बोते हैं। उसके पास एक छोटी-सी बाड़ी भी होती है, जिसमें वह लौकी, मक्का, तम्बाकू और कद्दू आदि बोते हैं। उनका प्रमुख खाद्यान्न चावल, दाल, और उपअन्न (कोदो मड़िया आदि) हैं। बहुत थोड़े-से आदिवासी गेहूँ बोते या खाते हैं।

खान-पान से सम्बन्धित बहुत कम निषेध विद्यमान हैं। जिन लोगों में टोटेमवाद विद्यमान है वे अपने टोटेम अभिप्राय को न तो मारते हैं और न ही उसका मांसाहार करते हैं। इन लोगों में दूध और उससे बने उत्पादनों के प्रति सामान्य अस्वीकार्य की भावना है। साँवरा बन्दर के मांस का भक्षण करते हैं परन्तु कोंडजन नहीं। अधिकांश जनजातियाँ चूहे रुचिपूर्वक खाती हैं। प्रमुख विवाद गौमांस भक्षण को लेकर है। जनजातियों में गौमांस भक्षण निषिद्ध नहीं है, यह बात निस्सन्देह सत्य है कि आदिवासी गौमांस एक समय रुचिपूर्वक खाते थे और उनमें इसके प्रति कोई संकोच का भाव नहीं

था। परन्तु हिन्दू प्रभाव के परिणामस्वरूप कुछ जनजातियों के कुछ समूहों ने गौमांस भक्षण का परित्याग कर दिया है और जनजातियों में विभाजन का यह एक प्रमुख कारण बन गया है और कई जातीय समूह प्रथक सगोत्रीय जातियों में परिवर्तित हो गए हैं। इन जनजातियों को आखेट अत्यन्त प्रिय है जो इनकी अनेक कथाओं से स्पष्ट है और साथ ही मछली मारना भी जहाँ भी नदियाँ हैं।

इन सभी जनजातियों का संगठन पित्र प्रधान समाज के रूप में है। इन सभी के मध्य सामाजिक संगठन में काफी अन्तर है, और सभी जनजातियों में व्यापक विभाजन विद्यमान है और वे समूह अपने सगोत्र समूह में विवाह नहीं करते, और ये उप समूह अनेक गोत्रों में विभाजित हैं, जो विगोत्र कुल हैं। पोरजा जनजातियाँ–बोंडों, दिदयि, गदबा, झोरिया, परेंगा, पेंगू में दो स्तरीय सामाजिक संगठन विद्यमान हैं। एक भ्रातृ संगठन जो गोत्र आधारित है और दूसरा कुल या वंश जो ग्राम आधारित है वे अपना नाम ग्राम के किसी प्रमुख व्यक्ति के नाम के आधार पर ग्रहण करते हैं। एक ही ग्राम के लोगों के बीच विवाह-सम्बन्धों को अधिकतर वर्जित माना जाता है, यद्यपि यह नियम अब भंग होता जा रहा है परन्तु दूसरे ग्राम में विवाह-सम्बन्ध स्थापित करने के प्रति विशेष प्रवृत्ति विद्यमान है। पहाड़ी साँवरा जाति में न तो कोई कुल हैं नही गोत्र। उनके बहिर्गोत्रीयजन वे ही विस्तृत परिवार हैं जो एक ही पुरुष पूर्वज के वंशज हैं।

आदिवासियों के धर्म विविध रूप में इसलिए दिखाई पड़ते हैं, क्योंकि उनके देवी-देवताओं के नाम प्रथक हैं, परन्तु वे मूलरूप में एक ही हैं। इन सभी में एक सर्वोच्च सत्ता की मान्यता है, जिसका स्वरूप अस्पष्ट है, जिसका महत्त्व अनुष्ठानिक से अधिक अनुश्रुति के रूप में कहीं अधिक है। उनके नीचे की श्रेणी में बहुत से देवी-देवता हैं जो आवश्यक नहीं कि उनके अधीन ही हों। इनमें दानव या असुर तथा विपदाकारी तत्त्व भी हैं और जब कोई परिवार किसी प्रकोप द्वारा पीड़ित होता है तभी इनका स्मरण किया जाता है। इनके देवलोक में कुछ प्रकृति से सम्बन्धित देवता भी हैं जैसे सूर्य, चन्द्रमा, आकाश, वर्षा और वायु के देवता, जिनमें से कुछ हिन्दुओं से ग्रहण किए गए हैं। इन सभी में एकमात्र देवी समान रूप से मिलती है और बहुत से देवी-देवता वनों, पर्वतों और ग्रामों के देवता हैं। सभी देवताओं को, सम्भवतः सर्वोच्च भगवान को छोड़कर, बलि भेंट की जाती है। यह आयोजन वार्षिक रूप से आयोजित किया जाता है जो कृषि कार्यों से सम्बन्धित पंचांग से जुड़ा होता है। कुछ बलि के आयोजन फसल बोने के पूर्व आयोजित होते हैं, कुछ फसल के बढ़ने के अवसर पर, और अधिकतर पर्व फसल की कटाई के अवसर पर। नई फसल का लोगों द्वारा उपभोग करने के पूर्व उन्हें देवताओं को अर्पित किया जाना आवश्यक है। यदि देवता का अपमान होता है तो वे कुपित होकर लोगों पर रोग और व्याधियों के द्वारा आक्रमण कर देते हैं। यथार्थ में वे किसी मृतात्मा के माध्यम से जो अदृश्य जगत में रहती हैं जैसे प्रेत या पुरखे, साथ ही देवता के माध्यम से भी भौतिक जगत के लोगों को हानि पहुँचा सकती हैं।

ऐसी स्थिति में ओझा को बुलाया जाता है जो विपत्ति के कारणों का निदान करता है और उनके उपचार की विधि बताता है जो सामान्यतः पशु बलि होती है। जिसके साथ ही अन्न तथा मदिरा की भेंट का दिया जाना उसमें सम्मिलित है।

जीवन में आनेवाले प्रत्येक प्रमुख संकटों हेतु धर्मानुष्ठान का प्रावधान है। शिशु जन्म के उपरान्त अपशिष्ट के निपटारे हेतु अत्यन्त सावधानी बरती जाती है और आँवल अभिप्राय से सम्बन्धित अनेक मिथकथाएँ हैं। किसी भी लड़की के जीवन में उसका प्रथम मासिक धर्म एक महत्त्वपूर्ण घटना होती है और इस काल के पूर्ण होने पर स्नान करने के महत्त्व को (इस अवसर पर उसके वास्तविक या चमत्कारिक रूप से गर्भाधन करने पर) से सम्बन्धित अनेक मिथकथाएँ उपलब्ध हैं।

विवाह के महत्त्व को इसी बात से समझा जा सकता है कि अनेक कथाओं का आरम्भ ही इस प्रकार के कथानक से होता है कि परिवार के किस-किस सदस्य का विवाह हो चुका है और किसका नहीं और विवाह हेतु माता-पिता व बच्चों के विवाह हेतु कितना अधिक कष्ट उठाते हैं। विभिन्न जनजातियों में वैवाहिक अनुष्ठान क्रियाओं में उतना अन्तर नहीं है जितना अन्तर उन पर बाह्य प्रभाव के कारण आ गया है। उड़ीसा के आदिवासियों में पारम्परिक विवाह पद्धति में अनेक बार अनुष्ठानिक विधि से लड़की और लड़के का उनके घरों में आना-जाना और उनके अभिभावकों के द्वारा अनेक उपहारों का आदान-प्रदान करना, नाचना, गाना और बोंडोजनों और मुरियाओं में वर-वधू का अनुष्ठानिक रूप से शयन आदि औपचारिकताएँ ही प्रमुख थीं। आजकल एक मंडप की स्थापना की जाती है जिसके मध्य में एक विवाह स्तम्भ स्थापित किया जाता है जिसके हिन्दू रीति अनुसार सात फेरे लिए जाते हैं।

विवाह यद्यपि अभिभावकों द्वारा तय किए जाते हैं, परन्तु युवक-युवतियों द्वारा सहपलायन करना भी असामान्य नहीं है और कम-से-कम बोंडोजन तो अपने बच्चों को अपना जीवनसाथी चुनने की बहुत अधिक छूट प्रदान करते हैं। ऐसे माता-पिता जो अपनी बेटी को अपने घर में ही रखना चाहते हैं वे लमसेना (लंभड़ा) विवाह करना पसन्द करते हैं और वर को अपने घर में घरेलू कार्यों हेतु रखकर उससे दो वर्ष या अधिक के लिए कार्य करवाने के उपरान्त उसका विवाह अपनी बेटी से सम्पन्न कर देते हैं और वह अपनी पत्नी के साथ अपने श्वसुर के घर में रहने लगता है।

सर्वाधिक महत्त्वपूर्ण अनुष्ठान मृत्यु से सम्बन्धित होते हैं क्योंकि प्रेत और पुरखे अत्यन्त खतरनाक होते हैं और वे दुर्भाग्यकारी भी होते हैं अतः उन्हें प्रसन्न रखना आवश्यक होता है। आजकल मृतक का दाह-संस्कार करने की प्रथा सामान्य है, यदि वह बहुत कम उम्र का शिशु न हो या उस व्यक्ति की मृत्यु किसी विशेष रोग से न हुई हो।

अस्थियों को दाहकर्म के स्थान पर ही गाड़ दिया जाता है। और माध्यम के

द्वारा यह ज्ञात करने का प्रयत्न किया जाता है कि मृत्यु का कारण क्या था। मृत्यु के तीसरे दिन भोज का आयोजन किया जाता है और मृतक को बलि प्रदान की जाती है। दसवें दिन पुनः आयोजन किया जाता है और उसके उपरान्त यह मान लिया जाता है कि मृतक पुरखों में जा मिला है। परन्तु साँवरा और भी दो अनुष्ठान आयोजित करते हैं जो काफी खर्चीले होते हैं, गदबा लोग भैंसे की बलि देकर भोज का आयोजन करते हैं और वृक्षरोपण करते हैं। बोंडों नाचते-गाते और भोज का आयोजन करते हुए मृतक हेतु दीर्घाष्म की स्थापना करते हैं।

इस हेतु युगान्तक विषयक मान्यता यह है कि पाताललोक में मृत्यु का देवता राज करता है, जो किसी भी मनुष्य के जीवनकाल के पूर्ण होने पर अपने दूतों को भेजकर उन्हें बुलवाता है। अधिकांश जनजातियाँ पुनर्जन्म में विश्वास करती हैं, परन्तु सभी व्यक्तियों के लिए नहीं। किसी भी व्यक्ति को पुनः पृथ्वी पर इस कारण से भेजा जा सकता है कि उसे उसके जीवनकाल में पर्याप्त और उचित सम्मान एवं सुख नहीं मिला और वह पुनः मनुष्य-रूप में जन्म न लेकर किसी अन्य प्राणी के रूप में आकर अपने असन्तोष स्वरूप उनसे बदला ले सकता है।

आदिवासियों का प्रमुख मनोरंजन नृत्य है। आदिवासियों के नृत्यों में बहुत विभिन्नता मिलती है जो उनकी नृत्य शैली और उनकी गुणवत्ता दोनों रूपों में है। परन्तु वे सभी इन्हें गम्भीरता से लेते हैं और अनेक लोग इन्हें अनुष्ठान तक ही सीमित रखते हैं। जैसी कि हमारी अपेक्षा है, उसके अनुरूप घोटुल व्यवस्था ने इन नृत्यों को उत्कर्ष प्रदान किया है। जुआँगों के मध्य एक पशु नृत्य नाट्य विद्यमान है, गदबाजन सभी घरेलू और कृषि कार्यों की नकल उतारते हैं, मुरिया और कोंड सूक्ष्म आंगिक चेष्टाएँ प्रस्तुत करते हैं, कोया मुरियों सदृश्य ही अत्यन्त सुन्दर विवाह नृत्य करते हैं, जिसमें वे गौरसींग का मुकुट धारण करते हैं जिसमें मोरपंख लगे होते हैं।

उड़ीसा की जनजातियों में अत्यधिक समानता पाई जाती है, जैसी समानता उनकी कथाओं में भी मिलती है। उनकी कथाओं से उनकी तन्मयता प्रकट होती है। बीमारियों एवं मृत्यु के प्रति मनोग्रस्तता के कारण साँवरा, कोंडजनों में नृहत्या की भावना आज भी प्रबल है, गदबा और झोरियाओं की कथाओं में नृत्य के प्रति अनुराग स्पष्ट रूप से दिखाई पड़ता है। आगे मैं इस ग्रन्थ में प्रस्तुत की गई जनजातियों के विषय में संक्षिप्त तथ्यों को रखूँगा और उनके पौराणिक चरित्र पर पृथक-पृथक जनजातियों हेतु टिप्पणियाँ प्रस्तुत करूँगा।

भतरा कथाएँ

भतरा जनजाति—इस जाति के नाम का उच्चारण भोट्टोड़ा किया जाता है जो एक उन्नत जाति है जो कृषि कार्य में संलग्न है और उत्तर-पश्चिम क्षेत्र के नौरंगपुर क्षेत्र में निवास करती है। इनका विस्तार बस्तर के सीमावर्ती क्षेत्र में भी मिलता है, जहाँ

इनकी जनसंख्या लगभग चालीस हजार है। उनकी परम्परागत मान्यतानुसार वे तेईस पीढ़ियों पूर्व बस्तर के राजा के साथ बारंगल से बस्तर में आकर बस गए थे, और फिर वहाँ से उड़ीसा में फैल गए। पूर्व में ये लोग गोंड जनजाति के अंग ही माने जाते थे, और उनकी एक कथा के अनुसार प्रथम भतरा गोंड की एक जारज सन्तान थी, जिसका लालन-पालन गोंडजनों ने किया था, जिससे यह संकेत मिलता है कि वे जातीय एवं सांस्कृतिक रूप से वृहत् गोंड जनजाति से ही सम्बद्ध हैं। वे न तो बस्तर में और न ही उड़ीसा में कोई आदिवासी भाषा बोलते हैं, वरन वे एक प्रकार की अपभ्रंश उड़िया भाषा बोलते हैं। वे एक प्रकार से सम्मानजनक हिन्दू जाति बन गए हैं और जनेऊ धारण करते हैं और उन्होंने हिन्दू रीति-रिवाजों को अपना लिया है। उड़ीसा में वे दो श्रेणियों में बँटे हुए हैं—बोडो (बड़ा भतरा) और सान भतरा (छोटा भतरा) और बड़ा भतरा सान भतरा के साथ विवाह नहीं करते। इनका गोत्रों के आधार पर विभाजन हुआ है। ये लोग बहुत अच्छे कृषक हैं और शिकार के अत्यन्त शौकीन हैं।

भतरा कथाएँ उन्हीं के अनुरूप ही सहज हैं परन्तु उत्तेजक कदापि नहीं। सर्वोच्च कर्ता महाप्रभु हैं जिन्होंने मनुष्यों को जातियों में विभाजित किया और जो लोहे के रूप में पृथ्वी पर क्रियाशील हैं और उन्होंने ही बुनकरों को करघा प्रदान किया है। कथाओं में भतराओं के एक विशिष्ट देवता का भी उल्लेख मिलता है, जिसका नाम बामनदेई है जिसका नाम उसके हिन्दू चरित्र को प्रकट करता है, और उसने भी मनुष्य जाति को शिल्पज्ञान प्रदान किया है। उसने ही लुहार को सोने, चाँदी और कांस्य के औजार प्रदान करके उनका उपयोग करना सिखाया। चन्द्रमा का मानवीय रूप में प्रस्तुतिकरण उसके आचरण के दोहरेपन को प्रकट करता है, जिसमें वह भतरा के खेत से मक्का चुराती है और क्रोधवश सूर्य के साथ छल-कपट करती है।

इनकी कथाओं में कोई भी जनजातीय नायक नहीं है और उनमें बिना किसी पराशक्ति के प्रभाव के अनेक परिवर्तनों का उल्लेख मिलता है। एक लड़का गेहूँ की बाल को अपने ऊपरी ओंठ पर रख लेता है और वे अपने आप ही मूँछ बन जाती हैं। एक लड़की चूल्हे के हत्थों को तोड़कर अपने वस्त्रों के भीतर छिपा लेती है और वे अंग से चिपककर उसके स्तन बन जाते हैं। एक व्यक्ति के स्वर्ण आभूषण कमल का फूल बन जाते हैं। एक राजा एक राक्षस के भय से भागते हुए अपने दाँत उखाड़कर एक वृक्ष के तने में सीढ़ियों के स्थान पर गाड़ देता है और वे दाँत अपने आप ही काँटे बन जाते हैं। सेम के दाने एक स्त्री की कटी हुई अँगुली से उत्पन्न होते हैं, अन्न की एक ढेरी दीमक का झुंड बन जाती हैं। यद्यपि मच्छरों की उत्पत्ति का सम्बन्ध महाप्रभु से बताया गया है परन्तु उन्होंने स्वयं ऐसा नहीं किया। जब वे लुहारी भट्टी में काम कर रहे थे तब कोयले के उड़ते हुए कण मच्छरों में परिवर्तित हो गए। एक व्यक्ति की चिलम खो गई और वह बिच्छू बन गई जिसका डंक जलन पैदा करता है। विवाह के अवसर

पर धागों का गोल मकड़ी बन जाता है। एक वृद्ध स्त्री के शाप से चोरों को कोढ़ हो जाता है।

बिंझवार कथाएँ

बिंझवार तुलनात्मक दृष्टि से एक बड़ी जनजाति है जिसकी संख्या एक लाख तक पहुँच गई है, जो मूलरूप से बैगा जनजाति से उत्पन्न हुई है, परन्तु अब वह एक स्वतन्त्र जनजाति बन चुकी है और उनसे अधिक सभ्य है। अनेक बिंझवार सम्पन्न भूमिपति हैं और अन्य बिंझवार लोगों की ग्राम पुजारियों के रूप में सम्मानजनक स्थिति है। इस ग्रन्थ की कथाएँ सम्बलपुर जिले से संकलित की गई हैं, जो उड़ीसा के एकदम पश्चिम में स्थित है, जो पूर्व में मध्य प्रदेश का अंग था। यह क्षेत्र जो एक विशाल उपवन सदृश है, उसके विशाल समतल मैदानी भाग में खेती होती है, जिसमें पर्वत शृंखलाएँ हैं और बहुसंख्य कृत्रिम तालाबों से सिंचाई होती है। इसकी पश्चिमी सीमा रायपुर से लगती है जहाँ अन्य बिंझवार निवास करते हैं। रायपुर बिंझवारों की कुछ मिथकथाएँ 'मिथ्य ऑफ मिडिल इंडिया' में प्रकाशित हैं।

तुलनात्मक दृष्टि से बिंझवार एक उन्नत शिक्षित जाति है, यद्यपि उनकी कथाएँ अशिक्षित लोगों से संकलित की गई हैं परन्तु उन पर हिन्दू ग्रामीण समाज एवं खुले मैदानी क्षेत्र के लोगों का प्रभाव स्पष्ट रूप से दिखाई पड़ता है। इनकी कथाएँ राजा, सोनार और तेलियों से सम्बन्धित हैं। प्रमुख कर्ता के रूप में भगवान और महाप्रभु का उल्लेख है और साथ ही बाली और सुग्रीव का भी। कथाओं में देवताओं की पंचायत का भी उल्लेख मिलता है जो सम्भवतः वर्तमान की आधुनिक जिला पंचायत के प्रभाव स्वरूप अपनाया गया हो। एक कथा एक मुनि से सम्बन्धित है जिसने आँखें मूँदकर, बारह वर्ष तक तपस्या की थी। एक अन्य कथा में एक साधु सफेद राख मलकर हाथ में त्रिशूल लेकर मानव को बाँस का उपयोग करना सिखाता है। कीचक वध की महाभारत की कथा का प्रभाव मृत्यु सम्बन्धी कथा पर स्पष्ट रूप से दिखाई पड़ता है। भूकम्प की कथाओं पर हिन्दू मिथ का प्रभाव है जिसमें शेषनाग पृथ्वी को एक फण से दूसरे फण पर बदलकर रखता है, स्पष्ट है। बादलों की गर्जना इन्द्र के घोड़े के दौड़ने पर उत्पन्न होनेवाली ध्वनि बताई गई है।

'सितारे दिन में क्यों नहीं चमकते' कथा यहाँ परिवर्तित हो जाती है और सूर्य के बच्चे प्रेत बन जाते हैं और वे अकसर अपनी माता चन्द्रमा का अपहरण करने आते हैं जिसके कारण ग्रहण होता है। मृत्यु सम्बन्धित एक कथा धोबाजनों की कथा के समान है जो सुदूर प्रदेश में निवास करनेवाली वारली जनजाति में भी विद्यमान है। इन कथाओं का कोई एक मूल स्रोत अवश्य रहा

है जिसे मैं ढूँढ़ पाने में असमर्थ रहा।

मैंने बिंझवारों की स्वयं की जाति की कोई कथा संकलित नहीं की। परन्तु रसेल और हीरालाल ने अनेक परम्पराओं का उल्लेख किया है जो चालीस वर्ष पूर्व उड़ीसा में प्रचलित थीं। बिंझवारों के पूर्वज बारह भाई धनुर्धारी थे जो विन्ध्यवासिनी देवी के पुत्र थे। बिंझवार स्वयं अपने नाम की उत्पत्ति विन्ध्याचल पर्वत से मानते हैं। एक बार जब वे आखेट पर निकले तो उन्होंने पुरी के जगन्नाथ मन्दिर के विशाल द्वार पर बाणों से आक्रमण किया था। उन बाणों को कोई भी व्यक्ति खींचकर बाहर नहीं निकाल सका यहाँ तक कि राजा के हाथी भी जो उनके द्वारा पाले हुए थे। परन्तु उन भाइयों ने उन्हें आसानी से खींचकर बाहर निकाल दिया। राजा ने प्रसन्न होकर उन्हें अनेक राज्य प्रदान किए जिन पर उनके वंशज वर्तमान समय में भी शासन कर रहे हैं। बिंझवार अपने आदिवासी प्रतीक के रूप में तीर का प्रयोग करते हैं और वे अपने पशुओं पर भी इसे आँकते हैं और अशिक्षित बिंझवार अपने हस्ताक्षर के स्थान पर तीर का निशान ही अंकित करते हैं। यदि किसी लड़की के लिए कोई वर नहीं मिलता है तो कभी-कभी उसका विवाह तीर के साथ सम्पन्न कर दिया जाता है।

ये लोग गोत्र और अर्धगोत्रों में भी विभाजित हैं। बोंडों लड़कों एवं लड़कियों को उनके जातीय नियमों की सीमा में काफी स्वतन्त्रता प्राप्त है और इसी कारण उनके विवाह सम्बन्ध अधिकतर स्थायी होते हैं।

मुरिया, सिवुनगुड़ा, जिला कोरापुट

माचागुड़ा में एक बहुत वृद्ध गोंड़ निवास करता था। उसकी कोई सन्तान नहीं थी परन्तु उसके पास बहुत-से मवेशी थे। वह बहुत धनी था। एक दिन वहाँ टेंगामार चोर आए और उन्होंने मार-पीट करके सभी गाँवों को लूट लिया। जब उस वृद्ध ने चोरों के आने के विषय में सुना तो वह अपने मवेशियों को लेकर जंगल में चला गया और वहाँ छिप गया। वहीं उसने एक छोटी-सी कुटिया बना ली। उसे वहाँ अन्न उपलब्ध नहीं था और वह गायों के दूध पर ही आश्रित रहा। उसने एक गड्ढा खोदकर उसमें दूध भर दिया ताकि उससे दही बन जाए।

वह वृद्ध लम्बे समय तक जंगल में रहा फिर वह बीमार पड़ गया और उसकी मृत्यु हो गई। उसके मवेशी इधर-उधर चले गए, कुछ मवेशियों को गाँव के लोग ले गए और कुछ बाघ खा गए। जिस स्थान पर उस वृद्ध ने दही डाली थी उस स्थान की मिट्टी सफेद हो गई। एक दिन एक दम्पत्ति जंगल में लकड़ी लेने गए और वे उस गड्ढे के पास बैठकर लकड़ी का गट्ठा बाँधने लगे। उस स्त्री ने वहाँ सफेद खड़िया मिट्टी देखी और कुछ मिट्टी उठा ली। वह मिट्टी अत्यन्त नरम थी, और उसने उसमें थूक मिलाकर देखा। सूखने पर वह अत्यन्त सफेद रंग की थी। वह कुछ मिट्टी उठाकर घर ले

आई और उस मिट्टी से घर की पुताई की और उसके कारण घर सुन्दर लगने लगा।

पहाड़ी सौवरा, थोडरांगू; कोरापुट

सौबरा मुखिया का एक पुत्र था। उसने अपने पुत्र का विवाह किया, कुछ समय तक वे दोनों पति-पत्नी आनन्दपूर्वक रहे, परन्तु जब प्रसव का समय आया तो उन दोनों में झगड़ा हो गया। पति पत्नी को पीटने लगा तब उसकी पत्नी अपने मायके चली गई। मायका बहुत दूर था और वह रास्ते में ही थक गई और रात्रि में जंगल में ही एक वृक्ष के नीचे सो गई। वहीं उसने एक पुत्र को जन्म दिया। जच्चा इतनी अशक्त थी कि वह चलने में भी असमर्थ थी, इसलिए उसने तीन दिन तक वृक्ष के नीचे वहीं विश्राम किया। उसे खोजने कोई भी नहीं आया।

चौथे दिन रात्रि के समय एक जंगली जानवर उसके शिशु को उठाकर ले गया और वह चीख-चीखकर रोने लगी। वह इतनी अशक्त थी कि वह अपने माता-पिता के यहाँ जाने में असमर्थ थी और उसके स्तनों से दूध टपककर भूमि पर गिरने लगा। किटुंग और उनकी पत्नी ने वहाँ आकर उस लड़की को देखा और पूछा, "तुम क्यों रो रही हो?" किटुंग ने पूछा तो उसने अपनी सम्पूर्ण कहानी कह सुनाई। किटुंग की पत्नी ने उससे कहा, "तुम्हारे स्तनों से दूध बहना बन्द जो जाएगा। अब तुम्हें कोई कष्ट नहीं होगा। तुम्हारे दूध से सफेद खड़िया मिट्टी उत्पन्न होगी। यदि तुम इस मिट्टी से अपने घर की पुताई करोगी तो वह स्वच्छ और सुन्दर लगेगा।" वे उस असहाय लड़की को अपने साथ ले गए और उसे उसके पति के घर पहुँचा दिया। वह अपने साथ कुछ खड़िया मिट्टी ले गई और उसको पोतने के उपरान्त घर महल जैसा सुन्दर लगने लगा।

गदबा कथाएँ

गदबा जनजाति दक्षिणी कोरापुट के विस्तृत वित्तीय क्षेत्र में निवास करती है। जिनकी जनसंख्या लगभग तैंतीस हजार है। इनका एक सीमान्त बोंडोजनों के क्षेत्र को स्पर्श करता है तो दूसरा झोरियाजनों के क्षेत्र को और तीसरा हिन्दू कृषक जातियों के क्षेत्र को। परेंगाजनों को गदबा जाति का ही एक अंग माना जा सकता है और गदबा, साँवरा और परेंगा भाषाएँ एक ही आस्ट्रो एशियाटिक समूह की भाषाएँ हैं।

गदबाजनों का सर्वाधिक महत्त्वपूर्ण पक्ष उनकी स्त्रियों की वेशभूषा है जिसका उल्लेख अनेक बार उनकी कथाओं में हुआ है। उनकी स्त्रियाँ अपने वस्त्र एक

झाड़ी के रेशों से स्वयं बनाती हैं। वे रेशे उतारती हैं, उन्हें कातकर धागे बनाती हैं, उनकी रँगाई करती हैं और खींचकर बनाए गए करघे पर वस्त्र बुनती हैं। वस्त्रों के रंग और नमूनों में विविधता मिलती है परन्तु उनका प्रभाव आकर्षक होता है और वे टिकाऊ होते हैं। स्त्रियाँ पीतल की बड़ी-बड़ी बालियाँ पहनती हैं, बालों का सुन्दर विन्यास करती हैं और आकर्षक ढंग से शृंगार करती हैं। उनके इस रूप-शृंगार का वर्णन उनकी कथाओं में भी मिलता है। इससे मिथकथाओं की शक्ति स्पष्ट हो जाती है जिसके कारण उनकी पहचान का अस्तित्व बचा हुआ है अन्यथा बाजार के दबाव में वह कभी का नष्ट हो गया होता।

गदबा पुरुष सामान्य जनों जैसे ही दिखाई पड़ते हैं और उनका रहन-सहन साधारण होता है। गदबा जनजाति में भी किशोर और किशोरियों हेतु शयनागार की प्रथा है परन्तु वे मुरिया घोटुल की व्यवस्था और रोमांस का मुकाबला नहीं कर सकते। परन्तु शयनागार के प्रमुख का गदबा समाज में महत्त्वपूर्ण स्थान है।

गदबाओं में कोई जातीय नायक नहीं है, परन्तु उसके स्थान पर बारह भाई गदबा का स्थान है, जो एक अनाम परिवार है जिनके साहसिक कार्यों का उल्लेख कथाओं में व्यापक रूप से मिलता है। दिव्य पुरुषों में सर्वोच्च सत्ता सम्पन्न देवता इस्पुर है जो बस्तर में इस्पुराल है और जो हिन्दू शब्द ईश्वर का अपभ्रंश रूप है। अन्य देवताओं में बिरकम दाई जो नरभक्षी ब्याजखोर है, सूअरदन्ती सीमादाई, सर्वव्यापी भीमो, कलंका देवता और उनके दैवी सहायक हैं। इनके देवलोक पर अत्यधिक हिन्दू प्रभाव देखा जा सकता है। बारह भाई विक्रम जिन्होंने एक विशाल मन्दिर का निर्माण किया वे विश्वकर्मा की याद दिलाते हैं जो महाभारत के एक महान वास्तुकार थे और जिन्होंने रामायण में वर्णित लंका का निर्माण किया था। इस्किन्द वन शास्त्रोक्त किशकिन्ध्या है जिसकी पहचान मैसूर के रूप में की गई है। तर्की रामायण का तारक राक्षस है जिसका वध राम ने किया था। इन्द्रो महाप्रभु जो व्योम के देवता हैं, वे इन्द्र हैं। वसोमती माता भूदेवी हैं। इन कथाओं में तीन गंगा बहनें भी मिलती हैं जो मानवजाति को अन्न प्रदान करती हैं।

इस्पुर महाप्रभु उत्पत्ति करते हैं और वे अन्य देवताओं की भाँति ही आदिवासी देवता का रूप ग्रहण कर लेते हैं। परन्तु कोंड और साँवराओं की कथाओं की तरह उनका ऐसा विस्तृत वर्णन उत्पत्ति कथाओं में नहीं मिलता। यथार्थ में भतरा कथाओं की भाँति वस्तुएँ अपने आप ही परिवर्तन करती हैं। बिना किसी दैवी प्रभाव के एक झाड़ू मयूर बन जाती है और दूसरी सेही, लकड़ी के टुकड़े मेंढक बन जाते हैं, एक कंघी केकड़ा, अंडी के बीज मधुमक्खियाँ और टिड्डे बन जाते हैं, एक मुट्ठी भूसा मच्छरों का एक झुंड बन जाता है।

एक असाधारण अभिप्राय कुष्ठ रोग की उत्पत्ति के सम्बन्ध में दिखाई पड़ता है। कुष्ठ की उत्पत्ति देवताओं में हुई और फिर एक देवता के प्रेत ने उसे मनुष्यों में प्रसारित

किया। पेंगू कथा में इस कथा के विषयान्तर में कुष्ठरोग का प्रसार एक युवक के प्रेत द्वारा किया गया जिसके भाइयों ने उसके अंग भंग कर दिए थे।

जादू-टोने की उत्पत्ति की कथा का कुछ पाठान्तर बैगा परधान एवं संथाल कथाओं में भी मिलता है और सम्भवतः इसका विस्तार बड़े विशाल क्षेत्र में फैला हुआ प्रतीत होता है।

गदबाओं में अन्य जनजातियों के विषय में असाधारण रूप से अनेक कथाएँ विद्यमान हैं। एक कथा में एक साँवरा शिकारी का उल्लेख है, एक व्यभिचारी कोंड देवता का एक अन्य कथा में, एक तीसरी कथा में बोंडों का और एक चौथी कथा में परेंगा का। गद बाजन ही बोंडों की उत्पत्ति की कथा सुनाते हैं, और यह कि बोंड स्त्रियाँ इतने कम वस्त्र क्यों पहनती हैं। कोंड शव-सम्बन्धी कथा कोंड न बताकर गदबाओं द्वारा बताई जाती है जो कोंड टोन्ही और कोंड देवता है। दूसरी जनजातियाँ भी बदले में गदबा के विषय में चर्चा करती हैं, वे जातियाँ हैं, बोंडों, झोरिया और परेंगा में प्रचलित कथाओं के माध्यम से। एक कोंड डोरा कथा में गदबा स्त्री की हड़बड़ी में दी गई बलि का उल्लेख है जो प्रथा शायद प्रचलित हो, परन्तु मैं इसकी पुष्टि करने में असमर्थ रहा।

गदबाजनों की रुचि उनकी मिथकथाओं में स्पष्ट रूप में दिखाई पड़ती है। उनकी बहुत-सी कथाएँ नृत्य से सम्बन्धित हैं, जिनमें गदबा दक्ष हैं और उनके नृत्यों की बारीकियों की तुलना बस्तर के मुरियों के नृत्यों से की जा सकती है। लड़के जो खेल खेलते हैं उनमें शयनगृह का उल्लेख होता है। हम गोटा-मेला के विषय में सुनते हैं और एक ओझिन के विवाह यात्रा के विषय में जो उसकी इष्ट देवी के पास जाती है। और गदबाजनों की रुचि उनके अपने जातीय पुरखों में सर्वोपरी है, जिनमें बारह भाई गदबा के साहस की कथा, जिसमें वे स्वतन्त्रतापूर्वक इस्किंदा वन और गोदावरी नदी के तट पर विचरण करते थे।

गोंड और मुरिया कथाएँ

सन् 1941 में गोंड जनजाति की जनसंख्या उड़ीसा में तीन लाख बारह हजार थी जिसमें मुरियों की संख्या सम्मिलित है, जिनमें से अढाई लाख जनसंख्या तो केवल कोरापुट में थी। ये गोंड अन्य जनजातियों से जिस क्षेत्र में वे रहते हैं, अपेक्षाकृत अधिक सभ्य हैं, उनकी सामाजिक प्रतिष्ठा अच्छी है और उनका रहन-सहन भतराजनों के समान है। वास्तव में एक कथानुसार ही मुरिया पूर्व में भतरा ही थे।

कोरापुट के गोंड तीन शाखाओं में विभाजित हैं, राज गोंड, धुरगोंड और मुरिया। उनकी अधिकांश आबादी नौरंगपुर तालुका में है जो द्विभाषी है। वे लोग गोंडी बोलते हैं और साथ ही उड़िया या हिन्दी बोली बोलते हैं। वे नियमित रूप से कृषि करते हैं और स्वभाव से संयमित हैं। ये लोग अच्छे नर्तक हैं, शृंगार के शौकीन हैं और कुशल

शिकारी भी हैं। इनमें कुछ सीमा तक शिक्षा का प्रचार हुआ है और कुल मिलाकर वे गोंड जाति के श्रेष्ठतम चरित्र को प्रकट करते हैं–जो कि एक सम्मानजनक कृषक का चरित्र है। वे अपनी भूमि एवं पारिवारिक परम्पराओं के प्रति गौरव महसूस करते हैं।

उड़ीसा के मुरिया अपने सामाजिक संगठन में बस्तर के झोरिया के समान ही हैं, बस्तर के लोगों की तरह ही इनकी रुचि नृत्य और श्रृंगार में है, परन्तु बाह्य प्रभाव के कारण इनमें घोटुल प्रथा का ह्रास हो गया है जो लगभग समाप्त हो चुकी है। मैंने यहाँ बस्तर में संगृहीत ताड़ वृक्ष सम्बन्धी कथाओं को प्रस्तुत किया है ताकि उड़ीसा की कथाओं के साथ-साथ उनका अध्ययन किया जा सके। इनमें से अनेक कथाओं में समानता मिलती है।

मैं पर्याप्त संख्या में गोंड कथाएँ एकत्र नहीं कर पाया, जिनसे उनका पौराणिक स्वरूप स्पष्ट हो पाता। मुझे इन कथाओं में कहीं भी लिंगों का उल्लेख नहीं मिला जो कि अन्य स्थानों पर गोंड और मुरियाजनों के प्रमुख देवता हैं। अन्य गोंड देवताओं का भी उल्लेख सरसरी तौर पर ही कथाओं में मिलता है जैसे डोंगरपेन (एक मिश्रित भाषा से उत्पन्न शब्द) और बड़ापेन जो उनके बड़े देवता हैं और आजकल जिन्हें महादेव के साथ मिला दिया जाता है।

मैदानी क्षेत्रों की कथाओं में भतरा, घसिया, सुन्डी, पाइक और गौड़ लोग कथाओं में पात्रों के रूप में दिखाई पड़ते हैं। इस जनजाति से ही मुझे लाख की उत्पत्ति की एकमात्र कथा उपलब्ध हुई है, जिससे ये लोग चूड़ियाँ बनाते हैं।

रहस्यपूर्ण ओल राजा एवं ओल रानी का उल्लेख दो कथाओं में मिलता है। ये ओड़ या ओड्र जाति के राजा हो सकते हैं जो उड़ीसा के मूल निवासी थे। परन्तु यहाँ वे दो बौनों के रूप में हैं, जो आकाश को पृथ्वी से ऊपर की ओर धकेलते हैं और इतना थक जाते हैं कि उनकी मृत्यु हो जाती है।

भूतों की कथा (अध्याय IV, 13) जिसमें वे भोजन पकाते हैं और उनके चूल्हे से आग के पतंगे उछलते हैं, यह कथा असामान्य है, परन्तु इसकी तुलना साँवरा मिथक से की जा सकती है जिसमें किटुंग आकाश में खाना पकाते हैं और उसके कारण इतनी गर्मी उत्पन्न होती है कि मनुष्यों के लिए असह्य हो गई।

झोरिया और पेंगू कथाएँ

झोरिया तथा पेंगू उड़ीसा की दो ऐसी विशाल जनजातियाँ हैं जिन्हें पहले पोरजा (प्रजा) कहा जाता था और जिनकी मिथकथाओं में बोंडों, गदबा और कोंड जातियों के तत्त्व विद्यमान हैं। इन जनजातीय समूहों पर अधिकाधिक शोध हो रहे हैं जिनके कारण से दिदयि, बोंडो, गदबा, परेंगा और कोंड जनों के विषय में अनेक नई नृतत्वशास्त्रीय जानकारियाँ उपलब्ध हो रही हैं। श्री बेल ने जिन लोगों को सचमुच विशिष्ट पोरजा

कहा, परेंगा तथा झोरिया जिनमें उन्होंने दो समूहों को और सम्मिलित किया है, परेंगा और झोरिया, उसमें भी उन्होंने दो अन्य समूहों को जोड़ा है, बरेंगा और सोदा बिसिया जिसकी जानकारी मुझे नहीं है। जैसाकि बेल महाशय का कहना है, "इन जातियों के बीच स्पष्ट रूप से कोई अन्तर नहीं है सिवाय इसके कि कुछ गाँवों में उनमें से कुछ लोग गौमांसभक्षी हैं और कुछ लोग नहीं।" थर्सटन ने झोरियाओं को पोरजा कहा है जो गौमांसभक्षी हैं और उड़िया भाषा बोलते हैं, बढ़ते हुए हिन्दू प्रभाव स्वरूप यह अन्तर भी भविष्य में मिट जाएगा।

बस्तर में हिस्लप के कथनानुसार माड़िया भी झोरिया कहलाते हैं सम्भवतः झोरी या झाडू के नाम के कारण से। डाल्टन का भी ऐसा ही मत है। यह नाम छुटियानागपुर के नदी से सोना झारनेवालों के लिए भी प्रयुक्त होता है जिनके गोंड होने की पूरी सम्भावना है। झोरियों की अपनी जाति की उत्पत्ति कथा के अनुसार उनकी उत्पत्ति एक माली कन्या से हुई है जो नदी में स्नान कर रही थी। एक गदबा ने उसका पालन-पोषण किया और जब लोगों ने उससे उसकी जाति के विषय में पूछा तब उसने कहा, 'झोरिया, झोरिया, नदी, नदी'। बस्तर के झोरिया मुरिया एक महत्त्वपूर्ण समूह हैं जिनमें पूर्ण रूप से विकसित घोटुल संस्थान और महापाषाणीय संस्कृति (मेगालिथिक) विद्यमान है। मुरियों के समान ही बस्तर के झोरिया लोगों में भी किशोर शयनगृह प्रथा (जो तीव्र गति से समाप्त हो रही है), नृत्य के प्रति अनुराग और महापाषाण स्थापित करने से सम्बन्धित प्रथाएँ विद्यमान हैं। वे साँवराजनों की भाँति ही शव का दाह-संस्कार करते हैं और फिर उसकी अस्थियों एवं राख को एक गड्ढे में गाड़ते हैं। उनके देवताओं में जकड़ देवता जो भूदेवी का नाम है, भूमि देवता जिसके प्रतीक स्वरूप गाँव के बाहर एक वृक्ष के नीचे एक शिला स्थापित करके स्थान का निर्माण किया जाता है। झोरिया जनों के गाँव अन्य पोरजा जातियों के गाँवों के विपरीत स्थायी होते हैं और मुझे झोरिया लोग और उनकी बसाहट दोनों ही आकर्षक लगती हैं। पेंगू और झोरियाजनों के मध्य अन्तर दिखाई देनेवाला कोई लक्षण नहीं मिलता।

झोरियों का नृत्य के प्रति अनुराग अनेक कथाओं में प्रकट हुआ है। कुमारी कन्याओं के द्वारा आकाश में आकर्षक नृत्य करने पर बादलों के देवताओं ने उन्हें पृथ्वी पर वापस नहीं जाने दिया। एक अन्य कथा के अनुसार युवक और युवतियों ने इतने उल्लास के साथ जमकर नृत्य किया कि वे सब बेहोश होकर भूमि पर गिर पड़े। प्रथम झोरिया बन्धुओं, देवगुनी और निरगुनी ने अपनी बाँसुरी और बाना पर इतनी मधुर तान छेड़ी कि जंगल के सभी पशु-पक्षी नृत्य करने लगे। नृत्य में एक राक्षसी भी सम्मिलित होकर इतना नाची कि वह अपना होश गँवा बैठी कि उन दोनों भाइयों ने इसके पूर्व की वह समझ पाए, उसे बाँध दिया। नृत्य झोरिया संस्कृति का मूल तत्त्व है, सभी बातों के लिए, जाति की उत्पत्ति के सम्बन्ध में, प्रकृति की शक्तियों के प्रति, प्रत्येक दैनिक व्यवहार का विवेचन नृत्य की लय के माध्यम से ही प्रकट किया जाता है।

झोरिया कथाओं में किसी प्रकार की विशिष्टता नहीं है। ये कथाएँ गदबा और परेंगाओं में भी कही जाती हैं और इनकी कथाओं में दूसरी जनजातियों के पुरानायकों का उल्लेख भी उनके पुरानायकों के रूप में होता है। एक कथा में गदबा द्वारा नमक की खोज का उल्लेख है और एक अन्य कथा में दिदयि द्वारा मदिरा की खोज का उल्लेख। गदबा और परेंगा की उत्पत्ति का उल्लेख झोरिया कथा में ही प्रकट हुआ है और गदबाजनों के वस्त्र में बाघ की धारियों के प्रकट होने पर उनके पुराण का आरम्भ होना भी झोरिया कथा में ही मिलता है।

इस जनजाति के देवता सामान्यतः उड़ीसा की अन्य पोरजा जातियोंवाले ही हैं जैसे उड़ीसा के ग्रामीण अंचल में मान्य हैं। जैसे—इस्पुर महाप्रभु, भीमादेवता, धर्मो देवता, बसोमती और धूली नागिन। इन सभी के गुण हिन्दुओं के समान हैं। इस्पुर कोत्राओं के देऊर जैसे हैं, जो किसी भी रूप में हस्तक्षेप नहीं करते और स्थितियाँ स्वयं अपने आप परिवर्तित होती रहती हैं। एक कथा ऐसी है जिसमें हिन्दू ठकुरानी देवी को नरबलि दी गई है।

अन्य जातियों के विपरीत झोरिया शायद ही कभी अपनी कथाओं में व्यक्ति-चरित्रों का नामकरण करते हों।

जुआँग कथाएँ

इस ग्रन्थ में कुछ ही जुआँग कथाएँ प्रकाशित की गई हैं। और कथाएँ 'मिथ्स ऑफ मिडिल इंडिया' में प्रकाशित हैं। मैंने उनकी वृत्तिमूलक मिथकथाओं को 'नोट्स ऑन द जुआँग' में 'मैन इन इंडिया' में प्रकाशित किया है। जुआँग उड़ीसा की अन्य जनजातियों से काफी भिन्न है और उसके लोग अनेक प्रकार से अपने सामाजिक संस्थानों को जीवन्त बनाए रखने हेतु अपने कार्यकलापों में बैगा जनजाति से समानता रखते हैं।

जुआँग एक छोटी परन्तु कठिन जनजाति है जिन तक पहुँचना दुसाध्य है। डाल्टन ने उन्हें सर्वाधिक आदिम जनजाति कहा है, "जिनसे मैं मिला हूँ या जिनके विषय में मैंने पढ़ा है।" 1971 की जनगणना में उनकी जनसंख्या 17032 बताई गई है, जिनमें से 8,424 क्योंझर स्टेट में रहते थे, 7,520 ढेंकानाल और 375 पाल लहर में। ये लोग पौड़ी भुइया के करीबी सम्पर्क में निवास करते हैं जिनकी संख्या बीस लाख है, जो सम्पूर्ण पूर्वी और मध्यवर्ती भारत में फैले हुए हैं। जुआँग परम्परा के कथनानुसार वे लोग दो भाई थे, बड़ा भाई भुइया भूमिपति बन गया और उसे राज्य मिल गया, छोटा भाई जुआँग जो सेवा कार्य करने लगा।

जुआँग जनजाति अनेक असगोत्रों (Exogamous) गोत्रों में विभक्त है, जो अपनी उत्पत्ति रूसी-रूसिन के बारह पुत्रों से मानती है जो मानवजाति के आदि जनक थे। जुआँग जन अनेक देवताओं को मानते हैं जिनमें से प्रमुख हैं : धर्मोदेवता या महाप्रभु

जिनकी पहचान सूर्य के रूप में की जाती है और धरती माता या बासुकी जो भूदेवी हैं। धर्मदेवता का कथाओं में अनेक बार उल्लेख मिलता है जिन्होंने पृथ्वी का निर्माण किया है। यद्यपि प्रथम नरबलि स्वयं उनके द्वारा नहीं दी गई थी परन्तु वे पृथ्वी को स्थिर करने हेतु मृतक के रक्त और हड्डियों का उपयोग करने हेतु सहमत हो गए थे। उन्होंने मनुष्य के प्रथम पुतलों में प्राण प्रतिष्ठा की थी और उन्होंने पृथ्वी पर इस प्रकार से मृत्यु को भेजा था।

रूसी और रूसिन नंगा बैगा और नंगी बैगिन कथा के सदृश्य प्रतीत होते हैं, जो अर्ध देवत्व प्राप्त जनजातीय नायक हैं। रूसी सभी प्राकृतिक नियमों को निर्धारित करते हैं, मानव जीवन को उसके पद पर अग्रसर करते हैं, वे परिवर्तनकारी हैं जो पशु-पक्षियों के उत्पत्ति कर्ता हैं, और वे पत्र वेशभूषा, बेबर कृषि, अग्नि की उत्पत्ति और ग्राम शयनगृह को आरम्भ करने जैसे कार्यों से सम्बन्धित हैं। रूसी और उनकी पत्नी की आराधना विवाहित जोड़े एवं उसके शयन बिस्तर को आशीर्वाद प्रदान करने हेतु, विवाहित दम्पती को सन्तानोत्पत्ति का आशीर्वाद, वन में यात्रियों की रक्षा के वरदान हेतु की जाती है। शयनागृह की रक्षा तथा युवक-युवतियों को नृत्य के लिए प्रोत्साहन हेतु उनकी पूजा-अर्चना की जाती है।

यद्यपि अधिकांश जुआँग कथाएँ मौलिक हैं परन्तु उनकी कथाओं में विस्तृत क्षेत्र में फैली हुई वे अनेक कथाएँ भी सम्मिलित हैं जैसे मनुष्यों का बन्दरों में परिवर्तित होना, जीभ द्वारा बालों की उत्पत्ति की कथा, ऐसी युवती की कथा जिसे सभी नापसन्द करते थे और जिसका पुनर्जन्म तम्बाकू के पौधे के रूप में हुआ, दन्तयुक्त योनि की कथा, फाँसी पर चढ़ाए गए व्यक्ति की आत्मा का पुच्छल तारे के रूप में टूट गिरना, और नर्तकों के आभूषणों के टूटकर गिरने से वृक्षों की उत्पत्ति का होना। फिर भी जुआँग कथाएँ अनोखी और आदिम हैं। उनकी उत्पत्ति कथाएँ हमें उस आरम्भिक लोक में ले जाती हैं जब संसार निराकार था, जिसमें रूसी का निवास दीमक की बाँबी में बताया गया है, जहाँ से कभी-कभी निकलकर वह चक्की के पाट को पीटता है, और उसकी भेंट एक नरभक्षी राक्षसी से होती है जिससे वह विवाह कर लेता है। और जुआँग की कथाएँ, चौपाये मानव की कथा, मनुष्य के बन्दर बन जानेवाली कथा, जीभ पर बाल उगनेवाली कथा जिसकी पीड़ा से व्यक्ति की मृत्यु हो जाती है, उन्हें उत्साहपूर्वक सुनाया जाता है जो उनकी अपनी मौलिक विशेषता है।

कमार कथाएँ

दस हजार जनसंख्यावाली यह जनजाति अधिकांश में मध्य प्रदेश के पूर्वी क्षेत्र में निवास करती है परन्तु उनका एक शक्तिशाली समूह उड़ीसा प्रदेश की खरियार जमींदारी के पर्वतीय क्षेत्र में भी निवास करता है और इनकी कुछ आबादी कोरापुट में भी है। कमार या कोम्मार शब्द का प्रयोग अन्य स्थानों पर उन जातियों के लिए भी प्रयुक्त होता है

जो लुहारी कार्य में संलग्न हैं, परन्तु छत्तीसगढ़ और खरियार के कमारों का इस व्यवसाय से किसी भी प्रकार का सम्बन्ध नहीं है। रसेल और हीरालाल के मतानुसार यह जाति गोंड जनजाति की एक उपजाति है।

इनके आराध्य देव कचना धुरवा हैं और उनका परम्परागत विश्वास है कि बिन्द्रानवागढ़ के पूर्व राजा भी एक धुरवा थे। परन्तु बहुत से कमारों ने एक दिन एक भीमराज पक्षी को मार डाला, जो दिल्ली से आए हुए एक विदेशी का पालतू पक्षी था, जिसे उसने आखेट करना सिखाया था। उस अंग्रेज अधिकारी ने नुकसान का मुआवजा माँगा जिसे कमारों ने देने से मना कर दिया। वह दिल्ली जाकर बहुत से नरभक्षी सैनिकों को ले आया जिन्होंने एक गर्भवती कमार स्त्री के अलावा सभी कमारों का भक्षण कर लिया। वह स्त्री पटना में एक ब्राह्मण के घर में छिप गई जहाँ उसने एक पुत्र को जन्म दिया जिसे उसने बदनामी के डर से गोबर के एक ढेर पर त्याग दिया क्योंकि उस समय वह विधवा थी। अतः वह बालक कचरा-दुखा या कूड़ा-करकट कहलाया। उसमें दैवी शक्ति थी और उसने लोहे से बने हुए एक बकरे का सिर बाँस के डंडे से काट दिया। बड़ा होने पर उसने अपने सभी आदिवासी जाति जनों को संगठित करके सभी नरभक्षी सैनिकों को मारकर अपने पुराने राज्य पर कब्जा कर लिया।

कमार आजकल छोटे-छोटे टोलों में रहते हैं सामान्यतः अन्य लोगों से पृथक और दूर। उनकी जीविका का आधार कृषि, आखेट, मछली पकड़ना और बाँस से टोकरियाँ बनाना है। परम्परा से वे बेवर खेती करते हैं। खेती में वे कुल्हाड़ी तथा धनुषबाण का उपयोग करते हैं जिसका अर्थ है कि वे वनों पर निर्भर हैं। उनकी एक कथा के अनुसार महादेव जब सभी जातियों को उनके कार्य का बँटवारा कर रहे थे तब उन्होंने कमारों को धनुष-बाण प्रदान किए। एक अन्य कथा के अनुसार महादेव ने उन्हें बाँस से टोकरी आदि बनाना सिखाया।

कमारों की सामाजिक संरचना और धर्म में गोंडों से काफी अधिक समानता है और उनके गोत्र गौंडी से अपनाए गए प्रतीत होते हैं। परन्तु वर्तमान में इस जनजाति पर हिन्दू प्रभाव अधिक है जो इनकी यहाँ संकलित कथाओं से स्पष्ट होता है।

कमार मिथकथाएँ बहुधा नीति कथाएँ हैं और यह तथ्य ही कोंड और साँवराओं की प्राचीन कथाओं से उन्हें अलग करता है। भगवान ने आरम्भ में संसार को सुनीति पर चलनेवाला बनाया परन्तु कालान्तर में उसमें पाप समा गया और भगवान ने भीमसेन को मनुष्यों को नीति मार्ग पर चलने के लिए शिक्षित करने हेतु नियुक्त किया। उन्होंने अपनी गदा का इतनी जोर से प्रहार किया कि दुनिया नष्ट हो गई। बरमदेव ने पशुओं में पाप और अनाचार देखकर पत्थरों की तीव्र वर्षा कर उन्हें नीति का पाठ पढ़ाने का प्रयास किया। बादलों की गड़गड़ाहट इन्द्र राजा द्वारा दुष्ट कंस राजा पर बाण से किए गए आक्रमण से उत्पन्न ध्वनि है। देवताओं ने एक मुनि को उत्पन्न करके संसार को सुधारने हेतु उन्हें पृथ्वी पर भेजा।

अधिकांश कमार कथाओं का चरित्र हिन्दू है और वे आदिवासी कथाओं के चरित्र के अनुरूप नहीं है। मिथकथाओं में महादेव की भूमिका प्रमुख है। उनका भगवान के साथ जादुई संघर्ष होता है और वे उन्हें पराजित कर देते हैं। वे पार्वती के साथ वन में विचरण करते हुए मनुष्यों की सहायता करते हैं। कचना धुरवा को उन्होंने तम्बाकू प्रदान की और उसका सेवन करना सिखाया। वे ढोल-माँदर बनाते हैं और इस कार्य में इतने तल्लीन हो जाते हैं कि पार्वती को उन्होंने बुलाने हेतु उनका ध्यान भंग करने के लिए एक बाघ को उनके पास भेजना पड़ा। उन्होंने एक भूखी स्त्री को पंख प्रदान किए और वह मादा उलूक बन गई। महादेव का चरित्र अस्पष्ट है और 'वे कुछ-कुछ विक्षिप्त लगते हैं' तथा सदैव भोजन की माँग करते हैं, अन्त में पार्वती उन्हें तम्बाकू भेंट करती है जिससे वे शान्त हो जाते हैं। वे सदैव नशे में रहते हैं और कलार को उत्पन्न करते हैं जो उनके लिए मदिरा तैयार करता है। एक दिन जब वे बहुत अधिक नशे में थे तो उन्होंने अपने सम्पूर्ण बदन पर राख मल ली और बैल पर बैठकर भ्रमण करने लगे। वे अकेले मदिरापान न करके उस ज्ञान को मनुष्यों से भी बाँटते हैं। उनका स्वभाव सामान्यतः उग्र और सनकी है। उन्होंने क्रोधवश एक नाविक की जीभ खींचकर उसे नदी में फेंक दिया और वह मगरमच्छ बन गया। उन्होंने अर्जुन के साथ जबरदस्ती अपनी बहन का विवाह कर दिया, वास्तव में यह कथा कृष्ण की बहन सुभद्रा की थी। उन्होंने भस्मासुर से संग्राम किया जिसके रक्त के परिणामस्वरूप तिनसा वृक्ष का गोंद उसी रंग का हो गया, उनके युद्ध के समय इमली के पत्तों का आकार वर्तमान में उपलब्ध आकार जैसा हो गया और वे वैसे ही बने रह गए।

इन कथाओं में हिन्दू प्रभाव के कारण एक चरित्र नारद ऋषि का है जो तपस्या करते हैं। उनकी तपस्या में पक्षियों के कलरव से विघ्न उत्पन्न होता है और वे उनकी जीभ ऐंठ देते हैं ताकि वे बात न कर सकें। इनकी कथा में भीमसेन अनेक स्थानों पर प्रकट होते हैं और कहीं-कहीं तो बिंझवारों की महाभारतवाली कथा की छाया इनकी कथा में भी दिखाई पड़ती है। एक दिलचस्प कथा में भीम द्रोपदी द्वारा मालिश करने हेतु अपने बिस्तर पर वृक्ष का एक तना ढककर रख देते हैं और जब द्रोपदी को इसका पता चलता है तो वे उसे श्राप देती हैं और वृक्ष के तने पर काँटे उत्पन्न हो जाते हैं। अग्नि की उत्पत्ति सम्बन्धी कथा में हनुमान द्वारा लंका दहन कथा पर रामायण के कथानक का स्पष्ट प्रभाव है।

कोंड कथाएँ

कोंड उड़ीसा की सर्वाधिक विदित जाति है और संख्या की दृष्टि से भी वह सबसे बड़ी है। सन् 1941 की जनगणना में उनकी जनसंख्या 6,90,000 थी जिनमें से

2,06,809 गंजाम एजेंसी में, 1,76,502 कोरापुट में और 1,32,017 कालाहाँडी में निवास करते थे। इस ग्रन्थ की योजना हेतु मैंने कोंड जाति को तीन भागों में बाँटा है: कुटिया कोंड जो अत्यन्त पिछड़ी हुई और विशिष्ट है तथा दूरस्थ उत्तर-पश्चिमी पर्वतीय गंजाम जिले में निवास करती है, कालाहाँडी के कोंड तुलनात्मक दृष्टि से अधिक सभ्य हैं। कालाहाँडी और कोरापुट तथा गंजाम की पर्वतीय तलहटियों और मैदानी भाग में रहनेवाले कोंड और कोंडा डोरा में से बहुत से लोग तेलुगू प्रभाव में आ गए हैं।

कुटिया कोंड जनों का जीवन पूर्ण रूप से बेवर कृषि पर निर्भर है। इस कार्य में वे इतने दृढ़तापूर्वक संलग्न हैं जितने पूर्व समय में मेकल पर्वत श्रृंखला में निवास करनेवाली बैगा जनजाति थी। कृषि की यह विधि उनकी जीवनशैली को भी पूर्ण रूप से निर्धारित करतीं है, उनके घरों का वास्तु शिल्प भी इसके कारण प्रभावित होता है। स्थान परिवर्तन करके की जानेवाली कृषि का अर्थ है, गाँवों का भी स्थानान्तरण होना। कोंडजनों के स्थानापन्न कुछ परम्परागत स्थल हैं जहाँ वे कुछ वर्षों के अन्तराल में चले जाते हैं। इसके परिणामस्वरूप वे पक्के मकान न बनाकर डेरे सदृश घर बनाते हैं जो या तो दो सीधी समानान्तर कतारों में होते हैं या एक खुले प्रांगण के चारों ओर वृत्ताकार में। इन मकानों के छप्पर नीचे होते हैं और उनकी फर्श भूमि से नीची होती हैं। लोग अपने बेवर खेती में लम्बे समय तक काम करते हैं इस कारण उनका वन्य जीवों से सामना मैदानी क्षेत्र में रहनेवाले कोंडों की अपेक्षा अधिक होता है।

सभी प्रकार के कोंडजनों में शयनगृहों की प्रथा विद्यमान है, इनमें लड़के और लड़कियों हेतु पृथक गृह बनाए जाते हैं। इनमें विवाह स्थानीय जनों एवं सगोत्रों के बीच वर्जित है और अधिकांश विवाह माता-पिता द्वारा निश्चित किए जाते हैं। इनका देवलोक बहुत विशाल है जिसमें अनेक देवता हैं जो प्रचंड क्रोधी हैं, जिनको निरन्तर प्रसन्न रखा जाता है और इसके कारण ओझा तथा गुनियों का समाज में बहुत प्रभाव है, कोंड समाज में कोंड ओझिनें भी हैं, दूसरे आदिवासियों के मतानुसार वे टोन्ही-जादूगरनी हैं, सभी लोग कोंड जादू को विश्व का सर्वाधिक शक्तिशाली जादू मानते हैं। कुटिया कोंड और उन कोंडजनों में जिन्हें मैंने बिना किसी विशेषण के केवल कोंड कहा है, में कोई अन्तर नहीं है। प्रमुख अन्तर केवल इतना ही है कि वे स्थायी कृषि करने लगे हैं और उन पर हिन्दू प्रभाव अधिक है। फिर भी कालाहाँडी के कुछ कोंड उतने ही जंगली हैं जितने कि उत्तर-पश्चिम गंजाम के।

सभी कोंड एक द्रविड़ियन भाषा बोलते हैं जो 'कुइ' कहलाती है, यह जनजाति इतने विस्तृत क्षेत्र में बसी हुई है कि उनकी अलग-अलग क्षेत्रों की भाषा में कुछ-कुछ अन्तर दिखाई पड़ता है। दक्षिण-पश्चिम कोरापुट के कोंडजनों की भाषा का वहाँ नाम 'कवी' हो गया है। एक विशाल जनजाति होने के कारण समस्त कोंडजनों का सामान्यीकरण करना कठिन है। रसेलकोंडा के कोंड समूह के सदस्यों को हिन्दू कृषकों

से पृथक रूप में पहचान पाना कठिन है, जबकि अन्य सभी कोंड भारत की सर्वाधिक आदिम जाति में गिने जाते हैं।

प्रत्येक कोंड के हृदय में गहराई तक यह विश्वास जमा हुआ है कि मानव रक्त उत्पादक शक्ति से भरपूर है, इसी कारणवश इनमें नरबलि की प्रथा विद्यमान है जिसके कारण ये सम्पूर्ण नृतत्वशास्त्रीय विश्व में विख्यात हैं। इस विषय पर पर्याप्त साहित्य उपलब्ध है जो एक शताब्दिकाल में लिखा गया है। यद्यपि आधिकारिक तौर पर यह प्रथा बन्द हो गई है, परन्तु इसमें जरा भी आशंका नहीं कि नरबलि की घटनाएँ कभी-कभी होती हैं और अध्याय 27 में संकलित कथाओं में उनका अवलोकन किया जा सकता है कि कोंड इस प्रथा से कितनी गहराई के साथ जुड़े हुए हैं। आजकल वे नरबलि के बदले भैंसे की बलि देते हैं जिसे उसके पुराने नाम मेरिहा बलि के नाम से जाना जाता है, और दूरस्थ ग्रामों में अभी भी भूदेवी को भैंसे की बलि दिए जाने के अवसर पर पुरानी मानव खोपड़ियों का उपयोग भी किया जाता है।

कोंड कथाएँ इस रूप में अत्यन्त महत्त्वपूर्ण हैं कि उनमें अनेक पुरानायकों का उल्लेख मिलता है और इनके गीतों में पुरानायकों के बीच-बीच में मानवीय नायकों का उल्लेख भी होता है। इन पुरानायकों में प्रमुख हैं निरंताली और उनके पति परमुगत्ती। रानी अरु भी कुछ वस्तुओं को उत्पन्न करती हैं और वे निरंताली की बेटी हैं। हमें और भी अनेक नाम मिलते हैं जैसे उरूरेंगन और पेनारेंगन, कपनताली और सरनताली, सोनाअरु और रूपाअरु, और भी कई अन्य नाम। इनमें कुछ नाम तो प्रतिध्वनिरूपक हैं और मैं उनके विषय में कोई अन्य जानकारी प्राप्त करने में असमर्थ रहा। वे कथाओं में मात्र लोगों की तरह मौजूद हैं। बूढ़ा पिन्नू (पिन्नू शब्द का कुई भाषा में अर्थ है देवता) और उनकी पत्नी दरनी पिन्नू और पुसुरूली जो कभी उनकी पत्नी कहलाती हैं तो कभी बहन, ये भी उत्पत्ति कथाओं में विद्यमान हैं। कोंड कथाएँ वास्तव में काफी गड्डमड्ड हैं और उनसे तर्कसंगत निष्कर्ष निकालना लगभग असम्भव है। उनमें सांस्कृतिक सम्भ्रम की स्थति है जिसमें यह विशाल जनजाति उलझ गई है, ऐसी ही स्थिति गोंड जनजाति की भी है।

अधिकांश कथाओं में निरंताली एक प्रमुख नायिका है और उसकी भूमिका महत्त्वपूर्ण है। वे धरनी माता या भूदेवी हैं। वे सफतन्ना में जो कोंड जाति का मूल स्थान है भूमि से उत्पन्न होती हैं। मैंने स्वयं उस स्थान की तीर्थ यात्रा की है जहाँ एक चट्टान के नीचे एक गुफा है, जहाँ वे पहली बार प्रकट हुई थीं, जहाँ प्रत्येक तीन वर्ष में भैंस की बलि दी जाती है।

इस स्थान पर मनुष्यों और पशुओं की उत्पत्ति हुई थी और प्रथम वृक्षारोपण हुआ था।

इस ग्रन्थ के अध्ययन के अनेक विषय हैं, इनमें 'बाइसन हार्न माड़िया' भी एक

महत्त्वपूर्ण विषय है। सुकमा के माड़िया और मलकानगिरि के कोयाजनों के मध्य विवाह सम्बन्ध प्रचलित हैं और सुकमा के माड़ियों के विवाह सम्बन्ध दंतेवाड़ा और जगदलपुर के पठार पर रहनेवाले माड़ियों के साथ भी हैं। सन् 1941 में मलकानगिरि के कोयाओं की संख्या अट्ठाईस हजार थी और उनका सम्बन्ध माड़ियों के साथ स्पष्ट है। ये लोग गोंडी भाषा बोलते हैं, इनमें भी माड़ियोंवाला गौरसींग नृत्य विद्यमान है, ये लोग परम्परा से अधिकतर पेदा खेती (Shifting agriculture) करते हैं, इन्हें सल्फी का रस प्रिय है, और इनमें याज नामक बीमारी पाई जाती है। इनके धार्मिक एवं सामाजिक रीति-रिवाज एक समान हैं, इन दोनों में ही कुलदेवता की प्रथा विद्यमान है और ये लोग मृतक हेतु शिलास्तम्भ और द्विशाखित स्तम्भ स्थापित करते हैं। माड़ियों की तरह ही ये लोग भी प्रथम व्यक्ति को दादाबुरका ही कहते हैं, और इनमें आदिम युगीन शूकर का अभिप्राय विद्यमान है (जो अन्य किसी जनजाति में नहीं मिलता) जिसके बालों से पृथ्वी का निर्माण हुआ। माड़ियों के समान ही ये भी विशाल शिश्न की कथा सुनाने में आनन्द लेते हैं। यहाँ संकलित बयालीस कथाओं में से चार कथाएँ इस विषय से ही सम्बन्धित हैं।

मिस्टर बेल के मतानुसार कुल मिलाकर कोया एक आकर्षक जनजाति हैं, वह देखने में प्रभावशाली हैं और सुगढ़ हैं यद्यपि बलिष्ट नहीं। वे ऐसे कठोर क्षेत्र में निवास करते हैं जिसमें बाहर से आकर बसनेवाले अधिक सभ्यजनों की जनसंख्या नगण्य है और ये लोग इस दृष्टि से सौभाग्यशाली हैं। इस कारण से पर्वतीय क्षेत्र में रहनेवाले कोयाजनों पर बाह्य बाहरी लोगों के भ्रष्ट करनेवाले प्रभाव से वे बचे हुए हैं। ये लोग सत्यनिष्ठ एवं स्पष्टवादी हैं और धनुषबाण, भालों और कुल्हाड़ों से शिकार करने में अत्यन्त साहसी भी। यद्यपि ये लोग आलसी कृषक हैं परन्तु शारीरिक परिश्रम करनेवाले अच्छे मजदूर होते हैं।

कोया कथाओं में प्रमुख पात्र 'देअर' है जिसका सीधा अर्थ है देवता परन्तु वह कोई युक्तियुक्त चरित्र नहीं कहा जा सकता। वह चरित्रवान है और मनुष्यों को उनके पापकर्म के लिए दंडित करता है, परन्तु उनके कार्यों में जरा-सा भी हस्तक्षेप नहीं करता। अनेक परिवर्तन उनके बिना किसी प्रयास या हस्तक्षेप के घटित होते हैं। भीमा भी कथाओं में एक नायक के रूप में कथाओं में आते हैं और एक विलक्षण कथा में वे ऐसे कथानायक दर्शाए गए हैं जो अपने दाँतों से खेतों की जुताई करते हैं और सोने के बीज बोते हैं।

कुछ कोया कथाएँ अत्यन्त रोचक हैं। एक बहुत सुन्दर कथा में एक मुर्गा और मुर्गी अपने मृतक उपकारक के शव का दाह-संस्कार करते हैं। एक छोटी-सी दिलचस्प कथा में आकाश में नृत्य करती हुई लड़कियाँ कैसे नृत्य करते हुए सितारों में परिवर्तित हो जाती हैं। खरगोशों द्वारा लोगों से कर वसूल करके उसे राजा के पास पहुँचाने का विचार जहाँ तक मेरी जानकारी है अपने आपमें अद्वितीय है, और यही बात ग्रहण

सम्बन्धी कोया कथाओं के विषय में कही जा सकती है। एक ऐसी ही असाधारण कथा वह है जिसमें एक लड़का अपनी प्रेमिका की सोने की चूड़ियाँ काटकर उन्हें वृक्ष पर चढ़ने के लिए सीढ़ियाँ बनाकर वृक्ष पर चढ़ता है। एक दूसरी कथा के अनुसार जब मनुष्य के खुर होते थे तब एक युवक ने अपना एक खुर निकालकर फेंका जो एक चट्टान में परिवर्तित हो गया। एक तीसरी कथा में एक युवक जिसकी नाक बहुत लम्बी थी, और एक युवती जिसकी सहायक एक पालतू बिल्ली थी, वह बिल्ली उसके बालों से जुँओं को पकड़कर उनका गला काट डालती थी।

दिदार्या, पटरोपुट्टू, कोरापुट जिला

आरम्भ में मुर्गों के कान खलिहानों जितने विशाल थे। मानव और देवता सभी धरती पर रहते थे, परन्तु इन्द्र के लिए यहाँ कोई स्थान नहीं था, इसलिए वे पाताल लोक में रहते थे। इस कारणवश वर्षा नहीं होती थी। अतः मनुष्यों ने रूमरोक के पास जाकर उनसे प्रार्थना की कि वे इन्द्र को आकाश में रहने हेतु स्थान प्रदान करें ताकि वर्षा होने लगे।

रूमरोक को समझ में नहीं आया कि वे क्या करें और काफी विचार करने के उपरान्त वे स्वर्णमुर्ग सोनगंजा से मिलने नीलमणि पर्वत पर गए। इस मुर्गे के रजत के विशाल आकार के कान थे। उन्हें लगा कि ये कान मुर्गे के लिए अवश्य ही बहुत कष्टदायक होंगे क्योंकि वे बहुत विशाल थे। उन्होंने मुर्गे से कहा, "ये कान तुम मुझे दे दो, मैं उन्हें बादल बनकर आकाश में फैला दूँगा और तुम्हारा नाम सदा के लिए अमर हो जाएगा।" मुर्गे को यह विचार पसन्द आया और उसने कान तथा पंजे की दो अँगुलियों और लकड़ी के खम्बों की सहायता से उन कानों को बादलों के समान फैला दिया जैसे कि वे तम्बू हों।

मुर्गा इन्द्र के पास गया। उसी समय हवा तेजी से चलने लगी। इन्द्र कूद कर मुर्गे की पीठ पर बैठ गए और मुर्गा उन्हें लेकर आकाश की ओर उड़ गया जहाँ इन्द्र ने अपना निवास बना लिया।

इन्द्र उस मुर्गे से बहुत प्रसन्न हुए और उसे आशीर्वाद दिया, "जब मैं प्रातःकाल उठकर खाँसने लगूँगा तो वह केवल तुम्हें ही सुनाई पड़ेगा और तुम जोर से बाँग देकर लोगों को सूचित करोगे कि सुबह होनेवाली है।"

बोंडो, रासबेड़ा, जिला कोरापुट

आरम्भ में मनुष्य इतने छोटे कद के थे कि उन्हें बैंगन देखने के लिए भी पौधे पर सीढ़ी टिकाकर चढ़ना पड़ता था। आकाश पृथ्वी के अत्यन्त समीप था। एक दिन एक वृद्ध

स्त्री अपने आँगन में झाड़ू लगा रही थी कि उसकी पीठ आकाश से टकरा गई। उसने क्रोधित होकर आकाश पर अपनी झाड़ू से प्रहार कर दिया और आकाश ऊपर उठ गया तथा उस वृद्धा का अवरोध हट गया। उसके पश्चात् मनुष्य का कद बढ़ने लगा, क्योंकि उनके बाढ़ के लिए स्थान बन गया था।

परेंगा कथाएँ

लगभग दस हजार परेंगा पोटांगी तालुका के दक्षिण में कोरापुट जिले में निवास करते हैं। उनकी समानता गदबाओं से है और एक समय ऐसा था जब वे गदबा जनजाति की एक शाखा माने जाते थे, यद्यपि उनकी भाषा गदबा की अपेक्षा साँवरा से अधिक मिलती है। इस ग्रन्थ की अनेक कथाओं में दोनों जनजातियों के सम्बन्धों का उल्लेख किया गया है। एक कथा में गदबा और परेंगा को भाई बताया गया है जिनका पिता एक है और माताएँ अलग-अलग हैं। एक अन्य कथा में दोनों को भाई बताया गया है परन्तु गदबा को बड़ा भाई दर्शाया गया है।

परेंगा स्त्रियाँ भी अपने वस्त्र स्वयं एक प्रकार की झाड़ी की छाल के रेशों से बनाती हैं परन्तु वे गदबा वस्त्रों की तुलना में कम आकर्षक होते हैं। इनके वस्त्रों में सफेद वस्त्र पर लाल धारियाँ होती हैं। परेंगा जनजाति की सामाजिक और ग्रामीण संरचना मिलती-जुलती है, इनमें भी किसी समय किशोर शयनगृहों की परम्परा विद्यमान थी। अन्य जनजातियों की भाँति ही हिन्दू प्रभाव स्वरूप इनकी भी दुविधा यही है कि वे गौमांस भक्षण करें या नहीं, क्योंकि वे भी सामाजिक प्रतिष्ठा पाने हेतु लालायित हैं। एक कथा में उन्हें गौमांस खाते हुए बताया गया है और निश्चित रूप से दो कथाओं में उनका गाय के प्रति दृष्टिकोण किसी भी रूप में सम्मानसूचक नहीं माना जा सकता।

कथाओं में सर्वाधिक महत्त्वपूर्ण चरित्र इस्पुर महाप्रभु का है। अन्य जिन देवताओं का उल्लेख कथाओं में हुआ है वे हैं धर्मोदेवता (धर्म के देवता), बसोमती (जो सम्भवतः भूदेवी हैं), भीमा (वर्षा के देवता), मेघ राजा (बादलों के देवता), लक्ष्मी माता (वैभव की देवी) और सीता। कुछ दुर्लभ स्थानीय देवताओं का भी कथाओं में उल्लेख मिलता है, वे हैं डोंग डोंग, मारडिंग देवता, परन्तु कुल मिलाकर कथाओं में धुँधले रूप में सम्पूर्ण वातावरण हिन्दू ही है। परन्तु रूढ़िवादी दृष्टिकोण से यह हिन्दू कदापि नहीं है। एक कथा में जो कृष्ण से सम्बन्धित है भीमा स्नान करती हुई स्त्री के वस्त्रों को चुरा लेते हैं और उस युवती को अपने घर ले जाते हैं। जब वह युवती उनके प्रेम प्रस्ताव को अस्वीकार कर देती है तो उसकी हत्या करके तालाब के प्रति बलि चढ़ा देते हैं।

एक अन्य असाधारण कथा में राम और लक्ष्मण महाप्रभु को एक व्यापारी की कन्या के चरित्र भ्रष्ट करते हुए बताया गया है। उन दोनों भाइयों से उसे जुड़वाँ बच्चे

उत्पन्न होते हैं जिन्हें बदनामी के भय से वह वन में छोड़ आती है। परेंगाओं का उद्देश्य इस कथा के माध्यम से महाकाव्य के इन दोनों महापुरुषों का अनादर करना नहीं है। सम्भवतः यह कथा काफी प्रचलित है और कथा आदिवासी देवता या जातीय पुरानायकों के सम्बन्ध में है। वर्तमान समय में राम और लक्ष्मण नाम सर्वज्ञ हैं और कथा को एक नकली आधुनिकता का कलेवर प्रदान करने हेतु पुरानी कथा के साथ इन नामों को सम्बद्ध कर दिया गया है।

यह तथ्य महत्त्वपूर्ण है कि यहाँ संकलित बत्तीस परेंगा कथाओं में से नौ कथाएँ डाम जाति से सम्बन्धित हैं। दूसरी कथाएँ गदबाओं से सम्बन्धित हैं। छप्पर पर छावनी करनेवाली घास की उत्पत्ति की परेंगा कथा इसी विषय की गदबा कथा से मिलती-जुलती है। वास्तव में ये सभी बोंडो पुराण का अंग हैं। एक कथा में बारह भाइयों का उल्लेख है, वे सम्भवतः बारह भाई गदबा हैं।

कथाओं में परेंगा संस्थानों का विशेष उल्लेख है। इनमें से एक स्थान पर परेंगा द्वारा वृक्ष की छाल से निर्मित होनेवाले वस्त्र की तुलना डोमजनों द्वारा निर्मित सफेद वस्त्रों से की गई है जो टिकाऊ कम हैं परन्तु अपने सफेद रंग के कारण आकर्षक हैं। एक अन्य कथा में बाघ गोत्र के विषय में बताया गया है कि वे लोग बाघ का आदर क्यों करते हैं और उसको कभी भी नहीं मारते।

इन कथाओं में एक ऐसी रोचक कथा भी है जिसमें बाघ अपना भोजन पका कर खाता है और इस हेतु अग्नि लाने के लिए वह एक बाघ छौने को नौकरी में रखता है। दूसरी कथा उन दो प्रेमियों के विषय में है जो कुत्ते के रूप में परिवर्तित हो जाते हैं। एक दिलचस्प अभिप्राय मकड़ी का है जिसे इसलिए उत्पन्न किया गया कि उसके द्वारा निर्मित तार के जरिए भूत-प्रेत उतरकर पाताललोक में जा सकें।

साँवरा कथाएँ

साँवरा शब्द (सबर, साँवरा, सोरा) का उच्चारण अनेक प्रकार से हुआ है और भारतीय इतिहास में इस जनजातिवाचक शब्द का प्रयोग बहुत-सी जनजातियों के लिए हुआ है जो विस्तृत क्षेत्र में निवास करती हैं। आरम्भ में सभी कोल मूल की जनजातियों के लिए इस शब्द का उपयोग होता था, जो सिमटकर अब मध्य प्रदेश, मद्रास और उड़ीसा की जनजाति विशेष के लिए सीमित हो गया है, यद्यपि उनमें आपस में किसी भी प्रकार की समानता नहीं है। इस ग्रन्थ में हम अपना अध्ययन केवल दो समूहों पर ही केन्द्रित रखेंगे–एक तो वे जो सेवरीनारायण समूह के हैं और जो सम्बलपुर जिले में निवास करते हैं और दूसरे वे जो उड़ीसा के कोरापुट और गंजाम के पर्वतीय क्षेत्र में निवास करते हैं। प्रथम समूह के इस जनजाति के वे लोग जो अपने आपको केवल साँवरा कहते हैं, वे

अपने नाम का सम्बन्ध रायपुर जिले के ग्राम शिवरीनारायण से ग्रहण करते हैं जिस स्थान का सम्बन्ध एक परम्परानुसार एक वृद्ध सवरी या सिवोरी से है जिसने राम और लक्ष्मण को अपनी झोंपड़ी में आश्रय प्रदान किया था। एक दूसरी साँवरा कथा (मान्यता) के अनुसार इसी ग्राम में एक साँवरा भगवान जगन्नाथ के पुरी जाने के पूर्व यहाँ उनकी सेवा किया करता था। ये साँवरा अपने-अपने विचार एवं आचरण से हिन्दू हो गए हैं और सीधी तौर पर इनका पर्वतीय साँवराओं से कोई सम्बन्ध नहीं रह गया है जिनसे इस ग्रन्थ की अधिकांश कथाओं का संग्रह किया गया है।

सन् 1941 में उड़ीसा में साँवरा जनसंख्या 3,26,000 थी, जिनमें से 1,25,000 गंजाम निवासी थे और 52,500 कोरापुट निवासी। पहाड़ी साँवरा जो पर्वतीय क्षेत्र में रहते हैं उनकी अलग से गणना कभी भी नहीं की गई जो लगभग एक लाख के करीब हैं। इनका रहन-सहन, वेशभूषा, आचरण और धार्मिक आस्थाएँ इनके कोरापुट के मैदानी क्षेत्र के बन्धु-बान्धवों से काफी भिन्न हैं। ये लोग वमसधारा नदी के उत्तर में सुरम्य पर्वतीय प्रदेश में निवास करते हैं।

आरम्भ में पहाड़ी साँवरा जनजाति विद्रोही एवं योद्धा जाति के रूप में पहचानी जाती थी और वर्तमान समय में भी ये लोग स्वतन्त्र प्रकृति के हैं और इस कारण से ही ये अपनी परम्पराओं को सुरक्षित रख सके जो काफी प्राचीन हैं। इनके निवास स्थान स्थायी हैं और वे पर्याप्त बड़े क्षेत्र पर बने हुए हैं। अपनी आजीविका हेतु ये लोग पर्वतीय ढलानों पर सीढ़ीदार खेत बनाकर धान की कृषि करते हैं, जिन्हें इनके पूर्वजों ने बनाया था। इन सीढ़ीदार खेतों की जो खड़ी चढ़ाईवाले पर्वतों पर भी बनाए गए हैं उनकी इंजीनियरिंग प्रशंसनीय है। इन लोगों में से कुछ साँवरा लोहे, बाँस और यहाँ तक कि पीतल के कार्य में भी संलग्न हैं।

साँवरा जनों में जातियों के प्रति भेदभाव नहीं है। वे अपनी जाति के लोगों के बीच निस्संकोच मिलते-जुलते हैं, यहाँ तक कि सामान्य रूप से तिरस्कृत समझे जानेवाले लोहे और पीतल का कार्य करनेवालों के मध्य भी। इनमें अस्पष्ट-सी गोत्र प्रथा प्रचलित है परन्तु उसका आधार क्षेत्रीयता है, परन्तु इनका भी गम्भीरतापूर्वक पालन नहीं किया जाता। इनकी सामाजिक संरचना एक ही पूर्वज की वंशावली पर आधारित है और अपने इस वंश समूह के अन्दर विवाह सम्बन्ध स्थापित करने को ये वर्जित मानते हैं। ऐसे परिवार अपने आपका सम्बन्ध गाँवों के द्वारा पहचाना जाना चाहते हैं, क्योंकि इन्हीं गाँवों से इनके पुरखों का गहन सम्बन्ध जुड़ा हुआ है, और युवक अधिकतर दूसरे स्थानों से अपनी वधू प्राप्त करते हैं। पर्वतीय साँवराओं में टोटेम (गोत्र व्यवस्था) नहीं है और न ही इनमें शयनगृह संस्था है और न कभी वह रही होगी।

पर्वतीय साँवरा जाति का धर्म सविस्तार प्रतिपादित है और पुजारियों तथा लोगों पर उसका गहरा और व्यापक प्रभाव है। साँवरा देवलोक काफी विस्तृत है और

अधिकांश देवता अपकारी एवं कष्ट पहुँचानेवाले हैं। परन्तु कुछ देवता ऐसे भी हैं जो न्यायप्रियता और दयाभावना से पूर्ण हैं जैसे दरमासुम (हिन्दू धर्मा) या उयुंगसुम अर्थात सूर्य देवता। किटुंग शब्द का प्रयोग अनेक पुरानायकों हेतु किया जाता है, एक किटुंग उत्पत्ति कर्ता एवं रूप परिवर्तन कर्ता प्रतीत होता है। अदृश्य संसार में मृत पूर्वजों की आत्माएँ और कुल देवी-देवता भी भरे हुए हैं जो बहुधा वास्तविक जगत में अकसर आत्मीय सम्बन्धों के साथ प्रकट होते रहते हैं। ओझाओं का चुनाव अदृश्य जगत की मृत आत्माएँ या कुलदेवियाँ करती हैं जो इनसे अदृश्य विवाह सम्बन्ध स्थापित कर लेती हैं। इसी प्रकार से ओझिनें भी अदृश्य पुरुष आत्माओं से विवाह सम्बन्ध स्थापित कर लेती हैं। इन सभी की मृत आत्माओं से सन्तानें भी उत्पन्न होती हैं जो अदृश्य होती हैं। साँवरा समाज में ओझा और ओझिन का बहुत प्रभाव है। ये लोग मृतक लोगों के जीवन में निरन्तर हस्तक्षेप करते रहते हैं और कथाओं में वर्णित मृतक संस्कारों में यह बात स्पष्ट रूप से प्रकट हुई है। ऐसे मृतक संस्कार समय और धन दोनों ही दृष्टि से अत्यधिक खर्चीले होते हैं। शव का दाह-संस्कार एक निश्चित अवधि में एक विशेष प्रकार की लकड़ी से ही करना पड़ता है। अस्थियों और राख को समारोहपूर्वक दफनाया जाता है, और कभी-कभी मृत्यु के पश्चात 'गौर' कहलानेवाली रीति भी की जाती है जिसमें भैंसों की बलि दी जाती है और तब जाकर मृतक की आत्मा को पाताललोक (प्रेतलोक) में प्रेतों के बीच स्थान प्राप्त होता है। इस रस्म के साथ ही मृतक हेतु एक शिलास्तम्भ भी स्थापित किया जाता है। कुल देवी-देवताओं, पुरखों की मृतात्माओं की इच्छा ओझा और ओझिन के माध्यम से प्रकट की जाती है जो स्वप्नों पर आधारित होती है और इसके अनेक उदाहरण कथाओं में प्रकट हुए हैं।

यह कल्पना की जा सकती है कि साँवरा धर्म की संरचना स्पष्ट और तर्कसंगत है। साँवराओं का न तो कोई पूजा स्थल है, न ही कोई धर्म सिद्धान्त, कुछ भी नियमबद्ध नहीं है। हजारों ओझाओं की प्रेरणा अनेक धार्मिक नियमों और मिथकों की रचना करती है कि उनमें बहुत अधिक विविधता है जिसके कारण बहुत अधिक भ्रान्तिपूर्ण स्थिति है और कौन से देवता का स्थान श्रेष्ठ है और कौन-सा देवता कनिष्ट है, सर्वोच्च देवता की पहचान भी स्पष्ट नहीं है। कुछ स्थानों पर देवलोक में उयुंगसुम (सूर्य देवता) को सर्वोच्च देवता स्वीकार किया गया है। परन्तु यह भी स्पष्ट नहीं है क्योंकि धर्मासुम और गदेजंगबोई उनके रूप में पहचाने जाते हैं और उत्पत्ति कर्म में सहयोग प्रदान करते हैं। साँवरा जिसे राम्मा कहते हैं अकसर उसका सम्बन्ध भिम्मा से होता है, उसे भी कभी-कभी कहीं-कहीं पृथ्वी तथा मनुष्य समाज की उत्पत्ति करनेवाला बताया गया है। परन्तु ये दोनों ही चरित्र हिन्दू आख्यानों के राम और भीम के चरित्र से मेल नहीं खाते। अधिकांश कथाओं में उत्पन्न करने एवं रूप परिवर्तन

करनेवाला देवता किटुंग को बताया गया है।

किटुंग संज्ञा का प्रयोग एक देवता के लिए भी किया जाता है देव समूह के लिए भी, जो पृथक-पृथक परम्पराओं में बारह, सोलह या उनसे भी बड़ी संख्या के देवताओं के लिए प्रयुक्त होता है। मिथकथाओं में किटुंग महाप्रभु का भी धुँधला-सा प्रयोग मिलता है जो उस किटुंग से बड़े हैं जिनसे लोग परिचित हैं। महान जल प्रलय के पश्चात बचनेवाले दो लोगों में किटुंग और उनकी बहन थीं। एक दूसरी कथानुसार उसी किटुंग ने पुनः पृथ्वी का निर्माण किया था। एक अन्य कथा के अनुसार जो आकाश में रहता है उसने इस कार्य को किया था। परन्तु एक और कथा में प्रलय के बाद बचनेवाला जोड़ा मानव का था और किटुंग जो निर्माता एवं उत्पत्ति कर्ता है, उसके रक्षक हैं।

इस प्रकार की विसंगति कि किटुंग एक दिव्य देवता हैं या वे सम्प्रदाय के नायक हैं इस विषय में साँवरा कभी भी अपना विचार सुनिश्चित नहीं कर सके हैं। इसीलिए वे कुछ कथाओं में निर्माणकर्ता हैं वहीं कुछ अन्य कथाओं में आदि पुरुष। कुछ कथाओं में वह निश्चित रूप से आकाशीय देवता हैं जो पृथ्वी लोक से बहुत परे है, अन्य स्थानों पर वह सामान्य पारिवारिक मानव हैं। कुछ कथाओं में वह असामान्य व्यक्तियों के ओझा हैं जो पृथ्वी पर भ्रमण करता है और मनुष्यों की विसंगतियों को उनके साथ बाँटता है।

कोई भी साँवरा किटुंग की पहचान के प्रति सहमत नहीं होगा, जिसका उल्लेख उनकी कथाओं में बारम्बार होता है। कोई उन्हें रामा कहता है, कुछ लोग कोरायतू, कुछ लोग महाप्रभु। उन्होंने इस प्रश्न को कभी भी महत्त्वपूर्ण नहीं माना इसीलिए इस दृष्टिकोण से उस पर विचार नहीं किया। किटुंग कथाओं का महानायक है, सैकड़ों कथाओं का साहसी चरित्र, यह उनके लिए निरर्थक है कि इसके अतिरिक्त वह कौन है।

कुटिया कोंडजनों की भाँति ही पहाड़ी साँवरा जनों की कथाएँ भी अनोखी हैं, वे बाह्य प्रभाव से मुक्त हैं, और उनमें से बहुत-सी कथाएँ मौलिक हैं। साँवरा जीवन का शायद ही कोई पक्ष ऐसा हो जो इन कथाओं से अछूता हो।

—वेरियर एलविन

अनुवाद : निरंजन महावर

अनुक्रम

अध्याय : एक

सृष्टि का निर्माण

एक दिन सभी देवता भगवान के दरबार में एकत्रित हुए और उन्होंने वहाँ विश्व की उत्पत्ति के विषय में चर्चा की कि किस प्रकार विश्व की उत्पत्ति की जाए। भगवान ने सभी देवताओं से कहा कि, "सब लोग अपने-अपने शरीर से थोड़ा-थोड़ा रक्त निकालें," और उन लोगों ने वैसा ही किया। तब उन्होंने कहा, "सब लोग अपने-अपने शरीर से थोड़ा-थोड़ा मैल निकालें," उन्होंने भगवान की आज्ञा का पालन किया। उस सम्पूर्ण रक्त और मैल से एक विशाल चपाती बनाई गई। उस चपाती को उन्होंने जल पर फेंक दिया और इस तरह विश्व (पृथ्वी) का निर्माण हुआ।

●

बाती मुंदली और बाती सीसा को एक बार एक अनाथ बालक मिला। बाती सीसा की स्त्री उस बालक को प्रतिदिन नदी पर स्नान कराने ले जाती थी। उस बालक का शिश्न साढ़े तीन हाथ लम्बा था जिसे वह अपनी कमर पर लपेटे रखता था।

एक दिन बाती मुंदली और बाती सीसा दोनों शिकार खेलने गए हुए थे और उनकी अनुपस्थिति में बाती सीसा की पत्नी उस बालक को नदी स्नान कराने ले गई। जब वह बालक स्नान कर रहा था तब वह पत्ते तोड़ने चली गई। एकान्त में उसने अपने शिश्न को कमर पर से खोल लिया। जब बाती सीसा की पत्नी पत्ते लेकर वापस आई तो उसने उस युवक के शिश्न को देखा और मन-ही-मन सोचा, "यह कितना आनन्द प्रदान करता होगा!" उसने लड़के से आग्रह किया कि वह उसके साथ मैथुन करे। परन्तु उसके कारण उस स्त्री की मृत्यु हो गई। उस लड़के ने पुनः अपना शिश्न कमर में लपेट लिया।

जब बाती मुंदली और बाती सीसा वापस आए तब उन्होंने अपनी पत्नी को खोजा, तब उसकी लाश उन्हें मिली। उन्होंने उस लड़के से पूछा, "उसकी मृत्यु कैसे हुई?" लड़के ने उत्तर दिया, "वह बीमार पड़ गई थी और मर गई।" उन लोगों ने उस स्त्री के शव को देखा, उसकी योनि में से रक्त बह रहा था, और युवक के शिश्न पर भी रक्त लगा हुआ था। उन लोगों ने उसके शिश्न को कमर पर से खोलकर नापा तो पाया कि वह साढ़े तीन हाथ लम्बा है। उन लोगों ने उस लड़के की हत्या कर दी और उसके हाथ और पैरों से वृक्षों की उत्पत्ति हुई, उसके बालों से घास की उत्पत्ति हुई, उसकी

हड्डियों से चट्टानों की, उसके रक्त से मुरूम (लाल मिट्टी) की, और उसके सिर से नारियल के वृक्ष की उत्पत्ति हुई।

●

प्राचीनकाल में जब भूमि जल में डूबी हुई थी, तब रूमरोक ने आकाश पर फैले हुए मकड़े के विशाल जाले में एक बहुत बड़ा सूअर लटका दिया था। जब रूमरोक ने नई सृष्टि की रचना करने का निश्चय किया, तब उन्हें कहीं से भी मिट्टी नहीं मिल पा रही थी। उन्होंने अनेक स्थानों को खुरचकर देखा पर कहीं भी सफलता नहीं मिली, परन्तु जब वे मिट्टी की खोज में उस सूअर के पास गए तब उन्हें उसकी पूँछ पर लगी हुई कुछ मिट्टी मिली। उन्होंने वह मिट्टी लेकर पानी पर छिड़क दी। वह मिट्टी उगकर बढ़ने लगी और बढ़ते-बढ़ते वह इतनी अधिक फैल गई कि जब सूखने लगी तो सम्पूर्ण जल ढक गया परन्तु वहाँ कीचड़ के कारण नमी और गन्दगी बनी हुई थी, तब रूमरोक ने सूअर को मारकर उसकी हड्डियों को पीसकर सर्वत्र फैला दिया। जब कीचड़ सूख गई तब पृथ्वी की सतह सख्त और मजबूत बन गई।

रूमरोक ने उसके बाद जीवों की उत्पत्ति की और सूअर से कहा, "तुम सदा पानी में लोट सकते हो और तुम उतने ही मजबूत होओगे जितनी कि यह भूमि है।"

●

पुराने जमाने में बेला पिन्नू आकाश में रहा करते थे। बाद में वे पृथ्वी पर आए। परन्तु पृथ्वी उस समय तक पूर्ण रूप से नहीं बन पाई थी, इसलिए वह इधर-उधर हिलती थी। जब बेला पिन्नू ने अपना पैर भूमि पर रखा तो वह उसमें धँसता चला गया। तब बेला पिन्नू बोराजुड़ीवाटोली नदी से पत्थर उठाकर लाए जिन्हें उन्होंने भूमि पर जमाया और उन पर बैठ गए। उसी समय सफागन्ना में बोगी पिन्नू का जन्म हुआ। उन्होंने इधर-उधर देखा और जब उन्हें वहाँ कोई भी नहीं दिखाई पड़ा, तो एकाकीपन के भय से उसने आत्महत्या कर ली। बेला पिन्नू उस स्थान पर गए और उसके शरीर के टुकड़े-टुकड़े करके चारों दिशाओं में फेंक दिए।

उन टुकड़ों से विशाल पर्वतों की उत्पत्ति हुई। बेला पिन्नू के पुत्र आकाश से उन्हें खोजने आए। वे सप्त सूर्य थे, अतः उनके ताप से वे पर्वत भस्म हो गए और मैदानों में परिवर्तित हो गए।

●

एक दिन उरूरेंगन और पेनारेंगन दोनों शिकार खेलने निकले। उन्होंने एक साँभर देखा परन्तु उसे वे मार नहीं पाए। वे निरंताली के पास गए और उनसे कहा, "हम शिकार पर निकले हैं और थककर चूर-चूर हो गए हैं, परन्तु हमें एक भी जानवर नहीं मिला।" निरंताली ने उनकी बात पर विचार करते हुए एक साँभर को जादू से बाँध दिया जिससे

कि वह भाग न सके और उरूरेंगन तथा पेनारेंगन से कहा कि जाकर उस साँभर का शिकार कर लें। जब तुम गाँव में उस पशु को लेकर प्रवेश करो, उसके पहले मुझे सूचित कर देना। वे दोनों जंगल में गए और उन्होंने साँभर को मार डाला तथा निरंताली को सूचना भेजकर गाँव में आ गए। निरंताली वहाँ अपने राख से भरे हुए पंखे के साथ आ पहुँची और वह राख साँभर के सिर पर फेंकने लगी। जब-जब वह उसके सिर पर राख फेंकती तब-तब वह पत्थर बन जाती, काले रंग के, श्याम रंग के, सफेद रंग के पत्थर। उरूरेंगन और पेनारेंगन ने कहा, ''ऐसा आप क्यों कर रही हो?'' उसने उत्तर दिया, ''विश्व में पत्थर नहीं हैं, मात्र सपाट मैदान हैं, बिना पत्थरों के तुम लोग आराधना कैसे करोगे? तुम अपने टाँगिए (कुल्हाड़ी) पर धार कैसे चढ़ाओगे, पृथ्वी का निर्माण पूर्ण कैसे होगा?''

•

सर्वप्रथम सम्पूर्ण पृथ्वी जल थी। वहाँ किसी भी तरह के प्राणी या जीव नहीं थे। चनचेंगा और पचेंगा नाम के दो कंध सर्वप्रथम जल से बाहर प्रकट हुए। उन्होंने चारों दिशाओं में तैरकर पृथ्वी का अनुमान लगाया। जल के बीच में एक विशाल चट्टान थी, जिसके दो अंगुल ऊपर तक जल फैला हुआ था। उन दोनों कंधजनों ने अपना घर उस चट्टान पर बनाया।

बहुत दिन इसी स्थिति में बिताने के पश्चात वे दोनों कंध निरंताली और कापनताली के पास मिट्टी माँगने गए। उन्होंने कहा, ''मिट्टी का कहीं नामोनिशान तक नहीं है, उसके अभाव में हम यहाँ कब तक रह सकते हैं?'' निरंताली ने अपने केश के जूड़े से चार मुट्ठी मिट्टी निकालकर उन्हें सौंप दी और कहा, ''इस मिट्टी को चारों दिशाओं में जल की सतह पर फैला दो, इससे यह मिट्टी सम्पूर्ण जल पर आच्छादित हो जाएगी।''

वे दोनों कंध उस मिट्टी को अपने साथ ले गए और उस चट्टान पर खड़े होकर उन्होंने उस मिट्टी को चारों दिशाओं में फेंक दिया। मिट्टी जल की सतह पर फैल गई और जल नीचे चला गया। उन दोनों कंधजनों ने भूमि पर चलकर देखा तो उनके पैर नीचे तक धँसते चले गए। उन्होंने एक बाँस का खम्बा स्थापित किया और उस पर एक गाय, एक भैंस और एक सूअर की बलि चढ़ाई और तब जाकर कहीं भूमि सूखकर सख्त हुई। उन बलि पशुओं की अस्थियों से चट्टान बनीं, उनके बालों से वृक्ष और घास की उत्पत्ति हुई।

•

प्रलय के समय पृथ्वी जलप्लावित हो गई थी, उस समय एक तूम्बी जल पर तैर रही थी। उस समय सूर्य और चन्द्रमा दोनों गर्भवती थीं। वह तूम्बी हवा के झोंकों के कारण इधर-उधर लुढ़क रही थी। सूर्य और चन्द्रमा ने उसी समय अपने बच्चों को प्रसव दिया।

सूर्य के सात पुत्र हुए, परन्तु चन्द्रमा की बहुत ही अधिक सन्तान हुई, जिनमें से दो को छोड़कर शेष सभी कन्याएँ थीं। वे दोनों लड़के जुड़वाँ भाई कहलाते हैं : सान्ध्य तारा और भोर का तारा।

सातों सूर्यों ने अत्यधिक गर्मी उत्पन्न की और उसके कारण जल सूख गया और पृथ्वी की सूखी सतह का निर्माण हुआ। पृथ्वी के सूखने पर वह तूम्बी भी भूमि पर एक स्थान पर ठहर गई और कुरतुसुम उसमें से बाहर प्रकट हुए। उन्होंने चारों ओर देखा तो उन्हें कुछ भी दिखाई नहीं पड़ा तो उन्हें बहुत निराशा होने लगी, "मैं यहाँ अकेला कैसे रहूँगा?" उन्होंने पूछा। सूर्य ने कहा कि तुम किटुंग हो। तुम वह सब कुछ कर सकने में सक्षम हो जो कुछ भी तुम करना चाहो। मनुष्य, पशु-पक्षी आदि को पैदा करो जो तुम्हारे साथ रहेंगे।

कुरतुसुम अपनी तूम्बी में प्रविष्ट हो गए और उन्होंने एक बाघ पैदा किया परन्तु वह सप्त सूर्य की गर्मी से जलने लगा। उसने एक जोर की गर्जना की और सूर्य तथा चन्द्रमा भयभीत होकर आकाश में बहुत दूर भाग गए। वह बाघ भी तूम्बी में घुस गया तब कुरतुसुम ने देखा कि बाघ के ऊपर धारियाँ बन गई हैं। ये धारियाँ सूर्य की तपन से जलने के कारण बन गई थीं।

कुरतुसुम ने उसके घाव भर दिए, परन्तु उसने कहा, "मैं जो कोई भी प्राणी उत्पन्न करूँगा, वे सभी सप्त सूर्य द्वारा जलाए जाएँगे।" उसने चन्द्रमा से कहा कि तुम अपने सब बच्चों को अपने बालों में छिपा लो और सूर्य से कहा कि तुमने उन सबका भक्षण कर लिया है। सूर्य ने यह सुनकर अपने बच्चों का भी भक्षण कर लिया, जिसके कारण उसके शरीर में बहुत गर्मी भर गई परन्तु वह पहले की अपेक्षा बहुत कम थी। जब सप्त सूर्यों का भक्षण हो गया तब किटुंग ने बाघ को पुनः तूम्बी से बाहर निकालकर देखा, उसे चारों ओर घुमाया। चारों ओर सुनसान था, कहीं भी कोई दिखाई नहीं पड़ता था, तब बाघ ने कहा कि "मैं यहाँ कैसे रहूँगा? मुझे रहने के लिए जंगल चाहिए, और मुझे क्या काम करना पड़ेगा?" किटुंग ने बाघ के शरीर से बाल उखाड़कर पृथ्वी पर फैला दिए और जहाँ-जहाँ बाल गिरे वहाँ-वहाँ जंगल और घास उग आई। इसके उपरान्त उन्होंने लाल मुँह का बन्दर बनाया जो बाघ का छोटा भाई था। इसके पश्चात रामा का जन्म हुआ जिसे किटुंग ने अपने छोटे भाइयों के साथ रहने के लिए भेज दिया। इसके पश्चात भीमा पैदा हुआ परन्तु वह जंगल में जाने से डरता था। इस प्रकार किटुंग ने मनुष्य और अन्य प्राणियों को पैदा किया।

अन्त में किटुंग ने अग्नि उत्पन्न की और अपनी तूम्बी को जला दिया, वह रहने के लिए एक ऊँचे पर्वत पर चले गए। अन्त में वे रहने के लिए आकाश में चले गए।

●

जिन दिनों निरंताली और सरनताली का जन्म सफगन्ना में हुआ था, उन दिनों पृथ्वी पर मिट्टी नहीं थी। चारों ओर काली चट्टानें थीं। इसलिए निरंताली और सरनताली

ने विचार किया कि पृथ्वी पर मिट्टी अवश्य होनी चाहिए और इसके लिए उन्होंने किरताली और पकताली दो कंध जनों को मिट्टी खोजने भेजा।

वे दोनों कंध अनेक स्थानों पर गए परन्तु उन्हें सभी स्थानों पर चट्टानें मिलीं और जब वे पूरी तरह थककर चूर-चूर हो गए तब एक स्थान पर बैठकर विश्राम करने लगे। उन्होंने सोचा, 'यदि हम खाली हाथ जाएँगे तब तो निरंताली और सरनताली हम पर क्रोध करेंगे।'

जब वे वापस आ रहे थे, तब मार्ग में जिन्दीबांगो और जिन्दीनेला पर्वत पड़ते थे, वहाँ से गुजरते हुए उन्होंने पर्वतों से कहा, ''यदि तुम चाहते हो कि मनुष्य का अस्तित्व बना रहे तो हमें मिट्टी प्रदान करो, यदि तुम चाहते हो कि उनका अस्तित्व मिट जाए, तो हमें मना कर दो।'' ऐसा कहकर वे वहाँ बैठकर भालुओं की भाँति अपने नाखून से चट्टानों को खरोंचने लगे। वे चट्टानें खुरचने पर भीतर से खुल पड़ीं और उनके भीतर मिट्टी दिखाई पड़ने लगी, लाल मिट्टी, काली मिट्टी, सफेद मिट्टी और पीली मिट्टी। वे इन मिट्टियों को लेकर निरंताली के पास पहुँचे। उसने मिट्टी देखकर उन्हें अधिकाधिक मिट्टी नाखूनों से खोदकर लाने हेतु पुनः भेजा।

निरंताली और सरनताली ने उस मिट्टी को एक सप्ताह तक धूप में सुखाया और फिर उसे खोखली चट्टान में पत्थर से कूटकर चूर्ण बनाया। फिर उन दोनों ने सोचा कि यदि हम इसे सम्पूर्ण पृथ्वी पर फैलाएँगे तो उसमें बहुत समय लग जाएगा। अतः उन्होंने एक उपाय सोचा, उन्होंने बड़ पुनाइको को बुलाकर उससे बाँस की एक चलनी बनवाई। फिर उन दोनों ने उस मिट्टी को चलनी में भरकर चट्टानों पर फैलाया। सात दिनों में ही चट्टानें मिट्टी से ढक गईं और भूमि तैयार हो गई। परन्तु जहाँ कहीं भी मिट्टी की परत पतली थी वहाँ-वहाँ चट्टानें दिखाई पड़ने लगीं जैसे कि आजकल भी दिखाई पड़ती हैं।

सृष्टि के आरम्भ में सर्वत्र जल ही जल था और जल के सिवा कुछ भी नहीं था। निरंताली और कपन्ताली का जन्म जल में हुआ और उनके साथ ही सोना अरू और रूपा अरू का भी। सोना अरू और रूपा अरू जल में नहीं रहना चाहती थीं इसलिए उन्होंने कहा, ''आप तो देवतागण हैं कहीं भी रह सकते हैं, परन्तु हम तो मनुष्य हैं, अतः जल में कदापि नहीं रह सकते। हमें रहने का कोई उपयुक्त स्थान बताएँ।'' निरंताली और कपन्ताली ने सब स्थानों पर जाकर भूमि का पता लगाया, परन्तु कहीं भी भूमि नहीं मिली। तब उन्होंने कहा, ''बिना भूमि के हम तुम्हारे रहने हेतु स्थान की व्यवस्था किस प्रकार से कर सकते हैं?'' उन दोनों ने कहा, ''आप अवश्य ही कोई न कोई उपाय कर सकती हैं।'' निरंताली को क्रोध हो रहा था, उसने पानी पर थूक दिया। उसके थूक से दीमक की बाम्बी उत्पन्न हो गई। उन दीमकों की विष्टा से मिट्टी बनी। उस मिट्टी को उन्होंने पानी पर फैला दिया, फिर थोड़ी और मिट्टी फैला दी और ऐसा ही दो-तीन बार और किया और भूमि तैयार हो गई।

इस तरह दीमक के समूह की विष्टा से पृथ्वी का निर्माण हुआ।

●

सृष्टि के आरम्भ में जब सर्वत्र जल और चट्टानें ही थीं, तब निरंताली, कपन्ताली, परमगत्ती, मंगरागत्ती एक चट्टान पर रहा करते थे। उन्होंने पृथ्वी और बादलों का निर्माण किया। फिर उन्होंने आकाश को आधारित करने हेतु लोहे के चार स्तम्भ बनाए। इनमें से तीन खम्बे तो एक ही आकार के थे, परन्तु चौथा खम्बा कुछ आकार में उनसे काफी छोटा था। वे सब मिलकर एक विशाल चट्टान उठा लाए और भूमि में उसे गाड़कर उसके ऊपर चौथा स्तम्भ खड़ा कर दिया। अब बादलों को सँभालने के लिए कम-से-कम एक आधार तो बन गया। उस चट्टान पर उन्होंने सभी प्रकार के वृक्ष लगा दिए, वह चट्टान बढ़ने लगी और बढ़ते-बढ़ते एक विशाल पर्वत बन गई और एक दिन ऐसा आया कि वह सभी पर्वतों से ऊँचा और विशाल पर्वत बन गया। डिंबुल पिन्नू ने उस पर्वत पर अपना घर बना लिया। उसने इस पर्वत का नाम भी डिंबुल पर्वत रख दिया। आज तक उस पर्वत पर एक सफेद बकरा और एक सफेद मुर्गा बलि चढ़ाए जाते हैं। दूरदराज सुदूर गाँवों के कंध लोग भी पत्थर एकत्रित कर उनके ढेर बनाते हैं और डिंबुल की याद में उन पर बलि चढ़ाते हैं।

●

प्रलय के समय जब पृथ्वी जल में डूब गई तब रामा और भीमा रहने के लिए आकाश में चले गए। सभी प्राणी मर गए। परन्तु रामा और भीमा के पास एक मुर्गा और एक मुर्गी थे। उस मुर्गी ने सात अंडे दिए और जब आठवाँ अंडा देने को ही थी कि वह आकाश में नहीं पहुँच पाई और अंडा नीचे गिर पड़ा और गिरते-गिरते समुद्र तक जा पहुँचा। वह अंडा फूट गया और उसका सफेद द्रव जल के ऊपर फैल गया। जब वह सूखा तो नई पृथ्वी का निर्माण हुआ। अंडे के छिलके से चट्टानें बनीं और उनके टुकड़े सम्पूर्ण विश्व में फैल गए।

●

जब पृथ्वी पर सर्वत्र जल फैल गया तब पहाड़ और वृक्ष भी डूब गए। एक तूम्बी में जो तैर रही थी एक भाई और बहन बच गए जो तूम्बी फोड़कर बाहर निकले और उन्होंने नई सृष्टि की रचना की। उन्होंने पेड़-पौधे लगाए और मनुष्य भी पैदा किए। उन दिनों मनुष्य वृक्षों के नीचे रहते थे।

एक वर्ष आम की बहुत अच्छी फसल हुई और जब आम के फल पके तो एक साँवरा उन्हें एकत्रित करके महाप्रभु किटुंग के पास ले गया। फल खाकर वे अति प्रसन्न हुए। उन्होंने कहा, ''तुम साँवराजन सामान्य मैदानी क्षेत्र में नहीं रह सकोगे। मैं तुम्हारे लिए पहाड़ी क्षेत्र को साफ करके विशिष्ट स्थान बनाऊँगा।'' महाप्रभु ने उन्हें आम की पाँच प्रकार की गुठलियाँ दीं और कहा कि इस स्थान के चार कोनों पर चार वृक्ष रोप दो और पाँचवीं गुठली को इस पठार के बीचोंबीच ऊँचेवाले स्थान पर उगाओ। साँवरा लोगों ने आम की गुठलियाँ बो दीं और उस स्थान पर दीमक पहुँच गई, जिन्होंने बड़ी-बड़ी बाम्बियाँ बना लीं।

सर्वप्रथम उस स्थान पर चार पर्वत बने : थुंपा, टंगलिया, बोडांग, किंताला। इस तरह साँवरा लोगों ने खेती आरम्भ की। इसके पश्चात अन्य पर्वतों की उत्पत्ति हुई।

●

प्रलय का मिथक

पहली दुनिया लाख से बनाई गई थी जो अत्यन्त दीर्घकाल तक टिकी। एक गाँव में पाँच शुंडी बन्धु रहते थे। उन्होंने वहाँ अपनी-अपनी एक-एक शराब भट्‌टी खोली थी और वे शराब बनाया करते थे। वे बहुत अच्छी किस्म की शराब बनाते थे। उनकी शराब इतनी श्रेष्ठ होती थी कि एक बार शराब बिखर गई और उसमें आग लग गई और वह आग दावानल बनकर पूरी दुनिया में फैल गई और लाख पिघलकर नीचे बैठ गई और सारी दुनिया पानी के नीचे डूब गई।

किटुंग महाप्रभु के पास मुर्गी का एक अंडा था। उन्होंने उसे उठाया और एक तूम्बी में छेद किया और उसमें अंडे को डाल दिया और तूम्बी का छेद बन्द कर दिया। उस तूम्बी के अतिरिक्त सभी वस्तुएँ नष्ट हो गईं और पृथ्वी जलप्लावित हो गई।

●

सुकरा नाम का एक व्यक्ति कलमेला पर्वत पर एक छोटी-सी झोंपड़ी बनाकर रहता था। धीरे-धीरे कुछ और लोग भी वहाँ एकत्रित हो गए और उन्होंने भी अपनी झोंपड़ियाँ वहाँ बना लीं और वहाँ एक गाँव बस गया। एक दिन गाँव के सब लोग शिकार खेलने गए और वे जब वापस लौट रहे थे तब उन्हें एक जंगली मुर्गी दिखाई पड़ी। सुकरा और उसके साथियों ने उसे पकड़ने का प्रयत्न किया परन्तु वह उड़कर पेड़ों के बीच गायब हो गई। परन्तु उन्हें वहाँ पाँच अंडे मिले जिन्हें सुकरा ने अपनी मुर्गी के दड़बे में उसके अंडों के साथ रख दिया। जब मुर्गी ने अंडे सेधे तो उनमें से चार बच्चे तो सही-सलामत निकले परन्तु एक अंडा सड़ा हुआ था। सुकरा उस खराब अंडे को गाँव के बाहर ले जाकर एक बड़े से पत्थर के नीचे गाड़ आया। परन्तु गर्मी के मौसम के कारण वह पत्थर फट गया और उसने अंडे को भी फोड़ दिया। "तब जानते हैं क्या हुआ?" अंडे का लाल हिस्सा भूमि में चला गया और उसने मिट्‌टी को रँगकर लाल कर दिया। सफेद हिस्सा भी मिट्‌टी में मिल गया और उसने मिट्‌टी को सफेद छुई में परिवर्तित कर दिया।

●

सोमरा माँझी का एक बेटा था। उसने अपने बेटे की शादी कर दी और शादी के बाद दोनों पति-पत्नी आनन्दपूर्वक रहने लगे। परन्तु उस लड़के की पत्नी के प्रसव का समय जब समीप आने लगा तब दोनों में झगड़ा हो गया। पति ने उसे पीटा और वह अपने पिता के घर जाने के लिए निकल पड़ी। रास्ता काफी लम्बा था और उसे बीच में ही

रात हो गई अतः वह एक वृक्ष के नीचे ठहर गई। वहीं उसने एक लड़के को जन्म दे दिया। जच्चा कमजोरी के कारण तीन दिनों तक कहीं भी नहीं जा सकी, इसलिए उसने वृक्ष के नीचे ही विश्राम किया। उसे ढूँढ़ने भी कोई नहीं आया।

चौथे दिन रात्रि के समय कोई जंगली जानवर उसके शिशु को उठा ले गया। वह चीख-चीखकर रोने लगी। वह इतनी अशक्त थी कि अपने पिता के घर जाने में भी असमर्थ थी और उसके स्तनों से दूध टपक-टपककर भूमि पर गिरने लगा। किटुंग और उसकी पत्नी उधर से जाते हुए उस स्त्री के पास पहुँचे और उससे पूछा, "तुम क्यों रो रही हो?" तब उसने अपनी रामकहानी सुनाई। किटुंग की पत्नी ने कहा, "दूध का टपकना रुक जाएगा और अब तुम्हारा कष्ट भी समाप्त हो जाएगा। तुम्हारे दूध से सफेद छुई मिट्टी उत्पन्न होगी। जब तुम अपने घर की पुताई उस मिट्टी से करोगी तब घर एकदम स्वच्छ और सुन्दर दिखाई पड़ेगा।" वे उस असहाय लड़की को साथ लेकर उसके पति के यहाँ पहुँचा आए। वह अपने साथ कुछ सफेद छुई ले गई थी और जब उससे घर की पुताई कर दी तब वह घर किसी महल के समान भव्य दिखाई पड़ने लगा।

अध्याय : दो

आकाश-नभ-व्योम से सम्बन्धित मिथक

मनुष्य सृष्टि के आरम्भ में अत्यन्त बौने थे कि उन्हें बैंगन तोड़ने के लिए भी सीढ़ियाँ लगानी पड़ती थीं। उन दिनों आकाश पृथ्वी के बहुत समीप था। एक दिन जब एक स्त्री अपने आँगन को बुहार रही थी तब उसकी पीठ बादलों से रगड़ खा रही थी। उस स्त्री ने क्रोधित होते हुए उसे मारा और आकाश ऊपर चला गया और बीच से हट गया। तब मनुष्य की लम्बाई बढ़ने लगी क्योंकि अब उनके बढ़ने के लिए पर्याप्त स्थान बन गया था।

●

बारह गदबा बन्धु सिवाय मांस के लोथड़ों के और कुछ नहीं थे। एक बार वे शिकार खेलते हुए इस्किंध्या वन में आए। एक ताड़की नामक असुरी उस वन में रहती थी। जब उसने उन भाइयों को देखा तो उन पर आक्रमण कर दिया क्योंकि वह भूखी थी। उन लोगों ने अपने धनुष-बाणों के साथ उससे संघर्ष किया और अन्त में उसे मार डाला।

जब ताड़की मरकर भूमि पर गिरी तब वह किसी विशाल पर्वत के सदृश्य दिखाई पड़ रही थी। उन लोगों ने सोचा कि यदि हम इसको इसी हालत में यहाँ छोड़ देंगे तो इसके पेट से बहुत से बच्चे निकल-निकलकर हमें खा जाएँगे। हमें इसे जला देना चाहिए। उन्होंने बहुत-सी लकड़ियाँ एकत्र करके उसके ऊपर ढेर कर दीं। उसको जब उन भाइयों ने चिताग्नि दी तब इतना धुआँ पैदा हुआ कि सारे संसार पर छा गया। वह धुआँ बादल बन गया जो अब भी पृथ्वी पर अन्धकार फैला देता है।

●

सृष्टि के आरम्भ में मुर्गे के कान खलिहान जितने बड़े होते थे। मनुष्य और देवता दोनों ही पृथ्वी पर निवास करते थे। परन्तु इन्द्र के रहने के लिए उस समय पृथ्वी पर कोई भी स्थान नहीं था इसलिए वह पाताललोक में रहता था। इन्द्र के पाताललोक में रहने के कारण वर्षा नहीं होती थी इसलिए चिन्तित होकर मनुष्यगण रूमरोक के पास गए और उनसे आग्रह किया कि इन्द्र को रहने के लिए आकाश पर कोई स्थान प्रदान कर दें, जिससे कि पृथ्वी पर वर्षा हो सके।

रूमरोक ने बहुत विचार किया परन्तु उनकी समझ में नहीं आया कि क्या किया जाए, अतः वे सोनगंजा से मिलने निरंताली पर्वत पर गए। सोनगंजा स्वर्ण मुर्ग था, जिसके रजत के अत्यन्त विशाल कान थे। रूमरोक ने सोचा कि हो न हो ये कान अत्यन्त कष्टदायक होंगे क्योंकि ये इतने विशाल हैं कि इन्हें सँभाल पाना ही कठिन है। उन्होंने कहा, "तुम अपने ये कान मुझे दे दो, मैं इन्हें आकाश पर फैलाकर बादल बना दूँगा, और तुम्हारा नाम सदा के लिए अमर हो जाएगा।" मुर्गे ने इस परामर्श को स्वीकार करते हुए अपने दोनों कान और दोनों अँगूठे निकालकर दे दिए। रूमरोक ने दोनों अँगूठों और कुछ लकड़ी के खम्बों पर उन कानों को रखकर आकाश में फैलाया जैसे कि वे कोई तम्बू हों।

तब वह स्वर्ण मुर्ग इन्द्र के पास गया और उसी समय जोर का तूफान आया जो मुर्गे के डैनों में फँस गया और तभी इन्द्र कूदकर उसकी पीठ पर चढ़ गए। मुर्गा उड़ते-उड़ते आकाश में पहुँच गया और इस प्रकार उन्होंने बादलों में अपना निवास बना लिया।

इन्द्र उस मुर्गे से अत्यन्त प्रसन्न हुए और उन्होंने उसे आशीर्वाद दिया, "जैसे ही प्रातःकाल उठकर मैं खाँसूँगा, उसकी आवाज सिर्फ तुम्हें ही सुनाई पड़ेगी और तब तुम लोगों को आगाह करने के लिए कि सुबह होनेवाली है जोर से बाँग देना।"

●

भाँजगढ़ में इक्कीस गदबा भाई रहते थे। उनके इक्कीस ही बेटे थे। उन सबकी दो-दो पत्नियाँ थीं। जब सब लड़कों की शादी हो गई तब एक दिन इक्कीसों पिता सबसे छोटे बेटे के श्वसुर के दाह-संस्कार में सम्मिलित होने के लिए गए। वहाँ वे लोग तीन दिन ठहरे और फिर वापस अपने घर आ गए। रास्ते के लिए उनके सम्बन्धियों ने उन्हें तीन मटकी भरकर पेज, पाँच काँवड़ चावल और एक बैल दिया जिससे कि उन्हें रास्ते में किसी वस्तु की कमी न पड़े। जब वे रास्ते में थे तो बड़े भाई को तीव्र भूख लगी और उसने निश्चय किया कि बैल को मार डालें। जब उसने यह प्रस्ताव सबके समक्ष रखा तो सभी ने सहमति दे दी। उन्होंने अपनी सभी वस्तुएँ एक वृक्ष के नीचे रख दीं, उस बैल को मारकर टुकड़े-टुकड़े किए। परन्तु उनके पास उसका मांस पकाने के लिए बर्तन नहीं थे।

अतः दो भाई कोलांगपुट कुम्हारों के यहाँ गए और उनसे दो बड़े-बड़े घड़े लेकर आए और कुछ बड़े-बड़े पत्थर एकत्र कर चूल्हे बनाए। उन्होंने तीन गाड़ी लकड़ियाँ ईंधन के लिए एकत्र कीं और उन्हें जलाया। उन्होंने उन मटकों में मांस भरकर चूल्हे पर चढ़ा दिया। जब मांस पक रहा था तब भाप के कारण वह खदबदाने लगा क्योंकि उन मटकों को ढकने के लिए उनके पास कोई वस्तु नहीं थी। पानी उछलकर सीधा आकाश में गया और उसके साथ मांस के कुछ टुकड़े भी उड़कर आकाश पर चले गए। पानी और भाप तो जाकर बादल बन गए और मांस के टुकड़े तारे बन गए।

●

जब झलिया गदबा की बूढ़ी स्त्री की गुरुकोट में मृत्यु हुई, तब तक उसके पाँचों बेटों का विवाह निपट चुका था, तब लोग दसगात्र (दसवें दिन की रस्मों के लिए) के लिए एकत्रित हुए। वे रात्रि में देर तक शराब पीकर नाचते रहे। उस दिन उन्होंने एक गाय मारी थी और उसकी खाल साफ करके सूखने के लिए फैला दी थी। जब सब लोग नाच-गा रहे थे, झलिया ने उस खाल को उठाकर तमाशे के बतौर अपने मित्रों के ऊपर फेंका। उन्होंने उसे झिंझोड़ा और वह उड़कर आकाश में चली गई। वह ऊँची और ऊँची उड़ती चली गई और तब तक उड़ती रही जब तक कि वह एक छाते के समान न बन गई। वह खाल नीचे से सफेद रंग की दिखाई पड़ रही थी जो प्रथम बादल बनी।

●

सृष्टि के आरम्भ में आकाश नहीं था। जब मनुष्यों की आबादी में वृद्धि हुई तब देवताओं ने मिलकर यह निर्णय लिया, "अब हमारा पृथ्वी पर मनुष्यों के बीच रहना उचित नहीं है, क्योंकि वे बहुत हो गए हैं, और हमें बहुत कष्ट देंगे। हमें अपने लिए आकाश का निर्माण कर लेना चाहिए जहाँ आराम से रह सकेंगे।" परन्तु कुछ देवताओं ने कहा, "हम आकाश किस वस्तु से बनाएँगे!" बूढ़े पिन्नू ने तब कहा, "सब लोग अपने-अपने शरीर से थोड़ा-थोड़ा मैल उतारकर बादलों का निर्माण करो।" उन सब देवताओं ने अपने-अपने शरीर से मैल उतारा और अपने दाहिने पैर के तलवे की मिट्टी उतारी और भूमि में गड्ढा खोदकर उन दोनों को पानी के साथ मिलाकर सात दिनों तक उसी स्थान पर ढँककर छोड़ दिया। वह कीचड़ लोहे और शीशे में परिवर्तित हो गई, जो पहले कभी अस्तित्व में नहीं थे।

बूढ़े पिन्नू ने दो लोहार बन्धु बनाए—मुकुटेरा और कनुटेरा और उनको आकाश बनाने का आदेश दिया और उनको समझाया कि शीशे का आकाश बनाओ और उसे लोहे के चार खम्बे पर स्थापित करो। लोहारों ने चार कोनों पर लोहे के चार खम्बे खड़े किए और फिर शीशे को फैलाकर थाली की तरह पतली छत सदृश बना लिया और फैला दिया। देवता लोहारों के काम से बहुत प्रसन्न हुए और उनको भविष्य में भी लोहे का ही काम करने की आज्ञा दी। तब से देवतागण आकाश में रहने चले गए।

●

कोंड, सिकरगुड़ा, कालाहाँडी

पुराने जमाने में जब किसी मनुष्य की मृत्यु होती थी तब पड़ोसी उसे गाड़ दिया करते थे। पिज्जु बिबेंज आकाश में रहते थे। उन्होंने निरंताली से कहा, "जब कोई मरता है तो मुझे उसकी अस्थियाँ और राख क्यों नहीं दिखाई पड़तीं?" निरंताली ने कहा, "क्योंकि हम उन्हें भूमि में गाड़ते हैं।" पिज्जु बिबेंज ने कहा, "बहुत अच्छा, अब हम उन्हें जलाएँगे।"

अगली बार जब एक व्यक्ति की मृत्यु हुई तब उन्होंने बहुत-सी लकड़ी इकट्ठी की और उसके शव को जलाने का प्रयत्न किया, परन्तु उसमें आग पकड़ती ही नहीं थी। निरंताली ने उसमें जोर-जोर से फूँक मारी, उसकी फूँक भाप जैसी थी। वह लकड़ियों पर गई और उनसे इतना भारी धुआँ उठा कि वह आकाश तक पहुँच गया। निरंताली ने पिज्जू बिबेंज से कहा, ''यह धुआँ शव के जलने से उठ रहा है। इस धुएँ को जंगल के जलने या चूल्हों से उठनेवाले धुएँ से अलग रखो। जब वर्षा काल आ जाए तब इस धुएँ को मुक्त करो ताकि हमें पता लगे कि यह धुआँ बर्षा-बादलों का है।'' तब से पिज्जु बिबेंज ने इस धुएँ को एक विशिष्ट मकान में रखा है।

●

चन्द्रमा आकाश में रहती थी। वह दाल-चावल खाया करती थी। जब वह शिकार खेलने निकलती तो अपने साथ अपने नौकर और सैनिक साथ ले जाती थी। उसके एक भगवान भी थे, वह अकेली ही मन्दिर में जाकर भीतर से दरवाजा बन्द कर लेती और बलि चढ़ाती। वह पीछे मन्दिर में अकेली ठहर जाती और अपने नौकरों को शिकार हेतु भेज देती। जब वे वापस शिकार करके आते तो मन्दिर की देहरी पर कोई भी पशु रख देते, जिसका उन्होंने शिकार किया हो। उन पशुओं का वे कलेजा तथा यकृत निकालकर अलग कर देते और तब उन्हें भूनते। उस समय उठनेवाला धुआँ आकाश में जाकर बादल बन जाता था।

जब वे किसी बकरे का चमड़ा भूनते तब आकाश और बादलों का रंग काला हो जाता, जब वे साँभर भूनते तब बादल का रंग नीला हो जाता।

●

सृष्टि के आरम्भ में आकाश पृथ्वी के बहुत नजदीक था और सभी को उससे कठिनाई होती थी। सूर्यास्त के बाद एकदम अन्धकार छा जाता था और लोगों का चलना-फिरना असम्भव हो जाता था। जब सूर्योदय होता तब इतना समीप होता कि बहुत से लोग गर्मी से मर जाते थे।

आखिर परेशान होकर मनुष्य और पशु दोनों ही निरंताली के पास पहुँचे और कहा कि हमारे सिर आकाश से टकराते रहते हैं, और अन्धकार तथा गर्मी से हमारा बुरा हाल है। निरंताली ने पाजा जानी को बुलाकर कहा, जो पृथ्वी की पूजा किया करता था, कुछ उपाय करे। उसने कहा मैं आकाश में जाकर उसे ऊपर की ओर खींचूँगा। निरंताली ने कहा, ''तुम आकाश में मत जाओ। तुम उसे अपने हाथों से ऊपर की ओर उठाओ,'' परन्तु पाजा जानी ने कहा, ''नहीं मैं अपने बच्चों को लेकर ऊपर आकाश में जाऊँगा और आकाश को ऊपर खींचूँगा।'' ''अच्छा तो तुम ऐसा ही करो। आकाश में जाकर सूर्य को अपने सिर पर रखकर ऊपर उठाओ। मैं तुम्हें वचन देता हूँ कि यहाँ मनुष्य तुम्हें बलि चढ़ाया करेंगे। जब सूर्य बादलों के पीछे छिप जाए

और हमें सर्दी लगने लगे तब हम बलि चढ़ाएँगे और तुम सब सूर्य को पुनः चमकने देना।" पाजा जानी कुर्सी पर बैठ गया और उसने अपनी बाँहें फैलाकर सूर्य को अपने सिर पर रख लिया।

●

मुरिया, बारहागुड़ा, कोरापुट

आरम्भ में आकाश पृथ्वी के बहुत करीब था। मनुष्य और पशु बहुत छोटे थे। भारंगकुल पर्वत पर साजा का एक विशाल वृक्ष था, उसमें एक खोखर था जिसमें छोटे-छोटे बच्चे रहते थे—ओल राजा और ओल रानी। एक साँप और एक बाघ उनकी टोह में थे। सर्प उन्हें दूध पिलाता था और बाघ उन्हें भोजन प्रदान करता था। समय बीतता गया परन्तु सर्प और बाघ ने उन्हें अपने पैरों पर खड़ा नहीं होने दिया। वे उन्हें सदैव अपनी गोद में रखते थे।

परन्तु जब बच्चे पूर्ण रूप से बड़े हो गए, तो भी वे एकसाथ सोते थे और राजा किसी कार्य हेतु बाहर आता तो उसका सिर आकाश से टकरा जाता। जब सर्प और बाघ ने यह देखा तो वे वहाँ से भाग गए। राजा का सिर टकराने पर उसे क्रोध हुआ और रानी की सहायता से उसने आकाश को ऊपर की ओर धक्का दिया। इसके कारण पृथ्वी नीचे की ओर गई और आकाश ऊपर उठ गया, इससे मनुष्यों के लिए काफी स्थान उपलब्ध हो गया और उनकी ऊँचाई बढ़ने लगी।

परन्तु आकाश को उठाना ओल राजा और ओल रानी के लिए इतना कष्टप्रद था कि उनकी मृत्यु हो गई और वे भूमि पर गिर पड़े।

●

पहाड़ी साँवरा, बुगडिंग, कोरापुट

एक दिन डुमरू साँवरा अपनी पत्नी के साथ कुमनपानी बाजार गया। एक व्यापारी ने उन्हें नौकरी पर रख लिया और वे बहुत दिनों तक उसके यहाँ काम करते रहे। परन्तु जब उनके एक पुत्र का जन्म हुआ तो उन्होंने वापस घर लौटने का निश्चय किया। मार्ग में उन्होंने गेहूँ का आटा तैयार किया परन्तु भूख के कारण उन्होंने उसे पकाने की प्रतीक्षा नहीं की और जब वे घर पहुँचे तो बहुत भूखे थे। घर पर किसी प्रकार की व्यवस्था नहीं थी, पत्नी को चूल्हे की सफाई करनी पड़ी, ईंधन के लिए लकड़ियाँ लानी पड़ीं, पानी लाना पड़ा और बच्चे को सँभालना पड़ा। इसमें रोटी बनाने में बहुत समय लग गया। डुमरू थका हुआ था और क्रोधित था। जब खाना उसके सामने आया तो उसने उसे

फेंक दिया। रोटी उड़कर आकाश पर चिपक गई और बादल बन गई। रोटी पर कुछ अंगारे चिपके हुए थे, वे तारे बन गए।

•

सृष्टि के आरम्भ में बादलों की छाया पृथ्वी पर पड़ती थी। मनुष्य की उत्पत्ति हो चुकी थी और वे पृथ्वी पर रहते थे और जब उनकी संख्या बढ़ी तो उन्होंने पहला बाजार रूंगेबनी में बनाया। चारों ओर के लोग वहाँ तम्बाकू, नमक, मवेशी खरीदने-बेचने आते और खुशी-खुशी अपनी आवश्यकता की वस्तुएँ लेकर वापस जाते। एक दिन कुजुसिंगी के माँझी का बेटा गुनसू, कोटवार और अन्य चार व्यक्ति बाजार के लिए निकले। जब वे पहुँचे तो रात हो चुकी थी, उन्होंने राह में विश्राम किया और दूसरे दिन फिर चल पड़े। दोपहर तक वे एक नदी किनारे पहुँचे, जहाँ उन्होंने खाना बनाया। गुनसू के बेटे के पास एक लौकी थी। उसने आधी लौकी स्वयं पकाई और आधी कोटवार को दे दी। कोटवार ने वह आधी लौकी एक लकड़ी के ठूँठ पर यह सोचकर टाँक दी कि वापसी में वह उसे पकाकर खाएगा, फिलहाल उसने अन्य साथियों के साथ भोजन कर लिया।

वे सब लोग भोजन करके बाजार के लिए चल पड़े परन्तु जब उन्होंने पीछे पलटकर देखा तो पाया कि वह लौकी उड़कर आकाश की ओर जा रही है और उसका आकार भी छत्ते की तरह फैल रहा है। नीचे से हवा उसे ऊपर की ओर उठाती ही जा रही थी और उसका आकार भी फैलकर विस्तृत हो रहा था। वह तब तक ऊपर उठती रही, जब तक कि उसने सम्पूर्ण आकाश को ढँक नहीं लिया। पृथ्वी पर एक सुखद छाया फैल गई और उन सब मित्रों ने भी अपनी यात्रा आनन्दपूर्वक और आराम के साथ पूरी की।

अध्याय : तीन

सूर्य और चन्द्रमा

बारतगढ़ में कुट्टी माँझी नामक भतरा रहता था। उस समय वहाँ की जनसंख्या बहुत थोड़ी थी, लोगों को सामान्यतः अधिक परिश्रम नहीं करना पड़ता था और वे थोड़े से बीज खेतों में बो देते थे और उतने ही से उनका काम चल जाता था।

कुट्टी माँझी ने जंगल काटकर एक बगीचा बनाया और उसमें मक्का बो दी। जब फसल पककर तैयार हो गई तब उसने अपने बेटे-बहू को रात में रखवाली के लिए भेजा। परन्तु चन्द्रमा ने आकर बगीचे से मक्का चुरा ली।

सुबह होने पर कुट्टी माँझी को रात में हुई चोरी का पता चल गया और उसने अपने बेटे को डाँट-फटकार लगाई। दूसरी रात वह स्वयं बगीचे की चौकसी करने के लिए गया और उसने मचान के नीचे आग जलाकर छोड़ दी। जब वह सो गया तब चन्द्रमा आधी रात के समय आया और उसने मक्का चुरा ली।

कुट्टी माँझी की नींद टूट गई और वह जाग उठा। उसने मचान से उतरकर एक जलती हुई लकड़ी उठाई और उससे चन्द्रमा को पीटने लगा और तब तक पीटता रहा जब तक कि उसका सम्पूर्ण शरीर आग से झुलस नहीं गया। चन्द्रमा वहाँ से भाग तो गया, परन्तु उसके तन पर आग से झुलसने के कारण पड़े धब्बे आज भी स्पष्ट रूप से दिखाई पड़ते हैं।

●

सृष्टि की रचना हो चुकी थी और मनुष्य भी पैदा हो चुका था, परन्तु विश्व में सर्वत्र अन्धकार छाया हुआ था। बासुकी को आश्चर्य होता था कि इस अन्धकार में वे कैसे रह सकते हैं। उसकी अपनी आँखों में तो प्रकाश (ज्योति) था, जिसकी चमक से वह सभी वस्तुओं को देख सकती थी। उसने अपनी आँखों से वह ज्योति उतार दी; उसने दाहिनी आँख से एक लड़का और बाईं से एक लड़की को पैदा किया। बासुकी माता ने सोचा, ''ये दोनों ज्योति की सन्तान हैं, वे अन्य लोगों के साथ कैसे विवाह कर सकते हैं। उन्हें तो आपस में ही विवाह करना चाहिए।''

उन्होंने विवाह कर लिया और उनकी बहुत-सी सन्तान हुईं। परन्तु वे सभी बच्चे माता के पास ही खेलते थे और अपने पिता को उनमें से एक भी बच्चा प्यार नहीं करता

था। सिर्फ दो बच्चे पिता के समान लगते थे। जब पिता ने बच्चों का इस प्रकार का व्यवहार देखा, तो उसे बड़ा क्रोध आया और उसने कहा, ''मैं इस लड़की के साथ नहीं रहूँगा; लगता है इसका सम्बन्ध किसी अन्य पुरुष से हो गया है, तभी तो इन बच्चों की सूरत-शक्ल मुझसे नहीं मिलती।'' पूरे गुस्से में भरकर उसने उनका परित्याग कर दिया और तब से वे दोनों अलग-अलग ही रहते हैं।

परन्तु महीने में एक बार वे एक-दूसरे को याद कर लेते हैं। जैसे ही पति ब्यालू करने बैठता है, तब उसकी पत्नी उसके पास आती है। वह अपना भोजन छोड़कर उसे पकड़ने की चेष्टा करता है। परन्तु वह रक्तिम वर्ण की हो उठती है और संकेत करती है कि वह अपने मासिक धर्म में है। चन्द्रमा का रक्तिम होना दरअसल उसके मासिक धर्म में होने का ही लक्षण है।

●

जब मनुष्य की उत्पत्ति रक्तिम युग में हुई, उस समय तक पृथ्वी पर उजाला नहीं था और सभी प्राणी दयनीय एवं कष्टदायक स्थिति में रहते थे। एक दिन महादेव और महाप्रभु भूलोक पर आए और उन्होंने जब चारों ओर अन्धकार देखा तो वे अत्यन्त दुखी होकर अपने घर वापस चले गए। उन्हें प्रकाश को उत्पन्न करना चमत्कारिक प्रतीत होता था, परन्तु उन्हें ऐसी कोई युक्ति नहीं सूझ रही थी, जिससे प्रकाश उत्पन्न किया जा सके, इसलिए उन्होंने देवताओं की एक सभा बुलाई।

उस सभा में बरूल देव, बाध्या और सेम्वयी भी शामिल हुए। बाध्या ने कहा, ''यदि कोई शिशु आँख मूँदे हुए पैदा होता है, तो वह प्रकाश प्रदान कर सकता है।'' वे सब लोग ऐसे शिशु को खोजने निकले, परन्तु उन्हें इसमें सफलता नहीं मिली।

एक पर्वत पर महामुनि बरगद के वृक्ष के नीचे बैठकर तपस्या कर रहे थे। उन्होंने अपनी आँखें बारह वर्ष से बन्द कर रखी थीं। एक दिन उन्होंने पेशाब किया तो उसके साथ उनका वीर्यपात हो गया। सिंगलद्वीप से एक काली मृग्या ने आकर उस नग मिट्टी को चाट लिया और वह गर्भवती हो गई। उसने एक पुत्र को जन्म देकर, वहीं उसका परित्याग कर दिया और भाग गई। वह शिशु बरगद के दूध का पान कर पोषित हो रहा था, परन्तु एक दिन बरगद के दूध की बूँद उसकी आँखों पर गिर पड़ी और आँखें चिपककर बन्द हो गईं। देवताओं को वह उसी स्थान पर पड़ा हुआ मिल गया और वे उसे उठाकर महादेव के पास ले गए। उन्होंने बच्चे की आँखों को कुनकुने पानी से इक्कीस दिनों तक धोया। दाहिनी आँख तो इस प्रयास से खुल गई, परन्तु बाईं आँख मूंदी ही रह गई। बच्चे ने जैसे ही अपनी दाहिनी आँख खोली तो सम्पूर्ण पृथ्वी आलोकित हो उठी और महामुनि ने कहा, ''तुम आकाश के राजा हो, सबको आलोक प्रदान करो।'' वह बालक आकाश में सूर्य बनकर रहने लगा।

●

बिंझिगिर पर्वत पर केचकेचा नाम का बिंझवार रहता था। उसकी सात बेटियाँ थीं और एक बेटा था जो उन सबमें छोटा था। वे सातों लड़कियाँ विवाहित थीं परन्तु उनका भाई कुँवारा था।

उनका पिता अपने लड़के के लिए जब बहू ढूँढ़ने गया, तब उसकी भेंट बासिनगढ़ के एक बिंझवार से हो गई, जिसकी एक बेटी थी। उन्होंने वधू-मूल्य की राशि निश्चित की और विवाह की तैयारियों में लग गए। केचकेचा की बेटियाँ वधू की सखियाँ बन गईं।

जब बारात बासिनगढ़ पहुँची तो उनका खूब स्वागत-सत्कार किया गया और उन्हें भोज दिया गया। भोज के उपरान्त रात में विवाह की रस्म आरम्भ हुई। दूसरे दिन भी बासिनगढ़ के बिंझवार ने बरातियों को दिन में भोज देकर बिदा किया और वर पक्ष के घर पर पहुँचे, तब वहाँ की रस्में शुरू हो गईं। जिस पीतल की परात में आगन्तुकों के पैर धोए जा रहे थे, वह इस बीच पानी से भर गई, और उस वधू को लोग घर के भीतर ले गए। वधू की सहेलियाँ उस परात का पानी फेंकने के लिए छत पर गईं तो परात उनके हाथ से छूट गई और उड़कर आकाश पर चली गई। वह आकाश पर जाकर चिपक गई और चन्द्रमा बनकर पृथ्वी को आलोकित करने लगी।

●

आरम्भ में (सृष्टि के) न पृथ्वी थी और न ही आकाश था, सर्वत्र जल ही जल था। देवतागण वायु में रहते थे। एक दिन वे सब एकत्रित हुए और उन्होंने अपने तन के मैल से पृथ्वी और आकाश का निर्माण किया। तब मनुष्य की उत्पत्ति हुई और धीरे-धीरे उनकी आबादी में वृद्धि हुई। वे सब लोग बढ़ईगिरी में दक्ष थे।

महादेव, महाप्रभु, बाल, सुग्रीव इन चारों देवताओं ने मनुष्य को जातियों में बाँटा। जब जातियाँ बन गईं तो देवताओं ने सभी लोगों की सभा बुला दी। उस युग में न चन्द्रमा था और न ही तारे थे। सर्वत्र अन्धकार ही अन्धकार छाया हुआ था। देवताओं को यह स्थिति बहुत ही अप्रिय लगी और उन्होंने सभा स्थगित कर दी। उन्होंने एक सोनार को बुलाकर दीपक बनाने की आज्ञा दी। उसने अपनी दुकान आकाश में स्थापित की और चाँदी का एक दीपक बनाकर बादलों पर टाँग दिया। महादेव ने अपने शरीर से थोड़ी चरबी निकालकर एक तेली को दी और उससे कहा कि इसको तेल में परिवर्तित कर दो। उस तेल को महादेव ने दीपक में भरकर जलाया तो सम्पूर्ण आकाश आलोकित हो उठा। इसके पश्चात मनुष्यों ने अपनी सभा पुनः आरम्भ की और उसमें निश्चय किया कि कौन-सी जाति कौन-सा काम करेगी। जब सब लोग वापस चले गए तो देवताओं ने सोचा, 'यदि इस दीपक को कोई बुझा देगा तो लोग हम पर हँसेंगे।' महादेव और सुग्रीव ने उस दीपक को आशीर्वाद दिया, ''रात्रि में आलोकित रहो और दिन में विश्राम करो।''

●

जब सूर्य के बच्चे पैदा हुए, तब देवताओं ने सोचा कि सूर्य स्वयं ही इतना अधिक गर्म है, फिर यदि इसके बच्चों को बढ़ने दिया गया तब तो धरती इतनी गर्म हो जाएगी कि कोई भी प्राणी जीवित नहीं बचेगा। मनुष्य और जीव-जन्तु, वृक्ष और घास सब कुछ जलकर राख बन जाएँगे। यदि हमें इस संसार को बचाना है तो हमें किसी भी रूप में इन बच्चों को समाप्त करना पड़ेगा।

देवतागण चन्द्रमा के पास गए और उससे कहा, ''सूर्य को भोज पर बुलाओ और उनके लिए शकरकन्द बनाओ। उनको बताना कि यह कितना मीठा और स्वादिष्ट है, और जब वह पूछे कि यह क्या चीज है, तब बताना कि यह तुम्हारे अपने बच्चे का मांस है जो तुमने उसके स्वागत के लिए पकाया है। सूर्य से यह भी कहना कि तुमने बच्चों की अस्थियाँ सँभालकर रखी हुई हैं और जब अवसर मिलेगा तब एकान्त में उन पर थोड़ा जल छिड़कने पर वे पुनः जीवित हो उठेंगे।

चन्द्रमा ने देवताओं के निर्देशानुसार सब कार्य किया और सूर्य ने भोजन का आनन्द उठाया और सोचा कि चन्द्रमा कितनी चतुर है। कुछ दिनों के पश्चात उसने भी भोजन तैयार किया और उसे अपनी बहन (चन्द्रमा) के यहाँ किए गए भोजन की याद हो आई। उसने अपने सभी बच्चों को मार डाला, सावधानीपूर्वक उनकी अस्थियों को एकत्रित किया और सँभालकर रख दिया और शानदार भोजन तैयार किया। परन्तु वह अपने घर में कुछ दिनों में ही एकाकीपन महसूस कर उदास रहने लगा और उसने अपने बच्चों की अस्थियों पर जल के छींटे मारे परन्तु वे सब निर्जीव ही बनी रहीं। तब सूर्य को यह महसूस हुआ कि उसके साथ धोखा हुआ है और वह चन्द्रमा की पिटाई करने के लिए गया, परन्तु चन्द्रमा उसके पहुँचने के पूर्व ही वहाँ से भाग गई। सूर्य अपनी बहन चन्द्रमा को उसकी देहरी पर खड़े-खड़े ही कोसता रहा। उसने कोसते हुए कहा, ''अपने भानजों को नुकसान पहुँचाना यद्यपि मेरे लिए पाप होगा परन्तु जैसे तुमने मुझे आघात पहुँचाया है वैसे ही तुम्हें भी आघात पहुँचेगा।'' सूर्य के बच्चे भूत बन गए और वे अपनी माँ को जब-तब पकड़कर ले जाने हेतु आते हैं, तभी ग्रहण होता है।

●

मैमन वन में जाकू गदबा अनेक वर्षों तक अपनी पत्नी के साथ रहा, परन्तु उनके कोई सन्तान नहीं थी। काफी अधेड़ावस्था में जाकू की पत्नी गर्भवती हुई। वह अपने माता-पिता के घर चली गई जहाँ उसने एक बेटे को जन्म दिया। वह बालक जब बड़ा हो गया तब उन्होंने उसके विवाह की योजना बनाई। विवाह के दिन, उस वृद्धा ने अपने कपड़े धोकर बाहर सुखाए, परन्तु शादी के उल्लास में वह उन कपड़ों को उठाना भूल गई।

जब रात हो गई, तब आगन्तुक सब आग के चारों ओर बैठकर मदिरापान करते हुए गपशप करने लगे। कपड़े अहाते की लकड़ियों पर सूख रहे थे इसलिए वे उजाले में दिखाई पड़ रहे थे, जाकू ने समझा कि वहाँ आग लग गई है, इसलिए उसे बुझाने

के लिए पानी ले आया। परन्तु उसकी वृद्धा माँ उन्हें बचाने के लिए दौड़ती हुई वहाँ आई। हवा में वे कपड़े थोड़े-थोड़े फरफरा रहे थे, इतने में ही हवा का एक तेज बवंडर आया और उन कपड़ों को उड़ाकर आकाश में ले गया। वह वृद्धा उन कपड़ों को पकड़ने आधी दूर तक पीछे-पीछे भागी परन्तु उसके हाथ में नीचेवाले वस्त्र ही आए परन्तु अन्य कपड़े एकदम ऊपर पहुँच गए और चन्द्रमा बन गए, लाल और भूरे रंग का चन्द्रमा जैसा कि गदबा वस्त्रों का रंग होता है। जब वह आधे रास्ते से वापस उतरकर पृथ्वी पर आई, तब वह खुशी से नाचने लगी और बताने लगी, ''आज मेरे वस्त्रों से चन्द्रमा बना है और मेरे वस्त्र अब पृथ्वी को आलोकित करेंगे।

●

सोमारू झोरिया की एक अत्यन्त रूपवती कन्या थी, जिसका नाम सोनवारी था। वह कुँवारी थी। उन दिनों आकाश में सूर्य नहीं था और सब लोग अन्धकार में रहा करते थे। सोनवारी कानों में सोने की बालियाँ पहनती थी। जब उसका विवाह हुआ तब वह अपने पति के साथ रहने उसके घर चली गई।

एक दिन जब वह पानी भर रही थी, तब एक चील ने झपट्टा मारा और उसके एक कान की सोने की एक बाली लेकर उड़ गई। वह उड़ती-उड़ती बहुत ऊपर चली गई और वहाँ विशाल मकड़े द्वारा बनाए गए महान जाल में फँस गई, जो उसने सम्पूर्ण आकाश को आच्छादित करने के लिए बना रखा था। वह लड़की रोते हुए अपने घर पहुँची। उसके श्वसुर ने सान्त्वना देते हुए कहा, ''तुम्हारा स्वर्ण आभूषण सूर्य बनेगा और उससे सम्पूर्ण विश्व आलोकित होगा। इसलिए तुम मत रोओ।''

इस भाँति सूर्य की उत्पत्ति हुई।

●

रूसी ने सरई (शाल) की लकड़ी से सूर्य बनाया और चन्दन की लकड़ी से चन्द्रमा। उसने सूर्योदय के पूर्व नग्न होकर स्नान किया और बाँग देने के पूर्व ही एक मुर्गे की बलि चढ़ाई। सूर्य और चन्द्रमा में प्राण प्रतिष्ठित हुए और वे आकाश पर चले गए। चन्दन के टुकड़े और उसकी छीलन से तारे बन गए।

●

सूर्य और चन्द्रमा के उत्पन्न होने के पूर्व भगवान प्रतिदिन रूसी और रूसिन के पास जाया करते थे। परन्तु वे जब भी उनसे यह प्रश्न पूछते कि मैं अन्तिम बार यहाँ कब आया था, तो वे कहते, ''आज ही।'' उस युग में दिनों का कोई हिसाब-किताब नहीं था और न ही बीते हुए दिनों का, अतः प्रत्येक दिन ही 'आज' में शुमार होता था। भगवान ने अपने मन में सोचा, 'बीता हुआ कल और आनेवाला कल को कैसे बनाया जाए!'

भगवान का एक बेटा और एक बेटी थी, जो सूर्य और चन्द्रमा थे। वे दोनों उन दिनों घर पर ही रहा करते थे और कोई काम नहीं करते थे। रूसी और रूसिन के भी एक बेटा और एक बेटी थी। भगवान अपने बेटे का विवाह रूसी की बेटी से करना चाहते थे। जब भगवान का पुत्र रूसी के घर पर गया, तब रूसी उसे देखकर डर गई, क्योंकि वह इतना शक्तिशाली और तेजस्वी था कि उस पर आँखें नहीं टिकती थीं, इसलिए रूसी ने मारे डर के अपनी बेटी को छिपा दिया। तब भगवान ने अपनी पुत्री चन्द्रमा को भेजा, और अँधेरे में उसकी भेंट अपने ही भाई से हो गई और उन दोनों ने आपस में विवाह कर लिया, परन्तु वह रूसी के साथ रहने चली गई। आखिरकार भगवान के बेटे ने जब रूसी की बेटी को देखा तो वह उस पर मुग्ध हो गया। चन्द्रमा को जब इस बात का पता चला तो वह सूर्य से झगड़ा करने लगी कि वह उसका पति है। सूर्य को इस बात पर बहुत क्रोध आया और उसने चन्द्रमा का सिर ही काट डाला, और वह रोती हुई भगवान के पास पहुँची, और उन्हें सम्पूर्ण किस्सा कह सुनाया कि उनके साथ क्या घटना घटी है। भगवान ने रूसी से जाकर पूछा, ''यह घटना कब घटित हुई?'' हमेशा की भाँति आज न कहकर रूसी ने अब की बार कहा, ''कल।'' यह सुनकर भगवान अत्यन्त प्रसन्न हुए और उन्होंने चन्द्रमा का कटा हुआ सिर पुनः जोड़ दिया। परन्तु उन्होंने कहा, ''तुम दोनों पति-पत्नी भी हमेशा झगड़ते रहते हो इसलिए तुम अब अलग-अलग रहो।''

•

मनुष्य अपने खेत जोतकर अनेक प्रकार के अन्न के बीज उनमें बो रहे थे। एक दिन भीमा ने जब वहाँ आकर लोगों को खेती करते देखा, तब उसने भी देउर के पास जाकर कहा कि मनुष्य अपने खेत जोत रहे हैं, मैं भी खेती करना चाहता हूँ। मुझे आप बीज दे दो, मैं भूमि जोतकर तैयार कर लूँगा, और आधी फसल आपको दे दूँगा। देउर ने पूछा, ''तुम्हें कौन-सा बीज चाहिए।'' ''मुझे वे बीज नहीं चाहिए जिसे मनुष्य बो रहे हैं। मुझे स्वर्ण के बीज चाहिए,'' भीमा ने कहा। भीमा को वे बीज देउर ने दे दिए और उन्हें लेकर भीमा नदी किनारे गया, अपने दाँतों से जोतकर उसने एक खेत तैयार किया और वे स्वर्ण बीज उसमें बो दिए। जब फसल उगकर तैयार हो गई, तब उसने फसल काटकर उसकी सिंचाई की और उसे सूपे से उड़ाया। उसने देउर से कहा कि एक काठा लाकर अपना हिस्सा नापकर ले लो। देउर ने वैसा ही किया। भीमा ने कहा, ''हम स्वर्ण को लकड़ी के काठे में कैसे नापेंगे। जाकर चाँदी का मान लेकर आओ।'' देउर ने घर जाकर चाँदी का काठा बनाया। जब वे स्वर्ण का बँटवारा कर रहे थे तब देउर ने कहा, ''तुम अपने हिस्से के स्वर्ण का क्या करोगे?'' तब भीमा ने कहा, ''मैं अपने स्वर्ण बीज मनुष्यों को दे दूँगा। तब वे भी स्वर्ण उत्पन्न किया करेंगे।'' देउर ने विचार किया, ''ऐसा नहीं होना चाहिए, यदि मनुष्य भी धनाढ्य हो जाएँगे तो वे फिर किसी की भी परवाह नहीं करेंगे।'' देउर ने अपना हिस्सा नाप लिया और भीमा ने अपना, परन्तु देउर ने भीमा

के हाथ से काठा झपट लिया और उड़कर आकाश में चला गया। उसने स्वर्ण को पैरों तले जोर से रौंद डाला और वह पृथ्वी के गर्भ में बहुत अन्दर पहुँच गया और चाँदी का काठा उड़कर आकाश में चला गया।

जैसे काठा कभी भरा हुआ रहता है, तो कभी खाली, यही हालत चन्द्रमा की भी होती है।

●

जब पृथ्वी जल में डूब गई और ऊपर पानी भर गया, और एक नई सृष्टि का निर्माण हुआ, उस समय सर्वत्र अन्धकार छाया हुआ था। उस समय ठाकुर रानी जुमुकपुर में रहती थी, उसका एक बेटा था और एक बेटी थी। उनके शरीर इतने कान्तिमय थे कि उनके आलोक से सम्पूर्ण जुमुकपुर हमेशा प्रकाशित रहता था।

भीमा राजा ने प्रकाश की खोज में एक चील को भेजा जिससे कि विश्व को आलोकित किया जा सके। वह सब जगह चक्कर लगाती रही, परन्तु सभी जगह अन्धकार छाया हुआ था। परन्तु वापसी में उसे जगमगाता हुआ नगर जुमुकपुर दिखाई पड़ा। वह चुपचाप एक वृक्ष पर बैठकर निगरानी करने लगी। वे दोनों भाई-बहन घर के बाहर खेल रहे थे, जब वे घर के भीतर चले गए, तो सब ओर पुनः अन्धकार छा गया। चील ने भीमा राजा को जाकर, जो कुछ उसने देखा था, वह सब बताया।

भीमा राजा ठाकुर रानी के पास जाकर उनके चरणों में गिर पड़ा। उसने पूछा, ''तुम्हें क्या कष्ट है, मुझे बताओ।'' भीमा राजा ने कहा, ''मेरी इच्छा है कि आपके बेटी-बेटे दोनों सम्पूर्ण संसार को अपनी कान्ति से आलोकित करें।'' ठाकुर रानी ने अपने दोनों बच्चों को भीमा राजा के सुपुर्द कर दिया जिन्हें भीमा राजा ने आकाश में प्रतिष्ठित करते हुए आशीर्वाद प्रदान किया कि वह लड़का दिन का राजा बनेगा और वह लड़की रात की रानी बनेगी।

इसीलिए वे दोनों भाई-बहन आकाश पर विचरण करते हैं और उन्हीं के प्रताप से सम्पूर्ण विश्व आलोकित हो रहा है।

●

सृष्टि के आरम्भ में रात्रि में सदा अन्धकार छाया रहता था, उजाला तभी होता था जब सूर्य जागता था। ऐनग्रादा कंध और उसकी पत्नी बतरोली बहुत धनवान थे, परन्तु उनके कोई सन्तान नहीं थी। बतरोली का एक अन्य कंध से प्रेम था। इसमें कोई कठिनाई भी नहीं थी, क्योंकि ऐनग्रादा और बतरोली अँधेरी रात में अलग-अलग मकानों में सोते थे। जब ऐनग्रादा अपनी पत्नी के पास आता तो दूसरा कंध जाकर समीप ही बैठ जाता और अँधेरे के कारण उसको इस व्यक्ति की उपस्थिति का पता नहीं चलता था। जब ऐनग्रादा चला जाता तो वे दोनों प्रेमी साथ-साथ सोते। इसीलिए बतरोली को अन्धकार प्रिय था। परन्तु ऐनग्रादा अन्धकार से घृणा करता था, क्योंकि उसे अपने धन की चिन्ता

लगी रहती थी। एक दिन ऐनग्रादा ने अपनी पत्नी से कहा, "चलो बूढ़ा पिन्नू के पास चलकर इस अन्धकार से छुटकारे के लिए प्रार्थना करते हैं।" यद्यपि उसे यह प्रस्ताव अप्रिय लगा, परन्तु वह खुलकर इसका विरोध भी नहीं कर सकती थी, अतः उसके साथ बूढ़ा पिन्नू के यहाँ चली गई। बूढ़ा पिन्नू ने उन दोनों का स्वागत किया और घर में ले जाकर बिठाया और उनसे सब हालचाल पूछा। ऐनग्रादा ने रात्रि में अन्धकार को समाप्त कर उनको भी आलोकित करने के लिए प्रार्थना की। बतरोली ने भगवान के पैर पकड़कर कहा, "यदि हमेशा ही उजाला होगा तब बच्चे कैसे पैदा होंगे और लोग काम कैसे करेंगे?" "तब तुम क्या चाहती हो?" उसने कहा, "आधी रातें चाँदनी हों और आधी रातें अँधेरी।" बूढ़ा पिन्नू ने तब पन्द्रह रातें ऐनग्रादा को दीं और सोलह अँधेरी रातें बतरोली को प्रदान कीं। इसीलिए कुछ चाँदनी रातें होती हैं और कुछ रातें अँधेरी।

●

चन्द्रमा बूढ़ा पिन्नू की सबसे बड़ी बेटी है और पुसरुल्ली एवं अन्य तारे उनकी अन्य सन्तान हैं।

●

पुराने जमाने में सूर्य एक श्यामा गाय के रूप में रात्रि में पृथ्वी की अनेक परिक्रमा लगाया करते थे। एक रात ऐसा हुआ कि एक कंध चोरी करने निकला और उसकी पकड़ में वह श्यामा गाय आ गई और उसे लेकर वह अपने घर चला गया। उसके बाद सर्वत्र अन्धकार छा गया और कहीं भी कुछ भी दिखाई नहीं पड़ता था। इसके बाद उसने गाय को छोड़ दिया। तब से जब भी हमें कोई श्यामा गाय दिखाई पड़ती है तो वह अकेली ही दिखाई पड़ती है।

●

जब पृथ्वी बनकर तैयार हो चुकी थी, उस समय मनुष्यों की आबादी विरली थी, जो सर्वत्र फैली हुई थी। विल्लोपंगा कंध और उसकी पत्नी जम्बुल द्वीप पर जाकर वहाँ एक झोंपड़ी बनाकर रहने लगे। दो वर्ष के बाद पिंपागुड़ा के सुकली माँझी ने अपनी बेटी का विवाह उसके साथ उसकी दूसरी पत्नी के रूप में कर दिया। उसकी दोनों पत्नियाँ पाँच वर्ष तक साथ रहीं, उसके उपरान्त छोटीवाली पत्नी गर्भवती हो गई और उसने नियत समय पर एक कन्या को जन्म दिया। उसके बाद लगातार पाँच बेटों को भी उसने जन्म दिया।

उन दिनों चन्द्रमा नहीं था। एक दिन वह लड़की अपने छोटे भाई की हजामत कर रही थी, तब दूसरे भाइयों ने भी आग्रह किया कि उनके बाल भी वह काट दे। उसने इस प्रकार चार भाइयों के बाल काट दिए। छोटा भाई वैसे ही बिना बाल कटाए रह

गया था। जब वह उसके भी बाल उस्तरे से काटने लगी, तब धोखे से उसकी चार अँगुलियाँ कट गईं और उसने दर्द से चीखते हुए उन्हें आकाश में फेंक दिया और कहा, "मेरी त्वचा (कटी हुई) चन्द्रमा बनकर सारे संसार को आलोकित करे।" उसकी त्वचा जक जक जक करती हुई बादलों के पार चली गई और वहीं पहुँचकर ठहर गई।

जैसे स्त्रियों को मासिक धर्म होता है, उसी भाँति चन्द्रमा को भी होता है। वह पन्द्रह दिन तक छिपकर रहता है और जब पहली बार प्रकट होता है तब रक्त के दाग उसके तन पर दिखाई पड़ते हैं।

●

चन्द्रमा अपने स्वाभाविक रूप में एक चटाई जितनी बड़ी दिखाई पड़ती थी। उन दिनों इतनी अधिक गर्मी पड़ा करती थी कि चट्टान दरककर दो हिस्से में बँट जाती थी और मवेशी मर जाया करते थे। लोगों ने जाकर बूढ़ा पिन्नू से कहा, "यदि चन्द्रमा का आकार इतना ही विशाल रहा, तब तो धीरे-धीरे करके सभी लोग मर जाएँगे और एक दिन ऐसा आएगा कि कोई भी जीवित नहीं बचेगा।" बूढ़ा पिन्नू ने कहा, "मैं चन्द्रमा की इतनी पिटाई करूँगा कि वह भी याद रखेगी। मैं उसे नोचकर जमीन पर फेंक दूँगा और कभी भी उठ नहीं पाएगा।" परन्तु लोगों ने सोचा कि यदि सचमुच बूढ़ा पिन्नू ने चन्द्रमा को मार डाला तो बड़ा कष्ट हो जाएगा। सब तरफ अन्धकार छा जाएगा और हम लोग कहीं आना-जाना भी नहीं कर सकेंगे। उन्होंने बूढ़ा पिन्नू से कहा, "उसे जान से मत मारो! उसके दो टुकड़े कर दो।" बूढ़ा पिन्नू ने चन्द्रमा को बुलाया परन्तु वह डरकर कहीं छिप गई। तब पाजा जानी उसके केश पकड़कर उसे घसीटकर ले आए, परन्तु घसीटे जाने के कारण उसके केश उखड़कर उसके हाथों में आ गए। प्रत्येक केश एक तारा बन गया।

बूढ़ा पिन्नू ने चन्द्रमा से कहा, "डरो मत : मैं तुम्हें मारूँगा नहीं, मैं तुम्हें काटकर कुछ छोटा करना चाहता हूँ जिससे कि तुम अपनी तीव्र गर्मी से मानव जाति को पूरी तरह नष्ट न कर सको।"

●

एक दिन मांसभक्षी सभी प्राणियों की, जिनमें तेंदुए, बाघ, लकड़बग्घे आदि सम्मिलित थे, बैठक हुई, जिसमें उन्होंने विचार किया कि अपना शिकार कैसे करें, क्योंकि दिन में बाहर निकलना खतरे से खाली नहीं था और रात में अन्धकार के कारण कुछ भी दिखाई नहीं पड़ता, क्योंकि उन दिनों चन्द्रमा नहीं था। वे सब निरंताली के पास गए और कहा, "आपने मनुष्यों के लिए तो प्रकाश की व्यवस्था की है, हमारे लिए आप क्या कर रहे हैं?" निरंताली ने कहा, "मैं तुम्हारे लिए अलग से कोई प्रकाश की व्यवस्था नहीं कर सकता। तुम इसके लिए सोनू-अरू और रूपा-अरू के पास जाओ। वे तुम्हारे लिए कुछ न कुछ व्यवस्था अवश्य करेंगे।"

तब वे सब मांसाहारी प्राणी सोनू-अरू और रूपा-अरू के पास गए। सोनू अरू की एक अत्यन्त सुन्दर कन्या थी और संसार के सभी लोग उससे प्रेम करते थे। रूपा-अरू ने कहा, "ये सभी लोग तुमसे प्यार करते हैं, तुम इनमें से किसी एक का कैसे चुनाव कर सकोगी? तुम आकाश में चली जाओ और रात्रि में दर्पण दिखाओ, तब लोग तुम्हें और भी अधिक चाहने लगेंगे। यदि तुम यहीं रहोगी तो लोग तुमसे झगड़ा करेंगे।" वह लड़की आकाश में रहने चली गई, जहाँ उसे सभी लोग देख सकते हैं, और अब उनको किसी प्रकार की ईर्ष्या भी नहीं है तथा मांसभक्षी प्राणी रात्रि में उसके दर्पण के प्रकाश में अपना शिकार आसानी से ढूँढ़ सकते हैं।

●

निरंताली ने एक शानदार भोज दिया और उसके लिए उन्होंने एक भैंसे की बलि चढ़ाई। उन्होंने पात्रो, पाइक और अन्य महत्त्वपूर्ण व्यक्तियों को साफे भेंट किए। परन्तु निरंताली ने चन्द्रमा को कोई भेंट नहीं दी, तो वह रोने लगी। उसने सोचा, 'जब आदमियों को साफे भेंट में दिए जा सकते हैं तो मुझे क्यों नहीं?'

जैसे सब लोग अपने-अपने घर चले गए वैसे ही चन्द्रमा भी चली गई, परन्तु कुछ दिनों के बाद वह रोते हुए निरंताली के पास आई और कहने लगी, "आपने भोज के बाद सबको साफे भेंट किए थे परन्तु मुझे क्यों नहीं किया?" निरंताली ने कहा, "अब तुम मुझे भोज पर बुलाओ, तब मैं तुम्हें साफा भेंट करूँगा।" चन्द्रमा ने अपने घर जाकर मदिरा, अन्न और भैंसे ले आई। सब अतिथि इकट्ठे हुए और निरंताली ने चन्द्रमा के मस्तक पर एक स्वर्ण का आभूषण पहना दिया और उसकी गोद में खरगोश का बच्चा देकर उसने कहा, "इस बच्चे को सदैव अपनी गोद में रखो, इसे खिलाओ-पिलाओ और इसके साथ खेलो। पूर्णमासी के रात्रि में जब तुम अपने पूर्ण आकार में रहोगी तब लोग तुम्हारे मस्तक पर यह आभूषण और तुम्हारी गोद में खरगोश देखेंगे।"

सूर्य ने यह देखकर निरंताली से अपने लिए भी साफे की माँग की परन्तु निरंताली ने कहा, "मेरे पास सब साफे समाप्त हो गए हैं, परन्तु यह लो एक स्वर्ण मुकुट। इसे धारण करो।" सूर्य की किरणें उसी मुकुट से निकलकर आती हैं।

●

निरंताली और परूमगत्ती ने मनुष्य और जीव-जन्तुओं को बनाया, परन्तु उन दिनों चारों ओर अन्धकार था : सूर्य और चन्द्रमा नहीं थे। निरंताली ने कहा, "हमने ये सब चीजें बनाइ ं, परन्तु वे अन्धकार में कैसे रह सकती हैं? हम प्रकाश कैसे उत्पन्न कर सकते हैं?" उन्हें प्रकाश उत्पन्न करने की कोई भी युक्ति नहीं सूझ रही थी, अतः निरंताली आकाश पर चली गई।

वहाँ एक स्वर्णमय पत्थर था जिसे पीसकर निरंताली ने उसे चूर्ण बनाया। वहीं समीप में एक तालाब के किनारे पिज्जू-बिबेंजा रहता था। निरंताली ने उस स्वर्ण चूर्ण

को अग्नि में जलाया और जब उसमें से चमकदार लपटें निकलने लगीं तब उन्होंने उस पर पानी डालकर बुझा दिया। ''उन्हें युक्ति मिल गई। जब मैं इस पत्थर को जलाऊँगी तब दिन होगा, जब इसे बुझा दूँगी तो रात होगी।'' पिज्जू बिबेंजा ने निरंताली से कहा कि वह प्रतिदिन इस क्रिया को करे।

●

जब सृष्टि की रचना हुई और मनुष्य उत्पन्न हुआ, उस समय चारों ओर अन्धकार था और मनुष्य अत्यन्त कष्टदायक स्थिति में थे। कपनताली थोड़ी-सी सफेद छुई मिट्टी लेकर आई और उसने उसमें तेल मिलाकर एक दर्पण बनाया और उसे बहुत ऊँचाई पर आकाश में फेंक दिया। इसमें से सात सूर्य और सात चन्द्रमा पैदा हुए, जिन्होंने सम्पूर्ण संसार को आलोकित कर दिया। परन्तु उन सूर्यों की तपन इतनी तीव्र थी कि उनकी गर्मी से सारा संसार भस्म हो गया। मनुष्य एवं अन्य प्राणी सब भस्म हो गए।

निरंताली और परमगत्ती ने चन्द्रमाओं को बुलवाया और उनमें से छै को पकड़कर उन्होंने अपने जूड़े में बाँध लिया। इसके पश्चात उन्होंने सभी सूर्यों को भी बुलवाया और जब वे आ गए तब कहा, ''हमने छै चन्द्रमा खा लिए हैं, अब हम छै सूर्य खाएँगी।'' उन्होंने छै को खा लिया और सिर्फ एक सूर्य बचा। तब निरंताली ने छै चन्द्रमाओं को भूमि के अन्दर गाड़ दिया। उसके बाद से एक चन्द्रमा और एक सूर्य बचे हैं।

●

सृष्टि के आरम्भ में सूर्य और चन्द्रमा नहीं थे। मनुष्यों को अन्धकार में रहना अत्यन्त कष्टदायक लगता था। अतः महाप्रभु ने सूर्य और चन्द्रमा बनाए और उनसे कहा कि वे आलोक प्रदान करने हेतु आपस में कार्य का समय बाँट लें।

सूर्य ऐसा करते समय थकान महसूस करने लगा, और उसने महाप्रभु से जाकर कहा, ''जब मैं जल के भीतर काफी गहराई तक जाता हूँ, तब मैं पूरी तरह भीग जाता हूँ, और मेरे तन से दिनभर पानी चूता रहता है।'' महाप्रभु ने उसकी शिकायत सुनकर उसे एक स्वर्णछत्र प्रदान किया और उसे एक रथ भी बनाकर दिया और उससे कहा कि अब से तुम रथ में बैठकर यह छत्र लगाकर निकला करो। तुम्हें अब कभी भी भीगना नहीं पड़ेगा। उन्होंने पाँच व्यक्ति रथ खींचने के लिए भी दिए।

जब वह रथ आकाश में आता है तब उस छत्र की कमानियाँ दिखाई पड़ती हैं। रथ सिर्फ आकाश से नीचे की ओर उतरने के लिए है ऊपर की ओर चढ़ने के लिए नहीं, इसीलिए छत्र की कमानियाँ सुबह और शाम को ही दिखाई पड़ती हैं।

●

किटुंग गजामूल पर्वत पर रहते थे। बहुत दिनों में पृथ्वी का निर्माण हुआ, परन्तु उस समय चारों ओर अन्धकार था। मनुष्य किटुंग के पास प्रकाश माँगने गए। उन्होंने कहा,

"तुम लोग आओ, मैं तुम्हारे लिए प्रकाश की व्यवस्था करूँगा," और मनुष्य सब वापस आ गए।

किटुंग अपने महाप्रभु के पास गए और उनसे कहा, "मनुष्य मुझे उजाला नहीं मिलने के लिए दोषी ठहरा रहे हैं, मैं क्या करूँ?" महाप्रभु ने कहा, "तुम जाओ, मैं संसार के लिए प्रकाश उत्पन्न करूँगा," किटुंग उनका आदेश मानकर वापस आ गया। तब महाप्रभु ने सूर्य बनाकर बहुत सावधानीपूर्वक उसे आकाश में स्थापित किया। दूसरे दिन उन्होंने उसे पूर्व से पश्चिम दिशा में लुढ़काया। सूर्य इतना अधिक गर्म था कि चट्टानें फट गईं, वनस्पति जलकर नष्ट हो गई और लोग गर्मी के कारण मर गए।

किटुंग ने जब देखा कि मनुष्यों को इतना अधिक कष्ट हो रहा है, तब उन्होंने क्रोध में सूर्य को कोसना शुरू किया और सूर्य की एक आँख फूट गई। दूसरी आँख उतनी अधिक गर्म नहीं थी।

●

सूर्य और चन्द्रमा ग्रहण के बोंडो मिथक

अर्के (चन्द्रमा) और सिंगी (सूर्य) दोनों मित्र थे। महान समुद्र में तीनों लक्ष्मी बहनों का जन्म हुआ। चूँकि वे मनुष्य से आक्रान्त थीं इसलिए वे एक पोले बाँस में छिप गईं।

एक चंडाल ने उस बाँस को देखा और उसे जड़सहित उखाड़ लिया। उसे वह घर ले गया और उसने उन्हें अपने आँगन में पटक दिया। वे तीनों बहनें बाहर निकल आईं, और वह उन तीनों को अपने घर में ले आया। इसके बाद उसने बाँस को उल्टा खड़ा कर दिया। तीनों लक्ष्मी बहनें घर से बाहर निकलकर पुनः बाँस में प्रविष्ट हो गईं।

लोगों को भोजन के लिए अन्न प्राप्त नहीं हो रहा था। महाप्रभु अन्न के जुगाड़ में भटक रहे थे। इसी उपक्रम में वे उस चंडाल के घर भी पहुँच गए। उन्होंने देखा कि अन्न के तीन दाने बाँस में से बाहर निकलकर गिर गए हैं। महाप्रभु ने वे बीज उधार माँगे। चंडाल ने कहा, "एक ही शर्त पर मैं बीज आपको दे सकता हूँ, यदि कोई आपकी जमानत लेने के लिए तैयार हो तब।" महाप्रभु सिंगी (सूर्य) को लेकर आए। चंडाल ने कहा, "यह एक पूरा लम्बा बाँस है, इसी में अन्न भरा हुआ है। मैं बिना बाँस को काटे हुए बीज निकालने का प्रयत्न करता हूँ। यदि मुझे इसमें सफलता मिल गई तो आपको भी बिना काटे ही अन्न को बाँस में भरना होगा। "बहुत अच्छा।" महाप्रभु ने कहा। परन्तु चंडाल ने तना छेदक कीटों को बुलाकर चुपचाप बाँस में छिद्र करवा दिए और अन्न बाहर आ गया। तब महाप्रभु ने बाँस में अन्न भरने का प्रयास

किया, परन्तु वे असफल रहे। चंडाल एक लाठी लेकर सिंगी के दरवाजे पर जा पहुँचा और देहरी पर बैठकर कहने लगा, "अपनी शर्त पूरी करो, तब मैं तुम्हें घर में घुसने दूँगा।" जब-जब वह ऐसा व्यवहार करता है, तब-तब सूर्य ग्रहण हो जाता है।

महाप्रभु ने अन्न ले जाकर मनुष्यों को दिया। जब फसल तैयार हो गई और जब वे भोजन करना चाहते थे, तो उनके पास थालियाँ नहीं थीं। वे पत्तों से पत्तल बनाना चाहते थे परन्तु पत्तों को जोड़ने के लिए उनके पास सींक नहीं थीं। सींक के लिए बाँस लेने महाप्रभु को पुनः चंडाल के पास जाना पड़ा और इस समय वे जमानत के लिए अपने साथ चन्द्रमा को ले गए। अबकी बार चंडाल ने शर्त रखी, "मैं आपको कच्चा बाँस दूँगा, परन्तु आप भी जब बाँस वापस करेंगे तो उसे उसी हालत में होना चाहिए।" उसने एक बाँस को जड़ से उखाड़ा और अर्के (चन्द्रमा) को दे दिया। जब वह उसे जंगल में से ले जाने लगा तब उसे महसूस हुआ कि बाँस के पत्ते, जड़ें और उपशाखाएँ बहुत अड़चन पैदा कर रही हैं और उस बाँस को ठीक उसी रूप में ले जाना सम्भव नहीं है। इसलिए उसने उस बाँस के नीचे और ऊपर के हिस्से काट दिए। जब कर्ज वापसी का समय आया तब तक बाँस तैयार नहीं हुए थे। अतः चंडाल कर्ज वसूल करने अर्के के दरवाजे पर जाकर बैठ गया। उसके कारण चन्द्रग्रहण हो गया।

●

कोड मेरियाफट्टा, कोरापुट, पहाड़ी साँवरा, बोरमसिंगी, कोरापुट

पुराने जमाने में जब अग्नि नहीं थी, उयुंगसुम की एक छोटी-सी बेटी थी। वह उसे एक कपड़े के सहारे से अपनी पीठ पर बैठाकर ले जाती थी। वह उसे कभी भी अकेली नहीं छोड़ती थी।

बहुत दिनों से उयुंगसुम ने आहार नहीं लिया था इस कारण से वह बहुत कमजोर हो गई थी। उसने सोचा, "यदि बहुत दिनों तक ऐसा ही चलता रहा और मैंने भोजन नहीं किया तो, मेरी मृत्यु हो जाएगी। ऐसी स्थिति में खाने के लिए मेरे पास उस बच्ची के अतिरिक्त कुछ नहीं है।"

अतः एक दिन जब बच्ची सो रही थी तब उसने उस बच्ची की गर्दन काट दी और खून के साथ उस बच्ची की आत्मा भी बाहर फर्श पर गिर पड़ी। उसमें से अग्नि की लपटें उठने लगीं जिसमें बच्ची का शरीर जलकर भस्म हो गया। वह आग पृथ्वी पर चारों ओर फैल गई। उयुंगसुम ने डरकर कि यह आग सब कुछ जलाकर नष्ट कर देगी, यह सोचकर उसने बच्ची के जलते हुए शरीर को निगल लिया। इसीलिए सूर्य जो पहले चन्द्रमा जितना ही चमकीला था, वह अब आग और गर्मी से भरपूर है और पृथ्वी पर तीव्र प्रकाश फैलाता है।

●

बोंडो, गोयीगुडा, कोरापुट

सूर्य और चन्द्रमा ने भालू और बिच्छू से पत्ते के दोने बनाने के लिए बाँस की बहुत-सी सींकें उधार लीं। उन्होंने उन्हें वे नहीं लौटाईं और जब कभी भी उन्हें अवसर मिल जाता है तो भालू या बिच्छू उनमें से किसी एक को पकड़ लेते हैं।

●

रूमरोक ने जब सूर्य और चन्द्रमा के विवाह की व्यवस्था की, सूर्य तब अपनी पत्नी चन्द्रमा को लेकर अपने घर में रहने के लिए गया, और इस उपलक्ष्य में उसने एक शानदार भोज का आयोजन किया। सब लोग पत्तल दोने बनाने में व्यस्त थे, तभी पता चला कि बाँस की एक तीली कम है। रूमरोक चांडाल की दुकान पर बाँस की एक सींक लेने गए और एक सींक उधार माँगी। अब पत्तल तैयार हो गई और मेहमानों को भोजन परोसा गया।

इस आयोजन के उपरान्त रूमरोक और सूर्य-चन्द्रमा एक ही घर में रहने लगे, परन्तु कुछ वर्षों के बाद ही उनमें झगड़ा हो गया और रूमरोक अन्यत्र रहने चला गया। एक दिन वह चांडाल रूमरोक के पास अपनी बाँस की सींक वापस माँगने जा पहुँचा जो उसने उधार दी थी। परन्तु रूमरोक ने कहा कि, ''अब वे दोनों मुझसे अलग रहते हैं इसलिए मेरी उनके प्रति कोई जिम्मेदारी नहीं है। तुम जाकर उनसे अपनी सींक वसूल करो।''

चांडाल सूर्य के पास अपना कर्ज वसूलने गया, तब सूर्य ने उसे एक सींक निकालकर दी। चांडाल ने उसे लेने से इनकार कर दिया और कहा कि ब्याज सहित चुकाओ और ब्याज बढ़ते-बढ़ते वैसे ही एक लाख सींकों तक पहुँच गया था। सूर्य उतनी सींकें देने की स्थिति में नहीं था, इसलिए उसने चांडाल को वापस भेज दिया। इसी स्थिति में कुछ वर्ष बीत गए और वह चांडाल बार-बार तकादा करने पहुँचने लगा। उसे देखकर सूर्य घर के भीतर छिप जाता था। तब चांडाल ने कहा कि यदि मेरा कर्ज वापस नहीं करोगे तो मैं तुम्हारी पत्नी को जबरदस्ती पकड़कर ले जाऊँगा। इस बात से भयभीत होकर सूर्य और चन्द्रमा, जब चांडाल आता है तो घर के भीतर छिप जाते हैं और दरवाजा बन्द कर लेते हैं, बस दरवाजे का थोड़ा-सा छिद्र खोलकर यह देखने के लिए रखते हैं कि चांडाल है या चला गया।

●

आरम्भ में मनुष्यों को किसी प्रकार के रोग आदि व्याधियाँ नहीं होती थीं और न ही कष्ट या दर्द होता था। भीम ने जब यह देखा, तो वह देउर के पास जाकर कहने लगा, ''मनुष्यों को किसी भी प्रकार का कष्ट नहीं है। वे बहुत खुश हैं। उन्हें थोड़े कष्ट और बीमारियों की आवश्यकता है।''

देउर ने कहा, ''जाकर एक बहुत बड़ा गड्ढा खोदो और उसमें पानी भर दो।'' भीम ने वैसा ही किया। देउर ने उस गड्ढे के पानी में कुछ रोगग्रस्त पानी मिला दिया। उसके बाद उन्होंने भीम से कहा कि लोगों को इस पानी में डुबकी लगवाओ, तो वे बीमार होने लगेंगे। भीम ने सूर्य और चन्द्रमा को भेजकर दो कोया बन्धुओं को बुलवाया। उन्होंने जाकर कहा, ''भीम ने एक बहुत ही बढ़िया कुंड बनाया है, चलो चलकर उसमें नहाएँगे।'' ''तुम पहले नहाओ, तब हम उस कुंड में नहाएँगे।'' सूर्य और चन्द्रमा ने कहा। दोनों कोया बन्धु उस कुंड में कूद पड़े, और तुरन्त उन्हें बुखार हो गया। आरम्भ में उन्हें कष्ट हुआ और फिर वे बेहोश हो गए। उनके सगे-सम्बन्धी सूचना पाकर वहाँ आकर उन्हें ले गए।

जब उन दोनों को होश आया तब वे सूर्य और चन्द्रमा पर बहुत नाराज हुए। ''तुमने हमें धोखा दिया जिसके कारण हमें यह कष्ट झेलना पड़ा। अब तुम्हें भी ऐसा ही कष्ट झेलना पड़ेगा। किसी ने हमारे कष्ट को नहीं देखा, परन्तु तुम्हारा कष्ट सारा संसार देखेगा। तुम्हारे शरीर का रंग बदल जाएगा।''

इसीलिए जब सूर्य और चन्द्रमा को बुखार चढ़ता है तो वे कम्बल ओढ़कर सो जाते हैं। यदि ज्वर बहुत तेज होता है तो वे पूरे शरीर पर कम्बल ओढ़ लेते हैं और तब खग्रास ग्रहण हो जाता है।

●

निरंताली के पास धातु का एक बर्तन था जिसे उसने पीसकर चूर्ण बनाया और मोम के साथ मिलाकर मनुष्य की आकृति बनाई। उस मनुष्य का रंग एकदम काला था। उसका सिर घड़े की भाँति गोल तथा शरीर मोटा था। उसके हाथ लम्बे थे तथा लम्बे-लम्बे नाखून थे। उसके कूल्हे इतने भारी थे कि वे पीछे की ओर लटकते प्रतीत होते थे। जब वह बनकर तैयार हो गया, तब उसने निरंताली से पूछा, ''मेरे भोजन की क्या व्यवस्था है।'' उसका शरीर एकदम कोमल था। निरंताली ने उसे सोने की थाली में थोड़ा-सा चावल दिया।

जिस समय मनुष्य ने पहली बार अपना भोजन पकाया उस समय चन्द्रमा गर्भवती थी। भोजन तैयार कर वह मानव स्नान करने नदी तक चला गया, इस बीच वह चावल चन्द्रमा ने चुरा लिया। जब उसने वापस आकर देखा कि चावल गायब है, तब उसने चन्द्रमा की पिटाई कर दी। परन्तु चन्द्रमा ने कहा, ''मुझे मत मारो, यह सच है कि मैंने तुम्हारा चावल खा लिया है, परन्तु अब तुम मुझे निगल लो तो तुम्हारी भूख भी शान्त हो जाएगी।''

अब जब कभी भी मनुष्य को भूख लगती है, तब वह चन्द्रमा को निगलकर निरंताली के पास जाता है और वह कहती है, ''तुम इसे मुक्त कर दो। मैं बदले में तुम्हें कुछ धन दूँगी। यदि तुम उसे नहीं छोड़ोगे तो सम्पूर्ण संसार मर जाएगा।''

यही कारण है कि ग्रहण के समय कंध लोग चन्द्रमा की ओर चावल फेंकते हैं और मुर्गे की बलि देते हैं तब जाकर कहीं मनुष्य उसे मुक्त करता है।

●

कुटिया कोंड, सूताघाटी, गंजाम

सूर्य और चन्द्रमा के जन्म के पश्चात उन्हें उनके राज्य के रूप में आकाश प्रदान कर दिया गया और वे उस पर राज करने लगे। कुछ ही समय में उनके बहुत से बच्चे हुए परन्तु उन सबकी गर्मी मिलकर इतनी तीव्र हो जाती थी कि लोग मरने लगे। इसके अलावा सूर्य के बच्चे चन्द्रमा को निरन्तर चिढ़ाते रहते थे। अतः एक दिन चन्द्रमा ने अपने सभी बच्चों को अपने बालों के जूड़े में छिपा लिया और सूर्य से कहा कि उसने उन सबको खा लिया है, क्योंकि उनके कारण पृथ्वी पर इतनी गर्मी हो जाती थी कि लोग मरने लगते थे। सूर्य ने जब यह सुना तो उसने भी अपने सभी बच्चों को निगल लिया। परन्तु चन्द्रमा ने अपने बच्चों को जूड़े से बाहर निकाला और वे सब आकाश में पुनः चमकने लगे। यह देखकर सूर्य बहुत क्रोधित हुआ कि चन्द्रमा ने उसे धोखा दिया है और वह चन्द्रमा को मारने के लिए दौड़ा। उन दोनों में काफी झगड़ा हुआ और सूर्य यह कहते हुए अपने घर चला गया, "आज के बाद हम आपस में कभी नहीं मिलेंगे और यदि मिले तो मैं तुम्हारी हत्या कर दूँगा।"

उस दिन के बाद से सूर्य और चन्द्रमा दोनों में शत्रुता चली आ रही है। परन्तु कभी-कभी वे मिल जाते हैं तो सूर्य चन्द्रमा की पिटाई करके कुछ समय के लिए उसे कारावास में बन्द कर देता है। परन्तु जब चन्द्रमा के बच्चे उसके साथ होते हैं तो वह सूर्य को कैद कर लेता है।

●

उयुंगसुम महाप्रभु (सूर्य) चन्द्रमा के साथ आकाश में रहते थे। सूर्य ने मानव, पशु और पक्षियों को बुलाकर एक बैठक का आयोजन किया। उन्होंने कहा, "मेरे कारण ही तुम सब प्राणी जीवित हो, यदि मैं यहाँ न हुआ होता तो तुम सब मर जाते।" उन सभी ने कहा, "यह सच है कि हम सब मर गए होते।"

चन्द्रमा ने कहा, "नहीं, मैं सबसे बड़ा हूँ, यदि मैं नहीं होता तो तुम सब सूर्य की तपन से ही मर गए होते। परन्तु मैं तुम्हें शीतलता प्रदान करता हूँ और मेरे प्रकाश के कारण ही, बाघ, भालू जैसे प्राणियों को भोजन प्राप्त होता है और मनुष्य भी यहाँ-वहाँ आना-जाना कर पाता है।"

तब सूर्य ने यह कहकर एक भोज दिया, "मैं तुम्हें एक भोज पर आमन्त्रित करता हूँ।" उसने पशु, भैंसें मारकर उनके मांस से एक शानदार भोज का आयोजन किया। चन्द्रमा उस समय गर्भवती थी। अतिथियों के भोजन करने से पूर्व भोजन आरम्भ होने

पर चन्द्रमा का गर्भस्थ शिशु भोजन के लिए रोने लगा। चन्द्रमा ने कुछ भोजन चुराकर उसें खिलाया। सूर्य ने चन्द्रमा की चोरी पकड़ ली और चिल्लाकर कहा, ''देखो यह स्त्री है और मैं पुरुष। यह मेरे समक्ष ही कैसे भोजन कर रही है? इसको जुर्माना किया जाना चाहिए।'' चन्द्रमा जुर्माना नहीं भर सका। सूर्य ने भालू को जुर्माना वसूल करने हेतु भेजा, वह चन्द्रमा की दहलीज पर जाकर बैठ गया और इस कारण से अन्धकार हो गया। इसके बाद सूर्य ने बाघ को भेजा जिसकी परछाईं से चन्द्रमा का रंग रक्तवर्णीय हो गया।

●

चिटकू साँवरा दोनों आँखों से अन्धा था। उसका एक बेटा था। वे लोग गेरुलगुल पर्वत पर रहते थे। एक दिन उस जंगल में सूर्य और चन्द्रमा खेलने आए। रास्ते में उन्हें एक मरा हुआ सर्प मिला जिसे वे अपने साथ ले आए। उन्हें चिटकू के घर पहुँचकर उसके बेटे को भी अपने साथ खेलने के लिए बुलाया। जब वे खेल रहे थे, तब उन्होंने उस सर्प को चिटकू के बेटे की गर्दन में लपेट दिया। वह लड़का डरकर रोते हुए अपने पिता के पास भागा। तब उसके पिता ने सर्प को उसकी गर्दन से छुड़ाकर दूर फेंक दिया। उसने लड़के को डाँटा, ''तुम ऐसी मूर्खता क्यों करते हो?'' तब लड़के ने बताया कि यह करतूत सूर्य और चन्द्रमा की है। तब चिटकू ने क्रोधित होकर सूर्य और चन्द्रमा को शाप दिया, ''तुमने सर्प से मेरे बेटे को डराया है, अब एक सर्प आकर तुम्हें जीवित निगलेगा। कभी-कभी तुम्हें पूरा निगल जाएगा तो कभी-कभी आंशिक रूप से।'' इस भाँति सूर्य और चन्द्रग्रहण की उत्पत्ति हुई।

अध्याय : चार

तारों की उत्पत्ति

जब महाप्रभु ने सूर्य और चन्द्रमा को भाई-बहन के रूप में पैदा किया, तब उनके बहुत से बच्चे उत्पन्न हुए। एक दिन चन्द्रमा ने सूर्य को बुलाकर उससे उसके बड़े बेटे का विवाह करने को कहा और वह विवाह सम्पन्न हो गया। सूर्य अपने घर चला गया और उसका बेटा और बहू दोनों आनन्दपूर्वक रहने लगे। तब चन्द्रमा के मँझले बेटे ने कहा, ''मेरी भी शादी करो।'' चन्द्रमा पुनः सूर्य के पास गया और कहने लगा कि 'अपनी लड़की की शादी मेरे मँझले बेटे से कर दो,' सूर्य ने इस प्रस्ताव को अस्वीकार कर दिया और इस बात पर चन्द्रमा उससे नाराज होकर अपने घर वापस चला गया।

चन्द्रमा ने सोचा, 'मैं किसी भी युक्ति से सूर्य के सब बच्चों को मार डालूँगी।' एक दिन उसने अपने सब बच्चों को कहीं छिपा दिया और सूर्य को सन्देश भेजा, 'मैं बहुत बीमार हूँ, आकर मुझसे मिलो।' सूर्य को जब यह सन्देश मिला, तो वह चन्द्रमा को देखने आया, सूर्य ने घर पर एक भी बच्चे को नहीं देखा। चन्द्रमा ने बताया 'वे लोग मुझे भोजन और शादी के लिए बहुत परेशान करते थे इसलिए मैंने उन्हें मार फेंक दिया। सब झंझट खत्म हो गई और अब मुझे कितनी चैन और शान्ति है।'

सूर्य ने भी अपने घर वापस आकर अपने सभी बच्चों को मार डाला। जब चन्द्रमा को सूर्य की करतूत का पता चला तब उसने अपने बेटे को घर बुला लिया। सूर्य को चन्द्रमा द्वारा किए गए छल का पता चला तो उसने क्रुद्ध होकर कहा, 'यदि तुम्हारे बच्चे मेरी पकड़ में आ गए तो मैं उन सबकी हत्या कर दूँगा।' अतः चन्द्रमा ने अपने बच्चों से कहा, 'तुम लोग सूर्य से सावधान रहना और उसके सामने कभी मत जाना, अन्यथा वह तुम सब लोगों को मार डालेगा। जिस समय आकाश मेरे अधिकार में रहे, तभी तक तुम लोगों का वहाँ आना और खेलना सुरक्षित है।'

●

तानसिरजो (सूर्य) और जोनमति (चन्द्रमा) दोनों बहनें थीं। दोनों के बहुत से बच्चे थे, परन्तु तानसिरजो के अधिक थे। वे दोनों बहनें एक ही घर में रहती थीं और जो कुछ भी दोनों मिलकर कमाती थीं उसे बराबर सब बच्चों में बाँट देती थीं। एक दिन दोनों बहनें बच्चों को घर पर छोड़कर जंगल में खाने योग्य वस्तुएँ एकत्रित करने गईं। उस

दिन जोनमति को अपनी बहन की अपेक्षा अधिक वस्तुएँ मिल गईं और जैसे ही वे घर पहुँचीं, तो जोनमति ने सोचा, देखा आज मैं कितनी सारी चीजें लेकर आई हूँ, फिर भी मेरे बच्चों को तानसिरजो के बेटों से ये वस्तुएँ जरा भी अधिक नहीं मिलेंगी, क्योंकि ये सब चीजें तानसिरजो के बच्चों को भी बराबर बाँटनी पड़ेंगी। वह जल्दी-जल्दी घर आई और अपनी बहन से पहले घर पहुँचकर उसने अपने बच्चों को बालों के जूड़े में छिपा लिया।

जब तानसिरजो घर पहुँची तो जोनमति ने उससे कहा, "भोजन बनाते समय मेरा चेहरा झुलस गया और सूज गया। और मैंने अपने बच्चों का भी भक्षण कर लिया। हम दोनों को इन सब भाइयों के लिए रोज बहुत-सी चीजें खाने के लिए लानी पड़ती थीं। इसलिए मैंने उन सबको खा लिया।" जब तानसिरजो ने यह सुना तो उसे भी अपने बच्चों की शरारतों की याद आ गई और वह भी सोचने लगी कि ये बच्चे हमें कितना तंग करते हैं। उसने भी अपने बच्चों को खा लिया। इसके बाद जोनमति ने अपने बच्चों को बालों में से खोलकर निकाला। तानसिरजो ने भी अपने बच्चों को वापस बुलाना चाहा परन्तु वे सब तो मर चुके थे। दोनों बहनों में बहुत भारी झगड़ा हुआ और जोनमति अपने बच्चों को लेकर उस घर से चली गई। तानसिरजो इतनी अधिक कुपित हुई कि उसका सम्पूर्ण शरीर हमेशा के लिए जलने लगा परन्तु चन्द्रमा अपनी बहन के वियोग में दुखित होकर शान्त और शीतल रहने लगी।

●

सुमरो साँवरा नामक एक प्रसिद्ध शिकारी था। उसकी न तो औरत थी और न ही बच्चे। वह बस अपने धनुषबाण पर ही जान देता था। एक दिन जब वह जंगल में से गुजर रहा था तब उसने सफेद सारस का एक जोड़ा देखा जो करिया डोंगर पर एक वृक्ष पर बैठा था। सुमरो ने निशाना साधकर अपने बाण से नर सारस को मार डाला। वृक्ष के नीचे आग जलाकर उसने उस सारस को भूना। मादा सारस वृक्ष पर बैठकर कलप-कलपकर रो रही थी। परन्तु जब उसको उसके पति के भूने जाने के धुआँ की गन्ध मिली तो वह भी वृक्ष से आग को लपटों पर गिर पड़ी और उसने भी प्राण त्याग दिए।

जब सुमरो ने यह दृश्य देखा तो वह भी भाव विह्वल हो उठा और उसने भी उन दोनों महान प्रेमियों का मांस न खाने का निश्चय किया। दोनों मृत शरीर उठाकर उसने उन्हें आशीर्वाद दिया, आकाश में जाओ और दोनों युगल तारों की भाँति रहो। वहाँ तुम्हारी बहुत-सी सन्तान होंगी। यद्यपि यहाँ तुम्हारे शरीर का रंग धवल तथा स्वच्छ था, परन्तु वहाँ और भी अधिक चमकदार होगा। सारा संसार तुम्हें आकाश पर देखकर तुम्हारी प्रशंसा करेगा। इस तरह आकाश पर तारों का प्रादुर्भाव हुआ। वे युगल तारे वहाँ सर्वप्रथम पहुँचे और फिर उनकी संतति से अन्य तारों की उत्पत्ति हुई।

●

जब सूर्य की उत्पत्ति हुई, उस समय बादल पृथ्वी के इतने समीप थे कि मनुष्य को सीधा खड़ा होना भी कठिन था। महाप्रभु ने सूर्य की उत्पत्ति का निर्णय लिया था। वे अपनी पत्नी रायसिंग दाई को घर पर ही छोड़कर सिमिली भाटा पर्वत पर चले गए। वहाँ उन्हें वीजा का एक इतना विशाल वृक्ष दिखाई पड़ा, जिसे बारह लोग भी अपनी भुजाएँ फैलाकर उसे बाँहों में नहीं समेट सकते थे। उन्होंने निश्चय किया कि वह इस वृक्ष से ही सूर्य का निर्माण करेंगे।

महाप्रभु ने उस वृक्ष को काट डाला, जिसमें उन्हें छह माह लग गए। उसे काट-पीटकर आकार देने में छह माह का समय और लग गया। इस बीच उन्होंने अन्न-जल कुछ भी ग्रहण नहीं किया। सूर्य को सम्पूर्ण निर्माण के कारण लकड़ी की छीलन और टुकड़ों का ढेर लग गया जो एक छोटी पहाड़ी सदृश लग रहा था।

वर्ष के अन्त में रायसिंग दाई बेचैन हो उठी। महाप्रभु को क्या हुआ! क्या उन्हें बाघ खा गया? या वे मर गए? वह उन्हें खोजने निकली। बहुत ही कष्टदायक यात्रा करके वह सिमिली भाटा डोंगर पहुँची और वहाँ महाप्रभु के टंगिये की आवाज उसे सुनाई पड़ी। परन्तु ज्यों ही वह उनके पास पहुँचनेवाली थी, वैसे ही महाप्रभु ने भी थकान के कारण घर वापस जाने का निश्चय किया और वे एक दूसरे मार्ग से रवाना हो गए। जब तक रायसिंग दाई वहाँ पहुँची तब तक महाप्रभु वहाँ से रवाना हो चुके थे। रायसिंग दाई को मालूम था कि महाप्रभु वहाँ मौजूद थे अतः वे आसपास ही कहीं छिप गए होंगे। हो सकता है कि वे लकड़ी की छीलन के ढेर के नीचे छिप गए हों। महाप्रभु को ढूँढ़ने के प्रयास में वे लकड़ी की छीलन और टुकड़ों को उठा उसे फेंकने लगीं। वे सब टुकड़े उड़कर आकाश में चले गए और तारे बन गए।

●

जब भी किसी व्यक्ति को फाँसी लगती है, चाहे वह फाँसी कोई व्यक्ति स्वयं लगाए या किसी व्यक्ति को जेल में फाँसी पर सजा के बतौर चढ़ाया जाए, उसकी आत्मा महाप्रभु के समक्ष गले में फन्दा डाले हुए ही पहुँचती है। तब महाप्रभु उससे कहते हैं, मैं तुम्हारे जैसे दुर्जन लोगों को अपने पास नहीं रखना चाहता और ऐसा कहकर वह उन्हें बाहर फेंक देता है फिर वे लोग भूत बन जाते हैं और आकाश से टूटे हुए तारों के रूप में गिरते हुए दिखाई पड़ते हैं। इनके गले में बँधी हुई रस्सी भी साथ-साथ पीछे-पीछे लटकती दिखाई पड़ती है।

●

एक गाँव में कोया जाति के चालीस घर थे, वह गाँव बढ़ता ही गया और फिर एक बहुत बड़े गाँव में विकसित हो गया। वहाँ और भी युवक-युवतियाँ रहते थे जिन्होंने नाचना सीख लिया था और वे सब भी प्रत्येक रात्रि में सबके साथ मिलकर नृत्य किया करते थे। उनकी नृत्य और गायन की आवाज सुनकर आसपास के गाँव के लड़के-लड़कियाँ

भी उन्हें देखने हेतु एकत्रित होते और उन्हें देख-देखकर उन सब लोगों ने भी नाचना सीख लिया।

परन्तु देउर को उनकी हँसी-मजाक और शोर के कारण गुस्सा आता। एक दिन माँझी अपने बेटे की शादी की व्यवस्था कर रहा था। उसने युवक-युवतियों को आदेश दिया कि वे सब लोग सारी रात नृत्य करें। रात्रि भोज के बाद सब एकत्रित होकर नाचने लगे। गुनिया की बेटी सभी नृत्य करनेवालों में कुशल नर्तकी थी। उस रात्रि में वह मोरपंख हाथ में लिए हुए नाचती रही और सभी लोग उसका नाच देखकर बहुत खुश हो रहे थे। देउर ने अपने एक चपरासी को काकरोच बनाकर नृत्य देखने भेजा। वह उचककर मोरपंखों पर बैठ गया और धीरे-धीरे उसने मोरपंखों को कुतर-कुतरकर गिरा दिया। उन्हें हवा उड़ाकर देउर के पास ले गई, जिसे उसने आकाश पर चारों ओर चिपका दिया।

परन्तु मोरपंखों के व्यर्थ हो जाने पर नृत्य का मजा भी जाता रहा। वह यह देखने के लिए बैठ गई कि आखिर ऐसा क्यों हुआ, परन्तु तब तक काकरोच उड़कर भाग गया था, लड़की ने सिर ऊपर उठाकर देखा, तब उसे अपने मोरपंख वहाँ चिपके दिखाई दिए। काकरोच ने कहा, "अब तुम्हारे मोरपंख खराब हो गए हैं और देउर ने उन्हें तारे बनाकर आकाश पर लगा दिया है।" चूँकि उस लड़की का नृत्य रात में हुआ था, इसलिए तारे भी रात में ही चमकते हैं।

●

पृथ्वी की उत्पत्ति के पश्चात मनुष्यों की उत्पत्ति हुई। एक दिन सभी देवता एकत्रित हुए और कहने लगे, इस तरह मनुष्यों के साथ रहना तो बहुत ही कष्टदायक है, हमें अपने रहने के लिए ऊँचाई पर कोई ऐसा स्थान बनाना चाहिए, जहाँ मनुष्य न पहुँच पाएँ। ऐसा विचारकर उन्होंने आकाश बनाया। परन्तु जब वह नया था तब वह गीला था इसलिए देवता वहाँ रहने नहीं गए।

जगवन्त राजा अंकालगढ़ के शासक थे जिनका एक पुत्र था। वे अपने बेटे का विवाह तय करने मुरकुलगढ़ गए, वहाँ पहुँचने के लिए कोई मार्ग ही नहीं था। इसलिए राजा एक रास्ता अपने घर से ले गए। जब कुली सड़क बना रहे थे तब वे सड़क बनाते हुए मुरकुलगढ़ के पास एक पर्वत पर पहुँचे, जिस पर बड़ी-बड़ी अनेक चट्टानें थीं। उन्होंने कोचमगढ़ के मजदूरों को बुलाया, जिन्होंने बारूद से उन चट्टानों को उड़ाकर अलग करके जला दिया। सर्वप्रथम उनके हाथ और पैर जल गए, फिर उसके बाद सिर जलने की पारी आई। जब खोपड़ी जली तो फट गई और मस्तिष्क उड़कर बादलों पर चिपक गया। अग्नि के दो गोले भी उनके साथ उछलकर आकाश पर चिपक गए। जब लोगों ने उन्हें वहाँ देखा, तो वे 'चिल्ला उठे, हुक्का तारे।' तब से हमने उन शवों को जलाना छोड़ दिया जो अब खड़े हुए हैं। अग्नि के वे दोनों टुकड़े सान्ध्य तारा और भोर का तारा बनकर चमकते हैं।

●

मेनागन्ध ग्राम में गुणमिदी नाम का एक कन्ध रहता था। उसके कोई सन्तान नहीं थी। वह वृद्ध होकर मर गया। उन दिनों कन्ध लोग शवों को खड़ी अवस्था में जलाया करते थे। उसके पड़ोसी उसकी लाश को कोपरी टुकली पहाड़ पर ले गए और उसका दाह-संस्कार कर दिया। पहले उसके हाथ-पैर जल गए, फिर सिर जलने लगा। खोपड़ी फटकर छिटकी और आकाश से पिचक गई। आग की दो चिनगारियाँ भी उछटकर आकाश पर जा चिपकीं। जब लोगों ने उन्हें देखा तो चिल्लाकर कहा, 'हुक्का तारा!' उस दिन से कन्ध लोगों ने शवों को खड़ी स्थिति में जलाना बन्द कर दिया। आग के वे टुकड़े जो आकाश पर चिपक गए थे वे सन्ध्या का तारा और भोर का तारा बन गए।

घोटुल की उत्पत्ति का बोध

महाप्रभु चन्द्रमा के पति हैं और सब तारे उनके बच्चे हैं। चन्द्रमा के चारों ओर एकत्रित तारों को देखकर हमें यह बोध हुआ कि हम भी घोटुल का निर्माण करें जहाँ हमारे लड़के-लड़कियाँ रात्रि में सो सकें।

●

इरपीगुड़ा में बहुत से कन्ध रहा करते थे, जिनका मुखिया सुकली नाम का कन्ध था। उसके सात बेटे थे जो सब विवाहित थे और अलग-अलग रहते थे। सबसे छोटे बेटे के विवाह के दो वर्ष बाद सुकली की मृत्यु हो गई थी और उसके बेटों ने उसका दाह-संस्कार सम्पन्न किया। उस समय तक तारे नहीं थे। सुकली की मृत्यु के एक वर्ष पश्चात गाँव में महामारी फैली और बहुत से ग्रामवासी गाँव छोड़कर चले गए। सबसे छोटे लड़के की पत्नी के अलावा सभी भाई और उनकी पत्नियाँ उस महामारी में मर गई थीं। उस वक्त तक गाँव के सभी जन या तो मर चुके थे या गाँव छोड़कर जा चुके थे, सिर्फ सबसे छोटे भाई की पत्नी वहाँ रह गई थी। उनके घर में एक पालतू मोर था जो उसका साथ देने के लिए बचा था।

एक दिन अर्धरात्रि में वह स्त्री अपने सभी वस्त्र उतारकर सोई हुई थी, वह मोर उस पर चढ़कर उसके साथ मैथुन करने लगा। उसकी नींद खुल गई परन्तु उसने उसे हटाया नहीं क्योंकि दोनों एक-दूसरे को बेहद चाहते थे। कुछ समय उपरान्त उस लड़की ने दो अंडों को प्रसव दिया–जिसमें एक अंडा डेढ़ हाथ लम्बा था और दूसरा ढाई हाथ लम्बा था। बड़े अंडे से बेगाबदोरी का जन्म हुआ, जो भोर का तारा है और छोटे अंडे से बाराह सुखन का जन्म हुआ, जो सन्ध्या का तारा है। बूढ़ा पिन्नू को उनके लिए पृथ्वी पर जब कोई उचित स्थान नहीं मिला, तब उन्होंने आकाश पर भेज दिया। उनकी बहुत-सी सन्तति हुईं और वे सम्पूर्ण आकाश में फैल गईं।

●

सफगन्ना में निरंताली ने सूर्य और चन्द्रमा बनाए और उन्हें आकाश में भेज दिया। उनके बहुत से बच्चे पैदा हुए। चन्द्रमा के बच्चे पैदा होते ही जाते थे और सूर्य उनको पकड़कर मार डालता था और खा जाता था। जब वे सब मारे गए तो चन्द्रमा रोते हुए निरंताली के पास पहुँचा।

निरंताली ने सफगन्ना में जाकर उनसे कहा, 'तुम दोनों एकसाथ नहीं रह सकते। तुम दिन में उठोगे और चन्द्रमा रात में।' निरंताली ने चन्द्रमा को सान्त्वना देते हुए कहा, कि मैं तुम्हें फिर से उतने ही बच्चे दे दूँगा जितने पहले थे। निरंताली ने चिवड़ा बनाया और एक सूपे में भरकर एक ऊँचे स्थान पर खड़े होकर उस चिवड़े को आकाश पर फेंक दिया।

वह उड़कर आकाश में चला गया और तारामंडल बन गया। चन्द्रमा ने उन सबका पालन-पोषण और देखरेख अपने बच्चों की भाँति ही किया।

●

जब सृष्टि का निर्माण हुआ, तब वहाँ पृथ्वी ढकने के लिए कुछ नहीं था। निरंताली ने सोचा, यदि इसे ढका नहीं गया, तो या तो कोई इसे चुरा ले जाएगा या फिर कोई बाघ आदि जानवर खा जाएगा। यह विचार कर उन्होंने बिंजवारी और लोहबारी को बुलवाया जो दोनों लोहार थे और उनको आदेश दिया कि धरती को ढँकने के लिए कोई वस्तु बनाएँ। वे लोहा ढूँढ़ने निकले जो उन्हें बहुत समय के बाद बिलमाल के पास एक गड्ढे में मिला, जहाँ निरंताली ने शौच किया था जो सूखकर लोहा बन गया था। उन्होंने उस लोहे को लाकर उससे अपनी भट्टी में विशाल चद्दर बनाई और चार खम्भे भी बनाए जिन्हें उन्होंने चारों कोनों पर खड़ा कर दिया और उनके ऊपर वह लोहे की चादर रख दी। निरंताली ने सूर्य और चन्द्रमा बनाए और वे अपने आपमें सुन्दर नहीं लग रहे थे, अतः उन्होंने बहुत-सी अठन्नियाँ, चवन्नियाँ लीं और आकाश में फेंक दीं, जो तारे बन गईं।

●

जब मनुष्यों की आबादी बढ़ने लगी, तब वे बीमार पड़ने लगे और मरने लगे। उन दिनों लोग शवों को भोजन कराने के लिए तीन दिनों का दाल-चावल साथ ले जाते थे जिससे कि वे शव को तीन दिनों तक वहीं खिला-पिला सकें जहाँ उन्हें गाड़ा गया है। भूत पत्तों के बर्तन बनाकर अपना भोजन उन्हीं में पकाकर खा लिया करते थे। परन्तु 'दसा' की रस्म पूरी होने के उपरान्त उन्हें खाने हेतु कुछ भी नहीं दिया जाता था और उसके बाद उनकी हालत भूख-प्यास के कारण दयनीय हो जाती थी।

एक दिन बहुत से भूत-प्रेत एकत्रित हुए और कहने लगे, 'हम लोगों को जाम देवता के पास चलकर फरियाद करनी चाहिए कि हमारे लिए वे पर्याप्त भोजन की व्यवस्था करें।' वे सब भूत उनके पास गए और उनसे कहा, 'हम सदा ही भूखे मरते हैं, क्योंकि

हमारे रिश्तेदार हमें मात्र तीन दिन का ही राशन देते हैं।' जाम देवता ने उन्हें एक छोटा-सा मिट्टी का बर्तन दिया और कहा कि तुम भूलोक में मत जाओ। यहीं रहो और थोड़ा चावल-दाल उन्हें देकर कहा, 'यहीं पकाओ और खाओ।' भूत-प्रेतों ने वैसा ही किया परन्तु उनके चूल्हे की गर्मी और सूर्य की तपन से धरती के घर और पेड़-पौधे जलने लगे। घबराकर जाम देवता के पास पहुँचे और उन्हें बताया कि पृथ्वी पर कैसी भयानक स्थिति उत्पन्न हो गई है। जाम देवता ने इन्द्र को सन्देश भेजा कि वर्षा करें। इन्द्र ने वर्षा की जिसके कारण ठंडक पैदा हुई। तब जाम देवता ने भूतों से कहा, 'तुम लोग सिर्फ रात्रि में ही अपना खाना पकाया करें, दिन में नहीं।' ये तारे उन भूत-प्रेतों के चूल्हों की आग ही हैं। जब किसी प्रेत के पास आग नहीं होती तो वह दूसरे से आग माँगकर खाना पकाता है और वह आग हमें जक जक जक करती हुई आकाश पर भागती हुई दिखाई पड़ती है।

●

सृष्टि के आरम्भ में सबसे पहले सूर्य और चन्द्रमा बनाए गए, परन्तु उस समय तक आकाश सूना ही था। सवर्णगिरी में साँवरा लोगों के अस्सी घर थे। उनके माँझी (मुखिया) का नाम शिबन था। इस माँझी के तीन बेटे थे, जिनमें सबसे बड़ा बेटा अत्यन्त कामुक था। वह गुनिया की बेटी से प्रेमालाप किया करता था और वह भी उसके प्रेमपाश में फँस चुकी थी।

एक रात जब वह युवक हाथी एवं हिरणों से खेत की रखवाली करने के लिए मचान पर सोने के लिए गया तो वह लड़की भी उसके पीछे-पीछे रात की भयावहता का जरा भी अहसास किए बिना वहाँ चली आई। बहुत समय तक वे हँसते-खेलते रहे और जब उन्होंने मैथुन कर्म समाप्त कर लिया तब उस युवक ने उस लड़की के कान से काठ का गोल आभूषण निकालकर आकाश में फेंक दिया। वह ऊँचा-ऊँचा उड़ता हुआ चला गया और तारा बनकर मद्धिम-मद्धिम टिमटिमाने लगा। उस लड़की ने पूछा, 'मेरे कान का आभूषण कहाँ है', 'वह एक तारा बन गया,' उसके प्रेमी ने कहा। इस बात पर उसे बहुत ही गर्व महसूस हुआ और कुछ समय उपरान्त दोनों का विवाह हो गया और उन दोनों का प्रेम सर्वत्र प्रख्यात हो गया।

●

मनुष्य ने तम्बाकू का सेवन करना अपनी जनसंख्या बढ़ने के बाद ही सीखा। तारासिंगली गाँव में दिपली नाम का एक साँवरा रहता था। उसके तीन बेटे थे जो सबके सब विवाहित थे। एक दिन सबसे बड़े बेटे के ससुर के घर में एक शादी थी, जिसमें वह लड़का और उसकी पत्नी दोनों सम्मिलित होने गए थे। उसके ससुर ने उसे शराब पीने के लिए आमन्त्रित किया और उसके बैठने के लिए एक कुर्सी भी लाकर रख दी। वहाँ उपस्थित अन्य सभी लोग जमीन पर बैठ गए। उसकी साली ने एक चोंगी (बीड़ी से

आकार में मोटी और बड़ी) बनाकर दी। उसने उसे चोंगी में थोड़ा-सा नमक डालकर ऊपर से तम्बाकू भर दी। उस युवक ने जैसे ही तम्बाकू का एक कश खींचा तो नमक में आग लग गई और वह तेजी से पड़ पड़ पड़ करता हुआ जलने लगा और उछटकर चिनगारियाँ आकाश पर जाकर चिपक गईं। उनसे ही सर्वप्रथम तारे बने।

•

प्रलय के बाद जो लड़का और लड़की तूम्बे में छिपकर बच निकले थे, वे तूम्बे से बाहर आए और एक चट्टान के नीचे गुफा में रहने चले गए। उन दोनों के ही संसर्ग से अन्य सब प्राणियों की उत्पत्ति हुई। फिर दोनों आकाश पर चले गए। वह युवक सूर्य बन गया और वह युवती चन्द्रमा। सूर्य ने चन्द्रमा के ऊपर चढ़कर तारों के बीजों को उसके गर्भ में बो दिया।

•

सृष्टि के आरम्भ में जब पहली बार पृथ्वी और आकाश बनाए तो वे एक-दूसरे के अत्यन्त समीप थे और तारों का प्रकाश ही पृथ्वी को उजाले से भर देता था। कुछ समय बीतने पर जब मनुष्यों की आबादी बढ़ी तब धीरे-धीरे आकाश को ऊपर उठाया गया और जब वह बहुत दूर चला गया तब पृथ्वी पर अन्धकार छा गया। किटुंग को यह सब नापसन्द था और उन्होंने एक दीपक प्राप्त करने का प्रयत्न किया जिससे विश्व को प्रकाशित किया जा सके। परन्तु उन दिनों पर्याप्त मात्रा में तेल भी उपलब्ध नहीं था। उन्होंने वायु को बुलाकर कहा, 'आकाश में जाकर एक तारा ले आओ, यदि वह न आए तो एक रस्सी बाँधकर खींचना।' वायु ने आकाश में जाकर प्रत्येक तारे के पैर में रस्सी बाँध दी और किटुंग की ओर पूरी ताकत के साथ खींचा। जब किटुंग ने भी एक रस्सी पकड़कर खींची तब एक तारा टूटकर नीचे आ गया और अब जब भी किटुंग को अधिक प्रकाश की आवश्यकता पड़ती है तो वे किसी एक रस्सी को पकड़कर खींच लेते हैं और तारा टूटकर नीचे आ गिरता है।

•

जब समुद्र ऊपर उठकर आकाश तक जा पहुँचा, तो राजा इन्द्र का घोड़ा खुशी से नाचने लगा। नाचते वक्त उसके खुरों से जो पगध्वनि निकलती है वही बादलों की गड़गड़ाहट है।

अध्याय : पाँच

मेघ गर्जना

जब मनुष्य पैदा हुए तो महाप्रभु ने आकाश से पृथ्वी तक सड़क बना दी और मनुष्य उस पर चलकर आया-जाया करते थे। जब आबादी बढ़ी तब महाप्रभु ने मनुष्य समाज को जातियों में विभाजित कर दिया, उन सबको बसने के लिए स्थान दे दिया और उस आकाश-पृथ्वी वाले मार्ग को बन्द कर दिया।

एक बार महाप्रभु मनुष्यों से मिलने आए तब उन लोगों ने महाप्रभु से पूछा, 'हमें किस महीने में धान और कोदो-कुटकी बोना चाहिए।' 'वर्षा ऋतु आरम्भ होने के पूर्ववाले महीने में। मैं तुम्हें सूचना भेजूँगा और मेरे चपरासी भी आकाश से आकार तुम्हें बताएँगे और तुम्हें उनकी गर्जना भी सुनाई पड़ेगी', उन्होंने उत्तर दिया।

इसके उपरान्त मनुष्य चपरासियों की घोषणा की प्रतीक्षा करने लगे। गर्जना के साथ ही उन्होंने अपने खेतों की बुआई कर दी, और जब वर्षा ऋतु समाप्त होने को आई तब भी चपरासियों ने गर्जना के जरिए उन्हें आगाह कर दिया कि वर्षा अब जानेवाली है।

●

बिजली ताड़की की आत्मा है, जिसकी हत्या बारह गदबा बन्धुओं ने कर दी और तब उड़कर वह महाप्रभु के पास चली गई थी। इस पर ईश्वर ने उसे रहने का स्थान देने से मना कर दिया। वह तब धर्म-देवता के पास गई। उसने भी इनकार कर दिया। इसी भाँति वह बहुत से देवताओं के पास गई। उन सभी ने उसे अपने पास रखने से मना कर दिया। अन्त में वह धरती माता के पास पहुँची परन्तु उसने भी उसे अपने पास रखना नहीं चाहा। अन्त में वह स्वयं ही बादलों में जाकर छिप गई और तब से हमेशा उन्हीं के बीच विचरण करती है।

●

जोगी झोरिया की सातों कन्याएँ कुँवारी थीं। एक वर्ष ऐसा हुआ कि उन सातों लड़कियों ने पूब परब पर दूसरे गाँव की अविवाहित किशोरियों के साथ नृत्य किया। नृत्य करते-करते वे आनन्द विभोर हो उठीं। नाचते-नाचते वे लड़कियाँ भावातिरेक में माँदर

बजानेवाले युवकों के साथ अकस्मात उड़कर इस प्रकार आकाश में चली गईं मानो कोई बाज उन्हें उठाकर ले गया हो। आकाश में नाचते-नाचते वे बादलों के भगवान के पास पहुँच गईं, जो उनका नृत्य देखकर अत्यन्त प्रसन्न हो गए थे। उन्होंने इन लड़कियों को पृथ्वी पर वापस नहीं आने दिया। उन्होंने कहा, 'जब मैं पृथ्वी पर वर्षा को भेजूँ, तब तुम सब सम्पूर्ण आकाश पर नृत्य करना और ये युवक अपने माँदर बजाएँगे।' उन्होंने इन सात कन्याओं का नाम बिजली रख दिया और उन युवकों का नाम 'मेघ गर्जना' घोषित कर दिया।

●

पाँचों पांडव बन्धु गाय की सूखी खाल से खेल रहे थे और उसकी कड़कड़ाहट आकाश तक गूँज रही थी। राजा इन्द्र ने सूर्य की एक कन्या से विवाह किया था। उसका सिर और पेट इतने विशाल थे कि सूर्य पुत्री उनको छोड़कर भाग गई। वह यदाकदा जब उसकी ओर देखती है, तो हँस पड़ती है और उसके दाँतों की चमक विद्युत बनकर कौंधती है। राजा इन्द्र क्रोधित होकर उसे पीटने लगते हैं, उनकी मार की ध्वनि ही मेघ गर्जना है।

●

राजा कंस एक अत्यन्त दुष्ट प्रकृति का राजा था। वह अपने राज्य की सभी सुन्दर कन्याओं के साथ बलात्कार करके उनकी हत्या कर देता था। इस प्रकार के पर-पीड़क आनन्द के साथ उसने अनेक वर्ष बिता दिए थे। एक दिन जब उसने इसी भाँति एक सुन्दर कन्या की हत्या करने के लिए अपनी तलवार उठाई तब वह बग-बग-बग करती हुई आकाश में बिजली के सदृश भाग गई, वह बिजली की कन्या बनी।

राजा इन्द्र ने बिजली की कन्या से पूछा, "तुम अकेली ही आकाश लोक में रहने क्योंकर चली आईं।" उसने राजा कंस की दुष्टता के बारे में उन्हें बताया, "यह कंस बड़ा ही दुष्ट है, कोई भी सुन्दर कन्या उससे सुरक्षित नहीं है। आप कर्तव्य का पालन करें और उसका विनाश करें।"

इतना सुनते ही इन्द्र ने कंस पर अपने बाणों से प्रहार किया, परन्तु वह निशाना चूकने के कारण सदैव की भाँति ही बच गया। कभी वे बाण वृक्ष पर जाकर लगते हैं, तो कभी किसी व्यक्ति को, या मकान को और तब लोग कहते हैं कि उन पर वज्रपात हुआ।

●

हरदीपुर गाँव में गुरूवारी नाम का एक कोया रहता था। उसी गाँव में एक गौर (चरवाहा) भी रहता था। एक बार जब वह पशुओं को चराता हुआ एक नाले के किनारे पहुँचा तो उसने देखा कि उस नाले में कमल का एक फूल खिला हुआ है। उस कमल के फूल में एक छोटी लड़की रहती थी जो बाहर निकलकर रोने लगी। जब उस गौर ने उस

लड़की को देखा, तो वह उसे अपने घर ले आया और उसका लालन-पालन उसी के घर में हुआ और वह उसी घर में बड़ी हुई।

सोनिया नाम का एक कोया उस लड़की से प्रेम करता था। वह एक रात उसके घर पहुँचा, उसने उस घर की दीवार में एक छिद्र किया और उसमें अपना शिश्न प्रविष्ट कर दिया। वह उस लड़की के समीप पहुँचकर उसके साथ मैथुन करने लगा। वह लड़की जाग उठी और उसने तलवार उठाकर आक्रमण किया जिससे वह शिश्न कट गया। उसके दो पंख निकल आए और वह उस घर से उड़कर भाग गया। उस लड़की ने उसका पीछा किया परन्तु वह देउर के पास जाकर छिप गया। देउर ने कहा थोड़ी देर प्रतीक्षा करो वह अभी बाहर आएगा तब तुम उसे मार डालना। कुछ समय पश्चात वह निकलकर वहाँ से उड़ा, तब लड़की ने उस पर अपनी तलवार फेंककर आक्रमण किया। उस तलवार की चमक ही बिजली है।

●

देवमारी पर्वत पर पाँच कोम्भार बन्धु अपनी पत्नियों के साथ निवास करते थे। उन सबके बीच एक भी बच्चा नहीं था। एक दिन वे खदान से लौह अयस्क खोदने गए और अयस्क लेकर लौटे। दूसरे दिन उन्होंने लौह अयस्क को भभके में भर दिया और वे दिन भर तप्त लोहे पर काम करते रहे। सन्ध्या समय उस भभके से एक कन्या उत्पन्न हुई।

कोम्भारों ने तुरन्त ही आग बुझा दी और उस कन्या को सबसे बड़ा भाई अपने घर ले आया। जब वह लड़की बड़ी हुई तो वह भी भट्टी पर काम करने लगी। जो भी लोग वहाँ आते वे उसके रूप पर मुग्ध होकर उससे प्रेम करने लगते क्योंकि वह अग्नि की भाँति सुन्दर थी। उसके बड़े भाई की पत्नी उससे ईर्ष्या करती थी और कहती थी 'जब इसका विवाह हो जाए, तब इसे भी अपने पति से अलग रहना पड़े और यह बिना पुरुष के ही रहे।' जब उसका विवाह हुआ तब उसके कन्धों पर पंख उग आए और वह उड़कर आकाश में चली गई। उसके पति ने उसे शाप दिया, 'तुमने मेरा परित्याग कर दिया है, जाओ अब तुम्हें आकाश में कभी भी दूसरा पति नहीं मिलेगा।' उस लड़की का नाम मिरसी मेना था, बिना पति के वह बिजली बन गई।

आकाश पर बाजूसाय राजा के बाग में एक बहुत विशाल पेड़ है, जिसकी शाखाएँ अत्यन्त विशाल हैं। वह लड़की इसी वृक्ष में निवास करती है। जब वर्षा होने को होती है और बादल गरजते हैं, तब वह डरकर इधर-उधर भागती है और उस समय मनुष्य उसे देख पाते हैं।

●

आरम्भ में वर्षा नहीं थी और पृथ्वी पर सर्वत्र बादल छाए हुए थे, इसलिए चारों ओर अन्धकार व्याप्त था। लोग अकाल और अन्धकार के कारण मर रहे थे। जब बूढ़ा पिन्नू ने यह हालत देखी तब उन्होंने पृथ्वी पर वर्षा भेजने की बहुत चेष्टा की परन्तु उन्हें

इसमें कामयाबी नहीं मिली। एक भी बूँद पानी नहीं बरसा। बूढ़ा पिन्नू ने नाराज होकर अपनी जने ऊ तोड़कर आकाश में फेंकते हुए कहा, 'सभी बादलों का पेट फोड़ दो' उस जनेऊ ने बिजली बनकर बादलों पर तीव्र प्रहार किया और उनके पेट फोड़ दिए और तब वर्षा होने लगी। फिर उसने दौड़-दौड़कर आकाश पर जितने भी बादल थे उनके पेट पर आक्रमण किया और सभी के पेट फट गए तब वह वापस बूढ़ा पिन्नू के पास आ गई और उन्होंने उसे अपने हाथ में पकड़ लिया। बूढ़ा पिन्नू ने उसका विवाह हवा से करवा दिया और उन दोनों ने मिलकर उन लोगों को मारपीट कर भगा दिया जो उनकी रक्षा कर रहे थे। रानी अरू बिजली से बहुत नाराज थी इसलिए उसने उसे बाण चलाकर मार डालने का प्रयास किया परन्तु निशाना चूक गया। बूढ़ा पिन्नू ने उस तीर से कहा, 'जब वर्षा की आवश्यकता पड़े तब जाकर बादलों को बींधकर उनमें छिद्र बना देना।'

●

बिजली भीमसेन की पत्नी है। वो चंचल है और हमेशा अपनी माँ के घर भागती रहती है। भीमसेन उसे जब-जब पीटते हैं तो उनके घूँसों की ध्वनि गड़गड़ाहट बनकर सुनाई पड़ती है।

●

आकाश में पिज्जू-पुजेरा रहता है। जब वह शिकार खेलने निकलता है तब उसे पृथ्वी पर चलते-फिरते मनुष्य पशुओं के समान दिखाई पड़ते हैं, और वह उन पर अपने धनुष-बाण से आक्रमण करता है। वे ही बाण वज्रपात बन जाते हैं। कभी-कभी वह अपनी बुक से भी गोलियाँ चलाता है, जो बिजली बनकर चमकती हैं और वह आवाज ही बादलों की गड़गड़ाहट है। अधिकतर उसका निशाना चूक जाता है, अन्यथा बहुत से लोग मारे जाते।

जब किसी व्यक्ति की मृत्यु होती है, तब कन्ध उस व्यक्ति का दाह-संस्कार करते हैं और बहुत-सा धुआँ आकाश में चला जाता है। पिज्जू-पुजेरा उस धुएँ को पकड़कर एक विशिष्ट घर में बन्द कर देता है। जब उसे भूख लगती है, तब वह उस धुएँ से एक भारी और विशाल बादल बनाते हैं। नीचे पृथ्वी पर उसके कारण लोगों को सर्दी-जुकाम-खाँसी होने लगती है और वे लोग बलि चढ़ाते हैं। वह डटकर भोजन करता है और जो बादल बच जाते हैं, उन्हें पुनः बन्द कर देता है और तभी खोलता है, जब उसे दोबारा भूख लगती है।

●

जब निरंताली ने बिरमेंजा कन्ध को धनुष और बाण दिए तब वह जाकर आकाश में रहने लगा। इसके बाद निरंताली ने सल्फी के पेड़ की छाल से मछलियाँ बनाईं और उन्हें

उनमें से एक मछली को ले जाकर पेरा नदी के जल में छोड़ दिया। एक मछली आकाश में ले जाकर बिरमेंजा को दे दी और उससे कहा, 'तुम अपने आकाश ग्राम के पिज्जुबन्द में ले जाकर इसे छोड़ दो।' जब तुम अपना बाण चलाओगे तब ये मछलियाँ डरकर उछलेंगी और पृथ्वी के लोग इनकी पूँछ की चमक देखेंगे।

निरंताली ने यह मछली तालाब में छोड़ दी और भूलोक में वापस चले आए। वह मछली बढ़कर अत्यन्त विशाल हो गई और उसकी पूँछ ही सात हाथ लम्बी हो गई थी। वह हाथी के समान विशालकाय थी। उसकी पूँछ में सोने-चाँदी की धारियाँ थीं। जब बिरमेंजा अपना तीर छोड़ता था, तब वह मछली तालाब में उछलती थी, तालाब का जल वर्षा बनकर इधर-उधर छिटकता था और मछली की पूँछ विद्युत की भाँति चमकती थी।

●

इन्दागढ़ में बोधसाय राजा रहता था। उसकी रानी का नाम कमलापति था, जो समलेयी की पुत्री थी। उसके कोई सन्तान नहीं थी यद्यपि उसने बहुत से गुनियों से सलाह ली थी और बहुतों की दवाइयाँ भी ली थीं।

एक बार जब कमलापति रानी मासिक धर्म में थी, तब वह कालतीनार नदी पर गई। राजा विक्रम वहाँ से पनकी विरोगन बछेड़ा जुते हुए रथ में बैठकर उधर से निकले। घोड़ा थकान से चूर-चूर हो गया था और उसके मुख से झाग निकल रहे थे, जिसमें से कुछ रानी के सिर पर लग गए, और रानी गर्भवती हो गई।

तेरह माह में उसने एक कन्या को जन्म दिया और राजा तथा रानी ने उसकी बहुत देखभाल की। वह कन्या बहुत ही सुन्दर थी। राजा उसे देखने के लिए किसी को भी महल में नहीं आने देते थे। जब वह युवावस्था में पहुँची, तब राजा ने उसके भविष्य के बारे में एक ज्योतिषी से पूछताछ की। ज्योतिषी ने अपने पतड़े-पोथी देखकर बताया कि उस कन्या का नाम बिजली होगा और उसका विवाह राय गिड़ानी के बेटे गुरूमारू के साथ होना चाहिए। उसने कहा, 'जैसे घोड़ा छलाँग लगाता है वैसे ही यह भी छलाँग लगाकर विवाह के पश्चात आकाश में उड़ जाएगी।' उसका विवाह हो गया, परन्तु जब गुरूमारू उसे लेकर घर गया तो वह उड़कर आसमान में चली गई और बिजली बन गई।

●

मरकानसिंगी के सुनती साँवरा को एक अत्यन्त सुन्दर कन्या थी। वह कुँआरी थी और उसकी उम्र मात्र चौदह वर्ष थी। एक दिन वह नदी में स्नान करने के लिए गई, जहाँ एक साँवरा युवक भी स्नान कर रहा था। दोनों की मुलाकात हो गई और उनमें आपस में प्रेम हो गया। अब उनके लिए संसार में उन दोनों के सिवाय कुछ भी नहीं रह गया था।

सुनती ने अपनी बेटी की शादी मंगला से कर दी जो आसमान में रहता था और वह उसे अपने साथ वहीं ले गया। परन्तु उसे अपने प्रेम की याद हमेशा सताती है और उसे याद कर जब वह रोती है, तब उसके आँसू वर्षा बनकर पृथ्वी पर बरसते हैं। उसे

रोती हुई देखकर उसका पति उसे डाँटता है और कहता है, 'शान्त रहो', और उसकी आवाज ही बादलों की गर्जना है।

●

तरमाल साँवरा अपने माँ-बाप का इकलौता बेटा था। उसका विवाह रामीगुड़ा के मालबांग की बेटी बिंदोलनी से हुआ था। उनके विवाह के थोड़े समय बाद ही उसके माता-पिता की मृत्यु हो गई और उसे चिप्पड़ बाली में अपना पैत्रिक मकान उत्तराधिकार में मिल गया।

इधर बिंदोलनी गर्भवती हो गई। तरमाल की माँ ने उसे स्वप्न में बताया, 'मैं तुम्हारे गर्भ से दोबारा जन्म ले रही हूँ। जब तक तुम मेरा विवाह किसी पुरुष से नहीं करोगी, तब तक मैं तुम्हारे पास ही रहूँगी। परन्तु यदि तुमने मेरा विवाह किसी के साथ कर भी दिया, तब भी मैं न तो तुम्हारे पास रहूँगी और न ही उस व्यक्ति के पास।' स्वाभाविक समय पर उनके यहाँ एक कन्या ने जन्म लिया। परन्तु समय बीत जाने पर वे माता-पिता स्वप्न की बात को बिलकुल ही भूल गए। जब लड़की बड़ी हुई तब उन्होंने उसका विवाह लेंदा बांदागुड़ा के बेटे उसरा के साथ कर दिया।

विवाह के बाद वह लड़का अपनी दुल्हन को अपने साथ घर ले गया। रात हो जाने के कारण रास्ते के किनारे उन लोगों ने अँधेरे में विश्राम हेतु पड़ाव डाला। एकाएक एक जोरदार गड़गड़ाहट की आवाज करती हुई वह लड़की आकाश में विलीन हो गई और वे सब जाग पड़े और भयभीत हो इस दृश्य को देखते रहे। उसका पति धनुष-बाण लेकर उसका पीछा करने गया, परन्तु तब तक वह बिजली बनकर लुप्त हो चुकी थी।

●

सीमारानी महाप्रभु ऊपर रहा करते थे। दशहरे के महीने में एक त्योहार मनाया जाता था। आकाश में सिपाही भी मौजूद थे। सीमारानी महाप्रभु ने सिपाहियों के लिए एक प्रतियोगिता का आयोजन किया और निशानेबाजी के लिए एक लक्ष्य स्थापित किया। उन्होंने अपनी बन्दूकों से गोलियाँ चलाईं जिनकी चमक बिजली बन गई। उस बिजली से बहुत से वृक्ष नष्ट हो गए। सीमारानी पानी भरने गई, उसमें उसे चार माह का समय लग गया। वह स्वर्ण सरोवर और रजत सरोवर पर गई। उसे अत्यन्त कठिनाईपूर्वक चार महीनों में कहीं जाकर पानी मिल पाया। जब वह अपना घड़ा भरकर आ रही थी तब उसका पैर फिसल गया और पानी पूरा बह गया। वह पृथ्वी पर वर्षा बनकर बरसा। जब वह अपने घर पहुँची तो उसने गोबर को पानी में घोलकर चौक लीपा और बलि चढ़ाई। वर्तमान में यह पर्व बीज बोने का पर्व है, जिसके तुरन्त बाद वर्षा आरम्भ हो जाती है।

अध्याय : छह

पुच्छल तारा और वायु की उत्पत्ति

पहाड़ी साँवरा, गैलुंग कोरापुट

आरम्भ में पृथ्वी और आकाश का निर्माण हुआ तब वे आपस में बहुत समीप थे और सितारों के प्रकाश से सम्पूर्ण विश्व प्रकाशित था। मनुष्यों की पृथ्वी पर आबादी बढ़ने पर धीरे-धीरे उसे ऊपर की ओर ढकेला गया और वह लगातार ढकेले जाने के कारण बहुत दूर चला गया और पृथ्वी पर अन्धकार छा गया। किटुंग को यह अच्छा नहीं लगा अतः उन्होंने सोचा कि पृथ्वी को प्रकाशित करने हेतु एक विशाल दीपक की व्यवस्था करनी चाहिए, परन्तु उसके लिए पर्याप्त तेल उपलब्ध नहीं था। उन्होंने वायु को बुलाकर कहा, 'आकाश पर जाकर एक सितारे को लेकर आओ और यदि वह नहीं आए तो उसे रस्सी से बाँधकर घसीटते हुए ले आओ।' वायु ने वैसा ही किया और प्रत्येक सितारे को रस्सी से बाँधकर किटुंग के पास ले आए। किटुंग ने एक सितारे की रस्सी खींची तो एक सितारा नीचे आ गिरा। अब जब भी आवश्यकता होती है तो किटुंग एक रस्सी को खींच लेते हैं और एक सितारा टूटकर भूमि पर आ जाता है। यही सितारा पुच्छल तारा होता है।

●

आरम्भ में जब वायु नहीं थी तब मनुष्यों को उसके अभाव में बहुत कष्ट होता था। बहुत दिनों बाद पाताल लोक में वायु का जन्म हुआ और वह इतनी तीव्र गति से ऊपर आई कि बहुत से मकान ही उड़ गए। एक कोम्मार लोहार ने गुस्से में उसकी पिटाई कर दी। वायु किसी तरह चकमा देकर महाप्रभु के पास पहुँची और उन्हें बताया कि जब वह बालक थी तब लोहार ने उसे पीटा था अब वह उससे बदला उसे पीटकर लेना चाहती है। वायु ने कहा, 'परन्तु मैं बिलकुल अकेली हूँ, मुझे आप कम-से-कम दो साथी दे दो।' महाप्रभु ने कहा, 'तुम चाहो तो भूतों को अपने साथ ले लो, जो मनुष्य बुखार चढ़ने पर एक ही दिन में मर जाते हैं वैसे लोगों के भूत और बुरसुंग भी तुम्हारे साथ रहेंगे।'

हवा तीव्र गति से गई और उसने लोहार का मकान उड़ाकर नष्ट कर दिया और उसमें आग लगा दी। उन्होंने वहाँ से वापस आकर अपनी मित्रता को प्रतिज्ञाबद्ध कर

लिया और फिर जाकर दूसरे लोहार का भी घर उड़ाकर नष्ट कर दिया। हवा के कारण उस मकान में आग लग गई और वह आग अनेक गाँवों तक फैल गई और बहुत से गाँव जल गए। तब से लोहारों ने अपने घर गाँव से बाहर बना लिए। अब भी कई बार वायु आँधी की भाँति आती है और लोहार का घर ढूँढ़ती है।

•

सृष्टि के आरम्भ में मनुष्य और पशु हाँफ-हाँफकर छोटी-छोटी स्वाँस ले पाते थे, क्योंकि उस समय स्वाँस लेने लायक पर्याप्त हवा का अभाव था और इसी कारण मनुष्य दुबले-पतले और बौने होते थे। बच्चों के पैदा होते समय उनका मुट्ठी के बराबर आकार होता था और चूँकि उस समय ठंडक प्रदान करने वाली कोई वस्तु नहीं थी, इसलिए मनुष्य सूर्य की तपन में मुरझा जाते थे और दोपहर के समय लोग भैंसों की तरह कीचड़ में लेटा करते थे।

इसी दौरान पाताललोक में कंकाली ने एक पुत्री को जन्म दिया, जिसे उसने आज्ञा दी 'जाओ और जाकर मनुष्य लोक में रहो, वहाँ महाप्रभु भी हैं, उन्हीं के पास जाकर रहो।' कंकाली की वह कन्या पृथ्वी को चीरकर समुद्र पर्वत पर प्रकट हुई। जैसे ही वह बाहर आई, पर्वत काँपने लगा और बहुत-सी वस्तुएँ हवा में उड़ गईं। सोना कोमार नामक लोहार ने जब उस लड़की को देखा तो वह क्रोधित हो उठा और उसने अपने हथौड़े से उस लड़की को पीटना चाहा। परन्तु महाप्रभु ने उसे देख लिया और वे उस लड़की को बचाने के लिए दौड़े। उन्होंने कहा, यह वायु है और तुम्हारा यह किसी प्रकार का अहित नहीं करेगी परन्तु लोहार ने उनकी बात अनसुनी कर दी, तब उन्होंने उसे लोहार की धौंकनी के भीतर छिपा दिया, इसके साथ ही मनुष्य के पेट में, वृक्षों में, चट्टानों में और नदियों में भी। तब से हवा ने इतना तेज बहना बन्द कर दिया, जितना वह शुरू-शुरू में बहती थी। परन्तु फिर भी वह सूर्य की तपन को ठंडा करने के लिए पर्याप्त थी और बच्चों को मोटा-ताजा बनाने के लिए और आदमियों को ऊँचा, पूरा बनाने के लिए भी पर्याप्त थी।

•

हवा वृक्षों की सहोदर है और धरनी पिन्नू (धरती माता) उसकी बहन है।

•

अन्न का कोई पति नहीं था। पर्वत ने सोचा, 'यदि अन्न का कोई पति नहीं होगा तो यह गर्भ धारण कैसे करेगा।' पर्वत ने गहरी स्वाँस ली और उससे हवा पैदा हुई। वह इतनी तेजी से बहने लगी कि वृक्षों की शाखाएँ और पत्ते टूटने लगे तथा चावल और गेहूँ का गर्भाधान हो गया। तब से वायु अन्न के गर्भाधान हेतु प्रवाहमान बनी रहती है।

जब मनुष्य ने बलि दी तब हवा वृक्षों और चट्टानों में विलीन हो गई। वह बहुत भूखी थी इसलिए उसके भोजन के लिए और अधिक बलि दी गई और उसे उड़ने में भारीपन महसूस होने लगा।

•

जब चन्द्रमा और सूर्य बने, तो आरम्भ में सूर्य की किरणें इतनी अधिक गर्म थीं कि उनकी तपन असह्य थी और लोग हमेशा इस बात की शिकायत किया करते थे। घर से बाहर निकलना तभी सम्भव हो पाता था जब दिन ढलने लगता था। निरंताली ने कहा, 'हमें किसी भी युक्ति से ठंडक पैदा करनी चाहिए।' उसने अपने घर के पीछे एक गड्ढा खोदा और उसमें जोर से फूँक मारकर हवा छोड़ी। उसने गड्ढे का मुँह एक पंखे से बन्द कर दिया। कुछ समय उपरान्त उसने वह पंखा गड्ढे पर से हटा लिया तब उसकी स्वाँस उस गड्ढे से इतनी तीव्र गति से वापस लौटी कि उसने पेड़ों को उखाड़ दिया और वह मकानों के छप्पर तक उड़ा ले गई। निरंताली ने हवा को मना किया, 'इतनी तेजी से मत उड़ो।' तब हवा शान्त होकर बहने लगी और पृथ्वी पर तब जाकर ठंडक स्थापित हुई।

•

एक राजा और उसकी रानी कंचनपुर में राज्य करते थे। उनके चार बेटियाँ थीं और एक बेटा। दुख की बात तो यह थी कि उन लड़कियों की मँगनी हेतु कोई भी प्रस्ताव नहीं आता था। सानगढ़ के राजा सोनबंध ने अपने चार बेटों को घर से निकाल दिया था। वे दुनिया भर में भटकते हुए अन्त में कंचनपुर पहुँचे। उन्हें काम की तलाश थी, पर उन्हें कोई पसन्द ही नहीं करता था। एक दिन वे हताश होकर राजा के महल में जा पहुँचे। राजा उन्हें देखकर पहचान गया कि वे कहीं के राजकुमार हैं, और उसने उनसे पूछा, 'कि उनके साथ क्या बीती है।' उसने उन्हें अपने पास ही रख लिया और उनके साथ अपनी बेटियों का विवाह कर दिया और वे सब लोग आनन्दपूर्वक रहने लगे।

परन्तु कंचनपुर में एक दानव रहता था जो प्रतिदिन राशन में एक मनुष्य का भक्षण करता था। लोग अपने परिवार के मृतकों का इस आशा से भी शवदाह भी नहीं करते थे कि दानव को शव दे देंगे, परन्तु दानो इससे सन्तुष्ट नहीं होता और वह कम-से-कम एक जीवित व्यक्ति की माँग अवश्य करता। उसी दिन राजा के बेटे की मृत्यु हो गई और वे चारों भाई उसकी लाश लेकर उस स्थान पर पहुँचे जहाँ दानव अपने भोजन की प्रतीक्षा कर रहा था। सन्ध्या समय उन चारों भाइयों ने अपने-अपने बिस्तर बिछा लिए और शव की चौकसी करते हुए लेट गए। रात्रि के आखिरी प्रहर में दानव वहाँ आया और उसने दीवान की बेटी को झपटकर पकड़ लिया। छोटे भाई ने तलवार से उसकी हत्या कर दी और उसकी नाक काट ली और आँखें फोड़ दीं। सुबह सब भाइयों ने मिलकर दानव का पेट फाड़कर उसमें से उसका कलेजा बाहर निकाल लिया।

उसके पेट में से बाओ देवी जो कि हवा थी वह निकली। वह बहुत ही तेजी से उड़ने लगी और वृक्षों और चट्टानों को उड़ाने लगी। परन्तु उन चारों भाइयों ने वायु को पकड़कर पान के डिब्बे में बन्द कर दिया। सबसे छोटा भाई इन्द्र राजा के पास जाकर अमृत की पाँच बूँदें माँग लाया और उन्हें मृतक पर छिड़क दीं और वह जीवित हो उठा। बाओ देवी ने क्षमा माँगी और कहा कि मैं किसी प्रकार की शरारत नहीं करूँगी और तुम लोग जैसा कहोगे वैसा ही करूँगी। उन लड़कों ने उसके हाथ-पैर तोड़ दिए और उसे छोड़ दिया, तब से उसकी चाल धीमी पड़ गई।

●

वायु की उत्पत्ति का पहाड़ी साँवरा मिथक

लिंगपु साँवरा बहुत कुशल और प्रसिद्ध शिकारी था। जब वह शिकार खेलने बहाकु पर्वत पर गया तो उसे कोई भी जानवर नहीं मिला। उस पर्वत पर एक राक्षसी रहती थी जो गर्भवती थी। जब उसने लिंगपु को देखा तो उसका पीछा किया, क्योंकि वह उसके साथ रतिकर्म का आनन्द भी लेना चाहती थी और उसका भक्षण भी करना चाहती थी। परन्तु लिंगपु ने उस पर एक बाण चला दिया। उस बाण से उसका पेट फट गया और उसमें से एक बच्चा बाहर निकल आया। उस बच्चे के मुँह से बड़ी तेजी से हवा निकली जिसने वृक्षों को झकझोर दिया। तब लिंगपु ने उस नवजात शिशु को आशीर्वाद दिया, 'जाओ दुनिया भर में विचरण करो, दुनिया में ऐसा कोई नहीं है जिस पर तुम विजयी न हो सको क्योंकि तुम्हें कोई देख ही नहीं पाएगा।'

●

वायु की उत्पत्ति के पूर्व मनुष्यों को बहुत गर्मी सहन करनी पड़ती थी। जब वे अपनी खेती करते तो बहुत ही कमजोर फसल होती। मिंजाई के बाद भूसा उड़ाने के लिए उनके पास कोई भी साधन नहीं था क्योंकि हवा तो उस समय तक थी ही नहीं। एक दिन वे लोग किटुंग के पास गए और उनसे कहा, 'हवा के बिना हम लोगों को बहुत कष्ट उठाना पड़ रहा है। हम क्या करें?' किटुंग ने कहा, 'लबोसुम के पास जाओ,' लबोसुम (पृथ्वी देवी) ने कहा कि 'जैसे ही आएगी मैं तुम्हारी सहायता के लिए वायु को भेज दूँगी, परन्तु तब तक तुम सब लोग घर से बाहर मत निकलना,' किटुंग उन सबको साथ लेकर वापस आ गए, परन्तु इसी बीच लबोसुम ने ब्यालू की और एक भयानक डकार ली। उसके साथ ही वायु उसके पेट से बाहर निकलकर इतनी तेजी से उड़ने लगी कि पृथ्वी फट गई और वायु सम्पूर्ण विश्व में तीव्र गति से फैल गई। लेबोसुम ने कहा, 'तुम सब लोग वर्ष में तीन बार मुझे बलि प्रदान किया करो।'

अध्याय : सात

वर्षा की उत्पत्ति

सृष्टि की उत्पत्ति के समय जब आकाश और बादलों की उत्पत्ति हो चुकी थी तब मनुष्य अपने खेतों में काम कर रहे थे और मकरदुज राजा तथा करवत्ती राजा का राज्य पृथ्वी और आकाश के बीच स्थित था। वह लगातार चौबीस वर्षों तक सोता था और बारह वर्ष में एक बार करवट बदलता था। तदोपरान्त वह एक वर्ष तक लगातार जागरण करता था और इस बीच एक दिन के लिए भी नहीं सोता था। उसके कान ही पर्वतों के जितने विशाल थे। वह एक कान का उपयोग अपने लिए छत के रूप में करता था और दूसरे कान का उपयोग बिछाने के रूप में करता था।

एक बार ऐसा संयोग हुआ कि जिस दिन उसने करवट बदली उसी दिन इन्द्र राजा का पेट फट गया और उसमें भरा हुआ पानी पृथ्वी पर गिर पड़ा, जिसके कारण पृथ्वी पर बाढ़ आ गई। तब करवत्ती राजा ने जागकर देखा कि चारों ओर पानी ही पानी बह रहा है, जिसमें खेत-खलिहान, घर-द्वार सब डूब रहे हैं। उन्हें मनुष्यों पर बड़ी दया आई और उन्होंने उस सम्पूर्ण जल को अपने कान में भर लिया और तब पानी बरसना भी बन्द हो गया। दूसरे वर्ष उन्होंने मनुष्यों को बुलाकर कहा, 'देखो, इन्द्र राजा का पानी मेरे कानों में है, जब तुम्हें पानी की आवश्यकता होगी तब मैं अपने कान हिलाऊँगा। यदि मैं सोया हुआ होऊँ तो मुझे जगा लेना।' इस प्रकार वर्षा की उत्पत्ति हुई।

परन्तु आजकल करवत्ती राजा जब सोता है तो सूखा पड़ जाता है, क्योंकि मनुष्य अब वहाँ तक पहुँच ही नहीं पाता।

●

जब पुरानी पृथ्वी प्रलय के कारण जल में डूब गई और नई पृथ्वी की उत्पत्ति हुई तब भीमाराजा ने पानी एकत्र कर अपनी विशाल कोठी में भरकर रख दिया। दुनिया में उस समय बिलकुल भी पानी शेष नहीं बचा था और सभी प्राणियों ने सात वर्ष तक हवा पीकर काम चलाया था।

ऐसी परिस्थिति में लोगों की हालत दयनीय हो गई और अन्त में कंडुल नाम का गदबा भीमा के पास याचना करने पहुँचा। भीमा ने कहा, 'मैं तुम्हें पानी क्यों- कर दे सकता हूँ। यदि मैं अपनी कोठी खोलता हूँ तो पानी पुनः बाहर आ जाएगा और पृथ्वी

पर पुनः बाढ़ आ जाएगी।' उस गदबा ने कहा, 'यदि आप हमें चार महीनों के लिए ही पानी देते रहेंगे, तो वह हमारे लिए सालभर तक पर्याप्त होगा।' भीमा रानी ने तब कहा कि 'आषाढ़ माह में जब मैं अपने मासिक धर्म के बाद स्नान करूँगी उस दिन मैं तुम्हें पानी दूँगी। तुम लोग उस समय बीज बोना।' गदबा यह सुनकर अपने घर चला गया।

जिस दिन भीमा रानी ने स्नान किया, उस दिन बहुत तेज वर्षा हुई और नदी-नाले भी उमड़ पड़े तथा अपने तट तोड़कर बहने लगे। दूसरे महीने में भीमाराजा ने अपने नौकर को कोठी में उतार दिया जिसके परिणामस्वरूप पानी छलककर बाहर बहने लगा और पृथ्वी पर वर्षा हुई।

●

इन्द्रो महाप्रभु ने सम्पूर्ण जल अपने तालाब में भरकर रख लिया और पृथ्वी पर एक बूँद भी वर्षा नहीं हुई। जब मनुष्यों ने देखा कि पीने के लिए भी पानी नहीं बचा है, तब वे इसपुर महाप्रभु के पास गए और उनसे कहा, 'हमारी फसलें सूख रही हैं, यदि आप हमारी सहायता नहीं करेंगे तो हम सब मर जाएँगे।' इसपुर महाप्रभु ने सभी देवताओं को बुलाकर कहा कि वर्षा के बिना पृथ्वी पर त्राहि-त्राहि हो रही है, थोड़ी-बहुत वर्षा करो अन्यथा सब लोग मर जाएँगे। तब देवताओं ने कहा कि 'सम्पूर्ण जल इन्द्रो के कब्जे में है। उसके कब्जे से जल छुड़ाने के लिए उनसे युद्ध करना पड़ेगा।' 'तो जाकर उससे संघर्ष करो।' महाप्रभु ने कहा।

सभी देवताओं ने इन्द्रो महाप्रभु पर आक्रमण किया और उनको पराजित कर रस्सियों से बाँध दिया। परन्तु उस बाँध की दीवार को कोई भी नहीं तोड़ पाया जिसे इन्द्र ने बाँधकर पानी को रोक रखा था। अन्त में भीमो महाप्रभु ने अपनी गदा के वार से उस बाँध की दीवार को तोड़ा और पानी बहकर पृथ्वी पर बरसने लगा।

तभी इन्द्रो महाप्रभु की बेटी वहाँ आ पहुँची और उसने इन्द्रो की रस्सियाँ खोलकर उन्हें मुक्त करा लिया। इन्द्र ने दोबारा बाँध की दीवार बनाई और पानी बरसना बन्द हो गया।

इन्द्रो महाप्रभु के पास दो भैंसे थे। वे इतने शक्तिशाली थे कि वे स्वयं भी उनको वश में कर पाने में असमर्थ थे। उन्होंने घोषणा की, "जो कोई भी उनको हल में जोतकर दिखा देगा, मैं अपनी बेटी का विवाह उस व्यक्ति से कर दूँगा।" बहुत से देवता आए और उन्होंने प्रयत्न किया पर उनमें से किसी को भी इसमें सफलता नहीं मिली। अन्त में भीमुल महाप्रभु आए। उन्होंने उन भैंसों को पकड़ा और हल में फाँद दिया और ले जाकर खेत जोतने लगे।

इन्द्रो ने अपनी बेटी का विवाह भीमुल से कर दिया जिसके पश्चात भीमुल इन्द्रो महाप्रभु के घर पर जाकर रहने लगे। इन्द्रो बारह भट्टियों की शराब अकेले ही एक बैठक में पी जाया करते थे। जब उन्हें नशा चढ़ जाता तो वे भीमो से कहते, "जाओ

और जाकर मेरे लिए थोड़ी मछलियाँ लेकर आओ।'' भीमो और उसकी पत्नी दोनों तालाब पर जाकर उसमें थोड़ा पानी छिड़कते जिससे मछलियाँ आसानी से पकड़ में आ जाएँ। यही पानी पृथ्वी पर वर्षा के रूप में बरसता है।

●

आरम्भ में जब पृथ्वी बनी तो बहुत लम्बे समय तक वर्षा ही नहीं हुई और जब हुई तो इतनी भारी कि ऐसा प्रतीत होता था मानो सर्वत्र पानी ही पानी है और पानी के अतिरिक्त कुछ और नहीं। किटुंग ने सोचा, 'फिर से बाढ़ आएगी और प्रलय हो जाएगी, सब किया-कराया चौपट हो जाएगा।' यह सोचकर उसने अपने सातों बेटों और बारह पोतों को नालियाँ बनाने के लिए भेजा जिससे कि वर्षा का पानी उन नालियों के द्वारा बाहर निकाला जा सके। उसके बेटों ने नदियों के तल बनाए और पोतों ने नालों के तल बनाए। इस तरह नदी और नालों का निर्माण हुआ।

●

पुराने जमाने में लोग अपने निस्तार के लिए सम्पूर्ण जल नदी-नालों से लाया करते थे, क्योंकि उस समय तक तालाब नहीं थे। गर्मी के मौसम में उन्हें बहुत कठिनाई होती थी। कुसुमपुर ग्राम का विशनाथ नाम का भतरा जो माँझी भी था, उसने अपने बेटे की शादी पर तीन सौ रुपए खर्च कर दिए। उस लड़के के भी एक बेटा और एक बेटी थी। जब वे बड़े हुए, तब वह लड़की एक बार जैतिगुड़ा गई, और वहाँ के गुनिया ने उसके साथ विवाह कर लिया। माँझी गाँव के कुछ अन्य लोगों को साथ लेकर गुनिया के पास वधू-मूल्य वसूल करने पहुँचा।

जैतिगुड़ा के लोगों ने एक छोटा-सा कुआँ बनाया था, परन्तु वहाँ के लोगों ने उसका पानी पीने के लिए आगन्तुकों को मना कर दिया। इस बात पर माँझी को गुस्सा आ गया और उसने अपने आदमियों को उस गाँव के समीप ही तालाब खोदने की आज्ञा दी। उन्होंने एक ही रात में तालाब बना डाला और उसके चारों ओर पत्थर की एक मजबूत दीवार खड़ी कर दी तथा पार पर फूलदार पौधे भी लगा दिए। तालाब इतना मनोरम लग रहा था कि जैतिगुड़ा की लड़कियाँ कुएँ से पानी न लेकर तालाब में नहाने के लिए आने लगीं। माँझी के लोग उन्हें देखकर हँस रहे थे और उनसे हँसी-मजाक कर रहे थे और वे लड़कियाँ उनके साथ भागने के लिए भी तैयार थीं। माँझी के लोगों ने एक सप्ताह तक वधू-मूल्य प्राप्त करने की कोशिश की, परन्तु जब गुनिया ने वह रकम नहीं दी, तब माँझी ने कहा, 'उसके बदले में हम इन सब लड़कियों को भगा ले गए, जिनमें से एक का विवाह दूसरे माँझी ने अपने बेटे के साथ किया और बाकी अन्य चार लड़कियों का अपने पड़ोसियों के लड़कों के साथ किया। इसके बाद सभी स्थानों पर तालाब बनाए जाने लगे।

●

एक बार सात भाई शिकार खेलने निकले। उन्हें बहुत तीव्र प्यास लगी परन्तु उस समय पृथ्वी पर कहीं भी पानी नहीं था। सब जगह खोजते रहे, परन्तु उन्हें अपनी प्यास बुझाने हेतु कुछ भी नहीं मिला। इनमें सबसे छोटा भाई कुँवारा था। उसको याद आया कि उसकी माँ ने उससे एक बार यह कहा था कि यदि तुम्हें प्यास लगे तो वह सिर्फ अपनी माँ का नाम उच्चारण करे, तो सब कुछ ठीक हो जाएगा। उसने रूसी और पत्थर सओरनी नामों का उच्चारण किया और एक पत्थर उठाया। उस स्थान पर पानी निकल आया। सातों भाइयों ने पानी पीकर अपनी प्यास बुझाई। उस दिन से पृथ्वी के गर्भ में पानी मिलने लगा।

●

बहुत ही पुराने जमाने की बात है, उस समय एक आदमी और एक औरत तथा उनका एक बेटा एक गाँव में रहा करते थे। एक दिन उनका बेटा बीमार हो गया और वे दोनों माता-पिता बहुत अधिक चिन्तित हो उठे कि इस स्थिति में क्या करना चाहिए। वे यहाँ-वहाँ भाग-दौड़ करने लगे, कभी बैगा को बुलाते, तो कभी किसी औषधि का जुगाड़ करते, तो कभी देवताओं को बकरे और कबूतरों की बलि चढ़ाते। अन्त में उस वृद्ध ने एक प्रसिद्ध गुनिया का पता लगा लिया और उसे अपने साथ चलने के लिए भी तैयार कर लिया।

परन्तु जब वे रास्ते में ही थे, तभी लड़के के प्राणों ने उसका शरीर त्याग दिया। उस समय उसकी माँ अकेली थी और वह जोर-जोर से रोने लगी। वह इतनी जोर-जोर से रो रही थी कि उसकी आँखें नदी के समान लग रही थीं, और जब उसके आँसू भूमि पर गिरे तो सचमुच एक नदी में बाढ़ आ गई।

और जब उस लड़के का बाप बैगा को लेकर घर के समीप पहुँचा तो उन्होंने बाढ़ पूरित नदी से मार्ग को अवरुद्ध पाया। उस वृद्ध को सहसा घबराहट हुई और वह सोचने लगा, ''जब मैं यहाँ से गया था तब तो यहाँ यह नहीं थी, अवश्य कोई अनहोनी घटना घटित हुई है।'' उसने बैगा से कहा, ''अब तुम घर जाओ, तुम्हारी अब कोई आवश्यकता नहीं है।''

अन्त में उस औरत के आँसू समाप्त हो गए, और वृद्ध नदी पार करके घर पहुँच गया। वहाँ उसने अपने बेटे को मृत पाया। उस वृद्ध ने अपनी औरत से कहा, ''तुम इतना न रोई होती तो मैं बैगा को लेकर यहाँ पहुँच जाता और लड़का भी बच जाता।'' उसकी स्त्री ने कहा, ''परन्तु मैं तो दुनिया में नदियाँ बहाने के लिए ही तो इतना रोई थी।'' इस बात पर बुड्ढा नाराज हो गया और कहने लगा, ''क्या तुम यह कहना चाहती हो कि नदियाँ बहाने के लिए तुमने अपने बेटे को मरने दिया।'' उसने अपनी स्त्री को नदी में बलि चढ़ा दिया और फिर स्वयं भी उस नदी में कूदकर जान दे दी।

●

कन्ध लोग सफागन्ना में पैदा हुए थे और ठीक उसके बाद पंगिया और कुटिया विभक्त हो गए थे। पंगिया लोगों का मुखिया बहुत ही महान व्यक्ति था जिसका नाम पम्पो था। उसका एक बेटा था और एक बेटी। जब वे दोनों बड़े हुए तब लड़के का विवाह तो हो गया, परन्तु लड़की कुँवारी ही रह गई, क्योंकि उसने किसी भी युवक की परवाह नहीं की। वह अब भी अल्हड़ ही थी, फिर भी उस गाँव का पुजारी अपने बेटे के लिए उसनी मँगनी करने आया। पम्पो इस रिश्ते के लिए सहमत था और मँगनी की तैयारी होने लगी।

एकाएक उस लड़की का पहला मासिक धर्म उसी समय शुरू हो गया और वह सात दिनों तक चला। वह आठ दिनों तक छुआ (अशुद्ध) रही और फिर उसने अपने पिता से पूछा, "अब मुझे क्या करना चाहिए?" उसके पिता ने उत्तर दिया, "एक फूटा घड़ा और राख उड़ाने का पंखा तथा थोड़ी-सी कच्ची साजा की लकड़ी लेकर बुंझी अनु नदी तक चली जाओ और एक मरे भैंसे के सिर की भट्टी बनाकर कच्ची लकड़ियाँ जलाकर अपने अशुद्ध कपड़े राख के साथ पानी में उबालो।" लड़की ने वैसा ही किया। उसने मृत भैंसे की खोपड़ी की भट्टी बनाई और जैसे ही उसने लकड़ियाँ जलानी चाहीं तो लकड़ियों से आग की लपटें न निकलकर धुआँ ही धुआँ निकलकर सब जगह फैल गया। विश्व के जितने भी प्राणी थे वे इस धुएँ से घबरा उठे और बहुत से छोटे-छोटे पक्षी तो मर भी गए।

बूढ़े पिन्नू ने नदी तट पर आकर लड़की से पूछा कि यह धुआँ कहाँ से उठ रहा है? उसने बताया, "यह सब गीली लकड़ी के कारण ही हुआ है।" बूढ़े पिन्नू ने एक बाँस काटा और सम्पूर्ण धुएँ को उस नली में बन्द कर नदी में प्रवाहित कर दिया और कहा, "तुम वर्षा ऋतु में आ सकते हो और विश्व में सभी जगह विचरण भी कर सकते हो, परन्तु उसके बाद तुम फिर से पानी में चले जाओगे।" उस लड़की ने स्नान किया, कपड़े धोए और अपने घर चली गई। कुछ ही दिनों बाद उसकी शादी हो गई और उसने बहुत से बच्चों को जन्म दिया।

●

सुकबेंजी और कुदालबेंजी दोनों की पत्नियाँ एक ही समय गर्भवती हुईं। जब बच्चे पैदा हुए तो उन्हें स्नान कराने के लिए पानी ही नहीं था और दोनों जच्चा भी बहुत प्यासी थीं। सुकबेंजी और कुदालबेंजी अपने कुत्ते को साथ लेकर पानी खोजने निकले। रास्ते में वे दोनों थकान के कारण एक स्थान पर बैठ गए। परन्तु कुत्ते ने पेशाब किया और फिर अपने पंजों से गीली जमीन को खोद डाला, और वहाँ उसे थोड़ा-सा पानी मिल गया।

कुत्ता दौड़कर उन जच्चाओं के पास जाकर कुई-कुई करने लगा और उनके तलवे चाटने लगा। क्रुद्ध होकर उन्होंने कुत्ते को धक्का देकर भगा दिया। कुत्ता पानी के समीप जाकर सो गया।

सुकबेंजी और कुदालबेंजी कुत्ते के बिछुड़ जाने पर उसकी खोज में निकले और उसे पानी के समीप ही पा लिया। वे बहुत खुश हुए, परन्तु अब समस्या थी कि पानी को लेकर कैसे जाया जाए! उनके पास मटके नहीं थे। अन्त में उन्होंने अपने तीर से एक लकीर अपने घर तक खींची और वहाँ उन्होंने एक तालाब बना दिया तथा उसकी पक्की मजबूत पार बाँध दी। पानी बिटी बुटु बिटी बुटु करता हुआ, बुलबुले छोड़ता हुआ तीर द्वारा खींची गई उस लकीर में बहता हुआ, वहाँ तक पहुँच गया।

इस कुंड से जो पानी बहकर गया वही पहली नदी बनी।

●

महाप्रभु ने जब आरम्भ में मनुष्य बनाए तो उनके निस्तार के लिए छोटे-छोटे नाले भी बनाए, उन्हें पानी लेने बहुत दूर-दूर तक जाना पड़ता था, जो अत्यन्त कष्टदायक काम था।

एक बार की बात है, पाँच मुरिया युवक अपने पशु चराने गए। पशु चराते-चराते वे बहुत दूर निकल गए और वहीं खेलने लग गए। उसी बीच एक लड़के ने जमीन में गड्ढा खोदकर उसमें पेशाब कर दिया। वे सब वहाँ पेशाब करते रहे जब तक गड्ढा भर नहीं गया। उसके पश्चात उन लोगों ने उसी में स्नान किया और अपने कपड़े धोए। महाप्रभु भी वहाँ पहुँच गए और उन्होंने यह सब देखा। उन लड़कों ने महाप्रभु को अपना कष्ट बताया, 'पानी मिलना इतना कठिन है कि हमें अपने मूत्र से ही नहाना पड़ता है।'

महाप्रभु ने विचार किया, ''यदि मैं ऐसी व्यवस्था कर दूँ कि इन छोटे-छोटे गड्ढों से पानी ऊपर पहुँच जाए, तो सभी लोगों के लिए पर्याप्त पानी उपलब्ध हो जाएगा।' महाप्रभु ने यह सोचकर एक तीर उस गड्ढे में मारा जो पाताललोक तक जा पहुँचा और नीचे का पानी ऊपर आने लगा तथा वह निरन्तर आता रहा और वह गड्ढा भर गया, साथ ही पानी नाले के समान बहने लगा। महाप्रभु ने कहा, ''तुम लोग अपने गाँव के पास ऐसे ही गड्ढे खोद लो, तुम्हें उनमें पर्याप्त पानी मिलेगा और तुम्हारे बिलकुल समीप ही तुम्हें पानी उपलब्ध होने लगेगा।''

●

आरम्भ में जब सृष्टि का निर्माण हुआ और उसमें मनुष्यों का आविर्भाव हुआ, तब आरम्भ में वे न तो कुछ खाते थे और न कुछ पीते ही थे। महाप्रभु ने तब अन्न बनाया और उन्होंने उसे खाया, परन्तु फिर भी न तो उन्हें प्यास लगती थी और न ही वे पानी पीते थे। न तो कोई मरता था और न ही किसी का जन्म होता था। इसलिए उस समय आबादी स्थिर थी। उसमें कोई घट-बढ़ नहीं होती थी। महाप्रभु ने सोचा यह उचित नहीं है, और उन्होंने मनुष्यों को बुलाकर पूछा कि तुम्हारे बच्चे क्यों नहीं होते? क्या तुम्हें पर्याप्त भोजन नहीं मिलता? 'भोजन तो मिलता है, परन्तु हमें प्यास नहीं लगती इसलिए हम पानी नहीं पीते।' महाप्रभु ने विचार किया, हो न हो यही वजह हो सकती है जिस

कारण से इन्हें बच्चे नहीं उत्पन्न हो रहे हैं। उन्होंने लोहे के कीट से एक दीपक बनाया, उसमें तेल और बत्ती रखकर उसे एक ढक्कन से ढक दिया। यह दीपक उन्होंने मनुष्यों को दे दिया। वह दीपक फल की तरह कोमल था। महाप्रभु ने कहा, 'यह एक फल है इसे तुम लोग खा लो।' उस फल को उन्होंने सब लोगों में बाँट दिया और लोग उसे निगल गए। पेट में उसकी तपन से उन्हें शुष्कता महसूस होने लगी और प्यास लगने लगी और वे पानी माँगने लगे। तब से मनुष्य ने पानी पीना सीखा और उनकी बहुत-सी सन्तान भी उत्पन्न हुई।

प्रथम नदी की उत्पत्ति का मिथक

आरम्भ में केवल कुंड और झरने थे, परन्तु नदियाँ नहीं थीं। बायनो साँवरा की एक बेटी थी। वह बड़ी हो गई थी, परन्तु उसको मासिक धर्म नहीं होता था, उसकी और भी उम्र बढ़ गई। परन्तु उसे फिर भी मासिक धर्म नहीं होता था। उसका विवाह हो गया फिर भी उसे मासिक धर्म नहीं हुआ। वह ससुराल चली गई और तब दो वर्ष बीतने पर कहीं जाकर उसे प्रथम मासिक धर्म हुआ। उस दिन उसने झरने में जाकर स्नान किया। अपने सब कपड़े उतारे और उन्हें धोया, फिर उसने घड़े में पानी भरा और वापस चल पड़ी। रास्ते में एक पत्थर से उसे ठोकर लगी और उसका घड़ा गिरकर फूट गया और घड़े का पानी बह गया। वह पानी इतनी तीव्र गति से बहा कि भूमि पर एक नाला ही बन गया। वही प्रवाह प्रथम नदी बनी।

●

यदि कोई बाघ एक व्यक्ति को सिर की ओर से पकड़े और दूसरे व्यक्ति को पैर की ओर से, तब ऐसे दोनों व्यक्तियों की आत्माएँ आकाश में पहुँचकर आपस में मिलती हैं। यदि वे पूर्व दिशा में जाकर मिलती हैं, तो समझो कि अच्छी वर्षा होगी। यदि वे पश्चिम दिशा में मिलती हैं, तो वर्षा कमजोर होगी।

●

प्रलय के समय जब पृथ्वी पानी में डूब गई तब दादा बुरका और उसकी बहन एक तूम्बी में छिप गए। भीमा ने अपनी तलवार से उन्हें मारना चाहा। जब उसने देखा कि यह उसके लिए सम्भव नहीं है, तब घर जाकर गुस्से में उसने अपनी तलवार को ही तोड़ डाला।

प्रलय के बाद दादा बुरका तूम्बे से निकलकर बाहर आ गया और अपना घर बनाकर परिवार के साथ रहने लगा, तब भीमा ने पुनः उसकी हत्या की योजना बनाई। वह अपना धनुष-बाण लेकर उसको मारने निकल पड़ा। दादा बुरका अपनी पत्नी और बच्चों को साथ लेकर पुनः तूम्बी के टुकड़े के नीचे छिप गया। पन्द्रह दिनों तक भीमा

अपने तीर उस तूम्बी पर चलाते रहे, परन्तु वे सब बाण निष्प्रभाव हो जाते थे। अन्त में भीमा के सब बाण समाप्त हो गए, तब क्रोधित होते हुए उसने कहा, 'आज से मैं फिर कभी धनुष-बाण का उपयोग नहीं करूँगा।' उसने धनुष-बाण उठाकर आकाश की ओर फेंक दिया जो जाकर आकाश में चिपक गया।

दादा बुरका ने अपने बच्चों से कहा, "जब तुम लोग छोटे-छोटे थे तब भीमा ने तुम्हें इस धनुष के द्वारा मारना चाहा था। यह हमारा शत्रु है। जब यह तुम्हें दिखाई पड़े तो समझना कि भारी वर्षा होनेवाली है। ऐसे समय तुम्हारा घर से बाहर निकलना संकटपूर्ण है।"

●

सफगन्ना में निरंताली और कपन्ताली निवास करते थे। उन्होंने एक धनुष और बहुत से बाण बनाए और भीमेजा (भीमा का कन्ध रूपान्तरण) नामक एक कन्ध को बुलवाया और उससे कहा, 'तुम जिस प्राणी को भी चाहो, इसके द्वारा मार सकते हो, और उनमें से जो खाने योग्य हो, उसे मारकर खा लेना।' भीमेजा उन धनुष-बाणों को लेकर जंगल में जाकर शिकार करने लगा।

एक दिन उसने सोचा, 'यदि मैं इस संसार में सिर्फ धनुष-बाण ही धारण करके घूमता फिरूँगा तो मेरा नाम अमर नहीं होगा। मैं इस धनुष को लेकर आकाश में जाकर रहूँगा और सारी दुनिया मुझे देखेगी।' ऐसा सोचकर उन्होंने आकाश पर एक आकाशीय गाँव बनाया, जिसका नाम बढ़ोरी रख दिया।

वर्षाकाल में भीमा अपना धनुष लेकर बाहर निकलता है और दुनिया को दिखाता है। वह उससे तीर चलाकर तूफान पैदा करता है। जब कन्ध उस धनुष को देखते हैं, तो वे एक बकरी और एक मुर्गी की बलि चढ़ाते हैं।

●

निरंताली विश्व की पैमाइश करना चाहती थी। उसने रायसिन्दा भीमेजा को बुलाकर पूछा कि इस काम को कैसे किया जाए। उसने एक धनुष और बहुत से बाण बनाए और बाणों को धागों से बाँधकर सभी दिशाओं में चला दिया। इसके बाद सबको वापस खींच लिया और धागों की लम्बाई को नाप लिया। धागों की सर्वाधिक लम्बाई नमकवाली दिशा के देश की थी यानी कि बम्बई-कलकत्ता के बीच की। सबसे कम लम्बाई पर्वतीय देश और छोटे-छोटे गाँवोंवाले देश के बीच की थी।

निरंताली भीमेजा के काम से बेहद खुश हुई और उसने रायसिंदा भीमेजा से विवाह करने की इच्छा प्रकट की परन्तु भीमा उसकी मंशा से भयभीत होकर अपने धनुष के साथ आकाश में भाग गया जो वहाँ आज तक इन्द्रधनुष के रूप में सुरक्षित है।

●

किटुंग ने खेत तैयार करके सभी प्रकार के बीज बोए। जब फसल पककर तैयार हो गई तो उसने सब मनुष्यों को बुलाकर उनकी बुआई करवाई। उसने चौबीस मील लम्बा चौबीस मील चौड़ा खलिहान तैयार किया। उस सम्पूर्ण अन्न की भिंजाई में उन्हें पन्द्रह दिन लगे और पन्द्रह दिन उसे उड़ाने में लगे। प्रत्येक किस्म के अन्न की अलग-अलग ढेरियाँ लगाई गईं।

किटुंग यह सम्पूर्ण अन्न अपने घर ले जाने लगा और जब वह एक चौथाई अन्न अपने घर पहुँचा चुका था तभी बड़ी तेज आँधी आई और शेष बचा हुआ अन्न उड़कर उयुंगसुम के यहाँ ले गई। उसने वह सारा अन्न अपने पास रख लिया और उसे वापस करने से इनकार कर दिया और कहा, 'जब वर्षा होगी तब मैं तुम्हें वह अन्न दिखाऊँगा। जब वह तुम्हें दिखाई पड़े तब तुम उसे एक बकरा बलि चढ़ाना।' इस प्रकार इन्द्रधनुष को उत्पत्ति हुई।

●

किटुंग जिसने इस सम्पूर्ण सृष्टि की रचना की और जिसने मानव समाज की भी उत्पत्ति की, उसका भी एक पुत्र था जिसका नाम मारू था। जब वह लड़का इतना बड़ा हो गया कि वह धनुष-बाण चला सके, तब किटुंग ने उसका विवाह आकाश लोक में रहनेवाले रूआंगराजा की कन्या के साथ कर दिया। उनके विवाह के दस वर्ष बाद मारू की पत्नी की छोटी बहन विवाह योग्य हो गई। मारू और उसकी पत्नी उसके विवाह में सम्मिलित होने गए। जब बारात आई तो वहाँ किसी बात को लेकर कलह हो गई और रूआंगन राजा ने मारू को पीटा। इस झंझट में उसका धनुष हाथ से छूटकर गिर पड़ा और वह उड़कर आकाश में चिपक गया। मारू की मृत्यु हो गई। जब किटुंग ने यह सब सुना तो वह स्वयं वहाँ देखने पहुँचा कि क्या घटना घटित हुई है और उसने पाया कि उसके बेटे की लाश वहाँ जमीन पर पड़ी है और उसका धनुष आसमान पर लटक रहा है। तब किटुंग ने धनुष को आशीर्वाद देते हुए कहा, 'जाओ बेटा, तुम्हारा जीवन तो समाप्त हो गया, परन्तु सभी लोग तुम्हारे धनुष के दर्शन करेंगे। तुम इन्द्रधनुष बनोगे और तुम्हारे सौन्दर्य को देखकर सब लोग चकित हो जाएँगे।' और अब जब-जब भी मारू की विधवा उस धनुष को देखती है तब-तब वह रोने लगती है और उसके आँसू वर्षा बनकर बरसने लगते हैं।

अध्याय : आठ

भूकम्प

नागदेव पृथ्वी को अपने सिर पर धारण किए हुए हैं। जब लम्बे समय तक वे एक ही स्थिति में बने रहते हैं तो उनके सिर में दर्द होने लगता है और वे अपने हाथ पृथ्वी के बोझ को दूसरी ओर बदलने के लिए ऊपर उठाते हैं, तब भूकम्प होता है।

•

जब महाप्रभु ने सृष्टि की रचना की और मनुष्य तथा अन्य प्राणी बनाए और उनकी आबादी बढ़ गई तो पृथ्वी वजन से नीचे की ओर धँसने लगी। इसके कारण मनुष्य और जीव-जन्तु भयभीत हो उठे। वे सब महाप्रभु के पास पहुँचे और उनसे कहा, 'देखिए पृथ्वी रसातल में डूब रही है।' बहुत से देवताओं ने उसे सहारा देने की कोशिश की परन्तु उन्हें उसमें कोई सफलता नहीं मिली।

महाप्रभु ने कंकाली को बुलाकर कहा, "मैं तुम्हें पाताललोक का राज्य प्रदान करता हूँ। जाकर मध्यलोक (भूलोक) का भार अपने सिर पर वहन करो और मनुष्य जाति की रक्षा करो, अन्यथा यह पृथ्वी डूब जाएगी।" कंकाली ने कहा, "मुझे वहाँ खाने-पीने को क्या मिलेगा?" महाप्रभु ने तब उत्तर दिया, "सम्पूर्ण विश्व तुम्हें बलि चढ़ाया करेगा।" महाप्रभु ने बोदनायक को बुलाकर आदेश दिया, "सभी पुजारियों से कहो कि वे कंकाली को बलि प्रदान किया करें।" वे सब सहमत हो गए, तब कंकाली पाताललोक में जाकर रहने लगी और उसने अपने सिर पर पृथ्वी को धारण कर लिया। प्रारम्भ में तो लोग नियमित बलि चढ़ाकर कंकाली को भोजन प्रदान किया करते थे, परन्तु कभी-कभी वे भूल जाते थे। तब कंकाली पृथ्वी को प्रकम्पित कर पुजारियों को उनकी भूल से अवगत कराती है, तब लोग शीघ्रतापूर्वक बलि चढ़ाकर उसे शान्त करते हैं और भूकम्प बन्द हो जाता है।

•

समय-समय पर धर्मो महाप्रभु अपनी पत्नी बसोमति माँ (धरतीमाता) से मिलने जाते हैं, और जब वे मिलकर मैथुन करते हैं तब भूकम्प होने लगता है।

•

राजा गब्बूसिंह गोरियागढ़ में रहता था। वह बहुत शक्तिशाली और धनाढ्य था। उसकी तीन पत्नियाँ थीं पर उनमें से एक को भी सन्तान उत्पन्न नहीं हुई। जब वह बूढ़ा हो गया तब उसकी सबसे छोटी पत्नी को एक लड़की उत्पन्न हुई। जब वह लड़की बड़ी हुई तब राजा ने अपने चपरासियों को उसके लिए वर ढूँढ़ने भेजा। वे आकाश में भी गए परन्तु उन्हें कोई उपयुक्त वर कहीं भी नहीं मिला।

पाताललोक में बिराईगढ़ में एक सिरसा राजा राज करता था। उसका एक पुत्र था। चपरासी उसे अपने साथ लेकर गब्बूराजा के पास गए और राजा ने अपनी कन्या का विवाह उसके साथ कर दिया। जब वह लड़की अपनी ससुराल से अपने पिता से मिलने आई तब उसके साथ बहुत से सिपाही आए। उनकी संख्या इतनी अधिक थी कि पृथ्वी उनके दबाव से काँपने लगी। विवाह के समय पृथ्वी ने उस लड़की को आश्वासन दिया था, 'जब भी तुम अपने पिता से मिलने आओगी तब मैं तुम्हारे आने की पूर्व सूचना तुम्हारे पिता को भूकम्प के माध्यम से पहुँचा दूँगी।'

●

एक राजा ने अपने राज्य में प्रत्येक किस्म का शासकीय विभाग वहाँ खोला और वे प्रत्येक गाँव के लोगों को पारी-पारी से वहाँ बुलाकर महल में बेगार लिया करते थे। प्रत्येक घर से एक व्यक्ति इस कार्य हेतु जाया करता था। राजा ने प्रत्येक परिवार पर वर्ष में दो बार कर पटाना भी अनिवार्य कर दिया। वह स्वयं अपनी प्रजा के हाथ से धन स्वीकार नहीं करता था, परन्तु उसने आदेश निकाला कि सभी लोग खरगोश पर लादकर एक छोटे थैले में सिक्के भरकर महल में पहुँचा दें।

इस कार्य के लिए लोग खरगोश पालने लगे और उन्हें खिला-पिलाकर मोटा बनाने लगे। जब खरगोश बड़े हो जाते तो तीन-चार गाँव के लोग उस पर एक साथ मिलकर अपने कर का धन लादकर ले जाते। परन्तु खरगोश पर इतना अधिक बोध लाद दिया जाता था कि वह एक दिन की यात्रा एक माह में पूरी कर पाता था। लोगों को यह काम इतना अधिक उबाऊ और थकानेवाला लगता था कि उन्होंने इसकी समाप्ति के लिए राजा का वध करने का निश्चय किया। उन्होंने कहा, "एक बार राजा का वध करके हम सदा के लिए सुखी हो जाएँगे।" उन्होंने अपने-अपने हथियार उठाए और महल को घेर लिया।

राजा के दो पुत्र थे जो दोनों ही अभी छोटे थे। जिस समय बागी वहाँ पहुँचे तब राजा अपने दरबार में था और बागियों ने वहाँ पहुँचकर राजा को मार डाला। जब रानी को इस घटना का पता चला तो उसने अपने बच्चों को तहखाने में छिपाकर ताला बन्द कर दिया। उसने अपने सोने-चाँदी के आभूषण एक छोटे से डिब्बे में बन्द कर एक कुएँ में छिपा दिए। वह और उसकी दासी कुएँ में कूदकर मर गईं। राजा के कुछ चपरासी और कारिन्दे भी इस विद्रोह में मारे गए। कुछ लोग छिप गए और कुछ भाग निकले। विद्रोहियों ने बच्चों की तलाश की परन्तु उन्हें इसमें सफलता नहीं मिली।

राजा के उन दोनों लड़कों ने अपने माता-पिता की हत्या का बदला लेने के लिए उनके दरवाजे पर जाकर दस्तक दी। जब उन्होंने दरवाजों को झिंझोड़ा तो पूरी पृथ्वी ही हिलने लगी। कुएँ में छिपाया गया सोना दो वर्ष पूर्व ही एक टन्को नाम के व्यक्ति को मलकान गिरि में प्राप्त हुआ है।

●

सरसान पर्वत पर प्रथम गुनिया का जन्म हुआ था। एक अन्य साँवरा उसके पास चमत्कारिक विद्या सीखने गया और सीखने पर वह स्वतन्त्र रूप से उस विद्या का प्रयोग करने लगा।

समीप के ही एक गाँव में एक साँवरा लड़की की मृत्यु हो गई थी, और लोग उसके शव को सरसान पर्वत पर ले गए और उसे उस स्थान के समीप गाड़ दिया जहाँ किटुंग रहता था। उसकी गुबार रस्म पूरी होने के पश्चात उसका भूत किटुंग के साथ रहने चला गया और वे दोनों पति-पत्नी के रूप में रहने लगे। कुछ समय के उपरान्त किटुंग ने उस प्रेतात्मा से कहा, ''तुम इस जगत में मत रहो, जाकर पाताललोक में रहो। रात्रि में आकर मेरे साथ शयन किया करो। यदि कोई सन्तान मेरे द्वारा उत्पन्न होगी तो मैं उसके खाने का खर्च तुम्हें भेज दूँगा। तुम वहीं पाताल लोक में उसका लालन-पालन करना।'' उस प्रेतात्मा ने कहा, ''जब मेरी सन्तान पैदा होगी तब मैं कैसे तुम्हें सूचित करूँगी?'' किटुंग ने कहा, ''पृथ्वी को प्रकम्पित करना, तब मैं समझ लूँगा कि मेरा बच्चा उत्पन्न हुआ है।'' वह पाताल में रहने चली गई और जब सन्तान उत्पन्न हुई तो भूकम्प होने लगा। इस प्रकार भूकम्प होने लगे।

●

कोरमाराव में किटुंग रहता था। जब प्रलय हुई तब पृथ्वी जल में डूब गई और पृथ्वी पर सर्वत्र पानी बह रहा था। किटुंग ने पृथ्वी को ऊपर उठाकर पानी से बाहर निकाला। परन्तु पृथ्वी दोबारा पानी में डूब गई और ऐसा कोई साधन नहीं था, जिसके द्वारा पृथ्वी को सँभालकर रखा जा सके। किटुंग का एक बेटा और एक बेटी थी। उसने उन दोनों को बुलाकर कहा, ''तुम दोनों भाई-बहन जाकर पाताललोक में रहो और वहाँ का राज्य सँभालो।'' वे दोनों वहाँ गए और वहाँ पहुँचकर पृथ्वी को अपने सिर पर धारण कर लिया। फिर वह कभी भी नहीं डूबी। परन्तु जब बहन का मासिक धर्म का समय होता है और वह स्नान करने जाती है तब पृथ्वी का सम्पूर्ण भार उसके भाई को अकेले ही सँभालना पड़ता है तब कभी-कभी पृथ्वी थोड़ी हिल जाती है। यदि लड़की को कभी स्नान करने में अधिक समय लग जाता है तब उस स्थिति में भीषण भूकम्प हो सकता है।

●

पहाड़ी साँवरा, ग्राम सोगेडा, कोरापुट

सरसान पर्वत पर प्रथम ओझा का जन्म हुआ। एक अन्य साँवरा उसके पास ओझागिरी सीखने हेतु गया और जब वह सीख गया, तब वह भी उसका उपयोग करने लगा।

समीप के ही एक गाँव में एक अविवाहित युवती की मृत्यु हो गई और उन लोगों ने उसके शव को सरसान पर्वत पर ले जाकर एक ऐसे स्थान पर गाड़ दिया जिसके समीप ही किटुंग का निवास स्थान था। उसकी गौर रस्म हो जाने के उपरान्त उस लड़की का प्रेत किटुंग के पास चला गया और वे पति-पत्नी बनकर रहने लगे। कुछ समय उपरान्त किटुंग ने लड़की के प्रेत से कहा, "तुम इस स्थान पर मत रहो। पाताललोक में जाकर रहो और रात्रि में सोने के लिए मेरे पास आ जाया करो। यदि हमारी कोई सन्तान हो गई तो मैं तुम्हें उसके पालन-पोषण हेतु खर्च भेज दिया करूँगा और तुम पाताललोक में उसकी देखभाल करना।"

प्रेत ने कहा, "यदि मेरी सन्तान उत्पन्न हो गई तो मैं तुम्हें कैसे सूचना भेजूँगी।" किटुंग ने कहा, "तुम पृथ्वी में कम्पन उत्पन्न करना और तब मुझे पता चल जाएगा कि मेरा बच्चा पैदा हो गया है।" वह पाताललोक में चली गई और जब उसकी सन्तान पैदा हुई तो उसने पृथ्वी को प्रकम्पित कर दिया। इस प्रकार से 'भूकम्प' का आरम्भ हुआ।

अध्याय : नौ

कमल पुष्प की उत्पत्ति का भतरा मिथक

एक बार बहुत दिनों पहले सोमनाथ और हनु नामक दो भतरा डोंगरपदर बाजार गए। उन्होंने अपना-अपना सामान बेचा और घर वापस चल पड़े। रास्ते में एक गाँव था जहाँ शराब बिक रही थी। उन्होंने सोचा कि थोड़ी-थोड़ी शराब पीकर तरोताजा होने के बाद घर चलेंगे। उन्होंने दो आने की शराब खरीदकर पी ली। फिर उन्होंने दो आने की शराब और खरीदी और उसे भी पी लिया। उसके बाद उन्होंने शराब के दो और दौर चलाए। इस भाँति उन्होंने आठ आने की शराब पी डाली। शराब पीकर जब वे चलने लगे तो उनके पैर लड़खड़ा रहे थे। रास्ते में एक बड़ा-सा तालाब पड़ता था। उन्होंने वहीं ठहरकर विश्राम करने का निश्चय किया। नशे की हालत में उनमें झगड़ा होने लगा और वे एक-दूसरे को पीटने लगे। सोमनाथ के कान में सोने की मुरकी थी जो इस झगड़े के समय तालाब के पानी में गिर गई। दोनों ने उसे बहुत खोजा परन्तु वह उन्हें मिली नहीं और वे वैसे ही अपने घर चले गए। परन्तु उस स्वर्ण से कमल के पुष्प उत्पन्न हुए जो सम्पूर्ण तालाब के जल की सतह पर फैलकर आच्छादित हो गए।

फूलों की उत्पत्ति की बिंझवार मिथकथा

अलझरपुर के राजा और रानी दोनों एक ही उम्र के थे और दोनों का जन्म एक ही वर्ष में एक ही महीने के एक ही दिन हुआ था। उनका एक बेटा और एक बेटी थी। इनके सिवाय उनका अन्य कोई सगा-सम्बन्धी नहीं था। एक दिन रानी बीमार पड़ गई और उसकी मृत्यु हो गई।

एक दिन राजा जंगल में जब शिकार खेलने गए तो उन्होंने एक जंगली सूअर को घायल कर दिया। सूअर ने क्रोधित हो पलटकर आक्रमण कर दिया और उससे राजा का दाहिना पैर टूट गया। राजा की इसके कारण मृत्यु हो गई। उसकी मृत्यु के उपरान्त भी उसका बेटा और बेटी साथ ही रहते थे। उन दोनों में से किसी का भी विवाह नहीं हुआ था। वे बहुत ही गरीब हो गए, यहाँ तक कि उनके पास एक ही जोड़ी बैल बचे थे जिन्हें राजा का बेटा स्वयं जोतता था।

एक दिन जब वह खेत जोत रहा था, तब उसकी बहन को बुखार हो गया और उसे खेत पर पेज पहुँचाने में विलम्ब हो गया। उसके भाई ने सोचा, ''हो न हो वह किसी युवक के साथ प्रणय में फँसी होगी। वह अवश्य ही मुझे बदनाम करेगी।'' अन्त में जब वह खेत पर पहुँची तब उसने अपनी तलवार निकालकर उसकी हत्या करनी चाही। उसने कहा, ''तुम मुझे मार डालो। अवश्य मार डालो, परन्तु मेरी एक बात मानो। मेरी हड्डियाँ और जिगर के टुकड़े-टुकड़े करके इस खेत में चारों ओर फैला देना। मेरा सिर काटकर खेत के बीचोंबीच गाड़ देना।''

लड़के ने अपनी बहन का सिर काटकर खेत के बीचोंबीच गाड़ दिया और हड्डियाँ और कलेजे के टुकड़े-टुकड़े कर उन्हें खेत में फैला दिया। सिर के ऊपर एक महल बनकर खड़ा हो गया और पेट के स्थान पर चम्पा तथा अमलतास के फूल उग आए। हड्डियों से और कलेजे से जवाकुसुम के फूल पैदा हो गए। सिर के बाल से काँसी घास बन गई और जीभ के स्थान पर स्वेत 'भाई-बहन' फूल उग आए।

गेंदा फूल की उत्पत्ति का कन्ध मिथक

बोराण्डी पर्वत पर कन्ध लोगों के देवता कन्धमुली रहते थे। उन्होंने एक अन्य देवता की स्त्री को चुराया था और उसे अपने साथ ले आए थे। उसके पति ने उनकी खोजबीन की और जब उसे उनका पता चल गया तो वह अन्य देवताओं को अपने साथ लेकर वहाँ आया। उन देवताओं के साथ संघर्ष में कन्धमुली मारा गया और उसका सिर धड़ से अलग कर दिया गया तथा वह देवता अपनी पत्नी को वापस अपने साथ ले गया। परन्तु जब वे जा रहे थे तो उस देवता की स्त्री ने अपने बालों से एक पिन निकालकर अपने प्रेमी की याद में भूमि पर फेंक दी। उस पिन से ही बाद में गेंदे के फूल की उत्पत्ति हुई।

फूलों में सुगन्ध की उत्पत्ति का मिथक

करिसार पर्वत पर मंगल कोया नाम का एक व्यक्ति रहता था जो बहुत अमीर था। उसने चालीस मील लम्बा और चालीस मील चौड़ा एक खेत तैयार किया था, जिसमें सभी प्रकार के वृक्ष एवं पुष्प लगाए थे। एक दिन वह मंगल देवता के पास गया और उनसे अपने उद्यान के विषय में बताया। देवता ने एक घड़े में सुगन्धित जल भरकर उसे दिया और कहा कि इस जल को सभी पौधों पर छिड़क देना।

मंगल उस घड़े को लेकर बैंदीसार पर्वत पर गया और करियागाँड़ा से उसने कहा कि उस सुगन्धित जल को ले जाकर उद्यान के सभी पेड़-पौधों पर छिड़क दे। परन्तु जब करियागाँडा उस घड़े को लेकर जा रहा था, तब उसका पैर फिसल गया और घड़ा फूट गया। परन्तु फिर भी टूटे हुए घड़े के एक ठेकरे में वह उस सुगन्धित पानी की कुछ बूँदें बचा सका। उसने उन थोड़ी-सी बूँदों को ताजा पानी के साथ मिलाकर उस बगीचे के

पेड़-पौधों पर छिड़क दिया। परन्तु इतने फूलों के लिए सुगन्ध बहुत धीमी पड़ गई थी और वह सब पौधों के लिए अपर्याप्त थी। इसीलिए बहुत से फूलों में गन्ध नहीं होती।

कमल रजनी पुष्पों की उत्पत्ति का मिथक कुटिया कंध

सिवालेंज और कुदालेंज ने मिलकर एक तालाब का निर्माण किया। जब लोग उसके भीतर नहाने के लिए जाते तो देवतागण उन्हें मारकर खा जाते। शीघ्र ही लोगों ने उस तालाब के समीप तक जाना त्याग दिया। एक दिन निरंताली ने सोचा कि क्या उपाय किया जाए कि देवता प्रसन्न हो जाएँ और इस तालाब में निश्चिन्त होकर स्नान किया जा सके। उसने एक दोने में कुछ चावल और एक अंडा रखा और उसे लेकर तालाब की ओर चल पड़ी। उसने प्रार्थना की और अंडा फोड़कर तालाब में प्रवाहित कर दिया और घर वापस आ गई। दूसरे दिन उसने देखा कि उस तालाब में सफेद, लाल और नीले रंग के कमल पुष्प उग रहे हैं। उसे इससे बहुत प्रसन्नता हुई और देवता भी प्रसन्न थे। उसके पश्चात उस तालाब में स्नान करना पूरी तरह सुरक्षित हो गया।

फूलों से देवताओं के लिए माला बनाने की उत्पत्ति का मिथक पहाड़ी सौंरा

पुराने जमाने में पुरुष एवं स्त्रियाँ दोनों ही गले में बहुत से आभूषण पहनते थे। रुग्नू साँवरा की एक बेटी थी जिसकी मृत्यु कुँवारेपन में ही हो गई थी। उन्होंने उसके वस्त्र एवं हार आदि उसकी चिता के बगल में ही रख दिए। उन्होंने उसकी मुक्ति हेतु गौर रस्म पूर्ण की और जैसे ही यह रस्म पूरी हुई, उन्होंने देखा कि उनके गले की कंठियों से भिन्न-भिन्न रंगों के पुष्प उत्पन्न हो रहे हैं। जिस-जिस रंग के मणिये उस-उस रंग के फूल। उसके बालों की पीतलवाली पिन से गुलाब की उत्पत्ति हुई। उसकी कंठी से चम्पा और जवाकुसुम के फूल उत्पन्न हुए।

उसके पश्चात उसने अपनी बहन को स्वप्न में बताया, ''ये फूल उन कंठियों से उत्पन्न हो रहे हैं जिन्हें मैं पहना करती थी। अब तुम इन फूलों से देवताओं के लिए मालाएँ बनाया करो।''

गेंदे के फूलों की उत्पत्ति का मिथक पहाड़ी साँवरा

संभरू साँवरा और उसकी पत्नी अदि महेन्द्रगिरी पर्वत पर रहा करते थे। वे दोनों विवाहित थे और अदि कुछ महीनों से गर्भवती थी। उसका इसके पूर्व गर्भपात हो चुका था और उसके चार माह बाद वह पुनः गर्भवती हो गई थी। इस बार बिना किसी दुर्घटना के प्रसव हो गया था। उन्होंने जेर को घर के पिछवाड़े दरवाजे के समीप गाड़ दिया।

प्रसव के छह माह उपरान्त संभरू और अदि दोनों को किसी दूसरे गाँव जाना पड़ा। पीछे से उस जेर में से एक गेंदे का फूल प्रस्फुटित हो गया। जब वे लौटकर वापस अपने घर आए तो उन्होंने पाया कि उनका घर पीले रंग के गेंदे के फूलों की सुगन्ध से सुवासित हो रहा है। उयुंगसुम–सूर्य भी उन पीले फूलों को देखकर अति प्रसन्न हुए। उन्होंने संभरू को स्वप्न में आकर कहा कि मुझे बलि के रूप में ये पीले फूल भेंट चढ़ाओ। संभरू ने वैसा ही किया, और भगवान प्रसन्न हो गए। उसके बाद गेंदे के फूलों का प्रसार विश्व में सर्वत्र हो गया और तब से साँवरा अपने सभी देवताओं को गेंदे के फूल ही भेंटस्वरूप चढ़ाते हैं।

घास की उत्पत्ति की दिदाई मिथक कथा

घास की उत्पत्ति के पूर्व भूमि की सतह चिकनी, साफ और सपाट थी। जब मनुष्य जाति की उत्पत्ति हुई तो रूमरोक ने उनसे कहा कि वे वृक्षों को काटकर काष्ठ से मकानों का निर्माण करें। उन्होंने वैसा ही किया और लकड़ी के मकान बनाए और उन पर पत्तों के छप्पर डाले, परन्तु पशु इन पत्तों को खींचकर खा जाते थे इसलिए वर्षा ऋतु में इन घरों में पानी चूने लगता था। तब मनुष्यों ने रूमरोक से जाकर शिकायत की कि हमने घर तो आपके बताए हुए तरीके से बना लिए हैं, परन्तु उनमें पानी चूता है। आप कृपया हमें उनकी छावनी हेतु कोई अन्य वस्तु प्रदान करें और हमारे पशुओं के लिए चारे हेतु भी कोई अन्य वस्तु दें। रूमरोक ने किसी अन्य वस्तु की व्यवस्था करने का आश्वासन देकर उन्हें बिदा किया।

एक रात्रि रूमरोक पृथ्वी का भ्रमण करने हेतु निकले परन्तु उन्हें कहीं भी घास दिखाई नहीं पड़ी। उन्होंने अपने सिर से कुछ बाल उखाड़कर हवा में उड़ा दिए, उनसे चारों तरफ काँसे घास उग आई। उन्होंने अपनी दाढ़ी के कुछ बाल उखाड़कर भूमि पर फैला दिए जिनसे फूल बहारी की घास उत्पन्न हो गई। अपने सीने के बालों से उन्होंने पवित्र दूब (दूर्वा) उत्पन्न की। हाथ-पैरों के बालों से उन्होंने दरेसाजुड़ी घास पैदा की। इस भाँति घास की उत्पत्ति हुई और सम्पूर्ण पृथ्वी की सतह घास से आच्छादित हो गई और हरियाली के कारण पृथ्वी सुन्दर लगने लगी।

वनस्पति की उत्पत्ति का गदबा मिथक

बेलरगढ़ में कन्ध एवं गदबाओं के अस्सी घर थे। इस गाँव का मुखिया जुगरीदी नाम का कन्ध था, तब वह कन्ध शिकार पर गया था, तब एक गिद्ध ने उसके सिर पर इतनी जोर से चोंच द्वारा आक्रमण किया कि उसकी मृत्यु हो गई। उसने मरते समय अपने रिश्तेदारों से कहा कि मुझे न तो जलाना और न ही दफन करना। मेरे अंगों को काट-काटकर चारों ओर फेंक देना। उन्होंने वैसा ही किया।

सात दिनों के पश्चात लाश के पैरों से सभी प्रकार के वृक्षों की उत्पत्ति हुई। बाईं भुजा से जामुन का वृक्ष, दाईं भुजा से आम का वृक्ष, नाखूनों से बाँस उत्पन्न हुए, पैरों के नाखूनों से सरई वृक्ष की उत्पत्ति हुई। सिर के बालों से फूल-घास, मूँछों से काँस, छाती के बालों से दूब और आमाशय से अनेक प्रजाति की लताएँ उत्पन्न हुईं। उसके जिगर से भाँति-भाँति के पुष्प, तथा यकृत से जवा कुसुम के फूल उत्पन्न हुए।

इस भाँति जुगरीदी के विभिन्न अंगों से सम्पूर्ण प्रकार की घास, पुष्प एवं वृक्षों की उत्पत्ति हुई।

बोंडो जाति की उत्पत्ति की मिथक कथा

यह एक बहुत पुरानी घटना है, जब लक्ष्मण महाप्रभु की बहन घर के बाहर नग्न बैठकर ढेंकी में चावल कूट रही थी। उसने अपने वस्त्र उतारकर पास में ही रख छोड़े थे और पसीना पोंछने के लिए कपड़े का एक टुकड़ा अपने पास रख लिया था। उसी बीच लक्ष्मण महाप्रभु अपने कन्धों पर दो पर्वत उठाए हुए वहाँ पहुँचे। उन्होंने दूर से ही अपनी बहन को नग्नावस्था में काम करते देखकर एक कंकड़ फेंककर अपने आने के प्रति आगाह किया। उसे इसका आभास ही नहीं हुआ अतः लक्ष्मण ने एक बाण चलाया। वह बाण उसके समीप जाकर भूमि पर गिरा। परन्तु उसने इसकी भी परवाह नहीं की। अन्त में उसने अपना कुत्ता बहन के पास भेजा तब जाकर उसको पता चला कि उसका भाई उस ओर आ रहा है। वह तुरन्त अपने वस्त्रों तक नहीं पहुँच पाई इसलिए पसीना पोंछनेवाले कपड़े को हाथ में लिए हुए ही वह ढेंकी में कूद पड़ी। वह भूमि के अन्दर ही धँसती चली गई और कप्पोड़ चूआ में जाकर प्रकट हुई। जब वह भूमि में प्रविष्ठ हुई तब दलदल जैसी आवाज होने लगी थी।

लक्ष्मण महाप्रभु ने जब यह दृश्य देखा तो वह अपनी बहन की खोज करने चल पड़े। कप्पोड़ चूआ के पास उन्हें अपनी बहन दिखाई पड़ी, परन्तु तब भी उसके सिर के बाल ही बाहर दिखाई पड़ रहे थे। उन्होंने उसके बालों को पकड़कर जोर से खींचा तो बालों का गुच्छा उखड़कर उनके हाथों में आ गया। उन्होंने बालों को फेंक दिया जिनसे काँस की उत्पत्ति हुई। उसके उपरान्त उनकी बहन गंजे सिर, वस्त्र का वह टुकड़ा लपेटे ही बाहर प्रकट हुई और जाकर लक्ष्मण की पीठ की ओर खड़ी हो गई। तब लक्ष्मण ने कहा कि तुम्हारे सिर पर केश नहीं हैं और तुम्हारे तन पर वस्त्र के नाम पर एक टुकड़ा ही ढँका है, अतः तुम्हारी सन्तान बोंडो होगी।

●

जंगलू गदबा दुनईपुट गाँव का मुखिया था। एक बार जब गाँव के सभी लोग शिकार पर गए थे तब उन्हें दिनभर कोई जानवर दिखाई नहीं पड़ा। परन्तु रात्रि होते ही एक भारी भरकम जंगली सूअर जंगल से निकला। शिकारियों ने जब उसे घेर लिया तब जंगलू

चिल्लाया, ''यदि इसे कोई छोड़ देगा तो उसे अपनी मूँछों के बाल उखाड़ने पड़ेंगे और उस पर पेशाब करके उसे फेंक दिया जाएगा।'' परन्तु सूअर ने जंगलू पर ही इतनी तेजी से आक्रमण किया कि उसके हाथ से धनुष-बाण छूट गए और वह भूमि पर चित जा पड़ा। उसके साथी हँसकर कहने लगे, ''अब तुम्हारी मूँछें अवश्य उखाड़ी जानी चाहिए।'' उन्होंने उसकी मूँछें उखाड़ीं, उन पर पेशाब किया और उन्हें फेंक दिया। जंगलू इस घटना से शर्मिन्दा होने के कारण घर वापस नहीं आया और क्रोधवश जंगल में ही रहने लगा। एक दिन जंगलू ने अपनी मूँछ के बालों से कहा, ''तुम एक दिन मेरी मूँछ थे अब तुम जंगल के राजा बन जाओ। आज से सभी को अपने घरों के छप्पर उसी घास से बनाने पड़ेंगे जिस पर उन्होंने पेशाब किया था।'' उसके इतना कहते ही वे मूँछें काँसी घास में परिवर्तित हो गईं।

काँटेदार वृक्षों की उत्पत्ति का मिथक
कोया

बुधिया काजीगुड़ा ग्राम का कोटवार था। वह कपड़े बुनकर बेचता था। उसका एक बेटा था, जिसके बड़े होने पर उसने उसे भी कपड़ा बुनना सिखा दिया। लड़का भी कपड़ा बुनकर बेचने लगा। एक दिन लड़के ने कहा, ''मेरा विवाह करवा दो।'' उसके पिता ने कहा, ''अभी मेरे पास इतना धन नहीं है कि मैं तुम्हारा विवाह कर सकूँ।'' लड़के ने कोई उत्तर नहीं दिया। उसने दो बहुत ही सुन्दर साड़ियाँ बनाईं और उन्हें लेकर वह लड़की की तलाश में गाँव-गाँव घूमने लगा। उसकी ओर उस वक्त तक किसी ने भी ध्यान नहीं दिया था, जब तक वह बाम्हनगुड़ा नहीं पहुँचा। बाम्हनगुड़ा में बहुत से ब्राह्मण रहते थे। उस गाँव में एक अविवाहित लड़की थी जिसे उसने साड़ी दिखाई। लड़की ने अपने पिता से कहा कि मुझे एक साड़ी दिला दो। परन्तु उसके पिता ने इनकार कर दिया और वह लड़की रोती हुई घड़ा लेकर नदी की ओर चली गई। वह युवक नदी के किनारे अपना खाना बना रहा था तब लड़की ने उससे साड़ी की चर्चा छेड़ी। यदि तुम मेरे साथ चलने को तैयार हो जाओ तो वह साड़ी मैं तुम्हें दे दूँगा। वे उसी रात को वहाँ से रवाना हो गए और घर पहुँचकर दोनों ने विवाह कर लिया। कुछ दिनों बाद वह लड़की गर्भवती हो गई और उसकी इच्छा सेमल के फल खाने को होने लगी। उसने अपने पति से किसी भी प्रकार से एक फल लाने को कहा। उसने जंगल में उस फल की खोज की परन्तु पाया कि इतनी ऊँचाई पर फल लगा है कि वह वहाँ तक चढ़ ही नहीं सकता। उसने घर वापस आकर अपनी पत्नी को बताया।

उस लड़की ने सोने की चूड़ी पहन रखी थी जिसे निकालकर उसे दी और कहा कि इसके टुकड़े करके पेड़ में ठोककर उन पर पैर रखकर चढ़ जाओ और कुछ फल तोड़कर ले आओ। उसने वैसा ही किया और वृक्ष से नीचे उतरने के बाद चूड़ी के

टुकड़ों को उखाड़ना चाहा परन्तु वे उखड़े ही नहीं। कुछ समय उपरान्त वे काँटों में परिवर्तित हो गए।

घास की उत्पत्ति की कुटिया कन्ध मिथक कथा

एक बार परुमगती अपने घोड़े पर बैठकर शिकार खेलने निकले। रास्ते में उनके घोड़े के कुछ बाल झड़कर भूमि पर फैल गए। घोड़े ने कहा, "रुको, पहले मेरे बाल मुझे उठा लेने दो।" परुमगती ने कहा, "नहीं, उन्हें वहीं पड़े रहने दो। उनसे तुम्हें ही लाभ होगा।" बाद में उन बालों से ही घास की उत्पत्ति हुई जो बाद में सम्पूर्ण वन में पैदा होने लगी। इससे घोड़ों के लिए चारे की कोई कमी नहीं रह गई।

वनस्पति की उत्पत्ति का मिथक

सर्वप्रथम जब सृष्टि की रचना हुई तो पृथ्वी पर न तो कहीं वृक्ष ही थे और न ही कहीं पर घास थी। निरंताली को पृथ्वी का ऐसा स्वरूप बिलकुल नापसन्द था। अतः उन्होंने गड्ढा खोदकर कुछ मिट्टी के यहाँ-वहाँ ढेर लगा दिए। इससे पर्वतों का निर्माण हुआ। परन्तु उन पर कहीं भी वृक्षों की छाया नहीं थी। परन्तु जब सूर्य और चन्द्रमा उत्पन्न हुए, तो हाथी भी पैदा हो गए। हाथी के ऊपर खून चूसनेवाले कई प्रकार के कीट भी पैदा हो गए। हाथी सफगन्ना चला आया तो ये कीट उसके शरीर से नीचे गिर गए। प्रथम कीट से सल्फी वृक्ष उत्पन्न हुआ, दूसरे से सरई वृक्ष और शेष कीटों से जंगल के अन्य सब वृक्ष उत्पन्न हुए। इस तरह बहुत से वृक्ष उत्पन्न हो गए। परन्तु फिर भी घास का कहीं नामोनिशान भी नहीं था। निरंताली ने छोटे कीटों को एकत्रित कर एक टोकरी में भर लिया और उन्हें बीजों के समान चारों ओर बो दिया जिससे घास की उत्पत्ति हुई। तीन कीट उसके पैरों में छुप गए। उसने उन्हें खींचकर अलग किया जिससे उसके कुछ बाल भी उखड़कर भूमि पर गिर गए। उनसे काँसी घास की उत्पत्ति हुई।

काँस की उत्पत्ति का मिथक

नन्दपुर के समीप एक पहाड़ी है जिसका नाम खोटनी है। पुराने जमाने में सात भाई उस स्थान पर अपनी एक बहन के साथ रहा करते थे। भाई सब शिकार करने चले जाते और बहन घर पर उन सबके लिए खाना बनाती। एक दिन जब वह ढेंकी पर धान कूट रही थी, तब गर्मी के कारण उसने अपने वस्त्र उतार डाले और नग्न ही काम करने लगी। उस दिन उसके भाई जल्दी ही घर वापस आ गए और बड़े भाई ने जो सबसे आगे था, अपनी बहन को नग्नावस्था में देख लिया। उसने मन-ही-मन सोचा कि यदि इसे इस बात का पता चल जाएगा कि हमने उसे नग्नावस्था में देख लिया है, तो वह

शर्म के मारे मर जाएगी। अतः उसने एक तीर चलाया जो उसके समीप जाकर गिरा, जिसे उसने पहचान लिया कि यह बड़े भाई का ही है। उसने तुरन्त झपटकर अपने कपड़े उठाए और उन्हें शरीर पर लपेट लिया। परन्तु उसने अनुमान लगा लिया था कि उसके भाइयों ने उसे नग्नावस्था में देख लिया है, इसलिए वह दौड़कर तालाब में कूद पड़ी। भाई भी उसके पीछे-पीछे दौड़े परन्तु वे पिछड़ गए। भाई के हाथ उसके केश ही पकड़ में आए और जब उन्होंने उन्हें पकड़कर खींचा तो केश ही उखड़कर हाथों में आ गए। उन्होंने उन्हें तालाब के किनारे पर फेंक दिया।

उन बालों से ही काँसी घास की उत्पत्ति हुई।

●

सृष्टि के आरम्भ में खेती नहीं होती थी। परन्तु पृथ्वी पर मनुष्यों की आबादी बढ़ी तो उन्होंने भूमि को समतल किया और हल का निर्माण किया। उन्होंने सात प्रकार के अन्न बोए, उस समय तक खरपतवार भी नहीं थी और वनस्पति के रोग भी नहीं थे, जो भी खेतों में बोया जाता था, उसकी खूब पैदावार होती थी। अन्न के दाने इतने बड़े-बड़े होते थे कि एक दाने से ही एक व्यक्ति का पेट भर जाता था। इस कारण लोग बहुत धनवान हो गए थे।

रामा और भीमा किटुंग (भगवान) के पास गए और उन्हें बताया कि "यदि सभी लोग धनवान हो जाएँगे तो हमें कोई नहीं पूछेगा। यह सब बढ़िया फसल के कारण ही हो रहा है। हमें उसके लिए क्या करना चाहिए," रामा और भीमा ने पूछा। "तुम लोग उनके खेतों में घास और खरपतवार पैदा करो। तब मनुष्यों को अपना आधा श्रम और समय इन्हें साफ करने में लगाना पड़ेगा।" "परन्तु हमें घास और खरपतवार कहाँ से प्राप्त होगी।" "तुम किसी स्त्री का छह-सात माह का भ्रूण प्राप्त करने का प्रयत्न करो और तुम लोग नग्न होकर रात्रि में उन्हें खेतों में गाड़ दो।"

रामा और भीमा ऐसे भ्रूण की खोज में निकले, परन्तु उन्हें वह कहीं भी उपलब्ध नहीं हुआ। परन्तु रामा की पत्नी सात महीने की गर्भवती थी और उन्होंने उसी पर दबाव डालकर गर्भपात करा दिया। अर्धरात्रि में उस भ्रूण को लेकर नग्न अवस्था में ही रामा और भीमा मणी नामक एक किसान के खेत में गए। जब वर्षा हुई तो घास और खरपतवार उसके पूरे खेत में उग आई। उसके बाद से मनुष्य कभी भी अमीर नहीं बन सका।

मनुष्य की पूँछ गायब होने का मिथक

पुराने जमाने में जब मनुष्यों की पूँछ हुआ करती थी, तब वे उनसे झाड़ू लगाया करते थे। परन्तु आबादी बढ़ने पर पूँछ अड़चनें पैदा करने लगी, विवाह या शव यात्रा के अवसर पर भीड़भाड़ में चलते हुए पूँछ पैरों के नीचे दब जाती और लोग उचक-उचक कर भागने लगते। उस समय बड़ा ही मनोरंजक दृश्य उपस्थित होता था।

एक दिन किटुंग पाताललोक के बाजार गया जहाँ बहुत भीड़भाड़ थी। जब वह चलते-चलते तम्बाकू की दुकान खोज रहा था, तभी किसी के पैरों के नीचे उसकी पूँछ दब गई और वह भूमि पर लुढ़क गया। दुर्भाग्य से वह एक पत्थर के ऊपर गिर पड़ा और उसके सामने के दो दाँत टूट गए। बाजार के सभी लोग इस दृश्य पर ठहाके लगाने लगे। किटुंग को गुस्सा आ गया। उसने अपनी पूँछ उखाड़कर फेंक दी। अन्य पूँछों ने जब यह सब देखा तो वे घबरा गईं और स्वयं ही उखड़-उखड़कर भाग गईं। किटुंग की पूँछ सल्फी वृक्ष बन गई और अन्य सभी लोगों की पूँछ फूल घास बन गईं जो झाड़ू बनाने के काम में आती हैं।

काँस की उत्पत्ति की मिथक कथा
पहाड़ी साँवरा

सक्सी गाँव में एक बहुत ही वृद्ध साँवरा रहता था जिसका नाम बुल्ली था। उसके पाँच बेटे थे जो सब बड़े हो चुके थे, यहाँ तक कि सबसे बड़े बेटे के बाल पकने लगे थे। जब बुल्ली की मृत्यु हुई तो उसके बेटों ने उसका दाह-संस्कार किया और हजामत कटाने नदी के किनारे गए। बड़े बेटे के सफेद बाल वहीं भूमि पर पड़े रह गए। उनके पिता ने स्वप्न में आकर कहा कि जो बाल तुमने मेरे सम्मान में मुड़ाए हैं वे तुम्हारे लिए अति लाभप्रद होंगे। इनको काटकर अपने छप्परों की छवाई करो तो तुम्हें वर्षा से कभी परेशानी नहीं होगी। उन भाइयों ने वैसा ही किया जैसा उनके पिता ने आदेश किया था। यही कारण है कि काँस अन्य घास की अपेक्षा जल्दी फूलकर सफेद हो जाती है।

काँटेदार वृक्षों की उत्पत्ति का भतरा मिथक

दक्षिणी देश में जूदागढ़ नामक एक गाँव था जिसके राजा की तीन रानियाँ थीं। उनमें से किसी के भी सन्तान नहीं थी। राजा ने अनेक उपचार किए, दवाइयाँ खाईं परन्तु उसे कोई लाभ नहीं हुआ। उसने मुनादी करा दी कि जो कोई भी वैद्य उसे ऐसी दवाई देगा, जिसके सेवन से उसकी रानियों को सन्तान उत्पन्न हो सकेगी, उसे वह अपना आधा राज्य दे देगा। कानगुड़ा पहाड़ पर एक कालिया दानव रहता था। उसने एक साधु का वेश धारण किया और वह राजा के पास गया। उसने राजा से कहा मैं कानगुड़ा पर्वत पर रहता हूँ और वहीं मेरी कुटिया है। यदि कोई निस्सन्तान स्त्री वहाँ आकर इक्कीस दिनों तक मेरी सेवा करती है तो उसे सन्तान प्राप्ति होती है। राजा ने अपनी दोनों बड़ी रानियों को उसके पास भेजा, परन्तु वह दानव दोनों को खा गया।

इक्कीस दिनों के बीतने पर राजा अपनी रानियों की बाट देखने लगा। उसने चालीस दिनों तक उनकी प्रतीक्षा की। जब रानियाँ वापस नहीं आईं तो राजा अपनी सेना के साथ वहाँ गया और उसने दानव से अपनी रानियों की माँग की। दानव ने कहा

कि वे स्नान करने गई हैं। राजा ने वहाँ उनकी खोज की तो उसे रानी की अँगूठी मिली और वह भाँप गया कि उनके साथ क्या बीती है। उसने क्रोधित होकर कहा, ''सच-सच बताओ क्या हुआ है।'' दानव ने भागने का प्रयत्न किया। राजा की सेना ने उसका पीछा किया। दानव एक पेड़ पर चढ़ गया और उसने अपने दाँत निकालकर उस वृक्ष के तने पर गाड़ दिए ताकि अन्य कोई उस वृक्ष पर न चढ़ सके। इस प्रकार वृक्षों पर काँटे उगने आरम्भ हुए।

काँटेदार वृक्षों की उत्पत्ति का मिथक कंध

सफगन्ना ग्राम में एक लोहार रहता था। उन दिनों आकाश नहीं था। लोहार ने विचार किया कि एक आकाश बनाया जाए। वह बिलामल लौह अयस्क लेने गया। मार्ग में उसे लोहे के अयस्क से भरी एक खदान मिली। उसने उन्हें पिघलाकर लोहे की एक बहुत बड़ी चादर बनाई और फिर लोहे के चार खम्बे बनाए। उस चादर को उन खम्बों पर रखकर उसने कीलों से ठोक दिया और उस चादर को हवा में बहुत ऊँचा तान दिया। इस प्रकार से आकाश का निर्माण हुआ। बहुत-सी कीलें बच गईं जिसमें से एक उसके पैर में चुभ गई। उसने क्रोधवश सभी कीलों को उठाकर फेंक दिया। जिन वृक्षों पर कीलें जाकर चुभीं उन पर काँटे उग आए। जो कीलें भूमि पर गिरीं उनसे काँटेदार झाड़ियों का निर्माण हुआ।

वृक्ष की उत्पत्ति की बिंझवार मिथक कथा

भगवान ने सृष्टि की रचना आरम्भ की। जब उनका कार्य पूर्ण हो गया, तब उन्होंने अपने शरीर से बाल उखाड़कर भूमि पर फैला दिए और वे सब वृक्षों के रूप में परिवर्तित हो गए।

●

जब प्रलय हुई तो भूमि पर सर्वत्र जल ही जल फैल गया और पशु तथा वृक्ष आदि सब कुछ नष्ट हो गए। तब रूमरोक ने नई सृष्टि की रचना की और बहुत से प्राणी और जीव-जन्तु पैदा किए। परन्तु वृक्षों के बिना छाया का सर्वत्र अभाव था, गर्मी के कारण लोगों का बुरा हाल था और पृथ्वी अनाकर्षक भी लगती थी।

रूमरोक ने विचार किया कि 'न तो कहीं वृक्ष हैं और न ही कहीं छाया है, न घर बनाने के लिए लकड़ियाँ हैं और न जलाने के लिए ईंधन। हमें इसके लिए कौन-सा उपाय करना चाहिए।' उन्होंने अपने शरीर का थोड़ा-सा मैल उतारा और उसे रगड़ा तो उन्हें तीन प्रकार के बीज उसमें से प्राप्त हुए और उन्होंने उन्हें सँभालकर रख दिया। उन्होंने चट्टानों को एकत्रित करके ढेर लगा दिया और जब वे पहाड़ सदृश बन गईं

तब उन पर मिट्टी फैला दी। उन्होंने उन तीनों बीजों को बो दिया जिनसे तीन वृक्ष पैदा हुए। सरगी (शॉल), वरतेनु और मुआ। उन्होंने सावधानीपूर्वक उन वृक्षों की देखभाल की और जब वे बड़े होकर फलने-फूलने लगे तब रूमरोक ने सुकरो दीदाई को बुलाकर उन वृक्षों को दिखाया और उसे सिखाया कि उन वृक्षों के काष्ठ से मकान किस भाँति बनाए जाते हैं और ईंधन का प्रयोग किस भाँति किया जाता है। इन वृक्षों से ही अन्य वृक्षों की उत्पत्ति हुई।

वृक्षों की उत्पत्ति की कथा

सृष्टि के आरम्भ में कहीं भी वृक्ष नहीं थे और सब तरफ खुला मैदान था। परूमगती और मंगरामती निरंताली के पास गए और उनसे कहा कि कहीं भी काष्ठ उपलब्ध नहीं है, हम मकान किस प्रकार बनाएँगे। आग किस चीज से जलाएँगे और मकानों का परकोटा किस वस्तु से बनाएँगे। निरंताली ने उन्हें हाथी के और घोड़े के बाल दिए और कहा कि उन्हें ले जाकर भूमि पर फैला दो। हाथी के बालों से इमली, इरपी, सल्फी एवं ताड़ी के वृक्षों की उत्पत्ति होगी और घोड़े के बालों से अन्य साथी वृक्ष उत्पन्न होंगे। उसके बाद तुम्हारे पास मकान बनाने व परकोटा बनाने के लिए पर्याप्त लकड़ी हो जाएगी।

•

किटुंग ने अपनी दाढ़ी बनाई और विचार करने लगे कि बालों को किस स्थान पर फेंका जाए। ''यदि मैं इन्हें पानी में फेंकता हूँ तो ये नष्ट हो जाएँगे।'' अतः उन्होंने उन बालों को भूमि में गड्ढा खोदकर गाड़ दिया। उन बालों से पहले ताड़ का वृक्ष उत्पन्न हुआ, फिर सल्फी का वृक्ष उत्पन्न हुआ, फिर नारियल का वृक्ष उत्पन्न हुआ। शनैः-शनैः सभी वृक्षों की उत्पत्ति हुई। इसी कारण साँवरा लोग किटुंग को भेंट में नारियल चढ़ाते हैं।

वनस्पति से सम्बन्धित मिथक कथाएँ

प्रथम प्रलय के बाद किटुंग ने जब दोबारा सृष्टि का निर्माण किया तब उन्होंने सर्वप्रथम भूमि पर सर्वत्र फलदार वृक्ष लगाए। उन्होंने सिर्फ फलदार वृक्षों को ही उत्पन्न किया। उस जमाने में थोड़ी-सी आबादी थी और अन्न नहीं होता था, अतः सब लोग फलों का आहार कर ही जीवन-यापन करते थे। परन्तु जब आबादी बढ़ी तब लोगों ने वृक्षों को काटकर भूमि तैयार की और उस पर अन्न की खेती आरम्भ की। भोजन पकाने के लिए भी ईंधन की आवश्यकता हुई और उसके लिए भी वृक्षों को काटा गया और ईंधन के रूप में जलाया गया। इस प्रकार जंगल नष्ट हो गए। जब किटुंग ने यह देखा तो उन्हें बहुत दुःख हुआ क्योंकि उन्हें अपने वृक्षों से बेहद प्यार था और उन्हें वृक्षों पर

बड़ी दया आई। इस हेतु वे बीज की तलाश में निकल पड़े। परन्तु उन्हें कहीं पर भी बीज नहीं मिले और वे एक चट्टान पर बैठकर रोने लगे। तब किटुंग के पिता की अधिष्ठात्री देवी पत्नी पाताललोक से आकर प्रकट हुई और उसने पूछा, ''क्या बात है?'' तब उन्होंने कहा, ''ये बीज लो और उन्हें रोप दो। मनुष्य उन्हीं वृक्षों के फल खा सकेंगे जिनका स्वाद वे अब तक चख चुके हैं। नए वृक्षों के फलों को वह नहीं खाएँगे।'' किटुंग ने बीजारोपण कर दिया और जब पुनः वन तैयार हो गया तो उन्होंने मनुष्यों को आदेश दिया, ''उस वक्त तक फलदार वृक्षों को काटकर नष्ट मत करो जब तक वे सूखकर अपने आप बेकार न हो जाएँ। अपने मकान बनाने के लिए नए किस्म के वृक्षों की लकड़ी उपयोग में लाओ।''

●

पुराने जमाने में बीज नहीं थे। सफरगुडा नामक गाँव में एक हाथी और एक घोड़ा पैदा हुए। उनके पास प्रत्येक किस्म के बीज थे। निरंताली ने उनसे कहा कि तुम्हारे पास बीज तो हैं, परन्तु तुम उन्हें बोने में समर्थ नहीं हो इसलिए उन्होंने वे बीज निरंताली को दे दिए और निरंताली ने वे बीज मनुष्यों को दे दिए। मनुष्यों ने उन बीजों को बोया। उन दिनों तक घास की उत्पत्ति नहीं हुई थी, इसलिए फसल पूर्ण रूप से निरोग हुई।

उन दिनों अन्न भी बातचीत करने में समर्थ थे। एक दिन परुगमती बीमार पड़ गई तब विभिन्न प्रकार के अन्न निरंताली के पास पहुँचकर कहने लगे, ''वे हमें खाकर बीमार हो ही नहीं सकते। फिर भी वे मनुष्य होकर भी बीमार हो गए। इतना कहकर अन्न अपने घर चले गए।'' तब निरंताली ने कहा, ''जब अगली बार तुम अपनी दाढ़ी के बाल उखाड़ोगे तो एक बाल मुझे दे देना।'' एक दिन उसने निरंताली को दाढ़ी का एक बाल दिया जिसे उसने खेत में फेंक दिया। उस बाल से वनस्पति की उत्पत्ति हुई, जिनके परिणामस्वरूप अन्न में रोग लगने लगे।

बाँस की टोकरियाँ बनने की मिथक कथा

शुरू-शुरू में मनुष्य टोकरियाँ, सूपे और चटाइयाँ आदि पत्तों से बनाया करते थे, परन्तु वे अतिशीघ्र टूट जाती थीं। उन्हें बार-बार बनाना बहुत ही कष्टदायक काम था और थकानेवाला भी इसलिए लोग इस काम से जी चुराते थे। पेंगागुड़ा में रहनेवाले एक ओड़ पति-पत्नी ने सोचा कि क्यों न हम किसी अन्य ऐसे वृक्ष की तलाश करें, जिससे मजबूत चटाइयाँ, टोकरियाँ और सूपे आदि बनाए जा सकें। इससे हम अनेक झंझटों से मुक्त हो जाएँगे। एक दिन वे अपना टंगिया (कुल्हाड़ा) लेकर चकावर पहाड़ पर गए। वहाँ सिर्फ बाँस ही बाँस था। उसके सिवाय वहाँ और कोई वृक्ष नहीं थे। उन्होंने सोचा, 'शायद इससे काम चल जाए।' उन्होंने एक मोटा-सा बाँस काटा और उसके पत्ते आदि साफ करके उसे चीरकर उसकी खपचियों से टोकरियाँ बनाईं। उनकी देखा-देखी अन्य

स्त्रियाँ भी बाँस की टोकरियाँ, चटाइयाँ और सूप बनाने लगीं। जब उन सबने ये सब वस्तुएँ बहुत अधिक तादाद में बना डालीं तो उन्हें लेकर वे बम्हनी बाजार में बेचने ले गईं। लोगों ने बाँस की बनी हुई इन वस्तुओं को बहुत पसन्द किया और उनकी बनाई हुई सब चीजें बिक गईं और वे बहुत-सा पैसा लेकर अपने-अपने घर गईं। तब से उन्होंने बाँस की टोकरियाँ, चटाइयाँ आदि बनाने का धन्धा अपना लिया।

●

इरवीगुड़ा में मिडरु और तुकली नाम के दो कन्ध भाई रहा करते थे। एक बार वे शिकार पर गए। वे सारे दिन जंगल में भटकते रहे, परन्तु उन्हें कोई भी जानवर नहीं मिला। शाम को वापस आते समय उन्होंने सींगों वाले दो खरगोशों का शिकार किया। उन्होंने सोचा कि उनको चीरफाड़कर उनका मांस पत्तों में छिपा लिया जाए जिससे किसी को भी इस बात का पता नहीं लगेगा कि उनके पास खरगोश का मांस है। उन्होंने खरगोशों तो काटकर उनकी अंतड़ियों और पैरों को भूनकर खा लिया और शेष मांस को पत्तों में लपेट लिया। जब वे घर पहुँचे तो तुकली ने कहा कि इनके सींग उखाड़कर यहीं गाड़ देना चाहिए। तुकली सुतीडुकी नदी से जाकर पानी ले आया और उसने उन सींगोंवाले गड्ढों पर उँड़ेल दिया। तुरन्त ही उन स्थानों पर बाँस के पीके उग आए। मादा के सींगों के स्थान पर कोमल बाँस और नर के स्थान पर कठोर बाँस उग आए। इस भाँति बाँस की उत्पत्ति हुई और खरगोश के सींग लुप्त हो गए।

●

प्रथम दिदाई बालक जो सम्पूर्ण विश्व में निपट अकेला था, वह आन्द्राहाल पत्रोपुट्टू वन के बीच अकेला भटक रहा था। बोंडोजनों ने उसे पकड़ लिया और अपने साथ रानीपदर नामक ऊँचे पर्वत पर ले गए। उन्होंने सोचा कि इस बालक के भाग्य की परीक्षा लेनी चाहिए। इस हेतु उन्होंने उसके ऊपर चावल न्यौछावर करके उसे अकेला ही छोड़ दिया कि देखें इसे बाघ खा जाता है या यह ठंड से अकड़कर मर जाता है, इस बात को दूसरे दिन सुबह आकर देखेंगे। परन्तु रात्रि में उस स्थान पर अपने आप ही एक मकान बन गया और दूसरे दिन बोंडो लोगों ने देखा कि वह बालक स्वस्थ एवं सुरक्षित है। उस बालक से अनेक दिदाई सन्तान उत्पन्न हुई।

कई वर्ष बीतने पर एक दिदाई पत्रोपुट्टू घाटी में अपना खेत जोत रहा था। उसकी पत्नी उसके लिए चावल और मछली लेकर आ रही थी। रास्ते के किनारे जहाँ आजकल पत्थर का एक खम्बा खड़ा है, बाँस के दो तने उग रहे थे। उनके ऊपर एक अमरबेल चढ़ी हुई थी जिसके पत्ते मुर्गे के पंख सदृश थे। उसी समय पानी बरसने लगा और वह स्त्री उस अमरबेल के नीचे खड़ी हो गई और जब पानी थमा तो वह अपने पति के पास चली गई जहाँ वह खेत में काम कर रहा था। उसने खाना पति के सामने रख दिया। परन्तु जब वह खाने बैठा तो यह देखकर उसे बहुत क्रोध आया कि मछली

जीवित है और चावल कच्चा है। वह उसे डाँटने-फटकारने लगा तब उसने बताया कि इसमें उसका कोई दोष नहीं है। यह सब बाँस पर चिपटी अमरबेल के स्पर्श के कारण हुआ है।

इसी बीच बजुरगुड़ा के समीप लंगुआपद्द गाँव में बोंडो और डोरा लोगों के बीच संघर्ष छिड़ गया और जिसमें डोरा लोगों ने तीन चौथाई बोंडो लोगों को मार डाला जिससे कि प्रत्येक चार बोंडों में से एक ही जीवित बच सका। वे सब लोग जान बचाने के लिए रानीपदर पर्वत पर चढ़ने लगे क्योंकि उन्हें आशा थी कि दिदाई बालक ने जिस प्रकार चमत्कारी ढंग से अपनी जीवन की रक्षा की थी, वह उनकी भी कुछ सहायता कर सके। वह दिदाई जाकर कुछ बाँस काट लाया और उनसे मृत बोंडों लोगों को स्पर्श करने लगा। वे मृत बोंडो पुनः जीवित हो गए और उन्होंने डोरा लोगों को पूर्व की ओर खदेड़ दिया। जिस स्थान पर यह संघर्ष हुआ था वहाँ तीन-चार शिलाएँ मृतकों की यादगार में स्थापित की गई हैं और एक स्मारक उस स्थान पर भी स्थापित किया गया है जहाँ वह बाँस उगा हुआ था।

बाँस की उत्पत्ति का दिदाई मिथक

बाँस की उत्पत्ति के पूर्व मनुष्य प्रत्येक वस्तु साधारण लकड़ी से बनाया करते थे। एक दिन काँटामारी पहाड़ पर एक कुसुम वृक्ष के नीचे एक भैंस ने बच्चा जना। उसके सिर में से प्रथम बाँस एक सींग की भाँति निकला। वह भैंसा इतना भयानक लगता था कि जो भी उसे देखता था, वह भयभीत हो जाता था। वह भैंसा सोचने लगा कि उसका भविष्य उस बाँस में ही है और जब वह बाँस प्रस्फुटित होगा तब कोई न कोई शिकारी उसे मार डालेगा। बारह वर्ष बीतने के उपरान्त वह भैंसा भागकर चौगाँव के समीप विचरण करने लगा और फसल नष्ट करने लगा। परन्तु उसके सिर पर उगे हुए वृक्ष के डर से किसी को भी इतना साहस नहीं होता था कि उसे मार सके।

एक दिन वह भैंसा भुवावाड़ा गाँव जा पहुँचा और उसने सोनिया सीसा के खेत को उजाड़ दिया जिससे कुपित होकर उसने निश्चय किया कि वह उस जानवर को मार डालेगा चाहे फिर कुछ भी क्यों न हो जाए। उसने अपनी बन्दूक उठाई और उसका काँजी नदी तक पीछा किया और वहाँ पहुँचकर उसे मार डाला। उसने उसके सिर से बाँस को तोड़कर नदी किनारे फेंक दिया। तुरन्त ही वहाँ बाँस उग आया। किसी को भी ज्ञात नहीं था कि उसको किस काम में लें। रूमरोक को स्वयं आकर लोगों को समझाना पड़ा कि बाँस उनके लिए कितना उपयोगी है।

●

भगवान ने सभी आदिवासियों और जातियों के लोगों को सन्देश भेजकर बुलवाया और फिर उनके बीच कार्य का बँटवारा कर दिया। परन्तु वे कमारों को तो भूल ही गए।

कमार ही एकमात्र ऐसे लोग थे जो भगवान के बुलाने पर भी नहीं पहुँचे। जब उन्हें भगवान द्वारा किए गए काम के बँटवारे का पता चला तो वे बहुत नाराज हुए और जंगल में जाकर एक आम के पेड़ के नीचे बैठकर रोने लगे। सभी लोगों के पास काम था, एक ये लोग ऐसे थे जिनके पास कोई भी काम नहीं था। वे रोते भी जाते थे और जमीन पर गिरे हुए आमों को उठा-उठाकर खाते भी जाते थे।

उनके रोने की आवाज सुनकर एक दैत्य यह पता लगाने आया कि क्या बात है, कौन रो रहा है। उन्होंने अपनी समस्या उस दैत्य को बताई कि बिना काम के वे अपनी आजीविका कैसे चला पाएँगे। उस दैत्य ने कहा, "तुम लोग चिन्ता मत करो। भगवान तुम्हें भी कोई न कोई काम अवश्य देंगे।" इतना कहकर वह पुनः जंगल में चला गया। उसने बाँस काटकर उसकी कुछ खपचियाँ बनाईं और उनसे एक टोकरी बनाई। उसने बाँस के टुकड़ों के साथ उस टोकरी को रास्ते के किनारे रख दिया।

जब कमारों ने पेट भरकर आम खा लिए तो वे अपने घर वापस लौटने लगे और उन्होंने मार्ग में उस टोकरी और बाँस के टुकड़ों को देखा। उन वस्तुओं को देखकर पहले तो उन्हें आश्चर्य हुआ कि वे वहाँ कैसे पहुँचीं। फिर उनमें से एक ने कहा, "भगवान ने शायद हमारे लिए यही काम नियत किया है।" वे उस टोकरी और बाँस के टुकड़ों को अपने साथ घर ले आए और उसे देख-देखकर उन्होंने एक आम रखने की एक टोकरी बनाई। उसके बाद वे अनेक प्रकार की टोकरियाँ बनाने लगे। तब से कमारजन बाँस से विभिन्न सामग्री बनाने लगे।

●

इंगाल पर्वत पर पोच नाम का कोम्मार रहता था। उसकी न तो पत्नी ही थी और न ही बच्चे। एक दिन वह अपने लिए पत्नी ढूँढ़ने निकला। परन्तु जब उस जंगली आदमी को लोगों ने नंग-धड़ंग देखा तो वे डर गए। उसका शिश्न बहुत लम्बा था वह लगभग बारह हाथ लम्बा था जिसे उसने अपनी कमर एवं गरदन पर लपेट रखा था। प्रत्येक गाँव में उसने पत्नी पाने का प्रयास किया, परन्तु लड़कियाँ उसे देखकर भयभीत हो रही थीं। अन्त में वह वापस अपने घर चला गया और सोचने लगा कि यदि मेरा शिश्न इतना विशाल नहीं होता तो मैं एक सुखी इनसान होता और स्त्रियाँ भी मेरा उपहास नहीं करतीं। उसने विचार किया कि मैं इसका कोई न कोई उपचार अवश्य करूँगा, और उन सब लड़कियों के पास भी भेजूँगा जिन्होंने मुझे अस्वीकार किया है।

वहाँ एक नाला था जहाँ जाकर पोच ने अपना शिश्न त्यागकर उसे नदी किनारे गाड़ दिया। तुरन्त ही वहाँ एक बाँस का पौधा उग आया। जब उस पौधे में से बाँस के बहुत से तने उगकर उनका एक गुच्छा बन गया और जब वे बड़े हो गए तब पोच ने कोण्डा डोरा को बुलाकर कहा कि इन बाँसों को काटकर इनसे सूपे, टोकरियाँ और चटाइयाँ बनाकर बाजार में जाकर बिक्री करो।

इस भाँति पोच के शिश्न का जिन स्त्रियों ने तिरस्कार किया था उन्हें इन वस्तुओं का उपयोग करना पड़ा। कोण्डा डोरा ने हँसते हुए उन स्त्रियों से कहा कि अब तुम्हें हमेशा इन्हें पकड़ना पड़ेगा और इनके बिना तुम कोई भी काम नहीं कर सकोगी।

•

एक पुरुष और उसकी पत्नी ने एक वृक्ष के खोखर में अपना घर बना लिया। वह स्त्री गर्भवती हो गई और एक दिन जब उसका पति शिकार पर गया हुआ था, उसने एक शिशु को जन्म दिया। उसने स्वयं ही नाल काटी और जेर तथा नाल को उस वृक्ष के नीचे गड्ढा खोदकर गाड़ दिया। उसके पश्चात वह बच्चे को लेकर कहीं अन्यत्र चली गई।

जब उसका पति वापस आया तो उसने वृक्ष के खोखर को खाली पाया, परन्तु उसने देखा कि समीप ही एक बाँस का पीका उग आया था और तेजी से बढ़ रहा था। वह अपनी पत्नी को चिल्ला-चिल्लाकर खोजता हुआ जंगल में भटक रहा था, जहाँ उसे वह मिल भी गई। वह उसे साथ लेकर वापस उसी वृक्ष के पास आ गया।

उसने उसे वह बाँस दिखाया। ''यह कहाँ से आ गया?'' उसने पूछा। वह स्त्री भयभीत होकर नाल और जेर को ढूँढ़ने लगी। जब उसे वे नहीं मिले तो उसने कहा, ''बाँस बच्चे की जेर और नाल से उत्पन्न हुआ प्रतीत होता है।'' देखो इसमें गाँठें हैं जैसी कि नाल में भी होती हैं।''

•

सफगन्ना में जब निरंताली का जन्म हुआ, तब वह अपने साथ पाताललोक से बाँस का एक टुकड़ा भी ले आई। उसके खड़े होते ही बाँस का वह टुकड़ा भूमि पर गिर पड़ा और तुरन्त ही उसमें जड़ें फूट आईं और वह बड़ा हो गया। मनुष्य और पशुओं की भी उत्पत्ति हुई और सफगन्ना शनैः-शनैः एक बहुत बड़ा गाँव बन गया।

एक दिन बहुत तेज आँधी आई और हवा से दो बाँस आपस में रगड़ने लगे खिर-खिर। निरंताली ने वह आवाज सुनी जो उसे बहुत ही विचित्र और अरुचिकर लगी। उसने गुस्से में जड़सहित उन बाँसों को उखाड़कर फेंक दिया। आँधी उन्हें उड़ाकर काँदावाड़ा पर्वत पर ले गई। वहाँ नम भूमि पर बाँस गिरे, उनकी जड़ें नीचे की ओर थीं और वे सीधे खड़े हो गए और बढ़ने लगे। तब से पर्वतों पर बाँस के घने जंगल पैदा हो गए।

•

कोट नीमाल पर्वत पर बारह भाई अपनी बहन के साथ रहते थे। वह गर्भवती थी। भाई सब शिकार पर गए हुए थे, और वह घर पर अकेली थी। पूष परब के अवसर पर वे भाई शिकार करते-करते बहुत दूर निकल गए और पीछे से बहन को प्रसव हो गया और उसने एक शिशु को जन्म दे दिया। वह वहाँ अकेली थी और उसे प्रसव-पीड़ा इतनी

तीव्र थी कि वह दर्द के मारे बेहोश हो गई। जब वह अचेतन अवस्था में सोई हुई थी तब एक कौवा आकर जेर को उठाकर ले भागा, जिसके साथ-साथ नाल लटक रहा था। उसी समय उसके भाई आ पहुँचे और कौवे को कुछ लेकर उड़ता हुआ देखकर उन्होंने एक बाण से उसे मार गिराया। नाल वन में जाकर गिरा और उस स्थान पर एक बाँस उग आया। इसी कारण से बाँस में गाँठें होती हैं जो बिलकुल वैसी ही होती हैं जैसी गाँठें नाल में होती हैं, जिससे उसकी उत्पत्ति हुई है।

●

जब मनुष्यों की उत्पत्ति हुई तो किटुंग ने उनके भरण-पोषण हेतु अन्न भी उत्पन्न किया। उसने बहुत-सा अन्न एकत्रित किया और उसे बाँटने लगे। यद्यपि उस समय उसकी पत्नी बीमार थी, फिर भी उन दोनों को मनुष्यों में अन्न बाँटने में काफी श्रम करना पड़ता था। एक दिन वे बहुत समय तक अन्न वितरण करते रहे, उस समय किटुंग की पत्नी को तीन माह का गर्भ था, और कड़े परिश्रम के कारण उसे गर्भपात हो गया। किटुंग ने उस भ्रूण को पत्तों में लपेटकर उस स्थान पर गाड़ दिया जिस स्थान पर लोग गोबर फेंकते थे।

दस वर्ष उपरान्त वर्षाऋतु आरम्भ होते ही उस स्थान पर बाँस उग आया। किटुंग और उसकी पत्नी उस बाँस को देखने हेतु गए क्योंकि उन्हें यह अच्छी तरह याद था कि उस स्थान पर उन्होंने दस वर्ष पूर्व अपने शिशु के भ्रूण को दफन किया था। किटुंग गड्ढा खोदने लगा और खोदते-खोदते जब वह जड़ तक पहुँचा तो उसने पाया कि वह बाँस तो हड्डी से उत्पन्न हुआ है। उसकी पत्नी रोने लगी, ''ओह हमारा बच्चा वृक्ष बन गया है। यदि वह सकुशल जन्म ले लेता तो आज हमारे बीच हँसता खेलता होता।'' किटुंग ने कहा, ''यदि वह जीवित होता तो आज स्त्रीयोचित सभी कार्य करता। इसलिए यह बाँस भी लड़कियों के गुणों से परिपूर्ण होगा और उनके समान ही काम करेगा। इससे टोकरियाँ, पंखे और चटाइयाँ बनेंगी।

●

कमार, पटौराग्राम, सम्बलपुर

द्रुपत्त पाँच पांडव भाइयों की पत्नी थी। प्रतिदिन सन्ध्याकाल में वह उन सबकी तेल से मालिश किया करती थी। परन्तु किसी कारणवश भीमसेन को यह नापसन्द था।

अतः एक दिन भीम ने लकड़ी के एक मोटे लट्टे को अपने बिस्तर पर रखकर उसे एक चादर से ढक दिया और नौकर से कहा, ''जल्दी जाकर द्रुपत्त बाई को बुला लाओ और उनसे कहो कि मैं अस्वस्थ हूँ और वे आकर मेरी मालिश कर दें।'' जब नौकर चला गया तब भीमसेन पलंग के नीचे छिप गया।

द्रुपत्त जल्दी आई और वह बगैर चादर हटाए पलंग पर पड़े हुए लट्ठे की मालिश करने लगी। वह तब तक ऐसा करती रही जब तक कि वह थक न गई। अन्त में उसने

चादर उठाई और पाया कि वहाँ तो एक लकड़ी का लट्ठा है। पलंग के नीचे छिपे हुए भीमसेन ने जोरदार ठहाका लगाया। द्रुपत्त ने क्रोधित होकर इस लकड़ी के लट्ठे को शाप दिया, "अब इस लकड़ी पर काँटे उत्पन्न हो जाएँ ताकि कोई भी व्यक्ति भविष्य में इसे मालिश न करे।" तुरन्त ही उस लकड़ी पर काँटे उग आए और भीमसेन ने उसे ले जाकर अपने बगीचे में रोप दिया। तब से सेमल वृक्ष की उत्पत्ति हुई।

●

एक गाँव में गंगा कोया अपनी दो पत्नियों के साथ रहता था। काफी समय तक दोनों के कोई सन्तान नहीं हुई, परन्तु आखिरकार छोटी स्त्री को एक बेटी और दो बेटे उत्पन्न हुए। सन्तानोत्पत्ति के बाद गंगा अपनी बड़ी पत्नी के प्रति लापरवाह हो गया और उसकी उपेक्षा करने लगा। वह उससे घर के सब काम करवाता, यहाँ तक कि छोटी पत्नी से उत्पन्न हुए बच्चों की देखभाल भी उसे ही करनी पड़ती। उसने छोटी पत्नी को बहुत से आभूषण दिए परन्तु बड़ी को एक भी वस्तु नहीं दी। वह छोटी पत्नी के साथ ही खेत पर काम करने जाता था। बड़ी स्त्री की दशा बहुत ही दयनीय हो गई थी और उसने अपने बाँझपन के उपचार हेतु अनेक दवाइयाँ खाईं, परन्तु उनसे कोई लाभ नहीं हुआ। एक दिन जब वह जंगल में घूम रही थी तब उसे एक विलक्षण किस्म का बीज दिखाई पड़ा। वह उसे लेकर घर आ गई। उसने उस बीज को उस स्थान पर डाल दिया जहाँ रसोई का पानी बहकर जाता था।

उस स्थान पर एक पौधा उग आया जिसमें वह चावल का धोया हुआ पानी डालने लगी। वह वृक्ष बड़ा हो गया और मजबूत भी। तब उसने अपने पति से कहा, "देखो! यह मेरा बेटा है, इसका विवाह किसी अच्छे ब्राह्मण या कोमटी से करवा दो। तुम्हारी छोटी पत्नी के बच्चे कोया लोगों से विवाह कर सकते हैं, उन्हें जंगल में रहना है तो रहें।" उसका पति सोचने लगा, "मैं यह कैसे कर पाऊँगा?"

कुमार सिंह राजा अपनी बेटी के विवाह की तैयारी कर रहा था। उसने अपने चपरासियों को मंडप हेतु आल वृक्ष लाने को कहा। उन्होंने आल वृक्ष की बहुत खोज की और वे उसकी तलाश में उस कोया के घर पहुँचे। उन्होंने उसकी रसोई के पीछे आल पेड़ देखा और उसकी एक शाखा काटकर ले गए। कोया भी उनके पीछे-पीछे महल तक गया और उसने देखा कि किस भाँति उन्होंने मंडप के बीचोंबीच उस वृक्ष की शाखा को स्थापित किया है। वर और वधू दोनों उस शाखा के फेरे लगाकर उस पर हल्दी कुमकुम का आलेपन करते थे। कोया ने सोचा कि यह सचमुच ही मेरा बेटा है और राजा अपनी कन्या का विवाह उसके साथ कर रहा है। वह खुशी-खुशी अपनी पत्नी को यह शुभ समाचार सुनाने गया, परन्तु उसने वहाँ पहुँचकर देखा कि उसकी मृत्यु हो चुकी है। आल वृक्ष की छाल इसलिए सफेद होती है, क्योंकि उस पर चावल का धोया हुआ पानी प्रतिदिन डाला जाता था।

●

आरम्भ में जब गदबाजन अपने मृत पूर्वजों की स्मृति में पत्थरों के स्मारक बनाते थे तब वे वहाँ वृक्ष नहीं लगाया करते थे। उन दिनों एक गुनिया था जिसकी पत्नी भी गुनियाई करती थीं। पहले गुनिया की मृत्यु हुई और फिर कुछ समय उपरान्त उसकी पत्नी की। ग्रामवासियों ने उन्हें आजू-बाजू में ही दफन कर दिया। एक वर्ष उपरान्त उन्होंने उनकी स्मृति में पत्थर के स्मारक बना दिए और गुनिया हेतु भैंसे की तथा उसकी पत्नी हेतु भैंस की बलि चढ़ाई। उन्होंने दोनों पशुओं के सिर स्मारक के चट्टान के पास रख दिए और रातभर नृत्य किया। दूसरे दिन सुबह उन लोगों ने देखा कि भैंसे से सिमली वृक्ष उत्पन्न हो गया है और भैंस (मादा) से पल्दा वृक्ष उत्पन्न हो गया है।

उसके बाद से मृतक के स्मारक के आसपास इन वृक्षों के रोपन का प्रचलन हो गया। इन वृक्षों को रोपने के फलस्वरूप भूत-प्रेत मर जाते हैं और वे हमें नहीं सताते। भूत भैंसे में प्रविष्ठ हो जाता है और जब हम उसको बलि हेतु मारते हैं तो भूत-प्रेत भी मर जाते हैं। जब तक भूत-प्रेत मरते नहीं, तब तक वे देवताओं में सम्मिलित नहीं होते।

●

भतरा, देवधारा, कोरापुट

पुराने जमाने में पेंगस, भतरा और मुरिया साथ-साथ जुगनीगुड़ा में रहते थे। उस गाँव का मुखिया चैतु भतरा था, जिसका एक बेटा था और एक बेटी। उसने अपनी बेटी को विवाह हेतु दूसरे गाँव में भेज दिया और अपने बेटे के विवाह की तैयारी करने लगा। बेटे की शादी के बाद उसकी पत्नी की मृत्यु हो गई और रो-रोकर वह भी अन्धा हो गया।

कुछ समय उपरान्त मुखिया की पुत्रवधू का एक मुरिया युवक से प्रेम हो गया। गाँववालों को इस बात का पता चल गया और उन्होंने उसके पति को बता दिया। ईर्ष्या और क्रोधवश उसने उन दोनों प्रेमियों को पकड़ने का प्रयत्न किया। एक दिन उसने भोजन किया, अपने कपड़ों की गठड़ी बनाई, लाठी उठाई और अपनी पत्नी से कहा, "मैं दो-तीन दिनों के लिए अपनी बहन के यहाँ जा रहा हूँ।" ऐसा कहकर वह चला गया। उसकी पत्नी उसके वहाँ नहीं रहने से बहुत खुश हुई। परन्तु उसका पति थोड़ी दूर जाकर जंगल में छिप गया और रात्रि में चौकसी करने के लिए आ गया।

जब सब लोग सो गए तब रात्रि में मुरिया युवक आया और वे दोनों एक साथ लेटे हुए थे। उसके पति ने घर में घुसकर तलवार से दोनों की हत्या कर दी। उसने उन दोनों के शवों को उठाकर बाहर फेंक दिया, दोनों का रक्त बहकर आपस में मिल गया और वहाँ एक वृक्ष उत्पन्न हो गया। जब वह वृक्ष बड़ा हो गया तो युवक उसकी ओर

देखते थे। उस वृक्ष के फूल लाल और काले रंग के थे। लाल रंग के फूल प्रेमी के थे और काले फूल प्रेमिका के। यह वृक्ष ही प्रथम 'परसा' वृक्ष था।

गदबा, सुलापद, कोरापुट

एक बार बोरांडी पर्वत की तलहटी में हैजा फैल गया। लोगों ने मरडी देवता के लिए बलि चढ़ाई जो हैजा का देव है, परन्तु वह वहाँ से जाने को राजी ही नहीं हुआ और कहने लगा, "मुझे खाने के लिए एक भैंसा चाहिए।" गाँववालों ने आपस में सलाह-मशविरा किया और वे गाँव की सीमा पर एक भैंसा लेकर आ गए और उसकी बलि दे दी। उन्होंने उसकी खाल उतारी और उसका कलेजा और अन्तड़ियाँ निकालीं। कुछ बालक उन अन्तड़ियों को धोने के लिए नदी में ले गए। उन्होंने उन्हें खींचा तो बहुत लम्बी और कठोर हो गईं। बालक उन्हें देखकर डर गए और उन्हें वहीं छोड़कर भाग गए। उन्होंने गाँव पहुँचकर अपने बुजुर्गों को इसकी जानकारी दी। गाँव के लोगों ने वहाँ जाकर देखा तो पाया कि वे सियाड़ी बेल बन गई थीं।

●

कमार, पत्तरपूँजी (खरियार), कालाहाँडी

हम कमार लोग एक ऋषि की सन्तान हैं और पुराने जमाने में हम जनेऊ धारण करते थे। पहले जब हम पहाड़ों पर रहते थे तब लोग हमें पहाड़िया कहते थे और अब जबकि हम पहाड़ों से उतरकर मैदानों में आ बसे हैं और बाँस का काम करते हैं तो लोग हमें कमार कहते हैं।

हमें जनेऊ धारण करने पर गर्व का अनुभव होता था, परन्तु उसमें एक असुविधा थी। जब हम जंगल में बाँस लेने जाते थे वह झाड़ियों में उलझ जाती थी। अतः हमने आदिवासियों का एक सम्मेलन बुलाया और उसमें जनेऊ त्यागने का निर्णय लिया। हम लोगों ने उन्हें निकालकर एक वृक्ष पर लटका दिया। हमने उन्हें इस प्रकार से त्यागने के लिए उनसे क्षमा माँगी और बलि प्रदान की। हमने कहा, "हमसे व्याधि और दुख को दूर रखो। इस वृक्ष पर शान्तिपूर्वक रहो।" अगली बार जब हमारा एक व्यक्ति उधर से निकला तो उसने पाया कि जनेऊ के वे धागे अमरबेल बन गए हैं।

सियाड़ी की उत्पत्ति का मिथक

एक दिन रामा की इच्छा मांस खाने की हुई। उन्होंने एक बकरे की अन्तड़ियाँ निकालकर उनसे चिड़ियाँ फाँसने का एक फन्दा बनाया। उन्होंने बकरे के यक्रित को

काट-काटकर उसके टुकड़ों का चारा बनाया। उन्होंने फन्दा ले जाकर जंगल में पत्तों के नीचे छिपा दिया और उनके ऊपर चारा फैला दिया। जब पक्षी चारे के लालच में भूमि पर उतरे तो वे फन्दे में फँस गए। इस भाँति उस फन्दे में बहुत से पक्षी फँस गए। किटुंग ने जाल को देखा और कहा, ''यह किसने बनाया है?'' उसने अपने टंगिये (कुल्हाड़ी) से फन्दे को काट डाला और कहा, ''जाओ सभी पक्षी फल बन जाओ और फन्दे की ताँत मदिरा में परिवर्तित हो जाओ और यक्रित के टुकड़ो तुम सब पत्ते बन जाओ।''

जब रामा वहाँ आए तो उन्होंने देखा कि उनका फन्दा मदिरा में बदल गया है तो गुस्से में उन्होंने सब कलियों और पत्तों को तोड़ डाला और उन्हें लेकर किटुंग के पास गए और कहा, ''मैंने मांस खाने के लिए यह फन्दा बनाया था और देखा, यह क्या हो गया? अब मैं मांस कैसे खा सकूँगा?'' किटुंग ने कहा, ''मैंने ही तुम्हारे फंदे को एक नए वृक्ष में बदल दिया था। मुझे यह ज्ञात नहीं था कि वह फन्दा तुम्हारा है। परन्तु यदि तुम इस वृक्ष के बीजों को भूनकर खाओगे तो तुम्हें मांस खाने की इच्छा नहीं होगी और उसके पत्ते तुम्हारे लिए बलि के रूप में चढ़ाए जाएँगे और इसकी रस्सी बहुत ही उपयोगी होगी, मांस या स्वादिष्ट भोजन से भी अधिक।

अमरबेल की उत्पत्ति का मिथक

मनुष्य का जब पहले पहल जन्म हुआ तब वे लोग एक द्वीप पर रहते थे जो समुद्र के बीचोबीच स्थित था। परन्तु अतिशीघ्र उनकी आबादी बढ़ने लगी और वहाँ रहने के लिए उन्हें जगह कम पड़ने लगी। तब देव ने नावें बनाईं और उनको बैठाकर अन्य स्थानों पर पहुँचाया।

उस द्वीप पर ब्राह्मणों के मात्र दो परिवार बचे रह गए थे। देव उनके एक परिवार को भी अपने साथ अन्यत्र कहीं ले गए। उन्होंने उसे तीन दिनों तक अपने पास रखा और इसी बीच उनकी एक गाय मर गई। वे उस गाय की लाश को दूर कहीं फेंकना चाहते थे, परन्तु वहाँ उनकी सहायता करनेवाला कोई भी नहीं था। उन्होंने ब्राह्मण से उस गाय के मांस को खाने के लिए कहा। उन्होंने कहा, 'तुमने अब तक अच्छा भोजन ही किया है, परन्तु आज तक तुमने मांस नहीं खाया है। आओ अब हम दोनों इस गाय का मांस खाएँ। तुम इस गाय की पूँछ पकड़कर इसे बगीचे तक घसीटकर ले जाओ और मैं लकड़ियाँ और पानी लेकर आता हूँ।'

ब्राह्मण ने मृत गाय को पूँछ पकड़कर घसीटा और बगीचे में ले गया। देव ने कहा कि, ''तुम अपनी जनेऊ उतारकर बरगद के पेड़ पर टाँक दो जब तक हम लोग गोमांस खाएँ।'' ब्राह्मण ने वैसा ही किया। उसने अपनी पवित्र जनेऊ उतारकर बरगद के वृक्ष पर लटका दी और गाय का मांस काटने लगा। देउर तब तक अन्य सामग्री लेकर आ गया। ब्राह्मण ने मांस पकाया। देव ने कहा कि तुम ब्राह्मण हो, अतः तुम पहले खाओ,

मैं बाद में खा लूँगा। जैसे ही ब्राह्मण ने मांस खाया तो देव ने कहा, "बरगद के समीप मत जाना और न ही जनेऊ को स्पर्श करना। आज से तुम डोम बन गए हो और अब मांस खाकर ही जीवन-यापन करो।" देव ने उस जनेऊ पर अमृत छिड़क दिया और वह जनेऊ अमरबेल बन गई।

●

मंगलो साँवरा नामक व्यक्ति महेन्द्रगिरी पर्वत पर रहता था। उसके पाँच बेटे थे और तीन बेटियाँ थीं। एक दिन जब वे सब लोग पेड़ काटकर भूमि साफ कर रहे थे, तब एक साँप ने उसकी छोटी लड़की को काट लिया और उसकी मृत्यु हो गई। वह अविवाहित थी और उसकी दोनों बड़ी बहनों के पति थे। उसके माता-पिता ने निश्चय किया कि लड़की को ठीक उसी स्थान पर दफन करना उचित होगा जहाँ सर्प के काटने से उसकी मृत्यु हुई थी। उन्होंने वैसा ही किया और नियमानुसार मृतक संस्कार भी पूरे किए।

उसकी कब्र से एक आबनूस के वृक्ष की उत्पत्ति हुई। जब वह वृक्ष पाँच वर्ष का हो गया तब एक दिन स्वप्न में उस लड़की के भूत ने प्रकट होकर पिता से कहा, "मेरे शरीर से एक आबनूस का वृक्ष उत्पन्न हो गया है, आप लोग तो उसके फल खाना नहीं, परन्तु मेरे दोनों जीजाओं को उनके फल खाने को कह देना।" दूसरे दिन पिता ने उस स्थान पर जाकर देखा, तो वहाँ एक आबनूस का वृक्ष खड़ा हुआ था और उसमें पके हुए फल लगे हुए थे। उसने अपने दामादों को बुलाकर उस वृक्ष के फल तोड़कर खाने के लिए कहा। उन्होंने वैसा ही किया और तब से जंगलों में आबनूस के वृक्ष पैदा होने लगे।

●

जब प्रलय हुई तो पृथ्वी जलप्लावित हो गई। उस समय एक कन्ध और उसकी पत्नी तूम्बे के भीतर छिप गए। उन्होंने अपने साथ लकड़ियों का एक गट्ठड़ भी रख लिया। उस तूम्बी में वे दीर्घकाल तक बेहोश पड़े रहे। जब उनकी बेहोशी टूटी तो तूम्बा फूट गया और वे निकलकर बाहर आ गए। तब तक जल सूख गया था और सृष्टि का निर्माण हो गया था। उन्होंने बाहर आकर लकड़ी के गट्ठड़ से लकड़ियाँ लेकर आग जलाई और उसके किनारे ही रात्रि विश्राम किया।

दूसरे दिन वे जली हुई लकड़ी के ठूँठ वहीं छोड़कर कहीं अन्यत्र चले गए। वह जली हुई लकड़ी आबनूस के वृक्ष में परिवर्तित हो गई। दूसरे दिन वह कन्ध उस स्थान पर आग लेने आया तो उसने पाया कि वह जली हुई लकड़ी तो वृक्ष बन गई है। वह बहुत खुश हुआ और अपने घर चला गया। उसने कुछ कपास लाकर उस जली हुई लकड़ी पर लपेटकर उसकी मरहम पट्टी कर दी। इसके पश्चात उस वृक्ष में फल भी लगने लगे।

उस वृक्ष का नाम 'तरल' है और उसकी लकड़ी काले रंग की होती है क्योंकि उसकी उत्पत्ति जली हुई लकड़ी से हुई है।

●

एक दिन महादेव ने भोज दिया जिसमें बहुत से अतिथि शामिल हुए। उन्होंने अपने अतिथियों को बहुत प्रकार की मिठाइयाँ खिलाईं। वे स्वयं भी मनुष्यों के साथ भोजन करने बैठ गए और तृप्त होते तक मिठाइयाँ खाईं।

दूसरे दिन जब महादेव शौच पर गए, तो उन्होंने जो मल त्याग किया था, उसमें मिठाइयाँ ही मिठाइयाँ थीं : सुन्दर मिठाइयाँ, लाल रंग की मिठाइयाँ, पीले रंग की मिठाइयाँ, सफेद रंग की मिठाइयाँ। वे मल को ढेरी के रूप में छोड़कर चले गए। कुछ समय बीतने पर उस ढेरी में से पीपल का एक वृक्ष उत्पन्न हुआ।

एक दिन महादेव ने उधर से गुजरते हुए उस वृक्ष को देखा। 'यह वृक्ष उन मिठाइयों से ही उत्पन्न हुआ जिन्हें मैंने मल के साथ त्याग दिया था, तब मैंने मेहमानों के साथ बैठकर खूब डटकर भोजन कर लिया था।' महादेव ने याद किया। इस वृक्ष के फल भी उतने ही मीठे होने चाहिए और खूब अधिक मात्रा में भी होने चाहिए।

गूलर में कीड़ों की उत्पत्ति का मिथक

कोसलगुड़ा के मुरिया माँझी की दो कुँवारी लड़कियाँ थीं। उनकी मँगनी के लिए कोई भी नहीं आता था, परन्तु छोटी लड़की का प्रेम सम्बन्ध गाँव के कोटवार के लड़के से हो गया था और वह उससे विवाह करना चाहती थी। उन दोनों के घनिष्ठ प्रेम को देखकर एक दिन कोटवार माँझी के पास गया और लड़की हेतु बातचीत की। छोटी लड़की ने इस वार्तालाप को चुपचाप सुन लिया था और वह सुनकर डर गई। उसने सोचा, 'उस लड़के का प्रेम सम्बन्ध तो मुझसे है। ऐसा प्रतीत होता है कि वह मेरी बहन से विवाह करेगा। मुझे उसके साथ अन्यत्र कहीं भाग जाना चाहिए और विवाह कर लेना चाहिए।' विवाह हेतु पर्याप्त तेल की व्यवस्था करने के विचार से वह प्रतिदिन घर से कुछ तिल लेकर उसे गूलर के फलों में छिपा देती थी। एक दिन उसकी बड़ी बहन ने उसे ऐसा करते हुए देख लिया और क्रोधित होकर कहा, "एक तो मैं तुम्हारे पूर्व प्रेमी से विवाह कर रही हूँ, फिर भी तुम उसे पाना चाहती हो। मैं देखती हूँ कि तुम इस विवाह हेतु छिपाकर रखी हुई सामग्री को कैसे ले जाती हो।" उसने इतना कहकर अपने पैरों के नीचे से कुछ मिट्टी उठाई और गूलर की ओर फेंकी तो वह तिल के बीज सब कीड़ों में बदल गए।

तब से जंगली गूलर में छोटे-छोटे कीड़े पैदा होने लगे।

●

एक बार परमगत्ती जब शिकार खेलने निकले तो उन्हें बड़ी तीव्र भूख लगी, तब उन्होंने अपने साथियों से कहा कि, "मुझे कुछ खाने को दो, मुझे बड़ी तीव्र भूख लगी है।" उन्होंने चारों ओर खोज की, परन्तु उन्हें गूलर के फलों के सिवाय कुछ भी नहीं मिला। उन दिनों गूलर का वृक्ष भी मनुष्यों के समान ही बातचीत करने में समर्थ था। परमगत्ती ने कहा, "मुझे बहुत जोर की भूख लगी है, मुझे खाने के लिए अपने फल दे दो।" वृक्ष ने कहा, "मैं ये फल तभी दे सकता हूँ जब तुम मुझे नमस्कार करो।" परमगत्ती ने कहा, "मैं एक बुजुर्ग हूँ, मैं तुम्हें कैसे नमस्कार कर सकता हूँ।" परमगत्ती ने अपने साथियों से कहा कि वे उस वृक्ष को समझाएँ कि वह उन्हें फल प्रदान कर दे। आखिर परमगत्ती को हार माननी पड़ी और उस वृक्ष को नमस्कार करना पड़ा। तब कहीं जाकर गूलर ने उन्हें एक फल दिया और परमगत्ती ने उसे खाकर अपनी भूख शान्त की। परन्तु वे बहुत क्रोध में थे, उन्होंने एक फल और तोड़ा और उसमें अपने गुप्तांग का एक बाल उखाड़कर उस फल के भीतर रख दिया।

उन्होंने उस वृक्ष से कहा, "आज से तुम्हारे फलों में पूरी तरह कीड़े भरे रहेंगे और तुम्हारा बातचीत करना भी बन्द हो जाएगा।" गूलर का वृक्ष रोने लगा, परन्तु अब किया भी क्या जा सकता था।

गूलर के बीजों का मिथक

चैत परब के अवसर पर किसी एक पुजारी ने रास्ते के किनारे महाप्रभु को एक सफेद मुर्गे की बलि चढ़ाई। इसके पश्चात उसने अपनी फसल की मिंजाई की और एक ओर अन्न की ढेरी लगा दी। उसने कुछ चावल और मुर्गे का मांस पकाकर देवता को भोग लगाया और अपने घर चला गया। उस मुर्गे से एक गूलर का वृक्ष उत्पन्न हुआ। गूलर में बहुत अधिक बीज उत्पन्न हुए जैसे कि मुर्गे की बलि के परिणामस्वरूप अन्न भी खूब पैदा हुआ था।

●

जब निरंताली पाताललोक से बाहर आई तो वह अपने साथ पत्तों में लपेटकर बरगद के बीज भी ले आई। जब पृथ्वी और बादल बनकर तैयार हो गए थे, और मनुष्य की उत्पत्ति हो चुकी थी, तब सूर्य और चन्द्रमा प्रकट हुए जो अत्यधिक गर्म थे। उनके पास छाया के लिए कुछ भी नहीं था। अतः उन्होंने अपने घरों के सामने बीजों को बो दिया। पन्द्रह दिनों में बीजों से पौधे उग आए और चार वर्ष में वे बढ़कर पूरे वृक्ष बन गए। परन्तु उन दिनों वृक्षों के पत्ते भी छोटे-छोटे होते थे, इसलिए उनकी छाया दानी नहीं होती थी। जंगली जानवरों—गाय, बकरी, सूअर आदि प्राणियों को भी मनुष्यों के साथ-साथ छाया की आवश्यकता थी। निरंताली ने एक वृक्ष से एक पत्ता तोड़ा और चारों ओर से खींच-खींचकर उसे फैलाया। उसके पश्चात उन्होंने उस वृक्ष की एक शाखा

को भी खींच-खींचकर इतना लम्बा किया कि वह भूमि को स्पर्श करने लगे और अपनी जड़ें भूमि में रोपण कर दे।

उस समय तक भी मनुष्यों के लिए कोई समुचित खाद्य पदार्थ नहीं विकसित हुआ था इसलिए निरंताली ने वृक्ष से कहा, ''अपने दूध से मनुष्यों का पोषण करो।'' बरगद ने कहा, ''मेरे शरीर में तो रक्त ही रक्त है मैं दूध कहाँ से लाऊँ।'' निरंताली ने अपने टँगिए से वृक्ष पर एक चोट की और कहा, ''यहाँ से दूध प्रवाहित हो।'' वृक्ष के उस कटे हुए स्थान से दूध प्रवाहित होने लगा, और मनुष्य मुँह लगाकर उस धार का पान करने लगे। वे उस दूध पर तब तक आश्रित रहे जब तक कि पृथ्वी पर अन्न की उत्पत्ति नहीं हुई।

●

एक दिन निरंताली सड़क किनारे खाना बना रही थी। वह जैसे ही खाने को उद्यत हुई, वैसे ही एक कौवा झपटकर रोटी ले उड़ा। निरंताली को इस बात पर बहुत क्रोध आया और वह कौवे को जब पकड़ने दौड़ी तब तक वह भाग गया। उड़ते-उड़ते उसने बीट की, जो निरंताली ने देखीं तो वे मड़िया के समान प्रतीत हुईं। निरंताली ने उन्हें गूलर के बीजों में परिवर्तित कर दिया।

●

सृष्टि के आरम्भ में कहीं भी वृक्ष और झाड़ियाँ नहीं थीं और पृथ्वी बिना इन अलंकरणों के नग्न व कुरूप दिखाई पड़ती थी। रानी अरू अपनी जन्मभूमि में गई और उसे वहाँ पीपल का एक फल मिला। उसने उसे अपने घर के पिछवाड़े में बो दिया। कुछ महीनों के उपरान्त वह अंकुरित हुआ, जिसकी उसने खूब देखभाल की और बीस वर्ष में वह पूर्ण रूप से विकसित हो गया। जब फल लगने को हुए तब उस वृक्ष ने रानी अरू से कहा, ''मेरे सम्पूर्ण तन पर फल लदे हैं, मैं इनका क्या करूँ।'' ''तुम्हारे फलों को पक्षी खाएँगे और उनकी बीट द्वारा तुम्हारे बीज सम्पूर्ण पृथ्वी पर फैल जाएँगे और सर्वत्र वृक्ष उगेंगे,'' उसने कहा। ''तब तो उन पक्षियों को जल्दी बुलाओ मैं बोझ से दबा जा रहा हूँ।'' वृक्ष ने कहा। रानी अरू ने सब पक्षियों को बुलाकर कहा कि पीपल पर बैठकर वे फलों को खाएँ। उसके बाद वे उड़-उड़कर दूर-दूर तक पहाड़ों पर गए और उनकी बीट से सब जगह नए वृक्ष उग आए। रानी अरू ने मली पिन्नू को रहने हेतु पीपल के वृक्ष में स्थान प्रदान किया इसीलिए बिना हवा के भी उसके पत्ते पंखे की भाँति हिलते हैं और मली पिन्नू को ठंडक प्रदान करते हैं।

●

जब सृष्टि की उत्पत्ति हुई तब मनुष्य और पशुओं का आविर्भाव हो गया। मनुष्य ने धीरे-धीरे अपने आबादी बढ़ा ली और वे वन में यहाँ-वहाँ घर बनाकर रहने लगे। महाप्रभु

ने चलिका को मनुष्यों का राजा बना दिया और राज्य का निर्माण किया। उन्होंने प्रत्येक गाँव के लिए एक माँझी और एक-एक चौकीदार बनाया। यहाँ तक कि पशुओं के लिए भी चौकीदार बनाए। परन्तु वे वृक्षों का कोई राजा बनाना भूल गए।

एक दिन हेमगिरी पर्वत पर वृक्षों का सम्मेलन हुआ और उन्होंने विचार किया कि महाप्रभु ने सभी के लिए राजा बनाए, परन्तु हमारे लिए ऐसा नहीं किया। इतने में ही भीमा देव वहाँ आ पहुँचा और पूछा कि वे लोग वहाँ क्या कर रहे हैं और जब वृक्षों ने भीमा को अपना कष्ट बताया तो उसने कहा कि तुम सब वृक्षों में सबसे मजबूत वृक्ष कौन-सा है? उसने सभी वृक्षों को पारी-पारी से आजमाया और सभी वृक्ष आसानी से टूट गए परन्तु इमली नहीं टूट सकी और भीमा ने इमली को सबसे मजबूत वृक्ष घोषित कर दिया। भीमा ने महाप्रभु को भी जाकर वृक्षों के बारे में बता दिया।

महाप्रभु ने हेमगिरी पर्वत पर जाकर घोषणा कर दी कि इमली वृक्षों का राजा, बरगद मन्त्री और सरई (शाल) माँझी, पीपल, गाँडा, कोटवार होंगे। उन्होंने पीपल से कहा जब भी हवा आए तुम अन्य सब वृक्षों को इसकी सूचना दो। इसीलिए पीपल अपनी पत्तियाँ हिलाकर दूसरे वृक्षों को हवा के प्रति सावधान करता है।

●

मंजुल पर्वत पर सतिया और नम्बो नाम के दो भाई रहते थे। उन दिनों तक अन्न कहीं भी उत्पन्न नहीं हुआ था। सारी दुनिया फल और कन्दमूल खाकर भरण-पोषण करती थी। परन्तु जब मनुष्यों की आबादी बढ़ने लगी, तो उनके लिए पर्याप्त कन्दमूल उपलब्ध नहीं थे। किटुंग ने आकर उन दोनों भाइयों से कहा कि, ''यहाँ अब सबके लिए पर्याप्त कन्दमूल फल नहीं बचे हैं, यदि तुम अन्न की उत्पत्ति करोगे तो ही सबका कल्याण होगा।'' दोनों भाइयों ने कहा, ''हम अन्न कहाँ से प्राप्त करें? हमारे पास तो बीज ही नहीं हैं।'' किटुंग उन्हें साथ लेकर मंदारजन पर्वत पर गए और उन्हें सिखाया कि किस भाँति कुदाल का उपयोग करें। उन्हें वहाँ जंगली गूलर का एक फूल मिल गया जिसके भीतर सभी प्रकार के अन्न के बीज थे। उन्होंने उन सब बीजों को बो दिया और उन्हें पहचानना सीखा कि कौन-सा पौधा किस बीज का है। तब से पृथ्वी पर अन्न की उत्पत्ति हुई, परन्तु अब किसी को भी जंगली गूलर का फूल दिखाई नहीं पड़ता।

●

मनुष्य की उत्पत्ति के पूर्व महाप्रभु और बिसनदेई पृथ्वी पर आए। उस समय तक पृथ्वी पूरी तरह सूखी नहीं थी, परन्तु उन्होंने उसे सुखा लिया। उसके बाद उन्होंने मनुष्य को उत्पन्न करने का प्रयत्न किया, उन्होंने नर-नारी की आकर्षक गुड़ियाएँ बनाईं, परन्तु उनके दाँत नहीं बनाए। मनुष्य सिर्फ पके हुए और नर्म पदार्थ ही खा सकता था। जब आबादी बढ़ने लगी तो महाप्रभु ने अन्न बनाया और लोगों से कहा कि अन्न खाया करो। परन्तु जब उन्होंने अन्न खाने की कोशिश की तो वे उनके मुँह में चुभने लगे।

तब महाप्रभु ने निश्चय किया कि वे उनके लिए दाँत बनाएँगे। उन्होंने इसके लिए मिट्टी और पत्थर का प्रयोग किया, परन्तु उससे सफलता नहीं मिली। इसके बाद लज्जित होकर उन्होंने केले के बीज लिए और उन्हें दाँतों में बदल दिया। वे मुँह में पत्थर के टुकड़ों की भाँति चिपक गए और फिर कभी गिरे नहीं। परन्तु महाप्रभु ने सोचा कि मैंने जितने भी बीज थे सब काम में ले लिए अब केले कैसे पैदा होंगे। यह सोचकर उन्होंने केले से कहा, "तुम अब अपनी जड़ से नए पौधे उत्पन्न करोगे, बीज से नहीं।"

पीपल वृक्ष की उत्पत्ति का मिथक

सृष्टि की उत्पत्ति के पूर्व किटुंग और उसकी बहन एक तूम्बी के भीतर रहते थे। जब नई पृथ्वी बनी और तूम्बी फूट गई तब दोनों भाई-बहन बाहर निकले और उन्होंने कुराबेली पर्वत पर अपना घर बनाया। उस समय तक वृक्षों की उत्पत्ति नहीं हुई थी, इसलिए दोनों भाई-बहनों को खुले स्थान में आसमान के नीचे सोना पड़ता था। एक रात में जब वे सो रहे थे एक पहाड़ी गिलहरी ने किटुंग के बाएँ हाथ की चार अँगुलियों को काट लिया। बीच की एक अँगुली शेष बची रही। किटुंग दर्द से कराहने लगा, उसकी बहन भी जाग गई और रोने लगी।

जब ग्रीष्म ऋतु आरम्भ हुई तब उस लड़की ने कहा, "मैं बिना छाया के इस गर्मी में कैसे रह पाऊँगी?" किटुंग ने अपना घायल हाथ काटकर एक पत्थर पर रख दिया। उस हाथ में से तख़्त ही एक पौधा पैदा हुआ और शीघ्र ही बढ़कर वृक्ष बन गया जिसके नीचे किटुंग की बहन ने विश्राम किया। यह पीपल का वृक्ष था, जिसके पत्तों के मध्य में एक अँगुली होती है और वह चट्टानी भूमि पर जंगल में उत्पन्न होता है।

कटहल वृक्ष की उत्पत्ति का मिथक

सर्वसतीझोला नाम की देवी के सात भाई थे। उनके नाम कोरा मुंडा, सीतलगाँडा, लेण्डुका, पेण्डुका, मनुलमुण्डा, चुतुलगुण्डा और सिलमण्डा थे। वे सब विवाहित थे और सभी की सन्तानें थीं। सर्वसतीझोला का पति नहीं था क्योंकि उसके पैर हाथी के पैरों के समान थे। उसके पैर इतने भारी थे कि जब वह चलती थी तो फर्श टूट जाती थी। वह इतनी आलसी थी कि जिस स्थान पर भोजन करती थी उसी स्थान पर बैठे-बैठे शौच कर लिया करती थी। उसके भाई उससे इतने परेशान रहते थे कि एक दिन उन्होंने तंग आकर उसे घर से निकाल दिया और वह जाकर एक झरने के किनारे रहने लगी।

कुछ समय व्यतीत होने पर सर्वसतीझोला अपने आप ही गर्भवती हो गई। उसने अपने जीवन में किसी पुरुष को जाना ही नहीं था। नौ-दस माह बीतने पर उसने बारह सूअर के बच्चों को जन्म दिया जो हमेशा उसके स्तनों से चिपके रहते थे। जब वे दूध पीते तो पूछते, "हमारा घर कहाँ है? हमारे पिता कहाँ हैं?" उनकी माँ उत्तर देती,

''तुम्हारे पिता नहीं हैं। हाँ मेरे पाँच भाई अवश्य हैं जिन्होंने मेरे हाथी पाँव के कारण मुझे घर से निकाल दिया है और वे मुझे भोजन भी नहीं देंगे।'' सूअर के छोटे बच्चे आपस में बातें करने लगे, ''हमारे मामा बहुत ही दुष्ट हैं, जो हमारी निरीह माँ को इस तरह सता रहे हैं। हमें उनके खेत में जाकर वह सारा अन्न खा लेना चाहिए, जिसे वे हमारी माँ को देने के लिए इनकार कर रहे हैं।'' इस प्रकार सोचते हुए वे कोरामुण्डा खेत पर गया तो उसने देखा कि उसकी फसल पूरी तरह नष्ट हो गई है। दूसरे दिन रात्रि वे बच्चे सीतलगाँडा के खेत में गए और सम्पूर्ण अनाज खा गए। दूसरे दिन सुबह जब सीतलगाँडा खेत पर गया तो उसने देखा कि उसकी फसल पूरी तरह नष्ट हो गई है। दूसरे दिन सुबह जब सीतलगाँडा खेत पर गया तो उसने भी अपनी फसल को पूरी नष्ट हुआ पाया। इसी प्रकार उन बच्चों ने सभी भाइयों की फसल को नष्ट कर दिया। सिर्फ सबसे छोटे भाई सिलमण्डा की फसल को उन्होंने नष्ट नहीं किया। सिर्फ उसके खेत में ही अन्न पैदा हुआ।

वे सब भाई आपस में बातें करने लगे, ''सिलमण्डा की फसल भी हमारी फसल की भाँति ही नष्ट होनी चाहिए, फिर सब भाई भूख से मर जाएँगे।'' फसल की सातों भाई रखवाली करते थे। वे सूअर आते थे और उनको ये सब भाई भगा देते थे। वे भागकर अपनी माँ के स्तनों से चिपट जाते थे। उन भाइयों ने सूअर के दस बच्चों को तो भगा दिया परन्तु सिलमण्डा ने उनमें से दो को पकड़ लिया। सभी भाई उन्हें मार डालना चाहते थे, परन्तु सिलमण्डा ने उन्हें मना किया और कहा कि नहीं इन्हें हम पाल-पोसकर बड़ा करेंगे और जब ये बड़े हो जाएँगे तब मारकर खाएँगे।

उन सभी भाइयों ने कहा, ''यदि हमारी बहन के इसी प्रकार बच्चे होते रहे, तब तो हम कभी भी फसल नहीं ले पाएँगे। हमें उसे मार डालना चाहिए।'' सिलमण्डा ने कहा, ''नहीं, ऐसा करना तो पाप होगा। इससे तो अच्छा होगा कि हम उसके स्तन काट दें और उसकी योनि को लकड़ी की कील गाड़कर बन्द कर दें।'' उन्होंने वैसा ही किया। पहले तो उसके स्तन काट डाले फिर लकड़ी की कील से उसकी योनि को बन्द कर दिया।

परन्तु सर्वसतीझोला तो पहले ही से गर्भवती थी, उसने बच्चों को प्रसव करने का प्रयत्न किया परन्तु योनि का मुख तो कील से बन्द किया हुआ था। उसका पेट फूलता ही गया, फूलता ही गया और अन्त में फट गया, जिसमें से कटहल का एक वृक्ष उत्पन्न हुआ। सूअर के बच्चे उसके फल बन गए, परन्तु उनकी माँ की मृत्यु हो गई।

●

गडेजंग बोई किटुंग की पंडई नाम की एक बेटी थी। उनका एक पालतू बकरा था जिसके पेट में कटहल के बीज थे। वह उस बकरे को इतना अधिक प्यार करती थी मानो वह उसका पति हो और वह जहाँ कहीं भी जाती उसे अपने साथ ले जाती।

उसकी माँ को जब इस बात का अहसास हुआ कि पंडई अपने बकरे से कितना अधिक प्यार करती है तो उसे चिन्ता हुई कि दूसरे देवी-देवता उनके बारे में यह जानकर

हँसेंगे कि उनकी बेटी का विवाह एक बकरे से हुआ है। यह सोचकर उसने अपनी लड़की को अस्वस्थ कर दिया और बकरे से कहा कि वह जाकर गुनिया को बुला लावे।

जब वह बकरा गुनिया को बुलाने जा रहा था, तब राह में उसे बकरे-बकरियों का झुंड चरता हुआ दिखाई पड़ा और वह भी उनमें सम्मिलित हो चरने लगा। जब गडेजंग बोई ने देखा गुनिया का कहीं पता-ठिकाना ही नहीं है, तब वह स्वयं बाघ का रूप धारण करके गई और उस बकरे को मार डाला। उसने उस बकरे की अन्तड़ियाँ छोड़कर पूरा खा लिया। बकरे को खाने के पश्चात वह अपने स्वाभाविक रूप में परिवर्तित हो गई, तब उसे इस बात का ध्यान आया कि अन्तड़ियाँ न खाकर उसने भूल की है और जब पंडई इन्हें देखेगी तो उसके साथ झगड़ा करेगी। यह सोचकर उसने बकरे की भींगनी सहित अन्तड़ियों को गड्ढा खोदकर गाड़ दिया। चूँकि अन्तड़ियों में कटहल के बीज भी थे, अतः उस स्थान पर कटहल के एक वृक्ष की उत्पत्ति हुई।

●

सरकू साँवरा कोडिगडजांग में अपनी पत्नी और दो बेटों के साथ रहता था। बच्चे बड़े-बड़े हो गए थे और एक दिन सरकू की पत्नी पुनः गर्भवती हो गई और उसने तीसरे बेटे को जन्म दिया। जब बच्चा छह माह का था तब माँ के स्तन पर एक घाव हो गया और उसके फलस्वरूप उसका दूध भी दूषित हो गया। सरकू ने गुनिया को बुलाया और काफी उपचार, झाड़-फूँक आदि कराया परन्तु उससे कोई लाभ नहीं हुआ। उस घाव से रिस-रिसकर दूध टपकता था जिसे सरकू उठाकर घर के पिछवाड़े में गाड़ देता था। कुछ समय उपरान्त सरकू की पत्नी की मृत्यु हो गई जिसके लिए 'गुवार' रस्म का आयोजन किया गया। भूमि में गाड़े हुए दूध से कटहल का वृक्ष उत्पन्न हुआ। एक वर्ष में वह वृक्ष बड़ा हुआ, दूसरे वर्ष उसमें फल लगे। तब प्रेतात्मा ने आकर सरकू से कहा, "मेरे बच्चे का पोषण इस वृक्ष के दूध से करो।"

●

भाटिया मुंडा में गंगू नामक झोरिया रहता था। उसकी न स्त्री थी और न ही बच्चे। उसका विवाह नहीं हुआ था। एक बार वह बीमार हुआ और एक साल तक अस्वस्थ रहा, फिर उसकी मृत्यु हो गई। पड़ोसियों ने सोचा, 'यदि हम इसे गाँव के समीप ही दफनाएँगे तब तो उसका अविवाहित प्रेत हमें बहुत सताएगा।' ऐसा सोचकर वे उसके शव को बहुत दूर मोंगरी डोंकवार पर ले गए और उन्होंने एक बहुत विशाल एवं गहरा गड्ढा खोदकर उसमें शव को रख दिया और बिना मिट्टी से ढँके उसे वैसी ही स्थिति में छोड़कर वे लोग ऐसा भागे कि पीछे मुड़कर भी नहीं देखा।

जंगली जानवरों ने उस लाश को पूरा खा लिया, परन्तु उसके दोनों अंडकोशों को छोड़ दिया। उनमें से एक आम का वृक्ष उत्पन्न हुआ और पाँचवें वर्ष उसमें फल लगने लगे। तब गंगू के प्रेत ने मटिया मुंडा के माँझी को स्वप्न में बताया कि, 'तुमने मुझे जहाँ

दफन किया था, उस स्थान पर महाप्रभु ने एक वृक्ष उत्पन्न किया है, जिसके फल अत्यन्त स्वादिष्ट हैं।' माँझी उस स्थान पर गया और उसने उस वृक्ष को देखा जिस पर फल लगे थे। उसने फल तोड़कर खाया और उसे वह अत्यन्त स्वादिष्ट लगा। उसने एक टोकरी भरकर फल एकत्रित किए और उन्हें टोकरी में भरकर सभी पड़ोसियों हेतु ले गया।

●

बहुत पुराने जमाने में एक कन्ध अपनी पत्नी के साथ भारदी सोरू पर्वत पर जाकर घर बनाकर रहने लगा। कुछ समय के उपरान्त उस कन्ध की पत्नी गर्भवती हो गई और फिर नियत समय पर ही उसने एक पुत्र को जन्म दिया। जब वह बालक बड़ा हुआ तो उसके माता-पिता ने उसका विवाह करने का निश्चय किया और इस हेतु उसका पिता ओझिगुड़ा के माँझी के पास उसकी लड़की माँगने गया।

परन्तु ठीक उसी महीने में वह लड़का बीमार पड़ गया और एक ही सप्ताह बाद मर गया। मरते हुए उसने कहा कि मेरा दाह-संस्कार मत करो, मुझे घर के पास ही दफना दो। पिता ने लड़के की अन्तिम इच्छा के रूप में इस बात को स्वीकार कर लिया और अन्तिम संस्कार हेतु पड़ोसियों को बुलवा लिया। छह माह पश्चात उस स्थान पर आम का एक पेड़ उत्पन्न हुआ जो तीव्र गति से आकाश की ओर बढ़ने लगा। पाँच वर्ष उपरान्त उस वृक्ष में इतने फल लगे कि वह फलों से लद गया और बोझ से वृक्ष की शाखाएँ झुककर भूमि का स्पर्श करने लगीं। उस कन्ध ने बूढ़ा पिन्नू के पास जाकर उस घटना का सम्पूर्ण विवरण बताया।

बूढ़ा पिन्नू ने कहा, ''यह तुम्हारा बेटा है इस फल को खूब खाओ और यदि चाहो तो बिक्री भी कर सकते हो। उससे तुम्हें कुछ पैसे भी मिल जाएँगे।'' कन्ध ने घर आकर कुछ फल खाए और शेष फलों को उसने बेच दिया। धीरे-धीरे अपने बेटे से उत्पन्न वृक्ष से वह मालदार बन गया।

●

तन्ना पिन्नू का एक ही बेटा था। वह हमेशा अपने खेत की सफाई-कोड़ाई में लगी रहती थी। एक दिन उसका बेटा शिकार पर गया और उसे जंगल में गूलर का एक पेड़ दिखाई पड़ा, जो फलों से लदा हुआ था। वह उस पर चढ़कर गूलर खाने लगा। इसी बीच एक भालू वहाँ पहुँच गया और उस लड़के से कहने लगा कि कुछ फल उसके लिए भी फेंके। लड़के ने दिखाते हुए कहा, ''तुम मेरे अंडकोश खा लो।'' भालू ने कहा, ''ठीक है, मैं इन्हें भी मजे से खा लूँगा।'' लड़का कहने लगा, ''अरे नहीं-नहीं, मैं तो तुमसे मजाक कर रहा था।'' वह कुछ गूलर तोड़कर हाथ में लेकर नीचे उतरा परन्तु भालू ने उसके अंडकोशों को उखाड़कर खा लिया। लड़का दर्द से चीखने लगा और कुछ समय पश्चात मर गया। दूसरे दिन भालू के पैखाने में वे अंडकोश ज्यों के त्यों बिना पचे ही बाहर निकल आए और उनमें से एक आम का वृक्ष उत्पन्न हो गया।

कुछ दिनों बाद तन्ना पिन्नू उस स्थान पर गई और अपने पुत्र की लाश देखकर रोने लगी। उसने भालू से पूछा कि यह सब कैसे हुआ, तब भालू ने पूरा विवरण बता दिया। तन्ना पिन्नू ने भालू से कहा, "ठीक है। अब जब भी तुम इस वृक्ष के फल (आम) खाओगे तो तुम्हारी टट्टी में से अंडकोश जैसी गुठलियाँ निकलेंगी, जैसे अंडकोश पहले निकले थे।

●

रानी अरू और बेनी अरू का जन्म सफरगन्ना में हुआ था। जब वे पाताललोक से वहाँ बाहर प्रकट हुईं तो वे अपने साथ आम की गुठली को मोम में छिपाकर सल्फी की छाल में ढककर ले आई थीं। जब पृथ्वी और बादल की उत्पत्ति हुई तब रानी अरू और बेनी अरू उस गुठली को लेकर डिम्बल पर्वत पर गईं और उसे वहाँ भूमि में गाड़कर उन्होंने कहा कि, "तुम वर्षा ऋतु में अंकुरित होना और पन्द्रह वर्ष में बड़े होकर फल प्रदान करना।" वे पन्द्रह वर्ष के बाद दोबारा उस स्थान पर अपने वृक्ष को देखने गईं। तब वह वृक्ष फलों से लदा हुआ था। उन्होंने कुछ फल तोड़कर खाए और उनकी गुठलियाँ दूर-दूर तक फेंक दीं जिनसे आम के बहुत से वृक्ष वहाँ उत्पन्न हो गए। पाँच वर्ष के उपरान्त वहाँ भयानक अकाल पड़ा और चारों ओर लोग भूख से मरने लगे। बेनी अरू और रानी अरू ने लोगों से कहा कि वे डिम्बल पहाड़ पर जाकर आम खाएँ। उन्होंने आम के छिलके, गूदा, रस आदि खा लिया और उसकी गुठलियों को सुखाकर उसका आटा बनाकर उसका पेज बनाकर पिया।

●

सुकरू साँवरा अमीर था और उसकी बेटी के विवाह में बहुत से लोग सम्मिलित हुए थे। उन सबने घर के सामने बैठकर खूब शराब पी और नृत्य किया। उसी समय तेज हवा के साथ आम की एक गुठली वहाँ उपस्थित लोगों के बीच आकर गिरी, उसमें से कोई भी यह नहीं जानता था कि वह क्या चीज है। सुकरू ने उसे सँभालकर रख लिया और वर्षा ऋतु में अपने बगीचे में बो दिया। उसमें से एक पौधा उग आया और वह पाँच महीनों में मनुष्यों जितना बड़ा हो गया। सुकरू ने उस वृक्ष का नाम उड़ान वृक्ष रख दिया क्योंकि उसकी गुठली उड़ती हुई आई थी। जब उसमें फल लगने लगे तो सुकरू का पिता स्वप्न में प्रकट हुआ और कहने लगा, "यह बहुत ही अच्छा और स्वादिष्ट फल है, इसकी अच्छी तरह देखभाल करना।"

●

बाडोंग पहाड़ पर किटुंग का निवास स्थान था जहाँ बहुत से साँवरा बलि चढ़ाने जाया करते थे। बजई नाम का गुनिया वहाँ अकसर अन्य लोगों को साथ लेकर जाया करता था। परन्तु एक वर्ष वह व्यस्तता के कारण वहाँ नहीं जा सका और दूसरे वर्ष उसे वहाँ

जाने की याद ही नहीं आई। किटुंग इस बात पर कुपित हो गए और उसे बीमार कर दिया। बजई तुरन्त ही एक बकरा व एक मुर्गा लेकर वहाँ अपने सगे-सम्बन्धियों के साथ गया और उनकी बलि चढ़ाई। उन्होंने मांस और चावल पकाया और उसमें से कुछ उन्होंने किटुंग को भोग चढ़ाया, शेष सब लोगों ने खाया। उन सब लोगों ने मिलकर मदिरापान भी किया और घर वापस आ गए। वे बकरे की जाँघ की हड्डी वहीं भूल आए। दूसरे दिन जब किटुंग पेशाब करने गए तो उस हड्डी से उनका पैर टकरा गया। उन्होंने उसे उठाकर कहा, ''उन लोगों ने इसे नहीं खाया, कितने मूर्ख हैं वे लोग।'' उन्होंने उसे अपने तम्बाकू के बगीचे में गाड़ दिया और कुछ समय बीतने पर उसमें एक आम का वृक्ष उत्पन्न हुआ।

●

एक बहुत प्रसिद्ध माँझी था जिस पर उयुंगसुम ने आक्रमण करके अपनी गर्मी से उसे भस्म कर दिया था। गुनिया ने उसके शरीर की परीक्षा की और बताया, ''तुम बलि के रूप में एक अंडा चढ़ाओ।'' इस पर उयुंगसुम ने कहा, ''जब वह मुझे अंडा प्रदान करेगा, तब मैं उसके शरीर की तपन शान्त करूँगा।'' गुनिया ने नदी तट पर एक अंडा गाड़ दिया। उयुंगसुम ने कहा, ''ये साँवरा लोग मुझे जानते नहीं हैं और कहते हैं कि उयुंगसुम कुछ भी नहीं है। अब यहाँ एक आम का वृक्ष उगाकर मैं उन्हें दिखाऊँगा कि मैं कितना शक्तिशाली हूँ। उसके फल अंडे के सदृश्य होंगे, जब वह कच्चा हो तो उसका छिलका हटा दो, जब पका हुआ हो तो भीतर से वह पीला होगा और वह स्वाद में अंडे जैसा मधुर होगा।''

●

पिता महादेव ने बकासुर दैत्य से संघर्ष किया था और उसे तब तक मारा था जब तक कि उसके शरीर का रक्त नाक से बहने नहीं लग गया। महादेव ने वह रक्त उठाकर तिनसा वृक्ष पर रख दिया, क्योंकि उन्हें भय था कि थोड़ा-सा भी रक्त यदि किसी मनुष्य पर जा गिरा तो वह जलकर राख हो जाएगा। इसीलिए तिनसा वृक्ष का रंग रक्त के समान लाल होता है। यदि मनुष्य को उसका दाग लग जाए तो कोई हानि नहीं होती, परन्तु यदि कपड़ों में उसका दाग लग जाए तो कपड़ा फटते तक वह नहीं छूटता। उस दाग को छुड़ाने का कोई उपाय नहीं है।

गदबा, सुरमुन्नापुट, कोरापुट

पुराने समय में आम, इमली, अंजीर, जामुन और केला ये सभी लड़कियाँ थे। जब वे थोड़ी बड़ी हुईं तो वे नाचते हुए अनेक गाँवों में गईं। उनका यह नृत्य अभियान अपने लिए वर की खोज करने हेतु था। परन्तु उनसे कोई भी विवाह नहीं करना चाहता था।

इस्पुर महाप्रभु ने विचार किया, 'यदि मैं इनके लिए वर नहीं ढूँढ़ सका तो इसका पाप मुझे लगेगा।' वे उनके पास गए और आम से पूछा, ''तुम वास्तव में क्या चाहती हो।'' उसने कहा, ''मुझे पति और बहुत से बच्चे चाहिए।'' उन्होंने इमली से पूछा, ''तुम्हें क्या चाहिए?'' उसने भी कहा, ''मुझे पति और बहुत सारे बच्चे चाहिए।'' अंजीर और जामुन ने भी उन्हें यही उत्तर दिया। परन्तु जब उन्होंने केले से पूछा तो उसने उत्तर दिया, ''मुझे पति नहीं चाहिए, परन्तु मुझे बहुत से बच्चे चाहिए वे भी एक ही बार में और मैं शीघ्र बूढ़ा होना चाहती हूँ, बिना किसी प्रकार की लम्बी प्रतीक्षा के।'' महाप्रभु ने उनसे कहा, ''तुम सबकी इच्छाएँ पूरी हों।''

अतः उन चारों बहनों के प्रत्येक के अनेक पति हुए और बहुत सी सन्तानें हुईं इतनी अधिक कि उनके सिरों पर जितने केश थे उनसे भी अधिक। परन्तु उनके इतने अधिक बच्चों को देखकर उनके पति डरकर भाग गए। माताएँ उनका पीछा करना चाहती थीं परन्तु उन्हें बच्चों ने पकड़ लिया और वे नहीं जा सकीं। इस्पुर महाप्रभु उन्हें देखने के लिए आए कि क्या चल रहा है। उन बहनों ने उनसे कहा, ''हमारी रक्षा करो, अन्यथा ये बच्चे हमें मार डालेंगे।''

इस्पुर महाप्रभु ने उन लड़कियों को वृक्ष बना दिया। उनके केश वृक्षों की शाखाएँ बन गए और बच्चे उनके फल। ''अब तुम पति के लिए क्या करोगी?'' इस्पुर महाप्रभु ने पूछा, ''जो भी हम पर चढ़ेगा वही हमारा पति होगा,'' उन्होंने उत्तर दिया। अतः मनुष्य वृक्षों के पति हैं।

परन्तु केला एक वर्ष में ही बूढ़ा हो जाता है, अतः उसका कोई पति नहीं है।

कदली वृक्ष की उत्पत्ति का मिथक गोंड

ओल राजा और ओल रानी का जब देहान्त हुआ तब उनकी अस्थियाँ वहीं त्याग दी गईं जहाँ उनकी मृत्यु हो गई थी। एक दिन मिक्का भतरा की पत्नी सलकागुड़ा से वहाँ लकड़ियाँ लेने गई। जब वे लकड़ियाँ ढूँढ़ रही थी, तब उसे वे हड्डियाँ मिलीं जिन्हें उसने पहचान लिया कि वे ओल राजा की हैं। उसे पैर की एक हड्डी मिली जिसे उन्होंने अपने लकड़ी के गट्ठड़ के साथ बाँध लिया। उस भतरा ने उस हड्डी को अपने घर के परकोटे के पास गाड़ दिया। परन्तु वर्षा ऋतु में वह हड्डी हरी हो गई और उसमें अंकुर निकल आए, जिसमें से पत्ते फूटने लगे और चाह माह में वह पौधा बहुत बड़ा हो गया। उस भतरा ने कहा, ''ओल राजा के हाथ बड़े-बड़े थे और उसकी भुजाएँ भी काफी लम्बी थीं इसीलिए इस पौधे के पत्ते भी उसी के समान काफी चौड़े-चौड़े हैं।'' अनेक लोग उसे देखने आया करते थे और वह भतरा गर्व से सबको बताता था कि ''यह पौधा हड्डी से पैदा हुआ है।'' परन्तु उसकी बात पर किसी को विश्वास नहीं होता था।

जब उसमें फल लगे तो लोगों ने उसके कच्चे फल तोड़कर चखे जो उन्हें जड़ के समान प्रतीत हुए और उन्होंने कहा, ''यह कदली का वृक्ष है।'' जब उसमें फल लग चुके

तो वह टूटकर गिर पड़ा और मर गया, तब उन्होंने कहा, ''जैसे कि कभी ओल राजा एक बार ही पैदा हुआ था और मर गया, उसी तरह यह वृक्ष भी पैदा हुआ और मर गया।''

झोरिया, परजामुंडा, कोरापुट

एक वर्ष चैत परब पर किसी एक गाँव के युवक-युवतियों ने इतना अधिक नृत्य किया कि वे बेहोश होकर भूमि पर गिर पड़े। गाँववालों ने ओझा को बुलाकर उनके उपचार हेतु कहा, परन्तु उसे भी इसका कारण समझ में नहीं आया और वह उनका उपचार करने में सहायक नहीं हो सका।

उस रात ओझा ने सभी देवताओं का आह्वान करके उन्हें धूपदीप प्रदान किया। उसे सपने में एक घोड़े के दौड़ने की टापों की आवाज सुनाई पड़ी। नींद खुलने पर वह बाहर निकला और उसने पाट देवता को हाथ में तलवार लिए हुए घोड़े पर बैठकर गाँव का चक्कर लगाते हुए देखा। ओझा अवाक् भयभीत होकर उन्हें देखता रहा। परन्तु पाट देवता ने उसका अभिवादन करते हुए कहा, ''मैं तुम्हारे गाँव में बहुत वर्षों बाद आया हूँ फिर भी तुमने मुझे खाने-पीने के लिए कुछ भी नहीं दिया। इसी कारणवश तुम्हारे लड़के-लड़कियाँ बेहोश पड़े हैं।'' ओझा ने उनसे पूछा, ''आपको क्या चाहिए? हम आपकी क्या सेवा करें?'' पाट देवता ने कहा, ''मैं केले के पत्ते पर बकरे का मांस खाऊँगा। मुझे खाने के लिए मांस दो, तुम्हारे बच्चे तब स्वस्थ हो जाएँगे?'' ओझा के पास एक बकरा था, परन्तु केला क्या होता है उसे ज्ञात नहीं था, अतः वह केले के पत्ते कैसे देता। वह उनको खोजने निकला। रास्ते में उसे ठकुराइन माता मिलीं। उन्होंने उससे पूछा कि वह कहाँ जा रहा है। पुनः ओझा भयभीत हो अवाक् खड़ा रहा। परन्तु उसने कहा, ''मुझे सब मालूम है, परन्तु तुम्हें केले के पत्ते यों ही नहीं मिल जाएँगे। तुम्हें वे तब मिलेंगे जब तुम अपनी बेटी की बलि मुझे प्रदान करो।'' ओझा ने एक शब्द भी नहीं कहा। माता देवी ने कहा, ''डरो नहीं, यदि तुम मेरा कहना मानोगे तो तुम्हारी बेटी को बहुत आदर प्राप्त होगा। वह सरकारी भवनों में, राजप्रासादों में और मन्दिरों में रहेगी।''

ओझा अपने घर आया और उसने अपनी बेटी को जगाया। उसकी बेटी का एक पुत्र था जो शिशु था। वह तुरन्त समझ गई कि उसका पिता उसकी बलि देनेवाला है, और वह हँसने लगी। ओझा डर गया परन्तु उसकी लड़की ने कहा, ''डरो नहीं, मुझे जल्दी ले चलो।''

ओझा उसे तुरन्त ही ठकुराइन माता के स्थान पर ले गया और उसकी बलि चढ़ा दी। उसके रक्त से केले का एक वृक्ष उत्पन्न हो गया। ओझा ने केले के पत्ते पर पाट देवता को मांस परोसा और लड़के-लड़कियाँ स्वस्थ हो गए। चूँकि ओझा की बेटी का एक पुत्र था इसलिए केले का वृक्ष एक बार ही फल देता है और उसकी उत्पत्ति एक लड़की के रक्त से हुई थी इसलिए केले को राजप्रासादों और मन्दिरों में शुभ माना जाता है।

●

एक दिन निरंताली किसी से मिलने गई। उसके यजमान ने उसे भोज में मुर्गा और सूअर का मांस दिया और पीने के लिए ताड़ी प्रदान की। निरंताली को नशा चढ़ गया और जब वह घर वापस आई तब उसका परूमगती से झगड़ा हो गया। उसने कहा, ''तुम्हारी कैसी हालत हो गई है।'' वह क्रोध में था इसलिए वह ताड़ के वृक्ष को काटने चला गया जिसके कारण उसकी ऐसी दशा हो गई थी और कलह हुई थी। निरंताली भी पीछे-पीछे गई और उसने उस वृक्ष का एक बीज चुपके से उठा लिया और उसे अपने बगीचे में लगा लिया। 'अब देखें इस बीज से कैसा वृक्ष उत्पन्न होता है।' उसने मन-ही-मन कहा। उस बीज से केले का वृक्ष पैदा हुआ, जिसके ताड़ के सदृश ही चौड़े-चौड़े पत्ते थे। चूँकि केले का वृक्ष ताड़ के बीज से ही पैदा हुआ था इसलिए उसके फलों का स्वाद भी ताड़ी के समान ही मीठा था।

●

सृष्टि के आरम्भ में वृक्ष नहीं थे। जैसे ही मनुष्यों की आबादी बढ़ी तो उनके रहने हेतु भूमि कम पड़ने लगी। उन दिनों स्त्री-पुरुष सभी नग्न रहा करते थे इसलिए उन्हें सूर्य की बेहद गर्मी सहनी पड़ती थी। 'हमें मनुष्यों के लिए छाया और वस्त्रों की व्यवस्था करनी चाहिए,' रानी अरू ने सोचा। उसने अपनी बाँह से कुछ मैल उतारा और यह कहते हुए भूमि पर फेंका, 'यह केले का बीज है।' रानी अरू ने कहा कि तुम बड़े-बड़े पत्ते उत्पन्न करो जिससे मनुष्य अपनी नग्नता ढक सकें और उन्हें छाया भी मिल सके। आरम्भ में ये पत्ते इतने बड़े थे जितना बड़ा खलिहान होता है और उनसे पर्याप्त छाया होती थी। परन्तु रानी अरू चाहती थी कि वे पत्ते वस्त्रों का भी काम करें। अतः उन्होंने मनुष्यों को पत्ते तोड़कर उनसे वस्त्र बनाना सिखाया। उसने मनुष्यों को उनमें भोजन पकाना भी सिखाया। इसके पश्चात ही अन्य सब वृक्षों की उत्पत्ति हुई।

●

रामा और भीमा महेन्द्रगिरी पर्वत पर रहते थे। एक दिन उनमें झगड़ा हो गया और भीमा अकेले ही दूसरे गाँव में रहने चला गया। उसे तोते पकड़ने का बहुत शौक था और वह जितने भी तोते मिलते पकड़कर उन्हें पाल लेता था। रामा ने जब यह सुना तो उन्होंने मैना पालना शुरू कर दिया। भीमा ने एक केले का पौधा लगाया और वह खूब अच्छी तरह बढ़ा और उसमें बहुत संख्या में फल लगे।

एक दिन रामा का नौकर यह देखने पहुँचा कि भीमा के क्या हालचाल हैं? उसने रामा के विरुद्ध बहुत-सी बातें कीं और बताया कि उसे नौकरी से भी निकाल दिया गया है। भीमा बहुत प्रसन्न हुआ और उसे केले का एक गुच्छा खाने के लिए दिया। नौकर ने जाकर रामा को उस फलदार वृक्ष के बारे में बताया। रामा ने अपने बगीचे में इमली का पेड़ लगा लिया। इसके पत्ते भी केले की अपेक्षा बहुत विशाल थे और उस वृक्ष में फल भी अधिक लगते थे। जब भीमा को इस वृक्ष का पता चला तो उन्होंने अपने तोते

भेजकर उसके पत्तों के छोटे-छोटे टुकड़े करवा दिए। रामा ने भी अपनी मैनाओं को केले के पत्तों को चीरने हेतु भेज दिया परन्तु उनके लिए ये पत्ते अत्यन्त कठोर थे। इस बात पर रामा ने उन्हें शाप दे दिया कि तुम पर एक बार ही फल लगेंगे और फिर तुम्हारी मृत्यु हो जाएगी।

●

परेंमा ग्राम में एक डोम रहता था। परेंगा स्त्रियाँ अपने वस्त्र वृक्षों की छाल से बनाती थीं जबकि डोम स्त्रियाँ कपास से। परेंगाओं के वस्त्र अधिक टिकाऊ होते थे, परन्तु डोम लोगों के वस्त्र स्वच्छ और सफेद दिखाई पड़ते थे।

एक वृद्ध का बेटा था जिसकी शादी थोड़े दिनों पहले ही हुई थी और वह अपनी पत्नी को लेने ससुराल जानेवाला था। वह आकर्षक दिखाई पड़ना चाहता था, इसलिए उसने अपनी माँ से कहा कि मुझे कुछ सूती कपड़े पहनने के लिए दे दो। वह पहले तो मना करती रही, परन्तु उसके बहुत आग्रह करने पर उसने कुछ कपड़े उसे सिर्फ उसी अवसर पर पहनने के लिए दे दिए।

जब वह युवक अपनी पत्नी को लेकर वापस आया तब उसके सफेद कपड़े एकदम मैले-कुचैले लग रहे थे, क्योंकि उसकी ससुराल में नाच-गाने और भोज का भारी आयोजन किया गया था। उसने अपनी पत्नी से उन कपड़ों को धोने के लिए कहा। परन्तु जैसे ही उसने सूती वस्त्रों को पानी में डाला वे सख्त हो गए और सीधे खड़े हो गए। यह देखकर वह घबरा गई और भागकर अपने पति के पास पहुँची। जब उसने वहाँ आकर देखा तो पाया कि वे सूती वस्त्र केले के वृक्ष में बदल गए हैं।

●

रानी और बेनी पाताललोक से अपने साथ मधुमक्खी का एक छत्ता ले आए। उन्होंने शहद तो खा लिया फिर मोम की एक काले रंग की गेंद बना डाली। रानी ने उसे अपने दाहिने कान में रख लिया। बहुत दिनों बाद उसके कान में खुजली चलने लगी और वह गेंद निकालकर नचिकेड़ी पर्वत पर रोप दी।

दूसरे वर्ष रानी ने देखा कि उसमें से दो वृक्ष उग आए हैं और उनमें फल भी लगे हैं। उसने एक फल तोड़कर खाया और अपने घर आ गई। जिस वृक्ष का फल उसने खाया था वह आकार में छोटा था इसलिए उसने पक्षियों को बुलाकर कहा कि, ''तुम ये फल खा लो।'' वे पक्षियों वाले बेर थे। दूसरे बड़े आकार के बेर थे, जो मनुष्यों के खाने योग्य थे।

●

सुरसमगढ़ नगर में कमोदसाय राजा निवास करता था। वह सभी राजाओं से अधिक शक्तिशाली था और अचूक निशानेबाज था। वह पड़ोसी राजाओं से लड़ाई करता और

उनके राज्य को अपने अधीन कर लेता था। कालसाय नाम का उसका एक ही पुत्र था। वह लड़का जब बड़ा हुआ तब राजा ने उसका विवाह कर दिया और विवाह के छह वर्ष बाद अपना राजपाट उसको सौंप दिया। इसके तुरन्त बाद कमोदसाय की तीव्र इच्छा हुई कि वह शिकार पर जाए। वह दस चपरासियों को साथ लेकर कानडोंगर पर शिकार खेलने गया, परन्तु शाम होते-होते तक उन्हें वहाँ कोई शिकार हाथ नहीं लगा। जब वह वापस घर आया तो देखा कि वहाँ दो हिरण जंगल की सीमा पर चर रहे हैं। बन्दूक चलाकर उसने एक हिरण को मार गिराया। गोली उस हिरण के शरीर से आर-पार निकलकर जमीन में एक फुट गहरी धँस गई थी। राजा ने उसे निकालने की कोशिश की परन्तु उसे सफलता नहीं मिली और वह हिरण को उठाकर तेजी से घर चला गया। पाँच दिनों के उपरान्त जब वह पुनः गोली खोजने वहाँ गया तो वहाँ एक नेंदी वृक्ष उत्पन्न हो गया था जिसमें गोली जैसे बेर के बहुत से फल लगे हुए थे और बहुत-सी चिड़ियाएँ उन्हें खा रही थीं। और उसने भी एक फल तोड़कर खाया। राजा को वह फल अत्यन्त मीठा लगा और उसने कहा कि, ''सभी लोगों को यह स्वादिष्ट फल खाने को मिले।''

●

धारा नदी में जलकामनी देव निवास करता था। उसकी एक बेटी थी जिसका नाम बिजली कन्या था, जिसे उसने मछली की पूटी (टोकरी) में रखा हुआ था। जब वह लड़की बड़ी हुई तो जामदेव उससे विवाह करने आए। उसकी माँ तो चाहती थी कि वह विवाह हो जाए, परन्तु उस लड़की को वह नापसन्द था। परन्तु माँ ने दबाव डाला इसलिए लड़की का कहाँ तक वश चलता।

जामदेव ने सगाई करने के पश्चात सभी देवताओं को विवाहोत्सव में सम्मिलित होने का निमन्त्रण भेजा। सब देवता विवाह के पश्चात चले गए। जामदेव और जलकामनी देवी कुछ समय के लिए ठहर गए और फिर वे भी अपने घर के लिए रवाना हो गए। जैसे ही वे लोग रवाना हुए, रात काफी हो चुकी थी, इसलिए ये लोग ओरोंगेल पर्वत पर रात्रि विश्राम हेतु ठहर गए। वे वहाँ सो गए। वहीं जामदेव मछली की टोकरी ले आए। जैसे ही उन्होंने टोकरी खोली वह फिसलकर आसमान में चली गई। जामदेव ने उसे पकड़ना चाहा, तब वह बीजा वृक्ष के छिद्र में प्रवेश कर गई। उसी समय उस लड़की का मासिक धर्म शुरू हो गया। जामदेव जब उसे नहीं खोज पाए तो वे अपने घर चले गए। परन्तु बिजली कन्या बीजावृक्ष से निकलकर तिनसा वृक्ष में रहने चली गई। इसीलिए बीजा और तिनसा वृक्षों का रस रक्त सदृश लाल रंग का होता है।

●

एक डोम और उसकी पत्नी दोनों में आपस में बहुत प्यार था। महाप्रभु के पास उन दिनों एक बकरा था। उस जमाने में बकरे के चार अंडकोश हुआ करते थे। महाप्रभु

ने उस बकरे को बारह वर्ष तक अपने पास बाँधकर रखा था। एक दिन जब महाप्रभु शिकार पर गए हुए थे, तो बकरा रस्सी छुड़ाकर उस डोम के घर भाग गया। डोम उस समय कहीं बाहर गया हुआ था और उसकी पत्नी वहाँ सोई हुई थी और उसका गुप्तांग खुला हुआ था। बकरा उस पर चढ़ गया, परन्तु इसी बीच डोम आ पहुँचा। गुस्से में उसने बकरे के दो अंडकोश काट डाले। वह उसकी हत्या करना चाहता था, परन्तु बकरा भाग खड़ा हुआ और पीछे-पीछे उसके अंडकोश हाथ में लिए हुए डोम भी भागने लगा। वह बकरा किसी तरह बच निकला, हाँ उसकी मिंगनी वहाँ पड़ी रह गईं। वे जामुन में परिवर्तित हो गईं। डोम ने बकरे के अंडकोश फेंक दिए जो आम बन गए। डोम अपने घर चला आया। जामुन के फल आज भी बकरे की मिंगनी के समान दिखाई पड़ते हैं?

●

कंकालपुर का राजा बिच्छलवार कुँवर था। भीमसेन से उसका लम्बा संघर्ष चला जब तक कि वह चूर-चूर नहीं हो गया। परन्तु उसने हार नहीं मानी। भीमसेन के बेटे नंदवा को जब इस बात का पता चला तो उसने सोचा, 'बिच्छलवार कुँवर इतना चिकना है कि उसे मेरे पिता पराजित नहीं कर सकते।' अतः उसने कुछ राख उठाकर फेंकी जो बिच्छलवार कुँवर पर चिपक गई और कुछ ताजा और तिनसा वृक्षों पर जाकर गिरी जिससे उनकी छाल फटकर सफेद हो गई।

एक बार जब बिच्छलवार कुँवर राख के कारण रूखा-रूखा हो गया था, तब वह भीम की पकड़ में आ गया। भीम ने उसको इतनी जोर से पीटा कि उसके शरीर से खून बहने लगा। परन्तु जहाँ-जहाँ खून टपकता था, वहाँ-वहाँ अनेक बिच्छलवार कुँवर पैदा हो जाते थे। भीमसेन उसे पीटते ही चला गया जब तक कि उसके शरीर का सम्पूर्ण रक्त समाप्त नहीं हो गया। उसके पश्चात उसने उसके रक्त से उत्पन्न सभी बिच्छलवार कुँवरों को भी मार डाला।

भीमसेन ने उसका खून अधिक से अधिक एकत्रित कर तिनसा वृक्ष में रख दिया। इसके अतिरिक्त भी कुछ रक्त बच गया जिसे भीमसेन ने बीजा वृक्ष में रख दिया। इसीलिए इन दोनों वृक्षों का रस रक्त के समान होता है।

●

जब रानी अरू बड़ी होकर युवती बनी, तब उसे पहली बार मासिक धर्म हुआ। वह शरमाकर जंगल में बीजा वृक्ष के नीचे छुप गई। उसने रक्त को वृक्ष के तने पर पोंछ दिया। जब उसका फूल सूख गया तब वह घर वापस आ गई। उसके बाद जब वह वृक्ष के पास गई और टंगिये से उस वृक्ष को काटने लगी, तब उस वृक्ष में से खून टपकने लगा।

●

बारह भाई कोया थे जो मिलकर अपनी भूमि पर खेती करते थे। एक दिन उन भाइयों में फसल के बँटवारे को लेकर विवाद उत्पन्न हो गया और वे आपस में मारपीट पर उतर आए। उन्होंने सम्पत्ति का बँटवारा कर लिया और अलग-अलग रहने लगे।

कुछ समय बीतने पर बड़ा लड़का एक दूसरे गाँव की लड़की से विवाह करके उसे ले आया। उसके माता-पिता ने इसके लिए उसे फटकार लगाई, "तुमने इस लड़की को चुराया है, अब उसके माँ-बाप हमसे बहुत सा धन माँगेंगे।" लड़का बाप की बातें सुनकर रुष्ट हो गया और अपनी पत्नी को लेकर जंगल में जाकर वहीं मकान बनाकर रहने लगा। वह प्रतिदिन अपने माँ-बाप के घर पशु एवं अन्न चुराने जाया करता था। इस प्रकार उसके पास बहुत से पशु हो गए और वह मालदार बन गया। वह सोचने लगा कि "इतने पशुओं का हम क्या करेंगे। हम उन्हें एक-एक कर मारकर खा लेंगे।"

वे दो गायें प्रतिदिन मारने लगे। उनका कुछ मांस तो वे खा जाते और शेष को सुखाकर रख लेते। मांस सुखाने के लिए उसने अपने आँगन में एक खम्बा गाड़ दिया, जिस पर वे काट-काटकर मांस के टुकड़े बाँध देते थे। देउर (देवता) उस ओर अकसर उस रास्ते से निकला करते थे। उन्होंने जब मांस को इस भाँति सूखते हुए देखा तो उन्हें बड़ा क्रोध आया कि ये लोग तो सभी गायों की हत्या कर रहे हैं। उन्होंने उस खम्बे को बीज वृक्ष में परिवर्तित कर दिया और मांस को उसके फलों में। वे फल अत्यन्त कड़ुवे थे। जब वे दोनों पति-पत्नी सन्ध्याकाल वापस घर आए, तो अँधेरा हो गया था। उन्होंने मांस समझकर एक फल तोड़ा और उसे पकाया, उसके दो टुकड़े किए और खाने लगे। वह बहुत ही कड़ुवा था अतः उन्होंने उसे फेंक दिया। तब से वे मांस को घर के भीतर सुखाने लगे।

●

निड्डासी गाँव के बुरडू साँवरा की एक बेटी थी। जब वह बड़ी हुई तो उसकी माँ की मृत्यु हो गई और वह अपने पिता की देखभाल करने लगी। बहुत से लोग उससे विवाह करने का प्रस्ताव लेकर आए, परन्तु वह सहमत नहीं हुई। मंगलू डोल बेहरा का एक बेटा था जो उस लड़की से प्रेम करता था। इसी बीच वह गर्भवती हो गई। जब उसका पेट बढ़ने लगा, तब उसका पिता भी समझ गया और उसे डाँटने लगा और गाँव के लोग उसका मजाक उड़ाने लगे। एक दिन जब वह खेत पर काम करने गई तो उसे दर्द हुआ और वहीं प्रसव हो गया, तथा बालक भूमि पर गिर पड़ा। उसने बच्चे को गड्ढा खोदकर वहीं गाड़ दिया और चली आई। उस स्थान पर शिशु की बाईं भुजा से तिनसा वृक्ष और दाईं भुजा से बीजा वृक्ष उत्पन्न हो गए। इसी कारण से जब तिनसा और बीजा वृक्ष को काटा जाता है, तो उनमें से मनुष्य के रक्त सदृश रक्त बहने लगा है।

●

जिस दिन निरंताली का जन्म हुआ था, उस दिन भूमि के भीतर से हरंग वृक्ष की एक शाखा भी उत्पन्न हुई थी जिसे उसने एक पत्थर पर रख दिया था। उन दिनों मिट्टी नहीं हुआ करती थी और निरंताली को भय हुआ कि कहीं यह पौध मर न जाए। उसने अपने बालों से कुछ मैल निकाला और उसे एक पत्थर पर रखकर उसमें उस हरंग पौधे को रोप दिया। वह उस पौधे में रोज पानी डालती और वह वृक्ष सामान्य रूप से बढ़ रहा था। जब पृथ्वी का निर्माण हुआ तो उसके बाद ही मनुष्यों का, वृक्षों का तथा फूलों का भी निर्माण हुआ।

जब निरंताली ने उस वृक्ष में फल लगते हुए देखे, तो उसने सोचा कि, 'मैं इस वृक्ष को अपने पास ही रखूँगी, हाँ इसके बीज सम्पूर्ण विश्व में फैलने चाहिए। मैं बूढ़े पिन्नू को बुलाऊँगी, मुझे आपसे बहुत आवश्यक काम है बूढ़ा पिन्नू।'' बूढ़ा पिन्नू ने कहा, ''मैं सम्पूर्ण पृथ्वी का राज्य तुम्हें सौंपता हूँ।'' तब निरंताली ने कहा, ''इस हरंग वृक्ष के बीजों को ले जाकर सम्पूर्ण विश्व में बुआई कर दो।'' बूढ़ा पिन्नू ने यह सुनकर अपने शरीर को अत्यन्त विशाल बना लिया और गोंह-गोंह-गोंह करने लगा। वह अत्यन्त डरावना लग रहा था। उसने हरंग के सब बीज एकत्रित किए और उन्हें सम्पूर्ण विश्व का भ्रमण करते हुए सर्वत्र भूमि में रोप दिया।

तत्पश्चात निरंताली ने परूमगत्ती को वह प्रथम वृक्ष दिखलाया और कहा, ''इस वृक्ष से तुम हरम बनाओ। इसकी लकड़ी खाट, दरवाजे की चौखट और मकान बनाने के लिए सबसे मजबूत है। परूमगत्ती भी उस वृक्ष को चाहने लगा और जब धरनी पिन्नू का स्मारक स्तम्भ बनाने का अवसर आया तब उसने भी हरंग की लकड़ी से उस स्तम्भ का निर्माण किया। उस स्तम्भ को स्थापित करने पर उस पर उन्होंने एक बकरे और एक मुर्गे की बलि चढ़ाई और कहा, ''दीर्घकाल तक स्थापित रहो।'' इसके पश्चात उसने बूढ़ा पिन्नू के लिए भी बलि चढ़ाई। कन्ध लोग हरंग वृक्ष को सर्वश्रेष्ठ वृक्ष मानते हैं।

●

सृष्टि के निर्माण के समय वृक्षों में इमली का वृक्ष सबसे बाद में बनाया गया। उन दिनों मनुष्यों के सींग हुआ करते थे। स्त्रियों के एक और पुरुषों के दो सींग हुआ करते थे।

एक वर्ष भयंकर अकाल पड़ा और लोग आजीविका की तलाश में अपने घर त्यागकर अन्यत्र चले गए। पूरब देश में एक घसिया और घसनिन रहते थे, जो गाँव-गाँव में जाकर भीख माँगा करते थे। एक दिन वे बनियापूत गाँव में आए और वहाँ नायक के घर पर ठहरे। वे उस गाँव में लम्बे समय तक ठहरे और इसी बीच एक भतरा ने घसनिन के साथ छेड़छाड़ की। घसिया ने यह देखकर अपनी पत्नी की इतनी पिटाई की कि उसका सींग ही टूट गया। उसने उस सींग को गोबर के गड्ढे में गाड़ दिया जिससे इमली का एक वृक्ष उत्पन्न हो गया।

वह अपनी भाषा में सर्वत्र कहती फिरती 'टुटली टुटली'। जब तक उसके घाव में दर्द होता वह वृक्ष के पास जाकर रोने लगती। लोग जब उसे रोती हुई देखकर उसके मुँह से निकले हुए शब्द सुनते तो वे समझते कि उस वृक्ष का नाम ही टुटली है। तब उस घसनिन ने कहा, ''जैसे मेरा सींग मुड़ा हुआ था वैसे ही इस वृक्ष के फल भी मुड़े रहेंगे और इसके फल के बिना किसी को भी खाने में मजा नहीं आएगा।'' जैसा कि वह बड़बड़ाती थी टुटली-टुटली, उस आधार पर उस वृक्ष का नाम टेंटुली (उड़िया में इमली के लिए) पड़ गया।

●

महाप्रभु ने एक इमली का पौधा रोपा और फिर उसकी पूरी तरह देखभाल करने लगे। जब वह पौधा बड़ा हुआ और वृक्ष बन गया, तब उसमें अँगुलियों के समान फल लगने लगे। महाप्रभु ने चखकर देखा कि उसका स्वाद कैसा लगता है और उन्होंने जब उसे तोड़कर खाया तो स्वीकार किया, 'वह स्वादिष्ट है।' वे सोचने लगे, 'क्या मैं इस फल को मनुष्यों और पक्षियों के खाने हेतु प्रदान कर दूँ या अपने पास ही रख लूँ?' अन्त में उन्होंने सोचा, 'इसका उपभोग मिलकर ही करना चाहिए क्योंकि जब सब्जी भाजी की कमी होगी तब मनुष्य इसकी चटनी से पेज खा सकेंगे। परन्तु मैं इस रहस्य को चिड़ियों को नहीं बताऊँगा अन्यथा मनुष्यों के लिए इसकी कमी पड़ जाएगी।'

उसी समय उड़ते हुए तीन पक्षी आए और उन्होंने महाप्रभु से पूछा, ''यह कौन-सा फल है? हमें भी इसमें से थोड़े से फल खाने के लिए दो।'' ''यह अच्छा नहीं है। मैंने भी खाने का प्रयत्न किया परन्तु यह बहुत ही कड़ुवा है। मैंने इसे थोड़ा सा चाट कर ही देखा था तो मेरा सिर चकराने लगा, तुम्हारी तो इसे खाने पर मृत्यु ही हो जाएगी। यह बिलकुल भी खाने योग्य नहीं है। तुम पक्षियों की सभी जातियों को इसके बारे में सावधान कर दो।''

इसके उपरान्त महाप्रभु ने सिंगी (सूर्य) और अर्के (चन्द्रमा) को बुलाकर कुछ फल खाने को दिए जो उन्हें बेहद स्वादिष्ट लगे। परन्तु फल खाकर वे कुछ समय के लिए उसी वृक्ष के नीचे खड़े हो गए, अतः उनकी गर्मी की तपन से वे फल कुछ-कुछ खट्टे हो गए।

तब महाप्रभु सिंगी और अर्के ने लछमी बोडनायक को बुलाकर कहा, ''इस वृक्ष की सुरक्षा करो और इस फल का भोजन में प्रयोग करो। इसके बीज ले जाकर तुम अपने पर्वतों पर भी रोपण कर दो। इससे तुम्हें बहुत लाभ होगा।''

●

इता दिदाई अपने गाँव का माँझी था और बहुत सम्पन्न था। उसकी एक सुन्दर कन्या थी, जिसके साथ बहुत से लोग विवाह करने को इच्छुक थे, उसकी सुन्दरता के कारण

भी और उसके पिता के धन के लिए भी परन्तु वह सभी को इनकार कर देता था क्योंकि वह अपनी बेटी की सेवा करने के लिए एक लमसेना लाना चाहता था। उसके लिए भी उसने एक शर्त लगा रखी थी कि उस युवक को खेत के बीच में ऊँची चट्टान पर बनी झोंपड़ी में रहना पड़ेगा और चट्टान पर बैठकर खेत में उत्पन्न होनेवाले इमली के सीनी वृक्षों के पत्तों को अपने बाणों से बेधना होगा। उन दिनों इमली के पत्ते बड़े-बड़े होते थे और अत्यधिक दूरी के कारण किसी भी युवक को इसमें सफलता नहीं मिल सकती थी। उन सबको उसकी लड़की ने पाँच-पाँच लात मारकर भगा दिया था।

एक दिन एक अनाथ लड़का वहाँ पहुँचा। उसके भावी श्वसुर ने वृक्ष के पत्ते बेधने के अतिरिक्त उससे चट्टान पर तिल की खेती करने को भी कहा। वह युवक उस चट्टान पर बैठकर रोने लगा। परन्तु उसी समय रूमरोक ने प्रकट होकर उस चट्टान को भूमि में परिवर्तित कर दिया और बीज बोने में उस लड़के की सहायता की। परन्तु अब प्रश्न इमली के पत्तों को बेधने का अखड़ा हुआ। रूमरोक ने युवक से कहा कि वह अपने धनुष और बाणों को नदी में धोकर ले आए। इसके उपरान्त उन्होंने अपना अग्निबाण उस लड़के के बाण से बदल लिया और उसे निर्देश दिया कि इसको कोई अन्य व्यक्ति स्पर्श न करने पाए और उसे रात्रि में उन्होंने उसके घर के छप्पर पर रख दिया।

उस लड़के ने वैसा ही किया, जैसा कि उसे रूमरोक ने बताया था और वह बाण अपने ही आप इमली के पत्तों की धज्जियाँ उड़ा-उड़ाकर उन्हें आग में झोंकने लगा।

इसीलिए आजकल इमली के पत्ते इतने छोटे होते हैं और इमली का वृक्ष भी जला हुआ दिखाई पड़ता है।

●

पुराने जमाने में इमली के वृक्ष में फल नहीं लगते थे। उस जमाने में मरका पर्वत पर एक भगवान रहते थे, जिनकी एक बेटी थी, जिसका पति लमसेना के रूप में उनके यहाँ रहता था।

एक दिन वे दोनों पति-पत्नी लाब नदी पर मछली पकड़ने गए और उन्होंने बहुत से झींगे पकड़ लिए। वह लड़की बहुत प्रसन्न थी। उसने झींगे टोकरी में भरे और अपने पति को वहीं स्नान करता हुआ छोड़कर तेजी से घर चली गई। रास्ते में वह एक इमली के वृक्ष के नीचे से गुजरी तो बहुत से झींगे निकल-निकलकर उस वृक्ष पर चढ़ गए। उस लड़की ने वह टोकरी अपने सिर पर रख रखी थी। इसलिए उसे घर पहुँचते तक इस बात का पता ही नहीं चला कि रास्ते में क्या हुआ। घर पहुँचकर जब उसने देखा कि टोकरी खाली है तो वह डर गई और उसने सोचा कि उसका पति सोचेगा कि सब झींगे वह अकेली ही खा गई। वह रोती हुई वापस लौटी तो इमली के वृक्ष के नीचे उसे उसका पति खड़ा हुआ मिला। उसने पूछा, "क्या हुआ? रोती क्यों हो?" इतने में ही वृक्ष से एक झींगा उनके सामने ही गिरा। उन्होंने वृक्ष की ओर देखा तो बहुत से झींगे वृक्ष की शाखाओं पर लटके हुए थे। उन्होंने उन्हें गिराने का प्रयत्न किया, परन्तु उन्हें

उसमें जरा भी सफलता नहीं मिली। इसके पश्चात उन्होंने वृक्ष के नीचे आग जलाई, जिससे वे झींगे फिर नीचे नहीं गिरे यद्यपि कुछ काले अवश्य पड़ गए। लड़के ने कहा, "मैं अपना टंगिया लेकर आता हूँ और इस वृक्ष को काटकर गिरा देता हूँ।" तभी उसके श्वसुर जो भगवान थे वहाँ आ गए और उन्होंने कहा, "इस वृक्ष को मत काटो। इस पर लगे हुए फल तुम्हारी टोकरी के झींगों से कहीं बहुत अधिक हैं। देखो वे सब झींगे इस वृक्ष के फल बनकर शाखाओं पर लटक गए हैं।"

और अबकी बार जब उन्होंने वृक्ष की ओर देखा तो उन्हें प्रतीत हुआ कि शाखाओं पर फल लटक रहे हैं।

●

किटुंग ने बहुत दिमाग लड़ाया कि किसी प्रकार इमली का वृक्ष उत्पन्न किया जा सके परन्तु उन्हें कहीं से भी उसका बीज प्राप्त नहीं हुआ। एक दिन जब वे घर आए तो गर्मी के कारण उनके शरीर से काफी पसीना निकला, जिसको रगड़कर उन्होंने शरीर से कुछ मैल छुड़ाया। उन्होंने पहले उसकी एक गोली बनाई, फिर दबाकर उसे इमली के बीच के समान चपटा किया और उसे हाथ में लिए वे बैठकर देर तक मनन-चिन्तन करते रहे। तब उन्होंने सोचा, 'यदि यही इमली का बीज बन सके तो क्या ही अच्छा हो।' उन्होंने वह मैल मुँह में लिया और फिर जाकर बगीचे में उसे बो दिया। वर्षा ऋतु में उसमें से एक इमली का वृक्ष उग आया। वह धीरे-धीरे बढ़कर बहुत बड़ा हो गया और उस समय उस वृक्ष के पत्ते भी चौड़े-चौड़े थे। जब उसमें फल लगे तो वे छोटे-छोटे आकार के थे। सभी लोग फल खाने आए। परन्तु लोगों ने कहा, 'इसके पत्ते तो इतने बड़े-बड़े हैं और फल इतने छोटे।' उस वृक्ष के पत्तों को लोगों ने चाकुओं से काट-काटकर छोटा कर दिया और कहा, "भविष्य में छोटे-छोटे पत्ते धारण किया करो और बड़े-बड़े फल अन्यथा हम तुम्हें काटकर फेंक देंगे।" चूँकि वह वृक्ष किटुंग के शरीर के मैल से उत्पन्न हुआ था, अतः उसका आकार मनुष्य की पसली सदृश हो गया।"

●

एक बार भस्मासुर और महादेव में युद्ध हुआ और भस्मासुर अपनी जान बचाकर भागा। मार्ग में इमली का एक बड़ा विशाल वृक्ष था। उन दिनों इमली के पत्ते बहुत बड़े-बड़े हुआ करते थे। भस्मासुर उस वृक्ष पर चढ़ गया और पत्तों की ओट में छिपकर बैठ गया। महादेव इमली के वृक्ष के नीचे खड़े होकर अपने शत्रु को खोजने लगे परन्तु उन्हें वह दिखाई ही नहीं पड़ा। उन्होंने अपनी एक आँख खोली और देखा परन्तु वह दिखाई नहीं पड़ा, दूसरी आँख खोली तब भी वह दिखाई नहीं पड़ा, तब उन्होंने अपनी तीसरी आँख खोली, उस आँख का तेज इतना तीक्ष्ण था कि इमली के पत्ते उसके प्रभाव से सिकुड़कर छोटे-छोटे हो गए। तब महादेव को भस्मासुर दिखाई पड़ा। उन्होंने पकड़कर उसे पेड़ से नीचे उतारा और उसे मार डाला।

उस दिन के बाद से इमली के पत्ते छोटे-छोटे होने लगे जैसे कि वे आजकल दिखाई पड़ते हैं।

●

जिस गाँव में उरूरा जी और पिन्नूजी रहा करते थे, वहीं एक लड़की रहा करती थी। दूसरे गाँव का एक युवक उसे भगा ले गया। उरूराजी और पिन्नूजी उससे वधू-मूल्य वसूलने गए। उस युवक ने उन्हें एक गाय, एक बकरा और एक सूअर दे दिया, जिन्हें लेकर वे अपने घर आ गए। रास्ते में उन्होंने तीन पत्थर जमाकर एक चूल्हा बनाया और गाय को मारकर पकाकर खा गए।

वहाँ से रवाना होते समय वे सोचने लगे कि पत्थरों का क्या किया जाए। पिन्नू जी ने उन्हें ठोकर मारकर फेंक दिया और वे इमली के वृक्ष में परिवर्तित हो गए। पिन्नू जी ने कहा कि इनके फलों को सिर्फ अमीर लोग खाएँगे। उन दिनों कन्ध लोगों के बीच सत विद्यमान था तथा वे इमली के पत्तों से दोने-पत्तल बनाया करते थे। परन्तु उन्हें उसका स्वाद नापसन्द था इसलिए उसके पत्तों से दोने-पत्तल बनाना छोड़ दिया। तब से इमली के पत्ते छोटे-छोटे होने लगे।

अध्याय : दस

खाद्य पदार्थ

भतरा : चेतली गुड़ा, जिला कोरापुट

महाप्रभु ने प्रत्येक प्रकार की दालें बनाईं पर वे फलियाँ बनाना भूल गए। सिरलोपुर ग्राम में बहुत से भतरा निवास करते थे, जिनका मुखिया बिट्टी था। उसके तीन बेटे थे, सबसे बड़ा विवाहित था और अन्य दोनों कुँवारे थे। एक दिन वे तीनों आखेट पर गए। उन्होंने एक साँभर का शिकार किया और उसे घर ले आए। लोगों ने उसे पकाया और उसका मांस बाँट लिया। दूसरे दिन वे तीनों भाई पड़ोस के गाँव में गए और वहाँ वे पाँच दिन ठहरे। उनकी अनुपस्थिति में बड़े भाई की पत्नी जब बचे हुए मांस को काट रही थी तब उसके बाएँ हाथ की छोटी अँगुली कट गई। उसने उस अँगुली को नदी में फेंक दिया। भोजन करने के बाद वह जब उस स्थान पर पहुँची, जहाँ उसने अपनी कटी हुई अँगुली फेंकी थी तो वहाँ उसने देखा कि फली की एक लता वहाँ उग आई है। उसके पत्तों पर रक्त के धब्बों जैसे लाल-लाल निशान थे। उसने उसे ढँककर सहारा दिया और वह बेल तीव्र गति से बढ़ने लगी। इस प्रकार से फलियों का उद्‌भव हुआ।

बिंझवार, सम्बलपुर जिला

बहुत पुराने जमाने में एक स्त्री ने महादेव की आराधना करके उनसे वरदान प्राप्त किया कि वह नैतिकतापूर्ण जीवन निर्वाह करें। कुछ समय तक वह सुनीति मार्ग पर चली, परन्तु फिर उसमें पाप-भावना जागृत हो गई। उसकी दुर्भावना में प्रमुख थी ईर्ष्या। उसे सुन्दर बच्चों का देखना, युवा प्रेमियों का प्रणय और पति-पत्नियों का सुखी जीवन असह्य थे। एक दिन महादेव ने आकर उससे कहा कि, 'मैंने तुम्हें मार्ग पर चलने का वरदान दिया था परन्तु अब तुम्हारे मन में पाप आ गया है अतः अगले जन्म में तुम्हें मनुष्य का शरीर प्राप्त नहीं होगा और तुम मिर्च का पौधा बनोगी और तुम सदैव जलती रहोगी जैसे तुम अब जलती हो।''

बिंझवार, पोंडीपल्ली, जिला सम्बलपुर

बमोरी जो कुँवारी थी, तिरपल्ली गाँव में रहती थी। उसके माता-पिता मर चुके थे। जब उनकी मृत्यु हुई तो उन्होंने उसे एक कँटीली झाड़ी के नीचे छोड़ दिया। वह बहुत छोटी थी और एक सन्तानहीन बिंझवार ने उसे अपना लिया। जब वह लड़की बड़ी हुई तो उन्होंने उसका नाम बमोरी रख दिया।

बिंझवार उसका विवाह किसी बिंझवार युवक से करना चाहता था, परन्तु उस लड़की को रतिकर्म का ज्ञान नहीं था और वह डरकर जंगल में भाग गई। सुरहीछापर में बाँस का एक झुंड था, वहीं उसने अपना घर बना लिया। उस बिंझवार ने उसे बहुत खोजा परन्तु उसका कहीं पता नहीं चला।

उस लड़की की नाभि में सभी प्रकार के अन्न बीज थे। उस समय तक अन्न का अस्तित्व नहीं था और लोग हवा तथा पानी पर ही निर्भर थे।

एक दिन एक लँगड़ा युवक सुरहीछापर आया, तो उसने उससे पूछा कि वह कहाँ से आया है। उसने बताया कि वह बिलकुल अकेला है, "न मेरे माता-पिता हैं और न ही मेरे पास खाने के लिए कुछ है।" यह सुनकर उस लड़की ने अपने बाएँ पैर से मिट्टी उठाकर सात बार उस पर फेंकी और उसका पैर ठीक हो गया।

वे दोनों साथ-साथ रहने लगे। कुछ समय बीतने पर उस लड़की ने युवक से कहा, "मैं तुम्हें बीज प्रदान करूँगी, तुम एक खेत तैयार करो।" उस युवक ने एक खेत तैयार किया और तब उस लड़की ने सोने के एक चाकू से अपनी नाभि के नाल को काटकर उसे बीज दिए। इसके बाद लड़की ने उस युवक से विवाह कर लिया। अब लोग उनके पास बीज खरीदने आने लगे और इस प्रकार से सारे संसार में अन्न उत्पन्न होने लगा।

बोंडों, कोरापुट जिला

एक व्यक्ति अपनी पत्नी के साथ मिलकर पहाड़ी ढलान पर वृक्षों की कटाई करके पेदा खेती की तैयारी कर रहा था। वहाँ एक झरना था जहाँ वह स्त्री पानी पीने के लिए बैठी थी और तभी उसके गले की माला टूट गई और उसकी सब गुर्रियाँ पानी में गिर गईं। उसने अधिकांश गुर्रियाँ तो उठा लीं परन्तु कुछ पानी में ही रह गईं। कुछ समय बीतने पर एक मणके के ऊपर धान का एक पौधा उग आया। जब वह बड़ा हुआ तो उसमें से एक सुगन्ध आने लगी।

इस बीच वह स्त्री गर्भवती हो गई और जब वह झरने पर पानी लेने गई तो उस पौधे की सुगन्ध से उसकी इच्छा धान को खाने की हुई। उसने अपने पति को बुलाया और कहा, "मुझे वह सुगन्धित वस्तु खाने के लिए दो, अन्यथा मैं मर जाऊँगी।" उसका पति बहुत ही चिन्तित हुआ कि वह उस धान की बाली को कैसे खा सकेगी। उसने सोचा कि कोई ऐसी वस्तु जिसकी गन्ध धान से मिलती-जुलती हो उसे लाकर उसे दे

दिया जाए जिसे वह खा सके। परन्तु उसे ऐसी कोई वस्तु नहीं मिली और वह निराश हो, एक चट्टान पर बैठकर रोने लगा।

सिंगराज ने आकर पूछा, "तुम क्यों रो रहे हो?" "मेरी पत्नी गर्भवती है और उसकी इच्छा इस सुगन्धित वस्तु को खाने की है। मैं समझ नहीं पा रहा हूँ कि मैं क्या करूँ।" सिंगराज ने कहा, "चिन्ता मत करो। यह वस्तु चावल है और इसी बाल को तोड़कर कुछ चावल उसे खाने के लिए दे दो। परन्तु कुछ दाने बीज के लिए बचा लेना।" फिर सिंगराज ने उसे सिखाया कि खेत कैसे तैयार करते हैं और उसमें धान कैसे बोते हैं।

दिदाई : पतरोपुत्त कोरापुट

पुराने जमाने में जब दिदाई गोदावेरी में रहते थे तब न तो वहाँ लौकी थी और न ही अन्न। तब रूमरोक ने अन्न की उत्पत्ति की, परन्तु अन्न को पकाने के लिए कोई बर्तन नहीं था सिवाय खोखले बाँसों के। परन्तु जैसे-जैसे खेतों की संख्या बढ़ने लगी तब उन्हें लगा कि बाँस पर्याप्त नहीं हैं और वे रूमरोक के पास गए कि वे उन्हें कोई अन्य वस्तु प्रदान करें। उसने उनसे कहा कि वे वापस चले जाएँ और एक वर्ष बाद आकर मिलें।

इस बीच उसने अपने सामने का एक दाँत तोड़कर पहाड़ी ढलान पर उसे बो दिया और उसमें से लौकी की बेल उग आई। उसने वे तूम्बे सबको बाँट दिए ताकि वे अपना भोजन उनमें पकाएँ।

6. दिदाई : सिंगडीगुड़ा, कोरापुट जिला

पुराने जमाने में मनुष्यों की आबादी बहुत कम थी और उस समय तक कद्दू नहीं थे। एक गाँव में एक दिदाई रहता था जिसकी पाँच बेटियाँ थीं, जिनमें से चार विवाहित थीं। सबसे बड़ी को कोई वर इसलिए नहीं मिला क्योंकि उसके स्तन बहुत बड़े थे। उसका पिता बहुत ही शर्मिन्दा था कि उसकी छोटी बेटियों का विवाह हो गया और बड़ी कुँवारी थी। वह उसके लिए वर की तलाश में बहुत प्रयत्नशील था। वह उसका विवाह बिना वधू-मूल्य के भी करने को तैयार था। परन्तु जब लोग उसके विशाल स्तनों को देखते तो वे डरकर लौट जाते थे। अन्त में उसके पिता ने सोचा कि उसके स्तन काट दिए जाएँ तो वह आकर्षक लगेगी और कोई युवक उसे पसन्द कर लेगा। वह उसे अपने बेवर में ले गया और उसके स्तन काटकर फेंक दिए। उसने कटे हुए अंगों पर कुछ दवा लगाई और कुछ दिनों में घाव भर गए। अब सभी युवक उसकी ओर आकर्षित होने लगे और शीघ्र ही उसका विवाह हो गया।

कुछ दिन बाद उस लड़की के पिता ने बेवर में देखा कि जो स्तन उसने काटकर फेंके थे वे कद्दू में परिवर्तित हो गए हैं। इसीलिए जब तुम कद्दू खाते हो तो तुम्हारी भूख और प्यास शान्त हो जाती है।

दिदाई : पतरोपत्तु कोरापुट

आरम्भ में भोजन इतना स्वादिष्ट नहीं था। मनुष्य के पास उसे स्वादिष्ट बनाने के लिए नमक के अलावा कोई अन्य वस्तु नहीं थी। मांस सड़ने लगता था और सब्जियाँ भी। इससे मनुष्यों को इतनी अरुचि हो गई कि वे मात्र चावल खाने लगे। रूमरोक को इस स्थिति से बड़ा दुख हुआ और उसने सोचा कि कोई ऐसी वस्तु उत्पन्न की जाए जिससे कि मनुष्य मांस और सब्जियों को रुचिपूर्वक खाने लगे। उसने अपनी छोटी अँगुली को काटकर कोमापोडा में फेंक दिया। उस अँगुली से हल्दी के इक्कीस पौधे उत्पन्न हुए और उन पौधों की जड़ों में कन्द उत्पन्न हुए। रूमरोक ने एक हिरण को मारा और बिसोई दिदाई को बुलाकर उसे हल्दी के पौधे दिखलाए। दिदाई ने हल्दीवाले मांस को जब खाया तो कहा कि उसने इतना स्वादिष्ट और कोई भोजन कभी नहीं किया है। उसके बाद सभी मनुष्य हल्दी का उपयोग करने लगे।

गदबा : सुलापादी, कोरापुट जिला

मध्यलोक के निर्माण के पश्चात सभी देवताओं ने बर्नोमाटा में एक सम्मेलन किया। एक देवता ने कहा, ''हमने मध्यलोक का निर्माण तो कर दिया परन्तु यहाँ मनुष्यों के खाने के लिए तो कुछ भी नहीं है।'' सभी देवताओं ने अपने-अपने सुझाव दिए परन्तु मनुष्यों को अन्न उपलब्ध करने का उपाय कोई भी नहीं बता पाया।

बर्नोमाटा के समीप ही एक गाँव था। वहाँ के मुखिया का एक छोटा बेटा था जो रास्ते में खेल रहा था। एक गाय और साँड़ दौड़ते हुए आए और उन्होंने उस बच्चे को कुचल दिया। मुखिया ने क्रोधित होकर उसकी ओर अपना टँगिया फेंका और गाय के सींग टूट गए। उन सींगों से मनुष्य रूप में बारह अन्न उत्पन्न हुए और वे नृत्य करने लगे।

वे बारह अन्न नाचते हुए गाँव से पर्वतों की ओर चले गए। देवताओं ने बर्नोमाटा से उन्हें देखा। 'ये अन्न हैं', उन्होंने सोचा, 'परन्तु वे नाचते हुए जा रहे हैं, हमें उन्हें रोकना चाहिए।' धर्मोदेवता और माता बसोमती उनके सामने हाथ जोड़कर खड़े हो गए। वे चिल्लाए, ''यहाँ से मत जाओ। यदि तुम चले गए तो सभी मनुष्य मर जाएँगे। तुम हमारे साथ यहीं मध्यलोक में रुको।'' वे मान गए और फिर धर्मोदेवता ने उन्हें फूँका मारकर मनुष्यों से अन्न में परिवर्तित कर दिया।

गदबा : सनदोरादू कोरापुट जिला

एक ब्राह्मण की एक बौनी लड़की थी जिसका नाम बुटनी बुटकी था, जो स्वभाव से अत्यन्त क्रोधी थी। यदि कोई उसकी ओर देखकर मुस्कराता तो वह उसे गालियाँ बकती,

यदि कोई उससे मजाक करता तो वह उसे शाप दे देती। जब कोई व्यक्ति उससे विवाह के लिए आता तो वह उन पर पत्थर फेंकती। वह अविवाहित और सन्तानहीन ही बूढ़ी हो गई और कुछ समय बाद उसकी मृत्यु हो गई। उसके पड़ोसियों ने उसका दाह-संस्कार किया परन्तु जब शव जल चुका था तो उन्होंने देखा कि लकड़ी का एक टुकड़ा बिना जला रह गया था। सिरहा ने उसे उठा लिया और अपनी तम्बाकू की डिब्बी में रख लिया और उसे भूमि में गाड़ दिया क्योंकि लकड़ी के ऐसे टुकड़े फसलों पर जादू-टोना करनेवालों से उनकी रक्षा करते हैं। उस लकड़ी के टुकड़े की जड़ें उत्पन्न हो गईं और उससे मिर्च का एक पौधा उग आया। वह पौधा वैसा ही ठिगना और क्रोधी था जैसी वह लड़की बुटनी बुटकी थी।

गोंड : गुम्मा, गंजाम जिला

एक दिन महाप्रभु ने सियार को बुलाया, उसने आकर उनके चरण स्पर्श किए। उन्होंने सियार से कहा, "नीचे पृथ्वी पर जाओ और जाकर मनुष्यों से कहो कि वे प्रतिदिन दो बार नहाएँ और एक बार भोजन करें।" महाप्रभु ने उसे यह तीन बार समझाया और उससे दोहराने के लिए कहा। उसके बाद सियार पृथ्वी के लिए निकल पड़ा।

उसे वहाँ पहुँचने में आठ दिन लगे और अन्तिम दिन वह बहुत से तीतरों के शोर को सुनकर विचलित हो गया, जो आकाश में उड़ रहे थे। सियार डरकर गिर पड़ा और भूल गया कि उसे मनुष्यों को क्या कहना है। वह याद करने लगा परन्तु उसे यह याद ही नहीं आया कि कौन-सा सन्देश वह लेकर आया है। वह एक गाँव में पहुँचा। मुखिया ने उसका स्वागत किया और पूछा, "तुम यहाँ क्यों आए हो?" "मुझे महाप्रभु ने भेजा है," सियार ने बताया। "उन्होंने हमारे लिए क्या सन्देश भेजा है?" सियार ने कहा, "तुम लोग प्रतिदिन एक बार स्नान करो और तीन बार भोजन करो।" यह सुनकर लोग बहुत खुश हुए। सियार उनकी खुशी देखकर दूसरे गाँव गया और वहाँ उसने कहा, "प्रतिदिन एक बार स्नान करो और पाँच बार भोजन करो।"

यही कारण है कि मनुष्य अकसर स्नान नहीं करते परन्तु जब भी उन्हें मौका मिलता है तो वे खाने लगते हैं।

गोंड : चाचरगुड़ा कोरापुट जिला

जब सर्वप्रथम मनुष्यों की उत्पत्ति हुई तब उनके पास अन्न नहीं था और वे बेर, बेरी आम तथा अन्य फल खाकर निर्वाह करते थे। परन्तु इससे असन्तुष्ट होकर वे महाप्रभु के पास गए और उनसे कहा, "हमें खाने के लिए कोई अन्य वस्तु दें।" महाप्रभु ने कहा, "कुछ समय तक इनसे ही काम चलाओ, फिर मैं तुम्हें कोई और वस्तु दूँगा।" महाप्रभु ने सब जगह खोज की परन्तु उन्हें चावल के बीज कहीं भी नहीं मिले। उन

दिनों वहाँ एक राजा रहता था, उसके पास एक घोड़ा था जो प्रतिदिन जंगल में चरने जाता था। एक दिन उसने चावल का पौधा खा लिया। जब वह वापस आया तो उसने लीद की और उसमें से चावल के बीज (धान) निकले। एक घसिया ने उन्हें देखा और उठा लाया।

एक दिन महाप्रभु धान के बीज की खोज में घसिया के यहाँ पहुँचे तो घसिया ने उनसे पूछा, ''अन्न के बीज,'' उन्होंने कहा, ''उसका तुम क्या करोगे,'' घसिया ने पूछा। ''मैं खेत तैयार करूँगा और उन्हें बोऊँगा, जब उनका उत्पादन बहुत होने लगेगा तो सब लोग खाएँगे।'' घसिया ने कहा, ''मेरे पास कुछ बीज हैं परन्तु वे किस चीज के हैं मुझे मालूम नहीं।'' उसने वे बीज महाप्रभु को दिखलाए और वे खुशी से चिल्ला उठे, ''यहाँ सभी प्रकार का भोजन है।'' घसिया ने दस बीज महाप्रभु को दे दिए और पाँच बीज मुनाफा कमाने के लिए अपने पास रख लिए। महाप्रभु ने खेत तैयार करके बीजों को बो दिया। उन दस बीजों से दस प्रकार के अन्न उत्पन्न हुए। उस वर्ष उन्होंने उन बीजों को अपने पास सुरक्षित रख लिया और दूसरे वर्ष उन्हें फिर बोया। इस बार बहुत-से बीज उत्पन्न हुए जिसे उन्होंने मनुष्यों को बाँट दिया।

●

कमार, भालप, खरियार, कालाहाँडी

भगवान महादेव सदैव मदिरापन करते रहते थे। इसके कारण उनके शरीर में बहुत-सा विष भर गया था। एक बार जब वे बहुत नशे में थे तो उन्होंने शरीर से विष को खाली करने हेतु लड़खड़ाते हुए अपने उद्यान में मिर्च के पौधों पर चारों ओर पेशाब किया, जो वहाँ बोए हुए थे। तब से मिर्च में तीखापन आ गया।

कुरचुल खरियार, कालाहांडी जिला

भगवान ने जिस दिन से पृथ्वी को बनाया मनुष्य उसी दिन से भगवान के पास भोजन माँगने के लिए जाने लगा। भगवान ने कहा, ''तुम बड़ी झील के तट पर जाओ। वहाँ निराकार स्वामी रहते हैं। उनसे जाकर कहो, जिस वस्तु की भी तुम्हें आवश्यकता है। मैं अभी दूसरे कार्यों में व्यस्त हूँ।'' मनुष्य निरंकार स्वामी के पास पहुँचे और उनसे कहा, ''हमारे पास खाने-पीने के लिए कुछ भी नहीं है। हमें अपनी आवश्यकता के लिए कुछ दें।'' स्वामी ने अपनी पत्नी नानगिन से कहा, ''इन्हें खाने-पीने के लिए कुछ दो।'' नानगिन ने अपने हाथों से कुछ चावल बनाया और उनसे कहा, ''जाओ और इनकी भूख शान्त करो।'' चावलों ने पूछा, ''हम उनकी भूख कैसे शान्त करेंगे?'' ''वे तुम्हें छड़कर तुम्हारा (धान का) छिलका पृथक् करेंगे, इसके पश्चात वे पकाकर तुम्हें खाएँगे। उससे उनके पेट भर खाएँगे।'' चावलों ने उत्तर दिया, ''हम अकेले उनके पास नहीं

जाएँगे। वे हमें शीघ्र समाप्त कर देंगे।'' नानगिन ने तब अन्य अन्न और दालें बनाईं और उन्हें भी चावलों के साथ मनुष्य को दे दिया। मनुष्य ने उन सबसे भोजन बनाकर खाया और तब उनकी भूख शान्त हो गई।

कमार : पटौरा, खरियार कालाहाँडी

मानिकगढ़ में एक राजा राज्य करता था। भीमसेन उसके घर में चाकरी करता था। राजा के तीन खेत थे : सोनबेड़ा, रूपबेड़ा और मोतीबेड़ा। एक बार जब धान की फसल पककर तैयार हो गई तो राजा ने भीमसेन से कहा, ''जाकर फसल की लुआई (कटाई) करो।'' भीमसेन ने तीनों खेतों की फसल काटी, उनके बंडल बाँधे और उन्हें लेकर घर पहुँच गया। राजा ने पूछा, ''तुमने यह सब काम इतनी जल्दी कैसे निपटा लिया? वहाँ कितना काम था।'' भीमसेन ने कहा, ''अधिक नहीं था, केवल अढाई मुट्ठी था।'' ''हम इतने थोड़े अन्न से कैसे काम चलाएँगे। तुम इसे भी जाकर जला दो।''

भीमसेन खेतों पर गया और उसने उस अन्न में आग लगा दी। ज्योंही उसने उन्हें जलाया त्यौंही बड़ी भयानक लपटें उठीं। राजा ने अपने महल से भयानक धुआँ उठते हुए देखा। जब भीमसेन वापस आया तो उसने पूछा, ''वह धुएँ का भयंकर बादल किस चीज का था।'' भीमसेन ने कहा, ''वह चावल था। तुमने मुझसे उसे जलाने को कहा तो मैंने उसे जला दिया।'' राजा ने कहा, ''तुमने तो मुझे अढाई मुट्ठी चावल ही बताया था। परन्तु मुझे क्या मालूम था कि अढाई मुट्ठी याने वह एक पहाड़ के बराबर था। जल्दी जाकर आग को बुझाओ।''

भीमसेन दौड़कर वहाँ गया और उसने आग को बुझाया परन्तु वहाँ चावल एक पहाड़ बन गया था। जिसका नाम मनीगढ़ पड़ गया। उस पर्वत के चावलों का रंग लाल, पीला और सफेद हो गया, जैसा आजकल है।

गोलूडोकी : कोरापुट जिला

जिस समय अन्न नहीं था, तब लोग कन्दमूल, फल-फूल का आहार किया करते थे। परन्तु मनुष्यों की आबादी बढ़ने पर बूढ़ा पिन्नू प्रत्येक अन्न के बीज लेकर आए और उन्हें सेमाकुपली और गुडाबोंडो को दिए और कहा, ''तुम लोग आरिंगबाली पर्वत पर जाओ, वहाँ जंगल काटकर उसे जलाकर इन सब बीजों को वहाँ छिड़क दो। चावल के लिए पहाड़ों के नीचे खेत तैयार करो। तब तुम्हें प्रत्येक प्रकार के अन्नों की फसल प्राप्त होगी।'' दूसरे वर्ष बूढ़ा पिन्नू ने अन्य व्यक्तियों को बीज प्रदान किए, पाइकों को धान, कोंड लोगों को कोदो और अन्य लोगों को कुटकी, मड़िया, साँवा, ज्वार आदि के बीज दिए। उसके बाद लोगों ने अन्न खाना आरम्भ किया।

कन्ध : ग्राम डेंगसग्गी कालाहाँडी जिला

भीमा राजा और उनकी पत्नी रानी जुरियामूर्ति जमपुर में निवास करते थे। उनके सात बेटे थे। उस जमाने में कोई अन्न नहीं था। भीमा राजा और उनके बेटों ने दो खेत तैयार किए, एक का नाम था हरसनी मुकियारा और दूसरे का रेहनी मुकियारा। जब खेत तैयार हो गए तो उन्होंने उनकी जुताई कर दी। परन्तु भीमा राजा और भीमा रानी चिन्तित थे कि बीजों के बिना वे क्या करें। भीमा रानी ने कहा, ''तुम अपने मझले बेटे को मारकर उसके खून को खेतों पर छिड़क दो।'' दूसरे दिन राजा अपने मझले बेटे को घर पर छोड़कर अन्य छह बेटों के साथ खेत पर गए। रानी ने मझले बेटे से कहा, ''तुम अपने भाइयों के लिए अग्नि ले जाओ।'' वहाँ उसके पिता ने उसका वध करके उसके रक्त को खेत में छिड़क दिया। उस लड़के के रक्त से सभी प्रकार के अन्न उत्पन्न हो गए।

भीमा राजा ने एक कोंड और उसकी पत्नी को वे बीज प्रदान किए और उनके द्वारा इन बीजों का सर्वत्र प्रसार हो गया।

कुटिया कोंड प्रिंगेली, गंजाम जिला

निरंताली बरगवा में रहती थीं और मनुष्यों का पालन-पोषण करती थीं। परन्तु जब मनुष्यों की आबादी में वृद्धि हुई तो उनके लिए उन सबको स्तनपान कराना कठिन हो गया। उन्होंने सभी जनों को बुलाया और कहा, ''जाओ और खेती करो, अब मैं तुम्हारा पोषण करने में असमर्थ हूँ।'' परमगुत्ती और मंगरागति से उन्होंने कहा, ''गुमरागुड़ा, सरचागुड़ा, सोलीदुकी और प्रितिदुकी पर्वतों पर जाकर जंगल काटकर खेती के लिए तैयार करो।'' उन्होंने पाइक से कहा, ''कन्दनेला और बरिनेला जाओ और वहाँ खेत तैयार करो।'' अतः कोंड अपने टंगियों को लेकर और पाइक अपने हल लेकर खेती करने चले गए। जब सब तैयारी हो गई तब वे निरंताली के पास गए और उनसे कहा कि ''खेती की सभी तैयारी पूरी हो चुकी है, परन्तु बोने के लिए बीज तो हैं ही नहीं।''

उसी समय एक हाथी और एक घोड़ा उधर से निकले और उनकी पूँछों से कुछ बाल वहाँ झड़ गए। निरंताली ने उन्हें उठा लिया और हाथी की पूँछ के बाल से दालें उत्पन्न कीं और घोड़े की पूँछ के बालों से कोदो, कुटकी, ज्वार और मक्का उत्पन्न कीं। निरंताली ने अपना सिर खुजलाया और उसमें से एक जूँ भूमि पर आ गिरी। जैसे ही उन्होंने उसे उठाया तो वह एक चावल के दाने में परिवर्तित हो गई। उन्होंने चावल (धान) तो पाइक जनों को दे दिया और अन्य बीज कोंड जनों को दे दिए।

कुटिया कोंड, प्रिंगेली, जिला गंजाम

दालें नर होती हैं और अन्न मादा। पुराने जमाने में जब विविध प्रकार के अन्नों ने मनुष्यों को देखा तो वे डरकर भाग गए। उनके पीछे-पीछे फलियाँ भी भागीं और कहने

लगीं, "मरना है तो हम सब साथ ही मरेंगे, एक ही स्थान पर मरेंगे।" इसीलिए हम अन्न और दालों को एक ही साथ एक ही बर्तन में पकाते हैं।

परेंगा राजूबिदई, कोरापुट जिला

जब मध्यलोक बनकर तैयार हो गया तो देवताओं ने एक भोज का आयोजन किया। बसोमती माता ने इतना अधिक खाया कि वह बीमार हो गईं। उन्होंने उल्टी कर दी जिससे सात लड़कियाँ और पाँच लड़के उत्पन्न हुए।

लड़कियों के नाम पड़े–धनोदाई, मंड़ियादाई, कन्नूदाई, कोसलादाई, सितरीदाई, जोनादाई, जोंदरीदाई और लड़कों के नाम पड़े–कंदुलमंडा, जुंगोमंडा, मुंगोमंडा, बिरिमंडा, कुलतोमंडा। देवता यह जानकर अति प्रसन्न हुए कि मनुष्यों को लड़कियाँ सभी प्रकार के अन्न प्रदान करेंगी और लड़के सभी प्रकार की दालें। उन्होंने उन लड़के-लड़कियों से कहा, "यहाँ हमारे साथ मत रहो, इससे तुम्हें कोई लाभ नहीं होगा। मध्यलोक में जाओ जहाँ मनुष्य रहते हैं, और उनके सामने नृत्य करो।" सातों बहनें और पाँचों भाई मध्यलोक जाकर प्रत्येक गाँव में जाकर नृत्य करने लगे।

एक डोम राजा था जो डोमगढ़ में रहता था। एक दिन वह आखेट पर निकला। मार्ग में उसने उन्हें नाचते हुए देखा और वह उनकी ओर आकर्षित हो गया। उसने उन सातों बहनों से विवाह कर उन्हें अपनी पत्नी बनाना चाहा। उसने अपने नौकरों से कहा कि वे उन्हें पकड़कर महल में ले आवें। राजा ने पाँचों भाइयों को जेल में बन्द कर दिया और बहनों को महल के पास एक गड्ढे में छिपा दिया। उसने उन्हें कई दिनों तक इस अवस्था में रखा।

धर्मो महाप्रभु और पाट देवता महाप्रभु ने सोचा, मनुष्य अब बहुत प्रसन्न होंगे कि उनके पास भोजन के लिए सात प्रकार के अन्न और पाँच प्रकार की दालें हैं। वे उन्हें देखने के लिए निकले कि वे अब कैसे हैं। उन्होंने बताया कि उनकी दशा पहले जैसी ही है और वे घास-पात और थोड़ा-बहुत मांस ही खा पाते हैं। यह सुनकर वे दोनों देवता घोड़ों पर चढ़कर डोमगढ़ गए और वहाँ उन्होंने राजा के सैनिकों को मार डाला और राजा का सिर काट डाला। उन्होंने उन भाई-बहनों को मुक्त कराके मनुष्यों को सौंप दिया। तब से वहाँ बहुत अधिक अन्न और दालें उत्पन्न होने लगीं।

डोमगढ़ गाँव के समीप है और आज भी वहाँ पत्थर का एक सिर और एक गड्ढा है जहाँ सातों बहनों को छिपाया गया था। हम प्रत्येक वर्ष उस पत्थर पर बलि चढ़ाते हैं ताकि हमें अच्छी फसलें प्राप्त हों।

साँवरा : ग्राम नवागाँव गंजाम जिला

जमपादौर गाँव में बहुत से साँवरा रहते थे। मोंगरा साँवरा जो उनका मुखिया था, उसकी एक बेटी थी। वह उसका विवाह करके उसे बाहर नहीं भेजना चाहता था। वह चाहता

था कि ऐसा कोई युवक उसके वर के रूप में मिल जाए जो उनके घर पर रहकर उनकी सेवा करे। उन दिनों मिर्च नहीं होती थी। एक दिन जब उसकी लड़की बाड़ी में बैंगन तोड़ने गई तो उसके नाक की छोटी नथ कहीं गिर गई और बहुत ढूँढ़ने पर भी वह नहीं मिली। उस समय वह अपने मासिक धर्म में थी। बहुत ढूँढ़ने पर भी जब नथ नहीं मिली तो वह अपने घर चली गई।

जब बहुत दिनों तक ऐसा कोई युवक उससे विवाह करने हेतु नहीं आया जो उनके घर पर रहने को तैयार होता तो उसके पिता ने उसका विवाह कर दिया और वह अपने ससुराल चली गई। जब वह ससुराल चली गई तब उसके पीछे से उसकी खोई हुई नथ से मिर्च का एक पौधा उग आया। महाप्रभु ने उसे स्वप्न में बताया कि उसके पिता के घर में मिर्च का एक पौधा उगा है। उसने वहाँ आकर देखा कि वहाँ मिर्चें हैं। उसने माता-पिता को मिर्च के विषय में बताया और वे उसे अपने भोजन के साथ खाने लगे।

पहाड़ी साँवरा : पेकल, जिला गंजाम

एक दिन एक व्यक्ति अपनी ससुराल गया। उसकी सास ने उसके भोजन के लिए टम्पा (खिचड़ी) पकाई। इसके पूर्व उसने टम्पा कभी भी नहीं खाई थी और उसे खाकर उसे बहुत खुशी मिली। वह वहाँ कई दिनों तक ठहरा और उसे खिचड़ी के सिवाय अन्य कोई भोजन पसन्द ही नहीं आता था। उसने पूछा कि इस खानेवाली चीज का क्या नाम है जिसे वह रोज खाया करता था। उसकी सास ने हँसते हुए बताया कि उसका नाम टम्पा है। वह 'टम्पा, टम्पा, टम्पा' रटते हुए वहाँ से अपने घर के लिए रवाना हुआ। परन्तु रास्ते में एक नदी थी जिसे पार करते हुए वह उस नाम को भूल गया। उसने सोचा कि नदी पार करते समय वह शब्द शायद नदी की रेत में गिर गया और वह रेत हटाकर उसे खोजने लगा।

जब वह उस खोए हुए शब्द को खोज रहा था तो उधर से एक तेली निकला। उसने उस व्यक्ति से पूछा, ''तुम क्या खोज रहे हो। हम भी तुम्हारी सहायता करेंगे यदि तुम हमें उसमें से आधा दोगे।'' उसने वचन दिया और तेली तेल एक ओर रखकर रेत हटाने में लग गया। परन्तु जब वे रेत हटा रहे थे तब तेल भी रेत में फैल गया। तेली ने कहा, ''देखो यह रेत भी टम्पा हो गई है।'' जैसे ही उस व्यक्ति ने टम्पा शब्द सुना वह जोर-जोर से चिल्लाता हुआ भागा, 'टम्पा, टम्पा, टम्पा।' परन्तु वह मूर्ख जब घर पहुँचा तो वह फिर उस भोज्य पदार्थ का नाम भूल गया और उसने अपनी पत्नी से कहा, ''मुझे वही चीज बनाकर खिलाओ जो तुम्हारी माँ ने मुझे खिलाई थी।'' परन्तु उसकी पत्नी ने पूछा, ''वह कौन-सी चीज थी?'' ''ओह, मुझे उसका नाम याद नहीं परन्तु वह बहुत स्वादिष्ट थी। मुझे तुरन्त ही उसे खाने को दो।'' बेचारी उसकी पत्नी को कुछ भी समझ में नहीं आ रहा था और उसके पति ने एक डंडा उठाकर उसकी पिटाई शुरू कर दी। यह झगड़ा कुछ दिनों तक ऐसे ही चलता रहा फिर एक दिन उसकी पत्नी

चुपचाप अपनी माँ से पूछने के लिए वहाँ से खिसक गई। उसकी माँ ने बताया कि, ''वह चीज 'टम्पा' थी।'' उसने घर पहुँचकर खूब सारी टम्पा बनाई और अपने पति से कहा, ''यह लो तुम्हारा खाना। और अब तुम्हें पूरा खाना पड़ेगा। यदि पूरा नहीं खाओगे तो अब मैं तुम्हारी झाड़ू से पिटाई करूँगी।''

उसका पति भोजन करने बैठा और वह खाता ही गया, खाता ही गया, परन्तु वह सम्पूर्ण टम्पा नहीं खा पाया। तब उसकी पत्नी झाड़ू लेने गई तो वह नदी की ओर भागा और उसने अपने-आपको नदी के रेत में गले तक गाड़ लिया। उसका केवल सिर ही दिखाई पड़ता था। इसी बीच कुछ चोर उधर आ गए। उन्होंने कुछ नारियल चुराए थे जिन्हें वे रेत में बैठकर बाँटने लगे। आपस में दो-दो नारियल बाँटने के बाद भी एक नारियल बच गया। उन्होंने कहा, ''चलो इसे तोड़कर खा लेते हैं।'' उन्होंने चारों ओर देखा और रेत में गड़े हुए व्यक्ति को पत्थर समझकर उस पर नारियल तोड़ने को उद्यत हुए। परन्तु जैसे ही चोर नारियल को उसके सिर पर मारनेवाले थे वह व्यक्ति जोर से चिल्लाया और चोर नारियल छोड़कर डरकर भाग गए।

उस व्यक्ति ने रेत से निकलने के लिए संघर्ष किया और नारियल को उठा लिया। घर पहुँचकर उसने नारियल अपनी पत्नी को देकर कहा, ''ये नारियल तुम्हारे लिए है। अब मुझे टम्पा दो, परन्तु इतना ही देना जितना मैं खा सकूँ।'' उस दिन के उपरान्त वे दोनों पति-पत्नी आनन्दपूर्वक रहने लगे।

पहाड़ी साँवरा : सोगेडा कोरापुट जिला

सरोनडोंग ग्राम में गबिली नामक एक साँवरा रहता था। उसी गाँव में एक सन्तानहीन डोम भी रहता था जिसके पास दो सूअरी थीं। डोम को सूअरी के बच्चे बहुत प्रिय थे। उसने उन सूअरियों के लिए दो सूअर भी रख रखे थे। उन दिनों सूअर का लिंग एक हाथ लम्बा होता था और उसका अग्रभाग एक घड़े के आकार का होता था। एक बार वह डोम व्यापार के कार्य से बाहर गया और वह दस-पन्द्रह दिनों बाद वापस आया। उसकी अनुपस्थिति में उसकी पत्नी का सूअर से प्रेम हो गया और सूअर ने उसके साथ संसर्ग किया। जब डोम लौटकर आया तो उसने घर में अपनी पत्नी को सूअर के साथ रतिकर्म करते हुए पाया। डोम ने क्रोधित हो अपनी पत्नी को पीटा और सूअर के गुप्तांग को काटकर बाड़ी में फेंक दिया। वह स्त्री अपने प्रेमी को खोकर बहुत दुखी थी।

छह माह बाद वर्षा ऋतु आ गई और सूअर के कटे हुए गुप्तांग से एक लता उग आई। कुछ समय उपरान्त उस बेल में तूम्बे फलने लगे जिन्हें देखकर वह स्त्री बहुत खुश हुई क्योंकि उनमें पकड़ने के लिए लम्बा-सा हत्था भी था। उसने तूम्बे को बेंट से काट लिया, उसमें एक छेद किया, उसमें राख और पानी भरा, और उसे पाँच दिनों के लिए एक ओर रख दिया। उसके पश्चात उसने उसे धोकर उसमें पानी भरा और

पानी भरकर अपने पति को पीने के लिए दिया। उसने पूछा, ''यह तुम्हें कहाँ से मिला।'' उसने कहा, ''आज यह तुम्हारे मुँह में घुसा है,'' और वह ठहाका लगाकर हँसने लगी।

परन्तु उसका पति इस बात से प्रसन्न नहीं हुआ।

पहाड़ी साँवरा, सिंदरनजुंग, कोरापुट

पुराने जमाने में किटुंग की एक पत्नी थी जिसका नाम सीदीबिरदी था। वह अपना खेत जोतने चला जाता और उसकी पत्नी घर में खाना पकाती और उसे लेकर उसके लिए ले जाती। एक दिन जब किटुंग खेत पर चला गया तो उसने देखा कि घर में पेज बनाने के लिए चावल तो है ही नहीं और उसे समझ में नहीं आ रहा था कि वह क्या करे। अन्त में उसे कुछ मड़िया मिला, उसने उसे सुखाया और ढेंका में छड़ा और उससे पेज तैयार किया। परन्तु इस कार्य में उसे काफी विलम्ब हो गया और वह देर दुपहरी पर वहाँ जाने के लिए रवाना हुई।

किटुंग भूखा-प्यासा और थका हुआ अपने हल को खेत में ही छोड़कर उसकी बाट देखने लगा। जब वह वहाँ पहुँची तो किटुंग उसे गालियाँ बकने लगा, यद्यपि उसने अपने देरी से आने का कारण उसे समझाया। फिर भी किटुंग मुँह फुलाए रहा। उसने पेज के बर्तन को दीमक की बाम्बी पर फेंक दिया और वह फूट गया। उसने तूम्बे को उठाकर उसका डंठल अपनी पत्नी की पीठ पर मारा। फिर उसने तूम्बे के गहरे हिस्से को ऊपर की ओर करके उसे दीमक की बाम्बी में गाड़ दिया।

इसके उपरान्त वे पति-पत्नी दोनों घर चले आए। सन्ध्या समय तक पत्नी की पीठ पर जहाँ किटुंग ने मारा था एक फोड़ा उठ आया जिसमें मवाद भरा हुआ था। दूसरे दिन जब वह खेत पर गई तो उसने देखा कि दीमक की बाम्बी पर पेज के स्थान पर एक प्रकार का और तूम्बे के स्थान पर दूसरे प्रकार का कुकुरमुत्ता उग आए हैं। सीदीबिरदी ने कहा, ''जो भी तुम्हारा आहार करे उनकी पीठ पर भी वैसे ही फोड़े हो जाएँ जैसे मेरी पीठ पर हुए हैं!''

कभी-कभी कुकुरमुत्ते खानेवाले के शरीर पर फोड़े हो जाते हैं, परन्तु फिर भी लोग उन्हें खाते हैं।

पहाड़ी साँवरा : बसम्बो, जिला गंजाम

एक दिन किटुंग पीलिया और बुखार से अस्वस्थ हो गया था, उसका सम्पूर्ण बदन पीला पड़ गया था और उसके पेशाब का रंग भी गाढ़ा हो गया था। उसने घर से बाहर निकलकर उलटी की और वापस घर में आ गया। उसने कै को मिट्टी से ढँक दिया। उसमें से एक हल्दी का पौधा उग आया। तीन दिनों में ही पौधा बड़ा हो गया और

उसमें फूल आ गए। जब किटुंग ने फूल देखे तो उसने उनमें से एक फूल को तोड़कर खा लिया। इसके तुरन्त बाद ही उसका बुखार उतर गया और उसका पीलिया भी साफ हो गया। उसने सोचा, 'जब फूल इतने गुणकारी हैं तब इसकी जड़ कितनी लाभदायक होगी?' उसने उस पौधे की जड़ों को खोदकर निकाला और उनके छोटे-छोटे टुकड़े करके उन्हें बो दिया। वे सब जल्दी ही उग आए और उनके पास हल्दी की अच्छी-खासी बाड़ी तैयार हो गई। उस दिन के पश्चात किटुंग प्रतिदिन हल्दी का एक टुकड़ा खाने लगा। परन्तु किटुंग रोज-रोज कच्चा खाने से ऊब गया। फिर उसने उसे अपने भोजन के साथ पकाकर खाना शुरू किया तो वह पहले से भी अधिक स्वादिष्ट लगा। किटुंग ने कहा कि उसे खाने पर निरोग रहते हैं और उसे शरीर पर लगाने से खुजली भी नहीं होती।

पहाड़ी साँवरा : बारासिंगी, गंजाम जिला

किटुंग ने भोज्य पदार्थों में सर्वप्रथम दालें बनाईं, परन्तु उनके साथ में खाने के लिए कुछ नहीं था।

एक दिन किटुंग ने अपनी बेटी को कानों में धारण करने हेतु सोने की बालियाँ दीं परन्तु उनके परिणामस्वरूप वह बीमार हो गई और उसकी मृत्यु हो गई। परिवार की स्त्रियों ने उसके शव को बालियों के सहित जला दिया क्योंकि वे उन्हें स्पर्श करने से डर रहे थे। इसके बाद उसकी गौर क्रिया सम्पन्न की गई और तब वर्षा हो गई। उस लड़की की जहाँ अस्थियाँ गाड़ी गई थीं वहाँ कुकुरमुत्ते उग आए। उस लड़की ने अपनी माँ को सपने में आकर बताया, ''यद्यपि ये सोने की बाली से उत्पन्न हुए हैं, परन्तु वे खाने के लिए उपयुक्त हैं।''

पहाड़ी साँवरा : रेगईसिंगी, गंजाम जिला

सर्वप्रथम सभी वृक्षों में फल लगते थे परन्तु भूमि में उनकी जड़ नहीं थीं। मनुष्य की नाक और नाभी की नालें काफी लम्बी थीं। जब वे चलते थे तो उन्हें अपनी नाक को कन्धों पर लटकाना पड़ता था। किटुंग ने किसी व्यक्ति को नाक छोटी करने के लिए दवा दी थी परन्तु उससे कोई लाभ नहीं हुआ। एक दिन किटुंग ने मनुष्यों को बुलाया और उन्हें बहुत अधिक ताड़ी और मदिरा पिलाई। नशे के कारण जब सब लोग सो गए तब किटुंग ने सोने की छुरी से सबकी नाक और नाभियाँ काट दीं और उन पर राख मल दी। उन्होंने नाभियाँ अपने बगीचे में गाड़ दीं और नाकों को जंगल में गाड़ दिया। छह माह के पश्चात नाभी शकरकन्द में परिणित हो गई और नाभियाँ मुरगुड़ी के कन्द। किटुंग ने मनुष्यों से कहा कि वे उनको खाएँ और तब से ही लोग उन्हें खाने लगे।

पहाड़ी साँवरा : बैजालो, जिला गंजाम

पुराने जमाने में अन्न नहीं थे और मनुष्यों की आबादी भी थोड़ी थी। मनुष्य उन दिनों कन्दमूल पर निर्भर थे। धीरे-धीरे मनुष्यों की संख्या बढ़ने लगी और कन्दमूल का मिलना कठिन होता गया। सभी लोग मिलकर किटुंग के पास गए। परन्तु तुमगुलपुर में रहनेवाला तुमगुल साँवरा और उसकी पत्नी नहीं गए क्योंकि उन्होंने अपने घर में अन्न छिपा रखा था। किटुंग ने मन-ही-मन कहा, 'सभी लोग आए हैं परन्तु तुमगुल नहीं आया।' उन्होंने उन लोगों से कहा, ''इस वर्ष किसी भी प्रकार से काम चलाओ, अगले वर्ष मैं तुम्हें पर्याप्त भोजन दूँगा।'' किटुंग ने अपने सन्देशवाहकों को अन्न खोजने के लिए भेजा। सभी जगह ढूँढ़ने पर भी उन्हें कहीं अन्न नहीं मिला, फिर वे तुमगुल के मकान पर पहुँचे, जहाँ उसकी पत्नी बरामदे में अन्न को ढेंकी में छड़ रही थी। उसे देखकर वे चुपचाप वापस चले गए।

किटुंग ने अपने दो अधिकारियों को तुमगुल को पकड़ने के लिए भेजा। उन्होंने उससे कहा कि तुम अन्न मुझे दे दो जिससे कि मैं उसे बढ़ाकर सब लोगों को और तुम्हें भी दे सकूँ। यदि तुम इसे खा जाओगे तो यह समाप्त हो जाएगा। काफी बहस के बाद तुमगुल ने उन्हें सात मुट्ठी अन्न दे दिया। किटुंग ने एक खेत तैयार किया और उसमें उस अन्न को बो दिया। जब फसल तैयार हो गई तो उन्होंने उसे कटवाया, उसकी मिंचाई की और भूसे को उड़ाकर अन्न को अपने भंडार में रख दिया। उसके बाद उन्होंने सम्पूर्ण विश्व के लोगों को बुलाकर उन्हें वह अन्न बाँट दिया।

अध्याय : ग्यारह

तम्बाकू

किसी जमाने में एक बहुत ही विशाल सर्प था। उसकी एक अत्यन्त सुन्दर पत्नी थी जिसका नाम दियामोती कन्या था। वह सुन्दर भी थी और कामुक भी। वह अपने पति सर्प से सन्तुष्ट नहीं हो पाती थी, यद्यपि सर्प अपनी ओर से पूर्ण काम चेष्टा करता था। परन्तु वह सर्प इतना विशाल था कि सदा दम्भपूर्वक कहा करता था, 'मैं सम्पूर्ण विश्व को खा सकता हूँ और सम्पूर्ण मानव जाति को भी।' जब वह गुस्से में होता और अपनी पत्नी पर चिल्लाता, तो पृथ्वी उसकी आवाज सुनकर काँप उठती थी। वह सर्प छह माह सोता था और फिर एक बार एक दिन के लिए जागता था और पुनः सो जाया करता था।

महाप्रभु ने अपने मन में सोचा, 'यह सर्प इतना विशाल है, एक न एक दिन यह विश्व का संहार कर डालेगा।' एक दिन जब वह सोया हुआ था, तब महाप्रभु ने वहाँ जाकर देखा कि उसे मारने के लिए क्या उपाय किया जा सकता है। जब उन्होंने दियामोती को देखा तब वे उसके प्रति आसक्त हो उठे। उसने कहा, ''आओ और मेरे साथ शयन करो।'' महाप्रभु भयभीत थे, और उन्होंने कहा, ''नहीं, अभी नहीं, यदि तुम्हारा पति जाग उठा तो वह हमें देख लेगा।'' ''नहीं, नहीं, वह छह मास तक लगातार सोता है, उसे कुछ पता ही नहीं चलेगा।'' तब महाप्रभु ने कहा, ''तुम्हें एक बार भोग लेने से मेरी तृप्ति नहीं होगी। मैं सदैव के लिए तुम्हें अपनाना चाहता हूँ।'' दियामोती ने तब कहा, ''अच्छा तो मैं इसके लिए भी तैयार हूँ। मैं इस घिनौने सर्प के साथ रहना भी नहीं चाहती।'' महाप्रभु ने तब कहा, ''सबसे पहले हम लोगों को चाहिए कि तुम्हारे पति का वध कर दें, अन्यथा वह हमारा पीछा करेगा। उसे जागने दो, फिर उससे पूछना कि वह अपने प्राण कहाँ रखता है।''

महाप्रभु अपने घर चले गए और इतने में ही सर्प नींद से जाग उठा और अपनी पत्नी से कहने लगा कि मेरे सिर में से बग्गू निकालो। उसने बग्गू (कीट) निकालकर उसके चेहरे को आहिस्ते से सहलाते हुए पूछा, ''तुम यह तो बताओ कि तुम अपना जीव (प्राण) कहाँ रखते हो?'' उस सर्प ने कहा, ''पहले तुम बताओ कि तुम कहाँ रखती हो?'' उसकी पत्नी ने बताया, ''घड़े में, कड़छुल में और पंखे में।'' सर्प ने तुरन्त ही उन तीनों वस्तुओं को उठाकर बाहर फेंक दिया और उसकी मृत्यु हो गई। परन्तु उसे बाद में पश्चात्ताप होने लगा, ''मैं इतनी सुन्दर पत्नी अब पुनः कैसे पा सकूँगा।' उसी समय

उसे अपनी पत्नी की आवाज सुनाई पड़ी, "इस घड़े में, कड़छुल में और इस पंखे में।" वह उन वस्तुओं को उठाकर पुनः घर में ले आया और दियामोती पुनः जीवित हो उठी। "तुमने मुझे कितना कष्ट दिया, अब तुम भी मुझे बताओ कि तुम्हारा जीव तुमने कहाँ रखा है?" तब सर्प ने कहा, "समुद्र के भीतर एक मगरमच्छ रहता है, उस मगरमच्छ के पास एक तोता है, उस तोते में ही मेरा जीव है।" उसने फिर पूछा, "मैं उसे कैसे देख पाऊँगी?" "तुम अपने साथ एक सूअर ले जाओ, उस सूअर को समुद्र में फेंक दो, तब वह मगरमच्छ उसे खाने के लिए आएगा, तब तुम आसानी से उस तोते को पकड़ सकती हो।" वह सर्प इतना कहकर पहाड़ी पर भोजन की खोज में चला गया और खाना खाकर सोने चला गया।

महाप्रभु ने जब देखा कि वह सर्प पुनः सो गया है, तो वे फिर वहाँ आए। तब दियामोती ने उन्हें बताया कि सर्प का जीव कहाँ रखा है। महाप्रभु एक सूअर लेकर समुद्र तट पर गए। उसे उन्होंने मगरमच्छ को भेंट कर दिया और तोते को पकड़ लिया। जैसे ही उन्होंने तोते को पकड़ा सर्प को बुखार चढ़ गया। महाप्रभु ने उसके पंख नोंच लिए और वह सर्प दर्द से चीखने लगा। महाप्रभु ने उस पक्षी को मार डाला, तब वह सर्प भी मर गया। महाप्रभु उसके बाद दियामोती से मिलने गए तब उसने कहा, "अब तुम मेरे साथ मैथुन करो।" महाप्रभु इसके लिए तैयार हुए ही थे कि उन्होंने उसके गुप्तांग को देखा जो इतना विशाल था कि वे उसे देखकर डर गए और बोले, "यदि मैं तुम्हारे साथ मैथुन करता हूँ, तो तुम मुझे निगल जाओगी।" वे उसके लिए एक हाथी लेकर आए और उसने कहा, "तुम इसके साथ रतिक्रिया करो।" दियामोती ने हाथी के साथ मैथुन करने के बाद कहा, "मुझे इसमें कोई आनन्द नहीं आया, मैं तो तुम्हारे साथ मैथुन करना चाहती हूँ।" महाप्रभु ने पुनः मना कर दिया और इस पर दियामोती कुपित हो उठी। महाप्रभु ने उसकी पिटाई कर दी और उसकी मृत्यु हो गई। उन्होंने उसके शव को गाड़ दिया और उसके सिर से शीघ्र ही एक सुन्दर पौधा उग आया। जब मनुष्यों ने उसे देखा तो उसका साग बनाया जिसे खाने पर उन्हें नशा होने लगा। पहले उन्होंने उसे चूँसना सीखा फिर धूम्रपान भी सीख लिया। बहुत से लोग उस पौधे का सेवन करने लगे और दियामोती को उससे तृप्ति होती थी। अतिशीघ्र सम्पूर्ण विश्व उसका भोग करने लग गया।

बोंडो, किरसनीपद, कोरापुट

मचकुन्द नदी से दूर एक पर्वत है जहाँ प्राचीनकाल में महालक्ष्मी का जन्म हुआ था, और उनके साथ प्रत्येक प्रजाति के वृक्ष, घास और प्राणियों की भी उत्पत्ति हुई थी। बोंडोजनों को जब महालक्ष्मी के जन्म का पता चला तो वे उन्हें बोंडोदेश में ले गए।

महालक्ष्मी स्वयं सभी प्रकार के अन्न की देवी थी अतः बोंडो के साथ रहने के कारण वे जब जैसी इच्छा होती उसी के अनुरूप भोजन करते हुए अपना अधिकांश समय इसी कार्य में व्यतीत करती। परन्तु इससे महालक्ष्मी को डर लगा कि वह पूर्णरूप से

नष्ट हो जाएँगी और यह सोचकर वे एक दिन अपने पर्वत पर चली गईं और निश्चय किया कि वे समुद्री मार्ग से अपने देश भाग जाएँगी। परन्तु उनके पैरों के नीचे से प्रेम को एक आकर्षित करनेवाला एक लाल रंग का पौधा प्रकट हो गया और उसके चौड़े-चौड़े पत्तों और फूलों की सुहावनी गन्ध चारों ओर फैल गई। यह तम्बाकू का पौधा था और वह हाथ जोड़कर उनके सम्मुख खड़ा होकर कहने लगा, "आप कहीं मत जाओ, और हमारे साथ रहो। मैं मनुष्यों को अपना सेवन करने दूँगा और जब वे मुझसे तृप्त हो जाएँगे तभी आपका भोजन करेंगे।"

कुछ समय उपरान्त ही बोंडोजनों की भीड़ वहाँ महालक्ष्मी को खोजते हुए आ पहुँची, परन्तु तम्बाकू के आकर्षक फूल और पत्तों के पीछे खड़ी हुई महालक्ष्मी उन्हें अनाकर्षक एवं दरिद्र लगीं। इस नए आकर्षक एवं मोहक पौधे को पाकर वे उसका सेवन करने लगे और अब वे इतना अधिक अन्न ग्रहण नहीं करते थे। अतः महालक्ष्मी पूरी तरह नष्ट होने से बच गईं।

●

नोट : तम्बाकू का यह अभिप्राय गदबा, जुआँग, कोंड, मुरिया और गोंड कथाओं से कुछ सीमा तक भिन्न है।

दिदयी, पतरोपुत्तु, कोरापुट

सुरावली पर्वत पर बारह भाई गदबा रहते थे। वे सब विवाहित थे। उनके पास खाने के लिए कोई उपयुक्त वस्तु नहीं थी, सिवाय एक बकरी के जो उन्हें पीने के लिए दूध देती थी। एक भाई उस बकरी को चराने ले जाता था और बाकी भाई जंगल से पत्ते, ईंधन और कन्दमूल एकत्र करने चले जाते थे।

उनके घर के सामने एक विशाल वृक्ष था जिस पर बहुत से पक्षी आकर घोंसले बनाते थे। एक रात्रि को पूर्व की ओर से एक कोयल अपनी चोंच में तम्बाकू का बीज लेकर आई। जब वह उस वृक्ष पर बैठने लगी तो उसकी चोंच से वह बीज छूटकर भूमि पर गिर गया। एक दिन जो भाई बकरी चराने जाता था, उसके सिर में दर्द था इसलिए उसने बकरी को घर के समीप ही चरने के लिए छोड़ दिया। बकरी ने तम्बाकू के कुछ पत्ते चर लिए जो उस बीज से उत्पन्न पौधे के थे। तम्बाकू के पत्तों का प्रभाव बकरी के दूध में आ गया था और उस रात जब उन्होंने बकरी का दूध पीया तो उन्हें एक नए प्रकार का नशा हुआ और नए आनन्द की अनुभूति हुई। उस दिन के बाद वह बकरी नित्य ही तम्बाकू के पत्ते चरने लगी और उसे भी नशा होने लगा और उसके दूध को पीकर उन बारह भाइयों को भी आनन्ददायक नशा होने लगा।

परन्तु एक दिन उन्होंने सोचा, 'क्यों न हम भी इन पत्तों को स्वयं खाकर देखें।' उन्होंने ऐसा ही किया और उस दिन से उन्होंने बकरी को तम्बाकू के पत्ते नहीं खाने दिए।

कमार पत्तरपूँजी, कालाहाँडी

जन्म से ही पिता महादेव कुछ-कुछ पागल थे। एक बार विवाह के कुछ दिन बाद ही जब उन्होंने माता पार्वती के साथ विवाह किया था, और उनकी उम्र बहुत कम थी, उन्हें रात्रि का भोजन तैयार करने में देर हो गई और महादेव चिल्लाने लगे, ''खाना! खाना!'' पार्वती ने सोचा कि महादेव उनके साथ संसर्ग करना चाहते हैं। उन्होंने महादेव की ओर देखा और मुस्कराईं। परन्तु वे कहते ही रहे, ''खाना! खाना?'' इस प्रकार से दस-पाँच वर्ष बीत गए।

तब गणेश देव का जन्म हुआ। परन्तु महादेव के व्यवहार में कोई परिवर्तन नहीं हुआ। उन्होंने पार्वती की ओर कोई ध्यान नहीं दिया और चिल्लाते रहे, ''खाना! खाना!'' पार्वती इस बात से और अपने बच्चे से परेशान हो गईं। जब यह असह्य हो गया तब पार्वती बच्चे को लेकर जंगल में चली गईं। उन्हें एक पत्ता मिला और उन्होंने भगवान का आह्वान किया कि वे उन्हें शक्ति प्रदान करें। उन्होंने पत्ते से कहा, ''यदि तुम सचमुच में वनस्पति महाराज हो तो मेरे पति को मुझसे प्रेम करने हेतु प्रेरित करो।'' फिर उन्होंने एक और पत्ता तोड़कर उसका बीड़ा बनाया और पहले वाले पत्ते का चूरा करके उसे बीड़े (चोंगी) में भर दिया। घर पहुँचकर उन्होंने बीड़े को चूल्हे के समीप रख दिया और खाना बनाने लगीं। जब महादेव चिल्लाते हुए आए, ''खाना, खाना'' तो पार्वती ने बीड़े में एक चिनगारी डालकर बीड़ा उन्हें दे दिया।

महादेव ने जैसे ही धूम्रपान आरम्भ किया तो उन्हें नशा हो गया और वे सब कुछ भूल गए, यहाँ तक कि 'खाना! खाना!' कहना भी। पार्वती ने आराम से खाना बनाकर महादेव को खिलाया।

जब तक वह चोंगी महादेव के पास रहती वे पार्वती को कोई कष्ट नहीं पहुँचाते। पार्वती ने जंगल में जाकर उस पौधे के बीज इकट्ठे किए और उन्हें अपनी बाड़ी में बो दिया। इस तरह से धीरे-धीरे मनुष्यों में तम्बाकू का प्रचलन हो गया।

कोया, टोंडापल्ली, कोरापुट

धन्नपुट में सोनिया और सुकरा दो कोया रहते थे। उन दोनों की ही दो-दो पत्नियाँ थीं। उचित समय पर उन सभी स्त्रियाँ के बच्चे उत्पन्न हुए। सोनिया ने अपने बड़े बेटे के विवाह की तैयारी की, कि उसी बीच उसकी छोटी पत्नी गर्भवती हो गई। समय पूरा होने पर उसने एक शिशु को जन्म दिया। उन्होंने नाल को काटकर घर में ही गाड़ दिया और उस पर आग जला दी। छठवें दिन उस स्थान पर तम्बाकू का एक पौधा उग गया। सोनिया उस पौधे को देखकर बहुत चिन्तित हुई कि वह पौधा किस चीज का है और वह इसे बताने के लिए देऊर के पास गई। देऊर ने कहा, ''अभी मैं यह बताने में असमर्थ हूँ कि यह पौधा किस चीज का है, परन्तु कुछ माह के बाद तुम बताना कि उसकी गन्ध कैसी है।'' दो माह पश्चात जब वे पत्ते बड़े हो गए तो सोनिया को उनकी गन्ध से नशा हो गया और उसे गहरी नींद आ गई।

उसने देऊर को जाकर बताया, "इस पौधे के कारण अच्छी गहरी नींद आती है, परन्तु उसके कारण अधिक काम करना कठिन हो जाता है।" देऊर ने कहा, "इसकी चिन्ता मत करो। जब इसमें फूल और फल लग जाएँ तो उसके बारीक-बारीक बीजों को एकत्र करके सँभालकर रख लो फिर उन्हें अपनी बाड़ी में बो देना और फिर ऐसी बहुत-सी झाड़ियाँ उत्पन्न हो जाएँगी।"

कोंड, अंबलीबुखा, कोरपुट

पुराने जमाने में तम्बाकू नहीं थी और मनुष्यों के पास नशा करने के लिए कोई भी वस्तु नहीं थी। इसके कारण उनके पास काम के बीच में विश्राम करने का कोई भी बहाना नहीं था और वे लगातार तब तक काम करते रहते थे जब तक कि काम पूरा नहीं हो जाता था। निरंताली ने सोचा, 'मनुष्यों को दिनभर लगातार काम करने में बहुत कष्ट सहना पड़ता है। मुझे उनके मनोरंजन के लिए कुछ-न-कुछ अवश्य करना चाहिए।' अतः उन्होंने अपनी छोटी बेटी के सिर से सफेद कीट निकालकर अपने बगीचे में फेंक दिया। वर्षा होने पर उस कीट से तम्बाकू का एक पौधा उत्पन्न हो गया और जब वह पौधा बड़ा हुआ और उसके बड़े-बड़े पत्ते फैल गए तब निरंताली ने उन्हें तोड़कर एक चुरूट बनाकर अपने पति को दिया। जब उन्होंने उससे धूम्रपान किया तो वह उन्हें बहुत पसन्द आया। उन्होंने कुछ दिनों बाद सेमाकुपली को बुलाकर उसे भी एक चुरूट दी। इस प्रकार सेमाकुपली ने भी धूम्रपान करना सीख लिया। निरंताली ने उसे उस वस्तु के कुछ बीज दिए जिन्हें उसने बो दिया और सम्पूर्ण संसार को धूम्रपान करना सिखाया।

कोंड, डेंगसरगी, कालाहाँडी

जब निरंताली ने प्रथम बार शिशु को जन्म दिया तो उसने थोड़ी हल्दी लेकर नदी में स्नान किया। उसने हल्दी नदी के किनारे रख दी। ज्योंही उसने स्नान किया तो हल्दी बाँस में परिवर्तित हो गई। निरंताली उसे तब तक सिंचित करती रही जब तक कि वह बढ़ नहीं गया। उन दिनों तम्बाकू का अस्तित्व नहीं था। कोंडजन मोको वृक्ष की पत्तियाँ चबाकर चूसते थे। एक दिन निरंताली ने उनसे पूछा कि वे क्या चबा रहे हैं और उन्होंने बताया। निरंताली ने कहा, "यह उचित नहीं है।" उन्होंने कुछ मिट्टी और राख उठाकर अपने शरीर पर रगड़ी और उसे मैदान पर फैला दिया और वहाँ एक तम्बाकू का पौधा उग आया। उन्होंने कहा, "आज से तुम इसे चबाओ।" कोंड लोगों ने कहा, "परन्तु हम इसे सुरक्षित कैसे रख सकेंगे। हमारे पास कोई कपड़ा नहीं है कि इसे उसमें बाँधकर रख सकें।" निरंताली ने कहा, "नदी तक जाओ। वहाँ बाँस का एक पौधा है, उसे काटकर मेरे पास ले आओ।" वे बाँस काटकर ले आए तो निरंताली ने उन्हें काटकर उनमें तम्बाकू भरना सिखाया। कोंड तम्बाकू को हमेशा मलते हैं ताकि उनके शरीर का थोड़ा मैल उसके साथ मिल जाए, इससे तम्बाकू की सुगन्ध बढ़ जाती है।

कुटिया कोंड, बनदिका, गंजाम

निरंताली ने अपने जूड़े में तम्बाकू के बीज रख रखे थे। आरम्भ में बादल नहीं थे। निरंताली ने एक लोहार को बुलाया और उसे लोहे के बादल बनाने के लिए कहा। जब बादल बनकर तैयार हुए तो उन्होंने पाया कि वह उठाने में बहुत भारी था अतः उसने निरंताली से सहायता माँगी। निरंताली ने कहा, "मैं पहले स्नान कर लेती हूँ फिर आकर तुम्हारी मदद करती हूँ।" वह बुजियानो नदी पर नहाने चली गई। जब वह नहा रही थी तब उसके जूड़े में रखे हुए तम्बाकू के बीज बिखर गए और वहाँ तम्बाकू के बहुत से पौधे उग गए।

स्नान करने के पश्चात निरंताली लुहार के पास सहायता करने गई और जब बादल आकाश पर यथास्थान लग गए तो उसने निरंताली को साथ ले जाकर नदी किनारे उगे हुए तम्बाकू के पौधों को दिखाया।

परेंगा, पत्तरपुट, कोरापुट

एक डोम व्यवसायी की एक कन्या थी जो बहुत सुन्दर होती परन्तु उसके हाथ और पैर नहीं थे, और उसकी नाक भी रोगग्रस्त थी। जब वह बड़ी हुई तो उसकी विवाह करने की इच्छा हुई, परन्तु उससे कोई विवाह करने को इच्छुक नहीं था। हिन्दू उसके साथ इसलिए विवाह नहीं करते थे, क्योंकि वह डोम थी, और डोम इसलिए नहीं करते थे क्योंकि उसके हाथ और पैर नहीं थे, और उसकी नाक भी रोगग्रस्त थी।

वह रोते हुए महाप्रभु के पास गई और उनसे कहा, "तुमने मुझे इस मध्यलोक में भेज दिया है, लेकिन मेरा जोड़ीदार नहीं भेजा।" वह निराश होकर अपने घर लौट आई। उसने खाना-पीना त्याग दिया और शीघ्र ही उसके शरीर पर मक्खियाँ भिनभिनाने लगीं। उसके भाइयों ने उसे घर के पिछवाड़े में ले जाकर छोड़ दिया। ऐसी दुर्दशा में उसकी मृत्यु हो गई।

उसका परिवार इस बात से भयभीत था कि उसकी मृत्यु ऐसी दयनीय दशा में हुई है अतः उसका प्रेत उन्हें कष्ट देगा, अतः उन्होंने उसे गाँव से दूर एक स्थान पर ले जाकर गाड़ दिया।

उसका शरीर तम्बाकू का पौधा बन गया। एक दिन एक साधु उधर से गुजर रहा था। उस दिन उसके पास गाँजा नहीं था, अतः वह मार्ग में मिलनेवाले प्रत्येक पौधे को चबाकर देख रहा था ताकि वह गाँजे की अपनी इच्छा को सन्तुष्ट कर सके। उसने अन्य पत्तों के साथ ही तम्बाकू के पत्ते को भी तोड़कर चबाया और उसे तुरन्त नशा हो गया और उसके द्वारा प्राप्त आनन्द से वह गाँजा को भी भूल गया।

●

पुराने जमाने में कोई भी व्यक्ति चुरूट नहीं पीता था। एक बार रामा और भीमा दोनों भाई तम्बाकू के कुछ बीज लेकर आए और उन्होंने वे बीज अपने बगीचे में बो दिए। जब वे उगकर बड़े हो गए तब उन्होंने एक डोम को बुलाकर उन पौधों के पत्ते तुड़वाए और उसे चुरूट बनाना सिखाया।

ये दोनों भाई चुरूट से धूम्रपान किया करते थे। एक दिन दोनों में झगड़ा हो गया और रामा अलग मकान में रहने चला गया। उनमें बोलचाल भी बन्द हो गई। किटुंग ने उनमें समझौता कराने का भी प्रयत्न किया परन्तु उन दोनों भाइयों ने उनके प्रयत्नों की जरा भी परवाह नहीं थी। किटुंग ने उस डोम को बुलाकर कहा कि वह रामा के बगीचे से तम्बाकू के सारे पौधे जड़सहित उखाड़कर ले आवे। डोम को जैसा आदेश मिला था उसने वैसा ही किया। अब रामा के पास धूम्रपान हेतु कोई भी वस्तु नहीं बची थी, परन्तु वह इतना स्वाभिमानी था कि भीमा से कुछ भी माँगने को तैयार नहीं था। किटुंग ने भीमा को बहुत-सी चुरूट भेंट के रूप में भेजीं और कहा, ''तुम धूम्रपान करते हुए रामा के घर के सामने से आया-जाया करो।'' रामा जब उसे चुरूट पीते देखता तो और अधिक उत्तेजित होता, आखिर उससे रहा नहीं गया और उसने भीमा से कहा, ''मुझे भी कुछ थोड़ी-सी चुरूट दे दो।'' भीमा ने एक चुरूट सुलगाकर रामा को दे दी। इस तरह उन दोनों भाइयों में पुनः अच्छे सम्बन्ध स्थापित हो गए। तम्बाकू की उत्पत्ति के बाद मनुष्यों के आपसी सम्बन्ध मैत्रीपूर्ण होने लगे।

●

बहुत दिनों पहले चार साँवरा बन्धु जंगल में अपनी पत्नी के साथ रहा करते थे। उन दिनों मनुष्य न तो खाँसते थे और न ही छींकते थे और यदि वे जंगल में छिपे हुए हों तो इस बात का पता भी नहीं चलता था। कोई भी यह नहीं बता सकता था कि वे वहीं कहीं छिपे हुए हैं। यहाँ तक कि स्त्रियों तक को इस बात का पता नहीं चल पाता था कि उनके पति घर आ रहे हैं। उन्हें सावधान करने के लिए किसी भी प्रकार का कोई संकेत नहीं था। कभी-कभी तो उनकी नग्नावस्था में ही उनके पति वहाँ पहुँच जाते थे और उन्हें लज्जित होना पड़ता था। स्त्रियों ने इस समस्या पर आपस में विचार किया और वे पिस्कीसुम के पास गईं और उनसे याचना की कि ऐसा कोई उपाय बताएँ या व्यवस्था करें कि कोई भी आनेवाला व्यक्ति अपने आने की पूर्व सूचना दे सके। भगवान ने तम्बाकू का एक पत्ता तोड़कर देते हुए कहा कि, ''इसको मलकर इसका चूरा कर लो और जब तुम्हारे पति आएँ तो उनके सामने इस चूरे को फेंक दो।'' उन्होंने वैसा ही किया और उस दिन से मनुष्य खाँसने और छींकने लग गए। उनमें से जो सबसे बुजुर्ग था उसे तो इतनी खाँसी आई कि उसके प्राण ही निकल गए और वे लोग उसका शव उठाकर श्मशान घाट ले गए।

द्राक्षासव, ताड़ी एवं मदिरा

ताड़ी : बिंझवार, तौमीबंध, जिला सम्बलपुर

हीरापाली गाँव में एक गोंड और उसकी पत्नी रहते थे। उनके कोई सन्तान नहीं थी। उस गोंड ने बड़ा देव की सेवा की और उन्होंने उसे आशीर्वाद दिया, "तुम्हारे पाँच बेटे और तीन बेटियाँ होंगी।" उनके आशीर्वाद के अनुसार उसकी सन्तान होने लगीं। जब बच्चे बड़े हुए तो उसने उन सबका विवाह किया। केवल सबसे छोटा लड़का बच गया था। उसका सम्बन्ध किसनपल्ली के गोंड मुखिया की कन्या से हुआ। बहुत से अन्य लोगों ने भी उस लड़की के साथ सम्बन्ध करना चाहा था, परन्तु उस गोंड मुखिया ने उन प्रस्तावों को अस्वीकार कर दिया। इस कारण उन दोनों परिवारों में शत्रुता हो गई। इस लड़के की माँ जिसको गोंड मुखिया ने इनकार किया था, वह एक टोन्ही थी। और उसने उस युवक की माँ के विरुद्ध जादू-टोन्हे का प्रयोग किया। विवाह के बाद उस युवक की मृत्यु हो गई। उन्होंने उसे दफन कर दिया और उसके विवाह का सेहरा उसके सिर के बगल में रख दिया। उस सेहरे से एक ताल वृक्ष उत्पन्न हो गया। मृतक युवक के अभिभावकों ने बैरागढ़ से अपने गुरु को बुलाया। उसने अपनी पुरानी गोंडी भाषा में कहा, "यह वृक्ष तल्ला (सिर) से उत्पन्न हुआ है, अतः इसका नाम 'ताल' होगा। इसकी देखभाल और सुरक्षा करो। जब वह वृक्ष बड़ा हो जाएगा तब इसके फल सम्पूर्ण विश्व में फैल जाएँगे।"

गौरसींग माड़िया, ग्राम टिकनपाल बस्तर जिला

बहुत पुरानी बात है इरो कोवाची नाम का एक माड़िया था जिसकी दो सुन्दर बेटियाँ थीं, जिनका नाम हो और पालो था। उसने एक पीढ़ा बनाया जिसे उसने जुँओं की खाल से मढ़ा। उसने घोषणा की कि जो भी व्यक्ति उस पीढ़े को उठाकर उसे उसके स्नान करने के स्थान पर पहुँचाएगा और यह बता सकेगा कि वह किस लकड़ी से बना है, उस पर किस जीव की खाल मढ़ी गई है, उसके साथ वह अपनी बेटियों का विवाह कर देगा। पास-पड़ोस के बहुत से युवक आए परन्तु न तो वे उस पीढ़े को उठा ही सके और न ही यह बता पाए कि वह किस लकड़ी से बना है और उस पर किस जीव की खाल मढ़ी

गई है। फिर मरमोदा नामक एक लँगड़ा युवक इरमा राज से आया जिसकी टाँग पर एक खुला नासूर था। पहले तो वह भी नहीं बता पाया कि वह पीढ़ा किस लकड़ी से बना है परन्तु इतने में ही एक मक्खी आई और उसने युवक के कान में कहा, ''यदि तुम मुझे अपने नासूर पर बैठकर उसका मवाद खाने दोगे तो मैं तुम्हें इस पीढ़े के विषय में बता दूँगी।'' जब मक्खी का पेट भर गया तो उसने युवक को बताया, ''यह पीढ़ा इरपू काठ से बना है और इसको जूँओं की खाल से मढ़ा गया है।'' उसके पश्चात उस युवक ने पीढ़े को उठाया और उसे कोवाची के नहानेवाले स्थान पर ले जाकर रख दिया।

मरमोदा लँगड़ा और कुरूप था और उसके सम्पूर्ण बदन पर नासूर थे। जब हो और पालो दोनों लड़कियों ने उसे देखा तो डरकर भागने लगीं। युवक भी लँगड़ाते हुए उनके पीछे-पीछे भागा और नाच में प्रयुक्त होनेवाला डंडा उसके हाथ से छूट गया। भागते-भागते अन्त में उसने उन लड़कियों को उनके जूड़ों में बँधी रस्सियों के माध्यम से पकड़ लिया। उसने उनके कन्धों पर ढके वस्त्रों को फाड़कर फेंक दिया और उनके थोड़े-थोड़े बाल नोंच डाले। उन वस्त्रों और बालों को उसने इंदलतोम नदी में फेंक दिया और उनके साथ संसर्ग किया। उस दिन से इंदलतोम नदी दो धाराओं में बँटकर बहने लगी।

युवक का घंटी लगा नृत्य करनेवाला डंडा ताड़ का वृक्ष बन गया, लड़कियों के जूड़े की रस्सियों से सल्पी वृक्ष की उत्पत्ति हुई, उनके बालों से खजूर वृक्ष की उत्पत्ति हुई, उन लड़कियों के वस्त्रों से चौड़े पत्तेवाले केले के वृक्ष उत्पन्न हुए। चूँकि उस दिन उनके कन्धों से वस्त्र हट गए थे इसलिए वे अब अपने वक्ष नहीं ढँकतीं।

बोडो पिन्नाजंगर, कोरापुट, उड़ीसा

समुद्र पर्वत पर महाप्रभु ने प्रत्येक प्रजाति के वृक्ष लगाए। जब वे वृक्ष बड़े हो गए तब उनमें फूल और फल लगने लगे और उन्हें खाने के लिए बहुत से कीट एवं पक्षी वहाँ आ गए। परन्तु खजूर का पौधा भूमि के स्तर से बड़ा नहीं हो पाया। एक दिन महाप्रभु वृक्षों को देखने के लिए वहाँ आए और उन्होंने देखा कि खजूर के वृक्ष के अलावा सभी वृक्ष खूब फल-फूल रहे हैं। 'यह कितना दयनीय है,' उन्होंने सोचा। 'इस वृक्ष पर एक मक्खी तक नहीं बैठ रही है।' उन्होंने अपने पैर से थोड़ी लाल मिट्टी उठाई, उसे अपने सिर के चारों ओर घुमाया और फूँक मारकर वृक्ष पर उड़ा दिया। उससे एक सूँडी (गन्दा कीट) उत्पन्न हुई जिसे उन्होंने वृक्ष पर रखकर कहा, ''इस वृक्ष में रहो और इसकी जड़ों का आहार करो। तुम्हारे मूत्र से यह वृक्ष भी शीघ्र ही अन्य वृक्षों की भाँति ही बड़ा हो जाएगा।''

बोंडो, ग्राम तुलागुरम, कोरापुट

जब पृथ्वी की उत्पत्ति हुई तब प्रथम स्त्री एवं प्रथम पुरुष पति-पत्नी बने, और कुछ समय उपरान्त ही वह लड़की गर्भवती हो गई। उन दिनों न तो गाँव थे न ही घर, इसलिए

वे इधर-उधर भटकते रहते थे। जब बच्चे पैदा होने का समय आया तो वे एक सल्पी वृक्ष के नीचे बैठ गए जहाँ उस स्त्री ने जुड़वाँ बच्चों को जन्म दिया। उसी समय समीप ही एक हिरण दिखाई पड़ा और वह व्यक्ति उसको मारने के लिए उसके पीछे भागा। हिरण भागता हुआ काफी दूर निकल गया परन्तु अन्त में वह उसकी पकड़ में आ गया। उसने उसको मार डाला और उसे काटकर उसका मांस खाने लगा। उसकी पत्नी उसकी बाट देखती रही और जब बहुत समय बीत गया तो उसने अपने आपसे कहा, 'उसने अवश्य ही उस हिरण का शिकार किया होगा और उसका मांस खा रहा होगा। वह मेरे लिए कुछ भी नहीं लाएगा, और मैं भूखी रह जाऊँगी।' ऐसा सोचकर उसने अपने बच्चों को वृक्ष के नीचे छोड़ दिया और अपने पति को ढूँढ़ने निकल गई। जब उसे वह मिल गया तो वह भी उसके साथ कच्चा मांस खाने बैठ गई और वे बच्चों को भूल गए।

सल्पी वृक्ष के नीचे दोनों बच्चे भूखवश रो रहे थे। सल्पी वृक्ष ने बच्चों को कष्ट में देखा और उसे उन पर दया आ गई। उस वृक्ष की जड़ें समुद्र तक पहुँच गईं और उसकी सेवा करने लगीं। तब समुद्र ने पूछा, "मैं तुम्हारी क्या सहायता कर सकता हूँ। मुझे अपनी इच्छा से अवगत करवाओ।" सल्पी वृक्ष ने दोनों भूखे बच्चों के विषय में बताया और समुद्र ने उस वृक्ष में जल प्रवाहित किया। वह जल वृक्ष के शीर्ष तक पहुँच गया और वहाँ से बच्चों के मुख में टपकने लगा। इस प्रकार से वृक्ष के जल को पीते हुए वे बड़े हुए। उन्होंने विवाह कर लिया और उनके बारह लड़के और बारह लड़कियाँ उत्पन्न हुईं। वे बारह लड़के बारह जातियों के पिता हुए जो जातियाँ थीं : बोंडो, गदबा, कोंड, परेंगा, दिदई, झोरिया, पेंगू—अन्य के विषय में हमें याद नहीं। इनमें नंगी बोंडो सबसे वरिष्ठ थी।

बोंडों डुमरिपाडा, जिला कोरापुट

सात भाई आखेट पर निकले थे। बहुत दूर तक चलते हुए जब वे थक गए तो वे एक सल्पी वृक्ष के नीचे जाकर बैठ गए। इसी बीच उस वृक्ष से रस की कुछ बूँदें एक भाई पर टपकीं। उसने अपनी पत्ते से बनी चोंगी में वृक्ष के रस को एकत्र किया। उसने उसे चखकर देखा, वह मीठा था और ताजगी प्रदान करनेवाला था। वह उस वृक्ष पर चढ़ गया और उसने उसे थोड़ा-सा काट दिया। उसमें से और भी रस रिसने लगा जिसे सभी भाइयों ने पीया। परन्तु रस को इस तरह से वृक्ष के नीचे खड़े होकर पीने में उन्हें असुविधा महसूस हो रही थी। अतः उन्होंने वृक्ष के ऊपर ही पत्तों से एकत्र करने हेतु हंडी बाँधकर शीघ्र ही वृक्ष के रस को एकत्र करना सीख लिया।

मुंदलीपाड़ा, जिला कोरापुट

आरम्भ में सल्पी वृक्ष की ऊँचाई बहुत ही कम थी और जड़ें बहुत लम्बी थीं। महाप्रभु जंगल में विचरण करते हुए इन जड़ों को खोदकर उनका आहार करते थे। एक दिन

जब वे जड़ें खोद रहे थे तब एक जड़ कट गई और उसमें से रस निकलने लगा। महाप्रभु ने उसे चखा और उन्हें वह मीठा और रुचिकर लगा। उसके पश्चात वे सल्पी वृक्ष के समीप ही ठहरने लगे और वृक्ष की जड़ों को काटकर उसके रस को पीने लगे।

एक दिन सीता अपने पति की खोज में निकलीं। महाप्रभु ने जब उन्हें देखा तो वे डरकर भाग गए। वे उन वृक्षों के समीप पहुँचीं और उन्हें लगा कि इन वृक्षों के कारण ही शायद महाप्रभु उनके पास नहीं आते थे। उन्होंने क्रोधित हो वृक्ष की जड़ को एक ठोकर मारी और वह जाकर समुद्र में गिरी। उन्होंने वृक्ष की शाखाओं को दोनों हाथों में भींचकर ऊपर की ओर खींचा और वे हवा में बहुत ऊपर तक पहुँच गईं।

महाप्रभु ने जब दूर से खड़े-खड़े यह दृश्य देखा तो वे दौड़कर आए और अपनी पत्नी को पकड़ लिया। सीता ने उन वृक्षों को शाप दिया, ''आज से तुम्हारा यह रस सबसे ऊँची शाखा से रिसेगा, जड़ों से नहीं।''

बोंडो अन्द्रहाल, कोरापुट

एक बार राम जब वृक्षों की छाल धारण करके जंगल में विचरण कर रहे थे और कन्दमूल के आहार पर निर्वाह कर रहे थे तभी उन्हें द्रव से भरा एक घड़ा प्राप्त हुआ। उन्हें यह ज्ञान नहीं था कि वह द्रव क्या है, परन्तु प्यासा होने के कारण उन्होंने उसे पी लिया। उसे पीने के पश्चात वे उन्मादी हो गए और उन्होंने सीता के पास जाने से मना कर दिया। वे बहुत क्रोधित हुईं और उन्हें ढूँढ़ने के लिए निकल पड़ीं। उन्हें जब महाप्रभु के उनके पास नहीं आने का कारण ज्ञात हुआ तो क्रोधित हो उन्होंने उसे घड़े को जोर की एक ठोकर मारी। वह घड़ा उड़कर वृक्ष की चोटी पर गिरा। उन्होंने कहा, ''जिस किसी भी व्यक्ति को इस वृक्ष का रस पीना हो उसे वृक्ष के ऊपर चढ़कर पीना होगा।'' इस प्रकार से सल्पी वृक्ष की उत्पत्ति हुई।

जब पहली बार हम इसका रस एकत्र करते हैं तो उसे उनको चढ़ाते हैं। प्रथम दिन हम स्त्रियों को उसका रसपान नहीं करने देते क्योंकि सीता ने लात मारकर इस घड़े को वृक्ष के ऊपर पहुँचाया था जिससे हमें अत्यधिक कष्ट हुआ। जब सल्पी गर्भवती होती है तो उससे बहुत अधिक द्रव का रिसाव होता है।

चीताबेड़ा : जिला कोरापुट

महाप्रभु ने एक सारंगी बनाकर गोंडजनों को दी कि वे नृत्य करते समय उसे बजाएँ। परन्तु वरिष्ठ लोग उसे बजाने में बहुत शरमाते थे। तब महाप्रभु ने गोंड युवकों और युवतियों को बुलाया, परन्तु उन्होंने भी इनकार कर दिया। तब महाप्रभु ने उन्हें अपने घर जाने को कहा। फिर वे एक माँझी को लेकर एक पहाड़ी पर गए जहाँ सल्पी वृक्ष उग रहे थे। महाप्रभु ने माँझी को उस वृक्ष पर चढ़ने को कहा और उसके ऊपरी भाग

को काटने को कहा। उन्होंने माँझी को बाँस की एक सीढ़ी चढ़ने हेतु बनाकर दी और एक छुरी दी। सोमा माँझी ने वृक्ष पर चढ़कर उसकी शाखा को काट दिया और उस पर एक घड़ा बाँधकर नीचे उतर आया।

महाप्रभु को उस दिन चार घड़े रस वृक्ष से प्राप्त हुआ और सोमा और वे दो-दो घड़े ले आए। महाप्रभु ने सोमा से कहकर दूसरे दिन युवक एवं युवतियों को बुलवाया और उन्हें वह रस पीने को दिया। रस पीकर उन्हें नशा हो गया और वे खुशी-खुशी नाचने-गाने लगे। महाप्रभु ने कहा, "यह बहुत बढ़िया चीज है। इसे पीने के बाद किसी को कोई डर नहीं रहता। इसे प्रत्येक अवसर पर—बलि, विवाह, मृत्यु सदैव उपयोग करो और देवताओं को भी चढ़ाओ।"

अबूझ माड़िया, इतलनार, बस्तर

पृथ्वी के निर्माण के समय तलुरमुतै अपने वृद्ध पति कडरेंगाल के साथ अबूझमाड़ के जंगल में आए। तलुरमुतै कडरेंगाल को बहुत प्रेम करती थी, परन्तु उनमें कोई इच्छा ही जागृत नहीं होती थी और वे उनके पास नहीं जाते थे। तब तलुरमुतै ने सल्पी वृक्ष उत्पन्न किया जिससे कि उसका रस कडरेंगाल को उत्तेजित कर सके। जब कडरेंगाल पहली बार वृक्ष पर रस लेने चढ़े तब उन्होंने एक धागा ऊपर से भूमि तक बाँध दिया और भूमि में एक गड्ढा खोद दिया। परन्तु हवा के कारण धागा इधर-उधर उड़ने लगा और रस इधर-उधर बिखर गया। तब तलुरमुतै ने उन्हें सिखाया कि कैसे वृक्ष के रस को तूम्बे में एकत्र करें। रस पीने के बाद कडरेंगाल में उत्तेजना जागृत हुई और वे तलुरमुतै के पास गए।

अबूझ माड़िया : बस्तर ग्राम नलनार

भगवान की सात बेटियाँ 'सात कन्याएँ' मध्यलोक में स्नान करने के लिए आईं। स्नान के पश्चात उन्होंने कंघी की और जहाँ-जहाँ उनके केश टूटकर गिरे, वहाँ-वहाँ सल्पी वृक्ष उत्पन्न हो गए।

झोरिया : चिकनपुट, जिला कोरापुट

महाप्रभु की एक बहन थी जो युवा एवं अविवाहित थी। एक ब्राह्मण नित्य प्रति उनके यहाँ भीख माँगने आया करता था। उसे भगवान की बहन से प्रेम हो गया और वह उसके पास गया। कुछ समय उपरान्त वह गर्भवती हो गई। सौभाग्यवश महाप्रभु बाहर मेघराजा के पास गए हुए थे। उनकी अनुपस्थिति में उस लड़की की दो जुड़वाँ सन्तान हुईं। उस लड़की ने सोचा, 'यदि मेरे भाई इन बच्चों को देखेंगे तो वे मुझे मार डालेंगे।'

उसने उन्हें गाड़ने का निर्णय लिया। परन्तु वह ऐसा कर पाती इसके पूर्व ही महाप्रभु वहाँ आ पहुँचे। वह भयभीत हो गई और भय से भूमि में समा गई। बच्चे बाहर ही रह गए। बच्चों को रोते हुए सुनकर महाप्रभु समझ गए कि ये बच्चे उसकी बहन के ही हैं। उन्होंने सोचा, 'यदि मैं इन बच्चों को देखूँगा तो मुझे पाप लगेगा,' वे वापस चले गए।

वे बच्चे अकेले रह गए, परन्तु उनकी नाल से एक सल्पी वृक्ष उत्पन्न हो गया और उसका रस उनके मुँह में टपकने लगा और उसके कारण उनकी रक्षा हुई।

जुआँग, कंतारा, जिला ढेंकानाल

जब रूसी का जन्म हुआ तो उसने महाप्रभु से कहा, "अब मैंने जन्म ले लिया है, तो बताइए मेरे भोजन के लिए क्या है।" तब महाप्रभु ने उसे एक आम का वृक्ष, एक खजूर का वृक्ष और एक ताड़ का वृक्ष और एक कुम्भी का वृक्ष दिए जिससे उसके भोजन की व्यवस्था हो सके। रूसी को जब भूख लगी तो वह सबसे पहले कुम्भी वृक्ष के पास गया, परन्तु उसे कुछ नहीं मिला। उसके बाद वह आम के पास गया जहाँ उसने आम खाए, परन्तु वे खट्टे थे और उनसे उसका पेट नहीं भरा, उसने उन्हें तोड़कर फेंक दिया। पहले आम में गुठली नहीं होती थी। परन्तु रूसी के फेंकने के बाद उनमें उतनी ही बड़ी गुठली होने लगी जितना बड़ा टुकड़ा रूसी ने फेंका था। इसके बाद रूसी को प्यास लगी और वह ताड़ वृक्ष के पास गया, जहाँ उसमें से रस रिस रहा था। उसने बाँस काटकर उसके टुकड़ों को वृक्ष से बाँध दिया। जब वे ताड़ के रस से भर गए तो उसने उसे पी लिया और उससे वह बहुत आनन्दित हुआ।

जुआँग, बरगढ़ क्योंझर जिला

पुराने जमाने में मनुष्य के पास पीने के लिए कुछ भी नहीं था। मलयवान बूढ़ा और मलयवान बूढ़ी का एक पौत्र था जिसका नाम चेरियाटोका था। सात बहनों ने चेरियाटोका के साथ लगातार सात दिनों तक बिना कुछ खाए नाचने की योजना बनाई। परन्तु नृत्य करते हुए उस लड़के को बहुत भूख लगी और वह बीच में ही कुछ खाने के लिए चला गया और चुपचाप लौट आया। सात दिन बीतने पर उन लड़कियों ने कहा, "चलो नदी पर चलकर अपने मुँह साफ कर लें।" परन्तु मुँह धोते समय चेरियाटोका के मुख से चावल निकला। तब उन लड़कियों को ज्ञात हुआ कि उसने छिपकर भोजन किया है। 'यदि हम उसे स्पर्श करेंगी तो हम सब भी अशुद्ध हो जाएँगी।' उस लड़के ने उन्हें पकड़ना चाहा परन्तु वे सब भाग गईं। भागते हुए उनके आभूषण मार्ग में ही गिर पड़े। कान के आभूषणों से खजूर वृक्ष की उत्पत्ति हुई। उनके जूड़े के शृंगार की कौड़ियों से महुवे की उत्पत्ति हुई। बालों के टूटकर गिरने से ताड़ वृक्ष की उत्पत्ति हुई।

इसीलिए जब भी हम किसी भी ताड़ प्रजाति के वृक्ष का रस पीते हैं तो वह 'सतबहनियाँ' के नाम से पीते हैं और प्रथम बार रसपान स्त्रियों को करवाते हैं तब जाकर वृक्षों से अच्छा रस प्राप्त होता है।

जुआँग, बलीपाल, जिला क्योंझर

मलवान बूढ़ा एक हल बनाने जंगल में गया। वहाँ उसे खाने के लिए अनेक प्रकार के कन्दमूल थे और पीने के लिए सल्पी और ताड़ी थीं। वह अपने घर को भूलकर वहाँ आनन्दपूर्वक रहने लगा। शीघ्र मलवान बूढ़ी को उसके इस व्यवहार पर बहुत क्रोध हुआ और वह उसे ढूँढ़ने निकली। जब उसने मलवान को पिटाड़ू कन्द खाते हुए देखा तो उसने उस पर करंजका का रस डालकर उसे कडुआ कर दिया। उसने भैंगा कन्द को ऐंठ दिया, इसीलिए वह हमारे खाते समय सीधी नहीं टूटती।

सल्पी वृक्ष किसी समय केले के सदृश था। उसका रस भूमि पर खड़े-खड़े ही पीया जा सकता था और उसका गूदा भी खाया जा सकता था। परन्तु मलवान बूढ़ी ने उस पर बाँस से कुछ पानी छिड़क दिया और वह बाँस की भाँति ही सीधा, ऊँचा और कठोर हो गया।

मलवान बूढ़ी ने अपने स्तनों से खजूर को रगड़ दिया, तब से उसके काँटे पसलियों के सदृश होने लगे। उसके फल वृद्ध स्त्रियों के स्तनों के समान। वह ताड़ के वृक्ष को उखाड़कर फेंकने लगी परन्तु मलवान बूढ़े ने उसे पकड़कर ऐसा करने से रोक दिया। उसके कारण वह वृक्ष तो बच गया परन्तु वह खींचे जाने के कारण लम्बा हो गया। मलवान बूढ़ा ने जब देखा कि वृक्ष बहुत ऊँचा हो गया है और वह उस पर चढ़कर उसका रस पीने में असमर्थ है और उसके कन्द भी कडुवे हो गए हैं तो वह अपनी पत्नी के साथ घर जाने के लिए विवश हो गया और उसके साथ रहने लगा।

कोया, अहाड़पल्ली, कोरापुट

इलो और पालो कन्याओं ने चावल पकाया और जब वे उसे पसा रही थीं तभी उड़ामरका उधर आ पहुँचा। उसका विशाल लिंग उसकी कमर में लिपटा हुआ था। उसने दीवार के पीछे छिपकर उसे कमर पर से खोला। उसने दीवार में एक छेद किया और उसमें से अपने लिंग को अन्दर की ओर डालकर चावल के पसिये को पीने लगा। उन दिनों मनुष्य मुँह और लिंग दोनों से ही खाने का कार्य किया करता था। उन लड़कियों ने लिंग को बर्तन से पसिया पीते देखा तो उस पर आघात किया और उसे भगा दिया। उड़ामरका ने उस छिद्र में से झाँककर उन लड़कियों को देखा। वे बहुत सुन्दर थीं और उसकी इच्छा उनसे संसर्ग करने की हो उठी। परन्तु उसके विशाल लिंग को देखकर वे डर गईं और भागने लगीं। परन्तु जब वे भाग रही थीं तो उनके कुछ केश टूटकर गिर गए और वे खजूर बन गए, स्वयं वे लड़कियाँ सल्पी वृक्ष बन गईं, उड़ामरका ताड़ का

वृक्ष बन गया, जब वह उनका पीछा कर रहा था। भागते हुए उसका लिंग एक तिन्सा वृक्ष से टकरा गया और वृक्ष की छाल से रगड़ जाने से कुछ छाल उखड़ गई। उस दिन से तिन्सा वृक्ष के नीचे के तने पर छाल नहीं होती केवल ऊपर की ओर छाल होती है।

उन दिनों पुरुषों को मासिक धर्म होता था जैसा स्त्रियों को आजकल होता है। वे लिंग पर खोखले बाँस बाँधा करते थे ताकि रक्त को उसमें एकत्र किया जा सके। ऐसा उड़ामरका भी किया करता था। इसीलिए ताड़ी के रस को एकत्र करने के लिए बाँस का उपयोग किया जाता है। पुरुषों का मासिक धर्म दो से चार माह तक चलता था, इसीलिए ताड़ का भी यह समय दो-चार माह का ही होता है। इसके उपरान्त वृक्ष गर्भ धारण कर लेता है और उसमें फल लगने लगते हैं।

कोंड, मेरियापट्टा, जिला कोरापुट

भगवान की एक बेटी मासिक धर्म में थी। वह कुमारी थी और उसे कभी भी सन्तान नहीं हुई। परन्तु एकाएक उसके स्तनों से दूध टपककर भूमि पर गिरने लगा। उसने दूध से कहा, ''तुम व्यर्थ ही भूमि पर क्यों गिर रहे हो? सल्पी वृक्ष बन जाओ। एक सींग तुम्हारे ऊपर उगेगा और जैसे मुझे मासिक धर्म हुआ था तुम्हें भी होगा और जैसे मेरे स्तनों से दूध टपकने लगा था वैसे ही तुम्हारे सींग से शुद्ध दूध निकलने लगेगा और मनुष्य उसे पीएँगे।''

वह वृक्ष उस लड़की के दूध के आहार पर बड़ा हुआ और जब मनुष्य ने उसके सींग को काटा तो पहले पहल उसमें से रक्त समान रस निकला जिसमें दुर्गन्ध आ रही थी। आठ दिनों के उपरान्त उसमें से स्वच्छ रस निकलने लगा जिसे एक व्यक्ति ने कर्रा वृक्ष के पत्ते का दोना बनाकर उसमें भरकर अपनी स्त्री को पिलाया जो माँ बन चुकी थी। उसे पीने पर उसके सूजे हुए स्तनों से अत्यधिक दूध उत्पन्न होने लगा।

उस दिन से जिस दिन उस स्त्री ने जिसके स्तन बाघिन के समान थे सल्पी का रस पीया था, सल्पी वृक्ष से अत्यधिक मात्रा में रस उत्पन्न होने लगा।

कोंड, नवागुड़ा कोरापुट जिला

सर्वप्रथम सल्पी वृक्ष के पैरों से रस निकलता था, जिसे मुर्गे-मुर्गियाँ और सूअर चुरा लेते थे। उसके पश्चात रस वृक्ष की चोटी पर चढ़ गया।

कोंड चुतरगाँव कोरापुट

खजूर का वृक्ष और सल्पी वृक्ष दोनों भाई-बहन हैं। वे पृथ्वी को फोड़कर आकाश की ओर बढ़ गए हैं। बूढ़ा पिन्नू की बेटी ढेंकी में अन्न कूट रही थी। उस वृक्ष ने नीचे झुककर

उस लड़की को ऊपर खींच लिया। 'तुम यहाँ मत आओ', उसने कहा। 'मध्यलोक में ही रहो। लोग वहाँ तुम्हारा दुग्धपान करेंगे, परन्तु यहाँ तुम्हारी कोई परवाह नहीं करेगा।' यह सुनकर वृक्ष नीचे की ओर आए और वह लड़की धड़ाम से उस स्थान पर गिरी जहाँ वह अन्न कूट रही थी। वे वृक्ष इतनी तीवग्रति से नीचे उतरे कि वे भूमि में धँस गए और उनके सींग टूट गए। उस टूटे हुए सींग से रस टपक-टपककर भूमि पर गिरने लगा।

दसपजका प्रतिदिन अपने कुत्ते को लेकर आखेट पर जाता था। उसके कुत्ते ने उस रस को चाटकर देखा तो वह उसे अच्छा लगा और वह ऐसा नित्य ही करने लगा और अधिकाधिक रस पीने लगा। उसे शीघ्र ही नशा हो गया। एक दिन दसपजका यह देखने के लिए कुत्ते के पीछे-पीछे गया कि आखिर वह कुत्ता जाता कहाँ है और क्या करता है। उसने भी उस रस को पीकर देखा और उसे नशा हो गया। उस रात उसे सपना आया। 'सर्वप्रथम महाप्रभु की पूजा करो, फिर कुछ रस ऐसी स्त्री को पिलाओ जिसके स्तन भारी और दूध से भरे हों और इससे तुम्हें पर्याप्त रस मिलने लगेगा।'

कुटियाकोंड, गिरिमेल, जिला गंजाम

निरंताली ने मधुमक्खी के छत्ते से मोम लिया और उससे सल्पी के बीज बनाए। उसने सफगन्ना में उन्हें गाँव के समीप बो दिया। एक वर्ष में वह वृक्ष बड़े हो गए। निरंताली ने उन वृक्षों की जतन के साथ सेवा की और जब वे बीस वर्ष के हो गए तो वे फूलने लगे। तब तक वह गाँव बहुत बड़ा हो गया था। एक वृक्ष के नीचे अरूरेंगन और लोंडरेंजा का घर था। एक लाल रंग की गिलहरी उस वृक्ष पर चढ़ गई और उसने एक फूल को कुतर दिया। दूसरे दिन अरूरेंगन उस वृक्ष के नीचे बैठा हुआ था कि तभी उस वृक्ष से कुछ रस टपकने लगा। उसने अपनी हथेली में कुछ रस लेकर उसे चखा और उसे वह स्वादिष्ट लगा। उसने सोचा, 'यदि हम इस वृक्ष को पूरा ही काट दें तो हमें बहुत सारा रस प्राप्त हो जाएगा।' ऐसा सोचकर वह वृक्ष पर चढ़ गया और उसने उस पर एक छोटा-सा घड़ा बाँध दिया और वह घड़ा दिनभर में पूरा भर गया। उस रस को दो या चार लोगों ने आनन्दपूर्वक पीया जो उनके लिए पर्याप्त था।

कुटिया कोंड, दुप्पी, जिला गंजाम

पुराने जमाने में कोंड लोगों को ताड़ वृक्ष से रस कैसे निकाला जाए, इसका ज्ञान नहीं था। एक दिन परमगत्ती और मंगरगत्ती आखेट पर निकले। उन्हें बहुत भूख लगने लगी और वे जंगल में कोई खाने योग्य वस्तु ढूँढ़ने लगे। वे ताड़ के वृक्ष के पास पहुँचे जिसका सींग उग आया था। उन दिनों ताड़ के वृक्ष उतने ऊँचे नहीं हुआ करते थे। उन्होंने उसे काटकर उसका गूदा खाकर उसे नदी में फेंक दिया। वहाँ वह एक कछुए में परिवर्तित हो गया। परमगत्ती और मंगरगत्ती चले गए।

कटे हुए सींग के स्थान से रस बहने लगा और वह पत्ते पर इकट्ठा हो गया। एक कौवा उसे तब तक पीता रहा जब तक कि उसे नशा नहीं हो गया। वह उड़कर एक गाँव में जाकर लुढ़कने लगा और काँव-काँव चिल्लाने लगा। वह गिर पड़ा और लोट-पोट होने लगा। उसे देखकर बालक हँसने लगे। परमगत्ती ने उससे पूछा, ''तुम्हें क्या हुआ है।'' कौवे ने कहा, ''तुम्हें विश्वास नहीं होगा, जो चीज मैंने पी है, मेरे साथ चलकर उसे देखो।'' परमगत्ती ने कौवे के पीछे-पीछे जाकर ताड़ के वृक्ष को देखा और उसका रस पीकर देखा।

उसके पश्चात परमगत्ती और मंगरगत्ती प्रतिदिन जाकर उस वृक्ष का रसपान करने लगे और उसके पश्चात वे सभी से झगड़ने लगते। जब निरंताली ने यह सब देखा तो, उसने जाकर उस वृक्ष के ऊपरी भाग को काट दिया और उसे ऊपर की ओर खींचा जिससे वृक्ष काफी ऊँचा हो गया और वृक्ष का रस सामान्य पहुँच से दूर हो गया।

चिखली, मुरिया, बस्तर

महाप्रभु के घर से एक बार युवक एवं युवतियाँ नृत्य करने आए और वे एक के बाद एक गाँवों में नृत्य करने लगे। एक दिन स्नान करने के बाद लड़कियाँ अपने जूड़े के शृंगार की कौड़ियों को वहीं भूल आईं। उन्होंने उन कौड़ियों को शाप दिया, ''तुम अब सल्पी बन जाओ और तब हम हमेशा तुम्हारे साथ रहेंगी और कभी भी तुम्हें नहीं खोएँगी।'' इसीलिए कहते हैं कि सल्पी वृक्ष के फूल कौड़ियों के गुच्छे के समान दिखाई पड़ते हैं।

मुरिया, कापसी, जिला बस्तर

जब सात गोरमा कन्याएँ (सल्पी वृक्ष की कन्याएँ) उत्पन्न हुईं, तब उन सबका एक ही नाल था। वे एक ही नाल से जुड़ी हुई थीं। उनकी माँ ने सबके नाल को काटा और उसे गाड़ दिया। जब वे सब छोटी बालिकाएँ थीं तभी घर से भाग गईं और उनकी माँ ने उनकी काफी खोज की परन्तु उनका कहीं पता नहीं चला। वह उस स्थान पर गई जहाँ नाल गाड़ा गया था और उसने अपने स्तनों का दूध उन पर गिरने दिया। समय बीतने पर उस स्थान पर एक वृक्ष उग आया जो दूध से भरपूर था। यह वृक्ष सल्पी था जो दूध से उत्पन्न हुआ था और हमेशा दूध प्रदान करता था।

मुरिया, फरसगाँव, जिला बस्तर

पुराने समय की बात है, ग्यारह भाई थे और वे आखेट पर वन में निकले थे। जंगल में उन्हें बहुत प्यास लगी। वे सल्पी वृक्षों के एक समूह के नीचे विश्राम करने लगे। छोटा

भाई ऊपर की ओर वृक्ष को देखकर कहने लगा, ''यह बहुत ही सुन्दर वृक्ष है। अवश्य ही इसकी शाखाओं में पानी छिपा है। मुझे ऊपर एक घड़ा बँधा हुआ दिखाई पड़ रहा है। ऊपर कौन चढ़कर उसे उतार सकता है।'' प्रत्येक भाई ने प्रयत्न किया परन्तु वे असफल हो गए, ज्योंही वे उस घड़े तक पहुँचते तो पाते कि घड़ा पूरा रक्त से भरा है। परन्तु छोटे भाई ने छाल के रेशों की एक रस्सी बनाई और उसकी सहायता से ऊपर चढ़कर उसने देखा कि घड़ा दूध से भरा है। वह उसे नीचे ले आया और उन सबने उसे पीया। सारे भाई नशे में बेहोश हो गए परन्तु छोटा भाई नशे से प्रसन्न हो गया। परन्तु उसे डर लगा कि कहीं उसके भाइयों की मृत्यु न हो जाए। तब उसके भगवान ने कहा, ''गोरगा कन्याओं को एक सूअर की बलि दो, वे सब स्वस्थ हो जाएँगे।'' उसने एक सूअर की बलि दी और उसके सभी भाई स्वस्थ हो गए।

पहाड़ी साँवरा, पोट्टा, जिला कोरापुट

आरम्भ में साँवराओं के कोई भी देवता नहीं थे इसलिए उनके कोई पुजारी भी नहीं थे। जब उनमें प्रथम देवताओं की उत्पत्ति हुई तो उनके पहले गुनिया जुंगो और कैती बने। वे बलि चढ़ाते थे परन्तु उन्हें ताड़ी कैसे उतारी जाती है इसका ज्ञान नहीं था, अतः देवता सन्तुष्ट नहीं थे।

एक दिन किटुंग ने जुंगो को स्वप्न दिया और कहा कि सभी देवताओं को ताड़ी प्रदान करो। दूसरे दिन किटुंग एक ताड़ वृक्ष के पास गए और जब उनका घड़ा भर गया तब उन्होंने कुरनमार को बुलाकर थोड़ी-सी ताड़ी पीने को दी। किटुंग ने उसकी पत्नी से भी ताड़ी ग्रहण करने का आग्रह किया। उसने भी ताड़ी पी और प्रसन्न हो गई। उसके पश्चात वे सदैव देवताओं को ताड़ी भेंट करते रहे।

जब वृक्ष सूख जाता है तब साँवरा उन्हें चावल और मछली भेंट करते हैं और वृक्ष में से ताड़ी पुनः रिसने लगती है।

पहाड़ी साँवरा बोरमसिंगी, कोरापुट

एक किटुंग था। उसका नाम पेदामटुंग था और उसकी पत्नी का नाम दमोरायबाई था। वह एक बार शिकार खेलने जंगल में गया और उसमें वह इतना अधिक लिप्त हो गया कि घर वापस लौटना ही भूल गया। वह वहीं बहुत दिनों तक रुका रहा और वृक्षों पर ही सोता रहा। अन्त में उसकी पत्नी उसे खोजने निकली और उस रात वह गर्भवती हो गई।

कुछ समय उपरान्त किटुंग पुनः शिकार पर गया। जब उसकी पत्नी का प्रसवकाल समीप आया तो वह जंगल में लकड़ियाँ लेने गई। लकड़ियों का गट्ठड़ घर पर रखकर वह पानी भरने गई। रास्ते में उसने दो जुड़वाँ बच्चों को जन्म दिया जिनमें एक लड़का

और एक लड़की थी। उसने कहा, ''मैं पहले पानी का घड़ा रख आती हूँ फिर शिशुओं को सँभालूँगी।'' उतने में ही दो चील आईं और बच्चों को नाल सहित उड़ाकर ले गईं। दूसरी चीलों ने उन्हें देखा और लड़ने लगीं, ''हमें भी हमारा हिस्सा दो।'' इस संघर्ष में बच्चे नीचे गिर पड़े और उनकी मृत्यु हो गई। बालक आम का वृक्ष बन गया और लड़की इमली का वृक्ष।

परन्तु एक चील ने उनका नाल पकड़ा हुआ था। उसके लिए चीलों में काफी संघर्ष चलता रहा परन्तु अन्त में वह भी नीचे गिर पड़ा और वह बरगद का वृक्ष बन गया। वह स्त्री जब अपने बच्चों को लेने उस स्थान पर गई तो उसे वहाँ कुछ भी नहीं मिला। वहाँ उनका निशान तक नहीं था। वह जोर-जोर से रोने लगी। किटुंग ने वहाँ पहुँचकर देखा कि उसका गुप्तांग सूजा हुआ है और उसमें से खून बह रहा है। उसने पूछा, ''क्या हुआ?'' ''मेरे बच्चे खो गए हैं।'' उन्होंने चारों ओर तलाश किया परन्तु उनका कहीं पता नहीं चला। तब किटुंग ने कहा, ''तुम डायन हो। तुमने उन बच्चों को खा लिया है।'' उसने उसको मार डाला और उसे गाड़ दिया। उससे सल्पी वृक्ष की उत्पत्ति हुई जिससे हमें दूध प्राप्त होता है।

पहाड़ी साँवरा तरगासिंगी, कोरापुट

मनुष्य की उत्पत्ति के साथ ही अन्न की भी उत्पत्ति हुई और मनुष्य उसे खाने लगा, परन्तु कुछ समय बाद अकाल पड़ा और लोगों के पास खाने के लिए ताड़ी के अलावा और कुछ भी नहीं था। एक दिन सोमा साँवरा ताड़ी लेने गया और उसे पीने के बाद उसे नींद आ गई। उसने स्वप्न में देखा कि उसके पिता का प्रेत आया है, ''तुम इस प्रकार से कब तक ताड़ी पर जीवित रहोगे? वृक्ष को नीचे से काटकर उसका गूदा निकालकर उसे सुखा लो।'' सोमा ने चार वृक्ष काटे, उनका गूदा निकालकर सुखाया फिर उन्हें कूटकर उनसे पेज बनाया। उसे उसका स्वाद रुचिकर लगा और वह उसको खाकर जीवित रहा। जब अकाल समाप्त हो गया तब भी वह और उसके पड़ोसी उसका पेज बनाकर पीते रहे, क्योंकि वह स्वादिष्ट था।

पहाड़ी साँवरा गुंडरूबेड़ा, कोरापुट

सजांग गाँव में बहुत से साँवरा रहते थे जिनका मुखिया कुंबप था। अपनी माँ की मृत्यु हो जाने पर उसने 'गौर' रस्म के लिए अपने पड़ोसियों को बुलाया। उन दिनों सल्पी वृक्ष नहीं थे। गौर के दिन सुबह से शाम तक जमकर नृत्य हुआ। सिरहा भी नशे में था और उसने भी खूब नृत्य किया। नाचते समय उसकी तोड़ी (तुरही) उसकी आँख से टकरा गई और आँख निकलकर भूमि पर जा गिरी। उसने उसे उठाया और दर्द के कारण घर की ओर भागा। दर्द के कारण वह इधर-उधर भाग रहा था तब आँख उसके

हाथ से छूटकर जमीन पर गिर गई और मिट्टी में खो गई। उस आँख से एक सल्पी वृक्ष उत्पन्न हुआ और जब वृक्ष बड़ा होकर परिपक्व हुआ, सिरहा की मृत्यु हो गई।

एक दिन किटुंग कुंबप के बड़े बेटे के सपने में आए और कहा, "तुम्हारे आँगन का यह वृक्ष तुम्हारे पिता की आँख से उत्पन्न हुआ है। जब यह वृक्ष तैयार हो जाएगा तब तुम्हें इससे पीने के लिए रस प्राप्त होगा, जो तुम्हारे पिता को भी प्रिय था।" इसीलिए इस वृक्ष के फल आँखों जैसे दिखाई पड़ते हैं।

पहाड़ी साँवरा, बरमसिंगी, कोरापुट

जब पृथ्वी पर मनुष्यों की आबादी बहुत बढ़ गई तब किटुंग और उसकी पत्नी एक पहाड़ी पर चले गए और वहीं एक कुटिया बनाकर भीड़ से दूर रहने लगे। एक दिन किटुंग आग के किनारे बैठकर मक्के का भुट्टा सेक रहे थे। जब वे मक्के के दाने खा रहे थे तब ही जलता हुआ एक कोयला उनके मुँह में चला गया। उससे उनका मुँह जल गया और उन्होंने उसे थूक दिया। वह अब काला पड़ गया था और किटुंग ने सोचा, 'इसने मुझे बहुत कष्ट पहुँचाया है। इसे यों ही फेंक देना उचित नहीं होगा। मैं इससे कुछ बनाऊँगा।' उन्होंने अपने घर के सामने एक गड्ढा खोदा और उसमें मक्के का थोड़ा पेज उड़ेला। उसने कोयले के एक टुकड़े को उस गड्ढे में डालकर उसे मिट्टी से ढँक दिया। वे प्रतिदिन उसमें पानी डालते थे और सात दिनों के पश्चात उसमें से एक पौधा उग आया। वह पौधा बढ़ता गया और दो वर्ष बीतने पर वह बहुत बड़ा वृक्ष बन गया और उसमें से एक सींग निकल आया।

किटुंग ने राम्मा को बुलाकर कहा कि इस सींग को काटो और उसे सिखाया कि उसके रस को कैसे इकट्ठा करते हैं। उन्होंने बताया कि उस रस को पीने पर तुम्हें नशा होगा और आनन्द प्राप्त होगा। जब वृक्ष से रस निकलना बन्द हो जाए तो उसे काट देना। उसका गूदा निकालकर सुखा लेना और उसका पेज बनाकर पीना। इस प्रकार से यह सम्पूर्ण वृक्ष उपयोगी है, इसका कोई भी अंग व्यर्थ नहीं जाएगा।

पहाड़ी साँवरा, बोरमसिंगी, कोरापुट

एक वृद्ध दम्पती के पास एक पालतू कबूतर था। एक दिन राम्मा किटुंग आए और अपने लिए उसे माँगने लगे। उन्होंने उस वृद्ध से कहा, "मैं तुमसे सशर्त मित्रता करना चाहता हूँ।" ठीक है। राम्मा ने पूछा, "बताओ तुम मुझे क्या दोगे?" "नहीं, पहले तुम बताओ कि तुम क्या दोगे।" बूढ़े ने कहा। राम्मा ने कहा, "मैं तुम्हारी भूख और प्यास मिटाने की वस्तु दूँगा।" "तब मैं तुम्हें यह कबूतर दे दूँगा," बूढ़े ने कहा। तब राम्मा ने उसे सल्पी के बीज देते हुए कहा, "तुम इन्हें बो दो। इनके वृक्ष से तुम्हें जो रस मिलेगा उससे तुम्हारी प्यास बुझेगी और इसके गूदे को खाने से भूख।"

राम्मा उसके कबूतर को लेकर खुशी-खुशी चले गए। उस बूढ़े ने बीजों को बो दिया और उनसे एक वृक्ष उत्पन्न हुआ। जब वृक्ष बड़ा हो गया तब उसमें से रस टपकने लगा और उस बूढ़े ने एक घड़े में उसे इकट्ठा किया। जब घड़ा भर गया तब उसने वह सम्पूर्ण रस खुद ही पी लिया, ताकि किसी अन्य व्यक्ति को उसका रहस्य ज्ञात न हो सके। यहाँ तक कि उसने अपनी पत्नी को भी नहीं बताया और रात्रि में वह वृक्ष के नीचे ही सो गया जिससे कि दूसरे दिन उठकर वह उस रस को पुनः पी सके। ऐसा वह प्रतिदिन ही उस समय तक करता रहा जब तक कि उस वृक्ष का रस सूख नहीं गया। इसके उपरान्त वह अपने घर गया और उसने खाना माँगा। उसकी पत्नी उसकी लम्बी उपेक्षा के कारण उससे बहुत क्रोधित थी और उसने कहा, ''यहाँ खाने के लिए कुछ भी नहीं है, तुम वहीं जाओ जहाँ से तुम इतने दिनों तक खाना पाते रहे हो।'' वह बूढ़ा भूख से त्रस्त उस वृक्ष के पास जाकर चिल्लाया, ''तुम मुझे और पेय दे रहे हो या नहीं?'' वृक्ष ने कोई उत्तर नहीं दिया और उसने अपने टंगिये से उसे काट डाला। उसका गूदा निकालकर वह अपने घर ले गया और अपनी पत्नी को उसे आटा बनाने के लिए दे दिया।

पहाड़ी साँवरा, बारासिंगी, गंजाम

देवताओं के जन्म लेने के पूर्व दुनिया में बहुत शान्ति थी, न तो यहाँ बीमारियाँ थीं, न धर्म, न बलि देने की झंझाल और न ही कोई पुजारी। परन्तु जब मनुष्य ने ताड़ी पीना सीख लिया तो वे जंगल में ताड़ी निकालने के लिए दूर-दूर तक जाने लगे। वे एक दूसरे से चोरी करने लगे और उनमें काफी झगड़े और बलवे होने लगे।

एक दिन बसोई गाँव का रजनो साँवरा ताड़ी लेने के लिए किनजांग पर्वत पर गया। वहाँ पर ताड़ का एक विशाल वृक्ष था जिसमें तीन ताड़ी सींग थे। उसे बहुत खुशी हुई और वह उस वृक्ष पर चढ़ गया। जब उसने पहला ताड़ी सींग काटा तो उसमें से चूहे सदृश दो जीव निकले और वे भूमि पर गिरकर लुप्त हो गए। उसने दूसरे सींग को काटा तो उसमें भी ऐसा ही हुआ। उसने तीसरा सींग काटा तो उसमें भी ऐसा ही हुआ। वह तीनों स्थानों पर घड़े बाँधकर अपने घर चला गया।

उस रात्रि में रजनो साँवरा के सपने में देवताओं ने आकर कहा, ''तुम्हें ओझा बनना है, और हमें बलि प्रदान करनी है।'' ऐसा ही किया गया। इसीलिए सल्पी वृक्ष बलि हेतु प्रदान की जाती है क्योंकि देवता ताड़ से उत्पन्न हुए थे और वे ताड़ी को माँ का दूध मानते हैं।

पहाड़ी साँवरा, तरमा गंजाम

कुमकुम साँवरा और उसकी पत्नी कोलोनी पर्वत पर रहते थे। काफी समय के बाद उनके दो बेटे पैदा हुए। उस रात किटुंग ने सपने में कुमकुम को यह कहते हुए तीन बीज दिए,

“ये बीज ताड़, सल्पी और खजूर वृक्षों के हैं, इन्हें अपने खेतों में या बाड़ी में बो दो, ये तुम्हारी सहायता करेंगे।” जब कुमकुम जागा तो उसने देखा कि उसके पलंग पर सचमुच ही तीन बीज रखे हैं। उसने उन बीजों को बो दिया और उनकी सावधानीपूर्वक सेवा करने लगा। शीघ्र ही उनकी ऊँचाई पर्याप्त बढ़ गई। एक दिन कुमकुम का बेटा बीमार पड़ गया और जामासुम के दूत उसे लेने के लिए आ गए। परन्तु कुमकुम एक शक्तिशाली ओझा था और उसने उस क्षण उन दूतों को रोक दिया। फिर उसने देवताओं को बकरे, सूअर और मुर्गी की बलि चढ़ाई परन्तु उसका लड़का स्वस्थ नहीं हुआ। अन्त में जामासुम ने उससे ताड़ी की माँग की परन्तु कुमकुम यह नहीं समझ पाया कि वह कौन-सी वस्तु है। दूसरे दिन किटुंग ने उसे सपने में बताया कि ताड़ वृक्षों से उनका रस कैसे प्राप्त करते हैं। “जब तुम उसकी शाखा को काटोगे तो उसे मेरे नाम से मुर्गा और चावल चढ़ाना,” उन्होंने बताया। कुमकुम को इस प्रकार से ताड़ी प्राप्त हो गई और जब उसने जामासुम को उसे चढ़ाया तो उसका बेटा स्वस्थ हो गया।

पहाड़ी साँवरा, गुणदुरबा, कोरापुट

परलाकी मेड़ी पहाड़ पर ऊपरी लोक से युवक एवं युवतियाँ नहाने के लिए आए। वे नहा-धोकर अपने घर चले गए। एक लड़की के जूड़े से साँभर की हड्डी की खूँटी गिर गई और उससे सल्पी वृक्ष उत्पन्न हो गया। एक और खूँटी गिरी जो खजूर बन गई। युवकों ने बालों में अपने साफों में पक्षियों के पंखों को खोंस रखा था, एक युवक की ऐसी कलगी खो गई, जिससे खजूर बन गया। हम ऊपरी लोक के युवक-युवतियों के नाम पर इन वृक्षों की पूजा करते हैं। मृतक भी ताड़ी पीते हैं उसी प्रकार से हम भी।

यदि रस कम हो जाता है तो हम वृक्ष के चारों ओर तीन बार चावल फेंकते हैं और किटुंग को मुर्गे की बलि देते हैं ताकि बादल घिर आएँ और वर्षा हो। तब हमें इन वृक्षों से भरपूर रस प्राप्त होगा।

बोंडो, बोडापद, कोरापुट

जब महाप्रभु ने बीज बोए तो उनसे सभी प्रकार के वृक्ष एवं झाड़ियाँ उत्पन्न हुईं, परन्तु वे महुवा के बीज बोना तो भूल ही गए। बहुत दिनों के बाद उन्होंने पाया कि वे बीज एक पत्ते में गाँठ बाँधकर उन्होंने अपने घर के छप्पर में बाँधकर लटका दिए थे। उन्होंने उन्हें ले जाकर बो दिया। यथासमय उनसे वृक्ष उत्पन्न हुए और वे बड़े होकर फूलने-फलने लगे। एक दिन उन्होंने देखा कि उस वृक्ष के फूल कितने सुन्दर हैं और उन्होंने कुछ फूलों को तोड़कर खाया। कुछ समय बाद ही उन्हें नींद आने लगी और वे वहीं एक वृक्ष के नीचे सो गए। जब वे सोकर उठे तो उन्होंने अपने से कहा, ‘इन्हें खाकर कितनी शान्ति मिलती है और अच्छा लगता है। यदि मैं इन फूलों को मनुष्यों

को दे दूँगा तो वे भी इन्हें खाकर खुश होंगे और आराम से रहेंगे!' अतः उन्होंने मोर, जंगली मुर्गे और मैना को बुलाया और उन्हें उन चीजों को सम्पूर्ण विश्व में फैलाने का आदेश दिया। उन्होंने इन पक्षियों से कहा, 'इन्हें जितना भी तुम खा सकते हो खाओ और फिर तुम्हारी बीट से इन बीजों को सर्वत्र फैलने दो।''

पक्षी उन फूलों को खाकर नाचने लगे और जैसे-जैसे वे नाचते जाते थे वे और अधिक खाते जाते थे। वे तब तक खाते जब तक कि उनके पेट पूरी तरह भर नहीं जाते। मोर और जंगली मुर्गे ने अपनी बीट से आसपास के जंगल में ही बीजों को फैलाया, परन्तु मैना ने सम्पूर्ण विश्व में उन बीजों को फैला दिया।

इसके उपरान्त महाप्रभु ने सोमा बोदनायक को बुलाकर कहा, ''यह महुआ है। इसका आहार करो और अपने बच्चों को भी खिलाओ। तुम्हें इसके रस से नशा होगा। यह वृक्ष समृद्धि और आनन्द प्रदान करनेवाला है।''

गदबा, राजपूत, कोरापुट

बोरांडी पर्वत पर एक मेरापदर नाम का स्थान है। वहाँ का ओझा बोंगटेल बुटरू है। एक रात्रि में कोंडमुली कोंडों के देवता उसके पास आए, उन्होंने सिर पर साफा बाँध रखा था और हाथ में एक कुल्हाड़ी ले रखी थी। उन्होंने ओझा से कहा, ''मुझे पीने के लिए मदिरा दो अन्यथा मैं इस कुल्हाड़ी से तुम्हारी हत्या कर दूँगा।'' जब ओझा नींद से जागा तो उसे सपने की याद आई और वह डरकर मदिरा खोजने निकला। वह मदिरा खोजते हुए बाराहँडी पर्वत पर पहुँच गया।

उस पर्वत पर सुंडीमली देवता का निवास था। वे बारह प्रकार की मदिरा तैयार कर रहे थे। ओझा ने उनसे मदिरा ली और कोंडमुली को भेंट कर दी।

सुंडीमली की बारह प्रकार की मदिरा की सुगन्ध सर्वत्र फैल गई और देवता वहाँ एकत्र हो गए और मदिरा की माँग करने लगे। उसने उन सबको मदिरा देने से इनकार कर दिया। इससे क्रोधित होकर उन्होंने उसका सिर काट डाला। वह सिर लुढ़कता हुआ राजपूत गाँव पहुँच गया, जहाँ वह एक शिला में परिवर्तित हो गया। हम प्रतिवर्ष उन्हें बलि चढ़ाते हैं और जब हम शराब बनाते हैं तो उनका स्मरण करते हैं।

गदबा, राजपूत, कोरापुट

बारह भाई गदबा बोरांडी पर्वत पर आखेट के लिए गए। उन्होंने एक साँभर मारा और उसकी खाल उतारने लगे। उस पर्वत पर काँदा डोकरी और उसकी पौत्री गूँगीकेतनी का निवास था। जब गूँगीकेतनी ने उन्हें देखा तो उसे बहुत क्रोध हुआ कि वे लोग उसके उद्यान में आ गए हैं। वह चुपचाप उनके पीछे गई और सभी को लात जमाई। वे बहुत क्रोधित हुए और उन्होंने उसकी नाक काट ली।

गूँगीकेतनी ने सोचा कि वह कटी हुई नाक को लेकर कहाँ जाएगी अतः वह वहीं पर एक शिला बन गई। उसकी नाक का टुकड़ा महुवे का वृक्ष बन गया। जहाँ वह लड़की शिला में परिवर्तित हुई थी, उस स्थान का नाम नकटीजोला पड़ गया। जहाँ पर नाक का टुकड़ा गिरा था, उस स्थान का नाम माहुलपदर। गाँव के लोग तीसरे वर्ष वहाँ बलि प्रदान करते हैं।

झोरिया, ताड़पदरो, कोरापुट

ताड़पदरो गाँव में एक दिदई अपनी पत्नी के साथ रहता था। उनके चौबीस बेटे थे। उन्होंने उन सबकी शादियाँ कर दी थीं। उसके बाद दिदई की पत्नी का पेट के रोग से निधन हो गया। उसकी छाती पर एक गाँठ थी। वे उसके शव को दाह-संस्कार के लिए ले गए परन्तु वह गाँठ नहीं जली। उस रात्रि को उसका प्रेत उसके सपने में आया और उसने कहा, ''मेरी गाँठ से एक वृक्ष उत्पन्न हुआ है। उसकी अच्छी तरह देखभाल करो, नौ दिन के बाद उसमें फूल और फल लगेंगे। जब उसके फूल झड़ें तो उन्हें पानी डालकर उबालो। मेरे 'दस्सा' पर उसे सभी व्यक्तियों को दो जो उस शोक में सम्मिलित हों।'' दिदई ने उस वृक्ष की अच्छी तरह देखभाल की और दस्सा पर उसके आसव को सभी लोगों को पीने के लिए दिया। उन सभी को नशा हो गया और वे नाचने लगे। उन्हें उस वृक्ष से सम्बन्धित कहानी ज्ञात हुई और उन्होंने उसका महुवा नाम रख दिया। इस प्रकार से मदिरा की उत्पत्ति हुई।

कमार, मारागुडा, कालाहाँडी

महादेव बाबा ने सभी मनुष्यों को भोज पर बुलाया। जब वे सब विदा होने लगे तब महादेव ने अपने नौकरों से कहा कि चुपचाप इनकी बातें सुनो, वे क्या कहते हैं।

अपने घर जाते हुए सभी लोग भोजन की प्रशंसा कर रहे थे, ''उन्होंने हमें कितना अच्छा भोजन करवाया! कितना बढ़िया घी था, कितनी अच्छी मिठाइयाँ थीं और कितना स्वादिष्ट दही था।'' परन्तु कुछ लोगों ने कहा, ''परन्तु वहाँ वास्तविक आनन्द प्रदान करने को तो कुछ भी नहीं था।'' और फिर सभी कहने लगे, ''यह सच है कि ऐसे गरिष्ट भोजन का क्या लाभ।'' नौकरों ने जाकर अपने स्वामी को यह सब बताया। महादेव ने तुरन्त ही अपने नौकरों को भेजकर उन सब लोगों को वापस बुलवाया और कहा, ''मैं सबसे अच्छी चीज तो तुम्हें देना ही भूल गया।'' और फिर उन्होंने सबको मद्यपान करवाया, घड़े भर-भरकर मदिरा परोसी।

उन्हें शीघ्र ही नशा चढ़ गया और वे नशे में नाचने-गाने लगे। वे इतने खुश पहले कभी नहीं हुए थे। उन्होंने पूछा, ''यह कौन-सी वस्तु है? और इसे कैसे बनाते हैं?''

महादेव ने शराब बनाने का तरीका बताया और वे सभी लोग इस ज्ञान को लेकर आनन्दपूर्वक अपने-अपने घरों को लौट गए।

कोया, चिरपल्ली, कोरापुट

पन्डुअल नाम के एक कोम्मार ने मरडेल पर्वत पर घर बनाया। वह वहाँ एकदम एकाकी था क्योंकि उससे वहाँ मिलने के लिए कोई भी नहीं आता था। वे दोनों पति-पत्नी एकदम नग्न अवस्था में वहाँ रहते थे। वहाँ एक इरपू वृक्ष था और वे वहाँ शराब बनाते और दिन-रात पीते रहते और नशे में आनन्दपूर्वक रहते।

एक दिन दो भाई शुंडी उस पहाड़ी पर जलाऊ लकड़ियाँ लेने गए और उन्होंने पत्थर से बने उस मकान को देखा। उन्होंने उन दोनों नंगे कोंडों को देखा जो जाकर घर में छिप गए थे। उन्होंने अन्दर से दरवाजा बन्द कर लिया और भूमि की ओर से पाताललोक में चले गए। परन्तु वे अपनी बची हुई मदिरा वहाँ छोड़ गए जिसे शुंडियों ने पी ली और उन्हें तुरन्त नशा हो गया। वे मदिरा बनाने की भट्टी अपने साथ ले गए और स्वयं उसे बनाने लगे।

कन्ध देनगुड़ा, गंजाम

जब पृथ्वी और बादलों का निर्माण हुआ तब बूढ़ा पिन्नू और पुसरूली पति-पत्नी की भाँति रहते थे। जब मनुष्यों की संख्या बहुत अधिक हो गई तब बूढ़ा पिन्नू और पुसरूली ने उन्हें जातियों में बाँट दिया और प्रत्येक जाति अपने-अपने पृथक् घरों में रहने लगीं। उन दिनों पुसरूली की योनि में एक आँख थी। एक दिन वह आँख अपने आप ही अकेली स्नान करने चली गई और पानी में गिर पड़ी। पुसरूली ने उसे उठाकर अपने हाथ में पकड़ लिया। उसने कहा, "यह आँख एक वृक्ष बन जाए और उस पर बहुत सारे फल लगें। जैसे यह आँख स्वयं ही मेरी योनि से पृथक् होकर गिर पड़ी थी वैसे ही उस वृक्ष के फल भी स्वयं ही वृक्ष से झड़ जाएँ। जैसे स्त्रियाँ पुरुष के पीछे भागती हैं, वैसे ही पुरुष भी इस वृक्ष के पीछे भागें।" उन्होंने गोलपाड़ा पर्वत पर उस आँख को फेंक दिया। बारह वर्ष बीतने पर उस वृक्ष में फल लगने लगे और पुसरूली ने लोगों को सपने में बताया कि उस पर्वत पर इरपी वृक्ष है, वे उसके फल इकट्ठे करें और उनका सेवन करें।

कुटिया कोंड, गिरिमेल, गंजाम

आरम्भ में इरपी के वृक्ष भूमि में से प्रकट हुए थे। उन दिनों या तो सब ओर जल था या चट्टानें थीं और उनके सिवाय कुछ भी नहीं था। निरंताली एक चट्टान पर रहती

थी। उसने उन बीजों को एक कपड़े में लपेटकर अपनी अंटी में बाँध रखा था। जब पृथ्वी और बादलों का निर्माण हो गया तो निरंताली एक दिन नदी में स्नान करने के लिए गई। वहाँ स्नान करते समय कुछ बीज भूमि पर गिर गए। वापस आकर उन्होंने तिलपाड़ा पर्वत पर जाकर उन बीजों का रोपण किया। एक माह बाद जब वे अंकुरित हो गए तो उन्होंने बाड़ से उन्हें घेर दिया। वे वृक्ष बढ़कर बारह वर्ष में तैयार हो गए। उन्होंने निरंताली से पूछा, ''हमने जन्म तो ले लिया है परन्तु हमारी जाति क्या होगी, और हमारे बच्चों का क्या होगा।''

निरंताली ने वृक्ष की एक टहनी तोड़कर उसे मुँह में रखकर उसे फूँक से उड़ा दिया। वह पत्ता उड़कर उस वृक्ष पर गिरा और उस वर्ष अप्रैल माह में उस वृक्ष में फूल खिले और वे भूमि पर झड़ने लगे। निरंताली परमगुत्ती को गोपालपाड़ा पर्वत पर ले गई और उन्हें वे फूल दिखाते हुए कहा, ''इन फूलों को अपने घर ले जाओ और इन्हें पकाकर खाओ।'' परमगुत्ती ने वैसा ही किया। इन लोगों को निरंताली ने पाइक कहा और उन्हें बीज दिए और कहा, ''इनसे तेल निकालो।'' अन्त में उन्होंने शुंडियों को बुलाया और उन्हें उन फूलों से शराब बनाना सिखाया।

मुरिया सिवनागुड़ा, कोरापुट

जब महाप्रभु ने मनुष्यों को ताड़ी पीना सिखाया तो वे स्वयं भी पीने लगे और देवताओं को भी चढ़ाने लगे। मुरिया जब पेदा खेती हेतु जंगल को काटकर उसकी सफाई करते हैं तब वे डोंगरदेव के लिए बलि देते हैं और ताड़ी चढ़ाते हैं। परन्तु उन्हें उसका स्वाद पसन्द नहीं आया और वे कुपित होकर लोगों को बीमार करने लगे। उन्होंने महाप्रभु के पास जाकर कहा, ''हमने अपने देवताओं को ताड़ी भेंट की, परन्तु उसका कोई लाभ नहीं हुआ, हम लोग सदैव बीमार पड़ रहे हैं।'' महाप्रभु ने उनके साथ सुख सिरहा को भेजते हुए कहा, ''तुम अपनी अलौकिक शक्ति का उपयोग करके देवताओं से पूछो कि वे क्या चाहते हैं।'' सिरहा ने अपने सूपे का प्रयोग करके देवताओं का आह्वान किया और उनसे पूछा कि क्या समस्या है। उन्होंने कहा, ''हम इस ताड़ी को नहीं पी सकते। हमें इरपू की मदिरा प्रदान करो।''

मुरिया पुनः महाप्रभु के पास गए और उन्हें बताया, ''हमारे देवता इरपू की मदिरा चाहते हैं।'' महाप्रभु स्वयं अपने लोगों के साथ पेंगा परबत पर गए जहाँ इरपू के बहुत से वृक्ष थे। उन्होंने सोने के एक पात्र में इरपू के फूलों को एकत्र किया, जब वह भर गया तो उन्हें चाँदी के एक पात्र में भरा और उसमें बाँस की एक नली बनाकर लगाई और इस प्रकार से मदिरा बनाई। महाप्रभु ने वहाँ उपस्थित सभी लोगों को थोड़ी-थोड़ी मदिरा प्रदान की। उन्हें शीघ्र ही नशा हो गया और वे गहरी नींद में सो गए। महाप्रभु उनसे प्रसन्न थे, उन्होंने उनके नशे को शान्तिपूर्ण बनाया और वे जब सोकर उठे तब न तो उनके सिर में दर्द था न ही पेट में। तब महाप्रभु ने देवताओं को बुलाया और

उनसे कहा, ''भविष्य में तुम सब इरपू की बनी हुई मदिरा पीया करो।'' कुछ देवताओं ने मना कर दिया परन्तु डोंगरदेव और पुरखे इसके लिए सहमत हो गए। सुकरो ने बलि का आयोजन किया और देवताओं को इरपू मदिरा पीने को दी। उसके बाद से वहाँ कोई बीमारी नहीं हुई।

ओखरा, पहाड़ी साँवरा, गंजाम

जब किटुंग ने वृक्ष बोए तो वे अब्बा वृक्ष बोना भूल गए। एक बार जब उनकी पत्नी मासिक धर्म में थी, तो वे स्वयं ही खाना पका रहे थे और उनकी पत्नी बाहरी काम निपटा रही थी। जैसे पानी भरकर लाना और खेतों की रखवाली करना। जब खाना बनकर तैयार हो गया तो वहाँ पानी नहीं था। उन्होंने कहा, ''जल्दी से पानी लाओ, मुझे भूख लगी है।'' उनकी पत्नी पानी लेने चली गई। उसने नदी के पानी से घड़ा भरा और उसे रखकर वह हाथ-पैर धोने लगी। इसके बाद उसने घड़े को सिर पर उठाया। घड़े के पेंदे में थोड़ी-सी लाल मिट्टी चिपक गई थी जो उसके बालों में लग गई। उसने घड़ा घर में रखा और दोनों ने रात्रि भोजन किया। रात्रि में सोते समय वह लाल मिट्टी भूमि पर गिर गई और किटुंग ने उसे देखकर पूछा, ''यह क्या है?'' उसने सोचा कि उसकी पत्नी नदी में किसी के साथ छेड़छाड़ कर रही होगी और किसी युवक ने उस पर वह मिट्टी फेंकी होगी। उसने कहा, ''ऐसा किसी ने भी नहीं किया। वहाँ कोई भी नहीं था। यह मिट्टी मेरे सिर से निकली है।'' किटुंग ने घर के सामने एक गड्ढा खोदकर उस मिट्टी को गड्ढे में गाड़ दिया। उन्होंने कहा, ''यदि यह सच है कि किसी ने तुम्हारे ऊपर इस मिट्टी को नहीं डाला तो इससे एक वृक्ष उत्पन्न होगा।'' ऐसा कहकर वह सोने के लिए चला गया। रात्रि में उस स्थान पर एक अब्बा वृक्ष उत्पन्न हो गया। सुबह उठकर उन्होंने उसे देखा और किटुंग की पत्नी प्रसन्न हो गई। उसने कहा, ''देखो, मैंने सच कहा था न।'' किटुंग ने कहा, ''यह बीज तुम्हारे सिर से उत्पन्न हुए हैं, अतः इसका नाम होगा अब्बा (सिर)।'' जब भी वह उस वृक्ष को देखती तो वह किटुंग को याद दिलाती कि वह सही थी।

पहाड़ी साँवरा, बारासिंगी, गंजाम

किटुंग को बहुत गर्मी लग रही थी इसलिए वह स्नान करने गए। उन्होंने अपने अंगों को रगड़ा जिनसे कुछ मैल निकला। उन्होंने कहा, ''मैं इस मैल का क्या करूँ? यदि मैं इसे नदी में ही फेंक दूँगा तो इसे मछलियाँ खा लेंगी और उससे मुझे चोट लगेगी।'' उन्होंने नदी के किनारे गड्ढा खोदकर उस मैल को उसमें गाड़ दिया। उस मैल से एक अब्बा वृक्ष उत्पन्न हुआ और उसमें फूल खिलने लगे। उन्होंने एक-दो फूल उठाकर खाए जो बहुत मीठे थे और वे एक टोकरी भरकर घर ले आए। उन्होंने उन फूलों को सुखाया

और उन्हें पकाया। फिर उन्हें एक बड़े से घड़े में भरकर पानी सहित रख दिया। उन्होंने नदी के किनारे एक भट्टी बनाई और वह पहली भट्टी (कलारी) बनी, जिसमें किटुंग ने शराब बनाई।

नगीरा, ढेंकानाल

बोरम बूढ़े ने एक घड़ा भरकर चावल पकाया और जंगल में हल बनाने चला गया। एक दिन वह भाजी लेने जंगल में गया जहाँ उसे बहुत सी पिटरू की जड़ें मिल गईं। वह उन्हें लेकर घर आया परन्तु उनमें दूसरे प्रकार की जड़ भी मिल गई, ऐसी जड़ जिसके सेवन से नशा हो जाता है। उसके दाएँ हाथ में पिटरू की जड़ें थीं और बाएँ में दूसरी जड़ें। धोखे से चावल पकाते समय नशा लानेवाली जड़ चावल में मिल गई। बोरम बूढ़ा ने उसे नहीं देखा। उसने पिटरू की जड़ों को भूनकर खा लिया और वह चावल के विषय में भूल गया। वह पिटरू की जड़ें खाकर इतना तृप्त हो गया था कि उसे चार दिनों तक चावल की याद ही नहीं आई।

वह घर पहुँचा और उसने कुछ नहीं खाया। उसकी पत्नी ने सोचा, 'कोई लड़की उसे भोजन कराती रहती है।' परन्तु उसने तुरन्त ही उसे पिटराकंद खाते हुए देखा। उसने क्रोधित हो उस कन्द को कड़वा बना दिया। कुछ दिनों के बाद बूढ़ा पुनः अपना हल बनाने जंगल में गया। उसने पिटरू कन्द इकट्ठे किए और अब की बार उनको कड़वा पाया। उसे चावल की याद आ गई और उसने उस ओर देखा। वे सूखे थे अतः उसने उसमें पानी डाला और पी गया। तुरन्त ही उसे नशा हो गया। उसने एक तम्बूरा बनाया और नाचते-गाते हुए अपनी पत्नी के पास घर चला गया। उस बुढ़िया ने जब उसे देखा तो वह चावल का घड़ा देखने गई और उसने भी उसका पानी पीया और वह भी नशे में उसके तम्बूरे की धुन पर नाचने लगी।

अध्याय : तेरह

केंचुए

बोंडो पिन्नाजंगर, कोरापुट

महाप्रभु ने भिन्न-भिन्न जनजातियों को पृथक्-पृथक् काम सिखाए—वस्त्र बुनना, मिट्टी से बर्तन-घड़े आदि बनाना, शराब बनाना और खेती करना और बोंडों लोगों को सिखाया कुल्हाड़े और फावड़े से जंगल साफ करना। परन्तु वहाँ की भूमि इतनी कठोर थी कि वे उस भूमि को अपने फावड़ों से इतना भी नहीं खरोंच पाए कि वे बीजों को मिट्टी से ढक पाते। वे महाप्रभु के पास गए और उनसे पूछा कि "वे क्या करें।" जब वे सब चले गए तो उन्होंने अपनी पत्नी के गले की एक माला को तोड़कर उसके धागे से एक केंचुआ बनाया। उन्होंने उस केंचुए से कहा कि तुम जनगार पर्वत पर जाओ और वहाँ की मिट्टी को खाओ और उसी को शौच करो। इस प्रकार से वहाँ की मिट्टी को महीन और नर्म बना दो।

महाप्रभु ने केंचुए से कहा, "दिन के समय तुम भूमि के अन्दर रहकर मिट्टी का आहार करो। रात्रि के समय बाहर निकलो, मैं तुम्हारी पूँछ पर एक प्रकाशित होनेवाली वस्तु लगा दूँगा। वे चींटियों और कीटपतंगों को आकर्षित करेंगे जिनको तुम आहार बना लेना और वह प्रकाश तुम्हें मार्ग दिखलाएगा।"

केंचुओं की संख्या बढ़ती गई और उन्होंने पूरी दुनिया की मिट्टी को नर्म और महीन बना दिया। चूँकि उनकी उत्पत्ति स्त्री की माला के धागे से हुई थी अतः वे उन्हीं की भाँति युवावस्था में सुन्दर होते हैं और वृद्ध होने पर काले और झुर्रीदार हो जाते हैं।

कोंड पालकी, कालाहाँडी

भीमा पिन्नू आकाश में रहते थे। एक साल वर्षा नहीं हुई। इस कारण देवता चिन्तित हो गए और उन्होंने भीमा पिन्नू को बुलाया। उन्होंने एक करधनी पहन रखी थी जिस पर अपनी लंगोटी बाँध रखी थी। देवताओं के पास जाते हुए मार्ग में उनकी करधनी टूटकर गिर गई और जैसे ही वह भूमि पर गिरी, उसमें अपने आप ही जीवन आ गया। बिना करधनी के भीमा देवताओं के समक्ष कैसे जाते। वे वहीं उसी स्थान पर खड़े हो

गए जहाँ वे थे। देवतागण उनके पास आए। उन्होंने कहा, 'तुम्हारी करधनी केंचुआ बन गई है।''

अतः जब भी भीमा पिन्नू केंचुओं को भूमि से बाहर लाते हैं, तो मनुष्य समझ जाते हैं कि वर्षा होनेवाली है।

कुटिया कोंड, सुरंगबारो, गंजाम

एक दिन निरंताली बीज लेने गई। जब वह आ रही थी तब उसका वस्त्र कँटीली झाड़ी में फँसकर फट गया। उसने उस वस्त्र से एक धागा निकालकर नदी में फेंक दिया जो तुरन्त ही केंचुआ बन गया और तैरने लगा। वह तब तक तैरता रहा जब तक कि उसे एक मछली ने नहीं खा लिया।

निरंताली ने लाल रंग के धागों का गोला बनाकर आकाश में फेंकते हुए कहा, ''तुम्हारे अंडे वर्षा के साथ पृथ्वी पर बरसें और जब उनमें से बच्चे निकलें तो वे सीधे ही भूमि के भीतर चले जाएँ और वहीं रहें।'' अतः केंचुए आकाश में ही रहे और उनके अंडे भूमि पर आ गिरे।

निरंताली ने कहा, ''लाल धागा तुम्हारे लिए प्रकाश का कार्य करेगा।'' और ऐसा ही हुआ। केंचुए की गर्दन में थोड़ा-सा प्रकाश देखा जा सकता है।

दंतारा, गंजाम

आरम्भ में भूमि अत्यन्त कठोर थी और मनुष्य और उनके पशुओं के लिए अपने हलों के द्वारा उसे जोतना बहुत ही कठिन था। किटुंग ने आश्चर्यपूर्वक कहा, ''मैं भूमि को नर्म जोतने योग्य कैसे बनाऊँ?'' परन्तु उन्हें उसका कोई उपाय नहीं सूझा।

एक दिन किटुंग ने एक बकरे को मारा और जब वे उसका मांस खा रहे थे तभी उसका एक टुकड़ा उनके दाँतों में अटक गया और उन्हें उससे कष्ट हुआ। उन्होंने अपने छप्पर से घास का एक टुकड़ा खींचकर निकाला और उससे दाँत में फँसे हुए टुकड़े को निकाला जो तुरन्त ही निकल गया और उनका कष्ट दूर हो गया।

किटुंग ने सोचा, 'यह दाँत साफ करने के लिए एक अच्छी वस्तु है। यदि इसे मैं भूमि के अन्दर पहुँचा दूँ तो यह सम्भवतः भूमि को नर्म बना देगा। उन्होंने उसे अपने घर के पिछवाड़े में उसे गाड़ दिया। दूसरे दिन किटुंग ने खोदकर उसे देखा तो वह केंचुआ बन चुका था। यह देखकर किटुंग बहुत प्रसन्न हुए और उस केंचुए से कहा, ''भूमि के अन्दर ही रहो, मिट्टी का ही आहार करो और उसी का शौच। इससे भूमि नर्म बन जाएगी।''

घास के तिनके का एक छोर लाल था जिस पर किटुंग के दाँत का खून लग गया था। इसी कारण से केंचुए का एक छोर लाल रंग का होता है।

बिंझवार, गोलाझार, सम्बलपुर

एक कीचक था जो महादेव का भक्त था, उसने महादेव की इतनी भक्ति की कि उन्होंने प्रसन्न होकर उसे अत्यन्त शक्तिशाली होने का वरदान दे दिया। इस आशीर्वाद के बाद उसे इतना घमंड हो गया और वह इतना कामुक हो गया कि किसी भी सुन्दर स्त्री को देखकर उस पर मोहित हो जाता था और जबरन उसकी इज्जत लूट लेता था।

जब भीमसेन ने यह बात सुनी तो उन्हें बहुत क्रोध हुआ और उन्होंने निश्चय किया कि वे उस दुष्ट की हत्या कर देंगे। उन्होंने उसका पीछा करके उसे पकड़ा और अपनी हथेलियों के बीच मसलकर उसकी चटनी बना दी और उसे आग में जला दिया।

कुछ समय बीतने पर वर्षा हुई और वर्षा का जल उसकी अस्थियों और राख पर पड़ा और मृत कीचक की राख से एक जोंक उत्पन्न हुआ। चूँकि महादेव ने उसे शक्तिशाली और अमर होने का वरदान दिया था इसीलिए जोंक को मारना सम्भव नहीं है।

नोट : इस कथा पर महाभारत की कथा की छाया विद्यमान है। राजा विराट के यहाँ नौकरी करते समय द्रोपदी की इज्जत बचाने के लिए भीम ने कीचक का वध किया था।

झोरिया, पिट्टईगाँव, कोरापुट

एक वृद्ध ब्राह्मण के सात पुत्र और एक पुत्री थी। जब उसके बेटे बड़े हो गए तो वह उनके लिए वधू खोजने निकला। परन्तु कोई भी उनके साथ विवाह करने के लिए तैयार नहीं था, क्योंकि वे नापसन्द किए जाते थे और निर्धन थे। जब बड़े बेटे ने यह सुना तो उसने कहा, ''कोई बात नहीं, मेरी एक बहन है, मैं उसके साथ विवाह करूँगा।'' ''नहीं तुम ऐसा नहीं कर सकते,'' लड़की ने कहा। इसके पश्चात पारी-पारी से सभी भाइयों ने उसके साथ विवाह करना चाहा, परन्तु उस लड़की ने सभी को मना कर दिया। तब सबसे छोटे लड़के ने कहा, ''यदि तुम किसी अन्य व्यक्ति से विवाह करोगी तो मैं तुम्हें मार डालूँगा।''

वह लड़की अत्यन्त सुन्दर थी और बहुत से युवक उससे विवाह करना चाहते थे, परन्तु वह अपने भाइयों के डर से किसी के साथ भी विवाह नहीं कर सकी और कुँआरी ही रह गई।

महाप्रभु ने अपने आपसे कहा, 'यदि इस लड़की का विवाह नहीं होगा तो फिर दुनिया कैसे आबाद होगी?' उन्होंने एक वृद्ध का रूप अपनाया और उस लड़की के पास

जाकर कहा, ''हे पौत्री, मैं बहुत प्यासा हूँ, मुझे पीने के लिए थोड़ा पानी दो।' वह एक तूम्बा भरकर पानी लाई, महाप्रभु ने थोड़ा-सा पानी पीया और फिर गुप्त रूप से उस पर जादू का प्रयोग 'चू चू चू' कहते हुए किया। लड़की ने स्वयं भी थोड़ा पानी पीया। उसी दिन उसने गर्भ धारण किया और उसका पेट बढ़ने लगा। भाइयों के डर से कि वे उसकी हत्या कर देंगे, वह नदी की ओर भाग गई। वह नदी में कमर तक पानी में उतर गई। जो रक्त उसके पेट में जमा हो गया था वह थक्कों में बाहर निकल गया और रक्त के वे थक्के जोंक बन गए।

कमार, पतरपुरजी (खरियार), कालाहाँडी

अज्ञातवास में रहते हुए पाँच पांडव भाई द्रोपदी के साथ कजली वन चले गए। वहाँ एक कीचक रहता था जो एक विशाल और कुरूप राक्षस था। जब वे पांडव भाई आखेट पर चले जाते तो वह दैत्य द्रोपदी के घर जाकर उसे धमकियाँ देता और डराता था। उसने भीमसेन को इसकी जानकारी दी और भीमसेन कीचक को ढूँढ़ने निकला। एक तालाब के किनारे उनका युद्ध हुआ और भीम ने उसका वध कर दिया और उसके अंगों को मसलकर चूर-चूर कर दिया। कीचक का खून नाक की ओर से बहने लगा और उससे जोंक उत्पन्न हुए।

कोया, फुली मेटला, कोरापुट

एक गाँव में एक धोबी अपनी पत्नी के साथ रहता था। कुछ दूरी पर ही एक बड़ा नगर था जहाँ का राजा उरसुंददेव था। एक दिन राजा ने उस धोबी को बुलाकर कहा, ''मैं तुम्हें अपना धोबी नियुक्त करता हूँ। तुम मेरे और मेरे नागरिकों के कपड़े धोवोगे। इसके लिए तुम्हें प्रत्येक कपड़े के लिए एक पैसा मिलेगा और दोनों समय का भोजन।'' धोबी ने यह प्रस्ताव स्वीकार कर लिया और रोज वह मैले कपड़े लेने शहर में आने लगा। दोनों पति-पत्नी को खाना मुफ्त में मिल जाता था, अतः वे पैसे बचाने लगे। उन्होंने बारह वर्ष में बचाए गए धन से गाय-भैंस खरीद लीं और एक सुन्दर भवन बना लिया। उनको एक बेटा पैदा हुआ और जब वह बड़ा हो गया तो उसके विवाह की तैयारी शुरू कर दी। धोबी को चिन्ता होने लगी कि वह मेहमानों के लिए पर्याप्त पानी की व्यवस्था कैसे कर पाएगा? अतः उसने काफी धन खर्च करके एक तालाब बनवाया। इस कार्य से लोग बहुत खुश हुए और नाच-गाने के साथ विवाह सम्पन्न हो गया।

उस विवाह के पश्चात उस गाँव के लोग उस तालाब में नहाने लगे और उसका पानी ले जाने लगे। पाइक और रोना जैसे गन्दे लोगों के लिए पृथक् घाट थे, जो दातुन करके उन्हें तालाब में ही फेंक देते थे। कुछ समय बाद ही तालाब में गन्दा

कूड़ा-करकट जमा हो गया था। एक दिन धोबी तालाब को देखने के लिए आया। उसने तालाब में जमा कूड़े-करकट को देखा और देखा कि तालाब में दातुन के टुकड़े तैर रहे हैं। उसने पाइक और रोनाओं से उन्हें साफ करने को कहा, परन्तु उन्होंने मना कर दिया। धोबी ने देउर से जाकर कहा, ''देखिए मैंने यह तालाब सभी लोगों के लिए बनाया है, परन्तु पाइक और रोना उसकी सफाई करने से इनकार करते हैं।'' देउर ने उसे एक शीशी में 'जीवन्त जल' भरकर देते हुए कहा, ''किनारे पर पड़े हुए दातुन के टुकड़ों को जला दो और जो टुकड़े जल के सतह पर तैर रहे हैं उन पर इस जल को छिड़क देना, तो उनमें भी प्राण आ जाएगा और वे जोंक बन जाएँगे। इस बात को गुप्त रखना और जब पाइक और रोना तालाब में नहाने आएँगे तो ये जोंक उन्हें काटेंगे और तुम उनसे बदला ले सकोगे।'' धोबी ने वैसा ही किया जैसा देउर ने उसे बताया था, और तब से ही तालाबों में जोंक अस्तित्व में आए।

पहाड़ी कोंड, सुतगहती, गंजाम

रायबिजली गाँव में मिडरू नाम का एक कोंड रहता था। उसकी सात बेटियाँ थीं। वे सब कुँवारी थीं और उनके लिए विवाह के प्रस्ताव लेकर कोई नहीं आता था। मिडरू का कोई बेटा नहीं था और उसकी बेटियाँ ही घर एवं खेती के सब काम करती थीं। एक दिन वे सातों लड़कियाँ झाड़ू बनाने के लिए घास काटने गईं। जब वे वापस घर आ रही थीं तो उस दिन बहुत तेज गर्मी पड़ रही थी और वे अपने कपड़े उतारकर नदी में नहाने लगीं। नहाते समय बड़ी लड़की की अँगूठी नदी में गिर गई। उन्होंने उसे काफी ढूँढ़ा परन्तु वह नदी के बहाव में बह गई और मिली नहीं। उस लड़की ने अत्यधिक क्रोधित होते हुए कहा, ''यह अँगूठी बिना हाथ-पैर का जन्तु बन जाए और जो भी प्राणी या मनुष्य पानी में आए उसे वह पकड़ ले। जब वह उनका रक्त चूस ले तब उन्हें छोड़ दे।'' उसके शाप के कारण वह अँगूठी जोंक बन गई।

डोंगरिया कोंड, प्रिंगेली, गंजाम

निरंताली छोटी गाँठवाले विशिष्ट प्रकार के बाँस की तलाश में बाँस के झुरमुट में गई। परन्तु जंगल में उसे वैसा बाँस नहीं मिला जो वह चाहती थी। परन्तु घर वापस आकर उसे वह उसके घर के पिछवाड़े में ही मिल गया। उसने बाँस को उखाड़ा और उसकी जड़ के छोटे-छोटे टुकड़े किए। रात्रि में वह पेनिज़् नदी के किनारे गई और उसने वे सब टुकड़े नदी में फेंक दिए। बाँस के टुकड़े जोंक बन गए।

पेंगू मालिकोट, कोरापुट

महाप्रभु सुजागिरी पर्वत पर निवास करते थे और उन्होंने मनुष्यों को उत्पन्न किया। इस कार्य में उन्हें बारह वर्ष लगे। उन्होंने उनके शरीर बनाए और उनमें प्राण प्रतिष्ठित किए परन्तु वे उनमें आँखें लगाना भूल गए। उन्होंने आँखों के नमूने बनाए जिन्हें वे अपने हाथों में लिए हुए थे, तभी उनके घर में आग लग गई। वे आँखों के नमूने फेंककर अपने घर की ओर आग बुझाने के लिए दौड़े। उनकी पत्नी आहत हो गई थी और इस कारण वे बहुत दुखी थे। वे अपनी पत्नी की सुश्रूषा में इतने व्यस्त हो गए कि मनुष्यों को आँखें प्रदान करना ही भूल गए। जब उनकी पत्नी स्वस्थ हो गई तब कहीं जाकर उन्हें ध्यान आया।

इस बीच मनुष्य अन्धे ही जंगल में वृक्षों से टकराते, पत्थरों की ठोकर खाते, नदी, नालों में गिरते हुए भटक रहे थे। महाप्रभु ने उन्हें बुलाया और वे सब उनके समीप एकत्र हो गए। उन्होंने उन आँखों की खोज की जिन्हें फेंक दिया था, परन्तु वे उन्हें मिली नहीं। वे एक झील पर गए और उन्होंने एक विशाल जोंक को पकड़कर कहा, ''मेरी पत्नी देखने हेतु तुम्हारी आँखें चाहती हैं।'' जोंक ने अपनी आँखें निकालकर उन्हें दे दीं। महाप्रभु ने उन्हें मनुष्यों को दे दिया और वे देखने लगे। तीन-चार दिन बाद महाप्रभु ने जोंक से कहा, ''तुम्हारी आँखें मुझसे रास्ते में खो गई हैं, अतः अब तुम्हें उनके बगैर ही रहना होगा। परन्तु तुम अपना बदला ले सकते हो, जब मनुष्य तुम्हारे पानी में आएँ तो तुम उनका रक्त पी सकते हो।''

पहाड़ी साँवरा

बिंगबिंग साँवरा तुआसिंगी गाँव का मुखिया था। उसकी सात बेटियाँ थीं और वे सब सबसे छोटी बहन के अलावा विवाहित थीं। यद्यपि छोटी बहन उन सबसे अधिक सुन्दर थी। एक दिन तुआसिंगी का एक युवक उन सब लड़कियों को मछली पकड़ने के लिए अपने साथ ले गया। उनके साथ बिंगबिंग की छोटी लड़की भी हँसते-गाते चली गई। मछली पकड़ने के उपरान्त वे वस्त्रहीन होकर नदी में नहाने लगी। उस छोटी लड़की को तैरना नहीं आता था, परन्तु वह युवक जो उसके साथ छेड़खानी कर रहा था हँसी-मजाक में उसने उसे पानी में धक्का दे दिया और लड़की डूब गई। उन सभी ने निश्चय किया कि वे इस घटना को छिपाएँगे और वे जब घर पहुँचे तो उन्होंने माता-पिता को बताया कि उसे बाघ उठाकर ले गया।

उस लड़की की आत्मा किटुंग के पास गई और उनसे कहा, ''मुझे गहरे पानी में धक्का देकर डुबाया गया है और मैं अपने माता-पिता को अलविदा भी नहीं कह सकी।'' किटुंग ने उसे वरदान दिया, ''तुम जल में रहो, तुम्हारे रक्त से बच्चे उत्पन्न

होंगे। तुम उनका रक्त पीओगी जिन्होंने तुम्हें डुबोया है।'' उन्होंने उसे जोंक बनाकर वापस भेज दिया।

पहाड़ी साँवरा, रागेसिंगी, कोरापुट

सकरो नामक साँवरा की एक बेटी थी। वह अभी अवयस्क बालिका ही थी, परन्तु लोग उसके विवाह प्रस्ताव लेकर आने लगे और उसकी मँगनी हो गई।

विवाह के पन्द्रह दिन पूर्व ही उसका प्रथम मासिक धर्म हुआ। जब इसका समय पूरा हुआ तब उस लड़की ने स्नान किया और मिट्टी से सिर धोया तथा कपड़ों को पानी में उबाला। वह जब नदी किनारे खड़ी होकर बालों में कंघी कर रही थी तभी एक बाल टूटकर नदी में गिर गया। उसने चकित होकर कहा, ''तुम जोंक बनकर नदी में ही रहो।'' और ऐसा ही हुआ।

अध्याय : चौदह

कीड़ों, मक्खी, मच्छरों की उत्पत्ति

भतरा, परसेल, कोरापुट

बुडरू अपने गाँव का प्रधान था। उसके बारह बेटे थे। जब वे बड़े हुए तब उसने उन सबका विवाह कर दिया और वे सब बेटे बहुओं को एक साथ लेकर रहने लगे। एक दिन वे छब्बीस लोग पहाड़ी पर अपने जंगल की खेती हेतु सफाई करने के लिए गए। उन्होंने वहाँ धान, कोदो, मड़िया बोया। प्रथम दो वर्ष उन्हें बहुत ही साधारण फसल मिली। तीसरे वर्ष उन्होंने केवल मड़िया बोया और बहुत अच्छी फसल हुई। उन्होंने फसल की लुआई की और उसकी मिंजाई-उड़ाई में उन्हें छह दिन लगे। जब फसल तैयार हो गई तो उसे वे अपने घर ले आए। इसमें भी उन्हें पन्द्रह दिन लग गए। इस काम में वे काफी थक गए थे। वहाँ कुछ मड़िया बच गया था जिसे उन्होंने खेत में एक ओर रख दिया और घर चले गए। वह अन्न पहले तो मिट्टी में परिवर्तित हो गया और फिर कीड़ों में। ये कीड़े दीमक थे। मुखिया का बेटा एक दिन उस अन्न को लेने गया तो देखा कि वह अन्न दीमक की बाम्बी में बदल चुका है।

कोया, सिकपल्ली, कोरापुट

चेतन 'रोना' था और वह अपने गाँव का मुखिया था। उसके सहायक का नाम कीर्तन था, और वह भी रोना था। वे दोनों बहुत घनिष्ट मित्र थे। वे दूसरे गाँवों से लोगों को बुलाकर अपने गाँव में बसाते थे, इस कारण उनके गाँव की आबादी बहुत बढ़ गई थी।

अब गाँव में अन्न की बहुत कमी हो गई। परन्तु किसान खेती करते थे अतः अन्न के भंडार में वृद्धि हो गई और उन्होंने ऊखल मूसल तथा ढेंकी का उपयोग करना सीख लिया।

एक दिन कीर्तन अपने बड़े बेटे के लिए वधू की खोज में निकला। तीन माह की तलाश के बाद कुमलापुट में उसे एक योग्य कन्या मिली। उसने उस परिवार के लोगों से मँगनी की बात निश्चित की और अपने घर लौट आया।

अब उसे कार्यक्रम हेतु मदिरा और भोजन की व्यवस्था करनी थी। उसने अपने कोठार से पाँच गाड़ी धान निकालकर गाँव के सभी घरों में ढेंकी में कूटने के लिए बाँट

दिया। उसके अपने परिवार के लोग भी इसी काम में व्यस्त थे। एक दिन कीर्तन की बेटी और मुखिया की बेटी एक ही ढेंकी पर धान छड़ रही थीं। काम करते हुए कीर्तन की बेटी बैठकर धान को बुहारकर ढेंकी में डालने लगी, परन्तु मुखिया की बेटी खड़े-खड़े ही ढेंकी चलाती रही। इसी बीच दुर्घटनावश उसकी सहेली के हाथ पर ढेंकी के मूसल की चोट लगी और उसकी छोटी अँगुली कट गई। कुछ रक्त चावल के ऊपर गिरा और उनमें मिल गया। उस स्थान पर चावल की ढेरी थी और उस लड़की ने उस ढेरी पर भी अपनी अँगुली के रक्त को छिड़क दिया। उन लड़कियों ने रक्त से सने हुए चावल को अपनी बाड़ी में फेंक दिया और वे लाल चींटियों में परिवर्तित हो गए।

कोंड, अंबीबुवा, कोरापुट

दकपाजी ने अपने शरीर के मैल से एक भैंसा बनाया और कुछ मैल बच गया था जिसे उसने रगड़कर फेंक दिया। उसकी पत्नी ने उसे उठाकर कहा, "इससे कोई जीवित प्राणी बना दो।" दकपाजी ने कहा, "इतनी थोड़ी वस्तु से कोई क्या बना सकता है!" उसने पत्ते का एक दोना बनाकर उसमें उस मैल को रख दिया। सात दिनों के बाद उसने दकपाजी से कहा, "इसे खोलकर देखो इसमें क्या है?" दकपाजी ने ज्योंही उस दोने को खोला, उसमें से ढेरों चींटियाँ निकलकर उसके बदन पर चढ़ गईं और उसे काटने लगीं। वह कूदने-फाँदने लगा और चींटियों को अपने बदन से हटाने लगा। उसने उन्हें ले जाकर एक वृक्ष पर छोड़ दिया। उसने उनसे कहा, "छोटी काली चींटियो तुम भूमि पर रहो। और बड़ी चींटियो तुम वृक्षों पर रहो।" इस प्रकार से चींटियों की प्रजाति उत्पन्न हुई।

कोंड, डेंगसरगी, कालाहाँडी

निरंताली ने एक बेटे को जन्म दिया जिसका नाम डेसीडुनिंग डमनडुनिंगा था। उन्होंने उसकी नाल को एक लकड़ी के पटिये पर रखकर तीर से काटा और उस लकड़ी तथा माँ के वस्त्रों और नाल को बाहर ले जाकर फेंक दिया। एक चील उस नाल को लेकर उड़ी और उसने उसे नदी में फेंक दिया। निरंताली ने अपने वस्त्र धोए और आकर अपने पति को उस घटना के विषय में बताया। इस बात को सुनकर वह शिशु चिल्लाया, "किसने ऐसा साहस किया कि मेरी नाल को ले जाए।" "कल ही तो यह उत्पन्न हुआ है और आज बोलने लगा है!" उन्होंने उसे बताया, "एक चील उसे उठाकर ले गई थी और उसे नदी में फेंक दिया।" वह शिशु दौड़कर गया और नदी में कूदकर उसने उस नाल को निकाल लिया। जब वह उसे लेकर जाने लगा तो जल में रहनेवाले पिज्जू बिबेंज ने उसे पकड़ लिया और कहा, "तुम मत जाओ। तुम और मैं यहीं साथ-साथ रहेंगे।" उस बालक ने कहा, 'परन्तु मेरे माता-पिता को कैसे पता चलेगा कि मैं कहाँ हूँ?" पिज्जू बिबेंज ने उस नाल पर कुछ लिखकर उसे हवा में उछालते हुए कहा, "निरंताली के पास

जाओ।'' वह नाल तितली की तरह उड़कर निरंताली के पास पहुँच गई और उसे समझ में आ गया कि क्या हुआ है। यह प्रथम लेखन था और इसके माध्यम से संसार में लिखना-पढ़ना आरम्भ हुआ।

उस बालक के अंगों पर रक्त के चिह्न थे। पानी में वे धुल गए और वे जोंक बन गए। लकड़ी का टुकड़ा केकड़ा बन गया। उसके माता-पिता ने सोचा कि बालक को भूख लगेगी अतः यह सोचकर उन्होंने नदी किनारे मुरमुरे, चिवड़ा और काले मोतियों की एक माला रख दी। वे लाल और काली चींटियों में परिवर्तित हो गए।

कुटिया कोंड, डुप्पी, गंजाम

एक दम्पति अपने बेवर (खेती हेतु साफ किया हुआ जंगल) में गए। उन्होंने दीमक की एक बाम्बी देखी। वे उसके समीप ही पहाड़ी पर कार्य कर रहे थे। उन्होंने सोचा कि वहाँ कोई छिपा हुआ है। वह व्यक्ति देखने गया कि वह है क्या। जब उसने देखा कि वह केवल दीमक की एक बाम्बी है तब उसने उसे एक लात जमाई और वह बिखर गई। इसके बाद उसने उस स्थान पर एक बाँस का एक पौधा लगा दिया। वापस जाकर उसने अपनी पत्नी को सारा किस्सा सुनाया। दो दिन बाद जब उसने वहाँ जाकर देखा तो पाया कि चींटियों ने बाँस की डंडी को खा लिया है। उसे यह देखकर बहुत आश्चर्य हुआ कि वे चींटियाँ कितनी शक्तिशाली हैं।

अब हमें मालूम है कि चींटियाँ अपनी बाम्बी से निकलकर पत्ते, लकड़ी, बाँस आदि खाकर उनको खाद में परिवर्तित कर देती हैं और इस कारण से हमें अच्छी फसल प्राप्त होती है। अब जिस स्थान पर बसते हैं तो उस स्थान पर चींटियाँ भरी होती हैं और उन्हें शुभ मानते हैं। हम चींटियों को कभी नहीं मारते।

कुटिया कोंड, डुप्पी, गंजाम

सफगन्ना से रानी अरू और बिन्दी अरू ने परमगत्ती को परेंगबाली पर्वत से मोम लाने के लिए भेजा। परमगत्ती को थोड़ा मोम चट्टानों की दरारों में से प्राप्त हुआ जिसे उसने रानी अरू और बिन्दी अरू को दे दिया। वे उस मोम से तीन प्रकार की चींटियाँ बनाना चाहती थीं जिसमें उन्हें एक माह लग गया। जो चींटी केवल मोम से बनाई गई थी वह काली चींटी थी, जिसके पैर उन्होंने अपने सिर के बालों से बनाए थे। उन्होंने लाल चींटियों के लिए मोम को गेरू से रँगकर बनाया था और सफेद राख से मोम को रँगकर सफेद चींटियाँ बनाई थीं। उन्होंने कुछ पिसी हुई लाल मिर्च को उनके मुँह में फूँका ताकि जब वे काटें तो जलन हो। उन्होंने उनके नामकरण किए, काली चींटी का बलंग, लाल का मुरारी और बड़ी लाल चींटी का मुजोरी। वे लाल और सफेद चींटियों को पहाड़ी पर एक वृक्ष में छोड़ आईं, परन्तु काली चींटियों को उन्होंने भूमि पर ही रहने दिया।

परेंगा, राजूबिदई, कोरापुट

गोंगादाई नाम की एक देवी थी। उसकी एक बेटी थी जिसका नाम नदीदाई था। प्रथम मासिक धर्म के बाद जब उसने अपने वस्त्र धोए, तब उसका साथ एक देवता ने दिया था, जिसका नाम डोंगडोंग था। उसने उससे नम्रतापूर्वक बात करनी चाही, परन्तु उत्तर न पाकर उसने उसके साथ बलात्कार करना चाहा। तब वह उससे पीछा छुड़ाकर अपने घर की ओर भागी।

डोंगडोंग उसके पीछे-पीछे भागा और वह उसे पकड़ने ही वाला था कि उसकी माला टूट गई और उसके लाल और काले मणके चींटियाँ बनकर उस देवता पर टूट पड़े और उसे काटने लगे। नदीदाई ने कुछ मणकों को अपने केश के धागे में पिरोकर भूमि पर फेंक दिया और वह भी सर्प बनकर उस देवता को काटने लगा। डोंगडोंग ने लड़की को छोड़ दिया और वह अपने बदन से चींटियों को झाड़ने लगा जो उसे काट रही थीं। वह इधर-उधर पागलों की भाँति भागने लगा। गोंगादाई उतने में ही वहाँ आ गई और वह देवता उनके चरणों में गिर पड़ा और क्षमा माँगने लगा। उन्होंने चींटियों से कहा कि वे उसे छोड़ दें और उन्होंने वैसा ही किया। तब से संसार में सर्प और चींटियाँ विद्यमान हैं।

मधुमक्खियाँ, दिदई अमलीवाड़ा कोरापुट

जब मध्यलोक का निर्माण हुआ तो उस पर एक निर्गुण नामक युवक रहता था जो तेरह कोरी (13×20) लड़कियों के साथ नृत्य करते हुए विचरण करता था। इसी बीच एक और युवक देवगुड़ आया और वह भी तेरह कोरी लड़कियों के साथ नृत्य करते हुए विचरण करता था। निर्गुण सारंगी बजाता था और देवगुड़ बाँसुरी। वे मड़िया की मदिरा पीकर नाचते, उत्तेजित होते और नशे में रहते। एक दिन वे सारी रात नाचते रहे और जब सुबह हुई तो थककर चूर हो गए थे। निर्गुण और उसके साथ की लड़कियाँ सब छोटी मधुमक्खियाँ बन गईं और देवगुण और उसकी लड़कियाँ बड़ी मधुमक्खियाँ।

अतः आजकल जब भी मधुमक्खियाँ कहीं जाती हैं तो उनके साथ एक नर बड़ी मधुमक्खी साथ होती है और तेरह कोरी मधुमक्खियाँ उसके पीछे-पीछे जाती हैं।

गदबा सुरगुनपुट, कोरापुट

भूदेवी की एक युवा सुन्दर बेटी थी। बहुत से देवता उससे विवाह करने के लिए आए परन्तु उन्होंने इनकार कर दिया और उन्हें निराश लौटना पड़ा। एक डोम राजा को इस बात की जानकारी मिली और उसने निश्चय किया कि वह उससे विवाह करेगा। वह अपनी सेना के साथ उसे बलपूर्वक ले जाने के लिए आया। जब उस लड़की ने यह सुना कि वे आ रहे हैं, तो वह भागकर पड़ोस के एक गाँव में छिप गई। वहाँ एक वृद्ध स्त्री अंडी के बीजों से तेल निकालने की तैयारी कर रही थी। वह लड़की उस वृद्धा के पास

पहुँची और उससे सहायता हेतु याचना की। परन्तु इसी समय डोम राजा उसे खोजते हुए वहाँ आ धमका। लड़की ने झपटकर अंडी के बीजों को एक सूपे में भरकर यह कहते हुए राजा की ओर फेंका, ''जाओ और जाकर मेरी रक्षा करो।'' अंडी के वे बीज मधुमक्खी बन गए। उन्होंने राजा और उसकी सेना पर आक्रमण कर दिया, और वे डरकर भाग गए।

झोरिया, सुखू, कोरापुट

भीमा देवता के पास गाय, भैंसों की बड़ी भारी संख्या थी। जब मध्यलोक बन गया तो वे अपने पशुओं को चराने हेतु वहाँ ले गए। परन्तु वहाँ पानी न पाकर उनके पशु कमजोर और बीमार हो गए, क्योंकि बिना पानी के वे खा नहीं पाते थे। भीमा पानी की खोज में निकले, परन्तु उन्हें मालूम था कि इस कार्य में काफी समय लग जाएगा। अतः उन्होंने भैंसों के लिए सेमल के वृक्ष में और गायों के लिए इमली के वृक्ष में रहने की व्यवस्था की। उन्होंने मन्त्र फूँककर उन्हें मधुमक्खियाँ बना दिया और वे मधुमक्खियाँ वृक्षों पर रहने लगीं फिर भीमा पानी लेने चले गए।

उन्होंने रास्ते में एक इतनी विशाल सीढ़ी देखी जो आकाश तक पहुँची हुई थी। 'इसी के कारण से हमें वर्षा प्राप्त नहीं हो रही है,' उन्होंने सोचा। उन्होंने अपनी गदा का प्रहार कर उस सीढ़ी को तोड़ दिया। तुरन्त ही वर्षा होने लगी और सीढ़ी टुकड़े-टुकड़े होकर भूमि पर फैल गई। आज भी कोरापुट के समीप वृक्षहीन पर्वतों को देखा जा सकता है। इन्द्र राजा अपनी सीढ़ी के नष्ट होने से भीमा पर बहुत क्रोधित हुए और उन्हें पकड़कर जेल में डाल दिया। इसीलिए वे पशु मधुमक्खियाँ ही बने रह गए, और इसीलिए मधुमक्खियों पर किसी का स्वामित्व नहीं होता।

कोंड, केसरगुड़ा, गंजाम

पुराने जमाने में सफगन्ना में बेन्दीपालू और रानीपालू का जन्म एक खोखले बाँस से हुआ था। बेन्दीपालू और रानीपालू ने गोलपाड़ा पर्वत पर वन की कटाई करके वहाँ दलहन, मक्का और फलियाँ बो दी थीं। जब दलहन तैयार हो गई तो उन्होंने उन्हें धूप में सूखने के लिए एक माह तक वहीं छोड़ दिया। जब वे सूख गई तो वे उनकी मिंजाई-उड़ाई हेतु वहाँ गए। जो कच्चे दाने थे वे हवा में उड़ गए और जो पके थे वे वहीं भूमि पर गिर गए। रानीपालू ने उन दानों को जो उड़ गए थे इकट्ठा किया और सोचा, 'यदि मैं इन्हें कोई उड़नेवाला जन्तु बना दूँ, तो कोई भी पशु इन्हें नहीं खा सकेगा और मैं इनके लिए सूपे सदृश घर भी बना दूँगी।' उसने उन्हें हवा में यह कहते हुए फेंका, ''तुम मधुमक्खी बनकर उड़ो।'' भूसा मधुमक्खियों का झुंड बन गया जो उड़कर कंदमारा पर्वत पहुँच गया और वहाँ बस गया।

कोंड, पुसवारी, कालाहांडी

परूमगत्ती ने अपने घर के सामने बगीचे में बहुत से फूल लगाए थे। मधुमक्खियाँ आकर उनका रस चूस लेती थीं और फूल सूख जाते थे। अतः परूमगत्ती ने निरंताली से जाकर कहा, ''मैंने कुछ सुन्दर फूल लगाए हैं, परन्तु मधुमक्खियों ने उन्हें खराब कर दिया।'' निरंताली ने कहा, ''बहुत अच्छा, तुम उन्हें मार डालो।''

जब अगली बार मधुमक्खियाँ आईं तो परूमगत्ती ने उन्हें एक धागे से बाँध दिया और यह सोचकर जाने दिया, 'अब वे उड़ नहीं पाएँगी और जब मगरमत्ती आएँगे तो हम इन्हें मार देंगे।' परन्तु वे सब उड़ने लगीं और परूमगत्ती उनके पीछे भागी कि वह उन्हें पकड़कर मारेगी। वे उन्हें अपने पीछे-पीछे दौड़कर अपने घर तक ले गई जहाँ उनके बहुत से रिश्तेदार थे। उन्होंने पूछा, ''तुम क्यों आए हो?'' परूमगत्ती ने कहा, ''क्योंकि तुम लोगों ने मेरे फूलों का रस चुराया है।'' उन्होंने कहा, ''यदि तुम हमें तंग करोगी तो हम तुम्हें तब तक काटेंगे जब तक कि तुम्हारी मृत्यु न हो जाए। यह सच है कि हम तुम्हारे फूलों का रसपान करती हैं परन्तु तुम हमारा मल खा सकोगे।'' परूमगत्ती ने कहा, ''यह मैं कैसे कर सकती हूँ,'' और वह निरंताली को बताने गई। तुमने तो उन्हें मारने के लिए कहा था, परन्तु उन्होंने यह कहा है, ''हमारा मल खा लो।'' निरंताली ने कहा, ''अब तुम परूमगत्ती और मगरगत्ती दोनों जाकर उन्हें मारो।'' वे जाकर मधुमक्खियों को मारने लगे और मधुमक्खियाँ उन पर झूम-झूमकर काटने लगीं। वे रोते हुए निरंताली के पास गए। निरंताली ने कहा, ''वहाँ आग जलाकर धुआँ करो।'' मधुमक्खियाँ फिर भी उन्हें काट रही थीं। तब निरंताली ने स्वयं वहाँ जाकर धुआँ किया और उन्हें भगाया। उन्होंने उनका मल सबको खाने के लिए बाँटा। उन्हें वह बहुत मीठा लगा और वे खुश हो गए। निरंताली ने कहा, ''जैसे सूअर मनुष्य के मल को स्वादिष्ट समझकर खाता है, इसी प्रकार से तुम भी मधुमक्खियों का मल खाओ।''

कुटिया कोंड, सिकबारू, गंजाम

निरंताली सल्फी वृक्ष का गूदा लेकर आई, उसका आटा बनाया, परन्तु उसके कुछ आधे सूखे टुकड़े बच गए। जब वे पानी लेने नदी पर गई तो उन टुकड़ों को मचान पर सूखने के लिए रख गई। उन्होंने वापस आकर देखा कि बड़े टुकड़े बड़ी मधुमक्खियाँ बन गए हैं और छोटे टुकड़े छोटी मधुमक्खियाँ और वे वहाँ भिनभिना रहे हैं जहाँ उन्होंने अन्तिम बार पेशाब किया था। उन्होंने सोचा कि उनके नौकरों ने वृक्ष का गूदा चुरा लिया है और उन्हें पीटा। परन्तु उन्होंने कहा, ''जहाँ तुमने अन्तिम बार पेशाब किया है वहाँ जाकर देखो। वहाँ तुम्हें वे सब मिल जाएँगे।'' निरंताली ने वहाँ जाकर देखा कि वे सब वहाँ आनन्द मना रहे हैं। उन्होंने परूमगत्ती को बुलाकर कहा कि अब क्या करना है। वह उन्हें एक कपड़े में बाँधकर किसी वृक्ष के खोखर में छोड़ दें, जहाँ वे अपना छत्ता बना लें।

कुटिया कोंड, सुसबता, गंजाम

मधुमक्खी नदी में स्नान करने गई। उसने अपनी आँखें और कान उतारकर नदी के किनारे रख दिए और नदी में स्नान करने लगी। एक मक्खी उड़ते हुए वहाँ पहुँची और उसने वे आँखें और कान चुरा लिए और पास ही एक वृक्ष की एक शाखा पर जाकर बैठ गई। एक साँभर ने आकर कहा, ''तुम्हारे पास ये क्या चीज है?'' मक्खी ने कहा, ''ये मधुमक्खियों के आँख-कान हैं।'' साँभर ने कहा, ''इन्हें मुझे दे दो।'' मक्खी ने कहा, ''तुम्हारे पास दो आँखें और दो कान तो पहले से ही हैं। और लेकर क्या करोगे?'' ''मैं इन दो आँखों से दिन में देखता हूँ, मैं दूसरी दो आँखों से रात में देखूँगा।'' मक्खी ने उसे आँखें दे दीं। उसके बाद से मधुमक्खियाँ बिना आँख-कानों के उड़ने लगीं। एक चींटी ने उनसे पूछा, ''तुम अन्धी होकर क्यों उड़ रही हो?'' मधुमक्खी ने कहा, ''किसी ने मेरी आँखें चुरा ली हैं।'' चींटी ने कहा, ''मक्खी ने उन्हें चुराकर साँभर को दे दिया है।'' तब से ही मधुमक्खियाँ बिना आँख-कान के बनी हुई हैं।

कुटिया कोंड, डुप्पी, गंजाम

पृथ्वी और बादलों के निर्माण के बाद निरंताली बिन्द्राबारी लोहार के लिए लौह-अयस्क लेकर आई और उसे लुहारी का काम सिखाया। एक दिन बिन्द्राबारी और निरंताली ने विचार किया कि 'कैसे मनुष्य एवं अन्य जीवों को बनाया जाए। यदि हम उन्हें मिट्टी से बनाएँगे तो वे टूट-फूट जाएँगे, हम किस वस्तु से उन्हें बनाएँ!'

लोहार ने कहा, ''सबसे पहले हम मधुमक्खियाँ बनाएँ और उन्हें पर्वतों की कन्दराओं में छिपा दें। वे मोम उत्पन्न करेंगी और फिर हम उस मोम से सभी प्राणी बनाएँगे।'' निरंताली अपनी जन्मभूमि गई और वहाँ से कुछ मिट्टी ले आई। उसने मिट्टी से एक मधुमक्खी बनाई और अपने केश से उसके पैर बनाए और अपनी भवों से उसकी अन्तड़ियाँ बनाईं और उसका कलेजा अपनी आँखों के मैल से बनाया। वे उसे बिन्द्राबारी लोहार के पास ले गई, उसने उसे अपनी भट्टी में रखकर धौंकनी से हवा फूँककर पकाया। आग से तपने से उसका रंग काला पड़ गया। उसमें प्राण आ गए और उसने कूदकर निरंताली के गाल पर बैठकर काट लिया। उसके गाल सूझ गए और बहुत दर्द होने लगा। वह उसे पकड़कर टिकावली पर्वत पर ले गई और चट्टानों की एक दरार में उसे रख दिया। उसने कहा, ''यहाँ रहो और मोम का निर्माण करो, तुम्हारे एक हजार बच्चे एक बार में उत्पन्न होंगे।''

परेंगा, रूपोदाई, कोरापुट

एक राजा की एक बेटी थी, जिसका नाम रूपोदाई था। वह धधकती अग्नि की तरह सुन्दर थी। उससे विवाह करने हेतु देवता तक आए परन्तु उसने सबको मना कर दिया।

राजा ने उन सबको मना कर दिया और उसके लिए एक लमसेना रख लिया जिसे उसने स्वीकार कर लिया। परन्तु राजा को भय था कि कोई देवता उसे बलपूर्वक न उठा ले जाए इसलिए वह उसे घर के बाहर नहीं जाने देता था।

एक दिन राजा और उनका दामाद शिकार खेलने गए और उन्हें बहुत विलम्ब हो गया, रूपोदाई घर में अकेली होने से उकता उठी। उसने भोजन पकाया, घर की सफाई की और फिर उनकी बाट जोहने घर से बाहर निकल आई। जब वह वहाँ खड़ी थी तो जमदेवता घोड़े पर बैठकर उधर से निकले और उसे उठाकर ले गए।

जब राजा और उसका दामाद वापस आए तो उन्हें घर खाली मिला और वे रूपोदाई को खोजने निकल पड़े। वे कई महीनों तक उसे ढूँढ़ते रहे और यात्रा करते-करते वे बीमार हो गए और दोनों की मृत्यु हो गई। एक चील युवक की एक आँख निकालकर ले उड़ी। वह आँख एक नौकर मधुमक्खी बन गई और रूपोदाई की खोज में निकल गई। परन्तु उसे वह कहीं नहीं मिली, क्योंकि उसे जमदेवता जो मृत्यु के देवता हैं, वे ले गए थे।

पहाड़ी साँवरा, बंसडीग, कोरापुट

किटुंग ने मधुमक्खियाँ बनाकर उन्हें कन्दराओं में छिपा दिया। वे वहाँ बहुत दिनों तक रहीं, परन्तु किटुंग ने उन्हें खाना नहीं दिया। भूख से बहुत-सी मधुमक्खियाँ मर गईं। एक दिन किटुंग अपनी पत्नी के साथ उन्हें देखने गए। मधुमक्खियाँ उनसे बहुत क्रोधित थीं, 'उन्होंने हमें उत्पन्न किया परन्तु खाने के लिए कुछ नहीं दिया।' वे किटुंग पर टूट पड़ीं और उनको काटने लगीं। किटुंग की पत्नी ने पूछा, ''ये सब क्या हैं?'' किटुंग ने कहा, ''इन सबको मैंने ही उत्पन्न किया है। मैंने इन्हें रहने के लिए स्थान दिया, परन्तु मैं उनके खाने की व्यवस्था करना भूल गया। इसीलिए वे रुष्ट हैं।'' उसने उनके मुँह की ओर देखा जो कोमल और मृदु था। उसने कहा, 'ये फूलों का रसपान करना चाहती हैं।' वह उन्हें रमतिल्ला के खेत में ले गई और उनसे कहा कि वे उनके फूलों का रसपान करें। उसने उन्हें घर बनाना सिखाया जहाँ वे अपना भोजन जमा करके और बच्चों को सुरक्षित रख सकती थीं।

●

निरंताली एक बार सफगन्ना से करंजा जा रही थी। जब वह एक धान के खेत के किनारे से होकर गुजर रही थी तब जोर की आँधी आई और उसके साथ एक फांफां फूल उड़कर उसके पास पहुँच गया। वह फूल धूप में चमकता था। जब निरंताली ने उसे देखा तो उसने उसे लपककर उठा लिया और सोचा, 'यदि मैं इसमें प्राणों का संचार कर दूँ तो यह इधर-उधर उड़ सकेगा और फिर पुनः सफगन्ना वापस आ जाएगा।' उसने अपने स्तनों से थोड़ा मैल उतारा और उसकी एक आकृति बनाई,

फूलों की पंखुड़ियाँ लगाकर उसके पंख बनाए। उस आकृति में घास के तिनकों के पैर बनाकर लगाए।

जब तितली बन गई तो उसने पूछा, ''तुमने मुझे क्यों बनाया है और मेरे खाने हेतु क्या व्यवस्था की है।'' निरंताली ने उससे कहा, ''उस मिट्टी को खाकर जिन्दा रहो जिस पर मनुष्य पेशाब करते हैं और वहीं रहो।'' अक्टूबर माह में तुम्हारे बच्चे होंगे और अप्रैल में तुम्हारा जीवन समाप्त हो जाएगा।

●

लक्ष्मी माता की सितियादाई नाम की एक पुत्री थी। एक दिन वह लड़की गाँव की अन्य युवतियों के साथ बाली जात्रा नृत्य देखने गई। उसने अपने बालों को रात की रानी के स्वेत पुष्पों से सजा रखा था। जब वह जा ही रही थी तब वे पुष्प मुरझाने लगे और गिरनेवाले ही थे। उसने उन्हें बालों से निकालकर अपनी मुट्ठी में ले लिया। 'ये इतने सुन्दर हैं, मुझे इन्हें भूमि पर नहीं गिरने देना चाहिए,' उसने सोचा। उसने उन्हें फूँक मारकर उड़ा दिया और वे तितलियाँ बनकर उड़ने लगे।

●

तुलुबुर गाँव में साँवराजन चने की फसल का पर्व मना रहे थे। लड़के-लड़कियाँ अपने माँदर लेकर खलिहान में दाल लेने हेतु चले गए और सन्ध्या समय दाल लेकर नाचते-गाते हुए वापस लौटे। उन्हें चना बाबूतुम के मन्दिर में रख दिया। वे देर रात तक नाचते रहे और फिर सब अपने-अपने घर भोजन करने चले गए। सबसे आखिर में मोहरी वादक घर गया, जाते समय मार्ग में मोहरी का मुँह उस स्थान पर गिर पड़ा जहाँ लोग पेशाब करते थे। वह गन्दा होगा, अतः उस युवक ने उसे नहीं उठाया। उसने कहा, ''मैंने तुम्हें इतने मनोयोग से बनाया है, फिर भी तुम मूत्र के स्थान पर गिरते हो। मधुमक्खी बनकर अब तुम सदैव वहीं रहो।'' उसने सीटी बजाई और तितलियों का एक बादल सदृश झुंड उसी समय हवा में उड़ने लगा।

●

सुराकिटुंग जब छोटी उम्र की ही थी, तभी उसकी माँ की मृत्यु हो गई। उसे मासिक धर्म के विषय में बतानेवाला कोई नहीं था, अतः जब पहली बार उसे मासिक धर्म हुआ तो वह रक्त देखकर घबरा गई। उसमें इतना साहस नहीं था कि वह अपने पिता को बता सके, परन्तु उसने थोड़ी गीली मिट्टी उस स्थान पर लगाकर रक्त प्रवाह को बन्द कर दिया और सामान्य रूप से अपने कार्य में लग गई।

परन्तु जब वह स्नान करने गई तो उसे इस बात की याद ही नहीं रही कि उसने मिट्टी द्वारा रक्त प्रवाह को बन्द किया हुआ था। बाद में वह मिट्टी हट गई और वह एक केकड़े के रूप में बदल गई। रक्त प्रवाह फिर से आरम्भ हो गया और उस

रक्त ने जोंक का रूप धारण कर लिया। स्नान करते समय उनके कुछ केश पानी में टूटकर गिर पड़े थे जो झींगा बन गए। स्नान करने के उपरान्त वह अपने घर चली गई।

कुछ दिनों के उपरान्त जब सुरा का पिता नदी में स्नान करने गया तब उसे वहाँ केकड़े, झींगे और जोंक दिखाई पड़े तो उसे अत्यधिक विस्मय हुआ कि ये सब जीव-जन्तु वहाँ कहाँ से आ गए हैं। जब घर आकर उसने अपनी बेटी से पूछा तो उसने सारी बात बता दी कि वह सब क्यों और कैसे हुआ।

●

जससुम ने आकाश से पृथ्वी की ओर झाँककर देखा तो उसने पाया कि मनुष्य पानी में शौच कर रहे हैं, थूक रहे हैं, नाक साफ कर रहे हैं और हर सम्भव तरीके से पानी को उतना गन्दा कर रहे हैं, जितना किया जा सकता है। उसने सोचा इससे तो बहुत कष्टदायक स्थिति उत्पन्न हो जाएगी, अतः उसने स्वयं अपनी नाक साफ कर रेंट को दो अँगुलियों के बीच रखकर नीचे फेंकते हुए कहा, ''तुम जाओ और जाकर एक मछली बनकर सम्पूर्ण गन्दगी का भक्षण कर जल को शुद्ध एवं स्वच्छ बना दो।''

उसने अपने बालों में कंघी की और कुछ बाल टूटकर उसमें फँस गए। उन्होंने अपने शरीर से कुछ मैल उतारकर उसका एक केकड़ा बनाया। एक लकड़ी के दस टुकड़े करके उसके पैर बनाए और उसे पानी में छोड़ दिया और उसे आज्ञा दी कि वहीं पानी में बिल बनाकर रहे और जल को स्वच्छ रखे।

●

एक दिन महाप्रभु पृथ्वी की परिक्रमा लगाने निकले। उन्होंने देखा कि सभी जीव-जन्तु उत्पन्न हो चुके थे। परन्तु तिलचट्टे नहीं बन पाए थे। घर जाते समय वे थककर रास्ते के किनारे बैठ गए। उनके कान में खुजली चलने लगी और उन्होंने कान के भीतर से एक काड़ी द्वारा खुरचकर थोड़ा मैल निकाला। उस मैल को एक चट्टान के नीचे रखकर वह सीटी बजाने लगे। उनके सीटी बजाने से उस मैल में जीवन प्रवाहित होने लगा और वे चीं-चीं की आवाज करने लगे।

महाप्रभु तिलचट्टे को वहीं पत्थर के नीचे छोड़कर घर चले गए। पास में ही एक गाँव था। उस गाँव में एक व्यक्ति ऐसा भी रहता था जिसका घर गाँव से बाहर था जहाँ वह अकेला रहता था। रात्रि विश्राम के लिए वह गाँव में चला जाता था। काकरोच ने उस व्यक्ति को ऐसा करते देखकर एक दिन रास्ते में रोककर पूछा, ''तुम प्रतिदिन शाम को कहाँ जाते हो?'' उस व्यक्ति ने उत्तर दिया, ''मैं घर में अकेला हूँ, इसलिए सोने के लिए गाँव में चला जाता हूँ।'' तिलचट्टे ने कहा, ''मनुष्यों को समझ नहीं है। मैं एक छोटा-सा जन्तु हूँ जो इस चट्टान के नीचे अकेला रहता हूँ। तुम घर जाकर सोओ मैं यहाँ तुम्हारे साथ हूँ।'' तुम्हें रात्रि में गाने सुनाकर तुम्हारे डर को दूर कर दूँगा। उस

व्यक्ति ने तिलचट्टे को अपने कन्धे पर बैठाया और अपने घर आ गया। प्रतिदिन उसे सुलाने के लिए तिलचट्टा उसे गाने सुनाने लगा।

●

एक बड़ा ही दुष्ट कुम्हार था। वह जानबूझकर ऐसे कच्चे घड़े बनाता कि वे जल्दी फूट जाते और दोबारा नए घड़े लेने के लिए लोग उसके पास आते थे। कुछ समय इसी प्रकार व्यतीत होने पर लोग उससे तंग आ गए और उसे इतना पीटा कि उसकी मृत्यु ही हो गई। उसका शव उन लोगों ने एक नाले में फेंक दिया और चिल्लाए, "अब तुम अपने घड़े पानी के भीतर ही बनाना और अपनी चालाकी वहीं मगरमच्छ और छोटी-छोटी मछलियों पर चलाना।"

उस कुम्हार की देह ने केकड़े का रूप धारण कर लिया। इसीलिए केकड़ा सदैव मनुष्यों से भयभीत रहता है और इसके साथ ही वह बहुत चालाक भी होता है।

●

किसी समय एक बहुत ही बूढ़ी देवी थी जिसका नाम सीमादाई था और जिसके दाँत सूअर के समान थे। उसकी एक उसुमदाई नाम की बेटी थी। परन्तु उससे कोई विवाह करने को राजी नहीं होता था क्योंकि जब वे उसके मुँह के दाँत देखते थे तो भयभीत हो जाते थे।

एक दिन सीमादाई ने अपने आपसे कहा, 'मेरी बेटी के लिए कोई व्यक्ति राजी ही नहीं हो रहा है। मुझे किसी-न-किसी तरह राजी करना चाहिए।' वह यह सोचकर हुमायुँ पर्वत पर एक बुढ़िया से मिलने चली गई जो वहीं रहा करती थी। परन्तु जब सीमादाई वहाँ पहुँची तब तक वह बुढ़िया मर चुकी थी। सीमादाई ने उसे सांत्वना देते हुए कहा, "रोओ मत! वह मेरी बड़ी बहन थी, अब तुम मेरे साथ चलकर रहो।"

सीमादाई उस लड़के को अपने साथ ले आई और कुछ समय उपरान्त उसका विवाह उसुमदाई के साथ कर दिया। एक दिन उसुमदाई जब अपने मासिक धर्म के बाद नहाने के लिए गई, तब कंघी करते समय उसकी कंघी पानी में गिर पड़ी और वह केकड़ा बन गई। इसीलिए केकड़े के पैर कंघी के दाँतों के समान होते हैं।

●

निरंताली ने परमगत्ती को सफगन्ना बुलवाया और उसे आदेश दिया कि सभी मनुष्यों और प्राणियों की गणना करे। इस कार्य को पूरा करने में उसे आठ दिन लग गए। परमगत्ती ने निरंताली से कहा, "मैंने सभी प्राणियों को देखा परन्तु मुझे कहीं भी केकड़े दिखाई नहीं पड़े।" निरंताली ने कहा, "तब हमें उन्हें अवश्य बनाना चाहिए। जाओ और जाकर थोड़ा मोम ले आओ।"

परमगत्ती टिकावल्ली पर्वत पर से मोम ले आया और निरंताली ने सोचा कि उसका उचित उपयोग किस प्रकार किया जाए। उसने सोचा, 'दुनिया में अनेक प्रकार के जीव-जन्तु हैं कोई गोल-मटोल हैं, तो कोई लम्बा है, कोई दुबला-पतला है तो कोई मोटा ताजा है।' अन्त में उसने मोम को अपने हाथ में लेकर उसे अपनी हथेली के आकार का बनाया। उसने सोचा, 'यदि मैं इसका एक सिर भी बना दूँ तो अन्य सभी जीव-जन्तु मर जाएँगे।' अतः उसने उसका सिर नहीं बनाया और उसका मुँह उसकी छाती में बना दिया और आँखें कन्धों पर बना दीं।

परन्तु उस जीव के लिए रहने का कोई भी स्थान नहीं था, अतः निरंताली ने उसे एक पत्थर के नीचे गुंजियान नदी में रख दिया और उससे कहा, ''तुम हरी-हरी नरसुल, मछली और मेंढक बनोगी।'

●

भूलोक में मनुष्यों की मृत्यु होती थी, परन्तु ऐसा कोई मार्ग नहीं था जिसके जरिए भूत देवलोक में चढ़ सके या पाताललोक में उतर सकते। अतः उन्हें भूलोक में ही रहना पड़ता था और वे सभी के लिए उपद्रवकारी थे।

इस्पुर महाप्रभु ने अपने आपसे कहा, 'मुझे इस हेतु कोई उपाय करना चाहिए।' उन्होंने सियाड़ी के पत्ते लेकर उसे भींचकर उसके रेशे निकाले और उन्हें यह कहते हुए भूमि पर फेंक दिया, ''आकाश लोक (देवलोक) तक एक-एक रास्ते का निर्माण करो।'' वे रेशे एक मकड़े में बदल गए और उन्होंने भूतों को ऊपर ले जाने के लिए एक धागा बनाकर एक रास्ते का निर्माण कर दिया जिस पर चढ़कर प्रेत आकाशलोक तक पहुँच सकते थे।

महाप्रभु ने सियाड़ी का बीज अपने हाथ में उठा लिया। इस बीज को उन्होंने यह कहते हुए भूमि पर फेंक दिया, ''पाताललोक तक जाने का मार्ग बनाओ।'' वह बीज एक केकड़ा बन गया और उसने भूतों को पाताल तक पहुँचाने के लिए एक बिल खोद डाला।

●

बुद्धू साँवरा प्रतिदिन अपना जाल लेकर मछली पकड़ने जाया करता था। कपोली नामक एक दूसरा साँवरा भी उसी स्थान पर मछली पकड़ने जाता और अपना जाल उससे कुछ ऊपर की ओर बाँधता। इस प्रकार से वह सारी मछलियाँ अपने जाल में फँसा लेता था। बुद्धू को इसके कारण बहुत कुढ़न हुई और उसने नदी में यह कहते हुए एक पत्थर फेंका, ''हे महाप्रभु जाकर उसके जाल में छिद्र ही छिद्र कर दो।'' जैसे ही वह पत्थर नदी में गिरा, तो उसके आठ पैर और दो जबड़े निकल आए। वह नदी में बहाव के ऊपर की ओर गया और उसने कपोली के जाल को काटकर उसमें अनेक छेद कर डाले। इसके फलस्वरूप मछलियाँ सब निकल भागीं और बुद्धू के जाल में फँस गईं।

●

बहुत पुरानी बात है, किटुंग एक नाले में पानी भरने गए। उनके घड़े में एक छिद्र था जिसमें से पानी निकलकर बहने लगा। किटुंग ने उस छिद्र को मिट्टी से बन्द करने का प्रयत्न किया, परन्तु उससे पानी रुका नहीं। अन्त में उन्होंने अपने हाथ का ही एक मांस का टुकड़ा काटकर उस स्थान पर लगा दिया। इससे भी घड़े का छिद्र बन्द नहीं हुआ।

किटुंग ने तब सोचा, 'मैंने अपने ही अंग का मांस काटकर निकाला है, अतः इसे नष्ट नहीं करना चाहिए। मैं इससे किसी प्राणी का निर्माण करूँगा।' उन्होंने उस मांस को एक लकड़ी पर चिपकाकर भूमि पर रख दिया और कहा, "तुम एक कछुआ बन जाओ और बिल बनाकर भीतर से अच्छी मिट्टी निकालकर ले आओ जिससे घड़ों के छिद्र बन्द किए जा सकें।"

●

सृष्टि के निर्माण के अवसर पर बाघ और केकड़े की उत्पत्ति सबसे पीछे हुई थी। जब किटुंग ने बाघ को बनाया तो कुसुम वृक्ष की छाल का एक टुकड़ा उसके मस्तक पर रख दिया। एक लकड़ी का चार अंगुल चौड़ा टुकड़ा बचा रह गया था। किटुंग ने जब बाघ पूर्ण रूप से बनाकर तैयार कर लिया तब वह उस स्थान की सफाई करने गया तो उसका पैर उस लकड़ी के टुकड़े से टकरा गया और उसमें से रक्त बहने लगा। किटुंग ने क्रोधित होकर उस लकड़ी के टुकड़े को नदी में फेंक दिया। वह नदी में पहुँचकर केकड़ा बनकर किटुंग-किटुंग पुकारने लगा। किटुंग ने उससे कहा, "मेरे पास मत आओ, जल में ही रहो। तुम नदी के बाघ बनकर वहाँ रहोगे।"

●

किटुंग मंचोली पर्वत पर रहा करते थे। आरम्भ में केकड़े के पंजे नहीं होते थे अतः उसे भोजन का जुगाड़ करने में अत्यन्त कठिनाई होती थी। वह जंगल में भ्रमण करते-करते अन्त में मंचोली पर्वत के एक झरने पर पहुँच गया जहाँ से किटुंग भी जल ले जाया करते थे।

एक दिन किटुंग की पत्नी उस झरने में स्नान करने गई और उसने देखा कि वह केकड़ा जल से बाहर निकलकर एक चट्टान पर बैठकर रो रहा है। किटुंग की पत्नी ने उससे पूछा कि वह क्यों रो रहा है। केकड़े ने बताया, "मेरी देह भी आकर्षक है और मेरे हाथ भी हैं, परन्तु मेरे पंजे नहीं हैं जिसके कारण मैं अपने भोजन की व्यवस्था नहीं कर पाता। मैं जब से पैदा हुआ हूँ तब से भूखा हूँ।" किटुंग की पत्नी को केकड़े की दशा देखकर बड़ा दुःख हुआ और वह सोचने लगी कि क्या उपाय किया जाए। इसी विचारमग्न अवस्था ने उसका हाथ अपने गुप्तांग पर चला गया और उसने वहाँ से दो बाल उखाड़ लिए, उसने ये दोनों बाल केकड़े के दोनों ओर लगा दिए और कहा, "अब तुम्हारे हाथ लग गए हैं जिनसे तुम पर्याप्त भोजन का जुगाड़ भी कर सकोगे और अपने रहने के लिए बिल भी बना सकोगे।"

●

मोहनपुर में एक बढ़ई रहता था जिसका नाम बुडरा था। वह बढ़ई अपनी पत्नी को कहीं भी आने-जाने नहीं देता था। एक दिन देउर ने उसके पास आकर कहा, "मेरे लिए एक पलंग बना दो। तुम्हें कोई पलंग बनाते देख न पाए और इस बात का किसी को भी पता नहीं चलना चाहिए कि तुम मेरे लिए पलंग बना रहे हो। अतः तुम जंगल में जाकर एकान्त में छिपकर यह कार्य करो।" बुडरा तुमड़ी डोंगर ने अपनी स्त्री और बच्चे के साथ जाकर एक झोंपड़ी रहने के लिए बना ली। वह पलंग के लिए किसी उपयुक्त लकड़ी की खोज में निकला और उसने अन्त में बीजा का एक वृक्ष ढूँढ़ निकाला व उसे काटकर लकड़ियाँ अपनी झोंपड़ी में ले आया और पलंग बनाने लगा। उसे पलंग बनाने में पूरे इक्कीस दिन लग गए और जब पलंग बनकर तैयार हो गया तब उसकी पत्नी ने कहा, "आज भोजन बनाने के लिए ईंधन नहीं है, जाकर कुछ लकड़ियाँ काट लाओ।" बुडरा ने लकड़ी की कुछ छीलन एकत्र करके अपनी पत्नी के सम्मुख फेंक दी। उसे छाती पर चोट लगी और उसने उस लकड़ी को अपने पति के ऊपर फेंक दिया। वह जाकर बुडरा को लगा और वह भूमि पर गिर पड़ा। भूमि पर गिरकर वह झींगुर बन गया और फुदकने लगा। बुडरा ने उसे पकड़ना चाहा, परन्तु वह पत्थर के नीचे छिप गया। बुडरा पलंग लेकर देउर के पास चला गया और वह झींगुर वहीं जंगल में रह गया।

●

किसी जमाने में एक गाँव में एक आदमी रहता था, जिसका एक बेटा था और एक बेटी थी। उस गाँव में उनके अतिरिक्त और कोई नहीं रहता था। उस लड़की के विवाह का प्रस्ताव लेकर कोई वहाँ आता ही नहीं था। उसके भाई ने कहा, "यहाँ तुम्हारी मँगनी के लिए कोई आता ही नहीं है, इसलिए अब मैं ही तुमसे विवाह करूँगा।" उन्होंने विवाह कर लिया। कुछ समय बाद विवाह का प्रस्ताव लेकर लड़की की मँगनी करने के लिए कुछ लोग आए। उस लड़की ने कहा, "नहीं, मैंने अपने भाई के साथ विवाह कर लिया है।" सब लोग उन पर हँसने लगे और वे शर्मिन्दा हो गए। "चलो, हम जंगल में चलकर छिप जाते हैं।" उस जंगल में एक बहुत विशाल गड्ढा था, जिसमें लड़की पहले कूद पड़ी, पीछे-पीछे लड़का भी कूद पड़ा। दोनों की मृत्यु हो गई। उन दोनों की आत्माएँ झी-झी-झी करती हुई वृक्षों की टहनियों पर जा बैठीं इसलिए जब भी कोई व्यक्ति वहाँ से गुजरता है तो झींगुर या तो शर्म से चुप हो जाते हैं या कूदकर भाग जाते हैं।

●

भूलोक की सृष्टि के निर्माण के कुछ समय उपरान्त देवताओं में इस बात को लेकर संघर्ष हो गया कि उनमें कौन सबसे बड़ा है। उन्होंने एक-दूसरे पर तलवार से आक्रमण किए, उन्होंने एक-दूसरे पर घूँसों का प्रहार किया, उन्होंने एक-दूसरे को लातों से मारा और आपस में गालियाँ बकीं। उनका संघर्ष अत्यन्त भीषण था। बहुत से देवता इस संघर्ष

में मारे गए और जो बच गए, वे एक नाले में कूद पड़े। परन्तु उनकी आँखें बची रह गईं जो जुगनू बन गईं।

इसीलिए वे रात्रि में चमकती हैं, क्योंकि वे देवताओं की आँखें हैं।

●

एक वृद्ध की एक ही कन्या सन्तान थी और उसका कोई बेटा नहीं था। उसकी पत्नी की भी मृत्यु हो चुकी थी। वह अपनी बेटी को अपने से विलग करना नहीं चाहता था, इसलिए उसने एक युवक को लमसेना बनाकर रख लिया था।

एक दिन उस युवक ने अपने श्वसुर से कहा, ''मैं मछलियों के लिए पानी उलीचना चाहता हूँ!'' तब उसके श्वसुर ने कहा कि, ''सन्ध्या समय हो गया है, सूर्यास्त होनेवाला है, अब इस समय मत जाओ, हम कल साथ चलेंगे।'' उस युवक ने जिद की कि वह उसी समय जाएगा और उसने अपने श्वसुर और पत्नी को साथ चलने के लिए हठ किया।

जब वे पानी उलीचकर बाहर फेंक रहे थे तभी अँधेरा हो गया और वृद्ध ने कहा, 'अब घर चलो, अँधेरे में हम कुछ नहीं कर सकते। कल हम फिर आएँगे और मछलियाँ ले जाएँगे।'' अनिच्छा के साथ वह लड़का सहमत हो गया और वे लौट आए। राह में एक वृक्ष की टहनी में युवक की आँख अटककर बाहर निकल आई। वह आँख निकलकर भूमि पर गिर पड़ी और जुगनू बनकर चमकने लगी।

●

परमगत्ती ने अपने खेत के वृक्ष काटकर भूमि समतल बनाई और उस पर मड़िया बो दी। फसल काटकर उसने सूखने के लिए खलिहान में रख दी। कुछ अन्न वहीं खेतों में छूट गया। वह जब खेत देखने गया तो उसने इतनी ताड़ी पी ली कि उसे नींद आ गई और वह छूटा हुआ अन्न हिरणों ने नष्ट कर दिया। एक दिन निरंताली ने क्रोधित होकर उसे बहुत गालियाँ दीं। उस दिन वह स्वयं रात्रि में खेत पर रखवाली करने के लिए गई। उसने अपनी बगल से एक बाल उखाड़कर अन्न की बाली में बाँध दिया और कहा, ''जाओ और जाकर परमगत्ती को डंक मारो।'' वह एक मच्छर में परिवर्तित हो गया और असंख्य मच्छरों में उनकी वृद्धि हो गई और वे सब परमगत्ती को काटने के लिए टूट पड़े। उसकी नींद टूट गई और उसने सोचा, 'यदि मैं आग जलाऊँ तो ये सब भाग जाएँगे।' उसने मड़िया के डंठल जलाए जो जुगनू बन गए और जो उड़ते हुए निरंताली के घर तक चले गए। वे चिल्लाए, 'जग-जग, जग-जग' और निरंताली को आभास हो गया कि क्या घटना घटी है।

●

आरम्भ में सुजमातेन्जा के योनि के भीतर दाँत थे। उनमें आग थी और वे उसके कारण चमकते थे। परन्तु दकपाजी ने एक धागे से खींचकर उन्हें बाहर निकाल दिया और उन्हें

उस धागे के साथ अपने घर में गाड़ दिया। सुजमातेन्जा और दकपाजी के बच्चे जब बड़े हुए तब उनका विवाह हो गया और वे अलग रहने लगे। इसके पश्चात उनके माता-पिता बारह वर्ष तक अकेले ही रहे।

एक दिन सुजमातेन्जा को अपने दाँतों की याद आई तो उसने दकपाजी से उन्हें खोदकर देखने को कहा। जब उसने गड्ढा खोदकर देखा तो पाया कि वे चमकदार दाँत नर और मादा जुगनू बन गए हैं। वे गड्ढे से बाहर आकर हवा में उड़ते हुए सुजमातेन्जा और दकपाजी के चारों ओर नाचने लगे। उन्होंने उन दोनों जुगनू दम्पती को नालों और बगीचों में जाकर रहने के लिए कहा और उन्हें चेताया कि वर्षा ऋतु में जाकर मनुष्यों के साथ उनके घरों में रह सकते हैं।

●

एक कोमटी और उसकी पत्नी एक गाँव में रहते थे। उनके तीन लड़के थे। उनका विवाह होने पर वे सब अलग-अलग रहने लगे। व्यापार करने के कारण सबसे बड़ा लड़का बहुत अमीर हो गया। दोनों छोटे लड़के गरीब ही रह गए। कुछ समय बीतने पर उन्होंने सोचा, 'यहाँ अपनी दुकान लगाने से कोई लाभ नहीं। हमें कहीं और जाकर व्यापार करना चाहिए।' वे अपना तिलहन घोड़ों पर लादकर एक शहर में गए और वहाँ उन्होंने बहुत ऊँची कीमत पर उसे बेच दिया। वे अब नियमित ही ऐसा करने लगे और धीरे-धीरे वे अपने बड़े भाई से भी अधिक धनवान बन गए।

सबसे छोटे भाई की पत्नी बहुत ही नीच प्रवृत्ति की स्त्री थी। वह किसी भिखारी को भी कुछ नहीं देती थी। उस परिवार में ही एक वृद्ध अन्धी स्त्री भी रहती थी और कोमटी उसे प्रतिदिन खाना खिलाता था। परन्तु उसकी पत्नी इस फिजूलखर्ची का विरोध करती थी और एक दिन उसने एक थाली में जलते हुए कोयले भरकर उस अन्धी औरत को खाने के लिए दे दिए। जब उसने जलते हुए कोयले उठाए तो उसकी अँगुलियाँ जल गईं। उसे बहुत दुःख हुआ और वह तुरन्त घर छोड़कर चली गई।

कुछ समय पश्चात कोमटी की पत्नी बीमार पड़ी और मर गई। उसकी आत्मा देउर के पास पहुँची तो उसने कहा, "तुमने अन्धी स्त्री को खाने के लिए जलते हुए अंगारे दिए और उसे जलाया, इसलिए अब मैं तुम्हें जलाऊँगा। तुम्हारा जन्म उस स्थान पर होगा, जहाँ मनुष्य शौच करेंगे, और तुम अपनी पीठ पर हमेशा जलन महसूस करोगी।" इस प्रकार वह स्त्री जुगनू बन गई।

●

एक वर्ष की बात है, उस वर्ष बिलकुल वर्षा नहीं हुई। निरंताली ने प्रयत्न किया कि वह वर्षा को खींचकर नीचे ले आए परन्तु उसे इस कार्य में इसलिए सफलता नहीं मिल पाई क्योंकि वह उतनी शक्तिशाली नहीं थी। उसने मोम लेकर उससे एक जुगनू बनाया।

उसके पंख सेमल की रुई से बनाए। उसकी दुम पर उसने आग की एक चिनकारी रख दी जो उसके साँस लेने पर चमकती थी। जब वह पूरा बनकर तैयार हो गया तब उसे उसने बिरमेंजा के पास भेज दिया। वहाँ जाकर उसने रोते हुए कहा, "मेरे सात बच्चे हैं, जो वर्षा के अभाव में मर जाएँगे, और आधे मनुष्य भी मर जाएँगे। यदि आपको मनुष्यों और प्राणियों से प्रेम है तो तुरन्त वर्षा को पृथ्वी पर भेजिए। यदि आप ऐसा नहीं करते हैं तो वह बहुत बड़ा पाप होगा।" बिरमेंजा ने कहा, "ठीक है मैं वर्षा को भेजूँगा, तुम जाओ और जाकर अपने छोटे-छोटे बच्चों की देखभाल करो।"

निरंताली ने कहा, "नदी, नाले और वृक्षों पर तुम्हारा निवास होगा। वर्षा के आरम्भ में तुम अपने अंडे दे दो, उसके अगले माह में तुम्हारे बच्चे पैदा हो जाएँगे। तुम्हारी मृत्यु हो जाने पर भी तुम्हारी दुम पर जो प्रकाश है वह नष्ट नहीं होगा। तुम्हारे घर में सदैव प्रकाश रहेगा।"

कभी-कभी चमगादड़ अपने घरों में जुगनू ले आते हैं और अपने घर में प्रकाश करते हैं। कभी-कभी वे अपने बच्चों को भोजन के रूप में उन्हें प्रदान करते हैं, क्योंकि वे इतना ही प्रकाश सह पाते हैं।

●

एक अत्यन्त बूढ़ी स्त्री थी जिसका नाम ओंटा था। उसके पाँच बेटे थे जो सभी विवाहित थे और उनकी बहुत-सी सन्तानें थीं। एक की चार सन्तानें थीं, एक की छह, तीसरे की आठ और अन्य लोगों के भी इसी भाँति काफी संख्या में बाल-बच्चे थे। जब उन बच्चों के माता-पिता खेत पर काम करने चले जाते तो ओंटा उन बच्चों की देखभाल करती थी। एक दिन वह अंडी के बीज सुखा रही थी तब उसने बच्चों को चारों ओर बैठा लिया था, जिससे कि वे उसे देखते रहें। वे बच्चे आपस में लड़ते-झगड़ते रहे जिस कारण से बुढ़िया कोई भी काम नहीं कर पा रही थी। जब सूर्य ऊपर की ओर चढ़ने लगा तब गर्मी अत्यधिक तेज हो गई और अंडी के बीज गर्मी से तड़क-तड़ककर फूटने लगे और उसके दाने इधर-उधर उछटने लगे। इन्हें इस प्रकार फूट-फूटकर उछटते देखकर बच्चों को मजा आने लगा और उन्होंने शोर मचाना बन्द कर दिया। ओंटा ने अपने आपसे कहा, 'बच्चों को शान्त रखने का यही उपाय है।' उसने अंडी के कुछ बीज बच्चों की ओर फेंके और वे सब टिड्डे बनकर उछलकूद करने लगे और बच्चों को उसमें मजा आने लगा।

●

जब सर्वप्रथम मनुष्य की उत्पत्ति हुई और वे अलग-अलग गाँवों में रहने चले गए तब बुडरा नामक एक कोया एक पहाड़ी पर जाकर रहने लगा, उसने जंगल काटकर भूमि समतल की और वहीं अपनी छोटी-सी झोंपड़ी बना ली। धीरे-धीरे कुछ और भी कोया वहाँ आकर रहने लगे और वहाँ दस घरों की एक बस्ती बस गई। कोया लोगों के पश्चात

वहाँ डोम, पाइक और ब्राह्मण भी आकर बसने लगे और धीरे-धीरे वह बस्ती एक बड़ा गाँव बन गई।

वहाँ के बच्चे सभी प्रकार के खेल खेलते थे। एक पाइक ने लड़के के खेलने के लिए बाँस का डंडा बनाकर इब्बा (गिल्ली डंडा) बनाया। एक दिन जब वे छह साथी मिलकर खेल रहे थे तब देउर एक कोया का रूप धारण करके उनका खेल देखने आए। जब एक लड़के ने गिल्ली को डंडे से मारा तो वह उड़ी और उड़कर टूट गई और टिड्डा बन गई। जब वह उड़ने लगी तब देउर ने कहा कि अब तुम इसे कभी भी नहीं पकड़ पाओगे, अतः उन बच्चों ने भी उसे उड़ने दिया।

●

परमगत्ती मड़िया लुआई करने गए। जब वे अपने हँसिए से फसल लू रहे थे तब एक पौधे पर से एक छोटा-सा कीट उछलकर उनकी लँगोटी में घुस गया। परमगत्ती अपने काम में लगे रहे और इस बीच उस कीट के पंख उग आए और वह प्यू-प्यू-प्यू की आवाज में चिल्लाने लगा। परमगत्ती ने उसकी आवाज सुनकर अपने वस्त्रों के भीतर देखकर कहा, "तुम यहाँ कहाँ से पहुँच गए?" उसने उत्तर दिया, "मैं तुम्हारी लँगोटी में ही पलकर बड़ा हुआ हूँ। अब बताओ मैं क्या खाऊँ?" परमगत्ती ने कहा, "जब फसल पककर तैयार हो जाए, तब तुम उनके फलों का रसपान करो।"

परन्तु ताना पिन्नू ने कहा, "यह कीट हमें पहले कैसे खा सकता है? मनुष्य पहले हमें बलि चढ़ाएँ, तभी वे खा सकते हैं।" तब परमगत्ती ने कहा, "बहुत अच्छा और टिड्डे से कहा कि, "नवाखाई (नवान्न) पर्व के पूर्व इन्हें मत खाओ।" परन्तु उसने अवज्ञा की इसलिए उसकी पीठ के स्थान पर पेट हो गया और पेट के स्थान पर पीठ। टिड्डा परमगत्ती के पास पहुँचकर शिकायत करने लगा, "देखो यह क्या हो गया," परन्तु परमगत्ती ने कहा, "तुम्हारी अवज्ञा के लिए यही सजा है।"

●

कोल्हापुर के माँझी के पाँच बेटे थे। उसके खेत उस गाँव में सबसे बड़े थे। उसके खेतों में इक्कीस नौकर काम करते थे। कुल मिलाकर उसके खेतों में सत्ताईस नाँगर (हल) काम करते थे। एक दिन उसके एक नौकर ने गुस्से में अपनी स्त्री की पिटाई कर दी और वह भागकर अपने मायके चली गई। वह उसे मनाकर वापस लाने नहीं गया, परन्तु माँझी ने उसे फटकार लगाई, "जाओ और जाकर अपनी स्त्री को लेकर आओ।"

वह व्यक्ति अपने पाँच साथियों को साथ लेकर अपनी ससुराल गया, जहाँ वे सब दो दिन ठहरकर तीसरे दिन अपनी पत्नी को साथ लेकर चले गए। जाते हुए रास्ते में उन्हें एक खेत के किनारे कुसुम का वृक्ष मिला। उस वृक्ष के नीचे बैठकर वे दोपहर का भोजन पकाने लगे। उस खेत में एक चूहा रहता था जिसका बिल खोदकर उन्होंने बाहर

निकाला। चूहा बाहर निकलकर भागा तो उन लोगों ने उसका पीछा किया और उसे डंडे से मारकर उसे घायल कर दिया। चूहे का रक्त बहता रहा और वह उसी हालत में कुसुम वृक्ष तक पहुँच गया। चूहा वृक्ष पर चढ़कर एक शाखा से दूसरी शाखा पर भागता रहा और वे उस पर पत्थर फेंककर आक्रमण करते रहे। खून चारों ओर टपकता गया। कुछ समय पश्चात उन लोगों ने चूहे का पीछा छोड़ दिया और अपना भोजन करने के बाद अपने घर के लिए चल पड़े।

जब कभी भी चूहे का रक्त टपकता है तो उसमें से कीड़े पैदा होते हैं जो लाख बन जाते हैं।

●

एक दिन माता देवालय में बहुत-सी स्त्रियाँ बलि चढ़ाने के उद्देश्य से एकत्रित हुईं। एक स्त्री ने देवी माता के चरणों में तिल छिड़के और अन्य सब स्त्रियों ने धूप जलाई और पुष्प चढ़ाए। परन्तु माता इतने से सन्तुष्ट नहीं हुईं और जब वे स्त्रियाँ वापस जा रही थीं तो उसने तिल उठाकर उन स्त्रियों की ओर फेंक दिए। वे तिल के दाने उन स्त्रियों के बालों में गिरे और जुएँ बन गए।

●

बहुत दिनों पहले पिता महादेव और माता पार्वती ने तेल की मिठाइयाँ बनाईं। परन्तु मिठाइयाँ बन जाने पर उन्हें यह सूझ ही नहीं रहा था कि वे इन मिठाइयों का क्या करें। माता पार्वती ने मिठाई में से दो बीज उठाकर कोई मन्त्र पढ़ा और उन्हें पिता महादेव के ऊपर फेंक दिया, जो खटमल बन गए। पिता महादेव ने भी मिठाई में से दो बीज उठाकर माता पार्वती के सिर के बालों में फेंक दिए, जहाँ पहुँचकर वे जूँ बन गए।

●

परमगत्ती ने निरंताली के पास जाकर कहा, "तुमने हमें उत्पन्न किया और कितने सुन्दर हमारे हाथ-पाँव बनाए। परन्तु हमारे सिर के लिए कुछ भी नहीं बनाया।" निरंताली ने तिल्ली के दाने और कुछ छोटे-छोटे फूल उठाकर उसके सिर में डालते हुए कहा, "जाओ मैं तुम्हें ये वस्तुएँ देता हूँ। जिसके भी सिर में ज्यादा जूएँ होंगी, उसके पास अधिक धन होगा।" और कन्ध आज भी इस बात पर विश्वास करते हैं कि बालों में जूएँ होना सौभाग्य की निशानी है।

●

रानी अरू और परमगत्ती दोनों एक ही खाट पर सो रहे थे। जब वे मैथुन करने लगे तो उन पर थोड़ा पानी गिर पड़ा। रानी अरू ने उसे स्पर्श करके देखा और कहा,

''यह क्या है?'' वह उसे फेंकने ही वाली थी कि परमगत्ती ने कहा, ''इसे मत फेंको, इसे खाट पर ही चुपड़ दो, इस तरह अपना नाम सदा के लिए अमर हो जाएगा।'' रानी अरू ने उसे खाट पर चुपड़ दिया और उससे खटमल पैदा हो गए। उसने पूछा, ''ये खाएँगे क्या?'' जो भी व्यक्ति यहाँ सोएगा, ये उसका रक्तपान करेंगे,'' परमगत्ती ने कहा।

●

आरम्भ में निरंताली अपने सिर के बालों से ही अपने घर में झाड़ू लगाया करती थी। एक दिन जब वह स्नान कर रही थी तो सिर के सारे बाल झड़ गए। निरंताली इस बात पर चिन्तित होकर रोने लगी। 'अब मैं अपने घर में झाड़ू कैसे लगाऊँगी? वहाँ गन्दगी फैल जाएगी और कूड़ा-करकट जमा हो जाएगा।' यह सोचकर उसने उन बालों को समेटकर एक पत्ते में लपेटकर भूमि में गाड़ दिया। उसे इस बात का भी भय था कि दीमक उसके बालों को खा जाएँगी। अतः जब वह घर पहुँची तो उसने घर में झाड़ू नहीं लगाई और घर दिन-प्रतिदिन गन्दा होता चला गया। जब वह उस स्थान पर गई जहाँ उसने स्नान किया था और अपने बालों को भूमि में गाड़ा था, वहाँ नरसुल का एक झुंड उग आया था। उसने उन्हें तोड़ लिया और उसके सफेद फूल उस पर गिर पड़े और जुएँ बन गए। उसने उन डंठलों से एक झाड़ू बनाई और घर की सफाई की। जब उसने घर के कूड़े-करकट को बुहारकर फेंका तो वहाँ बर्र का एक झुंड बन गया।

●

एक दिन निरंताली ने सोचा, 'मनुष्यों के सिर में बहुत अधिक बाल होते हैं, और जब तक उन्हें खुजली न हो, वे उसकी सफाई नहीं करेंगे।' उसने यह सोचकर निश्चय किया कि कोई ऐसी वस्तु बनाई जाए जो उन्हें सिर में काटे और सिर में खुजली होने लगे।

निरंताली जिस स्थान पर पैदा हुई थी, उस स्थान से वह एक चुटकी भर मिट्टी लेकर आई। उसने एक कन्ध स्त्री को बुलाकर वह मिट्टी उसके सिर में डालते हुए कहा, ''आज से तुम अपने सिर की सफाई मिट्टी और पानी से किया करो और बालों में अच्छी तरह कंघी किया करो।'' वह मिट्टी जिसे निरंताली ने उस स्त्री के सिर में डाला था उसमें जीव पड़ गया और उसके सिर में जूँओं की भरमार हो गई।

●

चन्द्रमा सदैव आकाश में निवास करती है और वर्ष में एक बार भोजन करती है। जब वह शौच हेतु जाती है, तब दरवाजा बन्द कर लेती है। उस समय आकाश नीला लगने

लगता है, क्योंकि उसका घर लोहे का बना है। जब वह शौच के बाद जल से सफाई करती है और वह जल यदि किसी व्यक्ति पर पड़ जाता है तो उससे जूएँ उत्पन्न हो जाती हैं।

●

भीमा महाप्रभु की सात पत्नियाँ थीं और वे सभी के पास प्रतिदिन जाया करते थे। परन्तु जब वे अपनी सबसे बड़ी पत्नी के पास जाते तो उसके साथ रतिकर्म न करके बिस्तर पर सिर्फ कुछ कलाबाजी करते हुए सो जाया करते थे। यह सिलसिला बहुत दिनों से चला आ रहा था और उनकी बड़ी पत्नी का उनके इस प्रकार के व्यवहार से दुख दिन-प्रतिदिन बढ़ता जा रहा था। एक दिन उसने अपनी माँ मरकारन्दी को जाकर अपनी स्थिति से अवगत कराया।

मरकारन्दी ने उसे बताया, ''तुम्हारे अगले मासिक धर्म के समय तुम कुछ रक्त लेकर उसे ज्वार के आटे में मिला देना। रोटी के छोटे-छोटे टुकड़े करके उन्हें बिस्तर पर फैला देना और उस आटे को बिस्तर के नीचे फैला देना।''

उस लड़की ने वैसा ही किया। जब उसे अगला मासिक धर्म हुआ तब उसने उस रक्त को लेकर आटे में मिलाकर रोटी बनाई और उसके छोटे-छाटे टुकड़े करके बिस्तर पर फैला दिया और रक्तमिश्रित आटे को बिस्तर के नीचे फैला दिया। जब रात्रि में भीमा महाप्रभु सोने के लिए आए तो बिस्तर में फैले हुए रोटी के वे टुकड़े खटमल बनकर उनको सम्पूर्ण शरीर में काटने लगे। वह सारी रात नहीं सो पाए और अपनी पत्नी से संसर्ग करने लगे।

●

सृष्टि के आरम्भ में सभी प्राणी बीमार पड़ते थे और उनकी मृत्यु होती थी, परन्तु मुर्गे ही एकमात्र ऐसे प्राणी थे जो कभी भी अस्वस्थ नहीं होते थे और सदा शक्तिशाली बने रहते थे और वे तभी मरते थे, जब कोई मनुष्य उन्हें मारता था। इसके परिणामस्वरूप उनकी संख्या अत्यधिक बढ़ गई थी। किटुंग ने सोचा, 'सभी प्राणी बीमार पड़ते हैं और मरते हैं, परन्तु क्या कारण है कि इन मुर्गे-मुर्गियों को कुछ भी नहीं होता। उन्होंने दो बीमारियाँ बनाईं, जिनमें से एक का नाम आमान था और दूसरी का जालोई। उन्होंने अपनी जीभ का थोड़ा-सा मैल मिट्टी और बीमारी के साथ धान के पुआल के साथ मिलाकर उसे गाँव की गलियों में फैला दिया। मुर्गियाँ उसे चुगने के लिए टूट पड़ीं और जल्दी ही बीमार पड़ गईं। तब किटुंग ने जालोई से कहा, ''तुम इनके आमाशय में बैठ जाओ और उनसे वमन (कै) करवाओ इससे उनका कलेजा रोगग्रस्त हो जाएगा।'' उन्होंने आमान से कहा, ''उनके पेट में पहुँचकर उनकी बीट से जूएँ बनकर उत्पन्न होवो और उनकी सम्पूर्ण देह में फैलकर उनका रक्तपान करो।''

●

आरम्भ में मनुष्यों के सिर पर बिरले बाल हुआ करते थे और जुएँ होती ही नहीं थीं। जब उनके बाल बढ़ते तो उन्हें यह ज्ञात ही नहीं था कि उनको कंघी कैसे करें और उनको सँवारें कैसे, इसीलिए वे अस्त-व्यस्त और कुरूप दिखाई पड़ते थे। किटुंग चिन्तित थे कि 'क्या उपाय किया जाए।' यदि मैं कोई ऐसा सूक्ष्म जन्तु उत्पन्न कर सकूँ जो इनकी खोपड़ी में खुजली पैदा कर सके तो ये सब लोग बालों को स्वच्छ रखेंगे और उनमें कंघी करेंगे और सुन्दर भी दिखाई पड़ेंगे। उन्होंने सल्फी वृक्ष को काटकर उसका रेशा निकाला, उसे सुखाकर, कूटकर उसका चूर्ण बनाया और उसे एक वस्त्र में बाँधकर पोटली बना ली। उसे साथ लेकर वे गाँव-गाँव जाते और लोगों के सिर पर उस चूर्ण को छिड़कते। लोगों ने इसे किटुंग का कोई मजाक समझकर उसके प्रति लापरवाही दर्शाई।

परन्तु पन्द्रह दिनों बाद ही उनके सिर खुजलाने लगे और जुएँ चारों ओर मँडराने लगीं। वे सब दौड़कर किटुंग के पास पहुँचे और पूछने लगे, "यह क्या समस्या है। खुजलाते-खुजलाते हमारा बुरा हाल हो गया। खुजलाते-खुजलाते हम भोजन करने में असमर्थ हैं। खुजलाते-खुजलाते हम कोई चीज पी भी नहीं सकते। खुजलाते-खुजलाते न हम प्रेमालाप ही कर सकते हैं।" तब किटुंग ने उनसे कहा, "नदी में जाकर मिट्टी से अपने बालों को अच्छी तरह धोकर मेरे पास आओ।" उन्होंने वैसा ही किया और वे किटुंग के पास पहुँचे तब किटुंग ने उन्हें थोड़ा-थोड़ा अंडी तेल दिया। किटुंग की पत्नी ने उन्हें अपनी ही कंघी प्रदान की। इस भाँति उन्होंने अपने बालों को स्वच्छ रखना और कंघी करना सीखा।

●

सैतानों साँवरा रुणासिंगी में निवास करता था। उसकी दो पत्नियाँ थीं, परन्तु बड़ी की कोई सन्तान नहीं थी। छोटी पत्नी के दो बेटे और एक बेटी थी। इसीलिए सैतानों छोटी पत्नी को बेहद प्यार करता था और उसे खूब चाहता था, परन्तु वह बड़ी पत्नी को हमेशा डाँटता-फटकारता और उसकी पिटाई करता। एक दिन बड़ी पत्नी को बुखार चढ़ा और उसकी मृत्यु हो गई। जब उसकी ज्वार रस्मपूर्ण हो गई तो उसका प्रेत किटुंग के पास पहुँच गया और कहने लगा, "मेरे पति ने मुझे सदैव यातना दी है, अब मैं किस प्रकार उसे सता सकती हूँ?" किटुंग ने धान का थोड़ा भूसा उठाकर उसके सिर में डाल दिया।

वह भूसा खटमलों में बदल गया तब किटुंग ने कहा, "जाकर सैतानों की खटिया में रहो और रातभर उसको काटो और उसका रक्तपान करो। दिन में तुम खटिया में छिपकर रह सकते हो।"

●

आरम्भ में जब खेती का काम शुरू हुआ तब महाप्रभु स्वयं लोहा गलाकर उसके औजार बनाया करते थे। लोहे के औजार बनाते समय उनके ऊपर लोहे के चमकदार कण

उछटकर लगते थे, अतः वे एक हाथ से काम करते और दूसरा हाथ उन्हें हटाने के लिए खाली रखते थे। कोयले के छोटे-छोटे टुकड़े हवा में उछलते और मच्छर बन जाते थे और महाप्रभु जब काम पूरा करके उठते तो पाते कि उन्हें मच्छरों के झुंड ने बुरी तरह काटा हुआ है। वे मच्छरों को अपनी धोंकनी में भरकर घर ले जाते।

उन मच्छरों को बहुत भूख सताने लगी तब उन्होंने महाप्रभु से कहा कि हमें कुछ खाने के लिए दो। महाप्रभु ने कहा, ''ठीक है, मैं तुम्हें मुक्त कर दूँगा, परन्तु तुम मुझे नहीं काटोगे, इस शर्त पर।'' तब मच्छरों ने कहा, ''ठीक है, हम आपको बख्श देंगे परन्तु गाँव के अन्य सभी लोगों को काटेंगे।'' तब महाप्रभु ने उन्हें मुक्त करते हुए कहा, ''तुम जाकर गाँव में रहो। परन्तु दिन में लोगों को तंग मत करो, रात में तुम्हारी जो मरजी में आए सो करो।'' तब से मच्छर उड़कर गाँवों में चले आए और तब से वे वहीं रहने लगे।

●

देवी उसुमदाई सदैव जल के भीतर रहती थी, क्योंकि उसकी काया में अग्नि भरी हुई थी। एक दिन जहाँ नदी में वह रहती थी, उस स्थान पर भीमो महाप्रभु मछली मारने आए। उन्होंने उसुमदाई को मछली समझकर अपनी गदा के प्रहार से मार डाला और पानी में से खींचकर बाहर निकाला। उसका शव अपने आप ही तुरन्त जलने लगा। जब वह जलकर राख हो गया तो राख उड़-उड़कर मच्छर बन गई और वे मच्छर सब उड़ गए। कुछ देवताओं ने मच्छरों को पालतू बना लिया। अन्य देवताओं ने उन्हें मनुष्यों को काटने हेतु भेज दिया। उनके काटने पर लोगों को ज्वर (बुखार) होने लगा।

●

गदबा, बोरोगा, कोरापुट

एक गाँव में दो बड़े घोटुल थे, एक लड़कों के लिए और एक लड़कियों के लिए। ज्योंही पूस परब त्योहार का समय समीप आया तो लड़कियों ने लड़कों से कहा, ''वे हमारे गाँव के अतिरिक्त सभी गाँवों में नाच रहे हैं। परन्तु तुम लोग इतने आलसी हो कि तुम सोने के सिवाय कुछ भी नहीं करते।'' प्रत्येक रात्रि में लड़कियाँ उनसे याचना करतीं, उनकी भर्त्सना करतीं, उन्हें नृत्य के लिए प्रोत्साहित करतीं। परन्तु वे लड़के इतने आलसी थे कि वे अकसर कहते कि वे बहुत थके हुए हैं।

वे लड़कियाँ बहुत खिन्न थीं और अन्त में वे एक वृद्ध स्त्री के पास गईं जो अपनी जादुई शक्तियों के लिए बहुत प्रसिद्ध थीं। उस वृद्धा ने लड़कियों की बातें सुनकर उन्हें मड़िया का थोड़ा-सा भूसा दिया और कहा, ''इसे लड़कों के घोटुल पर फेंक देना।''

लड़कियों ने उस भूसे को लिया और लड़कों को नाचने के लिए बुलाया, परन्तु उन्होंने मना कर दिया, तब लड़कियों ने भूसे को उनके घोटुल पर फेंक दिया। वह भूसा

मच्छरों के झुंड में बदल गया और लड़कों को लगातार काटने लगा। वे नींद से शीघ्र जाग गए क्योंकि मच्छरों ने उन्हें सोने नहीं दिया। अब उनके पास करने को कुछ भी नहीं था इसलिए वे लड़कियों के साथ नृत्य करने आ गए।

कुटिया कोंड, तुरली, गंजाम

पुराने जमाने में जब दुनिया बनी थी, जब मनुष्य रात्रि में मीठी गहरी नींद में सोते थे तो सुबह होते तक सोते रहते थे। निरंताली ने जब यह देखा तो सोचा कि यह उचित नहीं है। उन्होंने मच्छर उत्पन्न करने का निश्चय किया। उन्होंने सुतीडकी नदी जाकर एक केकड़े से कुछ मिट्टी लाने के लिए कहा। उन्होंने उस मिट्टी को तीन दिन तक धूप में सुखाया। जब मिट्टी सूख गई तब उन्होंने मिट्टी से मच्छर का शरीर बनाया, घास के एक तिनके से पैर बनाए, मोम से उसकी आँखें और छोटी-सी पूँछ बनाई। उसकी पूँछ में उन्होंने नाशपाती का एक काँटा लगा दिया और उड़ने के लिए फूल की पंखुड़ियाँ लगा दीं। परन्तु उन्होंने उसके शरीर में रक्त प्रदान नहीं किया। मच्छर ने कहा, "तुमने मुझे बना तो दिया परन्तु मुझमें रक्त तो है ही नहीं।" निरंताली ने कहा, "ऐसा इसलिए है क्योंकि तुम्हारा आहार ही रक्त होगा।" उन्होंने उसे मनुष्य और पशुओं के शरीर पर रक्तपान हेतु भेज दिया।

परेंगा, रूपोदाई, कोरापुट

इस्पुर महाप्रभु मांस के बहुत शौकीन थे। वे अपनी पत्नी को घर पर छोड़कर नित्य आखेट पर निकल जाते थे। एक दिन उन्हें वापस आने में बहुत विलम्ब हो गया क्योंकि उन्हें कोई शिकार नहीं मिला और उसकी खोज में वे पूरी तरह थक गए थे। उनकी पत्नी ने भोजन तैयार कर लिया था और वे उनकी बाट जोहती बाहर मार्ग पर आ गईं। वे सूर्यास्त देख रही थीं और गर्मी के कारण उनके शरीर से पसीना निकल रहा था। उन्होंने पसीना पोंछा और उसके साथ ही दिनभर के श्रम का मैल भी निकल आया। उन्होंने उस मैल की छोटी-छोटी गोलियाँ बनाकर मन्त्र फूँककर फेंकी, "जाकर मेरे स्वामी के कानों में भिनभिनाओ।"

मैल की गोलियाँ मच्छर बन गईं। आखिरकार इस्पुर को एक हिरण दिखाई पड़ गया और जब वे उस पर अपने धनुष से बाण छोड़ने ही वाले थे कि मच्छर उनके कान के पास भिनभिनाने लगे। उन्हें आश्चर्य हुआ कि उनका निशाना चूक गया।

पहाड़ी साँवरा, ओखरा, गंजाम

पुराने जमाने में लोगों को रात में गहरी नींद आती थी। एक साँवरा गाँव में वहाँ के लोग सदैव बीमार रहते थे। इस कारण से वहाँ के दस हजार लोग पलायन कर गए

और उन्होंने एक नया गाँव बसा लिया। कुमबुम साँवरा वहाँ का नया मुखिया बना। काफी समय के बाद उसने अपने बेटे का विवाह किया और वह लड़का अपनी पत्नी के साथ अन्यत्र रहने चला गया। एक वर्ष बीतने पर उसका अपनी पत्नी से झगड़ा हुआ और उसने उसे पीटा। उस दिन उसने भोजन नहीं किया और वह रात में बाहरवाली परछी (बरामदा) में ही सो गई। तीन दिनों तक वह भूखी रही और बाहर ही सोती रही।

उसका पति उसको यह समझाते-समझाते थक गया कि वह बहुत दुखी है, अन्त में वह किटुंग के पास गया। उसने उनसे कहा, ''हम लोगों में मामूली झगड़ा हुआ था और वह तब से रूठी हुई है।'' किटुंग की समझ में नहीं आ रहा था कि वह उस लड़की को कैसे समझाएँ, उन्होंने उसे एक मुट्ठी भूसा देते हुए कहा, ''इसे उस स्थान पर डाल दो जहाँ पर वह सोती है। उससे बात मत करना और अन्दर से दरवाजा बन्द कर लेना।'' उस लड़के ने वैसा ही किया। वह भूसा मच्छरों के झुंड में बदल गया और उस लड़की को बुरी तरह काटने लगा। मच्छरों ने उसे इतना काटा कि वह घर का दरवाजा पीटने लगी और चिल्लाने लगी कि उसे अन्दर आने दो। ''दरवाजा खोलो, जल्दी खोलो।'' कुछ समय तक प्रतीक्षा करने के बाद उसके पति ने दरवाजा खोला और उसे अन्दर आने दिया और अपने बिस्तर पर जगह दी। उस दिन से मच्छर उड़ रहे हैं और लोगों को काट रहे हैं।

भतरा परसेला, कोरापुट

सोमरा भतरा कटनगुड़ा गाँव का मुखिया था। उसकी तीन पत्नियाँ थीं। परन्तु उनके कोई सन्तान नहीं थी। सोमरा अपनी पत्नियों से हमेशा नाराज रहता था और उनसे झगड़ता था। इस बीच उसकी मझली पत्नी की मृत्यु हो गई और बड़ी तथा छोटी पत्नी उसके साथ रह गईं। उसके पश्चात उसने एक नई लड़की से शादी कर ली और उसके दो बेटे हुए। सोमरा इस पत्नी से बहुत प्रेम करता था और दूसरी दोनों की जरा भी परवाह नहीं करता था।

एक दिन उसकी बड़ी पत्नी बीमार पड़ी और उसकी मृत्यु हो गई और वह महाप्रभु के पास गई। उसने उनसे कहा, ''चूँकि मेरे पास कुछ नहीं था, परन्तु अब मुझे एक वरदान दो कि मैं दूसरे लोगों को दुख पहुँचा सकूँ।'' महाप्रभु ने कहा, ''तुम्हें किसने सताया है?'' उसने कहा, ''मेरा पति मुझे कोसता था और खाने के लिए भी नहीं देता था, ठंड के मौसम में भी वह मुझे घर के बाहर रखता था।'' महाप्रभु ने कहा, ''जाओ अब तुम्हारा जन्म एक बिच्छू के रूप में होगा, और जैसे तुम ठंडे मौसम में घर के बाहर रही हो, रात के समय दरवाजे में छिपकर रहो, और जब भी कोई बाहर निकले तो उसे काटना। उनके शरीर में जलन होगी और वे सारी रात घर से बाहर रहेंगे और दर्द के कारण रोएँगे।''

बिच्छू ने ऐसा ही किया और एक दिन वह एक लड़के के सिर पर गिर पड़ा और उसे काट लिया। उसकी मृत्यु हो गई। तीसरे दिन उसने मुखिया को ही काट लिया और वह और उसकी पत्नी घर के बाहर सर्दी में दर्द के मारे इधर-उधर भागते रहे।

भतरा चिताबेड़ा, कोरापुट

एक भतरा अपनी पत्नी के साथ काँदाडोंगर पर्वत पर रहता था। उसने अपनी बाड़ी में तम्बाकू बोया और उसके बाद वह तम्बाकू से धूम्रपान करने के अलावा और कोई भी काम नहीं करता था। यहाँ तक कि उसकी औरत उसे खाने के लिए बुलाती थी, तो भी नहीं जाता था। एक दिन उसकी चोंगी (चिलम) से उसका मुँह जल गया और उसने गुस्से में उसे फेंक दिया। उसके मुँह के जले हुए स्थान पर सारी रात दर्द होता रहा। दूसरे दिन वह अपनी चिलम खोजने गया परन्तु रात में ही वह बिच्छू में बदल गई थी। बिच्छू उसकी ओर बढ़ने लगा। भतरा डर गया और भाग गया। उसने कहा, ''कोई भी इस बिच्छू को न छूए अन्यथा यह आग की भाँति काटेगा।'' उसने उसे गोबर के ढेर की ओर ढकेल दिया जहाँ उसने रहने के लिए एक बिल बना लिया।

बोंडो पिन्नजनगढ़, कोरापुट

महाप्रभु ने चींटियाँ, तितलियाँ, टिड्डे बनाए परन्तु उन्होंने केवल सर्प से ही कहा कि वह मनुष्य और पशुओं को काट सकता है। सर्प जो कुछ कर सकते थे वे करते थे, परन्तु जब मनुष्यों को वे काटते तो वे लोग दवा खाकर अपना उपचार कर लेते थे। एक दिन जब महाप्रभु समुद्र पर्वत पर भ्रमण कर रहे थे तो उन्हें एक सर्प ने काट लिया, परन्तु उनको कोई भी हानि नहीं हुई और वे हँसते-मुस्कराते घर आ गए। उन्होंने सोचा, 'मैंने इस सर्प को उत्पन्न किया कि यह मनुष्यों को काटे, परन्तु इनका तो कोई प्रभाव ही नहीं पड़ रहा है। मैं कोई ऐसा प्राणी बनाऊँगा जो मनुष्यों को कष्ट पहुँचाए ताकि वे मुझसे भयभीत रहें।

दूसरे दिन महाप्रभु परहारी नदी तक गए जो समुद्र पर्वत की तलहटी में बहती है और उन्होंने एक केकड़ा पकड़ा। उन्होंने उसकी पीठ में एक झाड़ी जो जलन पैदा करती है, लगाकर उसकी पूँछ बनाई। पाँच सर्पों को मारकर उनका विष निकालकर चार का विष केकड़े के पेट में रखा और एक का उसकी पूँछ में। फिर उसे ले जाकर एक चट्टान के नीचे रख दिया और उससे कहा, ''यदि कोई व्यक्ति यहाँ बैठे तो उसे काटो क्योंकि तुम्हारे पास पाँच सर्पों का विष है।'

परन्तु महाप्रभु को डर लगा कि इसके कारण बहुत से मनुष्य मर जाएँगे अतः उन्होंने सेलीसीसा को बुलाकर कहा, मैंने बिच्छू बनाया है। यदि यह किसी को काटे तो काँस की जड़ को उस स्थान पर घिसकर लगा दो। उससे वह स्वस्थ हो जाएगा।

दिदयी, अमलीवाड़ा, कोरापुट

पृथ्वी के निर्माण के बाद रूमरोक ने देखा कि सूअरों के बालों पर कुछ मिट्टी चिपकी हुई है। परन्तु सूअरी को यह ज्ञात नहीं था कि वह अपना पेट कैसे भरे। अतः उसने रूमरोक के पास जाकर पूछा कि वह क्या करे। रूमरोक ने कहा, "एक बाड़ी से दूसरी बाड़ी में घूमते हुए जो कुछ भी मिले उसे खा लो।" उन दिनों सूअर एक ही तरीके से मारे जा सकते थे, मनुष्यों के द्वारा और रूमरोक ने सोचा कि दुनिया में सूअरों की संख्या बहुत बढ़ जाएगी यदि उनके मरने का कोई अन्य उपाय नहीं किया गया तो। अतः उन्होंने अपने कान के मैल से एक बिच्छू बनाया और उससे कहा, "मैं तुम्हें एक शिला के नीचे छिपा देता हूँ। वहाँ रहकर अपने बच्चे पैदा करो। यदि कोई सूअर तुम्हें परेशान करे तो उसे डंक मार दो, वह मर जाएगा।" जल्दी ही एक सूअर उस शिला से टकराया तब बिच्छू ने उसे डंक मार दिया और उसकी मृत्यु हो गई।

परन्तु यदि बिच्छू मनुष्य को डंक मारता है तो उसकी मृत्यु नहीं होती। और यदि कोई बिच्छू काटे तो अपने कान का मैल निकालकर बिच्छू की ओर फूँक दो, तो बिच्छू के काटे के दर्द से आराम मिल जाएगा।

कोंड, तुरिया, कोरापुट

सकटकोंड कन्सागुड़ा में अपनी पत्नी के साथ रहता था। वह ओझा था और उसकी पत्नी ओझिन। उनके पाँच बेटे और सात बेटियाँ थीं और वे सभी विवाहित थे। एक दिन उस कोंड ने अपनी पत्नी से झगड़ा किया और वह क्रोधित हो अपने मायके चली गई। चैत परब पर सकट ने घर की दीवारों पर माँढ़ने बनाए। जब उसकी स्त्री भाग गई तो उसने उनमें से कुछ चित्रों को मिटा दिया और उन्हें अपनी पत्नी को लेने हेतु भेजा। वह रास्ते में दौड़ने लगा और दौड़ते-दौड़ते बिच्छू बन गया। दौड़ में उसने उस स्त्री को पकड़ लिया और उसे काट लिया। वह दर्द से रोते हुए अपने पति के पास वापस आ गई। उसने अपने जादू से अपनी पत्नी के शरीर के विष को बाहर खींच लिया और उसके शरीर की जलन शान्त हो गई है।

सकट ने बिच्छू से कहा, "जंगल में चले जाओ और वृक्षों पर और चट्टानों के नीचे रहो।" इनसे समस्त बिच्छुओं की उत्पत्ति हुई।

भतरा, परसेल, कोरापुट

साल्हेपुट्टी गाँव में अर्जुन नाम का एक गाँडा रहता था। उसके पाँच पुत्र और तीन पुत्रियाँ थीं। सबसे छोटे बेटे के अलावा सभी भाई-बहनों का विवाह हो चुका था। जब वह लड़का बड़ा हुआ तो वह उसके लिए भी वधू खोजने लगा। बच्चागुड़ा के चौकीदार

के यहाँ उसे योग्य लड़की मिल गई। विवाह की सम्पूर्ण तैयारी होने के बाद अर्जुन ने अपने सभी रिश्तेदारों को बुलाया और बहुत से गाँडा वहाँ एकत्रित हुए। अर्जुन ने थोड़ा-सा धागा अपने दाहिने हाथ में लेकर उसका एक पिंड बनाकर बाएँ हाथ में लिया। परन्तु धागा उसके हाथ से छूटकर दूल्हे के पैरों पर गिर पड़ा। ज्योंही धागे का स्पर्श दूल्हे के पैर से हुआ वह मकड़ी में परिवर्तित हो गया। मकड़ी दूल्हे के सेहरे पर चढ़ गई। हवा से धागा और मकड़ी वृक्ष पर पहुँच गए। वृक्ष पर रहते हुए मकड़ी अपने पेट से धागा (तार) बुनने लगी।

बोंडो, कोरापुट

महाप्रभु ने मनुष्यों को उनके कार्य की विशेषज्ञता के आधार पर जातियाँ बनाईं। उस दिन एक व्यक्ति ताड़ी पीने गया था और वह सूर्यास्त तक वापस नहीं आया। तब तक यह सम्पूर्ण कार्य सम्पन्न हो चुका था। जब उसने सभी लोगों को अपने-अपने कार्य में संलग्न पाया तो उसने महाप्रभु से पूछा कि वह क्या काम करे और उसकी जाति क्या है। महाप्रभु ने कहा, ''तुम मछुवारा बन जाओ, जाल बनाओ और उसमें मछलियाँ पकड़ो।'' उसने घर पहुँचकर धागे बुनना शुरू किया और उनसे जाल बनाने लगा। परन्तु वह उस कार्य में कुशल नहीं था। उसने महाप्रभु से कहा, ''मुझे जाल बनाना नहीं आता अतः मैं मछलियाँ कैसे पकड़ पाऊँगा।'' महाप्रभु ने कहा, ''मैं किसी को तुम्हें जाल बनाना सिखाने हेतु भेजूँगा।''

महाप्रभु ने मकड़ियों का एक जोड़ा बनाकर उनके पेट में धागे रख दिए और कहा, ''यदि तुम पृथ्वी के सात चक्कर भी लगाओगे तो यह धागा खत्म नहीं होगा। मछुआरे के पास जाकर उसे जाल बनाना सिखाओ।'' मकड़ियों ने मछुआरे के घर जाकर उसके दरवाजे पर और उसके छप्पर की शहतीरों पर जाला बनाया। मछुआरे ने उन्हें देखकर जाल बनाना सीख लिया।

दिदयी, बुरजोगुड़ा, कोरापुट

अंडीवाड़ा में सीसा पुजारी रहता था, जिसकी कोई सन्तान नहीं थी। वह देवताओं की पूजा करते-करते ही वृद्ध हो गया था। परन्तु पूर्ण निराशा के बावजूद उसकी पत्नी ने गर्भ धारण किया और उनके यहाँ एक बेटी ने जन्म लिया।

पुजारी जच्चा-बच्चा के लिए दवाइयाँ लेने गया। उसने अनेक प्रकार की वनस्पतियों के पत्ते और कंद एकत्र किए, परन्तु मार्ग में उसे एक ऐसा पौधा दिखाई पड़ा जो सर्वाधिक महत्त्व का प्रतीत हुआ। उसने उस पौधे को उखाड़कर उसके दोनों छोर काटकर फेंक दिए और केवल बीच का हिस्सा रख लिया। पौधे के नीचे का भाग मकड़ी बन गया।

मकड़ी तुरन्त ही अपने पेट से तार निकालकर जाला बुनने लगी और उसमें पुजारी को लपेट लिया। उस वृद्ध ने अपने आपको मुक्त करवाने हेतु काफी संघर्ष किया, परन्तु उसे सफलता नहीं मिली। उसने अपने आपसे कहा, 'यदि मुझे यह ज्ञात होता कि यह पौधा इतना खतरनाक होगा तो मैं इसे अपनी पत्नी को खिलाने हेतु नहीं ले जाता।' और उसने उस पौधे की शेष जड़ (कन्द) को भी फेंक दिया।

पुजारी ने मकड़ी से कहा, "तुम मेरे जैसे एक बूढ़े व्यक्ति के लिए इतना परेशान क्यों होती हो? तुम मुखिया के घर में जाओ, वहाँ तुम्हें तुम्हारे योग्य शत्रु कई लोग मिलेंगे। उनसे लड़ो और उनको मारो, मुझे जाने दो।"

मकड़ी ने सोचा कि पुजारी की सलाह उचित है। उसने पुजारी को मुक्त कर दिया और मुखिया के घर चली गई। उस घर में बहुत से चूहे थे जिन्होंने उस पर आक्रमण कर दिया। परन्तु वह उन सब चूहों से अधिक शक्तिशाली थी। उसने उन सबको अपने जाल में लपेटकर मार डाला।

उस दिन से मकड़ियाँ घरों में रहने लगीं, परन्तु आजकल वे कमजोर हो गई हैं और वे मक्खियों से बड़े किसी भी जीव से संघर्ष नहीं करतीं।

गदबा, राजूपूट, कोरापुट

जब मध्यलोक का निर्माण हुआ तब आरम्भ में स्त्री-पुरुष सभी एकदम नंगे रहते थे। इस्पुर महाप्रभु ने यह देखकर कहा, "ये लोग सूअरों की तरह नंगे रहते हैं और सूअर के जैसे ही दिखाई पड़ते हैं। उनके पास कुछ वस्त्र अवश्य होने चाहिए।" वे अपनी माता पिलोरदाई के पास गए और उनसे कहा, "हम मनुष्यों को कपड़े कैसे प्रदान करें?' उन्होंने कहा, "मुझे मालूम नहीं, परन्तु मेरी एक बड़ी बहन है। उनका नाम चौरूकिलुप है और वे नन्दखुटी पर्वत पर रहती हैं। उनके पास जाकर पूछो कि क्या करें।"

इस्पुर महाप्रभु नन्दकुटी पर्वत पर गए, परन्तु उन्हें वे सोई हुई मिलीं। उन्होंने उन पर थोड़ा जल छिड़का और वे क्रोधपूर्वक उठीं। उन्होंने कहा, "न तो आज और न ही कल किसी ने भी मुझे जगाने का साहस नहीं किया। तुम कौन हो?" उन्होंने कहा, "मैं महाप्रभु हूँ।" "ठीक है, परन्तु तुम पहले यहाँ कभी भी नहीं आए हो। अब तुम्हें क्या चाहिए?" "मुझे यह बताओ कि मनुष्यों के लिए मैं कपड़े कैसे बनाऊँ?" इस्पुर महाप्रभु ने पूछा, "और मेरी पत्नी ने बताया है कि शायद तुम यह बता सको कि क्या किया जाए।"

"मुझे भी यह मालूम नहीं," चौरूकिलुप ने कहा, "परन्तु मेरी एक बेटी है। जिसका नाम पिरमली दाई है जो तिंगपान पर्वत पर रहती है। उसके पास जाओ और मुझे पूरी आशा है कि वह बता सकेगी कि क्या करना चाहिए।" जब इस्पुर महाप्रभु वहाँ पहुँचे

तो वह अपने बालों में कंघी कर रही थीं। इस्पुर उसके पीछे जाकर खड़े हो गए। जब उसने उनकी छाया देखी तो वह चिल्लाई, ''कौन हो तुम? और तुम्हें क्या चाहिए।''

''मैं महाप्रभु हूँ और मैं यह जानना चाहता हूँ कि मनुष्यों के लिए वस्त्र कैसे बनाए जाएँ।''

उस लड़की ने कुछ नहीं कहा। परन्तु उसने अपनी कंघी से कुछ बाल खींच लिए, उनका एक गोला बनाया और उसे इस्पुर के सामने फेंक दिया। वह एक मकड़ी बन गया। ''इस छोटे से प्राणी को अपने साथ ले जाओ और देखो कि यह जाला कैसे बनाता है। उसके जरिए तुम वस्त्र बनाना सीख जाओगे।''

अध्याय : पन्द्रह

मेंढकों की उत्पत्ति

मेंढकों की उत्पत्ति के पूर्व वर्षा नहीं होती थी।

मेमरपाड़ा में बहुत से दिदाई रहते थे जिनका मुखिया एक सम्पन्न व्यक्ति था, जिसके तबेले में इक्कीस भैंसें थीं। वे भैंसें भारी मात्रा में दूध देती थीं और दो व्यक्ति तो प्रातःकाल से दोपहर तब उनका दूध दूहने में ही लगे रहते थे। प्रतिदिन सुबह के समय उन भैंसों का मूत्र तबेले से इस प्रकार बहता था मानो कोई नदी बह रही हो।

एक दिन जब सबसे बड़ी भैंस का दूध दूहा जा रहा था, तब उसके मुँह से आधा चबाया हुआ घास का गोला बाहर गिर पड़ा और भैंसों के मूत्र में छप-छप करता हुआ बह गया। एकाएक वह इधर-उधर करने लगा और चिल्लाने लगा, 'ओंइक-ओंइक।' वह एक मेंढक था और जब वर्षा ने उसकी पुकार सुनी तो वह बरसने लगी।

●

किसी समय गिरगिरी मेटा नाम के एक भगवान थे, उनकी पत्नी का नाम तुमलदाई था, और उनकी एक सोनकी नाम की बेटी थी। जब सोनकी बड़ी हुई तब उसके माता-पिता ने उसकी सहायता के लिए लमसेना रख लिया। उस युवक का नाम किन्द्री झलिया था। एक दिन गिरगिरी मेटा ने उस युवक से कहा, "नीचे की ओर मैदान में नदी तट पर 'प्यासा' नाम का एक वृक्ष है। उसे काट लाओ और हम उससे घर का दरवाजा बनाएँगे।" लड़का नदी किनारे गया। जब वह उस पेड़ को काटने लगा तो लकड़ी के छोटे-छोटे छींटे उछटकर नदी में गिरने लगे, जहाँ वे मेंढक बन गए।

कुछ समय पश्चात जब उस युवक को प्यास लगने लगी, तो वह नदी से पानी लाने गया तब नदी में वे मेंढक उसी प्रकार उछलने लगे जिस प्रकार वृक्ष के कटते समय लकड़ी के छोटे-छोटे टुकड़े उछल रहे थे। वह युवक इस दृश्य को देखकर डर गया और भागकर अपनी पत्नी को बताने गया। उन्होंने अपने माता-पिता को भी इस घटना के विषय में बताया। गिरगिरी मेटा ने स्वतः जाकर नदी में मेंढक देखे। उसने घर वापस आकर अपने दामाद से कहा, "तुम उस वृक्ष को और नहीं काटोगे। यदि

उस वृक्ष के छोटे-छोटे टुकड़े ही इस तरह उछल-कूद मचा सकते हैं तब फिर सम्पूर्ण वृक्ष कट जाने पर तो न जाने नदी में क्या होगा।''

●

एक नदी के तट पर इमली का एक सुन्दर वृक्ष था। उस वृक्ष के नीचे बच्चे गिल्ली-डंडा खेला करते थे। वे गिल्ली को डंडे से मारकर हवा में यत्र-तत्र उछालते।

उस गाँव में एक बूढ़ी स्त्री रहती थी। उसकी सात पौत्रियाँ थीं। सरिडेंगा, खरिडेंगा, उजेडेंगा, रसडेंगा, सुकिडेंगा, किलूडेंगा और पंडरीडेंगा।

एक दिन वे सब झील पर स्नान करने गई। युवकों ने उन्हें स्नान करते हुए देखकर उन पर धूल और पानी फेंका और जब वे चीखने-चिल्लाने लगीं तो वे हँसने लगे। वे उनका पीछा करते रहे और उनका स्नान करना उन्होंने असम्भव कर दिया। जब उन लड़कियों की दादी को युवकों के व्यवहार का पता चला तो वह गुस्से में भरी हुई आई और उन लड़कों की ओर धूल फेंकने लगी। धूल उन लड़कों की आँख में घुस गई और वे अपनी आँखों को मलने लगे और देखने का प्रयत्न करने लगे। तभी उस बूढ़ी स्त्री ने उनके गिल्ली-डंडे उठाकर झील में फेंक दिए।

लड़के जब सँभल पाए, तब उन्होंने देखा कि उनकी गिल्लियाँ मेंढक बन गई हैं और वे मेंढक जल में इधर-उधर फुदक रहे हैं।

●

पुराने जमाने में जब वर्षा होती ही नहीं थी तब मेंढक भी नहीं थे। जलकमनी देवता इन्द्रो महाप्रभु की बेटी थी। उसे जब प्रथम बार मासिक धर्म हुआ तब इतना रक्त प्रवाहित हुआ कि उसे नदी तट पर जाकर बैठना पड़ा। पूरे एक वर्ष तक रक्त बहता रहा और जब रक्त बहना बन्द हुआ तभी एक वर्ष बाद वह अपने वस्त्र धो पाई।

जिस दिन उसने मासिक धर्म के उपरान्त स्नान किया था और नदी से वापस जा रही थी तभी मरदी देवता ने उसे देख लिया। वह उस पर आशक्त हो गया और उसका पीछा करता हुआ एक एकान्त स्थल तक जैसे ही पहुँचा तो उसने उसके साथ बलात्कार किया। वह गर्भवती हो गई और चूँकि उसका कोई पति नहीं था अतः वह जाकर नदी में रहने लगी। उसने कहा, ''मुझे कोई न देख पाए, अन्यथा वे लोग मुझ पर हँसेंगे।'' जब प्रसव का समय हुआ, तब उसने बहुत से मेंढकों को जन्म दिया। उन्हें वह नदी में ही छोड़कर इन्द्रो महाप्रभु के पास वापस चली गई। कुछ समय बीतने पर नदी सूख गई, तब वे मेंढक अपनी माँ की याद में चिल्लाने लगे। वे चिल्लाए, ''माँ-माँ, केयो-केयो,'' जिसका तात्पर्य था, ''माँ, तुम कहाँ चली गई हो।''

जब इन्द्रो महाप्रभु ने उन मेंढकों की आवाज सुनी तब जल कामनी से पूछा कि वे कौन हैं। उसने लज्जावश कह दिया, ''मुझे नहीं मालूम।'' परन्तु इन्द्रो महाप्रभु ने कहा, ''मुझे इनके विषय में सब कुछ ज्ञात है। तुमने बहुत बड़ा पाप किया है। तुम अपने

बच्चों के पास वापस चली जाओ।'' तब उसने कहा, ''मैं कहाँ जाऊँ? नदी का जल सूख गया है, और हमारे रहने हेतु कोई घर भी नहीं है।''

यह सुनकर इन्द्रो महाप्रभु ने बहुत भीषण वर्षा की जिससे नदी-नाले सब पानी से भर गए और मेंढकों के रहने की व्यवस्था भी हो गई।

●

अंजाम ग्राम में रहनेवाले डोरिया बोंडों की पत्नी एक बहुत ही कुशल टोन्ही थी। एक दिन वह बीमार पड़ गई और उसे पता चल गया कि वह मरनेवाली है। उसने डोरिया को बुलाकर कहा, ''मेरे पेट में एक थैली है जो हमेशा पट-पट-पट करती है, उसी में मेरे सम्पूर्ण जादू का ज्ञान है। जब तुम मेरे शव का दाह-संस्कार करोगे, तब मेरा मांस और अस्थियाँ जलकर नष्ट हो जाएँगे परन्तु वह थैली बची रहेगी। तुम तीसरे दिन जाकर उस थैली को राख में ढूँढ़ना तो वह तुम्हें मिल जाएगी और उसे ले जाकर नदी में फेंक देना। उसमें से मेरी बहन जन्म लेगी जो तुम्हारी रानी बनकर तुम्हारे साथ अढाई घंटे तक रहेगी।''

उसके बाद उस स्त्री की मृत्यु हो गई और प्रथा के अनुसार तीसरे दिन डोरिया उसके शव की राख की जाँच करने गया। उस राख में उसे वह थैली सुरक्षित स्थिति में मिल गई जिसे उसने चुपचाप ले जाकर समीप के एक नाले में फेंक दिया। जैसे ही उसने वह थैली पानी में फेंकी, तो उसमें से दस मेंढक और ग्यारह मेंढकी उत्पन्न हुए जिनमें से एक मेंढकी अत्यन्त सुन्दर युवती बन गई। उसका सिर घुटा हुआ था और उसके वस्त्र नितम्ब से नीचे तक लटक रहे थे। अपने विशाल वक्षस्थल पर वह बहुत-सी मालाएँ और आभूषण धारण किए हुए थी। उन दोनों ने अढाई घंटे तक प्रेमालाप और रति कर्म किया। इस बीच वह रानी थी और डोरिया महाराजा था, परन्तु जैसे ही समय पूरा हुआ तो वह रानी पुनः मेंढकी बन गई और पानी में कूद पड़ी।

अगले दशहरा पर्व पर डोरिया अपने गाँव के अन्य लोगों को भी नाले पर ले गया और उन्हें सम्पूर्ण घटना का वृत्तान्त सुनाया। वह लड़की उसे फिर कभी दिखाई नहीं पड़ी। यद्यपि संसार मेंढकों से भरा पड़ा है।

●

एक गाँव में बारह कोया बन्धु रहते थे और वे सब विवाहित थे और सबकी पत्नियाँ थीं। परन्तु उन स्त्रियों में हमेशा झगड़ा होता रहता था, इसलिए उन भाइयों ने बँटवारा करने का निर्णय कर लिया। बड़े भाई ने सबको बुलाकर जंगल और खेतों के बँटवारे पर विचार-विमर्श किया। इसके बाद सब अपने-अपने जंगल में पेड़ काटने चले गए। वे प्रातःकाल जाकर काम में लगते और दोपहर को वापस घर आते।

एक दिन सबसे छोटे भाई की पत्नी अपने जंगल से कन्द लेकर आई, उसे पकाया, उसने कोदो का भात बनाया। परन्तु उसे देर हो गई और वह देर से काम पर

गई। जब वह नाले के समीप पहुँची तो खाने का पत्तोंवाला पुड़ा किनारे पर रखकर स्नान करने लगी। उसी समय देउर जो पर्वतों पर विचरण कर रहा था, वह वहाँ पहुँचा और उसके पैरों के नीचे वह पुड़ा कुचला गया। जब उसने देखा कि उसके पैरों के नीचे भोजन कुचला गया है, तब उसने उससे एक मेंढक बना दिया। कन्द से मेंढक के पैर बना दिए और कोदो को अंडों में रूपान्तरित कर दिया। उसने उसे उठाकर नाले में छोड़ दिया।

वह स्त्री रोने लगी, ''मेरा पति मुझे पीटेगा।'' देउर उसे अपने घर ले गया और उसे उसके पति के लिए अपने पास से भोजन दिया।

इस प्रकार से मेंढक की उत्पत्ति हुई।

●

एन्ग्राडा और बटरोली टिकावली सोरू पर्वत पर रहा करते थे। उनके तीन बेटे थे और दो बेटियाँ थीं और जब बेटे बड़े हो गए तो वह उनके लिए बहुएँ खोजने निकला। उसे दो लड़कों के लिए तो लड़कियाँ मिल गईं, परन्तु तीसरे के लिए कोई लड़की मिल ही नहीं रही थी। उसने सबसे बड़े और सबसे छोटे लड़के का विवाह कर दिया। उसके बाद जाँझीपड़ा गाँव के एक कन्ध के बेटे के साथ उसकी छोटी बेटी का विवाह हो गया। अब उसकी बड़ी लड़की और मँझला बेटा अविवाहित रह गए थे। उस साल आम की फसल बहुत अच्छी हुई। जो लोग विवाहित थे, वे आम खाने बाहर निकल पड़े, उन्होंने खूब आम खाए और उनकी गुठलियाँ धूप में सूखने के लिए रख दीं।

जब वे गुठलियाँ सूख गईं तब बड़ी लड़की गुठलियाँ लेकर उन्हें धोने के लिए सोसीअनु नदी पर ले गई। धोते समय आधी गुठलियाँ बह गईं और उन्हें निकालने के लिए वह लड़की नदी में कूद पड़ी। परन्तु वह उन्हें पकड़ नहीं पाई और उसने कूदते हुए कहा, ''तुम सब मेंढक बन जाओ और नदी में ही रहो।''

वे मेंढक बनकर इधर-उधर तैरने लगे।

●

आरम्भ में किसानों ने पाँच वर्ष तक खेती की और अच्छी उपज हुई। परन्तु छठवें वर्ष सूखा पड़ गया और बीज व्यर्थ ही भूमि में पड़े रहे और मनुष्य भूखे मरने लगे। निरंताली ने वर्षा भूमि पर लाने का बहुत यत्न किया, परन्तु उसे सफलता नहीं मिली।

अन्त में निराश होकर वह गुंजियानु नदी तक गई और वहाँ से हरी काई लेकर आई। उसने मिट्टी से एक मेंढक बनाया और उसे काई से ढँक दिया। वह मिट्टी का मेंढक एक अंडे में परिवर्तित हो गया। जून में वह अंडा फूट गया और जुलाई माह में उसमें से एक जीवित मेंढक उत्पन्न हुआ जिसने निरंताली के पास जाकर कहा, ''तुमने मुझे क्यों पैदा किया है? मुझे क्या करना है?'' निरंताली ने कहा, ''इस बार सूखा पड़ा है, वर्षा बिलकुल नहीं हुई है, अतः तुम जोर-जोर से रोने लगो।'' मेंढक जोर-जोर से

रोने लगा और उसके रोने की आवाज बिरमेंजा जा पहुँची। उसे बहुत दुःख हुआ और उसने वर्षा को भेज दिया।

निरंताली ने मेंढक को नदी में छोड़ दिया और उसससे उसी में रहने को कहा।

●

एक दिन एक व्यक्ति ने एक मछली फँसाने का जाल बनाया और नदी पर चला गया। सारे दिन मछली ऊपर-नीचे तैरती रही। एक दिन एक बड़ा विशाल मेंढक उस जाल में फँस गया। जब वह व्यक्ति उस मेंढक को मारने के लिए गया तो वह उसके कुरूप शरीर को देखकर भयभीत हो गया और वहाँ से भागने लगा। उस मेंढक ने उसका पीछा किया। वह व्यक्ति जान बचाने के लिए एक वृक्ष पर चढ़ गया। वह मेंढक भी उसका पीछा करता हुआ उस वृक्ष पर चढ़ गया। तब वह व्यक्ति जान बचाने के लिए वृक्ष से कूदकर भागा। उसके पीछे-पीछे मेंढक भी भागा। वह व्यक्ति एक बरगद के वृक्ष पर चढ़ गया, और जब मेंढक उस वृक्ष पर चढ़ने लगा तो वह वृक्ष के चिकने होने के कारण फिसल जाता था। उसने दो-तीन बार चढ़ने का प्रयत्न किया, परन्तु प्रत्येक बार वह गिर पड़ता था और अन्तिम बार जब फिसलकर गिरा तो उसकी मृत्यु हो गई। उसके रक्त की एक बूँद उस व्यक्ति के पैर पर जा लगी और वहाँ बिच्छू काटने का घाव बन गया। अब जब कभी भी मेंढक का रक्त मनुष्य के शरीर पर पड़ता है, तो उस स्थान पर फोड़ा हो जाता है।

●

भीमा राजा ने एक तालाब बनवाया। उसमें जरा-सा भी पानी नहीं था। यद्यपि वह बहुत गहरा था, परन्तु उसमें पानी नहीं होने के कारण भीमा राजा बहुत अधिक निराश थे। मेघराजा की सात पुत्रियाँ थीं जिनमें से सबसे छोटी का नाम जलकामनि था। एक दिन वे सब लड़कियाँ स्नान करने गईं। उस तालाब के किनारे एक बरगद का पेड़ था जिसके नीचे उन्होंने अपने कपड़े रख दिए। सबसे छोटी लड़की नग्न ही सूखे तालाब में स्नान करने घुस गई। जैसे ही वह तालाब में घुसी, वह तालाब पानी से भर गया। स्नान करके वे सब लड़कियाँ तालाब से बाहर निकलीं। उन्होंने अपने कपड़े पहन लिए। परन्तु जब वे कपड़े पहन रही थीं तभी एक घटना घटी, उस तालाब का तटबन्ध टूट गया और सारा पानी बह गया। दूसरे दिन जब भीमा राजा ने उस तालाब में कीचड़ देखी और तटबन्ध को फूटा हुआ पाया तो उन्हें बड़ा आश्चर्य हुआ। वे सोचने लगे कि आखिर हुआ क्या। उन्होंने तालाब के तटबन्ध की मरम्मत करवाई और पुनः उन लड़कियों ने आकर उसे तोड़ दिया। यह क्रम अनेक दिनों तक नियमित रूप से चलता रहा।

एक दिन भीमा राजा वृक्ष पर छिपकर बैठ गए। जब सातों बहनें स्नान करने आईं तब उन्हें ज्ञात हुआ कि पिछले दिनों क्या होता रहा है और उन्होंने सोचा, 'यदि मैं इस सबसे छोटी लड़की की बलि चढ़ा दूँ तो इस तालाब में हमेशा पानी भरा रहेगा।' दूसरे

दिन जब वे सातों बहनें स्नान करने आईं तब सबसे छोटी बहन ने अपने वस्त्र सबसे आखिर में उतारे। उसने वस्त्र उतारकर वृक्ष की ओर फेंके, परन्तु वे भूमि पर गिर पड़े और भीमा राजा ने उन्हें चुराकर छिपा दिया। जब वे लड़कियाँ स्नान करने के पश्चात अपने कपड़े पहनने आईं, तब जलकामनि अपने वस्त्र खोजने लगी, भीमा राजा ने उसे पकड़ लिया। अन्य बहनें वहाँ से भाग गईं।

परन्तु जब भीमा राजा उसे बलि चढ़ाने लगे, तो उसका रूप देखकर वे मुग्ध हो गए और उसे अपने घर ले आए। वे जलकामनि से विवाह करना चाहते थे, परन्तु उसने भीम राजा का प्रस्ताव अस्वीकार कर दिया क्योंकि उसे भय था कि उनके विवाह करने से संसार को किसी प्रकार का लाभ नहीं होगा। भीमा राजा से छुटकारा पाने के लिए वह महल के ही एक व्यक्ति से प्रेमालाप करने लगी और भीमा राजा इस बात पर इतने क्षुब्ध थे कि उन्होंने उसकी हत्या करने का निश्चय कर लिया। जलकामनि ने कहा, ''इस स्थान पर मेरी हत्या मत करो, मुझे तालाब पर ले चलो और वहाँ मुझे मारकर तालाब में गाड़ दो।'' भीमा राजा ने उसके कहे अनुसार तालाब में एक गड्ढा खुदवाया और उस स्थान पर उसे ले जाकर उसकी गर्दन काट डाली। उस लड़की का रक्त जल बनकर प्रवाहित होने लगा और उसकी हड्डियाँ मेंढक बनकर फुदकने लगीं। तब से जलकामनि इस पृथ्वी पर ही रहने लगी और वर्षा होने लगी।

•

सुबरू साँवरा के पाँच बेटे थे और उसने सबका विवाह दूसरे गाँवों की लड़कियों से कर दिया था। इस कार्य को निपटाने के पश्चात उसकी मृत्यु हो गई। उसके बेटे उसका शव कोल्हर्रा कछार ले गए और करंजी वृक्ष की कच्ची लकड़ियों पर रखकर उसका उन्होंने दाह-संस्कार कर दिया। दूसरे दिन उन्होंने मृतक संस्कार की अन्य रस्में पूरी कीं और उनकी अस्थियों को एकत्र कर उन्हें गाड़ दिया। उस वर्ष बहुत अधिक वर्षा हुई और वे हड्डियाँ नीचे बैठ गईं और गड्ढे में पानी भर गया। उन हड्डियों से उसी समय दो मेंढक उत्पन्न हुए। उस रात सुकरू ने अपनी पत्नी से स्वप्न में आकर कहा, ''पृथ्वी पर मेरा पुनर्जन्म हो चुका है और मैं तुम्हें देखने के लिए इच्छुक हूँ।'' दूसरे दिन वह प्रातःकाल उठकर उस मृतक स्थल पर गई और उसे वहाँ दो मेंढक दिखाई पड़े। वह रो-रोकर कहने लगी, ''तुम्हारा जन्म पानी में हुआ है, अतः तुम दो से इक्कीस हो जाओगे और तुम किन्नादान कहलाओगे।'' उन मेंढक-मेंढकी के संसर्ग से उनके इक्कीस बच्चे हुए। वे इक्कीस प्राणी सदैव जीवित रहे और वे किन्नादान (जल व्याघ्र) कहलाने लगे।

•

एक बूढ़ी साँपिनी ने एक नाले में सात अंडे दिए। उन अंडों से सात जाति के प्राणियों की उत्पत्ति हुई। उस बूढ़ी साँपिनी ने उनमें से एक से कहा कि तुम मछली बन जाओ,

दूसरे से कहा तुम मेंढक बन जाओ, एक से कहा सर्प बन जाओ, एक से कहा छिपकली बन जाओ, एक से कहा कि झींगुर बन जाओ, एक से कहा कि तुम गिरगिट बन जाओ और एक से कहा तुम गोह बन जाओ, मेंढक से उसने कहा, ''तुम्हारा जन्म प्रथम अंडे से हुआ है, अतः तुम नदी में जाकर रहो।'' उसने झींगुर से कहा कि वह जंगल में जाकर रहे। मेंढक से उसने कहा कि वह वर्षा होने की सूचना दे। किटुंग ने कहा जब अन्य सब लोग तुम्हारे रोने की आवाज सुनेंगे तब उन्हें पता चल जाएगा कि वर्षा होनेवाली है।

आजकल मेंढक और झींगुर घनिष्ट मित्र हैं। ग्रीष्म ऋतु में झींगुर को मेंढक की तलाश रहती है और वे मिलने पर बतियाते हैं। यदि मेंढक किसी कुएँ में चला जाता है तो वह उस पानी को स्वच्छ बना देता है।

●

एक वर्ष ऐसा हुआ कि वर्षा के उपरान्त सम्पूर्ण जल सूख गया और लोग अत्यधिक कष्टपूर्ण जीवन जी रहे थे। किटुंग ने लोगों की ऐसी हालत देखी तो उसे बहुत दुःख हुआ, उसने बहुत प्रयत्न किया कि उनके लिए पानी की कोई व्यवस्था हो सके। उसने एक गड्ढा खोदा परन्तु उसका पानी तुरन्त भूमिगत हो गया।

उन दिनों मनुष्यों के तीन नेत्र हुआ करते थे। किटुंग ने एक व्यक्ति को पकड़कर उसका तीसरा नेत्र निकाल लिया और उसके दो टुकड़े करके अपने गालों में छिपा लिया। सात दिनों तक उसने भोजन नहीं किया। इसी समय उस आँख के टुकड़ों में जीव पड़ गया और वे मेंढक बनकर उसके मुँह में कूदने लगे।

किटुंग ने मुँह खोलकर उन मेंढकों को बाहर निकलने दिया और उनसे कहा, ''तुम जल के राजा और रानी बनोगे और तुम मानव जाति के लिए जल की सुरक्षा करोगे।''

इस भाँति मेंढकों की उत्पत्ति हुई।

●

जम्मासुम ने एक बकरे के अंडकोश की खाल उतारकर अपने हाथ में लेते हुए सोचा, मुझे इसका उपयोग किस प्राणी के निर्माण हेतु करना चाहिए? उन्होंने काठ के हाथ-पैर बनाकर उसमें लगाए और कहा, ''जाओ और जाकर पानी के भीतर रहो और जब वर्षा आनेवाली हो तो चिल्ला-चिल्लाकर बकरे की भाँति पुकारो—'मेह-मेह' जिससे लोगों को पता चल सके कि क्या होनेवाला है।''

●

किटुंग आकाश में बलि चढ़ा रहा था। उसने एक बकरे की बलि चढ़ाई और उसका मांस काटकर अलग कर लिया। उसका शिश्न बच गया। उसने सोचा, 'इसे कोई नहीं खाएगा। मैं इसे नदी किनारे ले जाकर पकाऊँगा।' उसने उसे ले जाकर नदी में धोया।

एक विशाल मछली ने उसे झपटकर निगल लिया। किटुंग ने कहा, "मैं इसे अपने स्वादिष्ट नाश्ते के लिए लाया था, परन्तु तुमने उसे चुरा लिया, अतः तुम इसे कभी भी पचा नहीं पाओगी। जब तुम मल त्याग करोगी तो यह ज्यों का त्यों बाहर निकल आएगा।"

और वास्तव में जब वह बाहर आया तो वह मेंढक बन गया था और वह पानी में रहने लगा। जब वर्षा समीप आती है तो वह रोने लगता है और उसके रोने का तात्पर्य होता है कि वर्षा अच्छी होगी।

●

एक अत्यन्त सुन्दर कन्या थी जिसकी देह नए पत्तों के समान कोमल थी। एक दिन वह स्नान करने गई और स्नान करने के उपरान्त एक चट्टान पर बैठकर अपने बालों में कंघी करने लगी। गदेजांगसुम दानव उसी समय वहाँ पहुँचा और उसके मन में उसके प्रति कामवासना जागृत हो उठी। उसने बचकर भागने का प्रयत्न किया परन्तु उसने उसे भूमि पर पटककर उसके साथ बलात्कार किया।

दसुन को कुछ ही दिनों में ज्ञात हो गया कि वह गर्भवती हो चुकी है और उसका पेट बढ़ने लगा। वह लज्जावश जल के भीतर छिपकर रहने लगी। उसके गर्भ से बहुत से मेंढक याँग-याँग करते हुए उत्पन्न हुए। हताशा में वह किटुंग के पास गई, परन्तु उसने उसे सांत्वना प्रदान करते हुए कहा, "तुम चिन्तित मत होवो। यह तो अच्छा ही हुआ कि तुमने इन बच्चों को जन्म दिया। ये मनुष्यों के लिए अत्यन्त सहायक होंगे। जब वे याँग-याँग करते हुए चिल्लाएँगे तब मैं पृथ्वी पर वर्षा को भेज दूँगा।"

●

किसी एक गाँव में एक गोंड अपनी पत्नी के साथ रहता था। उन दोनों के माता-पिता नहीं थे, मात्र वहाँ वे दोनों पति-पत्नी ही रहा करते थे। उन दोनों में हमेशा कलह होती रहती थी और जब वह गोंड कहीं बाहर गया हुआ होता तब उसकी स्त्री पड़ोसियों से झगड़ा करती। वह बिना झगड़ा किए रह नहीं सकती थी और उसके पति का जीवन दुखी हो गया था।

एक दिन वह अपने रिश्तेदारों से मिलने किसी दूसरे गाँव गया हुआ था। वह चौथे दिन वापस आ गया। उसकी पत्नी स्नान करने गई हुई थी और रास्ते में उन दोनों की भेंट हो गई। वह तुरन्त उससे झगड़ने लगी। "तुम इतने दिनों तक बाहर क्यों रहे?" उसने चीखते हुए कहा बिना उसकी बात का कोई उत्तर दिए। वह घर चला गया। उसकी पत्नी भी पीछे-पीछे चली आई और घर आकर उसने उसे भोजन परोस दिया। दो महीने बीतने पर उसकी पत्नी ने अपने मायके जाने की तैयारी कर ली। उसका पति उसके साथ जा रहा था, परन्तु रास्ते में वह उससे पुनः झगड़ने लगी। वे एक नदी किनारे पहुँचे, जहाँ उसने ब्यालू के लिए भोजन तैयार किया। उसने अपने पति को

भोजन परोसा और पुनः झगड़ा करने लगी। आखिरकार पति ने अपना सन्तुलन खोकर क्रोध में उसे धक्का देकर भूमि पर पटक दिया और उसकी जीभ काटकर नदी में फेंक दी। वह जीभ डूबकर नदी के तल तक पहुँच गई और उसने एक मछली का रूप धारण कर लिया।

यही कारण है कि मछलियाँ उन्हें प्राप्त होनेवाली सभी वस्तुओं पर आक्रमण करती हैं।

●

महाप्रभु ने एक तालाब बनाया, परन्तु उसका पानी गन्दा हो गया था, क्योंकि बच्चे और मवेशी उसी में मल त्याग करते थे जिसके कारण उस पानी से दुर्गन्ध आती थी।

एक दिन महाप्रभु उस तालाब का निरीक्षण करने पहुँचे तो उसमें से इतनी दुर्गन्ध उठ रही थी कि उनका उसके समीप तक पहुँचना असम्भव हो गया। 'मुझे अब क्या करना चाहिए?' वे सोचने लगे।

महाप्रभु ने अपनी जनेऊ और कंठी उतारकर एक नाले में फेंक दी और उनकी जनेऊ से एक मछली उत्पन्न हो गई और वह जल में ही रहने लगी। जब सर्प को महाप्रभु ने देखा तो उन्होंने उनसे कहा कि तुम जल में ही रहो और नदी और तालाबों को स्वच्छ रखो। उन्होंने नदी और तालाब सबका जल स्वच्छ कर दिया और जब वह काम पूरा हो गया तो सर्प तट पर चला आया।

महाप्रभु ने जब सर्प को तट पर बैठा देखा तो उन्होंने सोचा, 'इस प्राणी को जल में रहना पसन्द नहीं है, अतः मैं इसके छोटे-छोटे टुकड़े करके नदी में फेंक दूँ तो वे टुकड़े मछलियाँ बन जाएँगे और नदी में रहेंगे।' जब सर्प ने महाप्रभु को देखा तो वह नदी में कूद पड़ा, परन्तु महाप्रभु ने उसे पकड़ लिया और उसकी पूँछ काट दी जो ईल मछली बन गई, मध्य भाग सल्दार मछली बना, उसके पेट का हिस्सा गुरूंग मछली बना और उसकी गर्दन नदी से बाहर निकल आई और सर्प बनी रही। मछलियाँ और केकड़ों ने सम्पूर्ण गन्दगी का भक्षण कर लिया और इस प्रकार से सभी स्थानों के पानी को स्वच्छ बना दिया।

●

कन्सेरी पर्वत पर एक बोंडों अपनी पत्नी के साथ रहता था। उनकी कोई सन्तान नहीं थी। उन्होंने सन्तान प्राप्ति के सभी उपाय कर लिए परन्तु उन्हें सफलता नहीं मिली। अन्त में निस्सन्तान ही उनकी मृत्यु हो गई। उस स्त्री ने महाप्रभु को जाकर कहा, "मैंने मनुष्य रूप में पृथ्वी पर जन्म लिया था, परन्तु मेरे कोई बच्चे ही पैदा नहीं हुए।" महाप्रभु ने उससे पूछा, "अब तुम्हारी क्या इच्छा है? कहो।" उस स्त्री ने कहा, "मुझे ऐसा वरदान दो कि मेरी संतति से यह संसार भर जाए।" तब महाप्रभु ने कहा, "जाओ, तुम्हारा पुनर्जन्म जल के भीतर होगा और तुम्हारे बच्चों से पृथ्वी पट जाएगी, वे इतने

अधिक होंगे कि उन्हें पहचान पाना तुम्हारे लिए भी कठिन होगा।" इस तरह महाप्रभु ने उसे करनिल सागर में मछली के रूप में पुनर्जन्म लेने हेतु भेज दिया। कुछ समय तक तो वह उस स्थान पर अकेली ही रही। एक वर्ष के पश्चात उसके बच्चे पैदा होने आरम्भ हुए और वे सर्वत्र फैल गए और उन्होंने सम्पूर्ण पृथ्वी को पाट दिया।

●

कमारी देश में एक राजा राज्य करता था। वह धनवान था, परन्तु उसके जीवन में खुशी नहीं थी, क्योंकि उसकी रानी से उसे कोई सन्तान उत्पन्न नहीं हुई और इसी कारण से वह उससे प्रेम नहीं करता था। एक दिन उसने उसे इतना अधिक डाँटा-फटकारा कि वह क्रोध के वशीभूत होकर भाग गई।

रानी को रास्ते में एक नदी मिली। उस नदी में एक केवट अपनी नाव द्वारा लोगों को नदी पार करवाता था और उसी से अपनी आजीविका चलाता था। रानी ने उससे कहा, "मुझे नदी के पार ले चलो।" वह रानी को नाव में बैठाकर उसे खेने लगा। जब वे मझधार में पहुँचे ही थे कि तभी राजा वहाँ पहुँच गया और उसने केवट को आवाज दी कि उसकी पत्नी को वापस ले आए। परन्तु केवट ने इसको अनसुना कर दिया और तब राजा ने एक पत्थर उठाकर उसकी ओर फेंका। पत्थर की चोट से नाव के पेंदे में एक छेद हो गया और रानी पानी में गिर पड़ी। केवट तो तैरकर तट पर पहुँच गया, परन्तु रानी को एक बड़ी मछली निगल गई। राजा ने केवट को पकड़कर कहा, मेरी पत्नी की रक्षा करो, अन्यथा मैं तुम्हें मार डालूँगा। उस केवट के बारह भाई थे, जो सब अपने-अपने जाल लेकर पहुँच गए और उन्होंने उस मछली की सभी स्थानों पर खोज की जिसने रानी को निगल लिया था। इस भाँति मछली पकड़ना प्रारम्भ हुआ।

●

बूढ़ा पिन्नू और समदा पिन्नू दोनों ने मिलकर डाकपंजी और उसकी पत्नी के सहयोग से सृष्टि की रचना की और सभी प्राणियों को उत्पन्न किया। जब सम्पूर्ण कार्य सम्पन्न हो गया तब बूढ़ा पिन्नू और समदा पिन्नू दोनों आकाश में रहने चले गए।

बारह वर्ष व्यतीत होने पर समदा पिन्नू अपने माता-पिता के घर गई। उन दिनों वर्षा नाम की कोई वस्तु नहीं थी। समदा पिन्नू अपने मायके में एक माह तक ठहरी और एक दिन बूढ़ा पिन्नू को स्वप्न हुआ कि वे अपनी पत्नी के साथ शयन कर रहे हैं। उनका बीज (वीर्य) स्खलित होकर बाहर आ गया और उनके वस्त्र भीग गए। उन्होंने सोचा, 'मैं इसे कहाँ फेंकूँ?' उन्होंने निश्चय किया कि उससे मछली की उत्पत्ति करनी चाहिए। उन्होंने वर्षा की और उसमें अपने वस्त्र धोए और बीज से मछली की उत्पत्ति की। उन्हें सर्वत्र फैला दिया। मनुष्य ने तुरन्त उन्हें पकड़ना और उनको खाना आरम्भ कर दिया।

●

बिरकम महाप्रभु की एक बेटी थी जिसका नाम करडीदाई था। सावन मास में गाँव के लड़के-लड़कियाँ जंगल में बास्ता (कच्चा बाँस) लेने गए। उस दिन बिरकम महाप्रभु नाई के घर में बैठने चले गए। नाई उन्हें पहचानता नहीं था कि वे कौन हैं और उन्हें खाने के लिए बास्ता दिया। भगवान को वह पसन्द आया और उन्होंने नाई से पूछा कि वह क्या चीज है? दूसरे दिन उन्होंने भी अपनी बेटी को अन्य लड़कियों के साथ बास्ता लेने जंगल में भेजा। करडीदाई ने उसकी टोकरी बास्ता से भर दी, परन्तु रास्ते में एक नाला पार करते समय वह टोकरी उसके हाथ से छूट गई और वे सब मछलियों में परिवर्तित हो गए।

●

बांजुलगुड़ा ग्राम में संकायत साँवरा ने एक विशाल तालाब बनवाया, परन्तु उसका जल सदैव गन्दा रहता था और उसमें जीव-जन्तु भरे रहते थे। एक दिन संकायत उस तालाब के पार पर बैठा सोच रहा था, इस जल को कैसे स्वच्छ किया जाए, तभी किटुंग वहाँ आ पहुँचे। "तुम इतने चिन्तित क्यों हो रहे हो?" उन्होंने उस साँवरा से पूछा। जब संकायत ने उन्हें अपनी समस्या से अवगत कराया, तब उन्होंने लकड़ी का एक टुकड़ा देते हुए कहा, "इस लकड़ी के छोटे-छोटे टुकड़े कर लो। उन्हें एक नए घड़े में भरकर उबालो और घड़े को नए कपड़े से ढँक देना। प्रातःकाल सूर्योदय के पूर्व तुम अपनी पत्नी को निर्वस्त्र गाय के समान चारों पैरों पर चलते हुए इस घड़े को तालाब तक ले जाने के लिए कहो और उसे ले जाकर वह तालाब में उँड़ेल दे।"

संकायत ने किटुंग की सलाह के मुताबिक ही सम्पूर्ण कार्य किया और जल शुद्ध और स्वच्छ हो गया। वर्षा ऋतु में तालाब का एक ओर का तटबन्ध टूट गया, जब उस तालाब का जल बह गया, तो उसमें की बहुत-सी मछलियाँ निकल भागीं और दुनिया भर में फैल गईं।

●

यह उन दिनों की बात है जब मछलियाँ नहीं थीं, उन दिनों किटुंग अपनी पत्नी के साथ जंगल में रहा करते थे। एक दिन वे दोनों कन्दमूल लेने जंगल में गए, परन्तु उस दिन उन्हें कुछ भी हाथ नहीं लगा। परन्तु अन्तिम समय में उन्हें एक छीन (खजूर) का वृक्ष दिखाई पड़ा जिसकी जड़ें खोदकर किटुंग की पत्नी ने अपनी टोकरी में भर लीं। वे अपने घर की ओर चल पड़े, पत्नी आगे-आगे चल रही थी और किटुंग पीछे-पीछे। चलते-चलते वे एक नदी के किनारे पहुँच गए। जब वे नदी पार कर रहे थे तब एक मेंढक छपाक की आवाज करते हुए कूदा और वे अपनी पत्नी के ऊपर गिर पड़े और उसके हाथ की टोकरी भी हाथ से छूटकर पानी में गिर पड़ी। वे खजूर की जड़ें बहकर दूर निकल गईं और वे सब मछलियाँ बन गई।

भतरा, ग्राम किरकी, जिला कोरापुट

एक बार महाप्रभु ने एक संन्यासी का रूप धारण किया और वे इस रूप में पृथ्वी पर सात दिनों तक भ्रमण करते रहे। सम्पूर्ण संसार का भ्रमण करके वे अपने घर वापस आए। मार्ग में उन्होंने एक गाँव में अमरूद का एक वृक्ष देखा जिसमें फल लगे हुए थे। लोग इस वृक्ष के नीचे एकत्र होकर उसके फल तोड़कर खा रहे थे। महाप्रभु ने भी वहाँ जाकर कुछ फल माँगे। उन लोगों ने उन्हें सात अमरूद प्रदान किए और उन्हें लेकर वे अपने घर चले आए। रास्ते में एक नदी में उन्होंने स्नान किया। उन्हें भूख लगी और उन्होंने वे फल खा लिए। उन्होंने अमरूद पूरे खा लिए और सातवाँ फल आधा ही खाया और वे उसे पूरा नहीं खा सके। उन्होंने उसे यह कहते हुए नदी में फेंक दिया, "तुम मछली बन जाओ और नदी की सभी गन्दी चीजों को खा लो। तुम्हारे अंडे अमरूद के बीजों सदृश होंगे और प्रत्येक अंडे से एक मछली उत्पन्न होगी।" अमरूद के टुकड़े से कोटरी मछली उत्पन्न हुई और अंडों और अन्य सभी प्रजाति की मछलियाँ भी उन्हीं से उत्पन्न हुईं।

अध्याय : सोलह

गिरगिट, मगरमच्छ और सर्प

जूँझीगुड़ा ग्राम में दस घर शुंडियों के थे और एक घर पाइकों का था। उस पाइक की दो बेटियाँ थीं और एक बेटा था। बड़ी लड़की का विवाह हो चुका था, परन्तु वह अपने ससुराल नहीं गई। इसके बजाय वह एक शुंडी युवक से प्रेमालाप कर रही थी। उसके माता-पिता ने उसे ससुराल भेजने का बहुत प्रयत्न किया परन्तु उसने किसी की भी परवाह नहीं की और जाने से मना कर दिया। उसका पति अकसर उसे पकड़कर ले जाने के लिए आता, परन्तु ले जाने जब-जब वह आता, तब-तब यह छिप जाया करती थी।

उसका पति उससे बेहद नाराज था और उसकी हत्या के लिए उसने विष प्राप्त कर लिया। वह अपनी ससुराल गया, उसने ब्यालू की, मदिरापान किया और सो गया। देर रात्रि में वह उठा और उसने बर्तन में विष डाल दिया जिसमें वे लोग दही जमाया करते थे।

परन्तु पाइक की ठकुरानी ने उसे स्वप्न में प्रकट होकर कहा, ''कोई भी व्यक्ति दही मत खाना, उसमें एक जन्तु गिर पड़ा है और वह दही खाने योग्य नहीं रह गया है।'' ठकुरानी ने उस विष को गिरगिट बना दिया, जिससे कि वह विष के समान ही कुरूप प्रतीत हो। सुबह होते ही पाइक को अपने सपने की याद आई और उसने तुरन्त जाकर दही को सँभाला तो उसमें गिरगिट पड़ा हुआ मिला।

•

मंगला नाम का एक माँझी था। उसका एक बेटा और एक बेटी थी। लड़की बड़ी हुई, तब उसका विवाह हो गया और वह अपने ससुराल चली गई। कुछ समय बीतने पर उसने एक लड़के को जन्म दिया और जब उसके भाई को इस बात का पता चला तो वह उससे मिलने चला गया। वह बहुत समय तक बहन के ससुराल में रुका। उसके जीजा की छोटी बहन कुँवारी थी। उसकी बहन ने सोचा, 'क्यों न इस लड़की का विवाह अपने भाई से करवा दिया जाए?' यह सोचकर उसने अपने भाई से कहा कि तुम इस लड़की से प्रेमालाप और छेड़छाड़ किया करे। वह ऐसा ही करने लगा और दोनों आपस में प्रेम करने लगे।

एक दिन जब उस परिवार के सब लोग खेत में काम करने गए थे तब वह युवक और वह लड़की घर पर अकेले ही थे और वह लड़का उसे भगाकर ले जाना चाहता था। वे दोनों प्रेमालाप कर रहे थे। उस युवक ने कान में एक बड़े आकार की बाली पहन रखी थी जिसमें काँच की कापी लगी हुई थी। उस लड़की ने उस युवक से वह बाली माँगी, परन्तु उसने देने से इनकार कर दिया, तब उस युवती ने उसे पकड़कर खींच लिया और वह फर्श पर गिर पड़ी। वह तुरन्त गिरगिट बनकर उनके सम्मुख ही इधर-उधर चक्कर काटने लगा। वे दोनों, युवक और युवती उसे देखकर भयभीत हो गए और वे तब सचमुच एक साथ भाग गए।

●

मगरमच्छ की त्वचा आरम्भ में चिकनी और सुन्दर लगती थी। वह जल में रहता था, परन्तु उसके लिए पर्याप्त भोजन उपलब्ध नहीं था, उसके बच्चे भी जल में ही उत्पन्न होते थे। परन्तु उनके लिए भी पर्याप्त भोजन उपलब्ध नहीं हो पाता था।

उस नदी के तट पर ही बुडरा माँझी का खेत था, फसल लुआई के समय जहाँ बहुत से मजदूर काम करने आते थे। दोपहर होने पर वे गट्ठड़ बाँधते और उनमें से दो लड़कियाँ नदी पर पानी भरने जातीं। एक दिन उस मगरमच्छ ने उन लड़कियों को पकड़ने का प्रयत्न किया। लड़कियाँ डरकर वहाँ से चीखती हुई भागीं। जब लोगों ने लड़कियों की चीख सुनी तो वे उस ओर भागे और उन्होंने अपने हँसियों से मगरमच्छ पर इतने आघात किए कि उसकी सम्पूर्ण देह पर घाव हो गए और उसकी सुन्दर देह खुरदरी और ऊबड़खाबड़ हो गई जैसी वह वर्तमान समय में है।

●

एक नदी में एक विशाल मगरमच्छ रहता था। जब भी यात्री नदी पार करने के लिए आते तो वह उन्हें अपनी पीठ पर बैठाकर नदी पार करा देता था, परन्तु उनमें से वह एक व्यक्ति को अपने पारिश्रमिक के रूप में भक्षण कर लिया करता था। एक दिन भीमसेन नदी के दूसरी ओर जाने के लिए आए। मगरमच्छ ने कहा, ''तुम अकेले हो इसलिए मैं तुम्हें नदी पार करवाने के पारिश्रमिक के बदले खाऊँगा।'' भीमसेन के पास बहुत-सा अन्न था, जिसे उसने साहूकार से उधार लिया था। उसने कहा, ''कम-से-कम पहले मेरा अन्न उस पार पहुँचा दो, फिर मुझे खा लेना।'' मगरमच्छ अन्न को नदी के पार कर दिया और आकर भीमसेन को अपने पेट में भर लिया।

परन्तु भीमसेन के पास चाकू था और उसने मगरमच्छ के कलेजे और पेट को काटकर टुकड़े-टुकड़े कर दिए। मगरमच्छ असहाय पीड़ा से कराहने लगा। ''तुम मेरे पेट को चाकू से मत काटो, मैं तुम्हें बाहर आने दूँगा।'' उसने भीमसेन को अपने गुदा द्वार से बाहर निकालने का प्रयत्न किया, परन्तु वह बहुत सँकरा था। तब उसने कै की और

भीमसेन बाहर आ गया। परन्तु भीमसेन ने बाहर आते ही मगरमच्छ की जीभ पकड़कर बाहर खींच ली और तब से वह बिना जीभ के रहने लगा।

●

एक बोंडो स्त्री मचकुंद नदी से पानी भरकर लाया करती थी। पहाड़ी से उतरकर नदी तक पहुँचने में लम्बा रास्ता चलना पड़ता था, सारे दिन पानी भरकर ले जाने पर भी वह बहुत थोड़ा पानी ही ला पाती थी। आखिरकार थककर वह एक दिन उस नदी में कूद पड़ी और मगरमच्छ बन गई। मगरमच्छ के सिर पर अभी भी घड़े के चिह्न दिखाई पड़ते हैं। जब उसके पति ने देखा तो वह भी नदी में कूद पड़ा और वह भी मगरमच्छ बन गया।

●

कन्ध और दिदाई एक गाँव में साथ-साथ रहते थे जिनका माँझी भी एक दिदाई ही था। उसका एक बेटा और एक बेटी थी जो दोनों ही विवाहित थे। विवाह के बाद बेटी अपने पति के साथ रहने के लिए एक दूरस्थ गाँव में चली गई थी और इस बीच बेटे और बहू की मृत्यु हो गई। अन्य बहुत से दिदाइयों की भी मृत्यु हो गई। और जो बच गए, उन्होंने वह गाँव त्यागने का निश्चय कर लिया। परन्तु माँझी बहुत बूढ़ा हो चुका था और उसने अकेले ही उस गाँव में रहने का निश्चय किया और मृत्युपर्यन्त वहीं रहा।

चूँकि सभी दिदाई गाँव छोड़कर चले गए थे और अब वहाँ केवल कन्ध बचे थे जो उस शव का अन्तिम संस्कार करते, परन्तु वे उसके लिए विशेष कष्ट उठाने को तैयार नहीं थे। उन्होंने उस शव को एक खटिया पर उठाया और उसे ले जाकर खटिया सहित समीप की एक नदी में फेंक दिया। शव तो नदी के तल में जाकर बैठ गया, परन्तु खटिया नाले के प्रवाह में बह गई।

थोड़ी-सी दूरी पर ही रूमरोक स्नान कर रहे थे, उन्होंने यह सोचकर कि खटिया काम में आ सकती है, उसे पकड़ लिया। जैसे ही उन्होंने उसे पकड़ा तो उनके स्पर्श से वह खाल तुरन्त मगरमच्छ बन गई और उसने उन पर आक्रमण कर दिया। रूमरोक ने कहा, "तुम जल में रहनेवाले प्रत्येक जीव का भक्षण करने के लिए स्वतन्त्र हो, परन्तु मुझे छोड़ दो।"

●

एक व्यक्ति ऐसा भी था जिसकी पत्नी प्रति माह एक बच्चे को जन्म दे दिया करती थी। प्रतिवर्ष इस प्रकार उसके बारह बच्चे उत्पन्न होते थे। इस प्रकार से उनका परिवार अतिशीघ्र बहुत विशाल हो गया। उन बच्चों के माता-पिता गरीब थे। और उनके लिए यह अत्यन्त कठिन था कि उन सबका भरण-पोषण कर सकें। उनकी दशा

और भी बदतर इसलिए हो जाती थी कि बच्चों की माँ हमेशा या तो नए बच्चे की देखभाल करती होती या गर्भस्थ शिशु की प्रतीक्षा करती होती। वह व्यक्ति प्रतिदिन जंगल में कन्दमूल लेने चला जाता। घर वापस आते समय वह अपने हिस्से का कन्दमूल रास्ते में ही खा लेता और शेष बच्चे खा जाते। माँ के लिए कुछ नहीं बचता था।

एक दिन उस व्यक्ति ने अपनी पत्नी की पिटाई कर दी। "तुम कोई काम नहीं करती हो," वह चिल्लाया, "मैं प्रतिदिन कन्दमूल लेने जंगल में जाता हूँ और आज तक मैंने छुट्टी नहीं मनाई।" और वह गुस्से में जंगल चला गया।

वह स्त्री भी क्रुद्ध थी। उसने अपने सब बच्चों को निगल लिया और घर का परित्याग कर चली गई। जंगल में चलते-चलते वह एक नदी के किनारे पहुँची और हताशा के वशीभूत वह उफान पर आई नदी में कूद पड़ी। उसके पेट से बच्चे बाहर निकल आए और मेंढक बन गए। उनकी माँ मगरमच्छ हो गई।

●

इस्पुर महाप्रभु और उनकी पत्नी भूलोक देखने आए और जब वे कोलाब नदी पर पहुँचे तो पाया कि उस नदी में बाढ़ आई हुई थी। उन्होंने कुछ ग्रामीणों से कहा कि वे उन्हें नदी पार करा दें, परन्तु कोई भी व्यक्ति इस बात के लिए सहमत नहीं हुआ, उन ग्रामीणों ने उसी समय एक भैंसा अपने भगवान को बलि चढ़ाया था, परन्तु उन्होंने उसकी खाल महाप्रभु को देते हुए कहा कि उसका प्रयोग वे नाव की भाँति कर लें। महाप्रभु और उनकी पत्नी ने सुरक्षित रूप से नदी को पार कर लिया। वे उस खाल से इतने अधिक प्रसन्न हुए कि उन्होंने उसे यह कहते हुए नदी में फेंक दिया, "जाओ और जाकर जल में वहाँ के राजा बनकर रहो।" वह खाल तब मगरमच्छ बन गई।

●

इस्पुर महाप्रभु ने सभी मनुष्यों को दरबार में बुलाया क्योंकि वे उनको अलग-अलग गोत्रों में बाँटना चाहते थे। दो भाई अन्य सब लोगों में पहले ही रवाना हो गए। मार्ग में एक नदी पार करनी थी, परन्तु बहाव इतना तीव्र था कि वह वापस तट पर आ गया। उसके पश्चात छोटे भाई ने नदी पार करने का प्रयत्न किया, परन्तु जब वह मँझधार में ही पहुँच पाया था कि नदी की धारा में बह गया और डूब गया। बड़े भाई को पहले तो समझ में ही नहीं आया कि क्या घटना घटी है, परन्तु जब बहुत समय बीत गया और उसके भाई का कोई नामोनिशान नहीं दिखाई पड़ा तो वह वापस घर चला आया। रास्ते में उसे बहुत से लोग इस्पुर महाप्रभु के दरबार में जाते हुए मिले और उन्होंने उससे पूछा कि वह क्यों वापस जा रहा है। उसने बताया कि बाढ़ के कारण नदी ने रास्ता रोक रखा है। जाने से कोई लाभ नहीं। परन्तु उन लोगों ने उसे प्रोत्साहित किया कि वह चिन्ता न करें, वे सब लोग एक साथ नदी पार करेंगे।

जब वे नदी तक पहुँचे तो उन्होंने देखा कि डूबे हुए व्यक्ति का शव नदी में तैर रहा है। वे सब डर गए और उन्होंने नदी पार नहीं की। परन्तु उस शव ने उन्हें पुकारकर कहा, "डरो नहीं, मैं तुम सब लोगों को एक-एक कर पार उतार दूँगा, परन्तु मैं उस व्यक्ति का भक्षण करूँगा जो अन्त में नदी पार करेगा।" उन्होंने कहा, "ठीक है परन्तु फिलहाल तुम किसी को मत खाओ। जब हम वापस आएँ तब तुम हममें से एक व्यक्ति को खा लेना।" वह शव इस प्रस्ताव पर सहमत हो गया और उसने एक-एक कर सबको नदी के पार पहुँचा दिया।

परन्तु जब उसके बड़े भाई की पारी आई, तब उसने कहा, "मैं नहीं जाऊँगा। हमारे परिवार में हम दो ही लोग थे। यह मेरा छोटा भाई पहले मर चुका है। यदि मैं भी इस नदी में डूब गया तब मेरी बाड़ी के फल और अन्न कौन खाएगा?" और वह घर वापस चला गया।

अन्य सब लोग जब महाप्रभु के पास पहुँचे तो उन्होंने पूछा कि वे दोनों भाई कहाँ हैं। जब उन लोगों ने सम्पूर्ण वृत्तान्त सुनाया, तब महाप्रभु ने कहा, "जो भाई पानी में डूब गया था वह एक मगरमच्छ बन गया है, इसलिए उसके बड़े भाई का गोत्र कालप होगा, जो भाई डूबकर मर गया उसके आधार पर। मगरमच्छ को यह अधिकार होगा कि वह किसी भी प्राणी या मानव का जिसे वह पकड़ ले, भक्षण करने का अधिकार होगा।"

●

आरम्भ में मनुष्य अत्यन्त मन्दबुद्धि के थे। उस समय देवता भी मनुष्यों की भाँति विचरण किया करते थे। एक दिन महादेव कहीं जा रहे थे। वह नदी बहुत गहरी और चौड़े पाटवाली थी और वहाँ एक मल्लाह नाव लेकर रहा करता था। महादेव ने कहा, "ओ मल्लाह मुझे नदी के उस पार ले चलो।" मल्लाह ने कहा, "पहले मुझे मेरा पारिश्रमिक दे दो तब मैं तुम्हें उस पार ले जाऊँगा।" महादेव को उसकी बात अच्छी नहीं लगी और वे उसके साथ बहस करने लगे। तुरन्त ही उन दोनों के बीच विवाद बढ़ गया और वे एक-दूसरे पर चिल्लाने लगे। महादेव को क्रोध आ गया और उन्होंने उस मल्लाह की जुबान पकड़कर खींच ली।

उस मल्लाह की मृत्यु हो गई और उसके शव को महादेव ने उठाकर नदी में फेंक दिया और उससे कहा, "जाओ, मगरमच्छ बन जाओ।" इसी कारणवश मगरमच्छ की जीभ नहीं होती।

●

मैनगुड़ा गाँव में दो भाई केवट रहा करते थे जिनका नाम बुरजु और सुरजु था। दोनों कुँवारे थे। वे दूसरों के खेतों पर मजदूरी किया करते थे, जिसके कारण उन्हें अनेक कष्ट उठाने पड़ते थे। एक दिन उन्होंने निश्चय किया कि यह काम अच्छा नहीं है। "इससे बेहतर होगा कि हम व्यापार करें," उन्होंने कहा।

दूसरे दिन उन्होंने एक कुम्बी का वृक्ष काटकर उसकी नाव बनाई। वे उसे सरजिल नदी में ले गए और मछली पकड़ने लगे। उस नदी में एक आत्मा रहती थी और उन्होंने उससे कहा, ''यदि तुम हमें बहुत-सी मछलियाँ दोगी और उन्हें बेचकर हम बहुत-सा धन कमाएँगे, तो हम तुम्हें एक नरबलि चढ़ाएँगे।'' वह आत्मा बहुत प्रसन्न हुई और उसने बहुत-सी मछलियाँ उनके पास भेज दीं और वे उन्हें बेचकर धनवान बन गए। उन्होंने विवाह कर लिया। वे नरबलि की बात तो बिलकुल ही भूल गए।

छह माह तक उस देवता ने प्रतीक्षा की, परन्तु जब उसने देखा कि वे भूल चुके हैं तब उसे बहुत क्रोध आया और जब अगली बार वे दोनों भाई मछली पकड़ने गए तो उसने उनकी नाव पानी के अन्दर खींच ली। उन केवट भाइयों ने नदी के तट तक तैरकर पहुँचने का प्रयत्न किया, परन्तु उस देवता ने नाव को मगरमच्छ बना दिया जो उनका पीछा करने लगा। उस मगरमच्छ ने बड़े भाई को पकड़ लिया और छोटा भाई बच निकला और उसने घर जाकर सम्पूर्ण वृत्तान्त कह सुनाया। ''हमने कुम्भी की लकड़ी की नाव बनाई परन्तु वह कुम्बीर (मगरमच्छ) बन गई।'' उन सब लोगों ने कहा।

●

प्रलय के समय जब सारी दुनिया पानी के नीचे डूब गई, दरनी पिन्नू और सोरू पिन्नू एक खोखले कुम्बी वृक्ष में घुसकर बैठ गए। और वे उस समय तक बहते रहे जब तक कि नई सृष्टि का निर्माण नहीं हुआ। जब वे दोनों पति-पत्नी बाहर निकलकर आए तब वह वृक्ष फट गया और उसके दो भाग हो गए। कालान्तर में दरनी पिन्नू और सोरू पिन्नू की सन्तान हुई और उन्होंने उन सबका विवाह भी कर दिया।

दरनी पिन्नू ने अपने बड़े बेटे को राजा बनाकर उसे उस विशाल झील के दूसरी ओर रहने को कहा। परन्तु उस लड़के को ऐसा कोई उपाय ही नहीं सूझ रहा था कि वैसे कैसे झील को पार करके दूसरे किनारे पर जाए। उसके माता-पिता ने सोचा, 'कुम्बी वृक्ष के दोनों टुकड़ों को क्यों न मगरमच्छ बना दें।' उन्होंने ऐसा ही किया और वे दोनों मगरमच्छ राजा को लेकर झील के दूसरे किनारे पहुँचे तब राजा ने उन्हें वचन दिया कि यदि वे लोगों को चढ़ाकर ले जाएँगे तो वे उनका भक्षण कर सकते हैं। राजा ने चार हाथियों का सामान मगरमच्छ पर लाद दिया और मादा मगरमच्छ पर राजा और उसका दीवान सवार हो गए। परन्तु मगरमच्छों ने अपने पारिश्रमिक की माँग की तब राजा ने अपनी बन्दूक उठाई और दोनों मगरमच्छ पानी में कूद पड़े। इस प्रकार मगरमच्छ की उत्पत्ति हुई। आजकल भी जब कभी भी उन्हें मौका मिल जाता है, तब वे अपना पारिश्रमिक वसूल लेते हैं।

●

बहुत पुराने जमाने में जब पानी नहीं था, तब सोना केवट और किउ केवट का जन्म सफगन्ना में हुआ था और उनके साथ ही जल का जन्म भी हुआ था। उन्होंने पानी

को एक नदी के रूप में बहाया और उसे तलंगा समुद्र (बंगाल की खाड़ी) की ओर ले जाने का प्रयत्न किया। परन्तु मेरावाली में लंकागढ़ मुत्ता (इसे धर्मदुबार भी कहते हैं) के समीप देवी ने उस नदी को आगे बढ़ने से रोक दिया।

सोना केवट और किउ केवट ने देवताओं से कहा, ''हम एक अच्छा काम कर रहे हैं, प्यासे लोगों के लिए पानी की व्यवस्था कर रहे हैं। हमें बताइए हम आप लोगों को किस वस्तु की बलि चढ़ाएँ।'' देवताओं ने कहा, ''हमें चिउड़ा और एक सूअर चाहिए।'' उन्होंने कहा, ''हम इसके लिए तैयार हैं, परन्तु हम आप लोगों के द्वारा बनाई गई ऊँची पार से जल को कैसे ले जाएँ।'' देवताओं ने कहा, ''हम तुम्हें दो बाघ देंगे, उन्हें एक हल में जोत लो और फिर जहाँ कहीं भी तुम उन्हें ले जाओगे पानी पीछे-पीछे चला जाएगा।''

सोना केवट और किउ केवट ने उन दोनों बाघों को हल में जोत लिया और उन्हें हाँकते हुए आगे बढ़ गए। उनके पीछे पानी भी बहता हुआ चलता गया, जहाँ कहीं भी पानी ठहर जाता तो वे उसमें चिउड़ा फेंकते और पानी फिर आगे बढ़ने लगता और वह चिउड़ा मछली बन जाता।

धीरे-धीरे वे तेलंगा समुद्र तक पहुँच गए जहाँ उन्होंने बहुत-सा चिउड़ा चढ़ाया और एक सूअर की बलि चढ़ाई। उसका शिश्न काटकर उन्होंने समुद्र में फेंक दिया। उन्होंने वह अंकुश भी समुद्र में फेंक दिया जिससे वे बाघों को हाँककर लाए थे। सूअर का शिश्न एक मगरमच्छ बन गया, वह डंडा एक मछली बन गया और हल ने एक बड़ी मछली का रूप ले लिया।

इस कारणवश मगरमच्छ भुने हुए सूअर के समान काला दिखाई पड़ता है और उन्हीं के समान उसकी आवाज भी है।

●

पुराने जमाने में जब स्त्री की योनि एक बित्ता लम्बी और एक बित्ता चौड़ी थी और भग शिश्न अँगूठे जितना मोटा और तीन अंगुल लम्बा होता था, रात्रि होते ही जनेन्द्रियाँ स्वतः ही विचरण करने चली जाया करती थीं। एक दिन जब किटुंग एक गाँव में से होकर गुजर रहे थे, तब उनकी भेंट एक स्त्री के प्रजननांग से हो गई जो उसी मार्ग से होकर जा रहा था। किटुंग ने अँधेरे में उसे नहीं देखा और उससे किटुंग के पैर की ठोकर लग गई और वह दर्द से कराह उठी, 'चेर-चेर'। किटुंग ने जब उसे उठाकर देखा कि वह क्या है, तब उसे अत्यधिक दुःख हुआ। उसने उसे उठाकर एक नाले में फेंकते हुए कहा, ''इसी पानी में रहो।'' वह प्रजननांग तब कछुवा बन गया और उसका भग शिश्न उस कछुए का सिर। किटुंग ने एक मुर्गी की योनि को लेकर स्त्री की जनेन्द्रिय के स्थान पर जड़ दिया।

●

रंगू साँवरा और उसकी पत्नी ने पहेड़ी पर्वत के ढलान पर अपने खेत बनाए। जब उनका पहला बेटा पैदा हुआ तब बाघ और भालू ने उसके रोने की आवाज सुनी और वे उसे खाने के लिए चले आए। साँवरा ने उन्हें भगाने की बहुत चेष्टा की परन्तु उन्होंने उसकी जरा भी परवाह नहीं की। परन्तु जैसे ही वे वन्य प्राणी उसके घर में घुसे तो जच्चा ने बच्चे की नाल उनकी ओर फेंक दी। उस नाल ने सर्प बनकर बाघ और भालू की आँखों में डस लिया और उन्हें अन्धा बना दिया। जैसे ही वे असहाय होकर लड़खड़ाने लगे, रंगू ने अपनी लाठी से उन्हें खदेड़ दिया।

इक्कीस दिनों तक उस सर्प ने उसी स्थान पर रहकर उस बच्चे की रखवाली की और प्रतिदिन उस साँवरा की स्त्री अपने स्तनों के दूध को आधा-आधा बाँटकर नवजात शिशु को और उस सर्प को पिलाती थी। अन्त में उसने उस सर्प को बिल में रहने भेज दिया।

परन्तु वह सर्प फिर भी प्रतिदिन रात्रि में आता और जब माँ सोई हुई होती तो वह चुपचाप दूध पी जाता और इस प्रकार वह सर्प दिन-प्रतिदिन बहुत-सी माताओं के दूध पी जाता।

●

कछुए के जन्म के पूर्व नदियों का जल बहुत जल्दी सूख जाता था। एक बार पुसुरूली को मासिक धर्म हुआ जो छह माह तक जारी रहा और सातवें माह में उसने स्नान और शुद्धि की तैयारी की। उसने सात सूपे राख, सात कावड़ लकड़ी, और सात मटके पानी के मँगवाए और सुतिडुक्की नदी में स्नान किया। उसने कपड़े धोने के लिए लकड़ी का सोटा बनवाया। उसने अपने कपड़े सात घड़ों में राख के साथ उबाले। उसने उन्हें पीट-पीटकर नष्ट कर दिया, केवल एक वस्त्र बचा। वह उसे भी सोटे से पीटने ही लगी थी कि इतने में वह सोटा उसके हाथ से छूट गया और नदी में गिर पड़ा। पुसुरूली उसे जल से नहीं निकाल पाई इसलिए उसने कहा, "जाओ और जाकर मछलियों के राजा बन जाओ। आज के बाद इस बात का ध्यान रहे कि सदैव पानी भरपूर बना रहे और उसे कभी भी सूखने मत देना।" इस प्रकार से कछुए की उत्पत्ति हुई।

●

जब किटुंग ने पहले-पहल सर्प और बिच्छू बनाए, उसने उनके शरीर में विष नहीं रखा था। उसने उन्हें जंगल में छोड़ दिया। परन्तु उनके पास विष न होने के कारण उनकी कोई परवाह ही नहीं करता था और उनके लिए भोजन की व्यवस्था करना भी कठिन हो गया। सर्प सब भूखे मरने लगे और अन्त में उन्हें विवश होकर किटुंग के पास जाना पड़ा। उन्होंने उनसे जाकर कहा, "जिस दिन से मैं पैदा हुआ हूँ उस दिन से ही मुझे खाने के लिए कुछ भी नहीं मिला है, जब भी मैं किसी जीव-जन्तु को भोजन के लिए पकड़ता हूँ, वह मेरे मुँह से बाहर कूद पड़ता है।"

किटुंग ने अपनी जीभ से थोड़ा मैल उतारा और उसे सर्प के दाँत पर रगड़ा और उसमें से थोड़ा मैल उसे खाने को दिया। उसके बाद उन्होंने सर्प से कहा, "अब तुम जिस किसी को भी काटोगे, उसकी मृत्यु हो जाएगी।"

किटुंग के घर के सामने ही एक गाय चर रही थी, किटुंग ने सर्प से कहा कि जाकर उस गाय को काटो और सर्प के काटते ही वह गाय मर गई। तब से सर्प दम्भी और घमंडी हो गए हैं।

कुटिया कोंड, बिरिघाटी, गंजाम

सफगन्ना में खजूर का एक वृक्ष था जिसे निरंताली ने काट दिया। उन्होंने उसके नीचे और ऊपरी हिस्सों को काट दिया और बीच के तने को मगरमच्छ बनाने के लिए चल पड़ीं। उन्होंने तने के टुकड़ों से मगरमच्छ का शरीर बनाया और मिट्टी से सिर। फिर उसमें प्राण डाल दिए। उन्होंने उसे ले जाकर गुम्मा झील में छोड़ दिया और उसे जाने दिया। वहाँ उसके अनेक बच्चे उत्पन्न हुए।

परेंगा, फणसा, कोरापुट

एक राजा की एक सुन्दर कन्या थी। एक डोम का एक सुन्दर पुत्र था। डोम बहुत आकर्षक वस्त्र बुनता था और उन्हें बेचने के लिए महल में ले जाता था। उसके साथ उसका बेटा भी जाया करता था। उस अछूत लड़के की राजकुमारी से मित्रता हो गई। राजकुमारी ने एक दिन उस युवक से कहा, "मुझे यहाँ से कहीं अन्यत्र ले चलो, अन्यथा मेरे पिता हम दोनों को मार डालेंगे।" वह युवक बहुत चिन्तित था, "मैं कैसे एक राजकुमारी को ले जाऊँ?" उसने तीन दिनों तक कुछ भी नहीं खाया और विश्वकर्मा महाप्रभु की आराधना करता रहा जो सभी महाप्रभुओं में सबसे महान हैं।

विश्वकर्मा महाप्रभु ने उसे स्वप्न में आकर कहा, "रेशम से एक मयूर बनाओ।" जब उसकी नींद टूटी तो उसने सोचा, 'मैं रेशम से मयूर कैसे बनाऊँ?' उसने बाँस लाकर सबसे पहले उसके पैर बनाए, उन पर कुछ कपास लपेटकर उन्हें धागों से तब तक लपेटा जब तक कि वह मयूर नहीं बन गया।

"अब मैं क्या करूँ?" वह बहुत व्यग्र और उत्तेजित था क्योंकि राजकुमारी बार-बार उसके पास आकर उसे ले जाने हेतु कह रही थी, क्योंकि उसे घर में बन्द करने का समय समीप आता जा रहा था। उसने पुनः विश्वकर्मा महाप्रभु से प्रार्थना की। उन्होंने मयूर में प्राण प्रतिष्ठित किए और वह उड़ने लगा। वह मोर पर बैठकर उड़कर राजकुमारी के पास गया और उसे भी मोर पर बैठाकर उड़ गया। मार्ग में वे एक नदी तट पर पहुँचे और लड़की को प्रसव-पीड़ा होने लगी। उसने कहा, "मैं अब और आगे

जाने में असमर्थ हूँ।'' और उसे बहुत ठंड लगने लगी। वह युवक आग जलाने हेतु लकड़ी लेने गया। वह मयूर पर बैठकर परेंगा गया जहाँ उसने मोर को एक वृक्ष से बाँध दिया। राजा वहाँ शिकार खेलने आया था, उसने मोर को देखा तो उसे पकड़ने लगा। मोर ने उसके साथ संघर्ष किया परन्तु राजा ने उसके पंख काट लिए। मोर शरमाकर जंगल में छिप गया।

डोम ने परेंगाओं को मांस खाते देखा। वह भी उनके साथ बैठकर मांस खाने लगा। लड़की को इस बीच नदी तट पर प्रसव हो गया। वह शिशु नदी में कूद गया और मेंढक बन गया। उसकी माँ निराशा में उसके पीछे नदी में कूद पड़ी और वह मगरमच्छ बन गई।

पेंगू, केलर, कोरापुट

सात भाई थे जिन्होंने पूरा प्रयत्न किया कि उनका विवाह हो जाए परन्तु ऐसा हो नहीं सका। उनकी एक छोटी बहन थी जिसके साथ विवाह करने का उन्होंने निश्चय किया। परन्तु सबसे छोटे भाई ने कहा, ''अपनी ही बहन से विवाह करना निषिद्ध है। ऐसा नीच आचरण करने से तो बेहतर होगा कि हम लोग अविवाहित ही रहें।'' वे भाई उसके प्रति इतने क्रोधित थे। उन्होंने कहा, ''हम लड़की पर दबाव डालेंगे,'' और उन्होंने उससे पूछा कि क्या वह उनके साथ विवाह करने को तैयार है? परन्तु उसने भी कहा, ''नहीं इसका निषेध है।' उन्होंने दूसरे दिन और फिर तीसरे दिन भी उससे यही बात पूछी और उसने वही उत्तर दिया, ''नहीं, यह निषिद्ध है।'' इसके पश्चात उन्होंने उससे बात करना बन्द कर दिया।

परन्तु छोटा भाई और बहन बहुत अच्छे मित्र बन गए, क्योंकि उसी भाई का व्यवहार उसके प्रति अच्छा था। वे दोनों सभी जगह साथ-साथ जाते, खेत पर, जंगल में यहाँ तक कि भाई कुएँ पर भी उसके साथ चला जाता। दूसरे भाई इन्हें देखकर ईर्ष्या करते थे और सोचते थे कि छोटा भाई बहन को अपने लिए पटा रहा है। एक दिन उन्होंने आपस में विचार किया, 'हम लोग उससे कहेंगे कि वह खेत पर पेज लेकर आए और जब वह आएगी तो हम उसकी हत्या कर देंगे।' अतः उन्होंने कहा, ''आज तुम खेत पर हमारे लिए पेज लेकर आना।''

लड़की ने सोचा, ''इन्होंने इतने दिनों तक मुझसे कोई बात नहीं की और न ही कभी खेत पर भोजन पहुँचाने के लिए कहा। अब वे ऐसा क्यों कह रहे हैं? फिर भी वह उनके लिए पेज लेकर खेत पर गई। उन्होंने उसे पकड़ लिया और कहा, ''हम अन्तिम बार तुमसे पूछ रहे हैं, क्या तुम हमसे विवाह करोगी?'' लड़की ने उत्तर दिया, ''नहीं, यह निषिद्ध है।'' वे उसे पकड़कर एक तालाब के किनारे ले गए और उसके टुकड़े करके तालाब में फेंक दिए। उसके सब टुकड़े मछलियाँ बन गए और सिर कछुआ बन गया।

छोटा भाई यह देखने आया कि वे क्या कर रहे हैं, और जब उन्होंने उसे बताया तो उसने उन पर कुल्हाड़ी से आक्रमण किया। परन्तु उन्होंने उसे काबू में करके मार डाला और तालाब में फेंक दिया। वह मगरमच्छ बन गया।

पहाड़ी साँवरा, बुंगडिंग, कोरापुट

एक मगरमच्छ अपने सात बेटों के साथ एक तालाब में रहता था। जो भी कोई व्यक्ति उस तालाब के पास जाता वह उसे मारकर खा जाता था। आखिरकर लोगों ने उस तालाब की ओर जाना ही बन्द कर दिया। एक दिन एक वृद्ध दम्पती को इतनी प्यास लगी कि वे प्यास से मर ही जाते। उन्होंने सोचा, 'यदि मगरमच्छ हमें खा भी जाएगा तो क्या होगा? हम तो वैसे भी मरनेवाले हैं।' उन्होंने एक लम्बे बाँस में छेद करके उससे नली बनाई और दूर बैठकर उसके द्वारा पानी पीने लगे। मगरमच्छ ने सोचा, 'मैं इन दोनों को कभी भी नहीं खा सकूँगा। ये लोग बहुत चालाक हैं अतः इनसे दोस्ती करना बेहतर होगा।' मगर ने बुड्ढे से कहा, "ओ दामाद बाबू, तुम्हारे पिता तो मेरे बहुत अच्छे मित्र थे, तुम मुझसे क्यों डरते हो?" "क्योंकि तुम उन सभी लोगों को खा गए हो, जो कोई भी यहाँ आया।" "तुम मूर्ख मत बनो। यहाँ घर बना लो और यहीं रहो।" मगर ने कहा।

वृद्ध ने मगरमच्छ की सलाह मानकर वहीं अपनी कुटिया बना ली। मगरमच्छ ने फिर उस बुड्ढे से कहा, "तुम व्यर्थ में ही यहाँ क्यों बैठे रहते हो, चलो खेती करें।" परन्तु बुड्ढे ने पूछा कि यहाँ बोएँगे क्या? 'कन्दमूल।' बुड्ढे ने खेत तैयार किया और उसमें शकरकन्द बो दिए। जब फसल तैयार हो गई तो उसने मगरमच्छ से पूछा कि वह कौन-सा हिस्सा लेगा, ऊपरी फलदार हिस्सा या जड़ें। मगर ने कहा, "मैं फलवाला ऊपरी हिस्सा लूँगा।" वृद्ध ने ऊपर के सब पत्ते काट कर मगर को दे दिए और मगर उन्हें लेकर चला गया। वृद्ध ने खोदकर सब शकरकन्द अपने घर में रख लिए। कुछ दिनों में वे पत्ते जब सड़ने लगे तो मगर ने उन्हें फेंक दिया और यह देखने गया कि बुड्ढा क्या कर रहा है। उसके घर में शकरकन्द का ढेर लगा हुआ था और वे दोनों पति-पत्नी उन्हें खा रहे थे। मगर ने उनसे कुछ कन्द माँगे और खाने पर पाया कि वे अत्यन्त स्वादिष्ट हैं। उसने बुड्ढे से कहा, "दामाद बाबू इस वर्ष हम धान बोएँगे।"

इस बार वृद्ध ने धान की खेती की और जब धान में बालें आईं तो उसने मगरमच्छ से पूछा, "तुम अपना हिस्सा कौन-सा लोगे।" मगर ने सोचा, 'पिछली जड़ें काफी मीठी थीं।' अतः उसने कहा, "मुझे जड़ें चाहिए।" वृद्ध ने धान की बालियाँ लेकर घर में रख लीं और धान का पुआल मगर को दे दिया। इस बार पुनः मगर के हाथ कुछ भी नहीं लगा और बूढ़े दम्पती धान पाकर आनन्द मना रहे थे। मगर ने बूढ़े से कहा, "तुम बहुत चतुर हो। मेरे सात बेटे हैं, तुम पढ़ा-लिखाकर अपना कुछ ज्ञान उन्हें भी दे दो। मैं उन्हें तुम्हारे पास पढ़ने के लिए भेजूँगा। उन्हें पीटना पड़े तो सिर को छोड़कर किसी भी अंग

पर पीटना।'' मगर ने अपने बेटों को उसके पास भेजा तो बूढ़े ने उन्हें में बन्द कर दिया। बूढ़े की पत्नी ने कहा, ''यह मगर हमें खाना चाहता है, हमें समय रहते यहाँ से भाग जाना चाहिए।'' परन्तु बूढ़े ने कहा, ''नहीं, हम उन्हें पाठ पढ़ाएँगे और अन्त में हम उन्हें खाएँगे।'' बुढ़िया ने कहा, ''नहीं।''

बूढ़े ने मगर के एक बच्चे के सिर पर चोट की और उसे मार डाला, और उसे काटकर खा गए। इस प्रकार से वे रोज मगर के एक बच्चे को खाने लगे। इसके बाद बूढ़े ने मगर से कहा, ''मैं तुम्हारे बच्चों को सात दिन में पढ़ा दूँगा और आठवें दिन तुम आकर उन्हें ले जाना।'' सातवें दिन बूढ़े दम्पती वहाँ से भाग गए।

आठवें दिन जब मगर आया तो उसने अपने मृत बच्चों के कटे हुए सिर देखे तो उसे बहुत दुख हुआ। उसने सोचा, 'कभी न कभी तो वे लोग यहाँ पानी पीने आएँगे ही।' मगर स्वच्छ पानी के स्थान पर छिप गया। बूढ़े दम्पती पानी पीने आए और वे उस ओर पानी पीने गए जहाँ पानी मटमैला था। बुढ़िया ने कहा, ''नहीं, हमें स्वच्छ पानी की ओर जाना चाहिए।'' बूढ़े ने कहा, ''नहीं। यदि हम मटमैला पानी पीएँगे तो हमें प्यास नहीं लगेगी।'' मगर ने उनकी बातें सुनीं और वह उनकी ओर आ गया। बूढ़े दम्पती वहाँ से भाग गए।

दूसरे दिन मगर मटमैले पानी की ओर छिप गया। अबकी बार बूढ़े-बुढ़िया स्वच्छ पानी की ओर गए। बुढ़िया ने कहा, ''हमें मटमैला पानी पीना चाहिए।'' बूढ़े ने कहा, ''नहीं, इससे हमारे पेट खराब हो जाएँगे।'' और उन्होंने स्वच्छ पानी पीया।

अन्त में एक दिन मगर पानी से निकलकर सूखी भूमि में रेत पर आकर लेट गया और मरने का बहाना करने लगा। उन्होंने उसे देखा। बुढ़िया ने कहा, ''वह मर गया है, चलो इसे खाएँ।'' बूढ़े ने कहा, ''इसका मांस सड़ गया है। देखो अभी भी वह कैसे पड़ा है, हम उसमें मांस को ही खा सकते हैं जिसमें। कम्पन हो।'' मगर ने उनकी बातें सुनी और वह हिलने-डुलने लगा। बूढ़े ने कहा, ''देखो! देखो! वह जीवित है,'' और वे भाग गए।

उस स्थान पर काफी रेत पड़ी थी। सूर्य की गर्मी से वह इतनी तप गई थी कि मगर वापस पानी में नहीं जा सका और वह मर गया। बूढ़े दम्पती को उसका शव मिला और उन्होंने उसका मांस खाया। उस दिन से साँवरा मगर का मांस खाने लगे।

बोंडो, अन्द्रहाल, कोरापुट

एक गर्भवती स्त्री थी। उसकी इच्छा शहद खाने की हुई और उसने पति से शहद लाने के लिए कहा। उसने सब जगह तलाश की और एक स्थान पर थोड़ा-सा मिला जिसे उसने पत्नी को दिया। परन्तु उसने कहा, ''यह तो ठंडा है, मुझे ताजा और गर्म शहद चाहिए।'' परन्तु उसके पति को वह कहीं नहीं मिला। इतने में ही उसकी पत्नी ने एक बच्चे को प्रसव दिया, परन्तु वह फिर भी शहद की माँग कर रही थी। उसका पति पुनः

शहद खोजने निकला। इस बार उसे एक वृक्ष पर बहुत-सा शहद मिल गया। उसने अपनी पत्नी को पुकारा और वह अपने नवजात शिशु को लेकर वहाँ चली गई। उसने बच्चे को वृक्ष के नीचे सुलाकर उसे एक बड़े से पत्ते से ढँक दिया।

उसकी स्त्री एक लम्बे बाँस की सहायता से वृक्ष पर चढ़ गई। वह मधुमक्खी के छत्ते के पास पहुँचकर उसे तोड़-तोड़कर शहद खाने लगी। मधुमक्खियाँ उसे डंक मार रही थीं परन्तु उसने उनकी परवाह नहीं की। उसका पति नीचे से देख रहा था कि उसके सिर के चारों ओर मधुमक्खियाँ झूम रही थीं। उसने सोचा, 'यह स्त्री कोई टोन्ही होगी।' उसने बाँस को हटाया और अपने घर भाग गया।

जब उस स्त्री ने खूब सा शहद खा लिया तो उसने वृक्ष से नीचे उतरना चाहा। उसने अपने पति को आवाज दी। परन्तु उसे कोई उत्तर नहीं मिला और तब उसकी मृत्यु हो गई। उसका बालक गिरगिट बन गया और वह स्वयं उल्लू। इसलिए मनुष्य उल्लू से डरते हैं, क्योंकि वह जादू से भरा है। परन्तु गिरगिट में तो और भी अधिक जादू है। यदि किसी व्यक्ति को वह दिखाई दे तो उसे मार डालना चाहिए और उसके सिर में तेन्दू की लकड़ी की सात कीलें और पत्ते ठोंककर कहना चाहिए, "देखो हमने तुम्हें गाड़ दिया है। हमने कोई भूल नहीं की।"

दिदयि, पतरोपुट्टु, कोरापुट

पुराने समय में नहुआपदर गाँव में सात दिदयि भाई रहते थे जो सभी अविवाहित थे। उनके माता-पिता की मृत्यु के उपरान्त उन सबने विवाह किया और अलग रहने लगे। उनके भी बच्चे हुए और उन सबके विवाह हुए। सबसे बड़े भाई के वृद्ध होने पर उसकी मृत्यु हो गई और उन्होंने उसे जला दिया। उसके बाएँ हाथ की बीच की अँगुली के अतिरिक्त सम्पूर्ण शरीर जल गया। तीसरे दिन लोगों ने उसकी भस्म और अस्थियों को अँगुली सहित नदी में बहा दिया। वह नदी में बहते हुए एक गिरगिट बन गई। वह गिरगिट नदी किनारे आकर रेंगता। चूँकि वह अग्नि में रहा था अतः उसका शरीर सदैव ही लाल बना रहता था और वह रूमरोक से सदैव जल माँगता था।

कुटिया कोंड, प्रिंगेली, गंजाम

निरंताली ने परमगत्ती से अपने लिए एक घर बनाने को कहा। जब घर बनकर तैयार हो गया तो उसे चिन्ता हुई कि वह दीमक और कीड़-मकोड़ों से क्या उपाय करें। उसने सोचा, 'मुझे इन्हें खाने के लिए कुछ अन्य जीवों की व्यवस्था करनी चाहिए और उन्हें घर में रखना चाहिए।' उन्होंने मोम से एक जन्तु बनाया, जो एक अँगुल चौड़ा और चार अँगुल लम्बा था। उसने बिन्द्रालुहार के पास जाकर लोहे के चार पैर बनवाए और उन्हें उस मोम के जन्तु में लगा दिया। उसकी मोम से एक पूँछ भी बना दी। जब उसने

उसे सूखने के लिए धूप में रखा तो वह पिघलने लगा। उसको सुरक्षित रखने हेतु उसने उस जीव पर राख छिड़क दी जिससे उसके शरीर पर निशान बन गए। उसने उस जीव को कपड़े में बाँधकर तीन या सात दिनों तक अपनी कमर पर बाँध लिया। ऐसा करने पर उस जीव में प्राण आ गए और उसका सिर निकालकर उसने पूछा, ''तुमने मुझे जीवन क्यों दिया है? मुझे बताओ कि मैं कहाँ रहूँ।'' निरंताली उस छिपकली को अपने घर में ले गई और उससे कहा, ''यहाँ रहो और दीमक, मक्खी और मच्छरों को अपना आहार बनाओ और अपने बच्चे उत्पन्न करो।''

कुटिया कोंड, सुसबत, गंजाम

रानी अरू सफगन्ना में रहती थीं। उन्होंने सभी प्राणियों को एकत्र किया और उन्होंने उन्हें अपने-अपने स्थान पर रहने के लिए भेज दिया। जब सब प्राणी चले गए तो वे अपने घर गईं और तब वहाँ एक सर्प आया। उसे सफगन्ना में कोई भी प्राणी नहीं मिला, न तो वहाँ कुछ खाने को या और नहीं कहीं जाने को। वह एक नदी में चला गया। एक व्यक्ति उस नदी में स्नान करने गया और उससे कहा, ''तुम यहाँ क्या कर रहे हो?'' सर्प ने कहा, ''रानी अरू ने सभी प्राणियों को स्थान और भोजन प्रदान किया, परन्तु मेरे लिए कुछ नहीं किया, इसलिए मैं यहाँ आया हूँ और यहाँ जो कोई भी आएगा उसे मैं डँसूँगा।'' उसी समय एक गिरगिट वहाँ आया और कहने लगा, ''तुम यहाँ क्यों आए हो?'' सर्प ने उसे भी वही उत्तर दिया। गिरगिट ने कहा, ''तुम अपना विष मुझे दे दो और आज से पानी में मत रहो। वृक्ष पर जाकर रहो और जब मनुष्य उधर से निकलें तो उन्हें काटो।'' सर्प ने गिरगिट को अपना विष देकर कहा, ''मनुष्यों को मत काटना परन्तु जब तुम्हें वे दिखाई पड़ें तो तुम उनकी ओर दौड़ना और वे डरकर गिर पड़ेंगे। तब तुम वहाँ से चले जाना।'' तब से गिरगिट के पास विष है और यद्यपि वे काटते नहीं हैं, परन्तु जो भी कोई उन्हें देखता है उस पर संकट आता है या उस व्यक्ति की अपने ही घर में मृत्यु हो जाती है।

पहाड़ी साँवरा, गैलुंग, कोरापुट

एक गाँव में बारह भाई लोमर रहते थे और वे सभी अविवाहित थे। बहुत समय बीतने पर बड़े भाई का विवाह हुआ और उसकी पत्नी गर्भवती हुई और उसने एक शिशु को जन्म दिया। एक दिन सबसे छोटे भाई ने अन्य सब भाइयों से कहा, ''हमें कोई पत्नियाँ नहीं देते हैं, अतः हमें यहाँ से कहीं अन्यत्र चलना चाहिए।'' अतः एक दिन वे सब चुपचाप वहाँ से चले गए। वे बहुत दूर देश चले गए। सबसे बड़ा भाई, उसकी पत्नी और उनका बच्चा घर पर रह गए। इसके उपरान्त उनके दो और बच्चे पैदा हुए। वे अपना काम स्वयं करते थे इसलिए बच्चों की देख-रेख में कठिनाई होती थी और वे

व्यस्त रहते थे। उनके माता-पिता ने सोचा, 'यदि हम किसी को अपना लेते तो वह बच्चों को खिलाती-पिलाती।' एक दिन एक साँवरा लड़की ने उनसे आकर कहा, ''मेरे माँ-बाप नहीं हैं, मुझे अपने पास रख लो।'' उन्होंने उसे बच्चों की देख-रेख के लिए रख लिया।

एक दिन जब वह दम्पती अपना सामान बेचने के लिए बाजार गए हुए थे तो वह लड़की जंगली भाजी काट रही थी तब उसकी अपनी ही एक अँगुली कट गई। उसने उसे चूल्हे में डाल दिया परन्तु वह उछलकर दीवार पर चढ़ गई। जब वे बाजार से वापस आए तो उन्होंने दीवार पर एक छिपकली देखी।

बोंडो, बोडापद, कोरापुट

पुराने जमाने में सर्पों का एक राजा था। नाग और बाइपर सर्प उससे भेंट करना चाहते थे। जब वे उसके दरबार में जा रहे थे तो उन्हें रास्ते में एक मनुष्य मिला। धोखे से उसका पैर नाग के ऊपर पड़ गया। इस कारण वह उस गति से राजा के दरबार में नहीं जा पाया जिस रफ्तार से अन्य सर्प जा रहे थे। अतः वाइपर वहाँ पहले पहुँच गया। राजा ने कहा, ''मेरे पास जो पहले पहुँचा है वह अगले जन्म में पुरुष बनेगा और जो बाद में पहुँचेगा वह स्त्री।'' इस बात पर नाग मनुष्यों से बहुत क्रोधित हुआ और मनुष्य को काटने लगा और तब से ही वह मनुष्य को काट रहे हैं।

दिदयि, छिन्दीगुड़ा, कोरापुट

मंगला नायक जो एक दिदयि था, उसके पाँच बेटे और एक बेटी थी। उसके पाँचों बेटों का विवाह उसकी पत्नी और उसके जीवनकाल में ही हो गया था। परन्तु उनकी बेटी अविवाहित रह गई थी। सभी भाई एक साथ रहते थे और उनकी बहन भी उनके साथ रहती थी।

इसी बीच उस लड़की का एक लड़के से प्रेम सम्बन्ध हो गया और वह गर्भवती हो गई। जब उसके भाइयों को इस बात की जानकारी हुई तो वे बहुत क्रोधित हुए और उन्होंने उसकी हत्या करने का निश्चय कर लिया। उन्होंने उसे जंगल में ले जाकर कुल्हाड़ी से टुकड़े-टुकड़े कर दिए। उन्होंने उसके अंग के टुकड़ों को अलग-अलग स्थानों पर गाड़ दिया और अन्तड़ियों को रास्ते के बीचोंबीच गाड़ दिया।

जब वे वापस घर आए तो उनकी स्त्रियों ने पूछा कि उस लड़की का क्या हुआ। ''वह एक चट्टान पर से गिर पड़ी और मर गई।'' उन्होंने कहा, ''हम उसे घर नहीं लाए और उसे वहीं जंगल में गाड़ दिया।'' उनकी पत्नियों ने कुछ नहीं कहा, परन्तु वे दूसरे दिन चुपचाप उसका शव खोजने गईं। उन्होंने रास्ते में एक ताजा खुदा हुआ गड्ढा देखा जिस पर मक्खियाँ भिनभिना रही थीं। जब वे उस स्थान को खोदने लगीं तो एकाएक एक नाग सर्प वहाँ से निकला। वे तुरन्त समझ गईं कि उनकी ननद की अन्तड़ियाँ सर्प

बन गई हैं। उन्होंने उसे शान्त करने हेतु पारी-पारी से अपने स्तनों से दूध पिलाया। यही वह दूध है जिसे नाग सर्प अपने साथ विष के रूप में लेकर घूमता है।

गदबा, गेलागुड़ा, कोरापुट

एक गाँव में गदबाओं के तीस परिवार रहते थे। उन्हें वहाँ रहते हुए पचास वर्ष हो गए थे। मुखिया की सुनारी नाम की एक बेटी थी। एक दिन बूढ़ागाँव में एक शादी थी। सुनारी अपनी छोटी भाभी मंगली के साथ विवाह में जाने के लिए तैयार हो गई। सुनारी जब कंघी कर रही थी तो उसके तीन बाल टूटकर भूमि पर गिर गए। मंगली ने उन्हें एक पत्ते में बाँध लिया। फिर वे दोनों शादी में चली गईं। उस रात भोजन करने के उपरान्त वे नृत्य करने लगीं और मंगली ने उन बालों को निकालकर उन्हें अभिचारित किया और उन्हें नृत्य करनेवाली लड़कियों पर फेंक दिया। वे केश तीन प्रजाति के सर्प बन गए : नाग, करायत और 'वाइपर' और उन सर्पों ने नाचनेवाली लड़कियों को भगा दिया। उसके बाद सम्पूर्ण संसार में सर्प फैल गए।

गदबा, सिलयामुंडा, कोरापुट

सुरगीमुंडा गाँव के बलेका झोरिया की कुमोरिन नाम की एक कन्या थी। जब वह सोलह वर्ष की थी तब तक वह अविवाहित थी, मासिक धर्म के पश्चात वह अपना सिर धोने अपने पिता के खेत के नीचे बहनेवाले नाले पर गई। उसने अपने कपड़े धोए और सिर धोने हेतु बालों में मिट्टी लगाकर उन्हें साफ किया। जब वह कंघी कर रही थी तब कुछ बाल टूट गए और उसने उन्हें पानी में फेंक दिया। नदी में बहते हुए वे सर्प बन गए। एक सर्प बहते हुए उसे डँसने के लिए वापस आया। वह एक चट्टान पर चढ़ गई और वह सर्प वहीं पानी में तैरता हुआ चक्कर काटता रहा।

सर्प ने कहा, "तुम मेरी माँ हो, क्योंकि मैं तुम्हारे बालों से पैदा हुआ हूँ। अब तुम मुझे खाने-पीने के लिए कुछ चीजें दो और रहने का स्थान दो।" कमोरिन ने कहा, "तुम्हारा जन्म जल और वायु से हुआ है, अतः तुम्हारा पेय जल होगा और तुम्हारा भोजन वायु। एक वर्ष के होने पर तुम मनुष्य, पशु या अन्य किसी भी जीव-जन्तु को काट सकते हो।"

सर्प ने उसे छोड़ दिया और अपना निवास एक बिल में बना लिया।

झोरिया, परजामुंडा, कोरापुट

एक वृद्ध इतना अशक्त था कि वह कोई भी कार्य करने में असमर्थ था। उसकी एक बेटी थी जो उसकी देख-रेख करती थी। वह पड़ोसियों के घरों में काम करती थी और

वे लोग बदले में उसे दाल-चावल देते थे जिनके द्वारा वह अपने पिता का भरण-पोषण करने में समर्थ थी।

एक दिन वह लड़की एक कोम्मर के घर में काम करने गई थी। उसने प्रसन्न होकर उसे लोहे का एक गले का सूता (आभूषण) दिया। उसने उसे एक टोकरी में छिपाकर रख दिया।

दूसरे दिन वह राजा के घर में काम करने गई। राजा ने प्रसन्न होकर उसे चाँदी की एक हँसली प्रदान की। उसने उसे भी बाँस की एक टोकरी में छिपाकर रख दिया।

एक दिन वह एक घसिया के घर में काम करने गई। उसने उसे प्रसन्न होकर पीतल का एक सूता (हँसली) प्रदान किया। उसने उसे भी बाँस की टोकरी में रख दिया।

एक दिन वह लड़की बहुत बीमार हो गई। उसके पिता ने रोते हुए कहा, "यदि तुम मर गईं तो मुझे कौन सँभालेगा?" लड़की ने कहा, "चिन्ता मत करो, मैंने तुम्हारे लिए काफी व्यवस्था कर रखी है। यदि मेरी मृत्यु हो गई तो बाँस की टोकरियों में तुम्हारी आजीविका हेतु पर्याप्त चीजें तुम्हें मिल जाएँगी।"

उस लड़की की मृत्यु हो गई और उस बूढ़े ने उसका दाह-संस्कार कर दिया। वह इतना रोया कि वह कुछ भी खा नहीं सका। परन्तु रोते हुए उसे याद आया कि उसकी बेटी ने बाँस की टोकरी की कोई बात कही थी। टोकरी खोलने पर उसने पाया कि तीनों हँसलियाँ तीन सर्प बन गई थीं। लोहे की हँसली नाग सर्प बन गई थी, चाँदी की हँसली दूधनाग बन गई थी और पीतल की हँसली पीली धारियोंवाला सर्प बन गई थी।

वृद्ध ने उन सर्पों से मित्रता कर ली और उन्हें पालतू बना लिया। वह उन्हें एक गाँव से दूसरे गाँव ले जाकर दिखाता और लोग उसे पैसे देते। उसके पूर्व किसी ने भी सर्प नहीं देखे थे।

कोया, टोंडापल्ली, कोरापुट

डोंडर में एक गौर रहता था जिसका नाम समरू था। वह बूढ़ा हो गया था तब उसने विवाह किया। उसका एक बेटा था। उसने उसका नाम मंगलू रखा। जब बालक डेढ़ वर्ष का था तभी उसके पिता की मृत्यु हो गई। मंगलू की विधवा बालक का लालन-पालन भलीभाँति करती थी परन्तु जब वह छह वर्ष का हुआ तभी उसकी माँ की मृत्यु हो गई। अब चूँकि उसकी देख-रेख करनेवाला कोई नहीं था इसलिए वह घर-घर जाकर भीख माँगने लगा और इसी प्रकार वह बड़ा हुआ। जब उसकी उम्र सोलह वर्ष की हो गई तो वह समझदार हो गया और वह अपनी जाति के लोगों को खोजने निकला। अन्त में उसे एक गाँव में एक गौर परिवार मिला। उस गौर की एक बेटी थी और उसकी पत्नी ने उसका विवाह उस लड़के के साथ करने का निश्चय कर

लिया कि हमारी मृत्यु के उपरान्त हमारी सम्पत्ति का भोग करनेवाला कोई तो होगा। वह युवक वहाँ रुका और एक सप्ताह बाद उसने उस लड़की से विवाह कर लिया। वे दोनों एक दूसरे से प्रेम करते थे और आनन्दपूर्वक रहने लगे। बूढ़ा गौर गाँव के मवेशियों को चराने ले जाता था। एक दिन बूढ़ा बीमार हो गया और उसने अपने दामाद से कहा कि मवेशियों को चराने वह ले जाए। युवक ने अपनी पत्नी से कहा कि, ''वह दोपहर में नहीं आ पाएगा इसलिए वह उसका खाना पहुँचाने दहियान में आ जाए।''

लड़की ने घर का सारा काम-काज निपटाया और फिर उसने अपने पति के लिए खाना बनाया, परन्तु इसमें उसे विलम्ब हो गया। उसने क्रोधित हो उसे पीटा, उसकी लाठी के एक प्रहार से उसने अपना बचाव किया और वह गाय के सींग को लगा जिससे गाय की सींग टूट गई। गाय ने उसे श्राप दिया, ''यह सींग तुमसे बदला लेगा।'' वह सींग सर्प बनकर उसका पीछा करने लगा और उसकी पत्नी अपने घर चली गई।

कोंडाडोरा, कसुगड़ा, कोरापुट

एक ऐसा गाँव था जिसमें केवल गदबा लोग ही रहते थे। उस गाँव में उनके परिवारों की संख्या एक सौ बीस थी। एक दिन उस गाँव में एक शादी थी। उसमें बहुत से गदबा आए। जब विवाह की रस्म पूरी हो गई तब सभी लोग शराब पीने बैठ गए और शीघ्र वे झगड़ने लगे। दूल्हे का साला अपने-आपको अपमानित महसूस करने लगा और वह उठकर जाने लगा। दूसरे गदबा उसे वापस लाने के लिए दौड़े, परन्तु उसने उनकी अनसुनी कर दी। वह भूमि पर लोट गया और उनके कदमों के बीच से घिसटते हुए निकल गया। घिसटने से उसके हाथ-पैर घिस गए और वह एक सर्प जैसा लगने लगा। वास्तव में वह एक सर्प बन गया और सब लोग उससे डर गए।

सर्प बनने के बाद वह जंगल में रहने चला गया। उसके कपड़े उतर गए जो दूसरी जाति का सर्प बन गए। वे दोनों नर और मादा बन गए और जंगल में उनके बहुत से बच्चे पैदा हुए। उनकी सात बेटियाँ भी उत्पन्न हुईं जो सम्बत साँप बनीं अर्थात सात बहनें। इस तरह सर्प सम्पूर्ण संसार में फैल गए।

कोंडाडोरा, ताड़पदरो, कोरापुट

संकल्पदीप में एक चित्तीदार नागिन के बहुत से बच्चे थे। वे इतने अधिक थे कि उनके रहने और खेलने के लिए कोई जगह ही नहीं थी। वह चिन्तित थी कि उन्हें ऊपरी लोक में कैसे भेजा जाए। परन्तु कोई उपाय नहीं था। उसने अपने सिर की एक हड्डी निकालकर एक ऐसा प्राणी बनाया जिसके आठ पैर थे और दो पंजे थे और एक पूँछ

थी। उसने उस जीव से कहा कि वह पृथ्वी में छेद करके पाताललोक से पृथ्वी पर जाने का मार्ग तैयार करे। उसने कहा, "मैं इस कार्य को तब करूँगा जब तुम मेरी पूँछ काट दोगी।" उसकी माँ ने उसकी पूँछ काट दी और केकड़े ने भूमि खोदनी शुरू कर दी। जब रास्ता बन गया तब उसने अपनी माँ से कहा कि रास्ता तैयार है, और वह उन सब बच्चों को लेकर भूमि पर चली गई। जब बच्चों ने देखा कि वहाँ खेलने के लिए बहुत विशाल खुला मैदान है, तो वे वहाँ खेलने लगे। उनकी माँ पुनः छेद (बिल) में चली गई और उसने उसे बन्द कर दिया। केकड़ा और सर्प के बच्चे पृथ्वी पर रहने लगे और केकड़े ने उन सबके लिए घर बना दिए।

कोंड, अमलीबुआ, कोरापुट

सृष्टि के आरम्भ में धरनी पिन्नू ने जब सभी मनुष्यों एवं पशुओं को बनाया तब उन्होंने सर्प नहीं बनाए। लोग बेधड़क उन स्थानों पर भी चले जाते थे जहाँ उनका जी चाहता था। परन्तु बूढ़ा पिन्नू और समदा पिन्नू इसे उचित नहीं मानते थे। उन्होंने कहा, "नदियों में मेंढक और अन्य जीव-जन्तु भरे पड़े हैं। परन्तु मनुष्यों के कोई शत्रु नहीं हैं, इसलिए वे किसी से भी नहीं घबराते और अहंकारी होते जा रहे हैं।" अतः उन्होंने सर्प बनाए और उन्हें पृथ्वी पर भेज दिया ताकि वे संकट पैदा कर सकें।

बूढ़ा पिन्नू ने अपने शरीर के मैल से दो अंडे बनाए और उन्हें एक बाँस में रख दिया। उन्होंने उस बाँस के घोंसले को एक माह और उन्नीस दिनों के लिए आकाश पर रख दिया। जब एक माह और बीस दिन पूरे हो गए तो वे अंडे फूट गए और उनमें से दो सर्प निकले। बूढ़ा पिन्नू ने उन्हें अपने पास रख लिया और जब उनके बहुत से बच्चे पैदा हो गए तो उन्होंने तेज वर्षा की और उसके साथ उन साँपों को पृथ्वी पर भेज दिया। उन्होंने सर्पों से कहा, "जब भी कोई मनुष्य तुम्हें मिले तुम उन्हें काट सकते हो।"

कोंड, डेंगसरगी, कालाहाँडी

एक बूढ़ा सर्प था जो शिशुओं की माताओं का दूध पी जाया करता था। अन्य सभी सर्पो को कुछ भी खाने को नहीं मिलता था इसलिए वे दुबले होते जा रहे थे, परन्तु बूढ़ा सर्प मोटा होता जा रहा था। दूसरे सर्प उससे ईर्ष्या करते थे और उनमें झगड़े होते थे।

एक दिन बूढ़े सर्प ने निरंताली के पास जाकर कहा कि क्या चल रहा है। उसने मिर्च-मसाले को पीसकर उनका चूरा बनाया और अन्य सभी सर्पों को बुलाकर कहा, "यह तुम्हारे खाने के लिए है।" उन्होंने उसे खाया, केवल बूढ़े सर्प ने नहीं खाया। जिन सर्पों ने उसे खाया वे सभी विषैले हो गए।

निरंताली ने कहा, "अब तुम सब विषैले हो गए हो अतः अब दूध नहीं पीना। तुम जिसे भी काटोगे उसकी मृत्यु हो जाएगी।" उसके पश्चात बूढ़ा सर्प धनिक लोगों के घर में रहने लगा, जहाँ उसे इच्छानुसार भोजन के लिए चीजें मिल जाती हैं।

कुटिया कोंड, पलारी, गंजाम

जब निरंताली और परमगत्ती का जन्म हुआ तब निरंताली के बैठने के लिए कोई उपयुक्त स्थान नहीं था। वह एक पत्थर बिछाकर उस पर बैठ जाती थी, और भूमि पर ही सोती थी। भूमि इतनी कठोर थी कि थोड़े दिनों में ही उसका सम्पूर्ण शरीर दुखने लगा। अतः उसने एक दिन एक शिला पर पेशाब किया और वह टूटकर नर्म हो गई। उसने उसे उठाकर एक गेंद की भाँति गोल अंडा बना दिया। इस गेंद को उसने एक चट्टान के नीचे रख दिया। एक माह के बाद उसमें प्राण उत्पन्न हो गए और उसके फूटने पर उसमें से चार प्रकार के नाग उत्पन्न हुए—कोतरी नाग, कुल्टिया नाग, गोकर नाग और दुल्ही नाग। उसने कोटरी नाग की कुंडली बनाई और उस पर बैठ गई। रात्रि में उसने दो सर्पों का बिछौना बनाया और दूसरे दो का ओढ़ना। इस तरह नाग का पृथ्वी पर अवतरण हुआ।

कुटिया कोंड, प्रिंगेली, गंजाम

निरंताली और परमगत्ती ने एक सल्फी वृक्ष की छाल उतारकर सफगन्ना पर्वत पर फेंक दी। वह एक गिरगिट दम्पती में बदल गई। निरंताली और परमगत्ती ने उससे कहा, "तुम्हारे पेट से एक सर्प और एक बिच्छू उत्पन्न होंगे।" वे गिरगिट दम्पती बारह वर्षों तक साथ रहे और अन्त में मादा गिरगिट गर्भवती हो गई। उचित समय पर उसने तीन अंडे दिए। दो माह के बाद उन अंडों में से प्रथम से एक सर्प पैदा हुआ, दूसरे से एक बिच्छू और तीसरे से एक मेंढक और एक काली चींटी।

सर्प और बिच्छू बड़े थे इसलिए वे जंगल में शिलाओं के नीचे रहने चले गए, सर्प ने मेंढक का पीछा किया और वह पानी में छिपने चला गया।

कुटिया कोंड, दुप्पी, गंजाम

परमगत्ती एक बार अपने धनुष-बाण लेकर जंगल में आखेट के लिए गए। जैसे ही वे गए तो उन्हें बहुत प्यास लगी और वे पानी खोजने लगे, परन्तु उन्हें पानी कहीं भी नहीं मिला। अन्त में वे सतगती पर्वत पर पहुँचे। वहाँ उन्हें एक वृक्ष के खोखले स्थान से पानी टपकता हुआ दिखाई पड़ा। उन्होंने उसे थोड़ा खोदा और उन्हें पीने लायक पर्याप्त पानी मिल गया। फिर उन्होंने एक नाली गुम्मागन्ना तक खोदी, और वहाँ एक

तालाब बनाया। उस तालाब में पानी भरने लगा और जब वह भर गया तब पानी ऊपर से बहने लगा। परमगत्ती ने एक जूड़ा, एक हल और एक रस्सी बनाई। उसने तालाब के नीचेवाली भूमि की जुताई की और हल द्वारा बनी लकीरों में पानी भरने लगा। पानी बहकर जिडांग वन तक गया और फिर ठहर गया। वहाँ उन्होंने एक बलि भेंट की और पुनः पानी बहता हुआ उरलादूनी तक जा पहुँचा, जहाँ उन्होंने एक तालाब बनाकर उसे रोक दिया। परमगत्ती ने उस तालाब में तीन पायलो चावल डाल दिए और वे मछली बन गए। उस तालाब में उन्होंने अपना तूम्बा भी फेंक दिया जो अजगर बन गया। उसमें उन्होंने अपनी रस्सी फेंक दी जिससे अनेक प्रकार के सर्प उत्पन्न हो गए। तालाब किनारे की वह शिला जिस पर परमगत्ती बैठी थी, वह कछुवा बन गई।

कानगाँव, सम्बलपुर

कलमली में दनकरदार गोंड रहता था। उसकी दो पत्नियाँ थीं। वह पाँच गाँवों का मुखिया था और उसने अभिचार सीख लिया था। उसको अपनी सन्तान नहीं थी यद्यपि उसने अपने जादू-टोने के माध्यम से सन्तान प्राप्त करने हेतु अथक परिश्रम किया था। वह अत्यन्त दुखी होकर नरसिंह पर्वत पर बूढ़ा देव के पास गया और छह वर्षों तक उनकी सेवा की। अन्त में बूढ़ा देव ने उसकी बड़ी पत्नी को एक बेटी प्रदान की।

जब वह लड़की छह माह की थी तो उसने माँ से पूछा, ''मेरे पिता कहाँ हैं? मैं उन्हें देखना चाहती हूँ।'' माँ ने कोई उत्तर नहीं दिया तब उसने पड़ोसियों से पूछा। उन्होंने कहा, ''वह बड़ा देव के पास है।'' रात में जब सब लोग सो गए तब वह लड़की उठकर नरसिंह पर्वत पर चली गई और वहाँ अपने पिता को देखकर रोने लगी। परन्तु उसने इस ओर ध्यान नहीं दिया। लड़की बारह वर्ष तक अपने पिता की सेवा करती रही, अन्त में जब उसकी तन्द्रा टूटी तो उसने पूछा कि, ''वह कौन है।'' ''मैं तुम्हारी बेटी हूँ और बारह वर्ष से तुम्हारी सेवा कर रही हूँ।'' तब बड़ा देव ने उस गोंड को आशीर्वाद देते हुए कहा, ''अपने घर जाओ वहाँ तुम्हारी बड़ी पत्नी के बारह बेटे हुए हैं और तुम्हारी छोटी पत्नी के तीन बेटियाँ। अब तुम्हारे सोलह बच्चे हो गए हैं।''

गोंड वहाँ से उठा, परन्तु इन बारह वर्षों में उसके केश घास सदृश हो गए थे। उसने उन्हें जूड़ा बनाकर बाँधा तो पाँच बाल बाहर आ गए। उसकी लड़की ने उन्हें उठाने का प्रयास किया परन्तु उसकी छाया बालों पर पड़ते ही वे पाँच सर्प बन गए और आक्रामक हो गए। लड़की रोने लगी। जब उसके पिता ने उन साँपों को देखा तो वह प्रसन्न हो गया कि उसकी अभिचार शक्ति सफल हो गई। उसने उनका नामकरण किया : डोमी नाग, रन्ना नाग, जूड़ा महामंडल नाग, अगिया नाग, डल कोलित नाग। ये पाँचों नाग उसके केश से उत्पन्न हुए थे।

पहाड़ी साँवरा, लियाबो, गंजाम

सिपाया साँवरा की दो पत्नियाँ थीं परन्तु उन दोनों से ही उसे कोई सन्तान नहीं था। एक दिन उसने अपनी छोटी पत्नी के सिर के लिए चाँदी का एक आभूषण बनवाया जो दोनों कानों को स्पर्श कर सकता था। जब बड़ी पत्नी ने उसे देखा तो उसने भी वैसे ही आभूषण की माँग की और उसने उसके लिए भी एक बनवाकर दे दिया।

कुछ समय बाद उसकी पत्नी जंगल में उस स्थान पर गई जहाँ वे लोग जंगल काटकर खेती करते थे। जब वह वापस आ रही थी तभी उस आभूषण की जंजीर एक झाड़ी में फँस गई और टूट गई। उसने सभी जगह उसे खोजा परन्तु वह नहीं मिली।

दूसरे दिन सुबह उसने अपने पति को जंजीर खो जाने की जानकारी दी और आग्रह किया कि वह उसके साथ उसे खोजने चले। उसने साथ जाने से इनकार करते हुए कहा, ''यदि तुम उसे नहीं खोज सकी तो वह तुम्हें काट ले।'' जब वह जंगल में पहुँची तब तक वह जंजीर एक सर्प बन चुकी थी और उसने उसे डँस लिया।

उस स्त्री ने कहा, ''तुमने मुझे काटा है और मेरी मृत्यु हो जाएगी। अब तुम्हें सदैव ही मनुष्यों को डँसना पड़ेगा और वे प्रतिशोध में तुम्हारी हत्या करेंगे।''

अध्याय : सत्रह

पक्षी

एक भाई और बहन साथ-साथ रहते थे। किटुंग महाप्रभु ने भाई से आकर कहा, ''मुझे एक गेंदे का फूल प्रदान करो।'' वह फूल की खोज में सर्वत्र घूम आया, परन्तु उसे गेंदे का फूल कहीं नहीं मिला, क्योंकि तब तक वह फूल उत्पन्न ही नहीं हुआ था और वह क्षुब्ध होकर घर वापस आया। घर पहुँचकर उसने अपनी बहन की हत्या कर दी क्योंकि उसे भय था कि किटुंग स्वयं उसकी ही हत्या कर देंगे। किटुंग आए और आकर उसे अन्यत्र कहीं ले गए। उसकी बहन की आत्मा ने उलूक का रूप धारण कर लिया; और उसे गेंदे का एक फूल प्राप्त हो गया, जिसे वह अपनी चोंच में दबाकर ले आई। वह युवक बहुत समय से रो रहा था और उसके आँसू भूमि पर वर्षा बनकर गिर रहे थे। परन्तु जब उसकी बहन दशहरे पर गेंदे का फूल लेकर पहुँची तो उसके आँसू थम गए।

आजकल भी, यदि कोई उल्लू किसी गाँव के ऊँचाईवाले मुहल्ले में जाकर चिल्लाता है तब नीचेवाले मुहल्ले में लोगों की मृत्यु होती है। यदि वह नीचेवाले मुहल्लों में चिल्लाता है तो ऊपरवाले मुहल्ले के लोगों की मृत्यु होती है।

●

मन्नीगढ़ पर्वत एकान्त और शान्त स्थल था। पुराने जमाने में नारद मुनि ने उस पर्वत पर तपस्या की थी। उन्हें वह स्थान बहुत पसन्द आया था क्योंकि वहाँ उनकी शान्ति भंग करने के लिए लोग ही नहीं थे। परन्तु एक दिन बहुत से पक्षी वहाँ एकत्र हुए और उनकी ओर देखकर शोर करने लगे और उनकी तपस्या का मजाक उड़ाने लगे। नारद मुनि ने कुपित होकर उन पक्षियों को अपने तप से वृक्ष से भूमि पर उठाकर फेंक दिया। इसके पश्चात उन्होंने एक-एक कर उन सबकी जीभ मरोड़ी। उस दिन से पक्षी ऐसी भाषा में बोलने से असमर्थ हो गए, जिसे मनुष्य समझ सकता था।

●

कमलबन्ध में बेनेंग राजा और उसकी रानी पृथ्वी को चीरकर बाहर प्रकट हुए और वृक्षों के ऊपर रहने लगे। कुछ समय उपरान्त उसकी रानी गर्भवती हुई और राजा ने विचार किया कि अब यह उचित होगा कि उसके लिए घर बना दे। उसने बहुत-सी लकड़ियाँ

काटकर एक घर बनाना आरम्भ किया। जब वह कुटिया बनकर तैयार हो गई तब वे उसमें रहने चले गए। जब रानी के प्रजनन का समय हो गया तो उसने एक पुत्र को जन्म दिया। बारह दिन बीतने पर राजा कुछ कन्दमूल रानी के लिए लेकर आया। उसने मीठे कन्द तो सब खा लिए, परन्तु कड़वे कन्द सब आम के वृक्ष पर एक टोकरी में भरकर रख दिए। उसने प्रसव के अपने मैले वस्त्र धोकर उन कड़वे कन्दों पर सुखा दिए। दूसरे दिन उस टोकरी में से अनेक प्रकार के पक्षी उत्पन्न हो गए और सब एक साथ चहचहाने लगे। राजा और रानी ने उन पक्षियों को सात दिन तक अपने पास रखने के पश्चात उन्हें जंगल में ले जाकर छोड़ दिया। जो उनमें सबसे कड़ुवा कन्द था वह कौवा बना। जो मीठे कन्द थे वे तोते, मैना और मयूर बने।

●

एक तोते ने मड़िया के दाने अपनी चोंच में भरे और उन्हें अपने घोंसले में ले गया। साही मड़िया का क्या करती है? वह उसे अपने पैरों से कुचलती है। मुर्गी, क्या करती है? मुर्गी उसे अपने पंखों से उड़ाकर साफ करती है। मछली क्या करती है? वह मड़िया को पत्थरों पर सुखाती है। कठफोड़वा, मड़िया को क्या करता है? वह अपनी चोंच से उसका छिलका उतारता है। बटेर क्या करती है? वह अपने पंखों से उड़ाकर मड़िया को साफ करती है। केकड़ा क्या करता है? वह उसे पकाता है। चूहा क्या करता है मड़िया को? वह मड़िया के टुकड़े करता है। गौरय्या क्या करता है मड़िया को? वह उसे खाती है। उसने इतना अधिक मड़िया खाया कि उसके निशान उसकी पीठ पर उभर आए।

गिरगिट ने दाने उठाकर फेंके। मेंढक इस दृश्य पर हँसने लगा। गिरगिट ने कुपित होकर मेंढक को मार डाला। अन्य सब प्राणी गिरगिट पर नाराज हुए और उसकी भर्त्सना की। "वह मुझ पर क्यों हँसा?" गिरगिट ने कहा। उन्होंने कहा, "पहले हम साथ-साथ खाना खाते थे परन्तु तुमने मेंढक की हत्या कर दी, इसलिए अब सब लोग अलग-अलग खाया करेंगे। साही जंगल में चली गई और चूहा बिल बनाकर रहने लगा और वहीं खाना खाने लगा। मुर्गी मनुष्य के साथ रहने लगी। गिरगिट पेड़ की खोखर में चला गया। कठफोड़वा कीड़े-मकोड़े खाने चला गया। सभी पक्षी वृक्ष पर रहने चले गए। मछलियाँ में जाकर रहने लगीं और काई खाने लगीं। केकड़े ने तालाब के पार बिल खोदकर उसमें अपना घर बना लिया।

●

जब निरंताली ने पशु-पक्षी बनाए, तब उनमें से कोई भी अंडे नहीं देते थे और वे सभी एक ही प्रकार से बच्चों को जन्म देते थे। एक दिन एक मोरनी का पेट बहुत बढ़ गया और उसका चलना-फिरना भी बन्द हो गया। इसका परिणाम यह हुआ कि उसे भोजन मिलना भी बन्द हो गया और उसकी मृत्यु हो गई। निरंताली को बहुत ही दुख हुआ और उसने सोचा यूँ तो सभी पक्षी मर जाएँगे। अतः उसने मोम के अंडे बनाकर सभी

पक्षियों के पेट में रख दिए और उनसे कहा, "एक सप्ताह में सभी पक्षी अंडे देना," और उसने सभी पक्षियों को स्तन प्रदान किए और कहा, "पन्द्रह दिन तक उनका पोषण करना।" स्तन इस भाँति अंगों पर लगाए कि किसी को भी वे दिखाई नहीं पड़ते थे।

पक्षी अपने बच्चों को सात दिनों तक स्तनपान करवाते थे, और उसके पश्चात उन्हें खाद्य सामग्री देते थे। परन्तु तुम्हें स्तनपान कराते हुए कोई भी देख नहीं पाता।

●

कुटिया कोंड, गुरलीमस्का, गंजाम

एक तोते ने मड़िया के कुछ दाने चुगे और उन्हें लेकर वह अपने घोंसले में चला गया। सेही ने क्या किया? उसने अपने पंजों से रगड़कर उसे साफ किया। मुर्गी ने क्या किया? उसने अपने पंखों को फड़फड़ाकर उसके छिलकों को उड़ाया। मछली ने क्या किया? उसने उन दानों को ले जाकर चट्टान पर सुखाया। कठफोड़वे ने क्या किया? उसने मड़िया के छिलकों को अपनी चोंच से साफ किया। तीतर ने अपने पंखों से उन छिलकों को उड़ाया। केकड़े ने क्या किया? उसने मड़िया को पकाया। चूहे ने क्या किया? उसने मड़िया को काटा। गौरैया ने क्या किया? उसने मड़िया को खाया, पेट भरने तक खाया। उसने इतना अधिक खा लिया कि उसके पौधे उसकी पीठ पर आ गए।

गोह ने दोनों को फेंक दिया। यह देखकर मेंढक हँसने लगा। इस पर गोह को क्रोध आया और उसने उसे मार डाला। अन्य सभी गोह से नाराज हो गए और उसकी भर्त्सना की। गोह ने कहा, "वे मुझे देखकर हँसे क्यों?" उन्होंने कहा, "हम सब लोग पहले एक साथ खाया करते थे, परन्तु तुमने मेंढक को मार डाला है, अतः अब सब अलग-अलग खाया करेंगे।" इसके बाद सेही जंगल में चली गई और चूहे ने भूमि के अन्दर बिल बना लिया और अपना खाना वहीं ले गया। मुर्गी मनुष्यों के साथ रहने लगी। गोह वृक्ष के एक खोखर में रहने लगा। कठफोड़वा वृक्ष के तने के खोखर में से कीड़े पकड़कर खाने लगा। मछली जल में जाकर काई खाने लगी। केकड़े ने नाले के किनारे अपना घर बना लिया।

●

एक शुंडी युवक और उसका पिता एक छोटे से नाले में मदिरा बना रहे थे। परमगत्ती शिकार पर निकले हुए थे। उन्हें मदिरा की गन्ध आई और वे थोड़ी मदिरा लेने उसी ओर चले गए। जिस समय वे वहाँ पहुँचे, उस समय वहाँ केवल वह लड़का ही था, उसका पिता कहीं गया हुआ था। परमगत्ती ने पूछा, "तुम्हारा बाप कहाँ है? तू यहाँ अकेला क्यों है?" उस लड़के ने कोई उत्तर नहीं दिया और वह विक्षिप्त की भाँति खड़ा रहा। परमगत्ती ने उसे विक्षिप्त और नरभक्षी जानकर उसे अपने धनुष से एक तीर चलाकर

मार डाला। उस लड़के की आत्मा निकलकर सेमल के एक वृक्ष के खोखर में प्रविष्ट हो गई, वह एक चिड़िया बनकर चिल्लाने लगी 'केर-केर'। जब उस लड़के का पिता वापस आया तो उसने अपने बेटे को मरा हुआ पाया और एक चिड़िया को बोलते हुए सुना, वह चिड़िया उड़कर उस शुंडी के पास आई और कहने लगी, ''परमगत्ती ने मुझे मार डाला और मेरी आत्मा अब एक पक्षी बन गई है।'' वह उस पक्षी को अपने साथ घर ले गया और उसे अपने ही घर में रखा।

●

पिज्जु बिबेंजा आकाश (देवलोक) में रहते थे। उन्होंने ऊपर से निरंताली के पास एक बच्चे को फेंका। वह बच्चे को पाकर अत्यन्त प्रसन्न हुई और उसकी देखभाल बहुत ही सावधानीपूर्वक करने लगी। जब बच्चा बड़ा हुआ, तब निरंताली उसे स्नान कराने नदी पर ले गई। वह बालक बहुत ही सुन्दर था, इसलिए पिज्जु बिबेंजाने उसे अपनाना चाहा और वह उसे जल के भीतर खींचकर ले गया। इससे निरंताली को बहुत दुख हुआ। ''मैंने उसका इतने दिनों तक लालन-पालन किया और आज वह पानी में डूब गया। कम-से-कम वह मुझे वर्ष में एक बार अवश्य अपनी छवि दिखा दे।'' और उसने बच्चे से कहा, ''तुम बारहमासी चिड़िया बन जाओ।'' अतः वैसा ही हुआ और वह वर्ष में एक बार पक्षी के रूप में जन्म लेता है और नदी में ही रहता है। जब चिड़िया आकाश में उड़ती है और उसकी छाया किसी गर्भवती स्त्री पर पड़ जाती है, तब उस बच्चे का जन्म एक वर्ष गर्भ में पूरा करने पर ही होता है।

●

एक ऐसा वृद्ध भी था, जिसने आजीवन विवाह नहीं किया। वह भीख माँगकर जीवनयापन करता था और उसका जीवन अत्यन्त दयनीय था। वह निरंताली के पास गया, और उसने उस वृद्ध से कहा, ''तुम जिस ढंग से जीवनयापन करते रहे हो, उसी ढंग से करो।'' उसने उस वृद्ध को एक तूम्बी देते हुए कहा, ''इस तूम्बी में पानी भरकर लाओ और नाले के किनारे बैठकर अपना खाना बनाओ। जब तुम यह काम करोगे तब मछलियाँ तुम्हें दादा कहकर पुकारेंगी।'' उस वृद्ध ने निरंताली के समझाने के अनुसार ही कार्य किया। जब उसने वह तूम्बी पानी में डुबोई तो हवा उसमें से 'हू-हू' करती हुई निकली। जब एक मछली ने इस आवाज को सुना तो उसने अन्य मछलियों से कहा कि कोई हमसे मिलने आया है। हमें चलकर उसे देखना चाहिए। जहाँ वह बुड्ढा खाना बना रहा था उस स्थान पर छोटी-बड़ी अनेक मछलियाँ इकट्ठी हो गईं। उनमें से सबसे बड़ी मछली ने पूछा, ''तुम कौन हो?'' उस बुड्ढे ने कहा, ''मैं तुम्हारे पिता का पिता हूँ, मुझे दादा कहकर पुकारा करो।'' ''तुम हमारे लिए क्या लाए हो?'' मछलियों ने पूछा। ''मैं तुम्हारे लिए मछलियाँ लाया हूँ और खाना पकाने का एक मिट्टी का बर्तन भी लाया हूँ।'' उस मछली ने कहा, ''हमें तो खाना बनाना आता नहीं, अतः हमारे लिए

इस बर्तन का क्या लाभ? हाँ हमें थोड़ा नमक दे दो जिसे हम खा लेंगी।'' उसी समय पुनः हवा का तेज झोंका आया और तूम्बी में से आवाज उत्पन्न हुई 'हू-हू' और छोटी-बड़ी सभी मछलियाँ उस आवाज को सुनकर नृत्य करने लगीं।

जब रात हो गई तो उस बुड्ढे ने पूछा, ''मेरे पौत्रो, मैं कहाँ सोऊँ?'' सबसे बड़ी मछली ने कहा, ''मेरे पेट के भीतर सो जाओ।'' ''हाँ यह ठीक है,'' कहते हुए वह वृद्ध मछली के पेट में चला गया। जब सूर्योदय हुआ तब वह पुनः मछली के मुँह की ओर से बाहर आ गया। इसके बाद वह बुड्ढा छोटी मछलियों को एक-एक कर पकड़कर खाने लगा। जब उसने सभी छोटी मछलियाँ खाकर साफ कर दीं, तब उसने बड़ी मछली को पकड़ने का प्रयत्न किया। तभी तूम्बी में से आवाज निकली 'हू-हू' और बड़ी मछली ने पूछा, ''यह कैसी आवाज है?'' ''उसके अन्दर बहुत से मनोरंजक खेल हैं, नाच हैं, गाने हैं, उसके भीतर जाकर देखो।'' परन्तु उस तूम्बी में छोटी मछलियाँ ही घुस पाईं और वे पकड़ी गईं।

एक दिन बड़ी मछली ने कहा, ''हमारा त्योहार आनेवाला है, सभी छोटी बड़ी मछलियों को मेरे पास बुलाओ।'' मछलियों के चौकीदार ने सभी मछलियों से जाकर कहा। परन्तु एक ने कहा, ''मेरा बेटा गायब है।'' दूसरी ने कहा, ''मेरा भाई दिखाई नहीं पड़ रहा।'' तीसरी मछली ने कहा, ''मेरी बहन का कहीं अता-पता नहीं चल रहा।'' अन्त में उनमें से कोई भी मछली वहाँ नहीं आई। बड़ी मछली ने पुनः चौकीदार को भेजकर कहलवाया, ''यदि तुम्हें सरकार के प्रति कोई शिकायत है, तो आकर मुझे बताओ।''

वह बुड्ढा भीख माँगने चला गया और मछलियों ने सोचा, ''जरा चलकर तो देखें इस तूम्बी में क्या है।'' छोटी मछलियाँ उसके भीतर घुस गईं परन्तु बाहर नहीं निकल पाईं। तभी बड़ी मछली समझ गई कि इस बुड्ढे ने सभी मछलियों को इस तूम्बी में भर लिया है। उसने कहा, ''जब अगली बार वह मेरे पेट में घुसकर सोएगा, मैं उसे बाहर नहीं आने दूँगी और वह वहीं मर जाएगा।''

उस बुड्ढे ने आकर खाना बनाया और खाना खाकर वह बड़ी मछली के पेट के अन्दर सोने चला गया, परन्तु दूसरे दिन सुबह उस मछली ने उसे बाहर नहीं निकलने दिया और वह मर गया। जब वह पच गया तब उस बड़ी मछली ने डकार ली और उस बुड्ढे की एक हड्डी बाहर निकल आई और वह एक पक्षी बनकर चिल्लाई 'हू-हू'। इसके बाद जब भी वह पक्षी नदी किनारे आकर चिल्लाता है, 'हू-हू' तब छोटी मछलियाँ उसे देखने के लिए इकट्ठी हो जातीं और कहती हैं, यह हमारा दादा है और वह पक्षी आसानी से मछलियों को पकड़ लेता था।

●

मूलतः पक्षियों के भी स्तन हुआ करते थे और वे अंडे न देकर पशुओं की भाँति ही बच्चे जना करते थे। उनके पंख भी नहीं थे और वे उड़ नहीं सकते थे। इसलिए उन्हें

सभी प्राणी विशेष रूप से बिल्ली खा जाया करती थी। पक्षियों को इस बात का बहुत दुख था और वे शिकायत लेकर निरंताली के पास गए। उसने घोड़े के पंख काटकर चिड़ियों को लगा दिए और उनके स्तन काट दिए और उन्हें गोल-गोल आकार की पिंडियाँ खाने के लिए दीं। तब पक्षियों ने पूछा, ''ये पिंडियाँ तुमने हमें क्यों दी हैं?'' निरंताली ने कहा, ''जब तुम्हारे अंडे होंगे तो वे ठीक इसी प्रकार के होंगे।'' इक्कीस दिन पूरे होने पर उन अंडों को फोड़ देना तो उनमें से बच्चे बाहर आ जाएँगे। तब इक्कीस दिन तक उनका पोषण करना। यदि तुम इतना कर लोगे, तब तो तुम उड़ने में सक्षम हो सकोगे और दूसरे प्राणी तुम्हें पकड़ नहीं पाएँगे।'

●

पुराने जमाने में पक्षियों के अलावा सभी प्राणियों की संतति हुआ करती थी। पक्षी रामा, भीमा और किटुंग के पास गए और उनसे कहा, ''हमें अस्तित्व में आए लम्बा समय हो चुका है, परन्तु हमारी कोई संतति ही नहीं है। हमारी वंश-वृद्धि कैसे हो सकेगी?''

किटुंग ने उनसे पूछा, ''तुम अपनी सन्तान का पेट से प्रसव करना चाहते हो या किसी अन्य विधि से?''

पक्षियों ने कहा, ''हम बहुत छोटी हैं, यदि हमारे पेट बढ़े तो हम कैसे उड़ पाएँगे?''

किटुंग ने कहा, ''सभी मादा पक्षी एक कतार में खड़ी हो जाओ।'' किटुंग ने खखारकर अपना गला साफ किया और थूकते हुए कहा, 'तुम सब इसे खा लो।'

मोरनी और सारस जैसे बड़े पक्षियों ने उसमें बहुत अधिक खाया और छोटी चिड़ियों ने कम। इसीलिए कुछ पक्षी बड़े अंडे देते हैं और कुछ पक्षी छोटे-छोटे अंडे ही देते हैं।

●

पुराने जमाने में पपीहा पक्षी एक लड़की थी। ज्योंही वह बड़ी हुई वह अत्यन्त सुन्दर लगने लगी, परन्तु उससे कोई विवाह करने को इच्छुक ही नहीं था, और वह इतनी गरीब थी कि उसके पास खाने के लिए पर्याप्त भोजन तक नहीं होता था। इस कारण से वह जंगल में चली गई। वहाँ उसे एक बाघ मारकर खा गया। उसकी आत्मा एक चिड़िया बन गई और वह हवा में उड़ते हुए चिल्लाती, 'पीओ-पीओ।' उसकी बूढ़ी माँ उसके लिए दिन-रात विलाप करती। किटुंग ने कहा, ''तुम क्यों रोती हो?'' उस वृद्धा ने बताया, ''मेरी बेटी जंगल में चली गई थी और न जाने उसे क्या हुआ।''

किटुंग ने उसे सांत्वना देते हुए कहा, ''तुम्हारी बेटी रात्रि में आएगी और तुम्हें जगाएगी। यदि तुम कहीं चली भी जाओगी तो तुम्हारी बेटी तुम्हारे पीछे से घर में क्या हुआ, यह सब बताएगी। यदि वह दाहिनी ओर से आकर 'पिओ' कहकर चिल्लाए तो समझना कि तुम्हें मांस और मदिरा सेवन करने को मिलेगी, परन्तु यदि वह बाईं ओर से चिल्लाए तो सावधान हो जाना क्योंकि वह मृत्यु की सूचना होगी।''

●

एक डोम देवता बंधमुली देवता की तुलीसरीदाई नामक एक छोटी-सी बेटी थी। जब वह लड़की बड़ी हुई तब वह अपने प्रथम मासिक धर्म के पश्चात स्नान करने गई। उसके पास छोटे-छोटे बहुत से वस्त्र थे, एक दर्जन, जिन सबको उसने धोया और सुखाकर और फिर वह नग्नावस्था में ही पानी के भीतर चली गई। जब वह स्नान कर रही थी तब बंदौर देवता (वायु देवता) आए और उसके वस्त्र हवा में उड़ाकर ले गए। वे सब वस्त्र मिलकर उड़ने लगे और सारस बन गए।

●

तुपलीकंध अपनी पत्नी के साथ इमझगुड़ा में रहता था। उनके सात बेटे थे जो सबके सब विवाहित थे। सबसे छोटे बेटे के विवाह के सात वर्ष बाद तुपली की मृत्यु हो गई। उसके बेटों ने उसका दाह-संस्कार किया, इसके बाद वे सब अपनी माँ के साथ उसी घर में रहने लगे।

एक दिन उन लड़कों की माँ ने कहा, "बहुत दिनों से हमने मांस नहीं खाया है। तुम्हारा पिता मुझे हमेशा मांस खाने को दिया करता था। जंगल जाकर कोई जानवर मारकर लाओ जिसे हम लोग खा सकें।"

दूसरे दिन वे सातों भाई जंगल में शिकार पर गए और उन्होंने एक साँभर पर निशाना लगाया परन्तु वह बच गया। उन्होंने उसका पीछा किया परन्तु अन्त में उन्हें निराश होकर घर वापस लौटना पड़ा। दूसरे दिन वे पुनः जंगल में गए और दिनभर की भागदौड़ के पश्चात उन्होंने शाम के समय एक खरगोश को मारा। रास्ते में उन्होंने खरगोश को भूनकर उसका थोड़ा-सा मांस खाया और शेष मांस लेकर घर चले गए। जाने के पूर्व आग बुझाने हेतु उन सब भाइयों ने अंगारों पर पेशाब किया जिससे एक को छोड़कर सब अंगारे बुझ गए और उनका रंग काला पड़ गया। जो अंगारा नहीं बुझ पाया था, उस पर उन्होंने पुनः पेशाब किया और वह कौआ बन गया। उन सबने उस कौवे से कहा, "तुम हमारे बेटे हो। तुम्हें कोई तीर से निशाना नहीं बना सकेगा और तुम पक्षियों में सर्वाधिक चतुर होगे। जब हम शिकार पर निकलें तो तुम हमारे साथ रहा करो। और हमें बताया करो कि वन्य प्राणी किस स्थान पर हैं।"

वह कौवा रातभर साँभर की खोज में रहा और उसे वह मरा हुआ मिला, वह एक वृक्ष पर बैठकर चिल्लाने लगा, "आओ-आओ।" परन्तु वे सब भाई उसकी भाषा का अर्थ नहीं समझ सके और चले गए। इसी बीच एक पाइक आ पहुँचा और उसने कौवे की भाषा को समझ लिया और उसे साँभर मिल गया।

तब से कौवा मनुष्य को मृत पशुओं तक पहुँचाने का कार्य करता आया है।

●

निरंताली अपने मासिक धर्म में थी। जब वह समाप्त हुआ तो वह अपने वस्त्र लेकर स्नान करने गई। जब उसने अपने वस्त्र धो लिए तो एक छोटा-सा वस्त्र जोर से फेंक

दिया जो एक गूलर के वृक्ष की शाखा में अटक गया। वह उस वस्त्र को वहीं छोड़कर शेष वस्त्रों को लेकर घर आ गई। अगली बार जब वह पानी भरने गई तो उसने देखा कि वह वस्त्र एक कौआ बन गया था और वह 'का-का' चिल्ला रहा था। निरंताली ने सोचा कि वह उसे बुला रहा है, उसके पास पहुँचकर उसने कौवे को पकड़ लिया। उसे वह अपने घर ले आई और एक घड़े में बन्द कर दिया।

परन्तु परमगत्ती ने उस घड़े को खोल दिया और 'का-का' चिल्लाता हुआ उड़कर परछी पर बैठ गया। उसने उड़कर परमगत्ती के सिर पर अपनी चोंच से आक्रमण किया और उसमें से खून बहने लगा। परमगत्ती को निरंताली पर बहुत क्रोध आया। "यह कौन-सी वस्तु है जिसे वह घर में रखे हुए है? यह मुझ पर जादू करने के लिए मालूम पड़ती है। मैं इस घर में फिर कभी नहीं आऊँगा।" और वह क्रोधित होकर चले गए। निरंताली भागकर उनके पीछे गई और पकड़कर ले आई। "मैं तुम्हें सब समझाती हूँ," उसने कहा। परमगत्ती को निरंताली ने सम्पूर्ण कहानी सुना डाली। परमगत्ती ने कहा, "ऐसी खतरनाक वस्तु को घर में मत रखो। इसे जाने दो।" निरंताली ने कौवे से कहा कि तुम उड़कर नदी किनारे चले जाओ और प्रतिदिन स्नान करके उसका अभिवादन करो। इसके उपरान्त उसने कहा, "तुम मेरा जूठा छोड़ा हुआ भोजन खा सकते हो। मैं तुम्हें पालना चाहती थी परन्तु तुमने परमगत्ती को अप्रसन्न कर दिया है इसलिए अब तुम्हें हमेशा दरवाजे से बाहर ही रहना पड़ेगा।"

●

किसी समय एक राजा था जिसके दो बेटे थे। उसने बड़े बेटे को गद्दी सौंप दी। छोटा राजकुमार अविवाहित था और इसी बीच राजा और रानी का निधन हो गया। वे दोनों भाई साथ-साथ रहते थे और एक बार उनका एक-दूसरे राजा से युद्ध हो गया, जिसमें बड़ा भाई मारा गया और उसके स्थान पर छोटा भाई गद्दी पर बैठ गया। गद्दी पर बैठने के बाद ही उसने विवाह किया।

राजा का एक बाग भी था, परन्तु उसमें प्रतिदिन हिरण आकर उसे नष्ट कर जाते। नौकरों ने जाकर राजा को बताया और वह हिरण को मारने के लिए आए। वह एक मचान बनाकर उस पर बैठ गया और हिरण की प्रतीक्षा करने लगा। जब हिरण आया तो राजा ने अपनी बन्दूक सँभाली परन्तु वह हिरण उतनी ही देर में भाग गया और राजा निराश होकर घर वापस चला गया। दूसरे दिन उसने अपनी रानी से कहा, "जब तक मैं इस हिरण को नहीं मारूँगा, वापस लौटकर नहीं आऊँगा।" राजा अपने साथ पाँच चपरासियों को लेकर हिरण के खुरों का पीछा करता हुआ उस स्थान पर पहुँचा जहाँ वह प्राणी छिपा हुआ था। हिरण ने उन्हें अपनी ओर आते हुए देख लिया था और वह वहाँ से भाग गया। राजा यद्यपि दो माह तक उसका पीछा करता रहा, परन्तु वह उसे नहीं पकड़ पाया।

रानी चूल्हे के पास बैठकर रोने लगी क्योंकि उसके राजा लौटकर नहीं आए। उसने एक जली हुई काली-सी लकड़ी उठाकर अपने सीने से लगाते हुए निरंताली की

प्रार्थना की और कहा, ''यह जाकर राजा को सन्देश दे कि मैं उनके वियोग में कितनी व्याकुल हूँ।'' महाप्रभु ने उस लकड़ी में प्राण फूँके और उसे पंख प्रदान किए। वह राजा के पास पहुँचकर उनकी बगल में बैठ गई। राजा ने उसके पैरों से पत्र खोलकर पढ़ा, ''तुम वापस आ जाओ। हिरण को मारने की कोई आवश्यकता नहीं है।'' राजा ने वापस आते समय एक बरगद पर बहुत से पक्षियों को बैठे देखा जो उसके फल खा रहे थे।'' उस कौवे को भी उड़कर इन पक्षियों के पास चले जाना चाहिए। परन्तु बुलाने पर भी कौवा वापस नहीं आया क्योंकि उसे जंगल में अन्य पक्षियों का साथ पसन्द था।

●

''कोयल क्यों दूसरी चिड़ियों के घोंसलों में अंडे देती है, क्या तुम्हें इस बात की जानकारी है। एक दिन कौवे ने कोयल से पूछा, ''तुम्हारा घर कहाँ है?'' कोयल ने उत्तर दिया, ''अंडी के वृक्ष पर।''

कौवा : तुम शौच कहाँ करती हो?
कोयल : वृक्ष की शाखा पर बैठकर और बीट भूमि पर गिरती हैं।
कौवा : तुम्हारी बीट कौन साफ करता है?
कोयल : कुम्हार उसे ले जाता है।
कौवा : वह उसका क्या करता है?
कोयल : वह उसे गाय को देता है?
कौवा : गाय उसका क्या करती है?
कोयल : गाय उसे तोड़ती है।
कौवा : गाय कहाँ है?
कोयल : गाय जंगल में गई है।
कौवा : जंगल में क्या हो रहा है?
कोयल : जंगल में आग लगी है।
कौवा : आग कहाँ गई?
कोयल : आग पानी में छिप गई है।
कौवा : पानी कहाँ गया?
कोयल : उसे गौरय्या पी गई।
कौवा : गौरय्या कहाँ गई?
कोयल : लड़के उसे मारकर खा गए।
कौवा : लड़के कहाँ हैं?
कोयल : वे पेड़ की खोखर में छिप गए।
कौवा : उन्हें क्या हुआ?
कोयल : उन्हें दीमक खा गई।

कौवा : दीमक कहाँ गई?
कोयल : उन्हें मोर खा गया।
कौवा : मोर कहाँ गया?
कोयल : उसे एक शिकारी ने मार डाला।
कौवा : तुमने क्या बकवास लगा रखी है?

और उनमें झगड़ा होने लगा। कौवे ने कहा कि मैं तुम्हें मार डालूँगा। ''नहीं मुझे मत मारो, मैं तुम्हें अपने बच्चे दे दूँगी।'' कौवे ने कहा, ''ठीक है अपने अंडे मेरे अंडों के साथ रख दो।'' कोयल ने कौवे के घोंसले में बैठकर अंडे दिए और कौवे ने उन्हें साथ-साथ सेया।

●

काटाबोई और बट्टरोली दोनों बहनें गुम्मा ताल में स्नान करने गईं। उस ताल में बहुत-सी मछलियाँ और जोंक थे। एक जोंक काटाबोई के पैर पर चिपट गया और एक मछली ने बट्टरोली के पैर को कुतर दिया। उन दोनों के पैरों से रक्त बहने लगा और उन्हें गुस्सा आ गया था। उन्होंने निश्चय किया, ''हमें कोई ऐसा उपाय करना चाहिए कि तालाब की सफाई हो सके।''

काटाबोई ने अपनी लंगोटी को चीरकर दो टुकड़े किए और एक टुकड़ा बट्टरोली को दिया तथा एक स्वयं रखा। उसने अपने वस्त्र के टुकड़े से एक बत्तख बनाई। बट्टरोली ने भी अपने वस्त्र से दूसरी बत्तख बनाई। उन दोनों बहनों ने उन बत्तखों के चारों ओर नग्नावस्था में ही सात बार नृत्य किया। नृत्य से उनमें जीवन प्रवाहित होने लगा। काटाबोई की बत्तख नर थी और बट्टरोली की मादा। बट्टरोली के वस्त्र का किनारा रंगीन था इसलिए उसकी बत्तख के पंख रंगीन हो गए। काटाबोई और बट्टरोली ने बत्तखों का नामकरण कर दिया और उन्हें मछलियाँ और जोंक खाकर जीवनयापन करने को कहा।

जब मावली पिन्नू ने बत्तख देखीं तो वह प्रसन्न हो उठी और उसने बलि में उन्हें माँगा। उन बत्तखों ने इतनी अधिक सन्तान उत्पन्न की कि लोगों ने मावली की माँग को भी पूरा कर दिया।

●

आसन नामक पर्वत राजिसन्डी (मद्रास और उड़ीसा की सीमा) से अधिक दूरी पर नहीं था। वहाँ इस्पुर महाप्रभु पधारे और उनके साथ धर्मो महाप्रभु, पाट खांडा महाप्रभु, माता मावली, माई माता, निसानी महाप्रभु और भीमा महाप्रभु भी वहाँ पधारे। अर्द्धरात्रि में इन सब देवताओं ने अन्य छोटे देवताओं का एक सम्मेलन बुलाया। सैकड़ों की संख्या में देवता और भूत-प्रेत अपनी-अपनी भेंट लेकर उस सम्मेलन में पहुँचे, एक देवता चावल लेकर आए थे, दूसरे दाल, तीसरे मड़िया का पेज लेकर।

परन्तु सितिया माता बहुत गरीब थीं और वे अपने साथ कोई भेंट नहीं लाई थीं। वे गर्भवती थीं और उनके पैर इतने भारी थे कि वे आसन पर्वत पर चढ़ भी नहीं सकीं। वे बड़बड़ाईं, ''वे सब चले गए हैं, परन्तु मैं अपने पेट के कारण वहाँ तक पहुँच भी नहीं सकूँगी और नहीं मेरे पास भेंट देने लायक कोई वस्तु है। परन्तु यदि मैं वहाँ नहीं गई तो बड़े देवता मुझ पर क्रोधित होंगे और मुझे कष्ट देंगे।'' जैसे ही उसके मुँह से ये शब्द निकले कि उसने दो अंडे दे दिए। इसके बाद उसका पेट हल्का हो गया। वह दोनों अंडे लेकर आसन पर्वत पर चली गई।

उसने डरते हुए वे दोनों अंडे इस्पुर महाप्रभु के हाथ में रखकर उनके चरणों में प्रणाम किया। इस्पुर महाप्रभु ने उन अंडों को देखकर पूछा, ''ये क्या हैं?'' उन्होंने गुस्से में भरकर उन अंडों को भूमि पर फेंक दिया। उनमें से एक मुर्गा और एक मुर्गी पैदा हुए। मुर्गे ने बाँग दी और तुरन्त सुबह हो गई और देवता तथा भूत-प्रेत घबराकर अपने-अपने घर भाग गए।

•

सर्वेती झोला पर्वत पर तीन भाई अपनी-अपनी पत्नियों के साथ रहते थे। उनका कोई मकान नहीं था, परन्तु वे जंगल में ही रहते हुए कन्दमूल खाकर गुजारा करते थे। बड़ा भाई एक झरने के किनारे रहता था, दूसरा भाई एक बरगद के वृक्ष के नीचे और छोटा भाई एक गुफा में रहता था। उन तीनों की पत्नियाँ एक ही साथ गर्भवती हुईं। जब वे सब भाई कन्दमूल एकत्र करने जाते थे तो अपनी स्त्रियों को भी सामान्यतः साथ ले जाते थे। परन्तु जैसे ही उनके प्रसव का समय नजदीक आने लगा, तो वे अकेले ही जंगल में जाने लगे।

जब उन स्त्रियों के पति बाहर गए हुए थे, तब तीनों ने दो-दो अंडे दिए और उन पर बैठकर उन्हें सेया। जब पुरुष घर पर पहुँचे, तो उन्होंने पूछा, ''क्या हुआ है?'' उनकी पत्नियों ने उन्हें वे अंडे दिखाए। उन्होंने कहा, ''इन अंडों का क्या करेंगी?'' और उन्होंने गुस्से में उन अंडों को फोड़ दिया।

सबसे बड़े भाई के अंडों से हंस का एक जोड़ा उत्पन्न हुआ जो झरने के किनारे रहने चला गया। मँझले भाई के अंडों से एक कबूतर का जोड़ा उत्पन्न हुआ जो बरगद के वृक्ष पर रहने चला गया। सबसे छोटे भाई के अंडों से मुर्गी का एक जोड़ा उत्पन्न हुआ जो गुफा में रहने चला गया। चूजों ने खाने के लिए मुँह खोला तो उन तीनों भाइयों ने समझा कि वे चूजे उन्हें निगल जाएँगे और वे तीनों भाई अपनी-अपनी स्त्रियों को साथ लेकर तेजी से भागे। इसके बाद उन्होंने विचार किया कि यह सारी मुसीबत उन्हें उनकी स्त्रियों के कारण ही उठानी पड़ी, 'अतः हम बिना पत्नियों के ही रहें तो खुश रहेंगे।' उन्होंने स्त्रियों की हत्या के लिए अपने-अपने टंगिए उठाए ही थे कि इस्पुर महाप्रभु ने उनके हाथ पकड़कर उन्हें रोक दिया और उनसे कहा, ''यदि तुम अपनी स्त्रियों की हत्या कर दोगे तो संसार में आबादी की वृद्धि कैसे होगी? तुम्हारे ये बच्चे

तुम्हें नहीं खानेवाले, वरन तुम ही इनका भक्षण करोगे और जब भी तुम्हें कोई कष्ट होगा तब ये तुम्हारी सहायता करेंगे।'' महाप्रभु इतना कहकर अन्तर्ध्यान हो गए और वे लोग अपनी पत्नियों को लेकर घर आ गए।

परन्तु अब उन्होंने मकान बनाने का निश्चय किया और धीरे-धीरे जैसे-जैसे बच्चे बढ़े और जनसंख्या बढ़ी, तब वहाँ एक गाँव आबाद हो गया। जब देवता उन्हें सताते तो वे सर्वेती झोला पर्वत से जाकर पक्षियों को पकड़ लाते और उनकी बलि चढ़ा देते।

●

कालीबाग पर्वत पर गुडला नामक एक कोया अपने दो बेटों और एक बेटी के साथ रहता था। जब उनका विवाह हो गया तो वे सब अलग-अलग रहने लगे परन्तु वे कुछ समय बीतने पर ही बीमार पड़ गए और उनकी मृत्यु हो गई। इनके बाद गुडला की स्त्री भी चल बसी और वह बुड्ढा भी संन्यासी होकर एक पर्वत पर रहने चला गया।

एक दिन जब वह अपनी पानी की तूम्बी की सफाई करने लगा तो उसमें से एक मुर्गी और एक मुर्गा निकला। उसने अपने जीवनपर्यन्त देखभाल की। उसकी मृत्यु होने पर मुर्गे-मुर्गी ने सोचा कि उसका अन्तिम संस्कार किस भाँति करें, वे अपनी चोंच से पकड़-पकड़कर लकड़ी का एक-एक टुकड़ा लेकर आए और उन्होंने उनसे चिता सजाई। चिता को अग्नि प्रदान कर बुड्ढे का दाह-संस्कार किया। एक सप्ताह बाद उन्होंने विचार किया कि अस्थियों का क्या किया जाए।' 'हमें शायद इसे खा लेना चाहिए,' उन्होंने सोचा और धीरे-धीरे वे उस राखसहित अस्थियों को खा गए। तुरन्त ही उनको पेट दर्द हुआ और दस्त लग गए, अतः उन्होंने देउर के पास जाकर सम्पूर्ण वृत्तान्त कह सुनाया।

देउर ने देखा कि जहाँ कहीं भी मुर्गे-मुर्गी ने बीट की थी वहाँ-वहाँ की घास जल गई थी। देउर ने उन्हें अपने घर का पानी पीने हेतु दिया और कहा कि इस पानी को पीने पर तुम्हारे पेट की ज्वाला शान्त हो जाएगी। उसके पश्चात मुर्गियों की बीट ठंडी पड़ गई और कुहरा बन गई।

●

मुर्गे की उत्पत्ति होने के पूर्व समय जानने का कोई अन्य उपाय ही नहीं था, कब सुबह हुई, कब दोपहर हुई इसका पता ही नहीं चलता था।

एक दिन परमगत्ती अपने शयनकक्ष में अपनी पत्नी के साथ शयन कर रहे थे कि तभी निरंताली वहाँ आ पहुँची और उन्हें बहुत झेंपना पड़ा। परमगत्ती अपना सिर पकड़कर रोने लगे। निरंताली ने तब परमगत्ती से कहा, ''रोने की कोई आवश्यकता नहीं है, नदी तक जाकर एक मेंढक पकड़कर ले आओ और मुझे दो।''

परमगत्ती ने एक मेंढकी पकड़कर अपनी टोकरी में डाली और उसे अपनी खटिया के नीचे छिपा दिया। मेंढकी अर्धरात्रि तक 'केंड़ केंड़' करती रही। जब परमगत्ती सोकर

उठे, तो उन्होंने देखा कि उस मेंढकी ने एक अंडा दिया हुआ है। उन्होंने मेंढकी को मारा तो वह फुदकती हुई निरंताली के पास चली गई और उनके सिरहाने बैठकर चिल्लाने लगी 'केंड-केंड'। इसके उपरान्त उसने एक गीत गाया :

कछुवा चलता है पेरचे-पेरचे,
मुर्गी बोलती है केंड़-केंड़
आओ परमगत्ती
और मेरी खाट के नीचे रहो।

इस गीत के गाने के बाद मेंढकी फुदकती हुई चली गई। निरंताली ने परमगत्ती से जाकर कहा, "मैंने तुम्हें वह मेंढकी भेंट की थी। तुमने उसे क्यों भगा दिया?" "उसने मुझे केंड़-केंड़ करते हुए सारी रात सोने नहीं दिया और एक अंडा भी दे दिया। पता नहीं उसमें क्या है?" निरंताली ने तब कहा, "इस अंडे को झाड़ू के साथ बाँधकर एक ओर रख दो। पन्द्रह दिनों के बाद उसमें से चूजे निकलेंगे।"

परमगत्ती ने वैसा ही किया और अंडे को झाड़ू से बाँधकर एक ओर रख दिया। पन्द्रह दिनों के बाद उसमें से बच्चे निकले और केंड़-केंड़ करने लगे। जब परमगत्ती ने उनकी आवाज सुनी तो वे उठकर आए।

इस प्रकार मुर्गी जाति की उत्पत्ति हुई।

●

सान्तागढ़ का मेहरू सात गाँवों का सिरहा था। उसके पाँच बेटे और पाँच बेटियाँ थीं, जिनका विवाह करने में उसे कोई विशेष कष्ट नहीं उठाना पड़ा, क्योंकि महत्त्वपूर्ण सिरहा होने के कारण उसकी सामाजिक प्रतिष्ठा बहुत ऊँची थी। परन्तु सबसे छोटी लड़की के विवाह के अवसर पर लबोसुम ने वधू को अस्वस्थ कर दिया। मेहरू स्वतः अपना पंखा और दीपक लेकर उसका उपचार करने लगा। जब वह भाव में आ गया तब लबोसुम उसकी काया में उतर आए और कहा, "एक काला मुर्गा और एक काली मुर्गी बलि चढ़ाओ तब मैं तुम्हारी बेटी का पिंड छोड़ूँगा।" परन्तु तब तक मेहरू को यह ज्ञात ही नहीं था कि मुर्गा-मुर्गी क्या होते हैं, इसलिए वह बेहद परेशान था। परन्तु दूसरे दिन जब उसकी पत्नी जंगल में गई तो वह वहाँ से एक मिलावा का बीज ले आई। उसने अपने पति से कहा, "तुम अपने जादू से इस बीज में जीव डाल दो और वह मुर्गा बन जाएगा।" मेहरू अर्धरात्रि में उठा और वह पूरी तरह नग्न हो गया, प्रातःकाल तक उस बीज में प्राण प्रवाहित हो गए। वह मुर्गा बनकर बाँग देने लगा। उस बीज में से सात मुर्गे और सात मुर्गियाँ उत्पन्न हुए। तब मेहरू ने एक काला मुर्गा और एक काली मुर्गी की लबोसुम को बलि चढ़ाई और तब जाकर उसकी बेटी स्वस्थ हो गई।

●

एक डोम बालक के माता-पिता की मृत्यु हो गई तो उस गाँव के साँवरा माँझी ने उसे अपना लिया। जब वह बालक बड़ा हुआ तो उसने माँझी से अपना विवाह करने को कहा, परन्तु उस साँवरा माँझी ने कुछ भी नहीं किया।

माँझी की एक सुन्दर कन्या थी। उस युवक ने उसे सम्मोहित किया और वह गर्भवती हो गई। जब उस लड़की की माँ को इस बात का पता चला तो उसने माँझी को बता दिया और उसने उस डोम युवक की हत्या कर दी। लड़की फूट-फूटकर रोने लगी, "तुमने मेरे प्रेमी को क्यों मारा?" उन्होंने कहा, "रोओ मत, जब बच्चा पैदा होगा तब हम उसे फेंक आएँगे और तुम्हारा विवाह किसी अन्य युवक से हो जाएगा।"

बच्चा पैदा होते ही रोने लगा और किटुंग ने जब उसके रोने की आवाज सुनी तो वह उसे बचाने के लिए तुरन्त चले आए। वे उसे अपने घर ले आए और जब वह बड़ा हो गया तो उसने भी अपने लिए पत्नी की याचना की। किटुंग उस पर अत्यधिक क्रोधित हो उठे, और उसके बाल पकड़कर उसे एक तालाब में फेंकते हुए कहा, "जाओ मुर्गा बन जाओ, क्योंकि तुम और तुम्हारा बाप दोनों ही बदमाश निकले।"

वह लड़का मुर्गा बनकर जंगल में यत्र-तत्र भटकता था कि इसी बीच एक लड़की को, जो जंगल में लकड़ी लेने गई हुई थी, वह मिल गया और वह उसे पकड़कर अपने साथ घर ले आई।

तब से मनुष्य मुर्गे अपने घर में रखने लगे और जब प्रातःकाल किटुंग स्नान करने तालाब पर जाते हैं, तब एक बूँद पानी का छींटा मुर्गे के कान पर भी आकर पड़ता है और वह बाँग लगाकर लोगों को जगाता है।

●

सभी प्राणियों की उत्पत्ति के बहुत समय बाद एक दिन किटुंग ने एक मुर्गा और एक मुर्गी पैदा किए और उन्हें जंगल में विचरण करने के लिए छोड़ दिया। मुर्गी अंडे तो देने लगी, परन्तु उसने मात्र दो ही अंडे दिए।

उसी दिन रामा किटुंग शिकार खेलने जंगल में गए और उन्होंने मुर्गे और मुर्गी दोनों को ही मार डाला। दोनों अंडे बचे रह गए।

छह माह बीतने पर किटुंग अपने मुर्गे-मुर्गी को देखने के लिए जंगल में गए और उन्होंने चट्टान की ओट में दो अंडों को देखा।

जैसे ही किटुंग की छाया उन पर पड़ी, उनमें जीवन उत्पन्न हो गया। किटुंग को जोर की खाँसी हो रही थी और उनके खाँसने से अंडे फूट गए और उनमें से एक मुर्गा और एक मुर्गी, दो चूजे बाहर निकले। उन्होंने कहा, "रामा ने हमारे माता-पिता को मार डाला और हमने यहाँ छह माह तक प्रतीक्षा की।" किटुंग ने प्रसन्न होकर अपनी लंगोटी से एक लाल धागा निकालकर मुर्गे को सिर पर लपेटने के लिए दिया।

वे उन दोनों मुर्गे-मुर्गी को अपने साथ घर ले आए और वहाँ मुर्गी अंडे देने लगी और अति शीघ्र उनकी विपुल सन्तति उत्पन्न हो गई।

●

निरंताली ने पृथ्वी का निर्माण किया, परन्तु पृथ्वी की पैमाइश करनेवाला कोई नहीं था। निरंताली इस बात से अत्यन्त दुखी थी क्योंकि उसे इस बात का पता ही नहीं चल पाता था कि वह किस दिशा में कितनी लम्बी है और कितनी चौड़ी। एक दिन जब वे जंगल में लकड़ी काटने गए थे तब उन्हें अपने ही टंगिए से चोट लग गई और उनके पैर से कुछ खून टपककर एक अंडे सदृश गोल वस्तु में भर गया। दूसरे दिन वे जंगल में शिकार खेलने गए। उन्हें उस दिन कोई शिकार नहीं मिला, परन्तु उनकी दृष्टि उस अंडे पर पड़ी जो उनके ही रक्त से बना था और वे उसे उठाकर ले आए। उन्होंने उस अंडे को एक हंडी में रखा और उसे चूल्हे पर चढ़ा दिया, और तीन माह तक उसकी प्रतीक्षा करते रहे कि देखें उसमें से क्या निकलता है। जैसे वह अंडा फटनेवाला था तभी उस हाँडी में से केंड़-केंड़ की आवाज सुनाई पड़ी और परमगत्ती ने उठकर देखा कि वह आवाज किसकी थी। अन्य लोग उस हंडी को फोड़ना चाहते थे परन्तु परमगत्ती ने कहा, "जो इस हंडी को फोड़ेगा, वह स्त्री के पेट को फोड़ेगा।" उन्होंने ऊपरवाली हंडी को हटाया और उसमें से एक चील का बच्चा निकला।

उस गाँव के सामने एक सेमल का वृक्ष था, परमगत्ती ने उस वृक्ष पर उस बच्चे को बैठा दिया। वह बड़ा होकर ताकतवर बन गया और जैसे ही वह उड़ने को था, परमगत्ती ने निरंताली से कहा, "यह पक्षी ही पृथ्वी की पैमाइश करेगा।" उन्होंने उस पक्षी के पैरों में धागे बाँध दिए और जब वह उड़ा तो उनके लिए यह नाप कर सकना सम्भव हुआ कि पूर्व, पश्चिम और दक्षिण दिशा में पृथ्वी का विस्तार कहाँ तक है। वह चील उत्तर दिशा की ओर नहीं उड़ सकी। जैसे ही वह वहाँ से वापस आई तो उसके पंख कटे हुए थे। परमगत्ती ने कहा, "तुमने कोई शरारत की होगी जिसके कारण ये पंख टूट गए।" उसने कसम खाकर कहा कि उसने कोई शरारत नहीं की तब परमगत्ती ने उसे जाने दिया। उसने निरंताली से कहा, "मेरे पंख टूट गए हैं अब मैं क्या खाऊँगी?" "छोटी-छोटी चिड़ियों को पकड़कर खाओ।"

●

एक बुड्ढे और बुढ़िया के सात बेटे थे। इस कथा की घटना के समय तक सबसे छोटा लड़का बालक ही था। वे लड़के सम्पूर्ण भोजन चट कर जाते और वह वृद्ध और उसकी स्त्री चाहे जितना भी परिश्रम करते, परन्तु उनके लिए कभी भी पर्याप्त भोजन नहीं होता। एक दिन बुड्ढे ने बुढ़िया से कहा, "जब बच्चे सो जाएँ, तब हम लोग एक मुर्गी मारकर खा लें, उन्हें इसके विषय में कुछ भी पता नहीं चलेगा और हम लोग पूरी मुर्गी खा लेंगे।" परन्तु सबसे छोटे बालक ने उन दोनों का वार्तालाप सुन लिया और उसने

अन्य भाइयों को भी बता दिया। उन्होंने आपस में यह व्यवस्था की कि एक लड़का चूल्हे पर नजर रखते हुए सोएगा, दूसरा ढेंकी पर और तीसरा घड़े पर। जब दोनों बूढ़े और बुढ़िया ने सोचा कि सब बच्चे गहरी नींद में सो गए हैं, तब वे चुपचाप मुर्गी लाने उठे। परन्तु जैसे ही वे वहाँ पहुँचे तो उन्हें एक लड़का वहाँ बैठा हुआ मिला जो कहने लगा, ''अच्छा तो तुम लोग दावत उड़ानेवाले हो, तुम्हें मुझे कुछ हिस्सा देना पड़ेगा।'' उन्होंने मुर्गी को मारा और उसे लेकर चूल्हे के पास पहुँचे तो वहाँ भी एक लड़का बैठा हुआ मिला। उस लड़के ने भी कहा, ''तुम लोग दावत उड़ाने जा रहे हो, तो मुझे भी उसमें से थोड़ा हिस्सा दो।'' जब वे घड़े में से पानी लेने गए तो वहाँ तीसरा लड़का बैठा हुआ था, उसने भी कहा, ''अच्छा तो तुम लोग दावत उड़ाने जा रहे हो, मुझे भी उसमें थोड़ा-सा हिस्सा दो।'' इसी तरह एक के बाद एक सभी बच्चे उनके इर्द-गिर्द भूख से एकत्रित हो गए और उस मुर्गी को खाने के लिए वहाँ जम गए।

दूसरे दिन उन लड़कों के माता-पिता को भूख लगने लगी और उन्होंने सोचा कि इन लड़कों को जंगल में छोड़ आएँ, क्योंकि उन्होंने कहा, ''हमें इतने बड़े कुनबे के रहते हुए भरपेट खाना कभी भी नहीं मिल सकता।'' अतः उन्होंने बच्चों से कहा, ''बच्चो, चलो शहद एकत्र करने चलें।'' उन्होंने एक तूम्बी उठाई और जंगल में चले गए। जब वे बहुत दूर चले गए तब एकाएक बच्चों को वहीं छोड़कर तेजी से भाग आए, यहाँ तक कि वे अपनी तूम्बी भी वहीं एक पेड़ पर लटकती छोड़ आए।

उन बच्चों ने अपने माता-पिता को बहुत खोजा और मुँह पर हाथ रखकर हू-हू की आवाज निकालते हुए जंगल में सब तरफ उनकी तलाश की। सबसे पहले सबसे छोटे बालक की मृत्यु हुई और वह उल्लू बन गया, जो हमेशा हू-हू-हू पुकारता है।

दूसरा बालक एक वृक्ष के खोखर में छिप गया और वहीं मर गया और वह गोह बन गया। तीसरा बालक नदी में डूब गया और सिगराज बन गया जो जल का देवता है।

●

किसी समय एक बहुत ही कुख्यात टोन्ही थी। उसने अपने जादू से बहुत से लोगों की हत्या कर दी थी और इसी कारण से सभी लोग उससे भयभीत रहते थे। एक दिन उसके पड़ोसियों ने उसकी हत्या करने का निश्चय करके उसके शव को जला देने का निश्चय किया। एक बार जब वह अपने घर में सोई हुई थी, तब कुछ लोगों ने उसकी हत्या कर दी। उसके पश्चात वे उसके शव को बहुत दूर एक नाले के दूसरी पार ले गए और उसे जला दिया। परन्तु उस चिता की एक लकड़ी का छोटा-सा टुकड़ा बिना जले रह गया।

उस रात उस चिता के पास से गुजरनेवाले मार्ग से मरडी देवता कहीं जा रहे थे, तब उनकी ठोकर उस लकड़ी के टुकड़े से लगी। उन्होंने सोचा, 'इस लकड़ी के टुकड़े

से मेरे पैर का स्पर्श क्यों हुआ?' और उससे पूछा, "कहो, तुम्हें क्या चाहिए?" लकड़ी के टुकड़े ने कहा, "मुझे जीवित कर दो, मैं इसके बदले सदैव आपकी सेवा करता रहूँगा।" मरडी देवता ने प्रसन्न होकर उसे एक उल्लू बना दिया।

उल्लू इसलिए प्रेत-पक्षी कहलाता है। इसका एकमात्र खाद्य केकड़े हैं। जब वह किसी खजूर के वृक्ष पर बैठ जाता है, तो उसका रस सूख जाता है, और तब हम लोग उसे केकड़े की बलि चढ़ाते हैं जिससे कि उसमें रस का पुनः संचार हो। यदि उल्लू किसी खेत में बैठ जाता है तो उस खेत की फसल सूख जाती है, अतः हम ऐसे समय में फसल को बचाने के लिए केकड़े की बलि देते हैं। जब उल्लू किसी घर के छप्पर पर बैठकर घुघुआता है, तब लोग बीमार पड़ने लगते हैं, तब हम लोगों के प्राण बचाने हेतु केकड़ों की बलि चढ़ाते हैं।

●

एक दिन जंगल में दो गोंड स्त्रियाँ पत्ते लेने के लिए गईं। उन्होंने एक पेड़ की खोखर में मधुमक्खी का एक छत्ता देखा, जो वृक्ष की शाखाओं के बीच में कुछ ऊँचाई पर लगा हुआ था। उन्होंने बाँस की एक सीढ़ी बनाई और उनमें से एक स्त्री वृक्ष पर चढ़ गई। ऊपर चढ़ते ही वह शहद खाने लगी और इस छत्ते में शहद नहीं है, यह सूखा छत्ता है कह-कहकर वह उस छत्ते के टुकड़े नीचे फेंकने लगी।

परन्तु उसकी सहेली इस बात को ताड़ गई कि उसे किस प्रकार से मूर्ख बनाया जा रहा है और उसने क्रोधित होकर बाँस की सीढ़ी नीचे पटक दी, और अपनी सहेली को छोड़कर चली गई। एक दिन बीता, दूसरा दिन भी बीता, परन्तु वह स्त्री वृक्ष से नीचे नहीं उतर सकी। तभी महादेव और पार्वती उस तरफ घूमते हुए जा पहुँचे। भूख और प्यास से उसकी बुरी हालत हो गई थी और पार्वती ने सोचा कि यदि कोई उपाय नहीं किया गया तो उसकी मृत्यु हो जाएगी। उसकी सहायता के लिए पार्वती ने उसे पंख लगा दिए और वह उल्लू बन गई।

हम लोग इसीलिए उल्लू को गोंडिन चिड़िया कहते हैं, क्योंकि वह पूर्व में गोंडिन स्त्री थी। उल्लू इसीलिए अपने दुश्मन की खोज में हमेशा लगा रहता है और जिसने उसका जीवन नष्ट कर दिया और छप्पर पर बैठकर गुड़-गुडु, गुड़-गुडु कहकर चिल्लाता है। गुडु घर से बाहर निकलो।

●

रोन्दमा और उनकी पत्नी कट्टाबोई पहले रत्तावली पर्वत पर रहते थे। उनके एक बेटा और दो बेटियाँ थीं। जब बच्चे बड़े हुए तब बड़ी लड़की का विवाह हो गया और वह अपनी ससुराल चली गई और उनकी छोटी लड़की और बेटा घर पर बच गए। उस वर्ष खेतों में बिलकुल अन्न पैदा नहीं हुआ, इससे लोगों को भुखमरी के कारण अतिशय कष्ट झेलना पड़ रहा था और वे कन्दमूल खाकर जीवनयापन कर रहे थे।

एक दिन रोन्दमा दूसरे गाँव भोजन हेतु चले गए और वहाँ वे बीमार पड़ गए, इसलिए उन्हें वहाँ एक सप्ताह तक ठहरना पड़ गया। उनके पीछे से कट्टाबोई को कन्दमूल प्राप्त नहीं हो सके और बच्चे भूख के मारे रोने लगे। वह खाद्य की खोज में घर से निकली परन्तु उसे एक अत्यधिक कड़वा कन्द मिला। उसने उसे ही पकाकर बच्चों को खाने के लिए दिया। परन्तु वह कन्द इतना कड़वा था कि बच्चों ने उसे फेंक दिया और उसे स्वयं को भी उल्टी हो गई। उसने कहा, "मैंने इस कन्द को लाने के लिए इतना कष्ट उठाया, फिर भी यह अनुपयोगी निकला। मैं इसकी एक चिड़िया बनाऊँगी।" उसने उस कन्द से कहा, "जाओ उल्लू बन जाओ और जिस प्रकार से मेरे बच्चों ने तुम्हें घृणापूर्वक फेंका है, उसी प्रकार लोग तुम्हें खदेड़ेंगे।" इस भाँति प्रथम उल्लू पैदा हुआ।

●

निरंताली ने सफगन्ना से, जहाँ उसका जन्म हुआ था, एक मुट्ठी भर मिट्टी उठाई और उसकी भलीभाँति सफाई करके उल्लू का आकार प्रदान किया। इस काम में उसे आठ दिन लग गए। उसने उसके पैर घास से बनाए और पंख बाँस के पत्तों के द्वारा। आँखों के लिए उसने बड़ी सेमी के बीजों का प्रयोग किया, और कानों के लिए सेमी की लता के पत्तों का उपयोग किया। उसने उसके लिए एक आत्मा को उत्पन्न कर उसे उस उल्लू में प्रतिष्ठित किया और वह बोलने लगा। निरंताली ने उसे जंगल में ले जाकर छोड़ दिया। अतिशीघ्र वहाँ बहुत से उल्लू पैदा हो गए।

●

किटुंग की एक छोटी बहन थी। किटुंग के विवाह के उपरान्त उसकी पत्नी उसकी उपेक्षा करने लगी और वह उयुंगसुम से प्रेम करने लगी। जब किटुंग अपने खेत पर काम करने चला जाता तब वह उसके पीछे उयुंगसुम से प्रेमालाप करती थी। किटुंग की छोटी बहन के समक्ष ही यह सब होता था, वह यह कहकर लेट जाती, "मैं सो रही हूँ," और वह लेटे-लेटे रोती रहती। इस बात पर किटुंग की पत्नी उसे डाँटा करती थी। एक दिन उसने उत्तेजित होकर उस लड़की को इतना पीटा कि उसकी मृत्यु हो गई। उसने उसका शव आम के एक पेड़ के नीचे गाड़ दिया।

उस लड़की की आत्मा आकाश में सियु-सियु करती हुई उड़ गई और बुगो-बुगो करके आकाश में जाकर रोने लगी। किटुंग ने जब उस आवाज को सुना तो उसे बहुत आश्चर्य हुआ कि वह किसकी आवाज है। उनकी पत्नी ने बताया, "एक सर्प ने उसे डँस लिया था और उससे उसकी मृत्यु हो गई। मैंने उसे आम के एक पेड़ के नीचे दफन कर दिया था।" किटुंग को उसकी बात पर विश्वास नहीं हुआ और उसने उसे घर से बाहर निकाल दिया। किटुंग ने दोबारा कभी विवाह नहीं किया। उसकी बहन उल्लुओं की आदि माता बनी।

●

एक बार गलसा नामक गाँव में महामारी फैल गई और सनिया साँवरा नामक एक प्रख्यात सिरहा के कारण ही लोगों के प्राणों की रक्षा सम्भव हो पाई। वह गाँव के सभी लोगों को गुजरी नदी के तट पर ले गया और वहाँ उसने एक मुर्गी की बलि चढ़ाई। उसने मुर्गी के सिर को भूनकर नदी के तट पर ही छोड़ दिया और चला गया। परन्तु उस स्थान पर एक साँवरा चुड़ैल रहा करती थी, जिसने उस मुर्गी को पुनः जीवित कर दिया और उसे उल्लू के रूप में परिवर्तित कर दिया। वह उल्लू उन सब भूत-प्रेतों को जिन्हें सनिया साँवरा ने भगाया था, पुनः उल्लू बनाकर गाँव में ले आया। गाँव में फिर से महामारी फैल गई। गाँव के लोग उस चुड़ैल को पकड़कर किटुंग के पास ले गए और उन्होंने उससे कहा, "तुम इन सब लोगों को स्वस्थ कर दो, अन्यथा मैं तुम्हारा नाश कर दूँगा।" उस चुड़ैल ने वायदा किया कि वह सब लोगों को स्वस्थ कर देगी परन्तु उसने कहा, "परन्तु मेरी प्रेतशक्ति को उल्लू के पेट में रहने दिया जाए।" और इसी कारण से उल्लू में हमेशा से प्रेतशक्ति विद्यमान है।

●

आरम्भ में भगवान ने सभी लोगों को उनके काम सौंप दिए थे, देवार को उन्होंने धनुष प्रदान किया, बैगा को कुदाली। विसकर्मा ने देवार को एक जड़ भी प्रदान की और कहा, "इस जड़ को खा लो।"

एक दिन पाँचों पांडव जंगल में से होकर गुजर रहे थे और द्रुपत्त उनके साथ थी। वह प्यासी थी अतः भीमसेन उसके लिए पानी लेने चले गए। उन्हें एक नाला दिखाई पड़ा, जहाँ एक देवार ने अपना फन्दा फैलाकर बहुत-सी चिड़ियों को फँसा लिया था। भीमसेन ने जब चिड़ियों को जाल में फँसी हुई देखा तो वह बहुत क्रोधित हुआ। उसी समय वह देवार भी नाले से पानी पीने के लिए वहाँ आया और भीमसेन जो उसकी प्रतीक्षा ही कर रहा था, ने उसे मार डाला। चूँकि देवार मृत्यु के समय प्यासा था, अतः वह पपीहा बन गया। वह हमेशा इसीलिए चिल्लाता है, "प्यासा हूँ।"

कमार, पटौरा (खरियार) कालाहाँडी

एक स्त्री अपने पति के साथ जंगल में गई। उनका विवाह उसी माह में हुआ था। पति एक वृक्ष पर उसकी टहनियाँ काटने के लिए चढ़ गया। जब वह नीचे उतर रहा था कि वह गिर पड़ा और उसकी मृत्यु हो गई। उसकी पत्नी उसके समीप बैठकर रोने लगी। उसने सोचा, 'मेरा विवाह कुछ दिनों पूर्व ही हुआ था और अब मैं विधवा हो गई, मुझे अब मर जाना चाहिए।' पाँच-छह दिन इसी अवस्था में बीत गए और वह वहीं बैठकर रोती रही, वह काफी कमजोर हो गई और उसकी हड्डियाँ कृषकाय बदन से चमकने लगीं।

उसी बीच महादेव और पार्वती उस ओर आए और उन्होंने उस लड़की से उसके रोने का कारण पूछा। महादेव ने उससे कहा, "तुम अपने घर चली जाओ, वहाँ तुम्हें शीघ्र ही एक अच्छा पति मिलेगा जिसके साथ तुम सुखपूर्वक रहोगी।" परन्तु उसने इनकार कर दिया और कहा, "मैं यहीं अपने पति के साथ मरना चाहती हूँ।" तब तक वह इतनी अशक्त हो चुकी थी कि वह उठ-बैठने में भी असमर्थ थी।

महादेव ने उसे प्रोत्साहित करने का काफी प्रयत्न किया परन्तु उस लड़की ने उसकी बात को जरा भी महत्त्व नहीं दिया, तब उन्होंने उसको पक्षी के पंख प्रदान किए और उसे एक पक्षी बना दिया। उन्होंने उसे उड़ना सिखाया और पक्षी की तरह पीहू-पीहू बोलना सिखाया।

पीहू-पीहू करते हुए वह उड़ गई। वह प्रथम पपीहा पक्षी बनी।

नोट : इसी प्रकार का महादेव-पार्वती का हस्तक्षेप अध्याय 17 की कथा संख्या 28 में कमार मिथकथा में भी मिलता है।

कमार, टिकरापारा (खरियार) कालाहाँडी

रावण जब सीता को चुराकर ले गया तब राम के साथ उसका युद्ध हुआ और युद्ध में वह अपने समस्त सैनिकों और सहयोगियों के साथ मारा गया तब केवल उसका एक सहयोगी जीवित बचा था। वह व्यक्ति राम के चरणों में गिर गया और उसने गिड़गिड़ाते हुए कहा, "आपने इन सबको तो मार डाला परन्तु मुझे जिन्दा रहने दीजिए। और मेरे मित्रों को भी जीवन प्रदान करें।" उसके मित्र के शव भी वहीं पड़े हुए थे।

राम ने उस पर अमृत का छिड़काव किया और वह पुनर्जीवित हो उठा। राम ने कहा, "अब तुम जीवित हो, यहाँ से शीघ्र भाग जाओ क्योंकि लक्ष्मण आ रहा है और वह तुम पर दया नहीं करेगा और तुम्हारा वध कर देगा।" उन्होंने कहा, "परन्तु हम इतने अशक्त हैं कि तेजी से नहीं भाग सकते। लक्ष्मण हमें अवश्य ही पकड़कर मार डालेगा।" तब राम ने उन पर दया करते हुए उन्हें पंख प्रदान किए। उनमें जो सेवक था वह तोता बना और उसका मित्र चील। वे हवा में उड़ने लगे और बचकर निकल गए।

यही कारण है कि तोते इतनी जल्दी राम-राम कहना सीख जाते हैं।

कुटिया कोंड, कालनगुड़ा, गंजाम

सफगन्ना में रानी अरू का जन्म हुआ और उनके उपरान्त सम्पूर्ण मनुष्य जाति की उत्पत्ति हुई। सभी लोग अपने-अपने स्थान पर चले गए और सफगन्ना में कोई भी नहीं बचा। रानी अरू वहाँ अकेली रह गईं और उनकी इच्छा थी कि परमगत्ती वहाँ उनके

साथ रहे, परन्तु उन्हें सन्देश पहुँचाने के लिए वहाँ कोई भी नहीं था। तब वे काँगाबेड़ा पर्वत पर जाकर मधुमक्खी का मोम ले आई और उन्होंने उससे एक तोते का शरीर और उसके पैर बनाए। इस कार्य में उन्हें एक माह का समय लग गया। उसकी चोंच और पंजों के लिए वह बिंद्रा लोहार से लोहा माँगकर ले आई। उसके पंखों हेतु उसने फफन के फूल एकत्र किए। जब यह सब बनकर तैयार हो गया तो उसने मोम से एक अंडा बनाया और उसे सफेद खड़िया मिट्टी से रँगकर उसमें तोते के नमूने को रख दिया। उसने उसे बेर के एक वृक्ष के खोखर में ले जाकर छिपा दिया। पन्द्रह दिनों के पश्चात उस अंडे में प्राण आ गए और वह फट गया। वह रानी अरू के पास गया और जाकर उनसे खाने के लिए कोई चीज माँगने लगा। रानी अरू ने उसे पन्द्रह दिनों तक खाना खिलाया। जब वह सशक्त हो गया और उड़ने लायक हो गया तब उन्होंने उसके पंखों को हरे रंग की मिट्टी से और चोंच को लाल मिट्टी से रँग दिया। उन्होंने उसे बोलना सिखाया और परमगत्ती के पास सन्देश देकर भेजा। परमगत्ती सन्देश मिलते ही तुरन्त ही रानी अरू के पास चला आया और वहीं रहने लगा।

पहाड़ी साँवरा, तुमलु, गंजाम

माओरी पर्वत पर एक साँवरा दम्पती निवास करते थे। एक दिन उन्होंने पत्नी के माता-पिता से मिलने का निश्चय किया। दाल-चावल पकाने के बाद उस स्त्री ने पत्तों के दोने बनाए और उनमें हरी और लाल मिर्च भर दी। उसके बाद वे यात्रा पर चल पड़े और रास्ते में उन्हें भूख लग आई। उन्होंने एक नदी किनारे अपना भोजन रखा और नहाने के लिए चले गए।

जब वे नहा रहे थे तभी दोने के हरे पत्ते तोते में परिवर्तित हो गए। पत्ते उसके पंख बन गए, लाल मिर्च उसकी चोंच बन गई और हरी मिर्च उसकी कलगी बन गई।

जब साँवरा और उसकी पत्नी नहाकर नदी से बाहर आए तो उन्होंने पाया कि वहाँ उनके भोजन के स्थान पर एक तोता बैठा हुआ है। उन्होंने कहा, ‘‘हमारा भोजन एक तोता बन गया है।’’ पहले उन्हें बहुत क्रोध हुआ परन्तु तोता चिल्लाने लगा, ‘‘पिताजी, माताजी,’’ तब वे हँसने लगे और उसे अपने साथ घर ले आए।

●

रानी अरू का जन्म सफगन्ना में हुआ था, और उसके उपरान्त सम्पूर्ण मानव जाति की उत्पत्ति हुई। लोग स्वतः ही अपने-अपने स्थान पर रहने चले गए और सफगन्ना में कोई भी नहीं बचा। रानी अरू एकाकी हो गई और उसकी उत्कंठा हुई कि परमगत्ती उसके पास आकर रहें, परन्तु उसका सन्देश लेकर जानेवाला वहाँ कोई नहीं था। अतः वह काँदाबाड़ा पर्वत से जाकर कुछ मोम ले आई और उसने उसके द्वारा एक तोता बनाया। इस काम में उसे एक माह लग गया। उसकी चोंच और पंजों के लिए वह बिन्द्रा लोहार

से लोहा माँगकर ले आई। पंखों के लिए उसने फाफाँ के फूल एकत्र किए। इसके पश्चात उसने मोम का एक अंडा बनाकर उसमें उसे तोते को छूई लगाकर बन्द कर दिया। उसने उस अंडे को ले जाकर बेर के एक वृक्ष के खोखर में रख दिया। पन्द्रह दिन बीतने पर उस अंडे में प्राण उत्पन्न हो गया और अंडा फूट गया जिसमें से बच्चा निकला। जब वह बड़ा होकर उड़ने योग्य हो गया तो रानी अरू ने उसके पंख हरे रंग से रंग दिए और उसकी चोंच को लाल रंग से रंग दिया। उसे बोलना सिखाया और सन्देश लेकर परमगत्ती के पास भेज दिया। सन्देश मिलते ही परमगत्ती तुरन्त वहाँ चले आए।

●

माओरी पर्वत पर एक साँवरा और उसकी पत्नी रहते थे। एक दिन उसने अपनी पत्नी को साथ लेकर ससुराल जाने की योजना बनाई। दाल-चावल पकाने के पश्चात उसकी स्त्री ने दो दानों में हरी और लाल मिर्च रख लीं। वे यात्रा पर निकल पड़े और उन्हें रास्ते में भूख लग आई। उन्होंने एक नदी के तट पर बैठकर अपना भोजन निकालकर रखा और नदी में स्नान करने चले गए।

जब वे स्नान कर रहे थे तभी हरी मिर्च एक तोते में परिवर्तित हो गई, दोने के पत्ते उसके पंख बन गए, लाल मिर्च उस तोते की चोंच बन गई और हरी मिर्च की उस तोते के सिर पर कलगी बन गई।

जब वह साँवरा अपनी पत्नी के साथ नदी में स्नान करके लौटकर आया, तब वहाँ उनके भोजन के बदले उन्हें एक तोता मिला। उन्होंने कहा, ''हमारी खाने की सामग्री ही तोता बन गई है।'' पहले तो उन्हें उस पर क्रोध आया, परन्तु तोते ने उन्हें ''दाई और ददा'' (माता-पिता) कहकर पुकारा तो वे हँसने लगे और उसे अपने साथ घर ले आए।

●

एक दिन एक वृद्ध सिरहा ने आकड़ देवता को एक गाय की बलि चढ़ाई। इसके पश्चात उसने उस गाय के मांस की कुछ पट्टियाँ अपने छप्पर पर सूखने के लिए फैला दीं। दूसरे दिन सुबह जब उसकी पत्नी घर की परछी में झाड़ू लगा रही थी तभी एक चील किओरे-किओरे करती हुई उड़ती हुई नीचे उतरी और मांस की एक पट्टी झपटकर ले उड़ी। उस स्त्री ने झाड़ू फेंककर उस चील को मारी, जो उसे जाकर लगी। हवा में ही वह झाड़ू मोम बन गई और किड़े-किड़े करता हुआ वह मोर उस चील का पीछा करने लगा। वह झाड़ू बहुत ही सुन्दर बनी हुई थी जिसमें फूलोंवाली घास लगी हुई थी, इसलिए मोर के पंख फूलों के समान होते हैं।

●

आरम्भ में हल नहीं थे, क्योंकि किसी को हल बनाने ही नहीं आते थे। एक बूढ़ा पिन्नू ने रोंडमा को स्वप्न दिया, ''एक हल बनाकर खेती आरम्भ करो।'' रोंडमा ने पूछा,

''उसके लिए मैं कौन-सी लकड़ी का प्रयोग करूँ?'' बूढ़ा पिन्नू ने कहा, ''तुम कोदाबाड़ा पर्वत जाओ और वहाँ शाल वृक्ष की लकड़ी से हल बनाओ।'' दूसरे दिन रोंडमा उस पर्वत पर जाकर हल बनाने में जुट गया। रोंडमा के केश लम्बे और चमकदार थे। उसे काम करते हुए पाँच दिन बीत चुके थे। हवा से उसके केश उड़कर उसकी आँखों में आ रहे थे। उसे बालों पर क्रोध आने लगा और उसने उन्हें उखाड़कर फेंक दिया। उन बालों से एक मोर और मोरनी के जोड़े की उत्पत्ति हुई। उस मोर के पंख हवा में लहराते तो वे बिजली की भाँति चमकने लगते। जब रोंडमा ने उन सुन्दर पक्षियों को देखा तो उन्हें मिड्डू और ताली मिड्डू कहकर पुकारा (कुई भाषा में मिड्डू का अर्थ मोर होता है) और उन्हें जाकर जंगल में रहने की आज्ञा दी।

●

एक दिन प्रातःकाल उठकर निरंताली एक तूम्बी में पानी भरकर बगीचे में गई। उसने वहाँ स्नान किया और पेशाब भी किया जिस पर एक मक्खी बैठ गई थी। निरंताली ने परमगत्ती और पोंगागुड़ा को बुलाकर कहा, ''क्या मालूम यह मक्खी कहाँ-कहाँ जाएगी और इसने जो देखा है, उस विषय में न जाने किन-किनको बताएगी।'' और सचमुच उस मक्खी ने हाथी को जाकर बताया, ''मैंने उसे पेशाब करते हुए देखा, उसकी योनि बहुत बड़ी है, तुम उसके पास जाओ।'' हाथी ने पूछा, ''तुम्हें मालूम है मेरा शिश्न कितना बड़ा है। क्या वह मेरे शिश्न के आकार की है या मेरे सूँड़ के आकार की है?'' हाथी ने सूँड़ को हिलाते हुए पूछा। ''ओह! उनसे भी बड़ी है।'' परमगत्ती और पोंगागुड़ा हाथी से मिले जो निरंताली से मिलने जा रहा था। परमगत्ती हाथी पर चढ़कर बैठ गया और वे दोनों उस मक्खी को पकड़ने के लिए चल पड़े।

वह मक्खी तब तक बाघ के पास पहुँचकर चिल्लाने लगी, ''भुन-भुन-भुन।'' बाघ ने पूछा, ''क्या समाचार लाई हो?'' परन्तु मक्खी ने सिर्फ इतना ही कहा, ''भुन-भुन-भुन।'' और उड़ गई।

मक्खी उड़कर पोंगागुड़ा के गाँव में पहुँची। वहाँ एक वृक्ष में खोखर था। वह उस खोखर में घुस गई। उन दोनों ने निरंताली से जाकर कहा, ''वह वृक्ष में छिप गई है, अब हमें क्या करना चाहिए?'' निरंताली ने कहा, ''उस वृक्ष को काटकर गिरा दो तो वह मक्खी बाहर निकल आएगी, तब उसे पकड़कर मेरे पास ले आना।'' उन्होंने वैसा ही किया और मक्खी द्वारा बनाया हुआ थोड़ा मोम लेकर मयूर की आकृति बनाई और बाँस के पत्तों से उनकी कलंगी बनाई और बाँस की खपच्चियों से ही उसके पंख बनाकर लगाए, और बाँस की छीलन को उसके अंगों पर चिपका दिया। निरंताली ने अपनी नाक की नथ को तोड़कर उसके स्वर्ण को मोर के अंगों पर फैला दिया। वह आभा से चमकने लगा और इस प्रकार से आदि मोर की उत्पत्ति हुई।

●

एक दिन किटुंग का अपनी पत्नी से झगड़ा हो गया और वह भागकर दूसरे के साथ रहने लगी।

किटुंग ने उसे सात दिन और सात रात तक खोजा। जब उसका कहीं पता नहीं चला तो वह घर वापस लौटने लगा और अर्धरात्रि में वह बरोंग पर्वत पर पहुँचा। वहाँ उसे एक मोर और एक मोरनी मिले। उसने उन्हें पुकारा, परन्तु उन्होंने कोई उत्तर नहीं दिया। उसने कुपित होकर मोर को पकड़ लिया और उससे पूछा, ''क्या तुमने मेरी पत्नी को कहीं देखा है?'' ''नहीं,'' मोर ने उत्तर दिया। किटुंग तब तक बहुत क्रोधित हो चुका था और उसने उसे पकड़ लिया और अपने गुप्तांग के कुछ बाल उखाड़कर उसके सिर पर लगा दिए और झबरी झाड़ी की कुछ पतली-पतली शाखाएँ काटकर उस पक्षी की गुदा में घुसा दीं।

जब किटुंग चला गया तब उसकी स्त्री उस ओर से निकली, तो उसने मोर को एक वृक्ष के नीचे बैठकर रोते हुए पाया। उसने उस मोर से रोने का कारण पूछा और जब उसे सम्पूर्ण वृत्तान्त मालूम पड़ा तो उसने कहा, ''कोई बात नहीं, इन वस्त्रों में तुम और भी अधिक सुन्दर लगोगे।'' और हुआ भी ऐसा ही, उसकी एक सुन्दर लम्बी पुँछल्ली बन गई और सिर पर एक सुन्दर कलंगी लग गई।

●

बूढ़ा पिन्नू ने सर्वप्रथम लोगों को उत्पन्न किया और फिर उनके रहने के लिए मकान बनाए। उसने उन्हें मकान बनाने की तरकीब बतलाई और उन सब लोगों ने अपने-अपने मकान बना लिए। बूढ़ा पिन्नू ने उन्हें घरों के सजावट के लिए उपाय बताए और उन्हें कबूतरों से सजाना सिखाया। वह गोलापल्ली पर्वत पर जाकर कबूतर की आकृति बनाने हेतु एक लकड़ी का टुकड़ा लेकर आया। एक सप्ताह पश्चात उसकी स्त्री पुसुरूली उसका खाना पहुँचाने वहाँ गई। खाना खाकर वह उस कबूतर की आकृति पर खाट बिछाकर सो गया, जिसे उसने बनाया था। उसका बचा हुआ खाना उसकी स्त्री ने खा लिया। वह भी भूमि पर सो गई। बूढ़ा पिन्नू को मैथुन की इच्छा हुई और उसने अपनी पत्नी को अपने साथ खाट पर सुला लिया और संसर्ग किया। जैसे ही वह उसके बाद उठा तो उसका बीज (वीर्य) उस कबूतर पर टपक पड़ा। जैसे ही बीज का स्पर्श कबूतर की आकृति से हुआ, वैसे ही उसमें प्राण आ गए और वह खटिया के नीचे चिल्लाने लगा, 'घुटरू-घुटरू।' उसकी आवाज सुनकर दोनों पति-पत्नी ने उठकर खटिया के नीचे देखा, 'क्या बात है?' उसे देखकर पुसुरूली बहुत खुश हुई और उसने उसके लिए एक कबूतरी बनाई और दोनों को लेकर अपने घर आ गए और उस कबूतर से कहा, ''इस कबूतरी से प्रेम करो और सन्तति बढ़ाओ, तुम्हें देवताओं का स्नेह प्राप्त होगा।''

●

सृष्टि के आरम्भ में जब मनुष्य, देवता और पशु इत्यादि सब पैदा हुए थे, तब मनुष्य देवताओं को बलि चढ़ाया करते थे और बलि में भैंसे, सूअर और बकरे चढ़ाए जाते थे। परन्तु एक बार मावली पिन्नू और गंगा पिन्नू ने कहा, 'हमें कबूतर की बलि चाहिए।' परन्तु उन दिनों तक कबूतर थे ही नहीं और निरंताली तथा परमगत्ती उनकी खोज में देश-देशान्तर तक घूम-फिर आए थे।

तब निरंताली ने निश्चय किया कि वह स्वयं उस पक्षी को उत्पन्न करेगी। उसने परमगत्ती को बुलाकर टिकावली पर्वत भेजा। "वहाँ एक विशाल चट्टान की दरार में मधुमक्खी का मोम विद्यमान है। उसे जाकर ले आओ।" परमगत्ती जाकर मोम ले आया। निरंताली ने उस मोम से एक कबूतर बनाया, महीन घास से उसके पंख बनाए और उसके पैर और चोंच भी घास से ही बनाए। उसने उसे एक वृक्ष के खोखर में रख दिया। पन्द्रह दिनों के पश्चात उसमें प्राण आ गए। वह उड़कर निरंताली के पास जा पहुँचा और 'घुटर घूँ-घुटर घूँ,' करने लगा। जब उसकी आवाज मावली पिन्नू और गंगा पिन्नू ने सुनी तो उन्होंने आकर कहा, "इस कबूतर की बलि हमारे लिए चढ़ाओ।" निरंताली ने उत्तर दिया, "मैं तुम्हें ये कबूतर पन्द्रह वर्ष तक तो नहीं दे सकती, परन्तु उसके बाद जितने कबूतर चाहोगे तुम्हें मिल जाएँगे।" परन्तु पन्द्रह वर्ष में तो कबूतरों की संख्या अथाह हो गई और तब वे बलि हेतु चढ़ाए जाने लगे।

•

कमारकोट नगर में सुखसाय राजा राज्य करता था। उसके पास बहुत से हाथी-घोड़े थे। उसकी तीन रानियाँ थीं, जिन सभी के एक-एक पुत्र उत्पन्न हुआ था। जब वे लड़के बड़े हुए, तब राजा ने अपने चपरासियों को बुलाकर उनके लिए बहुएँ खोजने को कहा, परन्तु वे कोई उपयुक्त वधू नहीं खोज पाए। अन्त में वे बंकदपुर नगर पहुँचे जहाँ दन्तसिंह राजा राज्य करता था। उस राजा के दो विवाह योग्य कुँवारी बेटियाँ थीं। उन चपरासियों ने उन राजकुमारियों के साथ अपने राजकुमारों के विवाह की सम्भावना पर विचार-विमर्श किया और अपने राजा को सूचना देने चले गए। उस राजा ने तुरन्त ही दोनों बड़े राजकुमारों के विवाह की तैयारी आरम्भ कर दी। बंकदपुर जाकर वह अपने दोनों बेटों का विवाह करके उनके लिए बहुएँ ले आया।

इसके पश्चात वह राजा डोडनसाय राजा के पास गया और उसकी कन्या से अपने तीसरे बेटे के विवाह का प्रस्ताव रखा। तीसरे बेटे का विवाह सम्पन्न हो जाने पर उसने अपने बेटे को एक उड़नेवाली घोड़ी प्रदान की जिसके पंख थे। परन्तु उस राजकुमार ने उस घोड़ी का उपयोग नहीं किया और वह जंगल में यत्र-तत्र भटकने लगी। एक दिन एक घसिया ने उसे पकड़ लिया और उस पर सवार हो गया। वह उस घोड़ी के सौन्दर्य से अभिभूत हो गया और उसने उसे एक चट्टान के पास खड़ी करके उस पर चढ़ने का प्रयत्न करने लगा। परन्तु घोड़ी ने एकाएक दुलत्ती मारी और उसके अंडकोश फोड़

दिए। उसका बायाँ हिस्सा बटेर बनकर, 'गुर्र गुर्र' करता हुआ उड़ गया। उस घसिया की भय और दर्द के कारण मृत्यु हो गई।

●

एक चल्लण (गोंटिया का सहायक या मंडल) की एक सुन्दर कन्या थी। जब वह बड़ी हुई तो बहुत से लोग विवाह के प्रस्ताव लेकर उसके पास पहुँचे। परन्तु वह अपनी बेटी के विवाह का कोई भी प्रस्ताव स्वीकार नहीं करता और कहता कि जो लमसेना बनकर उनके घर पर आकर रहने को तैयार होगा उसी के साथ वह अपनी बटी का विवाह करेगा। उस गाँव का नाम चापामाली पड़ गया और एक दिन उस गाँव का गोटिया स्वयं भी उस लड़की से विवाह करने का प्रस्ताव लेकर आया। परन्तु चल्लण उसे भी टाल देता था। अन्त में उस लड़की ने भागकर स्वयं गोटिया के एक बेटे से विवाह कर लिया। विवाह के उपरान्त उस लड़की के सास-ससुर ने उसे बहुत सताया क्योंकि उसके पिता ने उनको अपमानित किया था जिस कारण से वे लोग बहुत नाराज थे।

एक दिन उन्होंने उसे गाड़ी भरकर धान कूटने को दिया और कहा, "सूर्यास्त तक उस सम्पूर्ण धान से चावल निकालकर दो।" वे स्वयं खेत चले गए। लड़की खुद विस्मित थी कि वह कैसे इतना काम कर पाएगी, परन्तु उसने अपनी देह से मैल उतारकर दो पक्षी बनाए और उनके पंख के लिए बड़े-बड़े फूल तोड़कर लगाए और नरपक्षी के पंख पर लाल फूल की पंखुड़ियाँ लगाईं। उसने उनमें प्राण फूँके और उनसे कहा कि वे उसे सहयोग प्रदान करें। वे कुटे हुए अन्न के समीप बैठ गईं और भूसा तथा अन्न अलग-अलग करने लगीं। उस लड़की ने उन पक्षियों के लिए छप्पर में ही घोंसला बना दिया और कहा, "तुम दोनों यहीं रहो और जब अन्य सब लोग काम पर चले जाएँगे तब मैं तुम्हें खाना खिलाऊँगी।" वे गौरैया वहीं ठहर गईं और उनके बच्चे उत्पन्न होते चले गए और वे बढ़ती ही चली गईं। वे सब घर में ही रहने लगीं और लोग उन्हें घररहिया कहकर पुकारने लगे, याने घर में रहनेवाली चिड़ियाएँ।

●

उरूरेंगन जंगल से एक गिलहरी पकड़कर लाया और उसे घर में पालतू बनाकर रख लिया। जब वह बड़ी हुई तो उसके पेट में एक बच्चा पलने लगा। उरूरेंगन ने उससे पूछा, "तुम यहाँ अकेली रहती हो और यहाँ कोई नर गिलहरी भी नहीं है, फिर तुमने गर्भ कैसे धारण किया?" उस गिलहरी ने कहा, "मेरे पेट में हवा भर गई और मैंने गर्भ धारण कर लिया।"

उरूरेंगन ने निरंताली से जाकर कहा, "मेरी पालतू गिलहरी गर्भवती है मुझे क्या करना चाहिए?" निरंताली ने कहा, "जब उसका बच्चा पैदा होगा तो उसकी नाल बाहर नहीं आ पाएगी और उसकी मृत्यु हो जाएगी, तुम उसे भूनकर उसे ताड़ी के साथ खा लेना। उसके फूल और नाल को छप्पर पर रख देना।" अपने नियत समय पर गिलहरी

का प्रसव हुआ परन्तु वह फूल को बाहर नहीं फेंक सकी इसलिए उसकी मृत्यु हो गई। उरूरेंगन ने नाल और फूल को छप्पर पर रख दिया और वह गौरय्या चिड़िया बनकर वहीं रहने लगी और अंडे देने लगी।

आजकल कन्ध लोग इन छोटी-छोटी चिड़ियों को पकड़कर भूनकर उन्हें ताड़ी के साथ खाते हैं।

●

पुराने जमाने में जब इस्पुर महाप्रभु का रावण से युद्ध हुआ था, तब उन्होंने रावण को अपने बाण से घायल कर दिया था और जहाँ-जहाँ उसका रक्त गिरा उसकी प्रत्येक बूँद से एक-एक गिद्ध उत्पन्न हुआ। वे गिद्ध उड़कर देवलोक में जाने लगे परन्तु महाप्रभु ने उन्हें वहाँ नहीं आने दिया और वे भूलोक में ही आकर रहने लगे। उन्होंने अपने पंजे सिकोड़कर बसोमति (धरतीमाता) से प्रार्थना की कि उन्हें रहने हेतु वे कोई उपयुक्त स्थान प्रदान कर दें। उसने पूछा, "तुम लोग कैसा भोजन करते हो?" गिद्धों ने कहा, "हम कच्चा मांस खाते हैं।" बसोमति ने सोचा कि 'यदि ये पक्षी कच्चा मांस खानेवाले हैं तब तो अतिशीघ्र ही मनुष्य और पशुओं का अन्त हो जाएगा।' उसने कहा, "यहाँ कच्चा मांस खानेवालों के लिए कोई स्थान नहीं है।" गिद्धों ने तब रोते हुए पूछा, "तब हम कहाँ जाएँ?" बसोमति ने कहा, "ठीक है, तुम यहाँ एक शर्त पर रह सकते हो। तुम केवल जीवों के मृत शवों का ही भक्षण करोगे, किसी जीवित मनुष्य प्राणी को स्पर्श नहीं करोगे।" उसने उनसे वचन लिया और उन्हें सिंगल पर्वत पर रहने के लिए भेज दिया।

जब कभी भी कोई पक्षी मरता है, तब गिद्ध के पंखों से रक्त टपकने लगता है और इस प्रकार उसे ज्ञात हो जाता है कि अपने लिए खाद्य सामग्री खोजने का अवसर आ गया है।

●

किसी समय एक वृद्ध रहता था जिसका एक बेटा था। उसके पास दाल-चावल बिलकुल नहीं था और वह चूहे, गिलहरी, चिड़िया आदि पकड़कर अपने बेटे का भरण-पोषण करता था। उस बालक ने कभी भी अन्न का सेवन नहीं किया था सिर्फ मांसाहार ही किया था। जब वह बड़ा हुआ तब उसे अनुभव हुआ कि वह कोई अन्य वस्तु खाने में समर्थ ही नहीं है। एक दिन उस गाँव में किसी व्यक्ति की मृत्यु हो गई और पड़ोसियों ने शव को बाहर निकाला। उस लड़के ने उस शव को काटकर उसके मांस को खा लिया। दूसरे दिन जब पड़ोसी उस लाश को देखने आए तो उन्होंने उस लड़के को उसका मांस खाते हुए पाया। वे लोग निरंताली के पास गए। तब निरंताली ने उस लड़के से पूछा कि वह शवों का मांस क्यों खाता है। उसने कहा, "उसे आहार हेतु मांस चाहिए और उसे शवों के अतिरिक्त मांस हेतु अन्य कोई प्राणी मिलता नहीं है।" तब निरंताली

ने उससे कहा, ''तुम्हें अब सदैव ही मांसाहार मिला करेगा।'' उसने उसे चोंच और पंख प्रदान किए और कहा, ''मृत प्राणियों का मांस भक्षण कर जीवनयापन करो।'' उसने पूछा, ''मुझे कैसे पता चल पाएगा कि कोई प्राणी जीवित है अथवा मृत?'' निरंताली ने कहा, ''चींटियाँ जब तुम्हारे पैरों में काटने लगें, तो तुम उड़ने लगना, जब भी कोई शव कहीं पड़ा होगा तो वह तुम्हें अवश्य ही दिखाई पड़ेगा और तुम उसका भक्षण कर सकोगे।''

●

एक दिन अपने आप ही बादल काँपने लगे और निरंताली को आश्चर्य हुआ, 'यह क्या हो रहा है?' उसने मनुष्यों को, पक्षियों को और चिड़ियों को बुलाकर कहा कि वे जाकर पता लगाएँ कि बादलों के इस प्रकार काँपने का क्या कारण है। पक्षी उड़कर गए, परन्तु वे बादलों तक नहीं पहुँच सके, पशुओं ने छलाँग लगाई परन्तु वे तो और भी नीचे रह गए। निरंताली को चिन्ता होने लगी। हमें कौन-सा उपाय करना चाहिए? रात्रि में उसे सोते समय स्वप्न हुआ कि कंडवारा पर्वत पर मधुमक्खी का एक छत्ता है जिसमें शहद भरा हुआ है, वह उसके मोम से एक गिद्ध बना ले। अर्धरात्रि में ही उसकी नींद टूट गई और वह जाकर मोम ले आई। उसने उससे एक गिद्ध बनाकर उसे एक चट्टान के नीचे कुचल दिया जिससे कि उसकी शक्ति का अनुमान लगाया जा सके। फिर उसने कुछ दूर जाकर 'की-की' की आवाज की। जब उस गिद्ध ने उस आवाज को सुना तो उसने उठाकर उस चट्टान को फेंक दिया और उड़कर उसके कन्धे पर आकर बैठ गया। निरंताली ने कहा, ''मैंने तुम्हें इसलिए उत्पन्न किया है, क्योंकि बादल काँप रहे हैं। उड़कर जाओ और मालूम करो कि क्या बात है?'' गिद्ध ने कहा, ''ठीक है, परन्तु मुझे इतनी शक्ति तो प्रदान करो कि मैं वहाँ तक उड़कर जा सकूँ।'' निरंताली ने उसका पैर पकड़कर उसे हवा में उड़ा दिया। उसने बादलों के चारों कोने जाकर अच्छी तरह से देखे और वापस आकर बताया, ''ऐसी कोई गड़बड़ी नहीं है।''

जब वह वापस आया तो उसे भूख लग आई थी और उसने निरंताली से खाना माँगा। निरंताली ने उसे एक चूजा खाने के लिए दिया, परन्तु जब मनुष्य, पशु और पक्षियों ने यह देखा तो उन्हें ईर्ष्या होने लगी। उसने नाराज होते हुए कहा, ''सभी मनुष्य मुझसे घृणा करते हैं, मैं उनके बीच में कैसे सुरक्षित रह पाऊँगी।'' निरंताली ने उससे कहा, ''काँदावाड़ा पर्वत पर जाकर वृक्षों की चोटी पर रहो, जो कुछ हाथ लगे उसे खाओ और जब मनुष्य या पशु मरे तो उनके शवों का भक्षण करके तुम उनसे बदला ले सकते हो।''

●

मनुष्यों की मृत्यु आरम्भ होने के पूर्व उनकी आबादी में बहुत अधिक वृद्धि हो गई थी। तब किटुंग ने पृथ्वी पर मृत्यु को भेजा और मनुष्य तथा पशुओं की मृत्यु होने लगी।

लोग उन मृत प्राणियों के शवों को फेंकने लगे, न तो वे उन्हें जलाते ही थे और न ही उन्हें गाड़ते थे।

एक वर्ष भीषण महामारी फैल गई और अनेक पशु और मनुष्य मर गए। जब तक कुछ लोग जीवित बचे हुए थे, तब तक तो वे उन शवों को ले जाकर फेंकते रहे। परन्तु वे बाद में अशक्त हो गए और शवों को हटाने में असमर्थ हो गए, तब लाशें वहीं सड़ने लगीं।

किटुंग सम्हेर पर्वत पर गए और वहाँ से एक गिद्ध पकड़कर लाए। वह गिद्ध अत्यन्त दुर्बल था क्योंकि उसे कभी भी पेटभर कर खाने को नहीं मिला था और वह उड़ने में अत्यन्त कठिनाई अनुभव करता था। किटुंग ने उसे अपने कन्धे पर उठाकर उस गाँव में ले आए और उससे कहा कि वह शवों का भरपूर भक्षण करे। ''यही तुम्हारा खाद्य होगा।'' उसने कहा। गिद्ध उन शवों का भक्षण करने लगा और तब से उसे आहार की कभी कमी नहीं हुई। वह खा-पीकर मोटा भी हो गया और अब वह किसी भी पक्षी से अधिक ऊँचाई तक उड़ सकता है।

अध्याय : अठारह

स्तनपायी जीव-जन्तुओं का स्वभाव

भगवान ने सभी पक्षियों और पशुओं की एक सभा बुलाई जिनमें से किसी एक को जंगल का राजा नियुक्त करना था। उन्होंने कहा, 'जो कोई भी बाजार से जाकर लाल रेशम के फुंदरे ले आएगा उसे ही राजा बना दिया जाएगा।' मोर ने अपनी सहेली (मोरनी) से कहा कि, 'तुम जाकर मेरे लिए ले आओ, क्योंकि तुम मेरी अपेक्षा जल्दी पहुँच जाओगी।' बाघ ने बन्दर से कहा, 'तुम जाकर मेरे लिए फुंदरे ले आओ, क्योंकि तुम मेरी अपेक्षा जल्दी पहुँच जाओगे। तुमने जैसे राम की सहायता की थी उसी भाँति मेरी भी सहायता करो।' मोरनी उड़ती हुई गई और बन्दर कूदते हुए गया, परन्तु वे बाजार में पहुँचने के पूर्व ही रास्ते में व्यर्थ इधर-उधर घूमने लगे। उन्हें रेशम के फुंदरे लाने में बारह वर्ष लग गए।

इसी बीच एक रुस्तक उल्लू फुंदरे लेकर उनसे पहले ही पहुँच गया था और भगवान ने उसे जंगल का राजा भी बना दिया था।

जब बन्दर और मोरनी लाल रेशम के फुंदरे लेकर पहुँचे, तब उन पर बाघ और मोर अत्यधिक क्रोधित हुए और भगवान ने उन दोनों से कहा कि वे उन फुंदरों को अपने चूतड़ पर बाँध लें। इसीलिए मोरनी की पूँछ और बन्दर के कूल्हों का रंग लाल हो गया।

●

पुराने जमाने में पशु भी मनुष्यों की भाँति आपस में बातचीत किया करते थे, इसीलिए उन दोनों के कान हाथी के कानों के जैसे ही थे। उस समय खरगोश को खाने हेतु कुछ भी नहीं मिलता था इसलिए उसने एक युक्ति सोची और अन्य पशुओं से कहा, 'तुम्हारे कान बहुत बड़े हैं, मैं उन्हें आकर्षक बना दूँगा।' इस प्रकार वह सभी पशुओं के कान कुतर-कुतरकर उन्हें छोटे करने लगा, और कुतरे हुए कान खाने लगा। परन्तु वह हाथी के कान नहीं कुतर पाया। तब उसने मनुष्य से कहा, 'तुम्हारे कान भी बहुत बड़े हैं, लाओ इन्हें भी कुतरकर ठीक कर दूँ।' अतः वह कानों को तब तक कुतर-कुतरकर खाता रहा जब तक वे छोटे नहीं हो गए। मनुष्य चिल्लाता रहा, 'इससे मुझे कष्ट हो रहा है, मुझे बेहद कष्ट हो रहा है।' खरगोश ने कहा, ''मुझे मालूम है कि तुम्हें इससे कष्ट हो रहा है परन्तु मैं कोई बढ़ई तो हूँ नहीं।''

मनुष्य ने सभी प्राणियों को बुलाकर उन्हें विक्षिप्त बनानेवाला पौधा सुँघा दिया और वे सब गूँगे हो गए और उसने उन प्राणियों का भक्षण आरम्भ कर दिया।

●

पुराने जमाने में जब देवताओं का ही युग था, तब एक बार पाँच वर्ष तक वर्षा नहीं हुई।

एक इड़मा नाम का कोया था। उसके माता-पिता कोई भी नहीं थे और वह अनाथ था। उसके विवाह की व्यवस्था करनेवाला कोई भी नहीं था। उसके पास एक गाय थी और एक बकरी, बस यही उसकी पूँजी थी। गाय हमेशा उस लड़के से बातें करते हुए उसे अपने लिए पत्नी लाने को प्रोत्साहित करती थी। 'तुम यदि विवाह नहीं करोगे तो मुझे बहुत दुःख होगा, क्योंकि जब तुम कहीं चले जाते हो, तब मुझे बहुत अकेलापन सताता है।' इस बात को सुनते-सुनते वह लड़का इतना तंग आ चुका था कि उसने एक दिन क्रोधवश उस गाय का वध कर दिया। उसके मांस को खाकर वह दूसरे गाँव में चला गया।

वह उस गाँव में तीन दिनों तक रुका और जब वह वहाँ से वापस आ रहा था, तब उसकी भेंट एक कुत्ते से हो गई। कुत्ते ने कहा, 'तुम मुझे अपने साथ ले चलो, मैं तुम्हारे घर में रहूँगा।' इड़मा उसे अपने घर ले आया। एक दिन जब वह अपने कुत्ते के साथ जंगल में गया तो उसे वहाँ एक लड़की मिली, जिससे उसने कहा कि वह उसके साथ संसर्ग करे। उस लड़की ने इनकार कर दिया। उसने कुपित होकर उसकी हत्या कर दी। इसके पश्चात उसे भय लगने लगा कि कुत्ता भागकर लोगों को बताने चला जाएगा और लोग उसे मार डालेंगे। वह उस दिन घर नहीं गया और उसने जंगली जानवरों को अपने आसपास एकत्रित किया। जब वे सब एकत्र हो गए तो उसने उन्हें खाने के लिए थोड़ा-थोड़ा शहद दिया। उन्होंने प्रसन्न होकर कहा, 'यह तो बहुत ही मीठा है, उन्होंने ऐसी वस्तु पहले कभी नहीं खाई थी।' इड़मा ने कहा, 'यदि तुम अपनी जीभ उलट लोगे तो यह तुम्हें और भी अधिक मीठा लगेगा।' बड़ी कठिनाई के साथ उन पशुओं ने अपनी जीभें पलटीं। इड़मा ने उन्हें और भी शहद दिया और वे प्राणी और अधिक प्रसन्न हो उठे। परन्तु उनकी जीभें पलटकर चिपक गई थीं और अब वे बातचीत नहीं कर पाते थे। जब उन्हें इस बात का बोध हुआ कि उनकी कैसी दशा हो गई है, तब उन्होंने उस लड़के को मार डालना चाहा, परन्तु वह बचकर निकल भागा।

●

पुराने जमाने में मनुष्य गूँगे थे, परन्तु गाय और बैल उसी प्रकार से बातें कर सकते थे जिस भाँति मनुष्य वर्तमान में करते हैं। वे मनुष्यों को जूड़े में बाँधकर उनसे खेत जोतते थे। मनुष्य पत्तियाँ और घास खाते थे और गायें दाल-चावल खाती थीं। परन्तु मनुष्य हल जोतने में अशक्त थे इसलिए गायें उन्हें बुरी तरह पीटा करती थीं।

एक दिन एक लड़का हल में जुता हुआ था और गाय ने उसे बहुत मारा। वह भागकर निरंताली के पास गया और उसने शिकायत की, 'मेरे न तो सींग हैं और न ही पूँछ और मात्र दो ही पैर हैं, मैं हल कैसे जोत सकता हूँ? ये गाय-बैल इतने मोटे-तगड़े हैं और इनके चार पैर हैं, इन्हें यह कार्य क्यों नहीं करना चाहिए?'

निरंताली ने बटेर से कहा, 'जाओ और गाय-बैलों से कहो, वे दाल-चावल खाएँ।' और मनुष्यों से कहो, 'वे घास खाएँ।' बटेर यत्र-तत्र भागती रही और उसकी याद गड़बड़ा गई और उसने मनुष्य से कहा, 'तुम लोग दाल-चावल खाया करो।' और गाय-बैलों से कहा, 'तुम घास-पत्ती खाया करो।' गायों को इस बात पर बहुत क्रोध आया और वे निरंताली के पास गईं और तब निरंताली ने कहा कि कोई बात नहीं। वह दो प्रकार के फल लेकर आई। उनमें से एक फल पागलपन उत्पन्न करनेवाला था जिसे उन्होंने गाय को दिया। गाय ने वह फल मनुष्य को दे दिया। निरंताली ने गाय से कहा, 'इस फल को सूँघो।' गाय ने जैसे ही उस फल को सूँघा तो वह गूँगी हो गई। परन्तु मनुष्य ने अपना फल सूँघा तो वे बोलने लगे और तब से उनका आहार दाल-चावल हो गया।

●

बूढ़ा पिन्नू ने मवेशी और बकरियाँ मनुष्यों को बाँट दीं, और जो पशु बच गए उन्हें अपने पास स्वयं के उपयोग के लिए रख लिए। जब उनकी संख्या बहुत अधिक हो गई, तो धरनी पिन्नू को उन पर बहुत क्रोध आया और उसने अपने पति से झगड़ा किया। इन पशुओं को कौन चराएगा, कौन इनकी देखरेख करेगा और कौन उन्हें बाँधेगा, मैं यह सब नहीं करूँगी।' उनका यह झगड़ा तीन दिनों तक चलता रहा, अन्त में थककर बूढ़ा पिन्नू ने अपनी बेटी सीताहोरू पिन्नू को बुलाकर कहा, 'इन पशुओं को कहीं अन्यत्र ले जाओ और उनकी देखभाल करो।' सीताहोरू पिन्नू ने उन पशुओं को जंगली रुई की रस्सी बनाकर बाँधा और उन्हें अपने घर ले आई। राह में जब उसने अपने लिए भोजन पकाया, तब उसने इन सब पशुओं को एक वृक्ष से बाँध दिया।

जब उसकी बहन पुसुरुल्ली ने सुना कि उसके पिता ने सारे पशु अपनी एक ही बेटी को दे दिए हैं, तब वह बहुत क्रोधित हुई और उसने एक मैना को भेजते हुए कहा कि वह अपने पंख फड़फड़ाकर पशुओं को डराए। वह अपने पंख, पशुओं के सिर पर चारों ओर मँडराती हुई, फड़फड़ाने लगी और पशु उससे भयभीत हो गए। उन्होंने रस्सी तोड़ दी और सबके सब भाग गए। जैसे ही वे भागे तो उनके स्वरूप में परिवर्तन आ गया, बकरी हिरण बन गई, भेड़ चीतल बन गई, भैंस साँभर बन गई और बैल गौर बन गया।

सीताहोरू पिन्नू ने उन्हें पकड़ने का प्रयत्न किया परन्तु वे पशु भाग गए। वह बहुत कुपित हुई और कहा, 'तुम्हें अपने आहार के लिए केवल मनुष्य ही मिलेंगे परन्तु उसके लिए तुम्हें बेहद चतुर और चालाक बनना पड़ेगा।'

●

आरम्भ में सफगन्ना में पशु-पक्षी रानी अरू से बातचीत किया करते थे। इसी स्थिति में बहुत समय व्यतीत होने पर एक बार कन्ध लोगों के भगवानों ने बलि की माँग की और रानी अरू ने विचार किया कि किन पशुओं को बलि हेतु चुना जाए। वे मुझसे बातें करते हैं और यदि मैं उनसे वह बात कहूँगी, तब तो वे सब भाग जाएँगे। रानी अरू ने एक फल बनाया जिसे खाकर गूँगापन आ जाता था और उन पशुओं से कहा, 'इस फल को थोड़ा-थोड़ा खा लो, क्योंकि यह बहुत ही मूल्यवान है जिसे मैं बहुत दूर से लेकर आई हूँ।' उस फल को खाने के उपरान्त उनका बोलना बन्द हो गया और वे मनुष्य से न तो वार्तालाप करने में सक्षम थे और न ही उनकी बातें समझने में। इस प्रकार यह सम्भव हो पाया कि उनकी बलि दी जा सके और भगवान भी इस युक्ति के परिणामस्वरूप प्रसन्न हो गए।

●

ज्योंही निरंताली भूमि के भीतर से उत्पन्न हुई, त्योंही उसी स्थान से चूजे, गायें, बकरियाँ और प्रत्येक जाति के पक्षी और पशु भी उत्पन्न हुए। निरंताली उन्हें अपने साथ घर ले गई। जाओड़ा पिन्नू भी एक-एक जोड़ा पशु-पक्षी अपने साथ ले गए। अतिशीघ्र उनकी संख्या बहुत बढ़ गई क्योंकि उनके बच्चे जल्दी-जल्दी और अधिक संख्या में होते थे। वे घर के बाहर विचरण करने लगे और जंगलों में फैल गए क्योंकि उनके लिए घर पर पर्याप्त स्थान ही नहीं बचा था। मुर्गे मोर बन गए, गायें साँभर बन गईं, भैंसे गौर बन गए, बकरे हिरण बन गए। इसी प्रकार से वन्य प्राणियों का प्रादुर्भाव हुआ।

●

जैसे ही सृष्टि की उत्पत्ति हुई तो सर्वप्रथम भूमि पर अलंगपंग तारोपिड नामक सफेद रंग का एक कुकुरमत्ता पैदा हुआ। इस कुकुरमुत्ते से गडेजंगबोई की उत्पत्ति हुई। उसने खड़े होकर चारों ओर देखा परन्तु वह कुछ भी नहीं देख पाई और वह अपनी आँख फेरकर चारों ओर देखने लगी। इसके पश्चात वह आँखें मूँदकर बैठ गई। वह इसी स्थिति में लम्बे समय तक बैठी रही। उसके लम्बे केश उड़-उड़कर उसके मुँह में घुसने लगे और उसने गुस्से में कुछ बालों को काटकर दूर फेंक दिया। इन बालों से प्रत्येक जाति की घास और वृक्षों की उत्पत्ति हुई।

गडेजंगबोई इसी मुद्रा में बैठी रहती थी और इसके कारण उसके सिर में जूएँ पड़ गईं और सिर में खुजली चलने लगी। उसने चाकू से अपने बाल मूड़कर उन्हें गोबर में दबा दिया। जब वह उन्हें दबा रही थी तब जूँ दौड़कर उसके हाथ पर चढ़ गई और उसने कहा, 'तुम जाकर जंगल में रहो, मेरे पास रहने की आवश्यकता नहीं।' और वह पुनः आँखें मूँदकर बैठ गई। इन जूँओं से ही सब प्रकार के पशु-पक्षियों की उत्पत्ति हुई, और वे तुरन्त आपस में झगड़ा करने लगे। उनके झगड़े का शोर गडेजंगबोई तक पहुँचने

लगा और वह सतर्क होकर उन्हें शान्त करने चली गई। उसने सभी पशुओं का नामकरण करके भिन्न-भिन्न नाम प्रदान किए और उन्हें पृथक्-पृथक् करके अलग-अलग स्थान पर रहने के लिए भेज दिया।

●

किटुंग को मांस खाने की इच्छा हुई परन्तु उन्हें कहीं से भी वह प्राप्त नहीं हुआ। उन्होंने कहा, 'मुझे किसी भी दशा में बकरे का मांस मिलना ही चाहिए।' उन्होंने एक व्यक्ति एक बकरी लाने के लिए भेजा। जब बकरी ने सुना तो वह भाग गई। अन्य पशु भी दूर भाग गए। गाय ने कहा, 'डरो नहीं। मैं जाकर उसे खा जाऊँगी।'

गाय ने किटुंग को देखकर अपना मुँह फाड़ा और चिल्लाई, 'आह', और किटुंग की ओर लपकी। परन्तु किटुंग ने उसके कान पकड़कर उसके मुँह पर कसकर एक लात जमाई जिसके कारण उसके ऊपर के दाँत टूट गए। उसने गाय से कहा, 'तुम मुझे खाओगी, खा पाओगी मुझे?' इसके बाद किटुंग ने उसे एक लात उसके बगल में जमाई, जो अब भी दिखाई पड़ती है।

इसके उपरान्त किटुंग ने सभी पशुओं को विक्षिप्त बना देनेवाला फल सुँघाया और तब से वे विक्षिप्त मनुष्यों की भाँति ही गूँगे हो गए।

●

गोरसू टकाला और उसकी पत्नी को कोई सन्तान नहीं हुई। परन्तु जब उसकी पत्नी वृद्ध हो गई तब जाकर वह गर्भवती हुई। जब छह माह का गर्भ हो गया तब उसने अपने पति से कहा, 'अपने घर में न कोई मनुष्य है और न ही कोई पशु। जब हम मर जाएँगे तो हमारे बच्चे को किसका साथ मिलेगा? हमें उसका साथ देने के लिए कुछ जीवित प्राणियों की व्यवस्था करनी चाहिए।' यह सोचकर गोरसू और उसकी स्त्री कोल्ला पर्वत पर गए, वहाँ एक-एक अनछूए गड्ढे से ये नई मिट्टी खोदकर लाए और उन्होंने सात दिन और सात रात तक बहुत-सी आकृतियाँ उस मिट्टी से बनाईं। इस बीच उस स्त्री ने मात्र एक ही आकृति बनाई। उसने उस आकृति के कूल्हों पर अपने वस्त्रों की एक पूँछ बनाकर लगा दी और वह एक शक्तिशाली बाघ बन गया। परन्तु इस बीच गोरसू ने अन्य सभी पशुओं की आकृतियाँ बना ली थीं।

गोरसू के शिश्न से कुछ मजबूत शाखाएँ उत्पन्न हो गईं, जिन्हें तोड़कर उसने साँभर और चीतल के हिरण बना दिए। परन्तु वह तब तक हाथी को पूरा नहीं बना पाया था, उसकी आँखें अभी अधूरी ही बन पाई थीं।

गोरसू की स्त्री ने बाघ को गोरसू के पास भेजा और वह गोरसू के पास पहुँचकर गुर्राया। वह वहाँ से भाग खड़ा हुआ और उसके पशु भी उसके साथ भागने लगे।

●

हमारे दादा के पड़दादा के समय एक राजा था। उसकी रानी का नाम भुवन रानी था। वह बहुत ही चरित्रहीन थी। उसने पिता या पुत्र में कभी अन्तर नहीं माना और जो कोई भी व्यक्ति उसके सम्पर्क में आया, उसी के साथ उसने संसर्ग स्थापित करके आनन्द उठाया। उसने कभी भी पाप, पुण्य की परवाह नहीं की। राजा का गुरु हमेशा उसके आचरण की निन्दा करता था, परन्तु उसे इस बात की जरा भी चिन्ता नहीं थी। अन्त में गुरु ने उसे शाप दे दिया, 'कुल्टा स्त्री, तुम अगले जन्म में चमगादड़ी बनोगी और तुम जहाँ बैठकर खाओगी उसी स्थान पर शौच करोगी।'

समय आने पर रानी की मृत्यु हो गई और अगले जन्म में वह प्रथम (आदि) चमगादड़ी बनी।

●

कोन्हारपुट गाँव में कन्ध जाति के चालीस परिवार रहते थे, जो वहाँ अनेक वर्षों से रह रहे थे। उस गाँव के समीप ही एक दिदाई लोगों का गाँव था। एक वर्ष जब कन्ध मेरिहा बलि का आयोजन कर रहे थे, तब उन्हें कहीं भी भैंसा नहीं मिल पाया। यहाँ तक कि पूजा का दिन आ गया और उनके पास बलि पशु की व्यवस्था नहीं हो पाई थी। अन्त में उन्होंने दिदाइयों का एक भैंसा चुराकर उसकी बलि चढ़ा दी। उस भैंसे के मालिक ने अपने पशु की खोज की और अन्त में उसे पता चल गया कि वास्तविकता क्या थी। वह अपने सात साथियों का एक दल लेकर कन्ध लोगों के गाँव में पहुँचा। कन्ध लोगों ने डरकर भैंसे का चमड़ा और कंकाल छिपा दिया, परन्तु उसका सींग वहीं देवी के सम्मुख पड़ा था जिसे वे हटा नहीं सकते थे। उनके पुजारी ने मन्त्र पढ़कर कुछ चावल के दाने उस भैंसे के सिर पर फेंके और वह जीवित होकर भालू बन गया और दिदाइयों को जंगल में दौड़ाने लगा।

तब से भालू ने अपना निवास जंगल को ही बना लिया।

●

कापडोंगर नामक पर्वत पर सिद्धि और बिद्धि नाम की दो बहनें रहती थीं। वे महाप्रभु की बहनें थीं। सिद्धि की एक बेटी थी जिसका नाम गालो था, जो बहुत ही छोटी थी।

एक दिन सिद्धि और बिद्धि महाप्रभु से मिलने गईं और उस बच्ची को वहीं घर पर छोड़ गईं। गालो गोबर से खेलने लगी। उसने उस गोबर की एक भालू की आकृति बनाई। उसके तन को उसने काँटेदार घास से ढक दिया। उसने मन में विचार लिया, 'यदि यह सचमुच जीवित प्राणी होता, तो मुझे इसके साथ खेलने में कितना आनन्द आता।'

यह सोचते हुए उसने अपने नाखून काटकर भालू के दाँत बनाकर लगा दिए। उसने अपनी अँगुली काटकर थोड़ा-सा रक्त भालू के मुँह में टपका दिया। वह सचमुच प्राणवान हो उठा और उसे काटने लगा। वह भागकर घर में छिप गई और उसने अन्दर से दरवाजा

बन्द कर लिया। भालू दरवाजे के बाहर बैठ गया। वह वहाँ उस समय तक बैठा रहा जब तक कि सिद्धि और बिद्धि वापस लौटकर नहीं आ गईं और उन्होंने उस भालू को जंगल में भगाया।

•

एक बार गाँव के कुछ लोग एक भेड़ की माई माता को बलि चढ़ा रहे थे। जैसे ही उन्होंने उसका सिर काटा, जोर का एक आँधी-तूफान उठा। वे भेड़ को वहीं छोड़कर सुरक्षा हेतु भागने लगे, जब वे दूर निकल गए थे, तब माई माता ने स्वयं ही प्रकट होकर भेड़ का सिर उसके धड़ पर रखकर उसे जीवित कर दिया।

भेड़ ने पूछा, 'अब मैं कहाँ जाऊँ? वे मुझे पुनः पकड़ लेंगे और मार डालेंगे।' माई माता ने कहा, 'तुम जंगल में जाकर रहो और जो कोई भी तुम्हें देखेगा वह तुमसे भय खाएगा।' इस प्रकार भेड़ ने भालू का रूप ग्रहण किया।

•

पुराने जमाने में सभी पशु एक समान दिखाई पड़ते थे। आज जिन विशिष्टताओं के कारण उनकी अलग-अलग पहचान स्थापित हुई है, वे उन दिनों तक बन नहीं पाई थीं। भीमा राजा, भीमा रानी का एक तालाब था जो भीमा मुंडा कहलाता था। एक वर्ष तेज वर्षा हुई, जिसके परिणामस्वरूप उस तालाब के ऊपर से होकर पानी बहने लगा और अन्त में उसकी पार फूट गई और तालाब का सम्पूर्ण पानी बह गया। भीमा राजा ने सभी प्राणियों को सन्देशा भेजा, 'सब तुरन्त मेरे समक्ष उपस्थित हों और मेरे तालाब की मरम्मत करो।' वे सब प्राणी आकर तुरन्त काम में जुट गए और जब भीमा रानी ने उन्हें अपना काम करते हुए देखा तो उसका प्यार उन पशुओं के प्रति उमड़ आया और उसने उन्हें गोद में उठाकर दुलारा और उन्हें आभूषणों से अलंकृत किया।

पशुओं ने टूटे हुए तटबन्धों पर मिट्टी और पत्थरों का ढेर लगा दिया, परन्तु उससे कोई विशेष लाभ नहीं हुआ क्योंकि पानी तब भी बह रहा था। अन्त में भालू ने एक विशाल पर्वत को उठाकर तटबन्ध की दरार के बीच रख दिया और उसके पश्चात पानी का बहना रुक गया। परन्तु भीमा राजा ने उस प्राणी को जब इतना विशाल पर्वत उठाते हुए देखा, तब उन्हें आशंका हुई कि यह जीव कभी न कभी मानवजाति का विनाश अवश्य करेगा। अतः उन्होंने उसे गोद में बैठाकर आहिस्ता से उसकी पीठ को इस प्रकार दबाकर झुकाया कि उसकी अधिकांश शक्ति नष्ट हो जाए। फिर भीमा राजा ने भालू को प्यार से कहा, 'मेरे बेटे जाकर एक और पर्वत उठा लाओ जिससे कि तालाब के तटबन्ध और भी अधिक मजबूत बन जाएँ।' भालू ने पुनः एक पर्वत उठाने की भरसक चेष्टा की परन्तु इस बार उसे अपने प्रयास में सफलता नहीं मिली, क्योंकि उसकी शक्ति पहले की अपेक्षा अत्यन्त क्षीण हो चुकी थी। वह झेंपते हुए भीमा राजा के पास आया और कहने लगा, 'आज मैं बीमार हूँ,' और इतना कहकर वह लेट गया और उसे नींद

आ गई। भीमा राजा ने उसे काला कम्बल उढ़ा दिया और तब से उसकी शक्ति का क्षय हो गया और उस दिन से वह ऐसा लगने लगा जैसा कि कम्बल में बँधा हुआ गट्ठड़ हो।

●

एक गाँव में बिरा कोया रहता था। उसके बारह बेटे थे। सभी बेटों का विवाह हो चुका था और सबके अपने रहने के लिए मकान थे और अपनी-अपनी खेती थी। एक दिन बिरा ने अपने बेटों से कहा, 'तुम लोग अलग-अलग खेत बनाकर खेती मत करो, सारे खेतों को मिलाकर एक बड़ा खेत बनाकर उसमें सब मिलकर खेती करो।' उन्होंने वैसा ही किया। उन्होंने एक चौबीस मील लम्बा और चौबीस मील चौड़ा खेत बनाया। दो वर्ष तक उन्होंने खेत में कुछ भी नहीं बोया, केवल उसकी जुताई करते रहे। जब उस खेत की सम्पूर्ण घास सड़ गई और खेत एकदम साफ-सुथरा बन गया, तब उन्होंने उसमें धान बो दिया। जब धान की फसल तैयार हो गई तब जंगली जानवर उसे चरने के लिए आने लगे और तब बारहों भाइयों ने रखवाली हेतु खेत में ही मचान बना लिए।

एक दिन जब सबसे छोटा भाई रखवाली कर रहा था तब उसने एक लक्कड़ जलाया। सुबह वह उसे जलता हुआ छोड़कर ही घर चला गया। उस दिन सूर्यास्त के बाद वहाँ रखवाली करनेवाला कोई नहीं था। उस दिन देउर स्वयं खेल का निरीक्षण करने आए और उन्होंने चारों ओर घूमकर उस खेत को देखा और घूमते हुए वे उस मचान के पास पहुँचे। उन्होंने जब उस मोटे लक्कड़ को जलते हुए देखा तो उस पर पेशाब कर दिया और वह ऊपर से बुझकर कोयला हो गया। देउर ने उस पर पुनः पेशाब किया और वह लक्कड़ तुरन्त ही एक भालू बनकर बल-बल करता हुआ देउर की ओर आक्रमण करने को लपका, परन्तु देउर भाग गए। जब वे भाग रहे थे तब उन्हें बीच राह में रखवाल मिल गए और वे पूछने लगे कि क्या बात है। 'एक भालू पीछा कर रहा है, वह तुम्हें खा जाएगा। उसे मुझसे भी भय नहीं है।'

वे सब अपना खाना वहीं छोड़कर भाग गए। उस खाने में चावल का भात था और भालू ने उसका आहार किया।

●

सीताहोरू पिन्नू बोंगड पर्वत पर रहती थी। एक दिन वह अपने पिता बूढ़ा पिन्नू से मिलने गई और उनके पास सात दिनों तक ठहर गई। वापस लौटते समय बूढ़ा पिन्नू ने उसे एक छोटा घड़ा तेल भरकर दिया। उसने उसे लाकर अपने घर में रख दिया। धीरे-धीरे उसने उसका उपयोग कर लिया। उसका बचा हुआ गन्दा तेल उसने अपने घर के पिछवाड़े फेंक दिया जिस पर दीमक की एक बाँबी बन गई। सीताहोरू ने भी कुछ तेल तैयार किया जिसे उसने एक घड़े में भर दिया, परन्तु कुछ समय उपरान्त वह घड़ा फूट गया और तेल बिखर गया। एक दिन जब उसने तेल निकालने के लिए घड़ा

देखा तो वह खाली था। उसे इस बात पर बहुत क्रोध आया और उसने उस घड़े में कुछ सफेद मक्की के दाने डालकर उसे बाँबी के पास ही गाड़ दिया। इस घड़े में से एक भालू का बाँबी में जन्म हुआ, मक्के के दाने उसके मस्तक पर सफेद निशान बनकर उभरे और वह चिल्लाया, 'फल-फूल, फल-फूल।'

सीताहोरू ने जब उसकी आवाज सुनी तो वह उसे देखने घर से बाहर आई और उसे देखकर आली (भालू) कहा क्योंकि वह ओली से ही उत्पन्न हुआ था और उसने कहा, 'जाओ तुम्हें बाँबी में ही तुम्हारा आहार मिलेगा।' उसने उसे जंगल में रहने के लिए कहा परन्तु जब उसने इसके लिए मना कर दिया, तब उसने एक बकरी को बुलाया, जिसने भालू को वहाँ से खदेड़ दिया। तब से भालू बकरियों से डरते हैं।

●

आरम्भ में निरंताली ने सभी प्राणियों को आहार और रहने का स्थान प्रदान किया। भालू का जन्म भी ठीक उसी स्थान पर हुआ था जिस स्थान पर निरंताली का जन्म हुआ था। अपने जन्म के पश्चात सात दिनों तक वह उसी स्थान पर भटकता रहा, फिर उसने निरंताली से कहा, 'तुम मुझे पाताललोक में ही छोड़कर भूलोक में क्यों चली गई थीं? मैं बहुत कठिनाई से तुम्हारे पास पहुँच पाया हूँ। अब मुझे अच्छा भोजन और सुन्दर-सा आवास दो।' निरंताली ने बहुत खोजा परन्तु उसके खाने योग्य कोई वस्तु उसे नहीं मिली। उसने कहा, 'तुम पहाड़ों पर जाकर रहो, भूमि को खोदकर देखो और जो भी वस्तु उससे तुम्हें प्राप्त हो उसका आहार कर लेना। तुम्हारा आहार भूमि के भीतर ही रखा है।' भालू ने पूछा, 'मुझे कैसे ज्ञात होगा कि मैं किस स्थान पर आहार हेतु खुदाई करूँ?'

निरंताली ने भालू को अपने चूल्हे के पास बुलाकर उसके मस्तक पर राख लगाई और उसे काला किया। 'यह तुम्हारे लिए दर्पण का काम करेगा। और इसके माध्यम से तुम भूमि के भीतर की वस्तुएँ भी देख सकोगे।' तुम्हारी नाक भी भूमि के अन्दर छिपी हुई खाने योग्य वस्तुओं की मधुर गन्ध प्राप्त कर लेगी। यदि तुम्हें भूमि के भीतर से कुछ भी प्राप्त न हो तो तुम बेर खाकर अपनी गुजर-बसर करना।'

●

निरंताली ने मिट्टी से एक भालू बनाया। उसके अन्दर आत्मा प्रतिष्ठित करके उसे रवाना कर दिया। भालू ने कहा, 'मैं कहाँ जाऊँ?' निरंताली ने कहा, 'जंगल में जाकर रहो और वहाँ दीमक, गूलर और बेर खाकर रहो।'

भालू इधर-उधर तब तक भटकता रहा जब तक कि उसे एक सल्फी का वृक्ष नहीं मिल गया। उसकी एक शाखा टूटकर भूमि पर गिर पड़ी और उस वृक्ष से रक्त बहने लगा। उस स्थान पर तिल बोया हुआ था, जिस पर रक्त टपकने से उसका रंग काला पड़ गया। जब वह अपने आहार हेतु जाकर दीमक खा रहा था, तभी एक व्यक्ति बाँस की मशाल जलाता हुआ आम ढूँढ़ने वहाँ पहुँचा। उस मशाल की आग से भालू का चेहरा

झुलस गया और वह भागकर निरंताली के पास गया और कहने लगा, 'एक आदमी ने मुझे जलाया है, अतः मैं उसे खा जाऊँगा।' निरंताली ने उसे समझाया, 'यह धोखे से हुआ है, तुम उसे मत खाओ। तुम जाकर केले के वृक्ष को प्रणाम करो तो तुम्हारे चेहरे के घाव भर जाएँगे और तुम अच्छे हो जाओगे।'

इसीलिए भालू मनुष्य का भक्षण नहीं करता।

●

सन्ताल साँवरा की दो पत्नियाँ थीं। उन दोनों ही पत्नियों से उसके एकसाथ जुड़वाँ बेटे उत्पन्न हुए। वे सित्तु-मित्तु कहलाए। जब वे बड़े हुए तब सन्ताल ने पहले बड़ी स्त्री के बच्चों का विवाह किया। छोटी स्त्री कुपित हो गई, क्योंकि उसने सोचा, उसके बच्चों की उपेक्षा की जा रही है। उस शाम उसने चावल के आटे की रोटी बनाई, परन्तु वह आराम के साथ बना रही थी, इसलिए सन्ताल ने उसे डाँटा। क्रोध के वशीभूत हो वह अपने दोनों बेटों को लेकर जंगल में भाग गई। परन्तु उसके पति ने विवाह में प्रयुक्त मिट्टी का काले रंग का कलश उसकी ओर फेंकते हुए कहा, 'हे महाप्रभु, जाकर उसे रोको, उसे पकड़ो और वापस ले आओ।' वह कलश भालू बन गया और रास्ते के बीच खड़ा हो गया। उसने उसे धक्का मारकर रास्ते से हटाना चाहा, उसके हाथों में तब तक चावल का आटा लगा हुआ था, जिसके निशान भालू के शरीर पर अंकित हो गए। उसके पश्चात वह वापस अपने पति के पास लौट आई।

●

एक कन्ध गूलर खाने के लिए गया। वह एक वृक्ष पर चढ़ गया और उसके पीछे-पीछे एक मादा भालू भी वृक्ष पर चढ़ने लगी। उस मादा भालू ने पूछा, 'तुम वृक्ष पर क्यों चढ़ रही हो?'

'गूलर खाने के लिए।'

'मुझे भी एक दो।'

'कौन-सा? क्या मैं तुम्हें वह दूँ?'

'नहीं'।

'यह'।

'नहीं।' अन्त में उस कन्ध ने चिढ़कर कहा, 'क्या मैं तुम्हें अपने अंडकोश दे दूँ?'

'नहीं।'

'तब मैं तुम्हें क्या दूँ?'

तब उस मादा भालू ने कहा, 'यदि तुम मुझे कुछ नहीं दे सकते तो मेरे साथ विवाह करो और मेरे साथ घर चलो।'

उस मादा भालू के दो बेटे थे और उनका घर एक चट्टान के नीचे था। उस मादा भालू ने उस व्यक्ति को घर के भीतर बन्द कर दिया और कहा, 'तुम बच्चों के साथ

रहो। मैं जाकर गूलर ले आती हूँ, तब हम लोग ब्यालू करेंगे।' उस कन्ध ने कहा, 'ठीक है,' और मादा भालू वहाँ से चली गई। उस व्यक्ति ने उन बच्चों के मुँह में छोटे-छोटे पत्थर और लकड़ी के टुकड़े भर दिए और वे मर गए। वह रोने लगा, 'इनकी माँ इतरा-इतराकर चली गई और ये बच्चे मर गए।'

जब मादा भालू वापस आई तो उसने पूछा, 'तुम क्यों रो रहे हो?'

'क्योंकि तुम्हारे बच्चे मर गए हैं।'

'यदि वे मर गए तो उन्हें मरने दो।' तब उस व्यक्ति ने कहा, 'चलो, हम लोग अपने माँ-बाप के घर चलते हैं।' वह व्यक्ति उसे अपने साथ ले गया और उसे आँगन में छोड़कर घर में चला गया। उसके माता-पिता ने पूछा, 'तुम कहाँ चले गए थे?' उसने सम्पूर्ण वृत्तान्त सुना दिया। 'तुम्हारी भालू पत्नी कहाँ है?' 'घर के सामने खड़ी है।'

उसके पिता ने अपनी छोटी लड़की से कहा, 'तुम इसे भाभी कहा करो।' भालू ने कहा, 'हू-हू'। लड़की भागकर घर में घुस गई। उसके बड़े भाई ने उससे जाकर कहा, 'बहू घर में आओ,' वह मादा भालू अपने पीछे के दोनों पैरों पर खड़ी हो गई और अपने बड़े-बड़े दाँत निपोरने लगी। उस भाई ने कहा, 'कोई बात नहीं।' तुम भले भालू हो, परन्तु चाहे तुम कोई भी हो, तुम मेरे छोटे भाई की पत्नी हो इसलिए गृह प्रवेश करो।' वह मादा भालू घर के भीतर चली गई। वे उसे कुछ मड़िया साफ करने हेतु देकर उसे घर में बन्द करके खेत पर काम करने चले गए।

उस मादा भालू ने वह मड़िया साफ किया और थोड़ा-सा बचाकर शेष सब स्वयं खा गई। उसने वहाँ दो-चार दिन बिताए। बड़े भाई को आश्चर्य हुआ कि घर का सम्पूर्ण मड़िया (एक प्रकार का अन्न) कहाँ गया। एक दिन उसने बहुत सारा अन्न भालू को दिया और एक छिद्र में से देखने लगा कि वह उसका क्या करती है। उसने देखा कि उसने सम्पूर्ण अन्न कूटकर थोड़ा-सा अन्न बचाकर शेष सब स्वयं खा लिया। वह बहुत क्रोधित हुआ और कहने लगा, 'बहू, तुम्हारी नाक बहुत बड़ी है। चलो आओ इसे काटकर छोटी कर दूँ, फिर तुम्हारी शक्ल-सूरत हमारी जैसी ही लगने लगेगी।' उसने उस मादा भालू की नाक काट ली और वह रोती हुई जंगल में भाग गई।

●

पुराने जमाने में हमारे पूर्वज कपोटचुआ में उत्पन्न हुए थे। उनके पास दो भैंस थीं, परन्तु जब वे वहाँ होते तब वे दूध नहीं देती थीं। वे लोग बाँदापाड़ा जाकर यहाँ-वहाँ भटकने लगे और इसी प्रकार विचरण करते हुए चम्पाचुआ झरने के समीप जा पहुँचे और वहाँ एक चम्पा के वृक्ष के नीचे विश्राम करने लगे। तब जैसे ही भैंस कपोटचूआ पहुँची तो वे दूध देने लगी और उन्होंने इतना अधिक दूध दिया कि दूध का नाला बहने लगा। अतः हमारे पूर्वजों को कपोटचूआ में कभी भी दूध प्राप्त नहीं हुआ और वह केवल चम्पाचूआ में ही प्राप्त हो सका और आज तक वैसी ही स्थिति बनी हुई है।

●

पुराने जमाने में एक भैंसा और एक घोड़ा घनिष्ट मित्र थे, उनकी मित्रता इतनी प्रगाढ़ थी कि जब वे चरने के लिए जाते थे तब वे अपनी-अपनी इन्द्रियाँ उतारकर एक साथ सुरक्षित स्थान पर रख देते थे और उनके वापस आने तक वे यों ही रखी रहती थीं। उन दिन घोड़े उड़ सकते थे और वे भैंसे के समान ही शक्तिशाली होते थे।

एक दिन जब वे जंगल से विचरण करके वापस आए तो उनमें अपनी जननेन्द्रियों के लिए झगड़ा होने लगा। दोनों बड़ी जननेन्द्रिय को अपनी बताने लगे जो कि वास्तव में भैंसे की थी। इस खींचातानी में भैंसे की जननेन्द्रिय का कुछ हिस्सा टूट गया परन्तु बड़े हिस्से को लेकर घोड़ा उड़ गया। भैंसे को घोड़े के शिश्न को लेकर ही सन्तोष करना पड़ा। उसने अपने टूटे हुए शिश्न के टुकड़े को भूमि में गाड़ दिया और वहाँ केले का एक पौधा उग आया।

आज भी जब कभी भैंसा केले के वृक्ष को देखता है तो उसे टक्कर मारता है क्योंकि वह वृक्ष उसे अपनी खोई हुई जननेन्द्रिय की याद दिला देता है और वह अपने पुराने मित्र घोड़े पर आघात करना चाहता है।

●

डकपाजी और उसकी पत्नी सुजमाजेंजा ने मनुष्यों को उत्पन्न किया और उनको जातियों में बाँट दिया। इसके उपरान्त उन्होंने सोचा कि मनुष्य की खेती में सहयोग करने के लिए कोई प्राणी तो है ही नहीं। तब डकपाजी ने अपनी देह से रगड़कर थोड़ा मैल उतारा और उससे एक भैंसे की आकृति बनाई। उन्होंने एक छोटा-सा घर बनाकर उसमें उस भैंसे की आकृति को रख दिया। तब वह गाँव के बाहर जाकर चिल्लाने लगा, 'डार डार'। जब उन्होंने इस प्रकार से आवाज लगाई तब उस आकृति में से दो प्राणी उत्पन्न हुए एक भैंस और दूसरा भैंसा और वे चिल्लाते हुए 'ओंरन् ओंरन्' उनके पास पहुँच गए। डकपाजी उन्हें अपने साथ घर ले आए। उनके बच्चे पैदा होने लगे और जब वे संख्या में बहुत से हो गए, तब डकपाजी ने मनुष्यों को बुलाकर उनमें वे बाँट दिए। उन्होंने प्रत्येक व्यक्ति को एक-एक जोड़ी भैंसा प्रदान किया।

●

पुराने जमाने में मनुष्य घास-पत्तियाँ खाकर आजीविका चलाता था, इसलिए उनका रक्त हरे रंग का और पानी के सदृश्य पतला होता था। निरंताली ने सोचा, 'इनका खून सामान्य नहीं है, इसके लिए हमें क्या उपाय करना चाहिए?' उन्होंने सोचा कि क्यों न भैंसे का रक्त मनुष्य को प्रदान कर दिया जाए। उन्होंने सिरहा को बुलाकर कहा, 'मैं एक त्योहार मनानेवाला हूँ, जिसमें एक भैंसे की बलि दी जाएगी और सभी लोग उसका मांसाहार करेंगे और सभी लोग उसका रक्तपान करेंगे क्योंकि मनुष्यों का रक्त सामान्य और अच्छा नहीं है।' उन्होंने एक भैंसे की बलि चढ़ाई और सभी पड़ोसियों को बुलाकर उसका मांसाहार करवाया। उन्होंने कहा, 'सब लोग चावल, मांस और मांस के रस का

आहार करें, तब तुम्हारा रक्त लाल रंग का हो जाएगा और तुम सब शक्तिशाली बन जाओगे।' तब से लोग ऐसा ही करते आ रहे हैं। जब उन्होंने उस आहार को ग्रहण कर लिया तब निरंताली ने एक व्यक्ति की अँगुली काटकर देखी तो उसमें से लाल रक्त प्रवाहित हुआ। उसके पश्चात वे सन्तुष्ट हो गए कि रक्त सामान्य हो गया था।

●

जब सर्वप्रथम मनुष्य और देवता उत्पन्न हुए और जंगल तथा पहाड़ का निर्माण हुआ, उस समय उनकी सेवा हेतु सभी पशु विद्यमान थे, केवल एक भैंसा ही नहीं था। लोग भगवान के लिए तो बलि चढ़ाया करते थे परन्तु उनके पास पर्वतों को बलि चढ़ाने के लिए कोई भी प्राणी नहीं था।

जब पर्वतों को पता चला कि उनके लिए कुछ भी नहीं है तो वे रोने लगे। उन्होंने निरंताली के पास जाकर कहा, 'तुमने सबको आहार के लिए कोई न कोई वस्तु प्रदान की है परन्तु हमारे लिए कुछ भी नहीं छोड़ा।' निरंताली ने उन्हें एक-एक कर सभी प्राणियों के लिए पूछा, परन्तु वे सबके लिए इनकार करते चले गए। 'ये सब प्राणी दूसरे देवताओं के लिए छोड़े गए हैं, अतः हमें इनकी आवश्यकता नहीं। हमें सबसे विशाल और सबसे काले रंग का पशु चाहिए।' निरंताली ने उनसे कहा, 'तुम फिलहाल चले जाओ और पन्द्रह वर्ष बाद मेरे पास लौटकर आना।'

उनके जाने के बाद उसने कुछ शाल के वृक्ष काटे, उनका छिलका उतारा और उसके चार पैर बनाए, एक सिर बनाया, आँखें बनाईं और सींग बनाए। पूँछ के लिए एक रस्सी बनाई। उसके पश्चात उसके सम्पूर्ण बदन पर मोम चढ़ाया और जैसे ही मोम चढ़ाया वैसै ही वे लकड़ियाँ हड्डियाँ बन गईं और मोम मांस और त्वचा बन गया। उस पशु को काठ की आँखों से दिखाई नहीं पड़ता था अतः उसने उन आँखों को निकालकर उनके स्थान पर कौड़ियाँ लगाईं। उसके सिर पर घास लगाकर बाल बनाए। जब सम्पूर्ण ढाँचा बनकर तैयार हो गया तब उसके मुँह में हवा फूँककर उसमें प्राणों का संचार किया। जब दुबारा पर्वत पर आए तो निरंताली ने उनसे कहा, 'मैंने तुमसे कहा था कि तुम पन्द्रह वर्ष के बाद आना परन्तु तुम लोग तो पन्द्रह दिनों में ही आ गए।' उसने पुनः उन्हें वापस भेज दिया और पन्द्रह वर्ष में भैंसों की सन्तति बढ़ते-बढ़ते विशाल झुंड तैयार हो गया तब लोगों ने उन्हें पर्वतों के लिए बलि चढ़ाना आरम्भ कर दिया।

●

पुराने जमाने में भैंसों के अतिरिक्त सभी पशुओं के सींग थे। यहाँ तक गायें और बकरी तक उसे मारकर खदेड़ देती थी। इसलिए भैंसें सब पशुओं से अलग रहकर चरा करती थीं और सभी पशुओं से बचकर रहती थीं। जब लोगों ने उसे हल में जोतने का प्रयत्न किया तो पाया कि जूड़ा उनके कन्धों से फिसल जाता था और उनके द्वारा खेत जोतना अत्यन्त कठिन था।

किसानों ने किटुंग को ये सब बातें बताईं और वे तारलिंग पर्वत से जाकर शीशम की लकड़ी लेकर आए और उससे दो जोड़ी सींग बनाए। उसने छोटे सींग भैंस को लगाए और बड़े सींग भैंसें को और उनसे कहा, 'अब तुम किसी से भी मत डरो और अब अन्य पशु तुमसे डरा करेंगे।' किटुंग ने मनुष्यों से भी कहा, 'जब भैंस मर जाए तब उसके सींग से तुरही बना लेना।'

●

एक दिन किटुंग अपनी पत्नी को घर पर छोड़कर कहीं चले गए। चार-पाँच दिनों तक जब वे वापस नहीं आए तब उनकी पत्नी ने कोदो के आटे की एक गुड़िया बनाकर उसे तेल में तल लिया। कुछ समय उपरान्त उसे भूख लग आई और उसने अपने आपसे कहा, 'मैं इसे तुरन्त अपना आहार बना लूँ या पहले मैं इसको सुन्दर रूप प्रदान करूँ?' उसने उस आकृति को अपने सम्मुख रखा और अपने नाखूनों से उसे तराशने लगी।

जब किटुंग वापस आए तो उनकी पत्नी ने भय से उस गुड़िया को गन्दे पानी में फेंक दिया और अपने पति को भोजन परोस दिया। किटुंग एक तूम्बी में पानी भरकर हाथ धोने के लिए बाहर निकले और उन्होंने पानी से कुल्ला करते हुए मुँह का पानी गड्ढे में फेंका, वह पानी जाकर उस गुड़िया पर पड़ा और तुरन्त ही उससे एक पाड़ा और एक पड़िया उत्पन्न हो गए। किटुंग भोजन करने चले गए और पाड़ा-पड़िया पानी में खेलने लगे। किटुंग भोजन करने के पश्चात् उसी स्थान पर आए और उन दोनों प्राणियों को देखा। उन्हें देखकर वे अत्यन्त प्रसन्न हुए और उनसे पूछा, 'तुम दोनों कहाँ से आए हो?' उनकी पत्नी ने सारा वृत्तान्त बता दिया। तब किटुंग ने कहा, 'तुमने इन्हें अपने आहार हेतु बनाया है, अतः साँवरा अब इन्हें खाया करेंगे।'

●

सफगन्ना में जिस स्थान पर निरंताली का जन्म हुआ था, ठीक उसी स्थान पर एक बिल्ली भी उत्पन्न हुई। एक दिन वह निरंताली के पास जाकर चिल्लाने लगी, 'म्याऊँ म्याऊँ'। निरंताली उसे देखकर डर गई और सोचने लगी, 'यह कौन-सा प्राणी है? क्या यह मुझे ही खा जाएगा या कोई और बात है?' वह घर में जाकर छिप गई। बिल्ली भी पीछा करती हुई घर के बाहर जाकर बैठ गई। निरंताली ने झाँककर देखा कि वह क्या कर रही है। इतने में ही एक चूहा निकला और बिल्ली ने कूदकर उसे दबोच लिया। निरंताली ने सोचा, 'यह तो बहुत ही अच्छा प्राणी है। मुझे अपने अन्न की कोठी की रखवाली हेतु ठीक इसी की आवश्यकता है। मैं इसे अपने ही घर में रखूँगी।' उसने अपने घर का दरवाजा खोला और बिल्ली सीधी घर के भीतर आकर वहीं रहने लगी।

●

रानी अरू और सोना अरू का विवाह मूल रूप से परमगत्ती से हुआ था। उन्होंने पहले रानी अरू से विवाह किया और जब उससे कोई सन्तान उत्पन्न नहीं हुई तब उन्होंने सोना अरू से भी विवाह कर लिया। सोना अरू नियत समय में ही गर्भवती हो गई। परमगत्ती प्रतिदिन अपने खेत पर सोने के लिए चले जाते थे। रानी अरू ने सोचा, 'चूँकि अब सोना अरू एक बच्चे को जन्म देकर माँ बननेवाली है और वह अति प्रसन्न होगी, परन्तु इन परिस्थितियों में मेरा भाग्य कैसा होगा?'

जब सोना अरू के प्रसव का समय आ गया तब परमगत्ती की इच्छा खेत पर जाने की नहीं थी, परन्तु रानी अरू ने कहा, 'तुम निश्चिन्त होकर खेत पर जाओ और वहाँ गाय के गले की एक घंटी मचान पर बाँध देना, हम उसमें एक रस्सी बाँध लें और जब बच्चा पैदा होगा तब रस्सी खींचकर घंटी बजा देंगे।' परमगत्ती अपने खेत पर चले गए और इधर सोना अरू को प्रसव-पीड़ा आरम्भ हो गई और उसने कहा, 'दीदी मैं बच्चे को कैसे जन्म दे सकूँगी? मुझे तो इस बात का ज्ञान ही नहीं है, मैं क्या करूँ।' रानी अरू ने छत से एक रस्सी बाँधकर लटका दी और फर्श पर दो खूँटे गाड़ दिए। उसने सोना अरू के दोनों पैर खूँटों से बाँध दिए और उससे कहा कि तुम रस्सी पकड़कर लटको। उसके पश्चात उसने उसकी आँखों पर पट्टी बाँध दी। इस प्रकार उसने एक पुत्र को जन्म दिया।

जब रानी अरू ने उस शिशु को देखा तो उसने तुरन्त ही मोम की एक बिल्ली बनाकर उस शिशु के स्थान पर रख दिया। उसने बच्चे की हत्या कर दी और उसे गड्ढा खोदकर गाड़ दिया। इसके उपरान्त उसने रस्सी खींचकर घंटी बजाई और परमगत्ती को सूचना दी और परमगत्ती भागते हुए घर आया। रानी अरू ने कहा, 'देखो इसने एक बिल्ली को जन्म दिया है।' इस बीच बिल्ली जीवन्त हो उठी थी और परमगत्ती ने कहा, 'मैं बिल्ली की माँ को कदापि अपने घर में नहीं रखूँगा। तुम यहाँ से चली जाओ, परन्तु मैं इस बिल्ली को अपने पास ही रखूँगा जो हमारे घर में आनेवाले चूहों को मारेगी।' ऐसा ही हुआ। एक दिन बिल्ली घूमती हुई जंगल में पहुँच गई। रास्ते में उसे एक चट्टान के नीचे गुफा बनी हुई दिखाई पड़ी जिसमें बाघ का शावक अकेला ही मौजूद था। बिल्ली ने कहा, 'तुम कौन हो? तुम बाहर क्यों नहीं निकलते?' उस बाघ के बच्चे ने कहा, 'मेरा जन्म इसी स्थान पर हुआ था और मुझे बाहर आने में डर लगता है।' बिल्ली ने कहा, 'देखो मैं कितनी छोटी हूँ फिर भी मुझे कहीं भी जाने में भय नहीं लगता।' उसके कहने पर वह बाहर आ गया और बिल्ली ने कहा, 'हम दोनों अब साथ रहेंगे। मैं चूहे पकड़ूँगी और तुम मुझे देखकर गाय और हिरण पकड़ना सीख लेना।'

एक दिन बाघ शावक ने एक साँभर को पकड़ लिया और उसे घसीटते हुए वह अपने घर ले आया। 'परन्तु इसे हम कच्चा कैसे खाएँगे? आग लेकर आओ और हम लोग इसे पकाएँगे।' बिल्ली गाँव में जाकर आग ढूँढ़ने लगी और तभी उसे कुछ तिलहन दिखाई पड़ी जिससे तेल निकाला जा रहा था। उसे उस तेल की गन्ध बहुत प्रियकर

लगी और उसके कारण उसे आग लाने में विलम्ब हो गया। बाघ ने कहा, 'तुमने इतनी देर कहाँ लगा दी? तुम अवश्य ही किसी से प्रेमालाप करती होगी।' बिल्ली से वह झगड़ने लगा। बिल्ली ने कहा, 'नहीं, मैं तो तिलहन की सुगन्ध लेने रुक गई थी और मैंने थोड़ा उसे चखकर भी देखा।' बाघ ने कहा, 'नहीं, मुझे तुम्हारी बात पर विश्वास नहीं होता। हमारी दोस्ती खत्म। मैं तुम्हें खाऊँगा।' 'तुम मुझे कैसे खा सकते हो? तुम्हें तो मेरी टट्टी तक हाथ नहीं लगेगी।' वह बिल्ली वहाँ से भाग गई। बाघ ने उसका पीछा किया, परन्तु बिल्ली गाँव में छिप गई।

तब से बिल्ली और बाघ में शत्रुता हो गई और बिल्ली जब टट्टी करती है तो वह गड्ढा खोदकर उसे उसमें छिपा देती है।

●

पुराने जमाने में बाघ खाने के पूर्व अपने आहार को पकाया करता था। एक दिन जब वह एक गाँव में आग लेने गया, तब उसे देखकर लोग भयभीत हो गए और अपने घरों में घुसकर उन्होंने भीतर से दरवाजे बन्द कर लिए।

बाघ अपनी बहन के पास आग लेने चला गया। उसने अभी-अभी एक शावक को जन्म दिया था, और बाघ ने सोचा, 'मैं इस बच्चे को आग लेने हेतु भेज दूँगा, यह इतना छोटा है कि इसे देखकर कोई भी नहीं डरेगा।' परन्तु बाघ ने अपनी बहन को इस विषय में कुछ भी बताना उचित नहीं समझा। अलबत्ता जब वह उसके लिए खाना लेकर आई तो उसने कुछ भी खाने से इनकार कर दिया। 'क्यों, क्या बात है?' बाघिन ने पूछा। बाघ ने कहा, 'नहीं, कोई विशेष बात नहीं है। परन्तु मैं चाहता हूँ कि तुम्हारा बच्चा मेरा एक छोटा-सा काम कर दे।' उसने बाघ को अपना शावक यह कहते हुए सौंप दिया कि वह उसे अपना ही बच्चा समझे।

बाघ उस शावक को अपने घर ले गया और उसे आग लेने हेतु भेजने लगा। एक दिन वह शावक एक गौड़ के घर में गया तो उसे वहाँ थोड़ा दूध मिल गया। दूध पाकर वह इतना प्रसन्न हो गया कि वह वापस नहीं लौटा और वहीं ठहर गया। बाघ ने उसकी बहुत बाट देखी और अन्त में वह बाट देखते-देखते ऊब गया और वह उसे खोजने के लिए निकल पड़ा। जब वह गौड़ के घर पहुँचा तो वह शावक चूहे के बिल में छिप गया। उसे देखकर बाघ ने कहा, 'तुम बाघ नहीं हो, तुम बिल्ली हो, क्योंकि तुम बिल में छिपे हो। मुझे ऐसा प्रतीत होता है कि अब मुझे अपना आहार कच्चा ही खाना पड़ेगा, परन्तु अब इसके सिवाय चारा भी क्या है? जहाँ तक तुम्हारा प्रश्न है, मैं तुम्हें जब भी पकड़ पाऊँगा, खा जाऊँगा, और तुम्हारी लेंड़ी भी मुझे कहीं मिल गई तो मैं उन्हें भी मैं खा जाऊँगा।' इसीलिए बिल्ली अपनी लेंड़ी को छिपा देती है, जिससे कि वे बाघ के हाथ न लग जाएँ।

●

महाप्रभु के पास एक गाय थी। वे उसका दूध दूहते थे। एक दिन उन्होंने पड़ोसियों को दूध पीने के लिए बुलाया। जो लोग भी गौमांस नहीं खाते थे, वे सब अपने-अपने हिस्से का दूध ले आए। बोंडो और डोम जाति के लोग विलम्ब से पहुँचे, तब तक दूध समाप्त हो चुका था। महाप्रभु ने डोम से कहा, 'जाओ थोड़ा-सा दूध ले लो।' और उन्हें थोड़ा दूध प्राप्त हो गया। तब बोंडो भी वहाँ इत्मीनान से आशा बाँधकर बैठ गए, परन्तु उन्हें कुछ भी नहीं मिला, तब उन्होंने कहा, 'हम क्या खाएँगे?' महाप्रभु ने कहा, 'चूँकि तुम्हें आहार हेतु दूध नहीं मिला अतः तुम्हें आहार हेतु मांस मिलेगा।

●

पुराने जमाने में गायें मनुष्य को खाया करती थीं इसलिए वे इतने भयभीत रहते थे कि उन्हें पकड़ नहीं सकते थे। महाप्रभु ने एक गाय को पकड़ा, उसके गले में रस्सी बाँधी और उसे अपने घर के सामने एक खम्बे में बाँध दिया। महाप्रभु ने उसे खाने के लिए कुछ भी नहीं दिया। जब वह वास्तव में बहुत भूखी थी तब उसने महाप्रभु को वचन दिया कि वह आइन्दा मनुष्यों का भक्षण नहीं करेगी, अलबत्ता उनकी सेवा ही करेगी।

●

गाय पहले काट खाया करती थीं इसीलिए महाप्रभु ने एक कुत्ते के द्वारा एक जड़ भिजवाई। कुत्ते ने ले जाकर वह जड़ गाय को दे दी। कुत्ते ने उसमें से अपना हिस्सा माँगा तब गाय ने उसे एक छोटा-सा टुकड़ा दे दिया। जब महाप्रभु ने यह देखा तो उन्होंने गुस्से से गाय को एक थप्पड़ मारा, और उसका ऊपरी जबड़ा तोड़ दिया। उन्होंने कुत्ते को पकड़कर उसकी पूँछ मरोड़ दी। तब से कुत्ते की पूँछ टेढ़ी हो गई और वह जब भी किसी को देखता है तो डरकर भौंकने लगता है।

●

एक व्यक्ति शौच के लिए गया था और जब उसने मल त्याग कर दिया तब एक गाय ने उसे खा लिया और जब सूअर अपने हिस्से के लिए गया तो उसे कुछ भी नहीं मिला। उसने गाय से कहा, 'महाप्रभु ने मुझे पृथ्वी पर इसी काम के वास्ते भेजा है, तुमने क्यों विष्टा खा ली? तुम मुझसे बड़ी हो, मैं महाप्रभु के पास जाता हूँ।' उस सूअर ने महाप्रभु को जाकर सब बातें बता दीं।

महाप्रभु ने कुत्ते को एक कन्द देकर कहा, 'इसे गाय को खिला दो। एक बार जब वह इसे खा लेगी तब वह विष्टा खाना छोड़ देगी।' कुत्ते ने उसे ले लिया और राह में स्वयं ही उसे खा गया और लौट आया। महाप्रभु ने कुत्ते से पूछा, 'तुमने गाय को वह कन्द खाने के लिए दिया?' वह कुछ भी उत्तर नहीं दे सका और चिल्लाया, 'हाँ, हाँ।'

महाप्रभु ने गाय से जाकर पूछा कि क्या तुम्हें कुत्ते ने कोई कन्द खाने के लिए दिया है। 'नहीं तो', गाय ने कहा। 'तुमने विष्टा क्यों खाई?' महाप्रभु ने क्रोधित होते

हुए पूछा। उन्होंने शाप देकर कुत्ते और गाय दोनों को ही गूँगा बना दिया, अन्यथा उन दोनों में झगड़ा हो जाता। उन्होंने कुत्ते को भौंकने की सजा प्रदान की।

●

प्रारम्भिक अवस्था में बोंडो जनों को कृषि करना नहीं आता था, मनुष्य स्वयं ही अपने कन्धों से रस्सियाँ बाँधकर हल खींचा करते थे। वे जी तोड़ परिश्रम करते थे और दिन में दो बार खाना खाते थे।

महाप्रभु ने सोचा कि इस प्रकार दिन में दो बार खाने पर तो खाने का अभाव उत्पन्न हो जाएगा, इसलिए उन्होंने सावधान करने के लिए एक बैल के जरिए सन्देश भेजा। जब बैल सन्देश लेकर जा रहा था तब मार्ग में एक तीतर उसके पैरों के नीचे से उड़ा और उससे वह बैल इतना चौंक पड़ा कि वह यह भूल ही गया कि सन्देश क्या है। जब वह पहुँचा तो उसने कहा, 'महाप्रभु ने तुम्हारे लिए सन्देश भेजा है कि दिन में दो बार खाया करो।' बोंडो जनों ने उसका उपहास करते हुए कहा, 'हम तो स्वयं ही ऐसा करते हैं।'

जब वह बैल वापस महाप्रभु के पास पहुँचा तो महाप्रभु ने उससे पूछा, 'तुमने क्या सन्देश पहुँचाया?' 'मैंने उन्हें दिन में दो बार भोजन ग्रहण करने को कहा।' महाप्रभु ने क्रोधित होकर कहा, 'अब तुम जाकर मनुष्य के बदले हल जोतो, अन्यथा उन्हें दो जून के लिए भोजन कहाँ से मिल पाएगा? उन्हें तुम्हारा भी भक्षण करना पड़ेगा। यदि वे ऐसा करते हैं तो यह तुम्हारे लिए उचित ही होगा। परन्तु यदि वे ऐसा नहीं करते हैं तो तुम्हें शाप सहना पड़ेगा।'

बैल पुनः पृथ्वी पर चला गया और तब से वह हल जोत रहा है और मनुष्य त्योहारों के अवसर पर उसके मांस का आहार करते हैं।

●

एक गुनिया था। उसकी पत्नी की मृत्यु हो गई जो अपने पीछे एक बेटा और एक बेटी छोड़ गई। एक रात मरकाजाकड़ देवता गाँव में आया और गुनिया के घर के बाहर आकर खड़ा हो गया। उसने कहा, 'मुझे बहुत भूख लगी है, मुझे कुछ खाने के लिए दो और रहने के लिए थोड़ा-सा स्थान दो।' इतना कहकर वह चला गया। जब गुनिया सोकर उठा तो उसे बहुत आश्चर्य हुआ कि उससे ये बातें किसने कहीं। वह पुनः सो गया और जब सुबह सोकर उठा तब तक सब बातें भूल चुका था। परन्तु उस दिन गाँव के बहुत से लोग बीमार पड़ गए और मवेशियों में महामारी फैल गई।

लोगों ने सिरहिन को बुलाकर महामारी का कारण पता लगाने को कहा और उसने अपने सूपे के द्वारा कारण का पता लगाया। मरकाजाकड़ देवता उसकी देह में प्रकट हुआ और उसने कहा, 'मैंने गुनिया को बताया था कि मुझे क्या चाहिए, परन्तु उसने उस बात की परवाह ही नहीं की। अतः अब मैं तुम सब लोगों का भक्षण करूँगा, मैं

बहुत भूखा हूँ।' ज्योंही उन्हें पता चला तो उन्होंने गुनिया की भर्त्सना की और देवता के लिए तुरन्त एक झोंपड़ी बनाई। गुनिया ने स्नान किया और तुरन्त एक मुर्गे की बलि चढ़ाई और उस झोंपड़ी के सामने ही चावल पकाया। गुनिया के छोटे-छोटे बच्चे थे और उनकी माँ नहीं थी अतः वह उन्हें भी साथ ले आया था। जब चावल पककर तैयार हो गया तब उसने दोना में उसे परोसा और मदिरा लेने के लिए अपने घर चला गया। परन्तु उसके पीछे से बच्चों ने देवता के लिए परोसा हुआ खाना खुद खा लिया। वह लड़का बैल बन गया और लड़की गाय। बैल तुरन्त गाय को सम्मोहित करने लगा। इसी बीच गुनिया वापस आ गया और जब उसने वहाँ परोसे हुए भोजन को नष्ट किया हुआ पाया और दो विचित्र प्राणियों को वहाँ देखा तो वह क्रोधित हो उनकी हत्या करना ही चाहता था कि देवता ने उसका हाथ पकड़ लिया और कहा, 'इन पशुओं को मत मारो। ये तुम्हारे ही बच्चे हैं और जब इनकी आबादी बढ़ जाए, तब तुम इन्हें मेरे लिए बलि चढ़ाना।'

●

सफगन्ना में जहाँ निरंताली उत्पन्न हुई थी, उसी स्थान पर एक गाय प्रकट हुई। वह आठ माह तक यहाँ-वहाँ भटकती रही, परन्तु उस पर किसी ने भी ध्यान नहीं दिया।

एक दिन निरंताली गुंजियानू नदी में स्नान करने गई। गाय को पानी की हलचल सुनाई पड़ी और वह देखने गई कि नदी में क्या हो रहा है। जब निरंताली ने उस गाय को देखा तो वह डरकर अपने घर भाग गई। जब तक वह घर पहुँचती गाय भी उसके पीछे-पीछे वहाँ तक पहुँच गई। घर के सामने ही पत्थर का एक मूसल रखा हुआ था। निरंताली ने उस मूसल से गाय के मुख पर आक्रमण किया जिसके परिणामस्वरूप उसके ऊपर के दाँत टूट गए। वे दाँत उड़कर रानीपात पर्वत पर जाकर गिरे।

इसके पश्चात निरंताली ने उस गाय को अपने पास रख लिया क्योंकि अब उसे इस बात का भय नहीं था कि वह गाय उसे काट सकेगी।

●

निरंताली पाताललोक में थी और उसने एक गाय बनाई। उसकी गाय के सींग थे, एक पूँछ थी और बहुत बड़े-बड़े दाँत थे, परन्तु वह दो पैरों पर मनुष्य के समान खड़ी होती थी।

एक दिन कुछ किसान निरंताली के पास आए और उन्होंने उस गाय को देखकर कहा, 'इसे आप हमें दे दीजिए, हम इससे खेतों की जुताई करेंगे।' वे उसे अपने साथ ले गए और उन्होंने उसे हल के जूड़े में डालने की चेष्टा भी की परन्तु वह उन्हें काट लेती थी, रस्सी तुड़ाकर भाग जाती थी और फिर सबको दाँतों से काटती और चोट पहुँचाती थी। उन किसानों ने जाकर निरंताली को सब बातें बतलाईं। उसने कहा, 'बहुत अच्छा, तब तुम लोग उसे यहाँ ले आओ।' जब गाय वहाँ लाई गई, तब

निरंताली ने उस पर मूसल का एक प्रहार किया और वह मर गई। उसने कहा, 'अब तुम लोग इसका आहार कर सकते हो।' लोगों ने उसके मांस को खाकर उसके कंकाल को छोड़ दिया।

उस युग में नंगबासी, गंगबासी, कदराजी और बेदराजी नाम के राजा शासन करते थे। उस गाय के मरने के उपरान्त उन्हें दूध मिलना बन्द हो गया और उन्होंने इस बात की निरंताली से जाकर शिकायत की, 'आजकल हमें गाय का दूध नहीं मिल पा रहा है।' निरंताली ने उन्हें थोड़ा-सा गौमांस और उसकी हड्डियाँ प्रदान कीं। उन राजाओं ने उन वस्तुओं को मोम के साथ मिलाकर गाय का एक प्रतिरूप तैयार किया और उसके माथे पर बाँस के सींग लगाए और उसे बाँस की एक टोकरी में बन्द कर दिया। जब उन्होंने उसे बन्द कर दिया तो उसमें प्राण उत्पन्न हो गए और चूहे के आकार की एक गाय उत्पन्न हो गई।

उन राजाओं ने वह गाय निरंताली को सौंपते हुए कहा, 'इसकी देखभाल कीजिए और जब इसकी संतति बहुत विशाल हो जाए तब हमें लौटा दीजिए, तो हमें दूध मिलने लगेगा, निरंताली ने वैसा ही किया।

इसी कारण से कन्ध लोग दूध नहीं पीते, परन्तु वे गौमांस खाते हैं, दूध केवल राजाओं के लिए ही होता है।

●

निरंताली और उसकी बेटी रानी अरू दोनों मिलकर अपने खेत में काम करती थीं। जब खेत तैयार हो गए तब उन्होंने अलग-अलग प्रकार के पर्वतीय अन्न उन खेतों में बो दिए।

उन दिनों एक बैल था जिसके हाथ-पैर मनुष्यों के हाथ-पैरों के समान थे, सिर पर सींग थे और कान गाय के समान थे। रानी अरू चिल्लाई, 'माँ-माँ।' उस बैल का वीर्य भूमि पर टपक गया। रानी अरू ने वह भीगी हुई मिट्टी उठाकर उसका एक गोला बना लिया और उत्कंठापूर्वक सोचने लगी कि कैसे अपनी माँ को बुलाए।

निरंताली दौड़ती हुई आई और उसने उस बैल पर दो प्रहार किए, एक पेट पर और एक सिर पर और उसकी मृत्यु हो गई। निरंताली ने अपनी बेटी से कहा, 'यह बैल तुम्हें मार डालता अतः अब हम इसका मांसाहार करेंगे। हम इसके सींग और पूँछ बचा लेंगे और उन्हें सेमल की टहनी के साथ बाँधकर इसके चारों पैरों पर उसे टिका देंगे और उस ढाँचे पर मिट्टी चढ़ाकर उससे एक गाय बना लेंगे।'

●

बहुत पुराने जमाने में गाय-बैल आपस में मनुष्यों की भाँति ही बातचीत करते थे। उन दिनों एक ऐसा वृद्ध व्यक्ति था जिसके घर में एक गाय और एक बैल थे। उसका बेटा उन्हें एक हरे-भरे चरोत्तर में चराने ले जाता था। एक रात, वे पशु अपनी रस्सियाँ

तोड़कर बाड़े से बाहर निकल गए और जाकर किसी व्यक्ति के धान के खेत में चरने लगे। उस लड़के ने उनका पीछा करते हुए कहा, 'मैं सदैव तुम्हें अच्छे से अच्छे चरोत्तर में ले जाकर चराता था फिर भी तुम बाड़ा तोड़कर बाहर भाग आए और ऊपर से दूसरे के धान की चोरी कर रहे हो। अब तुम्हारे लिए कौन है जो नया बाड़ा बनाएगा?'

उन गायों ने उत्तर दिया, 'तुम लोग दिन में तीन बार खाते हो फिर भी तुम्हारा पेट नहीं भरता। हमारा पेट थोड़ी-सी घास खाने से कैसे भर सकता है?' लड़के को उनकी बात पर क्रोध आ गया और उसने उन्हें मारा और उन पशुओं ने उस लड़के पर आक्रमण कर दिया। वह लड़का भागकर घर में घुस गया और उसने दरवाजा बन्द कर लिया। उन पशुओं ने अपने सींगों से दरवाजा तोड़ने की चेष्टा की।

जब वे ऐसी चेष्टा कर रहे थे, तभी महाप्रभु वहाँ पहुँच गए। उन्होंने रास्ते पर खड़े होकर उस लड़के को पुकारा, 'क्या बात है?' लड़के ने बताया, 'ये पशु कृतघ्न हैं और चोर हैं।' महाप्रभु ने कहा, 'तुम बाहर आकर शान्तिपूर्वक मुझे सब कुछ बताओ।' उस लड़के ने कहा, 'मैं बाहर नहीं आऊँगा, यदि मैं आया तो ये मुझे मार डालेंगे।' महाप्रभु ने गाय और बैल दोनों को पकड़ लिया, तब लड़के ने बाहर निकलकर सम्पूर्ण वृत्तान्त सुनाया। महाप्रभु बहुत क्रोधित हुए और उन्होंने दोनों पशुओं के पेट में लात जमाई और कहा, 'तुम कितना भी खाओ परन्तु तुम सदैव भूखे ही रहोगे।' उन्होंने उनकी जीभ ऐंठते हुए कहा, 'आज से तुम्हारा बोलना भी बन्द हो गया, परन्तु तुम मनुष्य के सेवक बने रहोगे और तुम्हारे शरीर का एक पार्श्व सदैव खाली रहेगा।'

●

इस्पुर महाप्रभु ने देवताओं का एक दल भूलोक पर मनुष्यों को यह समझाने हेतु भेजा कि उन्हें किस प्रकार से वहाँ रहना है। जब वे भूलोक के लिए प्रस्थान कर गए तब इस्पुर महाप्रभु की पत्नी सिनादाई ने एक वस्त्र फाड़कर उससे कपिला गाय बनाई। इस्पुर महाप्रभु ने कपिला गाय से कहा कि वह भी देवताओं के पीछे-पीछे जाकर सुने कि वे मनुष्यों से क्या बातें करते हैं।

माता कपिला को वे देवतागण एक परेंगा गाँव में मिले। उन्होंने कहा, 'तुम लोगों को यथोचित ढंग से रहना चाहिए। प्रतिदिन स्नान करना चाहिए और सप्ताह में एक बार भोजन ग्रहण करना चाहिए।' माता कपिला ने बीच में ही हस्तक्षेप करते हुए कहा, 'ये सब बातें गलत हैं, तुम्हें सात दिन में एक बार स्नान करना चाहिए और दिन में तीन बार भोजन करना चाहिए।' मनुष्य गाय के परामर्श से अत्यन्त प्रसन्न हुए और उसकी पूजा करने लगे।

वे देवतागण वापस चले गए और उन्होंने इस्पुर महाप्रभु को जाकर बताया कि उन्होंने लोगों को क्या परामर्श दिया था और कैसे उस गाय ने हस्तक्षेप करते हुए उनके परामर्श को बदल दिया था। इस्पुर महाप्रभु को गाय पर बहुत क्रोध आया, 'मनुष्य को

दिन में तीन बार आहार कहाँ से प्राप्त होगा? तुम्हें उनकी सहायता करनी पड़ेगी। तुम्हारे बछड़े जब तक जीवित रहेंगे तब तक वे उनके लिए अन्न पैदा करेंगे और मरणोपरान्त अपना मांस मनुष्यों को उपलब्ध करेंगे।'

●

एक पहाड़ी पर जिसका नाम मोरीमहुआ था, एक गौड़ और उसकी पत्नी घर बनाकर रहने लगे। वे कन्दमूल, फल खाकर जीवनयापन करने लगे। एक दिन देउर और उनकी पत्नी बकरी पर बैठकर उस पहाड़ी पर गए और वे उस गौड़ के घर जा पहुँचे। उस गौड़ ने अपने अतिथियों को चौड़े-चौड़े पत्तों पर बैठाया और उनके चरण शहद से धोए। वे बहुत प्रसन्न हुए और उन्होंने अपनी बकरी उस गौड़ को देने का निश्चय कर लिया। उसे बकरी देते हुए उन्होंने गौड़ से कहा, 'इस बकरी की अच्छी तरह से देखभाल करना। इसके अनेक बच्चे होंगे और वे तुम्हारे लिए बहुत उपयोगी होंगे।'

उस बकरी ने उस घर में आने के तुरन्त बाद एक साथ तीन बच्चे दिए। ऐसा ही छह बार हुआ। परन्तु सातवीं बार उसने दो बच्चे ही दिए जिसमें से एक नर था और एक मादा थी।

अब उनके पास बकरियों की एक पूरी रेवड़ तैयार हो गई थी और उस गौड़ के बेटे का सारा समय उन्हें चराने में ही व्यतीत हो जाता था। एक दिन छोटे बच्चे जंगल में भटक गए और वह लड़का बाकी रेवड़ को लेकर घर चला आया। दूसरे दिन गौड़ स्वयं उन खोए हुए बच्चों को खोजने जंगल में गया, परन्तु उसे उनका कहीं भी पता नहीं चला। छह माह पश्चात एक दिन गौड़ का बेटा जंगल में लकड़ी काटने गया तब उसे वहाँ बकरी-बकरे का एक जोड़ा चरता हुआ मिला। उसने उन्हें पकड़कर घर लाने की चेष्टा की, परन्तु वे उसकी पकड़ में ही नहीं आते थे। वह उन्हें जंगल में ही छोड़कर चला गया और वे दोनों हिरण बन गए।

●

सर्वप्रथम भैंसे की बलि चढ़ाने का कार्य कन्ध जनों को रानी अरू ने सिखाया। वे उसका मांसाहार करते और उन्हें देखकर पाइक और गोंड जनों की भी इच्छा भैंसे के मांसाहार के लिए प्रबल हो उठती। उन्होंने रानी अरू से जाकर कहा, 'देखो, कन्ध लोग मांसाहार करते हैं, हम भी वैसा ही क्यों न करें? अन्यथा हम क्या खाएँगे?' रानी अरू ने कहा, 'अभी तुम चले जाओ, मैं तुम्हें कुछ मांस प्रदान करूँगी।'

उनके जाने के उपरान्त रानी अरू ने सोचा, 'मैं इतने सारे लोगों के लिए कहाँ से आहार जुटा पाऊँगी? वह टिकावली पर्वत से जाकर थोड़ा मोम लेकर आई और उससे उसने एक साँभर बनाया और उसके चार पैर लकड़ी द्वारा बनाकर लगाए तथा कोसा रेशम के तार से उसकी अंतड़ियाँ बनाईं। परन्तु वह उसके सींग लगाना भूल गई। उसने उसे जंगल में छोड़ दिया, 'यहाँ रहो और प्रजनन द्वारा अपनी आबादी में वृद्धि करो,'

उसने कहा। 'जब बीस-पच्चीस लोग आकर तुम्हारा शिकार करेंगे, तब वे तुम्हारा मांसाहार करेंगे।'

इसके पश्चात रानी अरू ने पाइक और गोंड लोगों को बुलाकर कहा, 'तुम लोग नचिकेड़ी पर्वत पर चले जाओ, तुम्हें वहाँ एक साँभर मिलेगा। तुम लोग अपने धनुष-बाणों से उसका शिकार करना तथा उसे मारकर ले आना और सब लोगों में उसका मांस वितरित करके भोज का आयोजन करना।' वे जंगल में गए जहाँ तब तक बहुत से साँभर हो गए थे। उन्होंने एक साँभर मारकर उसका मांसाहार किया।

उस जमाने में खरगोश के भी सींग हुआ करते थे। साँभर और खरगोश में मित्रता हो गई, एक दिन वे साथ-साथ एक नाले में स्नान करने गए। खरगोश ने अपने सींग उतारकर एक शिला पर रख दिए और अपना सिर धोने लगा। साँभर ने तुरन्त स्नान कर खरगोश के सींग स्वयं धारण कर लिए और वहाँ से जंगल में भाग गया। जब खरगोश ने उसका विरोध किया तो उसने उसे खदेड़ दिया।

●

किसी समय मनुष्यों और घरेलू प्राणियों के भी सींग होते थे और वन्य प्राणियों के सींग नहीं थे। एक दिन उंड़रासिंगी गाँव के एक साँवरा ने कुँवारे युवक-युवतियों को एकत्रित किया और उन्हें साथ लेकर नाचने के लिए कोरडेल गाँव ले गया। कोरडेल की युवतियाँ भी उनके साथ मिलकर नाचने लगीं। उंड़रासिंगी के लोग अपने साथ एक भैंसा लेकर गए थे। जब वे नाचते-नाचते थक गए, तब उन्होंने उसे मारा और उसके मांस को ताड़ी में डुबा-डुबाकर सबको भोज दिया।

उंड़रासिंगी के एक युवक का कोरडेल की एक युवती से प्रेम हो गया। वह युवक उसके घर पर गया और वे घर का दरवाजा बन्द करके साथ-साथ शयन करने चले गए। परन्तु अन्य युवकों को पता चल गया कि वे दोनों गायब हैं और वे लोग उन्हें ढूँढते हुए वहाँ आ पहुँचे। जब उन लड़कों ने इन्हें खोज निकाला तो उस लड़के ने भागना चाहा, और जल्दबाजी में उसके सींग दरवाजे में अटककर उखड़ गए।

इसी प्रकार उनके सींग एक-एक कर उखड़ने लगे और उनके बदले जंगली जानवरों ने उन्हें ग्रहण कर लिया। साँभर ने मनुष्य के सींग ग्रहण कर लिए, हिरण ने स्त्रियों के सींग अपना लिए। यह भी एक कारण है कि मनुष्य गंजा हो जाता है।

●

जब माता पार्वती ने अपने बाघ को पिता महादेव को भयभीत कर घर लाने के लिए भेजा, तब उन्होंने जंगली ढोल (कुत्ते) बनाकर उसे खदेड़ दिया। वह बाघ इतना भयभीत हो गया था कि वह भागकर सीधा पार्वती की रसोई में जाकर छिप गया। वे कुत्ते बाघ का पीछा करते हुए बर्तनों को उलट-पलटकर देखने लगे और चूल्हे में भी खोजने लगे तथा यह सब करते हुए उनके पूरे शरीर पर कालिख पुत गई। जब वे वापस जंगल में

पहुँचे तब उन्होंने सोचा कि वे एकदम गन्दे हो गए हैं इसलिए उन्होंने एक आबनूस के वृक्ष से अपने बदन रगड़-रगड़कर पोंछे और कालिख छुड़ाई। तब से ही आबनूस की लकड़ी का रंग काला हो गया है। परन्तु वे कुत्ते अपने चेहरे देखने में असमर्थ थे इसलिए वे अपने चेहरों की कालिख नहीं छुड़ा पाए और उनके चेहरे आज तक काले रंग में ही रँगे हुए हैं।

●

बैल और कुत्ते में मित्रता थी। परन्तु एक दिन कुत्ते ने गाय को सम्मोहित करने की चेष्टा की। बैल ने उन्हें रँगे हाथों पकड़ लिया और कहा, 'मित्र तुम्हें बहुत परिश्रम करना पड़ रहा है, चलो हम लोग अपने-अपने अंगों को आपस में बदल लें।' पहले तो कुत्ते ने इनकार किया, परन्तु बाद में सहमत हो गया। उन दोनों मित्रों ने अपने-अपने अंग बदल लिए। इसके पश्चात बैल ने कहा, 'अब तुम अच्छी तरह कर सकोगे परन्तु यदा-कदा ही।'

एक दिन जब बैल चावल पका रहा था तब कुत्ते ने उसे चुरा लिया। बैल रोने लगा क्योंकि वह चावल उसके मित्र कुत्ते ने ही चुराया था। उसने कुत्ते को शाप देते हुए कहा, 'जब भी तुम्हारी भेंट किसी से होगी तो तुम्हें भौंकना पड़ेगा।'

इस प्रकार दोनों की मित्रता समाप्त हो गई। बैल जंगल में घास चरने चला गया और कुत्ता हमेशा भोजन चोरी करने की फिराक में लगा रहता है।

●

महाप्रभु अपना खेत जोत रहे थे। उनकी माँ और बहन समीप ही एक मेड़ पर बैठकर पेज तैयार कर रही थीं और जब पेज बनकर तैयार हो गया तब माँ ने अपनी बेटी को महाप्रभु के लिए पेज लेकर भेजा। उसने एक फल भी उसे यह कहते हुए दिया कि, 'चाहे कुछ भी हो जाए, परन्तु तुम इस फल को मत खाना और इसे ले जाकर महाप्रभु को देना।' यह नित्यप्रति की दिनचर्या थी, परन्तु एक दिन महाप्रभु खेत जोतते हुए बहुत दूर निकल गए थे और जब उन्हें वापस आने में बहुत विलम्ब होने लगा तो उस लड़की को बहुत तेज भूख लग आई और उसने वह फल खा लिया। उस फल का सेवन करते ही वह पागल हो गई और वह बाल बिखराए अस्त-व्यस्त अवस्था में, नेत्रों को विस्फारित किए डरावना रूप लिए भागकर घर चली गई। उसकी माँ ने उसे डाँटा, फटकारा और उसकी झाड़ू से पिटाई की। वह लड़की कुतिया के रूप में परिवर्तित हो गई और झाड़ू उसकी पूँछ बन गई।

●

सात बन्धु गदबा और उनकी एक बहन एक साथ रहते थे। उन भाइयों ने अपनी बहन के लिए एक लमसेना की व्यवस्था की। वे सभी भाई अच्छे शिकारी थे और प्रतिदिन

जंगल में शिकार खेलने चले जाते थे, परन्तु उनकी बहन और वह युवक (लमसेना) घर पर ही रहते थे।

एक दिन उन भाइयों ने लमसेना से कहा, 'हम लोग प्रतिदिन तुम्हारे लिए मांस लेकर आते हैं, आज तुम जाकर हमारे लिए मांस लेकर आओ।' लड़के ने अपनी पत्नी से कहा और उसने उसके लिए पेज बनाकर तूम्बी में भरकर दे दिया। उसने अपने टंगिये में पेज की तूम्बी लटका ली और धनुष-बाण लेकर जंगल में चला गया। उसने एक हिरण को देखा और उस पर अपना बाण छोड़ दिया। परन्तु जैसे ही उसने बाण छोड़ा, उसे ठोकर लगी और वह गिर पड़ा। हिरण घायल होकर भाग गया। उसकी तूम्बी भी गिर पड़ी और वह एक कुत्ते में परिवर्तित हो गई। उस कुत्ते ने दौड़कर हिरण को दबोच लिया। लड़के ने जब खड़े होकर अपनी तूम्बी को देखा, तो वह वहाँ नहीं थी। परन्तु उसने एक कुत्ते को हिरण को पकड़े हुए देखा। उसने दौड़कर हिरण पर प्रहार कर उसे मार डाला और उठाकर घर ले गया। कुत्ता उसके आगे-आगे दौड़ता हुआ, उससे पहले ही घर पहुँच गया। कुत्ते को देखकर लड़की के मन में आशंकाएँ उत्पन्न होने लगीं कि कहीं उसका पति मारा तो नहीं गया और कुत्ता उसे सूचना देने आया हो। परन्तु थोड़ी ही देर बाद वह युवक भी आ पहुँचा और उन्होंने उसे पालतू बनाकर घर में रख लिया।

●

पुराने जमाने में जब कुत्तों की पूँछ नहीं होती थी तब वे बहुत तीव्र गति से भाग सकते थे और वे इतने शक्तिशाली थे कि बाघ को भी मार सकते थे। एक वृद्ध विधवा और उसके बेटे के पास बहुत से पशु, सूअर, बकरियाँ और मुर्गे-मुर्गियाँ थीं। रात्रि में वे दरवाजे के बाहर एक कुत्ता बाँध देते थे जिसके भौंकने से चोर इतना भयभीत रहते थे कि वे घर के पास फटकते तक नहीं थे।

उस कुत्ते में और उस विधवा के बेटे में प्रगाढ़ मैत्री थी और वे दोनों साथ-साथ खेला करते थे। जब वह लड़का बड़ा हुआ, तब उसका विवाह हो गया और उसकी पत्नी भी आकर उस घर में रहने लगी। एक दिन बहू अपने मायके गई और कुछ समय उपरान्त ही लड़का उसे लेने के लिए चला गया। जब वह जाने की तैयारी कर रहा था तब कुत्ते ने पूछा, 'बड़े भाई तुम कहाँ जा रहे हो?' 'मैं अपनी ससुराल जा रहा हूँ।' 'तब तो मैं भी तुम्हारे साथ जाऊँगा।' कुत्ते ने कहा।

जब वे उस गाँव के समीप पहुँचे, तब कुत्ते ने कहा, 'बड़े भाई, तुम्हारी लँगोटी से सामने की ओर और पीछे दोनों ओर पूँछ लटक रही हैं और मैं बिना पूँछ का लँडूरा हूँ और लोग मुझ पर हँसते हैं। तुम अपनी पीछेवाली पूँछ मुझे दे दो।' लड़के ने अपनी लँगोटी के पीछेवाले छोर को फाड़कर कुत्ते को दे दिया और उसे कुत्ते ने अपने पीछेवाले अंग पर लगा लिया और उसे गर्व के साथ हिलाने-डुलाने लगा। जब गाँव के लोगों ने देखा कि उस लड़के ने क्या किया था, तब सभी ने अपने-अपने लंगोट की पुँछड़ियाँ काटकर अपने-अपने कुत्तों को दे दीं। कुछ दिनों के पश्चात वह युवक अपनी पत्नी को

लेकर अपने घर आ गया और हमेशा के समान ही कुत्ते को घर के बाहर बाँध दिया। उसी समय एक बाघ वहाँ आ गया और कुत्ता जोर-जोर से भोंकने लगा। बाघ ने अपने मन में कहा, 'क्या सचमुच मैं इस कुत्ते को दिखाई पड़ता हूँ जो यह मुझ पर भोंकता है। मुझे इस बात का पता लगाना चाहिए।' वह बाघ बहुत ही सावधानीपूर्वक उस कुत्ते के पास तक जा पहुँचा, और उससे बातें करने लगा। 'यह क्या है?' बाघ ने कुत्ते के कान को छूते हुए पूछा। 'यह मेरा कान है।' कुत्ते ने कहा। 'और यह क्या है?' बाघ ने कुत्ते की नाक को छूते हुए पूछा। 'यह मेरी नाक है,' कुत्ते ने कहा। 'और यह क्या है?' मुँह को स्पर्श करते हुए बाघ ने पूछा। 'यह मेरा मुँह है,' कुत्ते ने कहा। 'और यह क्या है?' बाघ ने कुत्ते के लिंग को स्पर्श करते हुए पूछा। कुत्ते ने उत्तर दिया, 'यह मेरा लिंग है।'

बाघ ने जब कुत्ते की पूँछ देखी तो उसे बहुत डर लगा, उसने सोचा न जाने यह बन्दूक है या तलवार। उसने अत्यन्त सावधानीपूर्वक उसकी पूँछ को स्पर्श करते हुए पूछा, 'यह क्या है?' इस आशय से भागने की तैयारी में बाघ चौकन्ना था कि यदि कुत्ते ने कहा कि वह उसे बन्दूक या तलवार बताएगा। 'यह मेरी पूँछ है,' कुत्ते ने कहा। यह सुनकर बाघ ने कुत्ते को पकड़ लिया और घसीटकर ले गया और मारकर खा गया।

यदि हम चाहते हैं कि कुत्ता तीव्र गति से भागे तब हम उसकी पूँछ काट देते हैं। तब वह अच्छा शिकारी बन जाता है।

●

किसी समय एक वृद्ध सिरहा और उसकी अन्धी पत्नी रहते थे। उस सिरहा ने अपने खेत में ज्वार बोई थी। जब फसल पककर तैयार हो गई तब उसने फसल की लुआई कर ली और खलिहान बनाया। उसकी पत्नी फसल की मिंजाई में उसकी सहायता करने आती थी। वह एक दिन ज्वार के ढेर को डंडे से कूट रही थी। वह थककर धूप में बैठी सुस्ताने लगी। एक कुत्ता पीछे से आकर उसकी पीठ चाटने लगा। उस अन्धी स्त्री ने डरकर ज्वार के एक-दो भुट्टे उसकी ओर फेंकते हुए कहा, 'चू-रे।' एक भुट्टा कुत्ते के पीछे चिपक गया और वह 'कूँ-कूँ' करता हुआ भाग गया।

कुत्ता थोड़ी ही दूर गया था कि उसकी भेंट ठकुरानी माता से हो गई। उसने पूछा, 'क्या बात है?' कुत्ते ने उत्तर दिया, 'मैंने उस बुढ़िया की पीठ को मित्रतावश ही चाटा था, परन्तु उसने अन्न को बालियाँ मेरी ओर फेंकीं और उनमें से एक मेरे पिछले अंग में चिपक भी गई और उसने मुझे गालियाँ भी दीं। कृपा करके इसे मेरे अंग से हटा दो।' ठकुरानी माता ने कहा, 'मैं निश्चित रूप से उसे नहीं हटाऊँगी। वह बहुत ही आकर्षक लग रही है। अलबत्ता उसे मैं तुम्हारी पूँछ बना देती हूँ जो तुम्हारे लिए बहुत काम की होगी।'

इसीलिए कुत्ते की पूँछ थोड़ी टेढ़ी होती है जैसा कि ज्वार का भुट्टा होता है।

●

किसी समय एक बुड्ढा गुनिया और उसकी पत्नी रहते थे। उनके कोई सन्तान नहीं थी और वे अपना सारा काम स्वयं ही करते थे। उस गुनिया ने अपना खेत तैयार करके उसमें दलहन बो दी थी। बन्दर फसल को बहुत नुकसान पहुँचाते थे, इसलिए उस गुनिया को रखवाली के लिए अधिकांश समय खेत पर ही बिताना पड़ता था।

एक दिन गाँव में बलि चढ़ाने का आयोजन था, इसलिए उसे वहाँ जाना था। उस दिन उसके बदले उसकी स्त्री भोजन और एक तूम्बी में पीने के लिए पानी लेकर खेत की रखवाली करने चली गई। जब वह वहाँ पहुँची तो बहुत से बन्दर दलहन खा रहे थे। उसने अपनी तूम्बी उनकी ओर फेंकते हुए कहा, 'छू-छू'। वह तूम्बी कुत्ता बनकर भौंकते हुए बन्दरों को खदेड़ने लगी।

●

एक दिन पिता महादेव ने बहुत मदिरापान कर लिया। वे लड़खड़ाते हुए एक ताजा चिता के पास पहुँचे और उसकी राख अपने बदन पर लपेट ली। तत्पश्चात वे अपने नन्दी पर बैठकर रास्ते भर झूमते हुए चले गए। माता पार्वती आगे-आगे चल रही थीं। एक कुत्ता महादेव को देखकर भौंकने लगा। जब उसने महादेव को पहचान लिया तब भी वह भौंकता रहा। पार्वती ने हँसते हुए कुत्ते से कहा, 'यह तुम्हारा विधाता जा रहा है।' इस पर कुत्ता बहुत डर गया और उसने अपनी पूँछ समेट ली और पुनः जोर-जोर से भौंकने लगा।

कुत्ते के मालिक ने उससे पूछा, 'तुम किसे इतना भौंक रहे हो?' कुत्ते ने कहा, 'मेरा भाग्य विधाता रास्ते में है, मैंने अपनी पूँछ को लपेटकर फंदा बना लिया है और मैं उन्हें फाँसने के लिए बुला रहा हूँ।' परन्तु कुत्ते के मालिक ने कहा, 'तुम टट्टी करनेवाले जीव, तुम अपने भाग्य को कभी भी नहीं पकड़ पाओगे। तुम्हारा भाग्य अलबत्ता तुम्हें पकड़ लेगा।' और उसने कुत्ते की पूँछ पकड़कर जोर से मरोड़ दी और कहा, 'इतनी जोर से मत भूँको।'

परन्तु कुत्ता यह सुनकर बहुत डर गया कि उसका भाग्य उसे पकड़ लेगा अतः वह और भी जोर से भौंकने लगा। इस प्रकार से कुत्ते का भौंकना आरम्भ हुआ।

●

अपनकुड़ी-ममुनकुड़ी एक कुत्ता था जो परमगत्ती और मंगरगत्ती का था। एक दिन वे उसे शिकार पर साथ ले गए। वहाँ उन्हें सात दिन लग गए। उन्हें वहाँ खाने के लिए कुछ भी नहीं मिला। परमगत्ती और मंगरगत्ती ने कुत्ते से कहा, 'तुम अपनी माँ से थोड़ा चावल माँगो।' कुत्ता घर जाकर चिल्लाया, 'भौं-भौं,' और वापस आ गया। उन्होंने कहा, 'तुम चावल लेकर क्यों नहीं आए?' कुत्ते ने कहा, 'मुझे उसने चावल नहीं दिया।'

परमगत्ती और मंगरगत्ती पानी पीते हुए सुस्ताते हुए जैसे-तैसे घर पहुँचे। घर पहुँचकर परमगत्ती अपनी पत्नी को पीटना चाहता था, उसने पूछा, 'क्यों क्या हुआ?'

'मैंने कुत्ते को चावल लेने हेतु भेजा था, तुमने नहीं दिया इसलिए।' उसकी स्त्री ने कहा, 'यह बात सच है कि कुत्ता यहाँ आया था, परन्तु उसने चावल के बारे में कुछ भी नहीं कहा। उसने तो यहाँ बैठकर सिर्फ 'भौं-भौं' कहा था।' परमगत्ती को कुत्ते पर बहुत गुस्सा आया और उसने कहा, 'आज से तुम केवल 'भौं-भौं' ही बोल पाआगे और कुछ नहीं।'

कुत्ते ने कहा, 'मेरे कान में एक धागा बाँध दो जिसे मैं पूरे गाँव के चारों ओर लपेट दूँगा और जब भी कोई व्यक्ति या प्राणी उसे कुचलेगा तो मैं उसे भौंकने लगूँगा।'

●

जब निरंताली ने कन्ध लोगों को जंगल साफ करके खेती करना सिखाया तब वे अपने खेतों में ज्वार, कोदो, मड़िया आदि बोने लगे। परन्तु जब फसल पककर तैयार हो जाती तब बन्दर आकर उसे चुरा लेते और लोगों को बहुत नुकसान उठाना पड़ता था।

एक दिन सब कन्ध इकट्ठे होकर निरंताली के पास गए और उन्होंने याचना की, 'हमें कोई एक रखवाला प्रदान करो।' निरंताली ने उन्हें एक कुत्ता प्रदान किया और उसको आज्ञा दी, 'जाकर मनुष्यों के साथ रहो और उनके खेतों से जानवरों को भगाकर उनके उत्पादन की रक्षा करो।' उन दिनों कुत्ते भौंकना नहीं जानते थे, अतः वे पशुओं का पीछा करने में असमर्थ थे जिसके कारण उसका कार्य बहुत कष्टप्रद हो जाता था। इसके लिए निरंताली ने उन्हें कोई ऐसी आवाज बनाकर देने पर विचार किया जिससे कि कुत्ते को अधिक भाग-दौड़ न करनी पड़े। कुत्ते ने कोशिश की परन्तु उसके स्वाँस की ही आवाज निकल पाती थी 'सोंह-सोंह'। निरंताली ने बाँस की एक नली बनाकर उस कुत्ते के गले से नीचे पेट में उतार दी और फिर कुत्ते की आवाज निकलने लगी—'भौं-भौं'।

इस आवाज को प्राप्त करने के बाद बन्दरों को वह अपनी आवाज से ही डराकर भगा देता था और उसे अधिक भागदौड़ करने की आवश्यकता नहीं रह गई।

●

एक दिन जब निरंताली घर के काम-काज में ही व्यस्त थी, तब परमगत्ती अपने खेत से लकड़ी काटने चले गए। उन्होंने अपने टंगिए के हत्थे से लकड़ी के छिलकों का प्रयोग करके एक ढोल (जंगली कुत्ता) बनाया और उसे अपने घर भेजा। कुत्ता निरंताली को देखते ही उस पर आक्रामक होकर झपटा, परन्तु निरंताली ने उसका मुँह अपने मैले-कुचैले हाथों से ही पकड़ लिया और उसका मुँह काला हो गया।

निरंताली ने उसके उत्तर में एक बाघ बनाकर परमगत्ती के पास जंगल में भेजा, परन्तु उन्होंने कुत्ते से कहा, 'जाओ, इस बाघ को खा जाओ।' कुत्ते ने उसका पीछा किया और बाघ को भगा दिया, वह चक्कर लगाता हुआ कुत्ते के आगे-आगे भागता रहा, तब कुत्ते ने एक पत्थर पर पेशाब कर दिया और वह बाघ अन्धा हो गया। कुत्ते ने फिर उसे मार डाला और खा गया।

पहले कुत्ते मनुष्यों को भी मारकर खा जाया करते थे। वे बेहद खतरनाक थे और मनुष्यों को आशंका थी कि वे सब मारे जाएँगे। परन्तु उरूरेंगन ने कुछ रेशम का धागा कातकर उसे निगल लिया और घर के बाहर बैठकर उस धागे को खींच-खींचकर निकालने लगा। कुत्ता उसे खाने के लिए आया परन्तु उरूरेंगन ने उससे कहा, 'मुझे इतनी भूख लगी है कि मैं अपनी ही अंतड़ियाँ निकालकर उन्हें खा रहा हूँ।' कुत्ते ने जब यह सुना तो वह डरकर भाग गया और तब से उसने मनुष्यों का भक्षण करना त्याग दिया।

●

एक दिन तीन भाई अपनी-अपनी काँवड़ लेकर दूसरे गाँव से अनाज लेने गए। उन्हें घर से निकालने में विलम्ब हो गया था। इसलिए अपने गन्तव्य पर पहुँचने के पूर्व ही उन्हें रास्ते में रात हो गई। उन्होंने जंगल में ही विश्राम करने हेतु व्यवस्था की और दो भाई जलाने के लिए लकड़ियाँ एकत्रित करने लगे और सबसे छोटा भाई वहीं बैठ गया जो कोई भी कार्य नहीं कर रहा था। दोनों बड़े भाइयों ने नाराज होते हुए उससे कहा, 'तुम कुछ भी नहीं करते हो। आज हम तुम्हें आग के समीप नहीं बैठने देंगे।' उन्होंने आग जलाई परन्तु उस भाई को आग के समीप नहीं बैठने दिया और रात्रि में ठंड के कारण उसकी मृत्यु हो गई।

जब उन्हें उसकी मृत्यु का पता चला, तब उन्होंने कहा, 'कुछ भी हो' आखिर वह हमारा भाई था,' और उन्होंने उसका दाह-संस्कार किया और समुचित रूप से अन्तिम संस्कार निपटाए। वे उस गाँव में गए, अपना अन्न लिया और उसी मार्ग से वापस लौटे। जब वे उस स्थान पर पहुँचे जहाँ उन्होंने अपने भाई का दाह-संस्कार किया था, तो उन्हें वहाँ एक कुत्ता राख की ढेरी पर बैठा हुआ मिला।

वह कुत्ता दौड़कर उनके पास आया और उनके पैरों को चाटने लगा। एक भाई ने कहा, 'यह अवश्य ही हमारा भाई होना चाहिए,' और उसने कुत्ते से कहा, 'हमारे साथ घर चलो।' कुत्ता उनके पीछे-पीछे घर तक चला गया।

इसी कारण से हम लोग कुत्ते का आहार नहीं करते हैं और इसी कारण कुत्तों को राख में बैठना प्रिय लगता है।

●

एक वृद्ध दम्पती के पाँच बेटे थे और एक छोटी बेटी थी। वे अपनी बेटी को इतना अधिक चाहते थे कि उन्होंने उसके लिए घर में एक लमसेना रख लिया था। एक दिन उन पाँचों भाइयों ने उस युवक से कहा, 'आज तुम अकेले खलिहान में काम करने जाओ, हम लोग शिकार खेलने जा रहे हैं।' 'बहुत अच्छा,' लड़के ने कहा और वह अकेला ही खलिहान पर काम करने हेतु चला गया।

दोपहर में उसकी पत्नी उसके लिए एक बर्तन में खाना पहुँचाने चली गई। जब उसने उस लड़की को देखा तो अपने मन में कहा, 'मुझे यहाँ रहते हुए इतना समय बीत

गया, परन्तु मैंने अब तक अपनी पत्नी को पहचाना तक नहीं। आज हम लोगों को पूरी तरह एकान्त मिला है, आज वह समय हमें मिल गया है।' वह अपनी पत्नी को पुआल के ढेर के पीछे ले गया और कुत्ते-कुतिया के आसन में वे दोनों संलग्न हो गए। परन्तु वे अब पृथक् नहीं हो पा रहे थे।

सन्ध्या समय पाँचों भाई जंगल से वापस आए। बड़ा भाई सबसे आगे-आगे चल रहा था और उसने प्रेमी युगल को साथ-साथ खलिहान में लेटे हुए पाया। उन्होंने खाँसकर उन्हें सावधान किया कि वे अलग-अलग हो जाएँ परन्तु वे अलग करने में अपने को असमर्थ पा रहे थे। बड़े भाई को उनकी निर्लज्जता पर बहुत क्रोध आ रहा था और उसने अपने धनुष से एक बाण का प्रहार उस युवक पर कर दिया। निशाना चूक जाने के कारण वह बाण उसकी बहन को जाकर लगा और उसका प्राणान्त हो गया। जैसे ही उसकी मृत्यु हुई उसके प्रेमी को छुटकारा मिल गया, और उसने उन भाइयों को सम्पूर्ण वृत्तान्त सुना दिया।

वे उसका शव जंगल में ले गए और एक चिता सजाकर उसके दाह-संस्कार हेतु अग्नि प्रज्वलित कर दी। जैसे ही आग से लपटें उठने लगीं तो उसका पति भी चिता में कूद पड़ा और अपनी पत्नी के साथ ही जल मरा।

उन भाइयों ने घर जाकर अपने पिता को बताया कि वे दोनों किसी दूसरे गाँव में भाग गए हैं। दोनों माता-पिता रोते हुए उनकी खोज में निकले। खोजते-खोजते वे उस स्थान पर पहुँचे जहाँ उनका दाह-संस्कार किया गया था। उन्हें उस चिता की राख में से पूँछ के समान दो खूँटे दिखाई पड़े। उन्होंने उनको पकड़कर जब खींचा तो उस राख में से एक कुत्ता और एक कुतिया निकल आए। उन्हें वे अपने घर ले गए और उनको उसी तरह प्यार करने लगे मानो वे उनके अपने ही बच्चे हों।

●

दुम्मी नामक एक देवी की एक सुन्दर कन्या थी। जब वह लड़की बड़ी हुई तब दुम्मी उसके लिए वर खोजने निकली। आन्ध्रमती पर्वत पर उसकी भेंट सात कुँवारे भाइयों से हुई। उसने अपने में सोचा, 'ये सात भाई हैं, परन्तु मुझे समझ में नहीं आ रहा है कि इनमें से किस युवक के साथ में अपने बेटी का विवाह करूँ।' अतः वह उन सातों युवकों को अपने साथ घर ले गई और उसने अपनी बेटी से कहा, 'ये सातों भाई हैं, तुम इनमें से जिसे भी सर्वोत्तम समझती हो, उससे विवाह कर लो।'

उस लड़की ने सबसे छोटे लड़के को पसन्द किया, और उसका विवाह उससे हो गया। विवाह के उपरान्त वे उसे अपने घर ले गए। वह उन सबके लिए भोजन तैयार करती थी और सब भाई खेत पर काम करने चले जाते थे। एक दिन खेत पर बहुत अधिक काम था इसलिए भाइयों ने उसे खेत पर ही भोजन पहुँचाने के लिए कहा। जब वह खाना पहुँचाने जा रही थी, तब रास्ते में एक घना जंगल पड़ा, और वह डर के मारे रोने लगी। दुम्मी ने अपनी बेटी की रोने की आवाज सुनी तो वह तुरन्त देखने हेतु आई

कि क्या बात है। लड़की ने बताया, 'वह अकेली थी इसलिए वह डर गई और रोने लगी।' दुम्मी ने कहा, 'तुम अपनी तूम्बी मुझे दे दो और वापस चली जाओ।' जब लड़की दूर जाकर उसकी दृष्टि से ओझल हो गई, तब उसने उस तूम्बी से कहा, 'अरे बिना पूँछ के चलो। मेरे पीछे-पीछे आओ।' वह तूम्बी एक कुत्ते के रूप में परिवर्तित हो गई और कुत्ता उस लड़की के पीछे-पीछे जंगल में चलने लगा। दुम्मी वहाँ से अन्तर्ध्यान हो गई।

●

पुराने जमाने में सभी प्राणी एक साथ रहते थे और आपस में एक-दूसरे से वार्तालाप किया करते थे। परन्तु धीरे-धीरे बहुत से प्राणी जंगलों में रहने चले गए। परन्तु फिर भी जंगली जानवरों में और घरेलू पशुओं में मैत्री बनी हुई थी और जब भी कोई जंगली जानवर गाँव में आता तो गाँव के पशु उन्हें घर की परछी में बैठाकर उनकी आवभगत करते और उन्हें कोई न कोई वस्तु खाने के लिए देते।

उन दिनों जंगल में घास चरनेवाले पशुओं के लिए पर्याप्त खाद्य उपलब्ध था, परन्तु मांसाहार करनेवाले बाघ और तेंदुओं के लिए खाद्य का अभाव था इसलिए वे भूखों मरने लगे। अन्त में एक तेंदुआ एक रात्रि में गाँव में आया। एक कुत्ता एक घर की परघी में सो रहा था। तेंदुआ उसके समीप जाकर बैठ गया। कुत्ते ने सोचा कि वह भी कोई कुत्ता ही है और उसने उसे बैठे रहने दिया। परन्तु जब कुत्ता सो गया, तब उस तेंदुए ने कुत्ते को उठाया और जंगल में ले गया। रास्ते में कुत्ते की नींद खुल गई और उसने स्थिति को समझते हुए चुपचाप रहना ही उचित समझा।

तेंदुआ कुत्ते को एक पेड़ के नीचे लिटाकर दतौन करने के लिए कोई लकड़ी खोजने लगा। तभी कुत्ता उठकर भाग गया और जाकर किटुंग के पास पहुँचा। जब किटुंग ने कहा, 'जब भी कोई ऐसा प्राणी गाँव में प्रवेश करे जिसे तुम न जानते हो तुम उसके पिछले अंग को सूँघना। वह भी ऐसा ही करेगा। यदि तुम्हें उसके पिछले अंग से हल्दी की गन्ध आए तो समझना कि वह तुम्हारी ही जाति का है। यदि वह प्राणी तुम्हें ऐसा न करने दे जब तुम समझ लेना कि वह तुम्हारी जाति का नहीं है, और तुम वहाँ से तुरन्त भाग जाना।' तब से कुत्ते इस नियम पर चलते आ रहे हैं।

●

पुराने जमाने में सभी प्राणियों के हाथ, पैर और नाखून तथा पूँछ होती थी, केवल कुत्ते के पूँछ नहीं थी। कुत्ते के पूँछ नहीं होने के कारण सभी प्राणी उसका उपहास करते थे और कुत्ता इस बात को लेकर कुपित था, क्योंकि उसे ऐसा महसूस होता था कि बिना पूँछ के वह कुरूप दिखाई पड़ता है। अन्त में वह दुखी होकर जंगल में जाकर छिप गया।

एक दिन जब किटुंग जंगल में भ्रमण कर रहे थे, कुत्ते ने पूछा, 'आप यहाँ क्या कर रहे हैं?' किटुंग ने उत्तर दिया, 'मैं तुम्हें खोजने आया हूँ।' 'आपने मुझे सब कुछ

तो दिया परन्तु मेरी पूँछ नहीं बनाई, इस कारण से लोग मुझ पर हँसते हैं और लोग मुझे अपने पास नहीं बैठने देते।' किटुंग कुत्ते को गाँव में ले गए और एक बगीचे में जहाँ एक साँवरा ने लोकी की कुछ बेलें लगा रखी थीं, वहाँ से कुछ लौकियाँ तोड़कर उनके ठंडल उसके पीछे लगा दिए और कुत्ते से कहा, 'यह तुम्हारी पूँछ लगा दी, अब इसे अपनी टाँगों में छिपाकर रखना और जाकर गाँव में रहो और जब लोग तुम पर हँसें तो इसे बाहर निकालकर हिलाना और वे लोग तब झेपेंगे।

●

रामा और भीमा की एक बेटी थी। वह लड़की खेत में भी काम करती थी और उनके लिए खेत पर खाना भी पहुँचाती थी। रास्ते में ही किटुंग का घर पड़ता था, और उस लड़की की सुन्दरता पर मुग्ध था इसलिए उसके साथ विवाह करना चाहता था। उसने उस लड़की को अपने पास बुलाया परन्तु लड़की डरकर भाग गई। प्रतिदिन वह उसे बुलाता और लड़की भाग जाती। एक दिन उसने लड़की को राह में ही पकड़कर उसके साथ बलात्कार किया और उसके उपरान्त पूछा, 'अब तो हमने संसर्ग कर लिया है, अब बताओ तुम मुझसे विवाह करोगी या नहीं?' उसने फिर भी इनकार कर दिया। किटुंग ने तब उसके मुँह में दवाइयाँ भर दीं और कहा, 'ठीक है, तुम विक्षिप्त हो जाओगी और कुतिया बन जाओगी।' वह लड़की भौंकते हुए रामा और भीमा के पास पहुँची। उन्होंने उसे झाड़ू से पीटा और वह कुतिया बन गई और उसके झाड़ू के समान एक पूँछ निकल आई।

●

आरम्भ में हाथी भी बिलकुल कुत्ते जैसे ही थे। इसलिए उनसे न तो कोई डरता ही था और न ही उनकी कोई परवाह ही करता था, लोग उनको गालियाँ देते, उन्हें मारते-पीटते और उन्हें जहाँ चाहते खदेड़ देते।

एक दिन जब एक हाथी की बुरी तरह पिटाई हो गई, तब वह रोता हुआ निरंताली के पास गया और शिकायत करने लगा, 'तुमने मुझे इतना छोटा बनाया है कि मेरी कोई परवाह ही नहीं करता।' निरंताली ने कहा, 'मैं अब इस मामले में कुछ नहीं कर सकता, तुम बूढ़ा पिन्नू के पास जाओ।'

हाथी बूढ़ा पिन्नू के पास गया। बूढ़ा पिन्नू ने उसकी पीठ पर बैठकर उसे सिखाया कि किस प्रकार व्यवहार करना चाहिए, कैसे खाना चाहिए, कैसे पानी पीना चाहिए, कैसे चलना चाहिए और कैसे मैथुन करना चाहिए। जब वे उसे सिखाकर सन्तुष्ट हो गए, तब उसे उन्होंने बहुत विशाल आकार प्रदान कर दिया और उससे कहा, 'अब तुम जंगल में जाकर रहो, और जो कुछ तुम्हें खाने योग्य वस्तु मिले, उसे खाकर जिन्दा रहो। यदि कोई राजा तुम्हें पकड़ ले, तो उसके साथ चले जाओ और जो कुछ भी वह सिखाए उसे सीख लो।'

इसीलिए हाथी कन्ध लोगों की फसल को नष्ट करते हैं, क्योंकि उन्हें इस बात की याद आती है कि उनके साथ वे लोग किस प्रकार दुर्व्यवहार करते थे, जब उनका आकार छोटा था।

•

हाथी आरम्भ में मनुष्य ही था, जिसकी बहुत लम्बी नाक थी, बड़े-बड़े कान थे और बहुत विशाल शिश्न था तथा भारी नितम्ब थे। जब वह चलता था तो उसका शिश्न लुड़्डुंग-लुड़्डुंग इधर-उधर लटकता था। वह व्यक्ति नरभक्षी था और उसे किसी अन्य पशु का मांसाहार अच्छा ही नहीं लगता था।

जब उसने बहुत से लोगों को मारकर उनका आहार कर लिया तब बचे हुए लोगों ने निरंताली से जाकर कहा, 'यह व्यक्ति हम सब लोगों का भक्षण कर रहा है, चाहे कोई छोटा हो या बड़ा। हम लोगों में से कुछ समय पश्चात शायद ही कोई बचेगा।' निरंताली ने कुछ देर तक इस विषय पर विचार किया और फिर उस नरभक्षी को बुलवाकर कहा, 'मैं तुम्हें एक बहुत मीठा फल देती हूँ, तुम इसे खा लो।' उसने उत्सुकतावश उसे तुरन्त खा लिया। वह फल बेहद कड़वा था जिसे खाते ही वह व्यक्ति जंगल में भागा और हाथी बन गया।

•

सफगन्ना में निरंताली ने सल्फी वृक्ष को हाथी बनाने के लिए काटा। उसके लिए उन्होंने उस लकड़ी की पीठ और हड्डियाँ बनाईं। उसके पैरों के लिए चार ताड़ी के वृक्ष काटे। बिन्द्राबाड़ी के लोहार से लोहे की कीलें लेकर आईं। कानों के लिए ताड़ के पत्तों का उपयोग किया। उसके दाँतों को बनाने हेतु ताड़ के उन ठूँठों का प्रयोग किया जिनमें से ताड़ी निकलती है। उसके तने के तन्तु से सूँड़ बनाई। उसके पश्चात उन्होंने उसके पेट में हवा भरी और उससे उस ढाँचे में प्राण आ गए। इसके पश्चात उन्होंने उसे ले जाकर गोलपाड़ा पर्वत के जंगल में छोड़ दिया और वह वहीं घूमने-फिरने लगा।

•

पुराने जमाने में जब रामा और भीमा का राज्य था, तब एक दिन उन्होंने सभी मुखियों को आमन्त्रित किया और वे सब मुखिए अपनी-अपनी सवारी पर बैठकर वहाँ पहुँचे, कोई हिरण पर बैठकर पहुँचा, तो कोई बाघ पर, कोई मयूर पर बैठकर। सबने अच्छे-अच्छे सुन्दर वस्त्र धारण कर रखे थे।

कपटोमिंजरा पर्वत पर बुडरा साँवरा रहता था जो उस गाँव का माँझी था। उसके पास न तो अच्छे कपड़े ही पहनने के लिए थे और न ही कोई सवारी थी। उसकी पत्नी को उसकी विपन्न स्थिति अच्छी नहीं लगी। उसने उसे एक बीजा वृक्ष काटकर उसे तराशकर एक पशु की आकृति प्रदान करने को कहा। उसने अपनी देह से रगड़कर

बहुत-सा मैल उतारा और उसे पानी में घोलकर उस प्राणी की आकृति पर मल दिया। अपने केश काटकर उनको लपेटकर उसने उसके सामने सूँड़ बनाकर लगा दिया। कानों के स्थान पर सूपे लगा दिए। जब वह आकृति बनकर तैयार हो गई तब उसने किटुंग महाप्रभु को बुलाया। उन्होंने उस पशु आकृति की पीठ पर जैसे ही हाथ रखा तो उसमें जीवन प्रवाहित हो उठा। बुडरा उस पर बैठकर दरबार में गया और रामा तथा भीमा ने उसे साफा भेंट करके सम्मानित किया और उससे कहा कि वह अपने हाथी को अपने पास रख सकता है।

●

पुराने जमाने में हाथी के बड़े-बड़े चार पंख हुआ करते थे। किटुंग भी उनमें से एक पर बैठकर सवारी करते थे। परन्तु पृथ्वी के निर्माण के पश्चात जब मनुष्य पृथ्वी पर रहने लगे तो हाथी उनके लिए उपद्रवकारी प्रतीत होने लगे। वे कोवों की भाँति चिल्लाते थे और आकाश में उड़ते थे और जब वे थक जाते तो नीचे उतरकर किसी भी मकान की छत पर बैठ जाते। वे इतने भारी थे कि उनके वजन से घर दबकर धसक जाते।

जब किटुंग को इस बात का पता चला तो वे बहुत नाराज हुए। एक दिन किटुंग ने हाथियों को भोज पर आमन्त्रित किया। उन सबने जमकर भोज किया और वहीं आराम करने के लिए लेट गए। नींद आ गई तो किटुंग ने उनके पंख काट डाले और उनमें से दो पंख तो मोर को दे दिए। इसीलिए मोर को लंबे पंख प्राप्त हो गए। दूसरे दो पंख उन्होंने केले के वृक्ष में लगा दिए, जो उसके विशाल पत्ते बन गए।

जब हाथी नींद से जागे तो उन्होंने पाया कि उनके पंख कटे हुए थे। उन्हें बहुत क्रोध आया और वे भागकर जंगल में चले गए। तब से उनकी मनुष्य से दुश्मनी हो गई है।

●

बरकुन पर्वत पर रहनेवाले साँवरा माँझी का नामकरण कुम्मा किया गया। उसकी दो बेटियाँ थीं और एक बेटा था। बड़े बेटे और बड़ी बेटी का विवाह हो चुका था परन्तु छोटी लड़की कुँवारी थी। बड़ी लड़की विवाह के पश्चात अपने ससुराल चली गई थी, शेष सब लोग अपने घर में ही एक साथ रहते थे। लड़की की पत्नी का प्रेम एक अन्य युवक से हो गया था और उसे इस प्रसंग का पता बहुत दिनों के बाद चल सका। उसे इस बात पर बहुत क्रोध आया और उसने उसकी जमकर पिटाई कर दी। वह स्त्री उस घटना के पश्चात भागकर अपने मायके चली गई। उसका पति उसको खोजने के लिए निकला और जब उसकी पत्नी ने उसे आते हुए देखा तो वह घबराकर छिपने का स्थान ढूँढ़ने लगी। उसे वहाँ कोई छिपने योग्य जब कोई स्थान नहीं मिला तब वह फर्श में बने हुए एक बिल में ही घुस गई और किटुंग को सहायतार्थ पुकारने लगी। 'मेरी आत्मा को बुला लो, यह व्यक्ति मुझे मार डालेगा।'

किटुंग ने जब उसकी पुकार सुनी और उस स्त्री को देखा, तब उसको लोमड़ी का रूप प्रदान कर दिया। वह स्त्री 'हू-हू' करती हुई चिल्लाई जैसे कि वर्तमान में लोमड़ी चिल्लाती है। उसके पति ने उसका पीछा किया, परन्तु वह बचकर भाग गई।

●

एक साँवरा और उसकी पत्नी रेजाडोंगर पर रहते थे। वह वहाँ का सिरहा था और उसकी पत्नी सिरहिन थे। उन्होंने पिड़हालडोंगर पर जाकर जंगल साफ करके अपने लिए खेत तैयार किए और उनमें प्रत्येक जाति के बीज बोए। परन्तु जब फसल तैयार हो गई, तब उस पर्वत के देवताओं ने उन्हें पर्वत पर फसल काटने हेतु नहीं आने दिया। जब-जब वे वहाँ जाते तो उस पर्वत के देवता वहाँ कभी बाघ को, तो कभी भालू को, तो कभी सर्प को उन्हें आहत करने के लिए भेजते। अतः वह सिरहा किटुंग के पास महेन्द्र पर्वत पर गया और उन्हें अपना कष्ट बताया।

किटुंग ने उसे समझाया, 'उस पर्वत के देवता को एक बकरी की बलि चढ़ा दो।' उस सिरहा ने बकरी कभी देखी ही नहीं थी और उसने चारों ओर बकरी की खोज की परन्तु उसे बकरी कहीं भी नहीं मिली। तब किटुंग स्वयं सुकुवा तारे पर गए। उस तारे पर एक बकरी के दो बच्चे उन्हें मिले। किटुंग ने सुकुआ के चरणों में लेटकर उन्हें प्रणाम किया और उनसे कहा, 'मुझे इन बच्चों को पन्द्रह दिनों के लिए अपने साथ ले जाने दीजिए, उसके पश्चात मैं इन्हें वापस कर दूँगा।' इस प्रकार उस बकरी और उसके बच्चों को लेकर किटुंग ने उस साँवरा के यहाँ पहुँचाया। साँवरा उन बकरी के बच्चों को लेकर पर्वत के पास गया और जाकर उनके देवता से कहा, 'ये बच्चे अभी बहुत छोटे हैं, इन्हें बड़ा होने दो तब अगले वर्ष मैं इनका पर्याप्त मांस आपको भेंट करूँगा।' देवता सहमत हो गए और उन्होंने फसल काट लेने दी। उसने बकरी को तो छिपा दिया और दोनों बच्चों की अगले वर्ष के अन्त में बलि चढ़ा दी।

●

बहुत पुरानी घटना है, एक खरगोश ने कहा, 'मैं कभी भी पानी के समीप नहीं जाऊँगा। मैं कभी भी पानी नहीं पीऊँगा, जब तक कि वह स्वयं मुझ तक पहुँच मेरे चरणों पर न गिर जाए।' परन्तु एक दिन उसे बहुत तीव्र प्यास लगी और वह पानी पीने चला गया। महाप्रभु ने उससे कहा, 'जब तुमने स्वयं ही अपने लिए नियम बनाया है, तब उसका उल्लंघन क्यों कर रहे हो?' उन्होंने खरगोश पर क्रोधित होते हुए उसे मेंढक बना दिया।

●

रानीसोरू पर्वत पर बूढ़ा पिन्नू की बहन पुसुरूली रहती थी। एक बार उसके भाई उससे मिलने गए। पुसुरूली ने उनकी आवभगत की और उन्हें भोजन कराया। वे वहाँ पन्द्रह दिन रुके। जब उनके वापस जाने का दिन आया तो पुसुरूली ने बूढ़ा पिन्नू के रास्ते

के लिए भोजन तैयार करके उन्हें दिया और वे रवाना हो गए। उनके जाने के पश्चात पुसुरूली घर में झाड़ू लगाने के लिए झाड़ू ढूँढ़ने लगी। वह झाड़ू बारह साल पुरानी थी इसलिए एकदम टूटी हुई थी। जब उसने उस झाड़ू को देखा, तो सोचा कि इसे फेंक दे और अपने भाई से दूसरी मँगा ले। उसने उस झाड़ू के डंठल फेंक दिए जो खरगोश बन गए और पुसुरूली ने कहा, 'जैसे झाड़ू यहाँ-वहाँ घूमती-फिरती है, वैसे ही तुम भी नाचो-कूदो।' खरगोश नाचने-कूदने लगा।

●

निरंताली ने घोड़ा बनाने हेतु परमगत्ती को मधुमक्खी का थोड़ा-सा मोम लाने को कहा और वह गोलपाड़ा पर्वत से जाकर मोम ले आया। निरंताली ने सर्वप्रथम उस घोड़े का सिर बनाया फिर जलते हुए कोयले से उसकी आँखें बनाईं और लकड़ी के चार पैर उसमें लगाए। उसने लकड़ी की छीलन उसकी पीठ और हड्डियों के रूप में लगाई और उन सबको मोम से ढँक दिया। उसने सियारी के तन्तु से उसकी अंतड़ियाँ बनाईं और सियारी के पत्ते से उसका जिगर बनाया। फूलदार झाड़ू से उसकी पूँछ बनाई। उसने फर्श से थोड़ी धूल उठाकर उस घोड़े के मुँह में डाली और उस घोड़े में प्राण उत्पन्न हो गया। वह घोड़ा उसने बतुल साहब को प्रदान कर दिया जो उसकी सवारी करने लगा।

●

साँभर डोंगर देवता का घोड़ा है। किसी देश के एक राजा ने आकर जंगल कटवाकर कुछ स्थान साफ करवाया और वहाँ अपना एक बंगला बना लिया। जब डोंगर देव को इस बात का पता चला तब वह नाराज हुआ और उस राजा से लड़ने के लिए चला आया। युद्ध में राजा ने डोंगर देवता के पैर पर आक्रमण कर उसे लँगड़ा कर दिया। उसने महाप्रभु से कहा, 'इस राजा ने मुझे लँगड़ा बना दिया, अब मेरे वन-उपवन की रक्षा कौन करेगा? इसमें मेरे बहुत से वन्य प्राणी हैं। कोई भी आकर उन्हें चुरा ले जाएगा।'

महाप्रभु ने केले का एक वृक्ष काटकर उससे एक साँभर बनाया और उसे धामन की लकड़ी के सींग बनाकर लगाए। उन्होंने तब डोंगर से कहा, 'लो यह घोड़ा तुम्हारे लिए है। तुम इस पर बैठकर अपने जंगल की चौकसी कर सकते हो और देख सकते हो कि सब प्राणी सुरक्षित हैं या नहीं।' डोंगर देवता साँभर पर बैठकर अपने घर चले गए।

आजकल जब भी हम लोग शिकार पर जाते हैं, तो सर्वप्रथम डोंगर देवता को बलि चढ़ाते हैं। जिन दिनों डोंगरदेव साँभर पर सवार होते हैं, उन दिनों हम साँभर का शिकार नहीं कर पाते। हम तभी साँभर को मार पाते हैं, जब डोंगर देवता उसे चरने के लिए छोड़ देते हैं।

●

किसी समय दो भाई थे। बड़ा भाई एकदम शराबी था। वह इतनी अधिक शराब पीता था कि उसे इस बात का भी होश नहीं रहता था कि वह कच्चे और पकाए हुए भोजन में भी अन्तर नहीं कर पाता था और न ही उसे दिन और रात में कोई अन्तर मालूम पड़ता था। वह दिनभर सोता था, कुछ भी काम नहीं करता था और कभी भी स्नान नहीं करता था। छोटा भाई शराब को छूता तक नहीं था और नित्य स्नान करता था तथा महाप्रभु इस्पर की प्रतिदिन पूजा करता था।

बड़ा भाई छोटे भाई के ऐसे व्यवहार से हमेशा कुढ़ता रहता था और जब भी उसे मौका हाथ लगता, उसे पीटता था। ऊपर से यह आरोप भी लगाता था, 'तुम कुछ भी काज नहीं करते हो। सिवाय नहाने और इस्पुर महाप्रभु को नमस्कार करने के तुम करते भी क्या हो? जाओ मेरे लिए शराब लेकर आओ।'

पाँचों महाप्रभुओं ने जब बड़े भाई का ऐसा आचरण देखा तो वे बहुत क्रोधित हुए। 'बड़ा भाई दुर्जन है,' उन्होंने कहा। 'हमें उसके द्वारा चढ़ाई गई भेंट ग्रहण नहीं करनी चाहिए। छोटा भाई सद्गुणी है, हमें उसकी सहायता करनी चाहिए।'

अतः पाँचों महाप्रभुओं ने एक बीजा वृक्ष को काटकर उससे एक घोड़ा बनाया। उन्होंने उसे आज्ञा दी, 'उन दोनों भाइयों के घर जाओ।' जब घोड़े ने दोनों भाइयों को देखा तो वह जोर से हिनहिनाया और उनकी ओर दौड़ा। बड़ा भाई जो नशे में धुत्त था वह डरकर छिप गया, क्योंकि उसने सोचा कि यह कोई असुर है जो उसे खा जाएगा। परन्तु छोटे भाई ने उसे पकड़ लिया और उस पर बैठकर उसकी सवारी करने निकल पड़ा और राजा बन गया।

●

ओन्चागुड़ा में तीन कोम्मार बन्धु रहते थे। उनमें सबसे बड़ा भाई बहुत ही नीच प्रवृत्ति का था। जब भी कभी कोई खाद्य पदार्थ बच जाता था, तो वह उसे तब तक अन्य भाइयों को नहीं देता था, जब तक वह सड़ नहीं जाता था। इसी कारण से सभी लोग उसे नापसन्द करते थे और कोई भी व्यक्ति उसे अपने साथ खाने के लिए नहीं बुलाता था। उनके दो बेटे और एक बेटी थी, परन्तु उसने उनके विवाह हेतु खर्चा देने से इनकार कर दिया था, इसलिए वे सब कुँवारे ही रह गए थे।

जब वह मनहूस कोम्मार बूढ़ा होकर मरा तब उसकी विधवा और बेटी-बेटों ने उसका अन्तिम संस्कार सम्पन्न किया। उसकी आत्मा रूमरोक के पास पहुँचकर कहने लगी, 'मेरे लिए जो भी उपहार आपने देने का निश्चय कर रखा हो, उसे मुझे तुरन्त दे दो।' परन्तु रूमरोक ने उससे कहा, 'जाओ! और जिस प्रकार तुमने दूसरों को सड़ा हुआ भोजन खिलाया, उसी प्रकार अब तुम भी सड़ी हुई लाशों को अपना आहार बनाकर जिन्दे रहो, और तुम सूखे हुए नालों में छिपकर रहो।' उस कोम्मार की आत्मा पृथ्वी पर प्रथम कबरा बिज्जू बनकर अवतरित हुई।

●

बहुत पुराने जमाने में एक साँवरा पुजारी था, जिसका नाम रोडाजानी था। वह अपने कार्य में इतना कुशल था कि उसे बहुत से गाँवों के लोग अपनी ओर से बलि चढ़ाते हेतु बुलाया करते थे। समय आने पर वह बीमार पड़ गया और उसकी मृत्यु हो गई। उसके दाह-संस्कार के उपरान्त उसकी अस्थियों के साथ लोगों ने एक अंडा भी गाड़ दिया। परन्तु रोडा के भूत को बहुत दिनों तक खाने के लिए वही एकमात्र वस्तु उपलब्ध थी।

अन्त में भूख से दुखी होकर वह किटुंग के पास गया और उनसे शिकायत की, 'मैं अपने सम्पूर्ण जीवनकाल में जबरदस्त मांसाहारी रहा परन्तु अब मुझे बारह वर्षों में न तो कभी मांस ही मिला है और न ही मदिरा, मात्र एक अंडे के जो मेरी अस्थियों के साथ गाड़ दिया गया था, मुझे इस बीच और कुछ भी नहीं मिला। मुझे एक बार पुनर्जन्म प्रदान करें, जिससे कि मैं भरपूर मांसाहार कर सकूँ।' तब किटुंग ने उससे कहा, 'जंगल में जाकर रहो, किसी चट्टान के नीचे कोई गुफा ढूँढ लो और उसमें जाकर शयन करो।' वह भूत काड़ेलांग पर्वत पर गया, जहाँ उसे इस प्रकार की एक गुफा मिल गई। तब किटुंग ने उसे एक सियार के रूप में जन्म देकर वहाँ भेज दिया। किटुंग ने सियार से कहा, 'जब लोग अपने-अपने खेत पर काम करने चले जाएँ तब तुम उनकी मुर्गियाँ चुरा लिया करो। इस प्रकार से तुम्हें पर्याप्त मात्रा में मांसाहार प्राप्त हो जाएगा।'

•

सर्वप्रथम जब महाप्रभु ने राजाओं और साहेबों को शासन चलाने के लिए भेजा, तब लोग शान्तिपूर्वक रहते थे क्योंकि लोग पुलिस से भय खाते थे। परन्तु जानवरों को किसी का भी भय नहीं था और वे एक-दूसरे को मारकर उनका भक्षण कर जाते थे।

महाप्रभु ने जब यह स्थिति देखी तो उन्होंने विचार किया कि पशुओं पर कोई अधिकारी नियुक्त नहीं है, इसलिए वे सही रूप में अनुशासित नहीं हैं। उन्होंने अपनी दाहिनी भुजा का मैल उतारकर एक लाल मुँह का बन्दर बनाया, जो साहेब बन्दर कहलाया और बाएँ हाथ के मैल से काले मुँह का विशाल लंगूर बनाया। अपने पैर की धूल से एक जंगली कुत्ता बनाया। लाल मुँह के बन्दर की नियुक्ति उन्होंने साहेब राजा के रूप में कर दी और उसका शरीर और उसके चूतड़ भी साहबों (अंग्रेज) के चेहरे के सदृश्य लाल रंग के बना दिए। लंगूर को उन्होंने सिपाही बना दिया और कुत्ते को सुरक्षा सैनिक। इसके उपरान्त उन्होंने सभी पशुओं को बुलाकर कहा, 'ये देखो! ये तुम्हारे राजा साहेब हैं, ये सिपाही हैं और ये सुरक्षा सैनिक हैं। यदि तुम अब कोई शरारत करोगे, तो तुम्हें ये लोग कड़ी सजा अवश्य देंगे और सुरक्षा सैनिक तुम्हें गोली से उड़ा देंगे।'

इस प्रकार से बन्दर की पहले-पहल उत्पत्ति हुई, और सभी प्राणी ढोल (जंगली कुत्ते) से डरते हैं, और जब बन्दर किसी बाघ को देखते हैं तो वे आपस में ऐसे बातें करने लगते हैं, मानो कि पुलिस में रपट दर्ज करा रहे हों।

•

आरम्भ में जब पृथ्वी और बादलों की उत्पत्ति हुई, तब मनुष्य और पशु आपस में वार्तालाप करने में समर्थ थे और उनमें आपस में गहरी मित्रता भी हो जाती थी। एक व्यक्ति ऐसा भी था जिसकी एक बन्दर से घनिष्ट मित्रता थी और वे दोनों सभी स्थानों पर साथ-साथ जाया करते थे। एक दिन जब वे जंगल में से होकर गुजर रहे थे, तब उन्हें एक वृक्ष पर शहद दिखाई पड़ा। उस व्यक्ति ने बन्दर से कहा, 'मित्र, तुम इस वृक्ष पर चढ़ जाओ और मैं तुम्हारे कूल्हों पर से थोड़ी-सी खाल काटकर पेड़ पर लटका देता हूँ। ये सब मधुमक्खियाँ उसका रक्तपान करने के लिए उस खाल पर चिपट जाएँगी और तुम्हें अकेला छोड़ देंगी और तुम शहद लाने में कामयाब हो जाओगे।' बन्दर तैयार हो गया और उस बोंडे ने उसके कूल्हे पर से खाल का एक बड़ा-सा टुकड़ा काटकर वृक्ष पर लटका दिया। मधुमक्खियाँ उस खाल पर झूमने लगीं और बन्दर शहद निकालने लगा। जब मधुमक्खियों ने उस खाल का रक्त चूस लिया तब वे पुनः अपने छत्ते की ओर लौटने लगीं। वहाँ उन्होंने बन्दर को शहद लूटते हुए पाया जिसके कूल्हों पर से ताजा खून चू रहा था। वे मक्खियाँ बन्दर के कटे हुए कूल्हों पर डंक मारने लगीं और बन्दर दर्द के मारे वृक्ष से नीचे गिर पड़ा। वह बोंडो वहाँ से भागने लगा और बन्दर उसका पीछा करने लगा।

दूसरे दिन बन्दर अपने कटे हुए कूल्हों के साथ महाप्रभु के पास पहुँचा और उन्हें सम्पूर्ण वृत्तान्त कह सुनाया। महाप्रभु ने उसका उपचार करके उसे स्वस्थ कर दिया परन्तु उसके कूल्हे की त्वचा को लाल रंग का बना दिया। परन्तु उस दिन के बाद से मनुष्य और बन्दर में वैसी मैत्री नहीं रह गई है, जैसी पहले कभी थी।

●

पुराने जमाने में मनुष्य के बाल नहीं होते थे। एक व्यक्ति अपने खेत पर काम कर रहा था, उसने सारा दिन और सारी रात खेत पर ही बिताई। वह व्यक्ति अकेला था तो उसने बन्दर और बन्दरी से मित्रता कर ली। वह बन्दर उसके लिए शहद, कन्द और गिरी उपहारस्वरूप लेकर आया करता था। रात्रि में वह व्यक्ति बन्दर के घर में ही चढ़कर पहुँच जाता और बन्दर के बन्दरी के साथ मैथुन करते देखता। उस व्यक्ति के कोई स्त्री नहीं थी और जब वह उन दोनों को संसर्ग में देखता, तो कामवासना से वह इतना उत्तेजित हो उठता मानो वह आग पर भूना जा रहा हो। एक दिन वह बन्दर बीमार पड़ गया, और उस व्यक्ति ने सोचा, 'मैं आज इस बन्दरिया के साथ खाद्य पदार्थ लेने जाऊँगा।' उसने बन्दर से जाकर कहा, 'मित्र, मैं चाहता था कि मुझे थोड़ा शहद मिल जाता, परन्तु तुम तो बीमार पड़ गए हो, अब हम लोग कैसे पाएँगे?'

बन्दर ने कहा, 'मेरी स्त्री को अपने साथ ले जाओ। वह तुम्हें शहद कहाँ लगा है, इतना बता देगी। परन्तु तुम्हें वह इस रूप में मिलेगा नहीं, क्योंकि मधुमक्खियाँ तुम्हें पहचानेंगी नहीं और तुमसे डरेंगी।' इसलिए बन्दर ने अपनी दाढ़ी-मूँछ उतारकर मनुष्य को दे दी।

वे दोनों वहाँ से थोड़ी ही दूर जंगल में गए थे कि वह बन्दरी को पकड़कर उसके साथ मैथुन करने लगा। परन्तु उसका लिंग बन्दरों के लिए बहुत बड़ा था और जब वह जब सम्भोग करने लगा तो उसे ऐसा अनुभव हुआ कि वह फँस गया है। उसने बहुत चेष्टा की परन्तु वह छुटकारा नहीं पा सका। जब उन्हें वापस आने में बहुत विलम्ब होने लगा तो बन्दर को चिन्ता होने लगी कि कहीं मधुमक्खियों ने उसके मित्र को काटकर मार तो नहीं डाला। वह अत्यन्त कठिनाई के साथ उठकर लड़खड़ाते हुए उन दोनों का पता लगाने निकल पड़ा। उस व्यक्ति ने जब बन्दर को आते हुए देखा, तब वह बेहद डर गया। उसने भरपूर शक्ति लगाकर अपने-आपको खींचा, तो उसके लिंग के साथ बन्दरी की योनि भी उखड़कर बाहर आ गई, जिसमें बन्दरिया के बाल भी थे जो उस व्यक्ति के अंग पर चिपक गए। तब से ही मनुष्य के गुप्तांग पर वे बाल मौजूद हैं। वह व्यक्ति भागकर अपने खेत पर जाकर छिप गया। बन्दर ने अपनी स्त्री को घायल अवस्था में पाया जिसके गुप्तांग से रक्त बह रहा था। उसने जड़ी-बूटियों से उसका उपचार कर उसे स्वस्थ किया और उन्होंने निश्चय किया कि वे उस व्यक्ति की हत्या करके उससे अपने अंग के बाल वापस लेंगे। वे दोनों उसके खेत पर गए तब उस व्यक्ति ने एक जलता हुआ लक्कड़ उनके चेहरों पर दे मारा। तब से बन्दरों (लंगूर) के चेहरे काले और उनके कूल्हे लाल होते हैं और मनुष्य के अंगों पर तब से ही बाल उगने लगे।

वह बन्दरिया गर्भवती हो गई थी, अतः उसने एक नर शिशु को जन्म दिया। वे दोनों बन्दर दम्पती उसे उसके पिता के पास ले गए जिसने उसे ग्रहण कर लिया।

कुछ दिनों के पश्चात वह बन्दर उस व्यक्ति की बहन के पास गया और उसे जाकर बताया, 'मेरा मित्र अस्वस्थ है और उसने तुम्हें बुलाने के लिए मुझे भेजा है। जल्दी चलो।' वह तुरन्त ही घर को खुला छोड़कर बन्दर के साथ जंगल के रास्ते से रवाना हो गई। रास्ते में बन्दर ने भी अपना बदला लिया और उसके गुप्तांग के बाल उस स्त्री के गुप्तांग में चिपक गए और तब से स्त्रियों के भी गुप्तांग पर बाल होने लगे।

●

एक गाँव में बारह युवतियाँ और बारह युवक रहते थे। उन्हें नाचने का बहुत शौक था। एक दिन जब वे नृत्य कर रहे थे तब एक बन्दर कोट पहनकर और साफा बाँधकर उनके समीप ही एक शिला पर आकर बैठ गया। उसके पास एक चिकारा था और वह उस चिकारे को इतनी कुशलतापूर्वक बजा रहा था कि कोई भी यह नहीं ताड़ सका कि वह बन्दर है और उसके चिकारे के संगीत पर युवतियों ने सर्वश्रेष्ठ नृत्य किया। वह नित्य रात्रि में आकर अपना बाजा बजाता और युवतियाँ मुग्ध होकर नृत्य करने लगतीं और धीरे-धीरे सभी उस बन्दर के प्रेमपाश में बँध गईं। एक लड़की ने उसे अपनी अँगूठी भेंट की, दूसरी ने उसे खाना खिलाया, तीसरी ने उसे चावल की मदिरा का पान करवाया।

युवकों को स्वाभाविक था कि युवतियों का ऐसा व्यवहार पसन्द नहीं था। कोई भी उससे परिचित नहीं था। वह कहाँ से आता है? वह कौन है? एक रात उन्होंने उस

पर पूरी तरह से निगरानी की। बन्दर की पूँछ बाहर लटक रही थी और उन लोगों ने सोचा कि यह उसकी लाठी है जिसे वह साथ लेकर चलता है। परन्तु उस रात वे युवक समझ गए कि वह क्या है। 'अरे यह तो कोई बन्दर है,' वे फुसफुसाए। उन युवकों ने कुछ भी नहीं किया और वे चुपचाप नाचते रहे और नाच के बाद युवक अपने घोटुल में गए और बन्दर पेड़ पर चढ़ गया। दूसरे दिन उन युवकों ने उस शिला पर जिस पर बन्दर बैठा करता था, चारों तरफ लकड़ियाँ इकट्ठी करके आग जला दी और जब वह शिला बहुत गर्म हो गई तो उस स्थान की सफाई करके बैठकर गीत गाने लगे। सदैव की भाँति ही वह बन्दर अपना चिकारा लेकर आया और उस शिला पर जा बैठा। उसके कूल्हों की त्वचा जल गई और वह दर्द से चीखते हुए भाग गया। लड़कों ने फिर उन लड़कियों का अत्यधिक उपहास किया, जिन्होंने उस बन्दर को अँगूठी भेंट की थी और भोजन करवाया था और चावल की मदिरा पिलाई थी और तभी से बन्दरों के कूल्हे लाल हो गए।

•

एक गोंड था जो अपनी पत्नी के साथ एक गाँव में रहता था। वे गरीब थे और उनके पास खेतीबाड़ी नहीं थी। वे अपने पड़ोसियों के खेत पर मजदूरी करते थे। दूसरों के खेत पर सदैव मजदूरी करना उन्हें बहुत ही कष्टदायक प्रतीत होता था, इसलिए एक दिन उसकी स्त्री ने कहा, 'हम भी जंगल साफ करके छोटा-मोटा एक खेत बना लें और उसी में काम करें।' यह सोचकर वे पेंडू डोंगर पर चले गए और वहाँ उन्होंने जंगल काटकर उसे जला दिया। जब वह गोंड लकड़ियाँ जलाने में व्यस्त था तब उसकी स्त्री उसके लिए खाना लाने चली गई। उसकी स्त्री सुस्त थी और उसे आने में बहुत विलम्ब होने लगा तो वह एक वृक्ष पर चढ़ गया जिसमें आग तो लगी हुई थी परन्तु वह अभी तक खड़ा हुआ था। जब वह नीचे उतरा तो उसके हाथ कोयले से काले हो गए, उसने अपनी आँखों और चेहरे को उन्हीं हाथों से मल लिया और वे भी काले हो गए। उसने कल्लारी को जिससे वह राख को फैला रहा था पीछे बाँधकर पेड़ पर चढ़ गया और अपनी पत्नी को आवाज देने लगा। परन्तु जैसे-जैसे वह आवाज लगाता वैसे उसकी आवाज बन्दर की आवाज में बदलती जाती और वह कल्लारी उसकी पूँछ बन गई और वह बन्दर बन गया। उसकी पत्नी दौड़ती हुई खाना लेकर आई और जब उसने अपने पति को उस रूप में देखा तो वह आग में कूद पड़ी और वह भी पूरी तरह काली पड़ गई और बन्दरिया बन गई।

•

किसी समय एक भाई और बहन थे जो जंगल साफ करके उसमें ही अपने बीज डालकर खेती करते थे। जब भाई खेत पर काम करने हेतु जाता तब उसकी बहन घर पर रहती थी और जब बहन खेत पर काम करने जाती थी तब उसका भाई घर पर रहता था।

जब लड़की वयस्क हो गई, तब उसने सोचा कि मेरा भाई तो अभी नादान है, परन्तु मैं बड़ी हो गई हूँ, अब मेरा विवाह कैसे होगा? मैं इतनी शर्मीली हूँ कि इस विषय में अपने भाई से भी कैसे बात करूँ? वह यह सोचते हुए प्रतिदिन जंगल में जाकर रोने लगती।

उस जंगल में एक बहुत विशाल लंगूर था जिसका चेहरा तो काला था, परन्तु उसकी मूँछें सफेद थीं, वह नित्य उस खेत से अन्न चुराने आया करता था। एक दिन उसने लड़की के रोने की आवाज सुनी तो वह उसके पास गया। 'तुम क्यों रो रही हो?' लंगूर ने पूछा। उसने उत्तर दिया, 'क्या तुम मेरा दुख हर सकते हो?' बन्दर ने पूछा, 'मुझसे कहो, मैं तुम्हारी क्या सहायता कर सकता हूँ। मैं अपनी ओर से पूरा प्रयत्न करूँगा और यदि मैं कुछ भी नहीं कर सका, तो यहाँ से चला जाऊँगा।' तब लड़की ने बताया, 'मेरा भाई अभी छोटा है और मैं वयस्क हो गई हूँ। अब मैं उससे अपने विवाह करने हेतु किस प्रकार से कहूँ? यहाँ समीप में कोई गाँव भी नहीं है।' बन्दर ने कहा, 'रोने की कोई आवश्यकता नहीं है, मैं स्वयं ही तुमसे शादी करने के लिए तैयार हूँ।' लड़की ने कहा, 'परन्तु तुम तो लंगूर हो, मैं तुम्हारे साथ शयन तो कर सकती हूँ, परन्तु तुम मुझे खिलाओगे क्या?' लंगूर ने कहा, 'मैं सभी खेतों से तुम्हारे लिए कुछ न कुछ चुराकर लाऊँगा।' 'बहुत अच्छा,' लड़की ने उत्तर दिया। वह उस लंगूर के साथ चली गई। कुछ समय के बाद वह गर्भवती हो गई। जब उसके भाई ने उसका बढ़ा हुआ पेट देखा तो उसने पूछा, 'तुम्हारे पेट को क्या हुआ?' 'कोई खास बात नहीं, जरा-सी सूजन आ गई है।' 'देखो, तुम्हारा पेट बढ़ता ही जा रहा है।' एक दिन वह अपनी बहन का चुपचाप पीछा करता हुआ जंगल में चला गया और उसने उसे बन्दर के साथ खाना खाते और सम्भोग करते हुए देख लिया। दूसरे दिन उसने अपनी बहन से कहा, 'दीदी, तुम आज घर में रहो और मैं खेत पर जाऊँगा।' वह अपनी बहन के वस्त्र और आभूषण पहनकर खाना लेकर खेत पर गया। वह बन्दर को बुलाने के लिए उसी प्रकार गाने लगा जैसे उसकी बहन गाती थी, और बन्दर ने 'हू-हू' कहकर उसका उत्तर दिया। परन्तु जैसे ही वह वृक्ष से उतरकर आया उसने तुरन्त पहचान लिया कि वह उसकी पत्नी नहीं है और वह भाग गया। लड़के ने बहुत देर तक प्रतीक्षा की और फिर वह घर वापस चला गया। दूसरे दिन वह अपने धनुष-बाण के साथ जंगल में जाकर वृक्षों की ओट में छिप गया। बन्दर समझ गया था कि वह लड़का फिर आएगा और चौकन्ना होकर सावधानीपूर्वक खेत की झोंपड़ी में उसे देखने के लिए गया। परन्तु लड़के ने उसे एक बाण चलाकर मार डाला।

वह लड़का घर चला गया। दूसरे दिन उसने अपनी बहन को खेत पर भेजा। 'जाओ दीदी, खेत पर जाकर काम करो।' उसने अपने प्रेमी को बुलाने के लिए वही गीत गाया। परन्तु उसे कोई उत्तर नहीं मिला। वह बैठकर रोने लगी, तभी एक मक्खी आकर उसके सामने 'झुनझुन' करती हुई मँडराने लगी। उसने उसे पकड़ लिया और वह मक्खी बोली, 'मुझे मत मारो, मुझसे अपने रोने का कारण कहो।' वह मक्खी उसे उस लंगूर के शव

के पास ले गई। तभी एक डोम ने आकर उसका मांसाहार कर लिया। वह लड़की अपने घर चली गई। उसके भाई ने पूछा, 'तुम क्यों रो रही हो? तुम मुझसे झूठ बोलती रही, तुमने एक लंगूर से विवाह कर लिया। तुमने मुझसे क्यों नहीं कहा कि मैं तुम्हारे लिए एक अच्छा और योग्य वर ढूँढ़ा लेता।' फिर उसने कुछ सोचकर कहा, 'खैर। तुम चिन्ता मत करो। हम साथ-साथ ही रहेंगे। चाहे वह कुत्ता रहा या चाहे बन्दर, कोई बात नहीं। तुम्हारा बच्चा उत्पन्न हो जाए, उसके बाद मैं तुम्हारे लिए पति खोज लाऊँगा।'

जब प्रसव का समय आया तो उस लड़की ने एक बन्दर को जन्म दिया। जब उसने उसे देखा तो उसने सोचा, 'यह मेरा योग्य बेटा नहीं बन सकता,' और उसने उसका गला घोंटकर उसकी हत्या कर दी। उसने कहा, 'यह बालक मृत ही पैदा हुआ था।' उसके भाई ने कहा, 'तुम्हारे वस्त्र कौन धोएगा?' उस लड़की ने कहा, 'मैं अपने वस्त्र स्वयं धो लूँगी।' उसके भाई ने कहा, 'नहीं, तुम बहुत अशक्त हो।' वह लड़का अपनी बहन के प्रसव में अशुद्ध हुए कपड़े लेकर उन्हें धोने के लिए नाले पर गया और कपड़े धोते हुए कहने लगा, 'एक लड़की ने एक बन्दर के बच्चे को जन्म दिया, 'पिचरी-पिचरी' मैं उसके वस्त्र धो रहा हूँ।' तभी एक कोयल उड़ी, तब उस लड़के ने उससे कहा, 'ओ कोयल, मेरे पितरों को जाकर इस घटना की सूचना दे देना।' और वह उसके पश्चात अपने घर चला गया।

तब से कन्ध जनों ने बन्दर के मांसाहार का परित्याग कर दिया क्योंकि वह उनकी दृष्टि में उनकी बड़ी बहन का पति (भाँटो) था।

●

मारडिंग देवता अपनी पत्नी और पुत्री के साथ कॉग पर्वत पर रहते थे। एक वर्ष उन्होंने तीन प्रकार के मोटे अन्न बोए और उनकी फसल की प्रत्येक की तीन-तीन ढेरियाँ की, और उनके लिए अलग-अलग तीन खलिहान बनाए, अपनी पत्नी के लिए, अपनी बेटी के लिए और एक स्वयं अपने लिए। जब उन्होंने अन्न की मिंजाई कर ली तो देखा कि मारडिंग देवता के स्वयं के हिस्से में बहुत थोड़ा अन्न आया था। उनकी पत्नी को उनसे कुछ अधिक अन्न प्राप्त हुआ, और उनकी बेटी को बहुत अधिक अन्न प्राप्त हुआ।

उसे सर्वाधिक अन्न प्राप्त होने का कारण यह था कि उसने कौवा खेदनी के रूप में एक बन्दर की आकृति बनाई थी जिसमें उसने कोदो के पुआल का प्रयोग किया था, जिसे उसने अपने ही वस्त्र के टुकड़े में लपेट दिया था और उसके सिर पर अपने ही कुछ केश लगा दिए थे।

कौवा खेदनी बनाने के तुरन्त बाद उसे एक रात स्वप्न में महाप्रभु ने आकर कहा था, 'इस बार तुम्हें फसल से बहुत अधिक प्राप्त होगा, क्योंकि तुम्हारे बन्दर ने उसकी रक्षा की है, और कोई भी अन्न की चोरी नहीं कर पाया। अब तुम उसे जीवन प्रदान करो अन्यथा तुम्हारा सम्पूर्ण अन्न चोरी हो जाएगा।' लड़की ने नींद टूटने के पश्चात

उस बन्दर को सजीव बनाने हेतु कई उपाय किए, परन्तु उसे उनमें किसी भी प्रकार की सफलता नहीं मिली। चिन्ता में वह दुर्बल हो गई और वह अच्छी तरह से भोजन भी ग्रहण नहीं कर पाती थी। तब एक दिन ठकुरानी ने उसके पास आकर कहा, 'तुम चिन्ता मत करो। अपना भोजन ग्रहण करो, मैं तुम्हें उपाय बताऊँगी।' जब अगली बार तुम्हारा मासिक धर्म हो, तब रक्त की कुछ बूँदें लेकर उस बन्दर के सिर पर छिड़क देना तो यह सजीव हो उठेगा।

कुछ दिनों के बाद उसे मासिक धर्म हुआ और उसने रक्त की कुछ बूँदें बन्दर के सिर पर छिड़क दीं और वह तुरन्त सजीव हो उठा। इसीलिए हम लोग अपने पठारी खेतों में कौवा खेदनी हेतु बन्दर की आकृति बनाते हैं।

●

पहले मनुष्य उत्पन्न हुआ और उसके पश्चात बन्दर। किटुंग की बहन का एक पुत्र था जिसे किटुंग जहाँ भी जाते थे तो अपने साथ ले जाते थे। एक दिन किटुंग ने सीमा रानी से कहा, 'मुझे अपने भानजे के लिए एक वधू चाहिए।' उसने उत्तर दिया कि वह अपनी ओर से पूरा प्रयत्न करेगी। कुछ समय के उपरान्त किटुंग उस युवक को अकेले ही सीमा रानी के पास यह कहकर भेजने लगे, 'जाकर देखो कि वह घर पर है या नहीं। यदि वह होगी तो मैं भी आ जाऊँगा।'

उस युवक ने सीमारानी को साँवरा की वेशभूषा में सोते हुए पाया। उसकी दृष्टि उसकी योनि पर भी पड़ी और उसे वह प्रिय लगी। उसकी इच्छा उसके साथ मैथुन करने की हुई और वह उसके सम्मुख बैठकर उसकी टाँगें फैलाने लगा। परन्तु इसी बीच वह जाग उठी और उसे पकड़कर किटुंग के पास ले जाकर चिल्लाने लगी, 'देखो तुम्हारा भांजा कितना बदमाश है।'

किटुंग को अपने भांजे पर बहुत क्रोध आया और उन्होंने उसके बालों को काट दिया, उसके चेहरे को काला कर दिया और उसकी देह को खुरदरा बनाकर उसे बालदार बना दिया। उसके गले में एक रस्सी बाँधकर उसे एक वृक्ष से लटका दिया। इस क्रिया से वह युवक बन्दर बन गया और किटुंग ने उससे कहा, 'साँवराजन जब भी तुम्हें पकड़ पाएँगे, वे तुम्हारा भक्षण करेंगे और लोहे का जरा-सा भी टुकड़ा तुम्हें मारने के लिए पर्याप्त होगा चूँकि तुम्हारा जन्म इस प्रकार हुआ है, अतः वे तुम्हारी देह में भुस भरकर अपने गाँवों में इस प्रयोजन से लटकाएँगे कि तुम्हें देखकर भूत भाग जाएँ।'

●

एक बाघ और एक बन्दर मित्र थे और वे साथ-साथ रहते थे। वे खाने के लिए भी एक साथ जाते थे, बाघ को जो भी प्राणी मिल जाता वह उसे मार डालता और बन्दर पेड़ों पर चढ़कर शहद और फल तोड़ लाता। कुछ समय के बीतने पर बाघ का विवाह हो गया और वह रहने के लिए अलग घर में चला गया। एक दिन बाघ ने एक पेड़

पर शहद का छत्ता देखकर बन्दर से कहा, और बन्दर शहद पेड़ से नीचे उतार लाया और बाघ के घर ले गया। उसके पश्चात वह स्नान करने झरने पर चला गया।

उसके पीछे से बाघ और उसकी स्त्री ने उस शहद को खाया। बन्दर के वापस आने पर बाघ ने कहा, 'मेरी पत्नी ने शहद खा लिया है।' बन्दर को क्रोध तो बहुत आया परन्तु वह कुछ बोला नहीं। वह दिनभर भूखा रहा और मन-ही-मन सोचता रहा, 'किसी दिन मैं इनका भोजन भी नष्ट करूँगा, तब इन्हें पता चलेगा जब उन्हें भूखा रहना पड़ेगा।'

एक दिन बाघ ने एक साँभर मारा और उसका कलेजा लेकर घर पहुँचा। बाघ और बाघिन नहाने चले गए। उनकी अनुपस्थिति में बन्दर वहाँ आ पहुँचा और बाघ के भोजन पर शौच करने लगा। परन्तु जब वह यह कृत्य कर ही रहा था कि बाघ और उसकी स्त्री वहाँ आ गए। बाघ ने बाहर से ही खाँसकर अपने आने का संकेत दिया जिससे बन्दर इतना डर गया कि वह गिर पड़ा और कलेजे के रक्त से उसका पीछे का अंग लथपथ हो गया। जब बाघ और बाघिन घर के भीतर गए तब उन्होंने उस पर बन्दर की विष्टा देखी और वे अत्यधिक क्रोधित हुए और बाघ ने अपने मित्र पर आक्रमण कर दिया। बन्दर वहाँ से भाग गया और अपनी देह को वृक्ष से रगड़-रगड़कर उसने रक्त छुड़ाया। इस चेष्टा में उसके कूल्हों की त्वचा ही छिल गई और तब से बन्दर का पृष्ठ भाग लाल वर्ण का हो गया है।

●

एक गुनिया और उसकी पत्नी यद्यपि बूढ़े हो गए थे परन्तु उन्हें बुढ़ापे में भी एक पुत्र उत्पन्न हुआ। बच्चे के जन्म के पश्चात लांडी जाकड़ देवता उत्पन्न हुआ। बच्चे के जन्म के पश्चात लांडी जाकड़ देवता ने गाँव में आकर गुनिया से कहा, 'मैं तुम्हारे गाँव में आया हूँ, मुझे रहने के लिए कोई स्थान प्रदान करो और मेरे आहार हेतु एक सूअर का प्रबन्ध करो।' गुनिया ने कहा, 'आपकी ही भाँति बहुत से देवताओं की इच्छा मेरे गाँव में आने की है। मैं सबको कैसे खिल-पिला सकता हूँ और मैंने तो कभी सूअर के बारे में सुना भी नहीं है।' और उसने देवता को शाप देकर भगा दिया।

उस रात्रि लांडी जाकड़ देवता पुनः आए परन्तु अबकी बार सपने में और उस सिरहा से कहा, 'मुझे रहने के लिए कोई स्थान दो और मुझे आहार हेतु एक सूअर भेंट करो।' वह गुनिया की गर्दन पकड़कर उसका गला घोटने लगा। गुनिया ने जैसे-तैसे अपनी गर्दन छुड़ाई। उसकी पत्नी ने उसे जगाकर पूछा, 'क्या बात है?' गुनिया ने बताया, 'एक लांडी जाकड़ नाम का देवता है। उसे रहने के लिए घर और एक सूअर की बलि चाहिए। हम उसके लिए कल एक घर बनवा देंगे, परन्तु सूअर कैसा होता है?'

दूसरे दिन गुनिया का भय दूर हो गया था और उसने अपने स्वप्न के लिए कुछ भी नहीं किया। उसी शाम उसके नवजात शिशु की मृत्यु हो गई। रात्रि में उसे स्वयं को भी खून के दस्त होने लगे। लांडी जाकड़ देवता ने तब उस बुढ़िया को स्वप्न में

आकर बताया, 'मैंने तुम्हारे पति से रहने के लिए स्थान माँगा और आहार हेतु एक सूअर माँगा। मैं बहुत भूखा हूँ और मुझे खाने के लिए कुछ भी नहीं प्राप्त हो रहा है। इसलिए मैंने तुम्हारे बच्चे को खा लिया है और यदि तुम लोगों ने कुछ भी नहीं किया तो तुम्हारे पति को भी बरबाद कर दूँगा।' वह स्त्री रात में ही उठकर अँधेरे में ही रोती हुई सूअर की खोज में निकल पड़ी।

प्रातःकाल मुर्गे के बाँग देने के समय उसकी भेंट महाप्रभु से हुई, वे उस समय शौच के लिए जा रहे थे। वह उनके चरणों पर गिरकर रोने लगी। महाप्रभु ने कहा, 'जाकर मेरे घर में बैठो। मैं प्रातःक्रिया से निवृत्त होकर आता हूँ फिर तुम्हारा काम करूँगा।' महाप्रभु जब मैदान में शौच के लिए उकडू बैठे थे तो बैठे-बैठे सोचने लगे कि मैं इस स्त्री के लिए क्या कर सकता हूँ। उन्होंने कुछ मिट्टी उठाकर उसमें अपना मूत्र मिलाया और उससे एक सूअर बनाया। उन्होंने अपने गुप्तांग के कुछ बाल उखाड़कर उसके शरीर पर चिपका दिए। वह सूअर सजीव हो उठा और कहने लगा, 'मुझे भूख लगी है, मेरे भोजन की क्या व्यवस्था है।' 'जो भी तुम्हें दिखाई पड़े उसे खाओ।' महाप्रभु ने कहा। वहाँ महाप्रभु की विष्टा के सिवाय अन्य कोई वस्तु नहीं थी और सूअर ने उसे ही खा लिया। महाप्रभु ने उस प्राणी को ले जाकर उसे गुनिया की पत्नी को सौंप दिया।

●

एक दिन फुड़गा डोंगर का माँझी बहुत अस्वस्थ हो गया। उसकी बहन ने सिरहा को बुलाया। झाकड़ देवता ने सिरहा के शरीर में प्रकट होकर एक सूअर की बलि माँगी। उन्हें यह मालूम ही नहीं था कि सूअर क्या होता है और वह लड़की निराशा में सूअर की खोज में निकल पड़ी। वह एक ऐसे घर के समीप पहुँची जहाँ एक वृद्ध स्त्री ने बहुत-सी तूम्बियाँ लाइन से सुखा रखी थीं। उसने वहाँ खड़े होकर एक तूम्बी पर पेशाब कर दिया। उसके मूत्र की कुछ बूँदें छिटककर तूम्बियों पर गिर पड़ीं और वे सूअर बन गईं। वह लड़की उनमें से एक सूअर को अपने साथ घर ले आई और उसे झाकड़ देवता को बलि चढ़ा दिया।

●

बरलागुड़ा नाम का एक ऐसा गाँव था, जिसमें केवल कोया जाति के लोग रहते थे। बुधिया नामक एक व्यक्ति उनका माँझी था। उसके पाँच लड़के थे, जो सभी विवाहित थे और उनमें से तीन की सन्तानें भी थीं।

प्रतिदिन एक सियार गाँव में आकर मुर्गियाँ चोरी कर लेता था, उसे मारने का गाँववाले ने बहुत प्रयत्न किया। एक दिन जब वे दालखाई उत्सव मना रहे थे तब माँझी ने अपने समधी को भी मदिरापन हेतु आमन्त्रित किया जिसमें कुछ पड़ोसी भी वहाँ सम्मिलित हुए। जब मेहमान उस गाँव में आ रहे थे, उसी समय वह सियार एक मुर्गी मुँह में दबाए भागकर गाँव से बाहर जा रहा था, किन्तु रास्ता न मिलने के कारण वह

वापस गाँव की ओर ही वापस लौट गया। उन आगन्तुकों ने शोर मचाया और मदिरापान करने बैठे लोग सियार के पीछे दौड़ पड़े। पीछा करते हुए माँझी के सबसे छोटे बेटे ने उस सियार को एक पत्थर फेंककर मारा जो उसे जाकर लगा। उसने एक पत्थर और मारा और वे दोनों पत्थर आपस में टकरा गए। वह सियार तो वहीं मर गया परन्तु वे दोनों पत्थर दो छोटे-छोटे सूअरों में परिवर्तित हो गए। उन पड़ोसियों ने कहा, 'हम इन्हें घर ले चलें और इनकी देखभाल करें।

●

किसी समय एक अनाथ बालक था। वह बहुत ही गरीब था। उसके पास न खाने का अन्न था और न पहनने को वस्त्र। वह अपने गाँव के समीप एक गड्ढे में सोता था। सुबह उठकर वह आहार की आसपास खोज करता, परन्तु उसे वहाँ विष्टा के अलावा कोई भी वस्तु प्राप्त नहीं होती थी। एक दिन निरंताली की भेंट उस बालक से हो गई, तब उसने उस लड़के से पूछा, 'तुम इतनी गलीज गन्दी वस्तु क्यों खाते हो। जब लड़के ने वस्तुस्थिति बताई, तो निरंताली ने गाँववालों से जाकर पूछा कि वे उस बालक की देखभाल क्यों नहीं करते। उन्होंने कहा, 'हमारा मलमूत्र साफ करनेवाला कोई नहीं है, यदि वह इसे खाता है तो अच्छा ही है। इससे तो हमें लाभ ही है।' तब निरंताली ने उस लड़के को एक ऐसा फल दिया जिसको खाकर लोग पागल हो जाते हैं और उस लड़के ने जैसे ही वह फल खाया तो वह पागल हो गया और सूअर बन गया। निरंताली ने कहा, 'तुम्हारे कार्य से मनुष्य और देवता दोनों ही प्रसन्न होंगे क्योंकि तुम्हारा काम सम्पूर्ण विश्व के लिए उपयोगी है।'

●

किटुंग ओंगेड़ा पर्वत पर रहते थे। उनके पास एक सूअर था। वे उसे अच्छा आहार देते थे, अच्छे स्वच्छ स्थान पर रखते थे और खटिया पर सुलाते थे। वे उसे यत्र-तत्र भटकने कभी नहीं देते थे। एक दिन उन्होंने उसे खाने के लिए दाल-भात दिया और साथ में पके हुए केले भी दिए। खाना खाकर वह सूअर घर से बाहर चला गया।

उनका एक पड़ोसी निंगला साँवरा खेत की मेड़ पर बैठकर शौच कर रहा था। उस सूअर को कुतूहल हुआ कि वह व्यक्ति क्या कर रहा है और उसके जाने के पश्चात उसने उस स्थान पर जाकर देखा। उसने मूत्र से उस स्थान की भूमि को भीगा हुआ पाया और समीप ही विष्टा की एक कूढ़ी देखी। उस सूअर ने सोचा, 'यह साँवरा यहाँ अपना भोजन कर रहा होगा और वह पूरा नहीं खा सका, इसलिए बचा हुआ मेरे लिए छोड़ गया।'

जब वह उस मल को खा रहा था, तभी किटुंग वहाँ उसे खोजते हुए पहुँच गए। उन्होंने कुपित होकर उसे खूब मारा-पीटा परन्तु उसे वे रोक नहीं पाए। किटुंग ने कहा, 'आज से तुम यह विष्टा खाकर ही जीवनयापन करो। तुम्हें आज से मैं कुछ

भी खाने के लिए नहीं दूँगा।' तब से सूअर विष्टा खाकर ही रहने लगे अन्यथा वे भूखे मरने लगते।

●

आरम्भ में स्त्रियाँ सभी प्रकार का मांसाहार करती थीं। एक सिरहिन थी जो देवताओं के लिए पशुओं की बलि दिया करती थी, वह सूअर की बलि चढ़ाती और उसका मांसाहार करती, उसके पश्चात वह दूसरे घर में जाकर भैंसे की बलि चढ़ाती और उसका मांस भी खा लेती थी फिर वह किसी अन्य घर में जाकर मुर्गे की बलि चढ़ाती और उसका मांसाहार करती। एक बार जब वह बलि देने लगी तो उसने जोर से पाद दिया और सब लोग ठहाका लगाकर हँसने लगे और कहने लगे, 'वाह क्या गन्ध है! वह ऐसी कौन-सी वस्तु खाती रही है?' वहाँ एक भीड़ एकत्र हो गई और सब लोग हँसी-मजाक करने लगे। परन्तु इससे पितर नाराज होकर वापस चले गए। उसके पश्चात पितरों (मृतक) ने कहा कि स्त्रियों को सूअर का मांस नहीं खाना चाहिए, क्योंकि खाने के बाद उनकी वायु अत्यन्त दुर्गन्धवाली होती है।

●

सीमारानी ने सभी पशुओं को मिलने के लिए आकाश में (देवलोक में) आमन्त्रित किया, उसने एक से कहा कि वह मांसाहार करे, दूसरे से कहा कि वह पत्तियाँ खाए और तीसरे से कहा कि वह घास खाए। उसने मनुष्यों को भी बुलाया। उनमें एक असुर भी था जो बहुत अधिक खाना खाता था। एक ही दिन में वह पाँच सेर चावल और दो सेर दाल खा जाता था। वह असुर एक सूअर था। वह सबसे अन्त में सीमारानी के पास पहुँचा। वह चिल्लाने लगा, 'आह, मुझे खाने के लिए कुछ दो,' वह तो वास्तव में सीमारानी का ही भक्षण करना चाहता था। उसने सभी पशुओं और मनुष्यों को भोजन करवाया था इसलिए उस असुर के लिए कुछ भी नहीं बचा था। उसने सोचा कि उसे खाने हेतु कौन-सी वस्तु दी जाए। उसने कहा, 'बेहतर होगा कि तुम मनुष्यों द्वारा त्यागा हुआ मल ग्रहण करो। वह तुम्हें पर्याप्त मात्रा में उपलब्ध होगा जिसे खाकर तुम प्रतिदिन सुबह अपना पेट भलीभाँति भर सकते हो।' असुर ने कहा, 'परन्तु यदि मैं विष्टा खाऊँगा तो मेरा मांस स्वादिष्ट नहीं लगेगा, मेरे साथ कोई भी खाने के लिए सहमत नहीं होगा और न ही मुझे कोई अपने घर में रखेगा।' परन्तु सीमारानी ने कहा, 'नहीं, ऐसी बात नहीं है, अलबत्ता तुम्हारा मांस सभी प्राणियों की अपेक्षा अधिक स्वादिष्ट होगा जिसे सभी लोग खाना चाहेंगे।'

●

बोंगलदेई डोंगर पर लोहारी की एक खदान थी। परन्तु एक वर्ष उस खदान में से लोहा उन्हें प्राप्त ही नहीं हुआ। उन्होंने चाहे कितनी भी गहरी खुदाई की परन्तु उसमें से उन्हें

लोहे का एक भी ढेला नहीं मिला। वे निराश होकर अपने घर लौट गए और वहाँ उन्होंने एक गुनिये को बुलाकर उससे कारण जानना चाहा। जब गुनिए की काया में देवता अवतरित हुए, तो उन्होंने कहा, 'तुमने तीन वर्ष तक मेरी उपेक्षा की, तब मैं ही तुम्हारी सहायता क्यों करूँ।'

लोहारों ने तुरन्त ही एक सूअर की बलि दी और देवता के सम्मान में मांसाहार और मदिरापान किया। उसी दिन उन्हें लौह अयस्क प्राप्त हो गया और उसे वे अपने घर ले आए। परन्तु उस सूअर का सिर तो वे वहीं छोड़ आए। बामनदेई ने उन्हें आवाज दी परन्तु उन्होंने कुछ सुना ही नहीं अतः देवता ने सोचा कि उस सिर से किसी नए प्राणी को उत्पन्न करना चाहिए। उसने उसके लकड़ी के पैर बनाए और मिट्टी से शरीर बनाया। उस मिट्टी में देवता ने बहुत से काँटे चुभा दिए। उसके पश्चात उस देवता ने कहा, 'जाओ तुम सेही बन जाओ और जब भी तुम पर कोई आक्रमण करे तो तुम अपने शरीर को जोर से झकझोरना, उससे तुम्हारे ये काँटे उड़ने लगेंगे और तुम्हारा शत्रु भाग जाएगा।'

●

मिनाकीपुट में बूढ़ासीसा नामक का एक दिदाई रहता था। उसे अनेक गाँवों में रोग के निदान हेतु और बलि देने के लिए बुलाया जाता था। उसके तीन बेटे और पाँच बेटियाँ थीं और उनमें से एक बेटे और दो बेटियों का विवाह हो चुका था। बूढ़ासीसा ने अपने दूसरे बेटे के विवाह की ज्योंही तैयारी की वैसे ही उस पर किटुंग का प्रकोप हुआ और वह लड़का भीषण रूप से रोगग्रस्त हो गया। बूढ़ासीसा ने अपनी पराशक्तियों के माध्यम से अपने बेटे के रोग का निदान किया, तब किटुंग ने उससे कहा, 'मुझे बलि प्रदान करो तो मैं तुम्हारे बेटे को छोड़ दूँगा, अन्यथा मैं उसे अपने साथ ले जाऊँगा।' 'तुम्हें बलि में क्या चाहिए?' बूढ़ासीसा ने पूछा, 'मुझे एक सूअर चाहिए,' किटुंग ने कहा। 'अन्य कोई बलि मैं स्वीकार नहीं करूँगा।' परन्तु उसके पास न तो सूअर ही था और न ही इतने पैसे कि वह सूअर खरीद सके, इसलिए वह सजनगोड़ गाँव जाकर लछन डोम का एक सूअर चुरा लाया।

इस घटना के तीन दिन बाद उसने बलि की व्यवस्था की। उसने बलि की पहली रस्म पूरी की और चावल तथा मदिरा चढ़ाई और बलि के पूर्व सूअर को खिलाने-पिलाने लगा कि उसी बीच लछन डोम अपने सूअर को खोजता हुआ वहाँ आ पहुँचा। बूढ़ासीसा बहुत डर गया और उसने सूअर को छिपाने का प्रयत्न किया, परन्तु उस पशु ने इतना अधिक संघर्ष किया कि वह उसे छिपा नहीं सका। तब उसने बाँस की कुछ खपचियाँ उठाकर किटुंग से कहा, 'ये खपचियाँ सूअर के शरीर से पैरों के रूप में उत्पन्न हो जाएँ जिससे कि वह पशु मनुष्य जैसा प्रतीत होने लगे।' जैसे उसने यह कहा कि वे खपचियाँ सूअर की पीठ पर कील बनकर उभर आईं और उसके पैर मनुष्य के पैरों के समान सीधे और मजबूत खड़े हो गए। लछन डोम ने पूछा, 'क्या तुमने मेरा सूअर चोरी किया

है?' 'नहीं तो।' बूढ़ा ने कहा, 'मैंने तुम्हारा सूअर कभी देखा ही नहीं। मैं तो इस सेही की बलि दे रहा हूँ।' लछन ने उस प्राणी को देखा और बड़बड़ाता हुआ चला गया।

परन्तु दा किटुंग ने कहा, 'यह पशु मेरे लिए उपयुक्त नहीं है। तुम मुझे कोई अन्य पशु भेंट करो।' बूढ़े ने तब एक सफेद मुर्गा किसी भाँति प्राप्त कर उसे बलि चढ़ाया और सेही को जंगल में छोड़ दिया।

●

बोरांडी पर्वत पर एक वृद्ध गदबा स्त्री रहती थी। उसकी एक बहुत ही सुन्दर बेटी थी। एक दिन बारह भाई गदबा शिकार खेलने आए। उन्होंने उस लड़की को देखकर यह सोचकर पकड़ लिया कि वह उनमें से किसी एक से विवाह कर लेगी। वह लड़की रोने लगी और उसकी बूढ़ी माँ घर से बाहर निकलकर देखने आई। अपनी झाड़ू को आक्रमण करने के लिए वह हाथ में लिए हुए थी। उसने उस झाड़ू को उन बारह गदबा भाइयों की ओर प्रहार करते हुए फेंका और वह झाड़ू सेही बन गई जिसने उन भाइयों को खदेड़ दिया।

वह सेही उन सबको खदेड़कर पुनः उस बुढ़िया के पास आ गई तब बुढ़िया ने उससे कहा, 'अब तुम जंगल में जाकर रहो और वहीं खाओ-पीओ।'

●

मनुष्य के पास पहले अग्नि नहीं थी। उन्हें बाँस का एक ऐसा झुरमुट मिल गया जिसमें एक में एक चूहा रहता था। उस चूहे ने कहा, 'यदि तुम मुझे यहाँ से बाहर निकाल दोगे तो मैं तुम्हें अग्नि प्राप्त करने की तरकीब सिखा दूँगा।' बोंडो ने वह बाँस काट डाला और चूहा मुक्त हो गया। उसने उन्हें दो बाँसों को रगड़कर उनके घर्षण से अग्नि उत्पन्न करने की विधि बतलाई। बोंडो अग्नि उत्पन्न कर जब अपने घर जाने लगे, तब चूहे ने कहा, 'मैं भी तुम्हारे साथ चलूँगा,' और वह उनके साथ उनके गाँव चला गया। कुछ दिनों बाद ही एक पर्व आया और बोंडो आपस में विचार करने लगे कि वे किस प्राणी की बलि दें। चूहे ने कहा, 'तुम्हारे बहुत से बच्चे हैं, उनमें से किसी एक की बलि चढ़ा दो, तो देवता और पितर दोनों ही प्रसन्न हो जाएँगे।' उन्होंने एक लड़के की बलि दी और शेष मांस को पकाकर उसे स्वयं भी खाया और थोड़ा-सा मांस उस चूहे को भी दिया।

परन्तु जब वह खाने बैठा तो हँसी के मारे वह खा ही नहीं पाया। 'तुम किस बात पर हँस रहे हो?' बोंडोजनों ने पूछा, 'क्योंकि तुम इतने बुद्धू हो, मैं एक चूहा हूँ, और मेरे कहने पर तुमने अपने एक बालक को बलि चढ़ा दिया,' और इतना कहकर वह पुनः हँसने लगा। उन्हें चूहे पर इतना क्रोध आया कि उन्होंने उसे मार डाला और यह निश्चय किया कि जब भी कोई पर्व-त्योहार आएगा वे चूहे को मारकर अपने देवताओं को भेंट करेंगे।

●

एक बोंडो राजा और चूहों के सरदार में घनिष्ठ मित्रता थी। परन्तु चूहों का सरदार बोंडो राजा की पत्नी से प्रेम करने लग गया और वह सोचने लगा कि उसे कैसे प्राप्त किया जाए। उन दिनों एक युद्ध छिड़ गया और नन्दपुर के राजा ने बोंडो राजा को अपने पक्ष में युद्ध में लड़ने के लिए बुलवा लिया। उसने युद्ध में प्रस्थान करने से पूर्व एक पौधा अपनी पत्नी और अपने मित्र चूहे की उपस्थिति में लगाते हुए कहा, 'यदि यह पौधा मुरझा जाता है तो समझना कि मेरी मृत्यु हो गई है।' राजा के जाने के बाद चूहे ने उस पौधे से अपने घर तक एक बिल बनाया और उस बिल में से जाकर पौधे की जड़ें कुतर दीं और वह पौधा मर गया। इसके पश्चात चूहा रानी के पास गया और कहने लगा, 'तुम्हारा पति मर चुका है अतः यदि तुम अब मेरे साथ शयन करो तो इसमें कोई पाप नहीं है।' उन दिनों चूहों का शिश्न लम्बा होता था और बोंडो जनों का छोटे आकार का होता था। चूहे ने उसके साथ संसर्ग किया। परन्तु राजा घर वापस लौट आया। उसने रानी और चूहे को एक साथ बैठे हुए देखा, और अपने द्वारा लगाए हुए पौधे को मरा हुआ पाया। उसने उसे खोदकर देखा तो उसकी जड़ों में चूहे के काटने के निशान विद्यमान थे। अतः उसने चूहे को पकड़कर उसके लम्बे शिश्न को काटकर अपने शरीर पर चिपका लिया।

तब से स्त्रियाँ मजे ले-लेकर चूहे खाने लगीं, क्योंकि उन्हें लगता है कि वे अपने साथ किए गए विश्वासघात का उनसे बदला ले रही हैं।

●

एक डोम दुकानदार के भंडार में सभी प्रकार के अन्न थे। लोगबाग उसके पास बीज के लिए अन्न माँगने जाते, परन्तु वह उन्हें बीज देने के लिए मना कर देता और कहता, 'मैं तो एक गरीब आदमी हूँ, मेरे घर में कुछ भी नहीं है।' उसने जल्दी-जल्दी तूम्बियों में अन्न को भरकर गाड़ दिया। उसके पड़ोसियों की भूख से मृत्यु होने लगी।

इस्पुर महाप्रभु ने अपने आपसे कहा, 'मैंने भूलोक में इतना अधिक अन्न भेजा फिर भी लोग भूख से क्यों मर रहे हैं?' उन्होंने एक वृक्ष का रूप धारण किया और भूलोक में स्वयं पता लगाने एक माँझी के घर गए। उन्होंने वहाँ जाकर कहा, 'मुझे बहुत भूख लगी है, और मेरे घर में मेरी दो बेटियाँ हैं, जो भूख से मर रही हैं।' उस माँझी ने उन्हें पानी, ईंधन और कुछ कन्द खाने के लिए दिए। 'हमारे पास अन्न नहीं है,' उसने कहा, 'आजकल हम कन्दमूल खाकर ही गुजर-बसर कर रहे हैं। सारा अन्न डोम के भंडारों में है और वह उसमें से हम लोगों को थोड़ा-सा भी अन्न नहीं देगा।'

इस्पुर महाप्रभु डोम के घर कन्द अपने हाथों में लिए हुए पहुँचे। उन्होंने डोम से अन्न माँगा। डोम ने कहा, 'मेरे घर में बिलकुल भी अन्न नहीं है, आकर देख लो।' इस्पुर महाप्रभु ने उसके घर में जाकर देखा तो अन्न की खत्तियाँ खाली पड़ी हुई थीं, परन्तु उन्हें मालूम था कि अन्न कहाँ दबाया हुआ है। उन्होंने उन जड़ों को भूमि पर फेंकते हुए कहा, 'जाओ और मेरे लिए अन्न लेकर आओ।' वे कन्द चूहे बन गए और वे चूहे

भूमि के भीतर तक खोदकर अन्न को तूम्बियों से निकालकर एक-एक दाना अन्न का बाहर निकाल लाए।

●

एक डोम व्यापारी का एक ही पुत्र था जिसका नाम भीमोल था। उस लड़के का शिश्न एक हाथ लम्बा था। वह जब बड़ा हुआ तब उसका विवाह हो गया। परन्तु जब उसका संसर्ग अपनी पत्नी से हुआ तो उसकी मृत्यु हो गई। उसके पश्चात उसने दूसरी लड़की से विवाह किया और उसके साथ भी ऐसा ही हुआ और फिर एक के बाद एक उसने कई लड़कियों से विवाह किए और सबका परिणाम वही हुआ, वे सब उसके विशाल शिश्न के कारण अपने-अपने प्राण गँवा बैठीं। उसके पश्चात एक स्थिति ऐसी भी आई कि उसे लड़कियाँ मिलना बन्द हो गया। उसने विवाह हेतु लड़की की बहुत खोज की, यहाँ तक कि वह थक गया, परन्तु उसे लड़की नहीं मिली।

एक डोम ऐसा मिला जिसका बहुत बड़ा परिवार था और वह अत्यन्त गरीब था। उनके घर में सभी लोगों के लिए पर्याप्त अन्न कभी भी नहीं होता था। एक दिन वह डोम अन्न माँगने उस सम्पन्न डोम व्यवसायी के घर पहुँच गया। उस डोम ने कहा, 'तुम अपनी एक कन्या का विवाह मेरे बेटे के साथ कर दो, तो मैं तुम्हें जितना अन्न चाहिए, दे दूँगा।' वह गरीब इस बात के लिए तैयार हो गया और उसकी एक कन्या का विवाह भीमोल के साथ हो गया।

उस लड़की ने उसकी पूर्व पत्नियों के बारे में सुना हुआ था और वह बहुत ही भयभीत थी कि वह भी उन्हीं के समान मारी जाएगी। जब शयन हेतु गए तब उसने अपने पति से कुछ मदिरा लाने को कहा। उसने पति के साथ मदिरापान का अभिनय किया और उसे इतनी अधिक मदिरा पिला दी कि वह नशे के कारण सो गया। तब उसने सोचा, 'देखना चाहिए कि क्या रहस्य है।' उसने उसके वस्त्र उतारकर उसका विशाल शिश्न देखा। उसने उसे एक बित्ता नापकर शेष हिस्से को काटकर फेंक दिया। जितना हिस्सा उसने काटकर फेंका था वह भूमि पर गिरकर उछलने लगा और 'छू-छू' की आवाज निकालते हुए चिल्लाते हुए एक बिल में घुस गया। वह प्रथम चूहा था और वह उतना ही वीभत्स था जितना कि वह अंग जिसका वह टुकड़ा था।

●

साँवराजनों का एक दल शिकार पर निकला, परन्तु उन्हें कुछ भी नहीं मिला और वे निराश होकर थककर एक बाँस के पुंज के समीप बैठ गए। बाँसों के बीच में एक चूहा था जो 'ची-ची-ची-ची' चिल्ला रहा था। उन लोगों ने कहा, 'यहाँ कौन चिल्ला रहा है?' चूहे ने कहा, 'मैं एक चूहा हूँ। इस बाँस को काट दो जिससे कि मैं बाहर आ सकूँ।' साँवराओं ने सोचा कि चलो आखिर कोई शिकार तो हाथ लगा, यह सोचकर उस बाँस को काट दिया और वह चूहा बाहर आ गया। उसे देखकर उन्होंने

विचार किया कि इसे मारना नहीं चाहिए वरन् इसे घर में ले जाकर पालना उचित होगा।

कुछ दिनों उपरान्त उस गाँव में एक त्योहार था, और सभी लोग बलि हेतु कोई न कोई पशु, मदिरा और चावल लेकर उपस्थित हुए थे। परन्तु एक व्यक्ति ऐसा भी था, जिसका बहुत बड़ा परिवार था और उसके घर में न बकरे थे और न ही मुर्गे। 'मैं क्या बलि चढ़ाऊँ?' उसने कहा। चूहे ने कहा, 'तुम अपने बहुत से बेटों में से एक लड़के की बलि क्यों नहीं दे देते?' वह व्यक्ति सहमत हो गया और उसने अपने सबसे छोटे बेटे की बलि दे दी। बलि के उपरान्त लोगों ने कहा, 'इस शव का हम क्या करें?' चूहे ने कहा, 'क्यों! क्या तुम इसका मांसाहार नहीं करोगे? इस शव को मुझे दे दो।' अन्त में वह शव उस चूहे को दे दिया गया और चूहा उसे ले जाकर शौक से खा गया।

जब उस लड़के की माँ को पता चला कि उसके बेटे के साथ क्या बीती है, तब वह रोते हुए उस चूहे के पास पहुँची और उसे भगाकर बचे हुए शव को दफन कर दिया। उसने घर पहुँचकर अपने पति को बहुत कोसा और अन्त में उसे इतना क्रोध आया कि उसने चूहे को मार डाला। उस लड़के की माँ ने कहा, 'इस चूहे ने हमारे बेटे को खाया है, अब हम इससे बदला लेंगे और इसका भक्षण करेंगे।'

तभी से साँवराजन चूहों का मांसाहार करने लगे।

●

बाघ पहले एक मनुष्य था। वह पागल हो गया था और लोगों को काटने-नोचने लगा। महाप्रभु ने आकर तप्तलाल हँसिए से उसके शरीर पर लकीरें 'आँक' दीं और उसे जंगल में खदेड़ दिया, जहाँ जाकर वह बाघ बन गया।

●

जब मनुष्य ने पहले-पहल चलना आरम्भ किया, तब वे अपने हाथों को हिलाते हुए चलते थे, बाघ उनका पीछा करते हुए सोचता था, 'यदि ये अपनी बाँहें इसी प्रकार हिलाते हुए चलेंगे तो कभी न कभी ये गिर पड़ेंगी और मैं इन्हें खा जाऊँगा।' परन्तु उनकी भुजाएँ कभी भी नहीं गिरीं और ज्यों-ज्यों वे हिलती गईं बाघ की भूख बढ़ती ही चली गई।

एक चील एक मुर्गी को खा रही थी, उससे बाघ ने कहा, 'तुम क्या खा रही हो? मुझे भी एक टुकड़ा दे दो, मैं भूख से मर रहा हूँ।' चील ने कहा, 'तुम तो इतने महान हो जितने स्वयं महाप्रभु हैं, तुम मुझसे भीख क्यों माँगते हो?' तब बाघ ने कहा, 'तब मैं क्या करूँ? तुम्हें अपना भोजन कैसे प्राप्त होता है?' 'गौर से मेरा निरीक्षण करो,' चील ने कहा। बाघ ने छिपकर चील का निरीक्षण किया, वह आकाश में उड़ी और फिर गाँव में एक मुर्गी पर झपटी। उसने बाघ से कहा, 'तुम भी ऐसा ही करो।' तब से बाघ भी मनुष्यों पर झपटने लगा जैसे चील मुर्गियों पर झपटती है।

●

एक बोंडो राजा था जिसकी एक कन्या थी। एक दिन उसने घोषणा की, 'जो कोई भी व्यक्ति जंगल में निर्वस्त्र होकर सारी रात सो जाएगा, उसके साथ ही वह उस लड़की का विवाह कर देंगे।' बहुत से राजा आए परन्तु वे ठंड में एक-दो घंटे से अधिक समय तक जंगल में नहीं ठहर पाए और उन्होंने अपना इरादा त्याग दिया। बोंडो राजा ने उनको घूँसे लगाकर पीटा। इसके पश्चात एक ब्राह्मण आया। वह भी उस कसौटी पर असफल हो गया। तब एक नग्न संन्यासी आया और उसने आराम से सारी रात जंगल में नग्नावस्था में सोकर बिताई। दूसरे दिन प्रातःकाल ही उनका विवाह सम्पन्न हो गया। उनके एक पुत्र और एक पुत्री उत्पन्न हुई। वे दोनों एक साथ पति-पत्नी के समान ही शयन करते थे। वे दोनों अतिशीघ्र एक-दूसरे से अत्यधिक प्रेम करने लगे। एक दिन उनके पिता ने दोनों को ऐसी स्थिति में देख लिया और क्रोधित हुए और पीटकर घर से निकाल दिया। वे वहाँ से निकलकर बाघ बन गए। उनके तन पर साधुओं के राख मलने के समान ही काली लकीरें पड़ गईं।

●

बहुत पुरानी बात है, उन दिनों एक बोंडो और उसकी पत्नी रहते थे। वह बोंडो प्रतिदिन जंगल में अपने खेत पर जाया करता था, वहाँ वह काम करता और अक्सर बहुत अधिक ताड़ी पी लेता था, इसलिए घर वापस नहीं आता था। जिस दिन वह घर नहीं आता, तब उसकी पत्नी सोचती, 'जंगल में वह क्या खाकर रहता है कि उसे इतने लम्बे समय तक भूख ही नहीं लगती?' उसने सोचा कि वह जाकर देखेगी। परन्तु जब वह जाने के लिए तत्पर हुई, तो उसने सोचा, 'मैं अकेली वहाँ कैसे जा पाऊँगी?' उसने ज्वार के आटे की एक बाघ की छोटी-सी आकृति बनाई। उसने उस पर अपनी लँगोटी के वस्त्र का एक टुकड़ा लपेटा और उसे खा लिया। इसके कारण वह गर्भवती हो गई और जब प्रसव का समय आया तो उसने एक बाघ के शावक को जन्म दिया।

उस स्त्री ने तब कहा, 'अब मैं अपने पति को देखने के लिए अपने बेटे के साथ जाऊँगी। वे दोनों साथ-साथ खेत पर गए, परन्तु जब वे वहाँ पहुँचे तो उन्हें वहाँ कोई भी नहीं दिखाई पड़ा। उसने अपने बाघ बेटे से कहा कि वह खोजकर उसके पति का पता लगाए। बाघ ने बहुत खोजा तब जाकर कहीं वह व्यक्ति उसे एक सल्फी वृक्ष के नीचे नशे में धुत्त पड़ा हुआ मिला। उसने जाकर उसकी स्त्री को वह सब बताया, जो उसने देखा था। उसने भी सल्फी वृक्ष के नीचे जाकर अपने पति को नशे में धुत्त पड़ा हुआ पाया। उसने सोचा, 'यदि मैं इसे जगाऊँगी तो यह गुस्से में मुझे मार डालेगा।' अतः वह उसके पैरों की ओर पेज रखकर वापस चली आई।

कुछ समय के बाद जब उस बोंडो की नींद खुली तो उसने अपने पास पेज रखा हुआ देखा। उसने सोचा, 'मैंने बहुत दिनों से ऐसा कुछ खाया नहीं है। इसे यहाँ कौन लाया होगा?' उसने घर जाकर अपनी पत्नी से पूछताछ की। उसने बाघ शावक के बारे में उसे सब कुछ बता दिया।

एक-दो दिन बाद जब उसकी पत्नी नाले पर स्नान करने के लिए गई, तब उसने सोचा, 'यदि यह बाघ बालक हमारे घर में ही रहा, तो यह जब बड़ा हो जाएगा तो मुझे ही मार डालेगा। मुझे इससे छुटकारा पाना चाहिए', उसने एक जलती हुई लकड़ी उठाकर उस बाघ को जला दिया और वह दर्द से चीखता हुआ भाग गया। उसकी आवाज सुनकर वह उसे बचाने दौड़ी परन्तु जाते-जाते उसने कहा, 'मैं अब तुम्हारे घर में कभी भी नहीं रहूँगा। मैं जंगल में जा रहा हूँ। परन्तु अब तुम लँगोटी कभी मत लगाना, अन्यथा मैं तुम्हें खा जाऊँगा।'

तब से आज तक बोंडो स्त्रियाँ लँगोटी नहीं लगाती हैं।

●

डोंगरदाई बेनेंग पर्वत पर रहती थी। वह बहुत वृद्ध थी। पहले पहाड़ों पर घने जंगल आच्छादित थे, परन्तु धीरे-धीरे जैसे-जैसे गाँव के लोगों ने जंगल काट-काटकर अपने खेत बना लिए और ईंधन तथा प   त्ते अपने घर ले गए, उसके परिणामस्वरूप जंगल बिरला हो गया।

जब डोंगरदाई ने जंगल की ऐसी दशा देखी तब उसने सोचा, 'मैं बहुत बूढ़ी हो चुकी हूँ और ये सब लोग मेरे निवास स्थान को बरबाद कर रहे हैं। शीघ्र ही ऐसी स्थिति आ जाएगी कि यहाँ कुछ भी नहीं बचेगा। तब मैं कहाँ जाकर रहूँगी। मेरे न कोई बेटा है और न बेटी जो मेरी देखभाल करे। मुझे कोई न कोई ऐसा उपाय अवश्य करना चाहिए कि ये लोग यहाँ आना बन्द कर दें।'

उसने कोदो के आटे से एक बाघ की आकृति बनाई, और केले के पत्ते जलाकर उस पर धारियाँ बनाईं। जब वह तैयार हो गया, तब उसने कहा, 'जाओ मेरे बेटे, और जो भी कोई मेरे जंगल को नष्ट करे, उसका तुम भक्षण कर लो।' वह बाघ सजीव हो उठा और लकड़हारों को मारकर अपना पेट भरने लगा।

●

एक गुनिया बराकल डोंगरी पर रहता था, जिसका एक ही बेटा था, जिसे वह बहुत प्यार करता था। वह लड़का विवाहित था और एक दिन वह अपनी पत्नी को भी डोंगरी पर लकड़ी काटने अपने साथ ले गया। वे एक बड़ी चट्टान के पास पहुँचे, जिसके सामने बाँस भी उगे हुए थे। उस लड़के ने एक बाँस काट लिया जिससे वह बाना बनाना चाहता था। उसकी पत्नी ने कहा, 'यहाँ डोंगर पर देवता निवास करते हैं, यहाँ से कोई भी वृक्ष या पौधा मत काटो।' परन्तु उसने उसकी बात की जरा भी परवाह नहीं की और बाँस को काट डाला। जैसे ही उसने बाँस को काटा, एक बाघ उस पर झपटा। उस समय तक पृथ्वी पर बाघ नहीं थे, इसलिए उसकी स्त्री को यह समझ में ही नहीं आया कि वह कौन-सा प्राणी है। उसने अपने पति की रक्षा करने की चेष्टा की, परन्तु बाघ ने उसे भी नोच लिया। वह बेहोश होकर गिर पड़ी और उसके मुँह से खून बहने लगा।

जब उसे होश आया तो वहाँ न तो उसका पति ही था और न ही वह बाघ। वह रोती हुई घर चली गई।

उस गुनिया ने पूछा, 'मेरा बेटा कहाँ है?' उसने उत्तर दिया, 'एक बाघ ने उसे खा लिया।' गुनिया उसी समय क्रोधित हो उठा। 'मैंने पहले कभी इस बाघ के बारे में नहीं सुना। ऐसा तो कोई प्राणी है ही नहीं।' उसने एक चाकू उठाया और उस निरीह लड़की को मारने ही वाला था कि वह भागकर डोंगर पर चली गई और एक चट्टान के नीचे छिप गई। परन्तु उस गुनिए ने उसका पीछा किया और उसे पकड़ लिया। उसने उसकी गर्दन पर चाकू से वार कर उसकी हत्या कर दी और उसके रक्त से महान बीजा वृक्ष की उत्पत्ति हुई। उसकी शाखाओं में पाँच बाघ निवास करते हैं।

●

एक गाँव में बहुत से कोया रहते थे। उनके माँझी की एक बेटी थी। जब वह बड़ी हुई तब उसके पिता को चिन्ता होने लगी कि उसके लिए कोई उपयुक्त सुयोग्य वर कैसे ढूँढ़ा जाए। बहुत से लोग उसके साथ विवाह का प्रस्ताव लेकर आए, परन्तु उसने सबको इनकार कर दिया। 'मैं उसका विवाह ऐसे युवक से करूँगा जो हमारे साथ रहने को तैयार हो और जो अपनी पत्नी की सेवा करे।' ऐसा माँझी ने कहा।

एक दिन माँझी एक गाँव में वर की खोज में गया, परन्तु उसकी शर्त किसी को भी स्वीकार्य नहीं थी, अतः वह खाली हाथ वापस लौट आया। रास्ते में उसे रात हो गई और वह एक गाँव में रुक गया। गाँव के बाहरी हिस्से पर एक झोंपड़ी में एक बुढ़िया और उसका बेटा रहता था। माँझी ने उनसे ही जाकर विश्राम के लिए स्थान माँगा। उसने रात्रि का भोजन किया और सो गया। उस स्त्री ने उससे पूछा कि, 'वह कौन है, कहाँ का है और कहाँ जा रहा है?' उसने सबकुछ बता दिया। उस बुढ़िया ने कहा, 'हमें ले चलो।' उस माँझी को वह युवक पसन्द आ गया और उसने उसके साथ अपनी बेटी का विवाह कर दिया।

वह लड़का अपनी पत्नी के साथ रहने लगा। एक दिन वे ईंधन लेने साथ-साथ जंगल में गए। उन्होंने लकड़ियों का गट्ठड़ बाँधा। जब वे चलने लगे तो उन्हें याद आया कि उन्हें पत्ते भी ले जाने हैं। पत्ते तोड़ने वे जंगल के भीतर तक चले गए और उस युवक ने अपना टंगिया वहीं लकड़ी के गट्ठड़ पर छोड़ दिया। उसी समय देउर उस स्थान से होकर जा रहे थे, जब उन्होंने लकड़ी का गट्ठड़ देखा तो उन्हें कुतूहल हुआ कि वह किसका है। उन्होंने निश्चय किया कि वे उस गट्ठड़ के मालिक को डराएँगे। उन्होंने अपनी छीनी अँगुली काटकर उसमें से थोड़ा-सा रक्त टँगिए पर टपकाया और वह टँगिया एक बाघ में परिवर्तित हो गया। देउर ने उसके चूतड़ पर एक लात जमाई और स्वयं वहीं छिप गए। जब वह युवक और उसकी पत्नी पत्ते लेकर लौटे तो बाघ दहाड़ने लगा और वे दोनों डरकर चीखते हुए पत्ते वहीं फेंककर भाग गए। बाघ ने उनका पीछा किया परन्तु उन्हें किसी भी प्रकार से हानि नहीं पहुँचाई

और जब वे अपने घर पहुँच गए, तब वह जंगल में लौट आया, और उसने बाघ जाति का आरम्भ किया।

•

जब सीताहोरू पिन्नू के सभी जानवर भाग गए और यह समाचार बूढ़ा पिन्नू को मिला, तो वे बहुत क्रोधित हुए और उन्होंने उनसे बदला लेने के विचार से बाघ को उत्पन्न करने का निश्चय किया। उन्होंने मिट्टी की एक आकृति बनाई और उसके पंजों के लिए घास के तिनकों के टुकड़े उसमें लगा दिए। उस पर गेरू और काली मिट्टी की धारियाँ बनाईं। उस आकृति को उन्होंने तीन दिन तक अपने ही घर में रखा, उसके पश्चात वह सजीव हो उठा और दहाड़ने लगा। तब बूढ़ा पिन्नू ने उस बाघ से कहा, 'तुम बोंगेड़ सोरू डोंगर पर जाओ, वहाँ तुम्हें हिरण मिलेंगे। उन्हें पकड़-पकड़कर तुम उनका आहार करना।'

•

एक दिन निरंताली अपने जन्म स्थान पर गई और उसने वहाँ एक कुत्ता बनाया। जब उसे किसी देवता को बुलाना होता या उनमें से किसी से बात करनी होती, तब वह उस कुत्ते को इस कार्य हेतु भेजती। निरंताली ने सोचा, 'अब मेरे पास एक कुत्ता है। मैं अब एक बाघ और बनाऊँगी और फिर वे दोनों साथ-साथ रहेंगे।' परन्तु उसके पास बाघ बनाने के लिए कोई भी साधन नहीं था।

उसे एक ऐसा बड़ा-सा पत्थर मिला जो खोखला था और जिसके भीतर मधुमक्खी का छत्ता लगा हुआ था। उसने उस छत्ते में से मोम निकाल लिया और उससे एक बाघ का निर्माण किया। जब उसकी आकृति बनकर तैयार हो गई तब उसने एक जीव (आत्मा या प्राण) की तलाश की, परन्तु उसे कोई भी जीव नहीं मिल पाया।

एक मधुमक्खी उड़ती हुई आई और आकर उस बाघ की आकृति पर बैठ गई। निरंताली ने उसे पकड़कर बाघ के मुँह में रख दिया और वह रेंगती हुई उसके पेट में चली गई। उसके पेट में पहुँचते ही वह बाघ सजीव हो उठा और गुर्राने लगा। निरंताली ने उसे पकड़ लिया और उसे कापनताली के पास ले गई।

जब कापनताली ने उसे देखा तो वह बहुत खुश हुई और उसे एक लोहे की साँकल से बाँध दिया। एक दिन निरंताली ने बाघ को तो खाना दिया, परन्तु कुत्ते को नहीं दिया और वह कुत्ता भूखा रह गया। निरंताली किसी काम से बाहर चली गई और कुत्ता बाघ से ईर्ष्यावश नाराज था, अतः दोनों में लड़ाई हो गई। कुत्ते ने बँधे हुए बाघ पर झपटकर आक्रमण किया और उसे नोंचकर-काटकर खरोंच लिया। बाघ ने भयभीत होकर अपनी साँकल तोड़ दी और भाग गया तब से वह जंगल में ही निवास करता है।

•

एक दिन जब परमगत्ती शिकार खेलने जंगल में गए, तो उन्हें मधुमक्खी का एक छत्ता दिखाई पड़ा। उन्होंने शहद खा लिया और मोम घर ले जाकर निरंताली को दे दिया। उसने वह मोम कटीताली को सौंप दिया। कटीताली ने उस मोम से बाघ की एक आकृति का निर्माण किया और गेरू तथा काजल से उसके ऊपर पट्टियाँ बनाईं।

जब बाघ सजीव हो उठा तब उसने पूछा, 'मैं कहाँ जाऊँ?' निरंताली ने उससे कहा, 'जंगल में चले जाओ और जैसा मैं कहूँ, वैसा करो। हिरण और खरगोश को खाकर जिन्दा रहो।'

एक दिन एक मच्छर आया जिसने मनुष्य का रक्त चुरा लिया था। उसने उस व्यक्ति के पैर को काटा और उसका रक्तपान किया। वह आग के सामने आकर बैठ गया और उस रक्त को वमन (कै) कर दिया और उस रक्त को आग पर भूनकर खा गया। बाघ ने पूछा कि वह इस प्रकार से क्या कर रहा था। जब उसने पूरी बात सुनी, तो वह भी मनुष्य की खोज में निकल पड़ा।

बाघ को एक गुबरैला कीड़ा मिला जिसने पूछा कि वह क्या चाहता है। बाघ ने कहा, 'मैं आदमी का रक्तपान करना चाहता हूँ।' 'तुम उसे कैसे खाओगे?' 'मैं उसे काट खाऊँगा और उसका रक्त चूस लूँगा।' 'यह उचित नहीं लगता, तुम उसे जमीन पर पटककर उसे फाड़कर टुकड़े-टुकड़े कर दो।' तभी एक व्यक्ति वहाँ आ पहुँचा और बाघ उसे पकड़कर उस पर चढ़ बैठा। वह गुबरैला कीड़ा जो अपने घर चला गया था, पुनः वापस आ गया और हँसने लगा। 'तुम यहाँ क्या कर रहे हो?' उसने कहा, 'जैसे हम गोबर की गोलियाँ बनाकर उन्हें लुढ़काकर ले जाते हैं, तुम भी उसी भाँति मनुष्य को लुढ़काकर जंगल में ले जाकर खाओ और तब तुम्हारा पेट अच्छी तरह से भर जाएगा।'

बाघ ने उसकी राय पर विचार किया और उसे वह अच्छी लगी।

●

निरंताली प्रतिदिन सन्ध्या समय सफगन्ना पानी भरने जाया करती थी। जब वह नदी पर पानी भरने पहुँची तो नदी का पानी पहाड़ी पर जलप्रपात बनाते हुए नीचे गिर रहा था और कालान्तर में उस स्थान पर एक जलप्रपात निर्मित हो गया। निरंताली ने उसे देखकर कहा, 'यह तो एक बाघ के सदृश्य है।' उसे देखकर वह भयभीत हो गई। उस प्रपात का छत्र (मस्तक) ऊपर उठा और वह एक बाघ बन गया। निरंताली ने उसे पकड़ने की चेष्टा की और वह बचकर भाग गया। तब से बाघ जंगल में ही रहने लगा।

●

बहुत पुरानी बात है, उस समय तीन भाई थे और उनकी एक छोटी बहन थी। सभी भाई विवाहित थे, परन्तु वह लड़की विवाह के लिए आनेवाले सभी प्रस्तावों को अस्वीकार भर देती थी। परन्तु एक दिन जब वह बाजार गई हुई थी तब उसके भाइयों

ने एक व्यक्ति से उसकी सगाई के उपलक्ष्य में मदिरा स्वीकार कर ली और विवाह का समय आने पर उसे बिदा करने का वचन दे दिया।

विवाह का समय आने पर वर पक्ष के लोग उसे लेने आए, परन्तु उसने उनके साथ जाने से इनकार कर दिया। उसके भाई उस पर बहुत नाराज हुए और उन्होंने कहा, 'यदि तुम गुपचुप किसी के साथ सम्बन्ध स्थापित करोगी और हमें अपमान सहना पड़ा तो हम निश्चित रूप से तुम्हें मार डालेंगे।' उसने कहा, 'मैं कभी भी किसी पुरुष के साथ नहीं जाऊँगी, कभी भी नहीं।'

उसके कुछ समय उपरान्त ही उसका प्रथम मासिक धर्म हुआ, और उसने स्वप्न में एक बाघ को देखा और वह गर्भवती हो गई। जब उसका पेट बढ़ने लगा और छिपाने लायक नहीं रहा, तब उसके भाइयों ने उसे मार-पीटकर घर से निकाल दिया। परन्तु फिर उन्होंने सोचा, 'यदि हम उसे ऐसे ही जाने देंगे, तो वह यहाँ-वहाँ भटकेगी और हम बदनाम होंगे।' अतः वे उसे जंगल में ले जाकर एक बीजा वृक्ष से बाँधकर उसे वहीं छोड़ आए।

कुछ दिनों के उपरान्त उस लड़की ने एक बाघ शावक को जन्म दिया। उस बच्चे ने पूछा, 'माँ, तुम इस प्रकार वृक्ष से क्यों बँधी हो?' उसने बताया कि उसके निर्दोष होने पर भी उसके भाइयों ने उसे यहाँ लाकर वृक्ष से बाँध दिया है और मरने के लिए छोड़ दिया है। उस बाघ शावक ने दाँतों से रस्सियाँ काट डालीं और अपनी माँ के लिए एक छोटा-सा घर बना दिया और फिर वह प्रतिदिन जाकर अपनी माँ के आहार हेतु मांस लाने लगा। वह उन तीनों भाइयों के घर पारी-पारी से जाकर उनके पशु, मुर्गियाँ और बकरे-बकरियाँ मारकर ले आता, इस प्रकार उसने एक-एक कर उनके सारे पशुओं को मार डाला और वे एकदम गरीब हो गए। उन पशुओं का मांसाहार करने के बाद वे दोनों माँ-बेटे उनके सिर अपनी झोंपड़ी में रख देते थे।

एक दिन उन भाइयों को अपनी बहन की याद आई और उन्होंने सोचा कि चलकर देखें कि वह मर गई या जीवित है। जब वे उस स्थान पर पहुँचे तो उन्हें वहाँ एक झोंपड़ी दिखाई पड़ी जिसमें उनके पशुओं के : गायों, बकरों और मुर्गियों के सिर भरे हुए थे। 'ये सब यहाँ कैसे पहुँचे?' उन्होंने पूछा। 'मेरा बेटा इन्हें मेरे लिए लेकर आया,' उनकी बहन ने बताया। 'वह कहाँ है?' 'वह झोंपड़ी के पीछे सो रहा है।'

अचानक बाघ ने उन पर हमला किया और सबसे बड़े भाई को मार डाला। वह दूसरे भाइयों को भी मारने ही वाला था, परन्तु वे उसके चरणों पर गिर पड़े और उसे देवता के रूप में स्वीकार कर लिया।

तब से परेंगाजन बाघ का सम्मान करते हैं और बाघ गोत्र के लोग उसे कभी भी नहीं मारते।

●

बाघ की उत्पत्ति के पूर्व, मनुष्य किसी से भी भय नहीं खाते थे। वे निस्संकोच और निर्द्वन्द्व वनों में घूमते थे, यहाँ तक कि बच्चे भी जंगलों में खेला करते थे। किटुंग ने

सोचा, 'यह बात उचित नहीं है कि मनुष्य किसी से भी न डरे, मुझे कोई न कोई भयानक प्राणी उत्पन्न करना चाहिए जिससे मनुष्य को भय लगे।' उसने कुछ लाल पत्थरों को तोड़कर उसकी धूल से बाघ की आकृति बनाई। लोहे की कीलें बनाकर उसके पंजों में नाखूनों के स्थान पर लगाया। लोहे की सुइयाँ बनाकर उसने बाघ की मूँछें बनाईं। उसने बारह भैंसों को मारकर उनका रक्त बाघ की उस आकृति पर उड़ेला और उससे वह बाघ सजीव हो उठा और वह दहाड़ने लगा। इस प्रकार उस बाघ में बारह भैंसों की शक्ति आ गई और किटुंग उसे ले जाकर गुन्गू डोंगर पर छोड़ आए। अब यदि कोई भी पशु जंगल में घुसता था तो बाघ उसे पकड़कर खा जाता था। लोगों को जंगल में जाना बन्द करना पड़ा और उन्हें पर्याप्त लकड़ी प्राप्त करने में बहुत कष्ट होने लगा।

तब किटुंग ने कहा, 'बाघ के भय से लोगों को बहुत कठिनाइयाँ हो रही हैं।' उसने बाघ से जाकर कहा, 'हमेशा मनुष्यों और पशुओं को मत मारा करो, क्योंकि मनुष्य भी बदले में तुम्हारी हत्या करने की योजना बना रहे हैं। आमतौर पर मनुष्य का भक्षण न करके कभी-कभार ही किया करो।'

जब मनुष्य ने पाया कि बाघ बहुत खतरनाक नहीं है, तब वे पुनः जंगल में जाने लगे, परन्तु फिर भी उसका भय उन्हें सदैव बना रहा।

●

रामा और सीताबोई के चौदह बच्चे थे। उनमें से सबसे छोटा बालक बाघ था और वह लँगड़ा था। सभी बच्चे प्रतिदिन खेत पर काम करने जाते थे, बस वह लँगड़ा बालक घर पर रह जाता था। कुछ दिनों के बाद उससे सब भाई अप्रसन्न रहने लगे क्योंकि वह कोई भी काम नहीं करता था, बाकी सब लोग काम करते थे, अतः उन्होंने उसे खाना देना बन्द कर दिया। 'यह कुछ भी काम नहीं करता। यहाँ तक कि यह मनुष्य भी नहीं है। हम इस घिनौने प्राणी को क्यों खिलाएँ?'

इसके उपरान्त उन्होंने उसे घर से निकाल दिया और वह विवश होकर जंगल में जाकर पशुओं को मारकर खाने लगा। उसने बहुत से पशुओं को मारकर उनको अपना आहार बनाया और उसे बढ़िया भोजन प्राप्त होने लगा, यहाँ तक कि उन भाइयों के भोजन से भी श्रेष्ठतर। इस बात से चिढ़कर उसके भाइयों ने कहा, 'यह निकम्मा पंगु जीव प्रतिदिन मांस खाता है, हमें इसे मार डालना चाहिए।' उस बाघ को इनकी योजना की खबर लग गई और वह जंगल में जाकर छिप गया। जब सीताबोई को उसके जाने का पता चला, तब उसने बीजा के एक लक्कड़ को तराश कर बाघ की आकृति प्रदान की और उसे घर में रख दिया। जब सन्ध्या समय वे सब भाई घर आए तो उन्होंने उस पर बाण से आक्रमण किया। जहाँ-जहाँ उस लक्कड़ पर बाण लगते वहाँ-वहाँ से रक्त सदृश्य लाल रंग का रस बहने लगता। सीताबोई ने क्रोधित होने का अभिनय करते हुए उन भाइयों को वहाँ से भगाया।

कुछ दिनों के उपरान्त वे तेरह भाई जंगल में उसी स्थान पर शिकार खेलने गए

जिस स्थान पर उनका भाई छिपा हुआ था और उनमें से एक ने एक साँभर को मारा। उसने अपनी तुरही बजाकर सबको एकत्र किया। बड़े भाई ने सब भाइयों की गिनती की तो पाया कि वे बारह थे, उनके बाघ भाई ने वृक्ष के पीछे से झपटकर तेरहवें भाई को मार डाला। तब से साँवरा लोग बारह से ऊपर गिनती नहीं गिनते।

●

माड़िया किटुंग के तेरह बेटे थे। वे प्रतिदिन अपने खेत पर काम करने जाते थे। माड़िया किटुंग ने कुन्ती किडांग के भाई की हत्या कर दी, जो एक लँगड़ा बाघ था और जो रामा का पुत्र था। एक दिन बाघ ने उस युवक को खेत पर काम करते देखा और उससे कहा, 'माड़िया किटुंग ने मेरे भाई को मार डाला, इसलिए मैं भी उसके बेटों को मारूँगा।'

वह बाघ खेत के समीप ही झाड़ियों में छिप गया और माड़िया किटुंग अपने तेरह बेटों के साथ खेत पर काम करने आया। उसने उनकी गिनती की और कुल बारह लोगों को ही पाया। इसी बीच झाड़ियों से निकलकर बाघ ने तेरहवें लड़के पर आक्रमण करके उसे मार डाला और घसीटकर उसे ले गया। दूसरे दिन उस बाघ ने माड़िया किटुंग को भी मार डाला। इसीलिए साँवरा लोग बारह से ऊपर गिनती नहीं गिनते।

●

किन्नरसिंग गाँव में दाइपानो नाम का माँझी रहता था। उसके पाँच पुत्र और तीन पुत्रियाँ थीं। वे सब विवाहित थे, लड़कियाँ अपनी-अपनी ससुराल चली गईं और लड़के सब अपने घर पर रहते थे। इसी बीच माँझी और उसकी पत्नी की मृत्यु हो गई। उसके बेटों ने उसका गौर (अन्तिम संस्कार) किया। एक दिन सबसे बड़े बेटे की स्त्री अपने मायके चली गई और वह वहाँ छह मास तक ठहर गई। उसके पति ने उसके समय पर न वापस आने के कारण कुपित हो किन्नासुम को बुलाया, जो बाघ देव था, और उससे कहा, 'मेरी पत्नी के पास जाओ और उसका भक्षण कर लो। परन्तु यदि वह यहाँ आने के लिए सहमत हो, तब उसे मत खाना और अपने साथ यहाँ ले आना।'

बाघ चला गया। उस दिन उस लड़की के माता-पिता खेत पर चले गए थे और वह घर पर अकेली ही थी। जब बाघ वहाँ पहुँचा तब वह घर के फर्श को सफेद छूई से लीप रही थी, वह दरवाजे पर खड़ा होकर गुर्राया। वह लड़की भाँप गई कि वह उसे लेने के लिए ही आया है। वह छूई का एक घड़ा भरकर बाहर ले आई और बाघ से कहा, 'मैं आ रही हूँ, शोर मत मचाओ।' वे दोनों आपस में खेलने लगे और उस स्त्री ने सफेद छूई बाघ के ऊपर उड़ेल दी और उनके निशान उसकी त्वचा पर उभर आए। उसके उपरान्त वह उसके साथ अपनी ससुराल चली गई।

अध्याय : उन्नीस

मनुष्य की उत्पत्ति

भतरा

महाप्रभु ने जब पशु एवं पक्षी उत्पन्न किए थे, तब तक सूर्य और चन्द्रमा उत्पन्न नहीं हुए थे। कुछ लकड़ियाँ तथा मिट्टी जिनसे महाप्रभु ने उन पशु-पक्षियों को बनाया, बच गई थीं। महाप्रभु ने विचार किया, ''मैंने इन प्राणियों को बनाने में बहुत कष्ट उठाया है, अब मुझे एक मानव भी बनाना चाहिए।'' उन्होंने एक मानव-आकृति बनाई और कहने लगे, ''इसे स्त्री होना चाहिए या पुरुष?'' तब उन्होंने निर्णय किया, ''उसे पुरुष ही होना चाहिए। उन्होंने उसके अंग बनाने आरम्भ ही किए थे कि जंगली मुर्गे ने बाँग दे दी। तभी आकाश पर सूर्य और चन्द्रमा प्रकट हो गए। ज्योंही सूर्य का प्रकाश मिट्टी की उस आकृति पर पड़ा वह सख्त हो गई और अधूरी ही रह गई। महाप्रभु ने कहा तुम न तो पुरुष रहोगे न ही स्त्री। तुम दोनों का आधा-आधा अंश रहोगे। उसी प्रकार से जैसे कि कुछ चावल बिना बीज के उगते हैं, उसी तरह तुम भी बिना बीज के मनुष्य रहोगे। यदि तुम्हारी छाया भी किसी गर्भवती स्त्री पर पड़ जाएगी तो उसका गर्भस्थ शिशु भी नपुंसक (हिजड़ा) उत्पन्न होगा।

भुंजिया : पतरपूंजी (खरियार), कालाहांडी जिला

भगवान और भीमसेन के बीच जब युद्ध हुआ, तब पृथ्वी जलमग्न हो गई थी। उस काल में एक बूढ़ा और एक बुढ़िया रहते थे। उन्होंने जब देखा कि भीमसेन सम्पूर्ण सृष्टि को ही नष्ट कर रहा है, तब उन्होंने लकड़ी का एक पटिया लेकर उससे दो खंडों की नाव बनाई। ऊपरवाले खंड में उन्होंने अपने पुत्र को लिटा दिया और नीचेवाले खंड में अपनी लड़की को। उन्होंने उसमें बारह वर्ष के लायक भोजन सामग्री रखी दी और उसे ऊपर से लकड़ी के ढक्कन से बन्द कर उसमें कीलें ठोंक दी।

भगवान को जब यह ज्ञात हुआ कि भीमसेन ने सम्पूर्ण पृथ्वी को जलमग्न कर दिया है, तब उन्होंने अपने शरीर के मैल से बारह कौवे बनाए और उन्हें वस्तुस्थिति का पता लगाने के लिए भेजा। कौवे उड़ते गए उड़ते ही गए तब उन्हें वह नाव दिखाई पड़ी और वे जाकर उस पर बैठ गए। उनके वजन से वह नाव डगमगाने लगी तब नाव के भीतर

से बच्चों ने उसे चिल्लाकर पूछा, "तुम कौन से प्राणी हो?" कौवे इस आवाज को सुनकर डरकर उड़ गए। कौवे इतने डर गए थे कि डर के मारे छह कौवे पानी में ही डूब गए। छह कौवे किसी तरह भगवान के पास पहुँचे और उन्होंने जो देखा था उसका पूरा वृत्तान्त भगवान को कह सुनाया। उन्होंने कहा, "यह सच है कि चारों ओर जल ही जल है, परन्तु कोई मानव जीवित बच गया है।

भगवान ने भीमसेन से कहा, "तुमने तो कहा था कि सम्पूर्ण सृष्टि को तुमने नष्ट कर दिया है, परन्तु यह सच नहीं है, कुछ प्राणी अभी भी बच गए हैं।" भीमसेन उस नाव को पकड़कर ले आया और उसे भगवान को सौंप दी।

भगवान ने कहा, "इसे खोलो।" भीमसेन उसे खोलने लगा, परन्तु भगवान ने उसे अपनी दिव्य शक्ति से रोक दिया। भीमसेन ने तीन-चार बार प्रयत्न किया परन्तु वह नाव खुली नहीं। तब भीमसेन ने अपनी गदा से उस पर प्रहार किया। उस नाव के दो टुकड़े हो गए और उसमें से वह लड़का और लड़की बाहर निकल आए। उन दोनों ने भगवान से प्रार्थना की कि उन्हें वे रहने के लिए कोई स्थान प्रदान कर दें। भगवान के मन में उन दोनों बच्चों के प्रति दया उमड़ आई। उन्होंने सभी देवताओं को बुलाकर कहा, "जो कोई भी इन दोनों बच्चों के रहने हेतु नई सृष्टि की रचना करेगा, वह ही पृथ्वी पर राज करेगा।"

भीमसेन ने सोचा, "यह लड़का और यह लड़की दोनों ही पुण्यात्मा हैं, क्योंकि जब मैंने इनकी नाव पर गदा से प्रहार किया और नाव टूट गई तब भी ये आहत नहीं हुए। यदि इनकी सन्तान हुई तो वह भी पुण्यात्मा ही होगी। भीमसेन ने सोचा कि मुझे उनके पुण्य के लिए ही कम से कम सृष्टि का निर्माण करना चाहिए, अन्यथा इनका जीवन नष्ट करने का पाप मुझे ही लगेगा।

अतः भीमसेन ने अपनी देह का थोड़ा-सा मैल उतारकर जल में डाला और पृथ्वी (भूमि) का पुनः निर्माण किया। पृथ्वी का निर्माण होने के बाद भीमसेन ने महादेव के पास जाकर कहा, "ओ महादेव, "मेरी इज्जत आपके हाथ में है। मैंने भगवान से एक शर्त लगाई है। अब मुझे बताएँ कि मुझे क्या करना चाहिए।" जाओ लड़के तथा लड़कियों के लिए अलग-अलग किशोर गृह बनाओ और उन्हें अलग-अलग रखो।" महादेव आकाश (देवलोक) में चले गए और भीमसेन पृथ्वी पर आ गए।

बहुत दिन बीत गए, परन्तु न तो वह किशोर लड़कियों के घर में गया और न ही वह लड़की लड़कों के घर में गई। भीमसेन ने पुनः महादेव को सब बातें बताईं, तब महादेव ने कहा, "चिन्ता मत करो, मैं कोई न कोई उपाय करूँगा।"

उस रात महादेव काली चींटियों का गुच्छ बनाकर लड़कियोंवाले किशोर गृह में गए और चींटियों को वहाँ छोड़ दिया। चींटियाँ वहाँ ऐसे टपकने लगी मानो कि चींटियों की वर्षा हो रही हो। चींटियों के आक्रमण से डरकर वह लड़की वहाँ से भाग गई। परन्तु महादेव के सामने समस्या थी कि वे उसे लड़कों के किशोर गृह में कैसे ले जाएँ? उन्होंने बिच्छु का रूप धारण किया और लड़की को डंक मार दिया। दर्द के मारे वह अपने भाई

को आवाज देने लगी। ''यह कौन-सा जन्तु है जो मुझे भयभीत कर रहा है?'' फिर भी वह अपने भाईवाले किशोर गृह में नहीं गई। इसके पश्चात् महादेव ने उसे नाग सर्प बनकर डराया। इस बार वह इतनी डर गई कि उसने अपने भाई के बिस्तर में जाकर शरण ली।

वे साथ-साथ सो गए और नींद में लड़की ने अपनी टाँग अपने भाई के ऊपर रख लीं। परन्तु इससे अधिक उन्होंने कुछ नहीं किया।

तब महादेव ने उनके भीतर एक-दूसरे को गुदगुदाने की इच्छा जगाई और वे एक-दूसरे को गुदगुदाने और खुजलाने लगे। ऐसा करते हुए वे अतिशीघ्र एक-दूसरे के साथ आलिंगनबद्ध हो गए, और उनमें काम भावना जागृत हो उठी। वह लड़की तुरन्त ही गर्भवती हो गई और नौ माह उपरान्त उसने एक पुत्र को जन्म दिया। इसी प्रकार बेटे-बेटियों को निरन्तर जन्म देते रहने से संसार में मनुष्यों की आबादी में वृद्धि होती चली गई।

बोंडो-गोयिगुड़ा, जिला कोरापुट

प्रलय के समय जब पृथ्वी जलमग्न हो गई, तब भगवान ने अपनी भुजा को रगड़कर मैल उतारा और उससे एक कौवा बनाया। कौवे ने उसने पूछा कि मैं किस जगह बैठूँ? तब भगवान ने उसे अपने कन्धे पर बिठा लिया। कौवा उड़ते-उड़ते सभी दिशाओं में घूम आया। सर्वत्र जल ही जल था। उड़ते-उड़ते वह थक गया परन्तु उसे बैठने के लिए कोई भी स्थान नहीं मिला, तब उसने भगवान से पुनः पूछा, ''मैं कहाँ बैठूँ?'' तब भगवान ने सेमल का एक वृक्ष उत्पन्न करके उसे उस वृक्ष पर बैठा दिया।

जब वह उड़कर इधर-उधर विचरण करने लगा तो उसे जल में एक टोकरी तैरती हुई दिखाई दी। उस टोकरी के अन्दर दो भाई-बहिन बन्द थे। उसने जाकर महाप्रभु को बताया। महाप्रभु ने उसे थोड़ी सी मिट्टी लाने को कहा। कौवे ने एक केंचुआ देखा और उसे वह महाप्रभु के पास ले आया। उस केंचुए ने अपने नाखूनों से थोड़ी-सी मिट्टी खोदकर महाप्रभु को दी। महाप्रभु ने उस मिट्टी को चारों दिशाओं में फैला दिया और उससे पृथ्वी का निर्माण हुआ। महाप्रभु उस टोकरी को लेकर आए और उन्होंने उस टोकरी को खोलकर देखा, तब उसमें से दो भाई-बहिन निकले। उन्होंने उन दोनों से कहा, ''तुम दोनों आपस में विवाह क्यों नहीं कर लेते?'' उन्होंने उत्तर दिया, ''हम आपस में विवाह कैसे कर सकते हैं? हम तो दोनों भाई-बहिन हैं। महाप्रभु ने ठकुरानी को बुलाकर इशारा किया, और उन्होंने दोनों पर चेचक का प्रकोप कर दिया। वह लड़की भैंगी हो गई और उसका भाई कोढ़ी हो गया। परन्तु जब वे दुबारा मिले तो एक-दूसरे को पहचान नहीं सके, और उन्होंने विवाह कर लिया।

उनके बारह बेटे और बारह बेटियाँ हुईं और उनकी जाति बोंडो हुई। उसके पश्चात् पृथ्वी पर अन्य लोगों का जन्म हुआ।

दिदाई, पटरोपुट्टु, जिला कोरापुट

सर्वप्रथम जिन मनुष्यों का जन्म हुआ वे दोनों दिदाई भाई-बहिन थे, जो मचकुंड नदी के पट पर उत्पन्न हुए थे। रूमरोक ने उन्हें उठाकर सूअरों को चारा खिलानेवाले कोटने में लिटा दिया। उसके पश्चात् उन्होंने पृथ्वी को जलमग्न कर दिया और उस जल में कोटने को प्रवाहित कर दिया। सम्पूर्ण पृथ्वी जलमग्न हो गई और रूमरोक ने नई पृथ्वी का निर्माण किया। बहता हुआ वह कोटना (कठौता) एक पर्वत से जा लगा। रूमरोक ने उन बच्चों को जगाया और लड़की से पूछा, ''यह लड़का कौन है? इसका तुमसे क्या रिश्ता है?'' ''यह मेरा भाई है,'' लड़की ने बताया। रूमरोक ने उनसे तीन बार यही प्रश्न किया और तीनों बार लड़की ने यही उत्तर दिया। रूमरोक ने उनसे अलग-अलग रहने को कहा और वे अलग-अलग रहने लगे।

रूमरोक ने तब किंचक भगवाने को बुलाकर कहा, ''इन दोनों लड़के-लड़की का स्वरूप बदल हो। किंचक ने उस लड़के का चेहरा साँवला बना दिया और लड़की का चेहरा भूरा बना दिया और उस पर हिरण के चित्तों जैसे चित्ते बना दिए। रूमरोक ने उन्हें पुनः बुलाकर पूछा कि उनके बीच क्या रिश्ता है? उन्होंने कहा, ''वे एक-दूसरे को नहीं पहचानते।'' तब रूमरोक ने लड़के से पूछा, ''क्या तुम इस लड़की से विवाह करोगे?'' लड़के ने उत्तर दिया, ''यदि आपकी ऐसी ही इच्छा है तो मैं अवश्य ही ऐसा करूँगा।'' रूमरोक ने उन दोनों का विवाह कर दिया और वे दोनों पति-पत्नी की तरह रहने लगे।

उनके तीन बेटे और तीन बेटियाँ हुईं और जब वे बड़े हो गए तो उनकी माँ ने कहा, ''आज हमारे घर में कोई भी सब्जी नहीं है, जाकर ले आओ। उन्हें जंगल में कोई भी सब्जी नहीं मिली, परन्तु उन्हें वहाँ एक गाय मिल गई जिसे वे ले आए। बड़े भाई ने गाय का वध किया, परन्तु छोटा भाई घर के एक कोने में जाकर सो गया। उसने कहा कि उसकी भोजन करने की बिल्कुल इच्छा नहीं है। बहुत आग्रह करने पर भी उसने गौमांस नहीं खाया। परिवार के अन्य सभी लोगों ने मांसाहार का आनन्द उठाया।

जब वे सब भोजन कर चुके तब उनकी माँ ने कहा कि वे घोड़े की सवारी करें जो उनके आँगन में बँधा हुआ था। सबसे बड़े बेटे ने घोड़े पर बैठने की चेष्टा की, परन्तु वह असफल रहा और जंगल से बाँस लाने चला गया जिसकी सीढ़ी बनाकर उसकी सहायता से वह घोड़े पर चढ़ सके। दूसरे भाई ने भी घोड़े पर चढ़ने की कोशिश की, परन्तु वह सफल नहीं हो सका। सबसे छोटा भाई कूद कर घोड़े पर चढ़ गया और घर के चारों ओर चक्कर लगाने लगा। उसके माता-पिता ने उसके कपड़े, बिस्तर और खाने-पीने का सामान तैयार करके ले जाकर आँगन में रख दिया। इतने में ही उसका बड़ा भाई जंगल से बाँस का गट्ठर लेकर आ पहुँचा। जब उसने देखा कि छोटा भाई घोड़े पर बैठने में सफल हो गया है, तो उसने बाँस का गट्ठर फेंक दिया। परन्तु उसने अपने भाई को बाँस से एक कावड़ बनाने के लिए कहा और वह उसका सामान घोड़े पर लाद दे और बाँस लड़के के सिर पर रख दे। वह अपने भाई की क्षमता को आजमाना चाहता था अतः उसने फिर से अपने बड़े भाई से कहा कि वह उस सामान को उसके

दूसरे कन्धे पर रख दे। वह ऐसा नहीं कर सका। ''तुम्हें घोड़े पर बैठना तो आया नहीं, और न ही तुम सामान उठाकर चल सकने में समर्थ हो।'' इसके बाद उसने अपने मँझले भाई से कहा कि वह उसके सामान को घोड़े पर रख दे और फिर उस सामान को उसके एक कन्धे से उतारकर दूसरे कन्धे पर रख दे। मँझले भाई ने सफलतापूर्वक उस काम को कर दिखाया।

तब उसके माता-पिता ने कहा, ''हमारा छोटा बेटा राजा बनेगा और मँझला बेटा 'दिदाई पोरजा' (प्रजा)। हमारा बड़ा बेटा जो न तो घोड़े पर बैठने में सक्षम है और न ही वह वजन उठाकर चल सकता है और उसी ने गौहत्या की है, अतः वह डोम होगा।

कोया-गुमका : जिला कोरापुट

प्रलय के समय जब पृथ्वी जलमग्न हो गई थी, तब एक भी प्राणी जीवित नहीं बचा था। दुबारा सृष्टि के निर्माण हेतु जब लम्बे समय तक कुछ नहीं किया गया तो देउर ने भीमा को यह पता लगाने भेजा और कहा, ''जाकर देखो, पृथ्वी पर कोई प्राणी जीवित बचा है या नहीं।'' भीमा ने चारों ओर चक्कर लगाकर देखा और वापस आकर बताया, ''एक भी प्राणी जीवित नहीं बचा है।'' तब देउर ने देवताओं को बुलाया और उनसे पूछा, ''अब हम संसार को कैसे बनाएँ और इस कार्य को कौन करेगा?'' परन्तु इस कार्य को कर सकने की शक्ति किसी में भी नहीं थी।

भीमा की एक बेटी थी। उसने प्रलय के विषय में सुन रखा था, और इस बात से वह बहुत दुखी थी। वह आकाश से कूदकर सीधी डुबकी लगाकर पृथ्वी के भीतर पाताल लोक में पहुँच गई। वहाँ उसका पैर शेषनाग के फण से जा टकराया। शेषनाग ने क्रोधित होकर पूछा कि वह कौन है? ''मैं भीमा की बेटी हूँ। सम्पूर्ण पृथ्वी जल में डूब गई है, और एक भी प्राणी जीवित नहीं बचा है। मैं आपसे पूछने आई हूँ कि क्या उपाय करना चाहिए।'' दोनों ने लम्बे समय तक विचार-विमर्श किया और अन्त में शेषनाग ने कहा, ''तुम जाओ, और जब पृथ्वी बनकर तैयार हो जाएगी तब मैं अपना फण ऊपर उठाऊँगा।'' जब लड़की बाहर आने को उद्धत हुई तभी शेषनाग ने फुँफकार कर उसे वाराह बना दिया। पाताल में ही कीचड़ में लोटपोट होकर वह पृथ्वी पर प्रकट हुई। वहाँ घास और खरपतवार भी थी। उसने अपने शरीर को हिलाकर बदन में लगी मिट्टी को इधर-उधर उड़ाया और उससे मिट्टी की सतह का निर्माण हुआ। वह कीचड़ सूखकर जब कठोर हो गई तब पृथ्वी का निर्माण हुआ।

कोया-गुमका-कोरापुट जिला

बहुत दिनों की बात है दादा बुरका नाम का कोया था। उसके माता-पिता की मृत्यु हो चुकी थी और वह तथा उसकी बहिन दोनों बच्चे थे। बहिन का नाम सुकरी था। जब वे

बड़े हुए तो मनुष्यों की आबादी बहुत बढ़ चुकी थी और वे आपस में झगड़ते रहते थे। अतः भीमा ने पृथ्वी को नीचे ढकेल दिया। दादा बुरका के पास एक बहुत बड़ा तूंबा था, जिसमें उसने सभी प्रकार के बीज, ईंधन हेतु लकड़ियाँ, आग, मवेशी आदि सभी चीजें भर लीं। अन्त में बुरका और सुकरी उसमें बैठ गए और उन्होंने उसका ढक्कन बन्द कर लिया। तूंबे में अन्य सभी प्राणी मर गए केवल दादा बुरका और सुकरी जिन्दा बचे।

एक दिन भीमा पृथ्वी का चक्कर लगा रहा था तो उसे वह तूंबा दिखाई पड़ा। उसने तूंबे के भीतर से उन भाई-बहिन के बातें करने की आवाज सुनी। भीमा ने सोचा, "मुझे इन दोनों को मार डालना चाहिए अन्यथा पृथ्वी पर पुनः मनुष्य फैल जाएँगे। परन्तु जब उसने तूंबे को पकड़ने का प्रयास किया त्योंही वह तूंबा जल में गहरे और गहरे और भी गहरे डूबता चला गया। बारह मील से भी दोगुनी गहराई तक गहरे जल में चला गया। भीमा ने प्रयत्न किया परन्तु उसे पकड़ने में उसे सफलता नहीं मिली और वह आकाश (देवलोक) में वापस लौट गया।

जब पृथ्वी का निर्माण हो गया तब वे दोनों भाई-बहन तूंबे से निकलकर सूखी भूमि पर आ गए। वे दोनों वयस्क हो गए थे और बुरका ने कहा कि मुझे अपने लिए एक लड़की खोजनी चाहिए और तुम्हारे लिए एक युवक। हम लोगों से एक नई मनुष्य जाति उत्पन्न होगी। परन्तु उन्हें कोई भी नहीं मिला। तीन-चार बार उन्होंने तलाश की। अन्त में उन्होंने कहा, "अब केवल हम दोनों बचे हैं। चलो हम गर्म पानी में स्नान कर लें और पति-पत्नी बन जाएँ। उन्होंने स्नान किया और साथ-साथ शयन किया। शीघ्र ही वह लड़की गर्भवती हो गई। पहले उनको एक पुत्र उत्पन्न हुआ और फिर बहुत से पुत्र-पुत्रियाँ उत्पन्न हुए। इसी प्रकार मानवजाति आरम्भ हुई। सबसे बड़े पुत्र की सन्तानें कोया हुई।

कोंड-डेनगसरगी, जिला कालाहांडी

पुराने जमाने में दुनिया वैसी ही थी जैसी कि आज है, और लोग भी आज जैसे ही थे। परन्तु उस समय सात सूर्य थे और सात चन्द्रमा। उनकी गर्मी से सब लोग जलकर मर गए और कोई भी जीवित नहीं बचा। एक दिन जब परमगति शिकार हेतु निकले तो उन्हें एक अंडा दिखाई पड़ा। यह अंडा वास्तव में भीमापिन्नु का एक अंडकोष था। उस अंडे को देखने के उपरान्त परमगति ने वापस आकर हफनाकुड़ी और भामुनाकुड़ी नामक कुत्तों को यह कहकर वहाँ भेजा, "जाओ और उस अंडे को देखो, यदि वह किसी सर्प या चिड़िया का अंडा है, तो उसे ले आओ, परन्तु यदि वह किसी मनुष्य का है तो उसे वहीं छोड़ देना।" कुत्तों ने उसे सूँघकर तुरन्त पहचान लिया और उसे वहीं छोड़कर भाग गए। परमगति ने बहुत से पशु भेजे–एक हाथी, एक घोड़ा, एक भैंसा और कहा कि जाकर उस अंडे को ले आएँ। परन्तु उनमें से किसी ने भी यह साहस नहीं दिखाया कि उसे छू भी सकें। एक दिन परमगति अपने घर की परछी में बैठे हुए थे। उन्होंने निशाना

लगाकर उस अंडे पर तीर चलाया, जो जाकर सीधा उस पर लगा। वे स्वयं जाकर उसे उठा लाए और उसे एक घड़े में रखकर बन्द कर दिया। बारह रातें यों ही बीत गईं और अन्त में उस अंडे से एक लड़की उत्पन्न हुई जो घड़े के अन्दर रोने लगी।

निरंताली ने उस घड़े का ढक्कन हटाया और लड़की को बाहर निकालकर उसका नाल काटा। इस नाल से एक मेंढक उत्पन्न हुआ। उन्होंने उस बालक को हल्दी के पानी से स्नान करवाया। उस पानी से मछलियाँ पैदा हुईं। वह पानी बहता गया और वह एक नदी बन गई। निरंताली ने उस कन्या को अपनी बहन की कन्या माना। उसने जंगल की सफाई करके अपने लिए एक खेत बनाया और उससे होनेवाले मुनाफे से अपने लिए मवेशी खरीद लिए। बड़ी होकर पहले वह निरंताली के मवेशी चराने लगी थी। अपने खेत की आमदनी से उसने आभूषण तथा बर्तन भी खरीदे। उसका नाम पुसुराली था। एक दिन परमगति आखेट पर चले गए और निरंताली स्नान करने चली गई। परमगति की पत्नी और पुसुराली दोनों घर पर रह गए। परमगति की पत्नी उस लड़की के आभूषण तथा अन्य वस्तुओं के कारण ईर्ष्या करती थी और उसे घर से चले जाने को कहती थी। ''तुम्हारे पशुओं को शेर खा जाए, क्योंकि वे घर में घुसकर तोड़-फोड़ करते हैं और घर के सामान को ठोकर मारते हैं।'' जब वह चली गई तो उसने उस लड़की के वस्त्रों को फाड़-फाड़कर टुकड़े-टुकड़े करके फेंक दिया।

परमगति ने आखेट से वापस आकर देखा कि वह लड़की चली गई थी। उन्होंने अपनी पत्नी से पूछा कि वह लड़की कहाँ गई। परन्तु उसने कोई उत्तर नहीं दिया। परमगति उसके वस्त्रों के टुकड़ों का पीछा करते हुए उसे ढूँढ़ने निकल गए। जब उन्होंने उसे ढूँढ़ लिया तो उससे घर छोड़ने का कारण पूछा। उसने बताया, ''मैं वहाँ बहुत दुखी थी, इसलिए भाग आई।'' उसने परमगति को बैठने के लिए एक खटिया दी। परन्तु ज्योंही वे उस पर बैठे तो खटिया टूट गई। उसने कहा, ''आप यहाँ क्रोधवश आए हो।'' परमगति ने पूछा, ''तुम्हें यह कैसे मालूम हुआ?'' उसने कहा, ''मैंने बैठने के लिए आपको एक खटिया दी जो आपके बैठते ही टूट गई। इससे यह बात स्पष्ट है कि आप गुस्सा में हैं।'' ''अच्छा, अब मैं शान्त चित्त से आऊँगा।'' वे अपने घर चले गए और फिर कुछ दिनों बाद पुनः आए।

उसने परमगति के लिए चावल की मदिरा बनाई थी और बैठने के लिए सोने की चौकी। उसने वे परमगति को दे दी। जब उन्होंने मदिरापान कर लिया तब उसने उन्हें चावल और भाजी का भोजन कराया। ''मैंने भरपेट खा लिया है, परन्तु क्या तुम मेरे दोने-पत्तल फेंक दोगी?'' जब वह लड़की उनके जूठे दोने-पत्तल फेंक रही थी, तब उसकी अँगूठी दोने-पत्तल पर गिर गई। परमगति ने उस अँगूठी को देखा और बिना यह विचार किए कि वह अँगूठी उस लड़की की है, उसे फेंक दिया। पत्तल फेंकने के पश्चात् स्थान की सफाई करते समय अँगूठी की आवाज हुई, तो उसने उसे साफ किया और प्रसन्नतापूर्वक पहनने लगी। तब परमगति ने कहा, ''ओ मेरी भानजी! तुमने मुझ पर जादू कर दिया है। यदि मैं उस अँगूठी को खा लेता तो मेरी मृत्यु हो जाती। उस लड़की

ने कहा, ''इसमें जादू की कोई बात नहीं है। देखो मैं इसे खाकर बताती हूँ।'' यह कहते हुए उसने अँगूठी को खा लिया। परमगति अपने घर चले गए।

वह लड़की गर्भवती हो गई। जब समय पूरा हो गया तब उसने दो जुड़वाँ बच्चों को जन्म दिया : सोनराजी और रूपराजी। उन्हें सोनामुंडी और कालीमुंडी भी कहते हैं। सोनराजी लड़का था और रूपराजी कन्या। जब बच्चे बड़े हो गए तब एक दिन परमगति उनकी माँ से मिलने के लिए आए और कहा, ''तुम यहाँ जंगल में अकेली धर्मपूर्वक रहती हो, तब ये बच्चे कैसे, कहाँ और कब उत्पन्न हुए।'' उसने उन्हें सब कुछ सच-सच बता दिया और वे सन्तुष्ट हो गए।

जब सोनराजी और रूपराजी बड़े हो गए तो उन दोनों का विवाह हो गया, एक का पूर्व में और दूसरी का पश्चिम में। बहुत दिनों बाद उनकी कलकत्ता-बम्बई में भेंट हुई जहाँ का पानी खारा है। उन दोनों से ही मनुष्य जाति की उत्पति हुई।

कोंड, गुमका, कोरापुट जिला

जाओरातालीआकाश (देवलोक) में रहते हैं। उन्होंने अंडे के सदृश्य एक आकृति बनाई। जो भी कोई पितर (पूर्वज) पुनर्जन्म लेना चाहता था वह उस अंडे में प्रविष्ट हो जाता था। तब जाओराताली उससे पूछते, ''तुम सुन्दर बनोगे या कुरूप?'' अंडा कहता, ''सुन्दर।'' ''तब तुम मुझे क्या दोगे?'' जाओराताली ने पूछा। यदि वह अंडा सचमुच में सुन्दर बनना चाहता तो कहता, ''बकरे, सूअर और मुर्गे।'' यदि उसे इस बात की कोई चिन्ता नहीं होती तो वे कहते, ''भला हम आपको क्या दे सकते हैं?'' जाओराताली के पास दो किस्म की मिट्टी थी—सुन्दर और कुरूप। यदि कोई सुन्दर बनना चाहता तो तथा उचित ढंग से उत्तर देता तो वे उसके लायक मिट्टी को उस अंडे पर रख देते और सुन्दर बालक के रूप में उस बालक का पुनर्जन्म होता।

कोंड, सिकरगुड़ा, कालाहांडी जिला

जमदेवता (यमदेवता) ने मनुष्य को उत्पन्न किया। वे अपनी राजगद्दी पर एक पैर पर दूसरा पैर रखकर आराम से बैठे थे और उनकी सूरत काले रंग की थी। उनके कन्धों पर लोहे के डंडे रखे थे। उनके हाथों में लोहे की साँकल (जंजीर) थीं। उनके दोनों ओर उनके चपरासी खड़े थे। उन्होंने दो अंडे उत्पन्न किए और उनसे कहा, ''यदि मैं तुम्हें मनुष्य जन्म दे दूँ तो तुम मुझे बदले में क्या दोगे?'' पहले अंडे ने कहा, ''मुझे बड़ा आदमी बना दो तो मैं आपको एक भैंसे की बलि प्रदान करूँगा तथा और भी अनेक उपहार दूँगा। जमदेवता ने दूसरे अंडे से भी यही प्रश्न किया। यह अंडा मूर्ख था, और उसने उत्तर दिया, ''मैं आपको कोई भी वस्तु कैसे भेंट कर सकता हूँ?'' जमदेवता ने उससे क्रोधित होकर उसे अन्धा व्यक्ति बना दिया।

कंध, गोलुलड्डोकी, जिला गंजाम

किसी समय एक कंध अपनी बहिन के साथ रहता था। एक बार की बात है–वह कंध एक पायली बारूद और एक पायली बन्दूक की गोलियाँ लेकर इरपी वृक्ष के नीचे बैठ गया। एक हिरण इरपी के फूल खाने के लिए वहाँ आ गया। उसने हिरण को मारने के लिए बन्दूक को अपने कन्धे पर रखा ही था कि हिरण ने कहा, ''मुझे मत मारो। मैं तुम्हें एक बात बताना चाहता हूँ।'' उस कंध ने बन्दूक उठाकर अलग रख दी और हिरण की बातें सुनने लगा। हिरण कहने लगा, ''सेमल के वृक्ष के तने को खोखला करके उसमें छिप जाओ। कल प्रलय होनेवाली है जिसमें सब प्राणी डूब जाएँगे।'' कंध वहाँ से अपने घर गया और अपनी बहन को साथ में लेकर वह सेमल के एक वृक्ष में खोदरा बनाकर अपनी बहन के साथ उसमें छिपकर बैठ गया। उसने कुछ मवेशी, अन्न के बीज भी रख लिए और खोदरे का मुँह मोम से बन्द कर दिया। दूसरे दिन पृथ्वी जलमग्न हो गई और चारों ओर जल फैल गया। परन्तु सेमल का वह वृक्ष जल की सतह पर हवा के झोंकों से इधर-उधर डोलता रहा।

उसके बाद होनीगढ़ से सात सूर्य और सात चन्द्रमा आए और उनकी तपन से सम्पूर्ण जल सूख गया और सारे प्राणी मर गए। जब सारा जल सूख गया तब चन्द्रमा ने सोचा, ''यह दोष इन सात सूर्यों का ही है कि सम्पूर्ण जल सूख गया और सब प्राणी मर गए।'' उन्होंने ऐसी योजना बनाई कि एक सूर्य के अलावा अन्य सभी सूर्य मर जाएँ। इसके उपरान्त चन्द्रमा सेमल के वृक्ष से उन दोनों कंध भाई-बहनों को निकालकर ले गया और वे पति-पत्नी की तरह रहने लगे। उनके सात पुत्र और सात पुत्रियाँ उत्पन्न हुईं और उन्होंने आपस में विवाह कर लिया। इसके बाद उनके माता-पिता ने डकपाजी सुजमाजेंजा दोनों भाइयों को भेजकर इरपी के फूल मँगवाए। डकपाजी ने जब इरपी के फूलों को उठाया तो उसने देखा कि वे फूल सोने-चाँदी के थे। जब वे फूल लेकर घर पहुँचे तो उनके पिता ने डकपाजी को राजा तथा सुजमाजेंजा को कंध बना दिया। बाकी भाइयों को पाईक तथा डोम बना दिया। इसके पश्चात् वे सब अलग रहने लगे और पृथक-पृथक जातियों में बँट गए।

कोंड–डेनगुड़ा, जिला गंजाम

सृष्टि के आरम्भ में सर्वत्र जल ही जल था। तब बूढ़ा पिन्नू और पुसुरोली सफगन्ना में उत्पन्न हुए। उनके रहने के लिए कोई भी स्थान नहीं था, अतः वे जल की सतह पर तैरते रहे। उन्हें विश्राम करने हेतु ऐसा कोई भी स्थान नहीं मिला, जहाँ वे अपने पैर टिका सकते। अन्त में उन्हें एक मृत बिच्छू दिखाई पड़ा जिसका सिर किसी पर्वत के आकार जितना विशाल था। बूढ़ा पिन्नू तथा पुसुरोली दोनों उस पर चढ़ गए और तैरने लगे। वे दोनों इस बीच यही सोचते रहे कि पृथ्वी का निर्माण कैसे किया जाए।

उन्होंने उस बिच्छू की खाल को अपने नाखूनों से उतारा और उसे जल की सतह पर बिछा दिया। इस काम में उन्हें सात दिन लग गए। बिच्छु की हड्डियों से उन्होंने खूँटे बनाकर पृथ्वी के चारों कोनों में गाड़ दिए ताकि पृथ्वी स्थिर रहे। उस बिच्छू के मांस के टुकड़े-टुकड़े करके उसे जल की सतह पर बिछा दिया। बिच्छू की पीठ चट्टानों में बदल गई। इस प्रकार पृथ्वी बनकर तैयार हो गई। तत्पश्चात् बूढ़ा पिन्नू ने प्राणियों, पशुओं तथा मनुष्यों को उत्पन्न करने पर विचार किया। उन्होंने उस बिच्छू का एक टुकड़े को जीवित बिच्छू पुत्र उत्पन्न करने के लिए पानी में फेंक दिया। उससे तुरन्त ही समस्त प्राणी उत्पन्न हो गए।

कुटिया कोंड, कलंगगुड़ा, गंजाम जिला

सफगन्ना में जहाँ निरंताली का जन्म हुआ था और जहाँ सर्वप्रथम मनुष्य जाति उत्पन्न हुई थी, वहीं मानवभक्षी एक बैल प्रकट हुआ। उस समय तक आधी ही मनुष्य जाति उत्पन्न हुई थी और शेष पृथ्वी के गर्भ में थी। वह बैल मानव भक्षण हेतु उनकी खोज में विचरण करता था। वह प्राणी बहुत भयानक था, उसका एक-एक दाँत भुजा जितना लम्बा था और निरंताली को चिन्ता थी कि उस प्राणी से कैसे पिंड छुड़ाया जाए। उसने तीन बार उस बैल को भगाया परन्तु उससे कोई लाभ नहीं हुआ, क्योंकि वह मनुष्यों को ढूँढ़ता हुआ फिर से वापस आ जाता था। निरंताली को उस पर बहुत क्रोध हुआ और वह अपने घर के सामने लकड़ी के एक टुकड़े पर बैठ गई। उस बैल ने उस पर आक्रमण कर दिया तब निरंताली ने उस बैल पर लकड़ी से वार किया। उसका प्रहार इतना शक्तिशाली था कि बैल का सिर फट गया और वह उसी गड्ढे में जाकर गिर पड़ा जहाँ से वह प्रकट हुआ था। उस दरवाजे पर जो किवाड़ लगा था वह टूट गया और वह बैल जाकर उसमें फँस गया।

दूसरे दिन निरंताली ने उस बैल का सिर काटकर फेंक दिया जो दीपक की बांबी बन गया। उसने उसकी जीभ काटकर फेंक दी जो सूर्य बन गई। उसकी आँखें निकालकर फेंक दी जो तारे (सितारे) बन गईं। उसकी चारों टाँगें काटकर फेंक दीं जो दलांग, बरझोला, बोंगेड़ा और तितरीमारा पर्वत बन गए। उसकी पूँछ काटकर फेंकी जिससे सियाड़ी लता बन गई। कानों को काटकर फेंका जिनसे केले के पत्ते बन गए। अन्तड़ियाँ जल में रहनेवाले सर्प बन गईं। रक्त बहकर कम्बोल नदी बन गया और जिगर धान का खेत बन गया। परन्तु सृष्टि का द्वार बन्द ही रहा और आधी आबादी को किसी अन्य स्थान पर उत्पन्न होना पड़ा।

कुटिया कंध, रंगपारू, गंजाम जिला

निरंताली ने (मनुष्य की उत्पत्ति हेतु) सर्वप्रथम उसका धड़ बनाया और फिर सोचने लगी कि उसका सिर कैसे बनाया जाए। उसने बेल फल लेकर उससे सर बनाना

आरम्भ किया। जंगल में एक चट्टान पर बहुत ही महीन घास उगी हुई थी। उस घास से उसने बाल बनाए। आँखों के लिए सेमी के बीजों का प्रयोग किया। साल वृक्ष की जड़ों के पास पैदा होनेवाले कुकुरमुत्ते (फूटू) से नाक बनाकर उस पर चिपका दी। एक बड़े से ठूँठ पर उगे हुए कुकुरमुत्ते से उसके कान बनाए। तत्पश्चात् कुम्हड़े के बीजों से सामने के दाँत बनाए और दाढ़ के लिए लौकी के बीजों का उपयोग किया। सामने के दाँत छोटे तथा सफेद थे जबकि दाढ़े बड़ी और पीली थीं। मूँछें बनाने के लिए वह नाले से नरसुल की मूँज लेकर आई और उसे कोयले के चूरे से काले रंग में रँगा।

लौकी के गूदे से उन्होंने उसका कलेजा बनाया ओर अन्तड़ियों के लिए कुम्हड़े के गूदे की बारीक-बारीक पट्टियाँ काटीं। रानी के कन्द से उसका शिश्न बनाया। केकड़े के पृष्ठ भाग से नाखून बनाए। काले रंग की मोटी घास का प्रयोग कर गुप्तांग के बालों को बनाया और भालू के बालों से उसकी पलकें बनाई। जब वह आकृति पूरी हो गई तो उसमें प्राण प्रतिष्ठित कर दिए। परन्तु सब कुछ ठीक-ठीक होने पर भी वह मानव न तो ठीक से बोलने में समर्थ था और न ही उसकी पलकें झपकती थीं। यदि छोटी मक्खियाँ उसकी आँखों में पड़ जातीं तो वह उनसे बचाव नहीं कर पाता था। निरंताली ने ताड़ का एक काँटा लेकर उसकी आँखों के दोनों किनारों पर चुभाया और तब उसकी पलकें झपकने लगीं और वह अच्छी तरह बातें भी करने लगा। इसीलिए लोगों को जब कोई व्यक्तिगत बात करनी होती है तो वे आँखें मिचकाते हैं।

सौवरा, कासीपल्ली, जिला संबलपुर

राजारहेल और उनकी माँ दोनों, माँ-बेटे आकाश (देवलोक) में रहते थे। वे इतने शक्तिशाली थे कि मरणासन्न व्यक्ति को भी बचाने में समर्थ थे।

एक दिन माँ कुण्डीताल झील में स्नान करने के लिए गई। वहाँ सीढ़ीदार एक ही घाट था जिस पर रिसोली नाम का एक गाँड़ा स्नान कर रहा था। उसने रिसोली से अपने लिए घाट छोड़ने को कहा। परन्तु वह इसके लिए तैयार नहीं हुआ। तब उसे शाप देती हुई वह बिना स्नान किए ही घर वापस चली गई।

"यह व्यक्ति और सभी पुरुष मर जाएँ।" उसके इस शाप के कारण पृथ्वी रसातल में डूबने लगी और मनुष्य तथा पशु सभी प्राणी डूब गए। पृथ्वी पर उस समय जल ही जल फैल गया और जलप्लावन के पश्चात् वहाँ शेष कुछ भी नहीं बचा।

एक दिन राजा और उसकी माँ रथ पर बैठकर पृथ्वी के ऊपर उड़ रहे थे। जब उन्होंने देखा कि पृथ्वी जलमग्न हो गई है और वहाँ जल के अतिरिक्त कुछ भी नहीं बचा है, तब उन्होंने निश्चय किया कि वे सृष्टि की रचना पुनः करेंगे। उन्होंने अपने शरीर को रगड़कर मैल उतारा और उससे एक चिड़िया बनाई और उसे मिट्टी खोजने के लिए भेजा। वह चिड़िया छह माह तक उड़ती रही परन्तु उसे मिट्टी कहीं भी दिखाई

नहीं दी। जब वह वापस आ रही थी तब उसे रास्ते में एक झींगा दिखाई पड़ा जिसकी एक मूँछ आकाश तक पहुँची हुई थी और दूसरी पाताललोक तक। जो मूँछ पाताललोक को स्पर्श कर रही थी, वह कुम्भीर राजा जो मगरमच्छ देवता था, उसकी सेवा करती थी। वह चिड़िया झींगे की ऊपर की ओर उठी हुई मूँछ पर जाकर बैठ गई। झींगे ने उससे पूछा, "तुम कौन हो? मुझे बताओ अन्यथा मैं तुम्हें कुम्भीर राजा के पास ले जाऊँगा।" उसने उसे सब बातें बताईं और वह चुपचाप कुम्भीर राजा के देश से थोड़ी-सी मिट्टी ले आया। वह मिट्टी उसने उस चिड़िया को दे दी। वह चिड़िया उड़कर राजारहेल और उसकी माँ के पास पहुँची। उस मिट्टी को उन्होंने सोने के एक पात्र में डालकर पानी में घोला और झाड़ू से पृथ्वी के चारों कोनों पर छिड़क दिया। तीन दिनों के भीतर पृथ्वी बनकर तैयार हो गई। वह वैसी ही बन गई जैसी जलप्लावन के पहले थी, और आज तक वैसी ही है।

उसके उपरान्त राजारहेल और उनकी माँ दोनों ने अपने-अपने बदन से एक पुरुष और एक स्त्री को प्रकट किया। वे दोनों पति-पत्नी बने। उनसे मनुष्य जाति की उत्पत्ति हुई।

पहाड़ी सौंवरा, बारासिंगी, जिला गंजाम

बालिंगना बारू किटूंग पृथ्वी से उत्पन्न हुए। उयुंग किटुंग आकाश (देवलोक) में रहते थे। बालिंगना बारू पुरुष थे और उयुंग किटुंग स्त्री। उन्होंने विवाह कर लिया। उनकी पहली सन्तान पुत्री थी और उसका नाम राम्मा था। उसके बाद उनकी दूसरी सन्तान कन्या हुई जिसका नाम भिम्मा था। तत्पश्चात् उयुंग किटुंग आकाश में चले गए और बालिंगना बारू किटुंग एक पर्वत पर रहने लगे। राम्मा और भिम्मा से ही सम्पूर्ण मानव जाति उत्पन्न हुई।

पहाड़ी सौवरा, किट्टिम, कोरापुट जिला

मानव के सिवाय सभी प्राणियों की उत्पत्ति हो चुकी थी। किटुंग की एक कन्या थी उसे वे अपने कन्धे पर बिठाकर जहाँ भी जाते साथ ले जाते। धीरे-धीरे वह वयस्क हो गई, परन्तु उसके पिता फिर भी उसे अपने कन्धे पर ही लाते-ले जाते थे। एक दिन जब वे सो रहे थे तब वह लड़की चुपचाप उनके कन्धे से उतरकर बुलबुल की तरह फुदकती हुई खेतों में चली गई। वहाँ उसने एक साँड़ को देखा। उसने एक गाय का पीछा किया और उसके साथ संसर्ग किया और चला गया। उसके पश्चात् उसने एक बन्दर को देखा जिसने एक बन्दरिया का पीछा किया और उसके साथ संभोग किया और चला गया। एक बकरे को देखा जिसने एक बकरी का पीछा किया और उसके साथ संभोग करके चलता बना। उसने एक सूअर को देखा जिसने सूअरी का पीछा किया और उसके साथ

संभोग किया और चला गया। इसके पश्चात् उसने एक टिड्डे को देखा जिसने एक टिड्डी के साथ संभोग किया और उड़ गया।

उन सबको देखकर उस लड़की के मन में भी संसर्ग करने की इच्छा जागृत हुई। 'परन्तु मुझे अपना साथी कहाँ मिलेगा?' वह अपने सोते हुए पिता को देखकर सोचने लगी, "मुझे भी इनके जैसा ही कोई पुरुष मिल जाता, तो मैं भी उसके साथ सहवास करती।" उसने अपने पिता को देख-देखकर उनकी एक आकृति बनाई। जब वह आकृति गुप्तांगों सहित पूर्ण बनकर तैयार हो गई तब उसने सोचा, "इसमें जीवन कैसे उत्पन्न किया जाए?"

इसी बीच किटुंग की नींद खुल गई। उन्हें जागते देखकर उस लड़की ने वह आकृति छिपा ली। किटुंग ने उस लड़की को उस आकृति को छिपाते हुए देख लिया और उसकी इच्छा को समझ लिया। उन्होंने अपनी जीभ काटकर थोड़ा-सा रक्त उस मूर्ति पर छिड़क दिया। इतना कार्य करके वे वहाँ से चले गए। उन्होंने चारों ओर देखा तो वह लड़की उन्हें भूमि पर दुबकी हुई दिखाई पड़ी। उस मूर्ति ने उस लड़की से पूछा, "तुमने मुझे क्यों बनाया है?" उसने उत्तर दिया, "मैं तुम्हारे साथ संसर्ग करना चाहती हूँ।" दोनों ने संसर्ग किया और उनके संसर्ग से मनुष्य जाति की उत्पत्ति हुई।"

पहाड़ी सौवरा, दन्तारा, गंजाम जिला

गुंदेजंगबोई (जो कुमारी थी) जब धान कूट रही थी तो धान के दो दाने उसके गुप्तांग में घुस गए और वह गर्भवती हो गई। इस बात से वह बहुत चिन्तित हो उठी। "मैंने किसी भी पुरुष के साथ संसर्ग नहीं किया, फिर भी मैं गर्भवती कैसे हो गई? लोग मुझे इस स्थिति में देखकर हँसेंगे। उसने सूर्य और चन्द्रमा को छिपा दिया ताकि लोग उसे इस स्थिति में न देख सकें। वह अन्धकार सात दिनों तक छाया रहा। इस बीच उसने एक पुत्र और एक पुत्री को जन्म दिया। गुंदेजंगबोई ने उन शिशुओं का परित्याग कर दिया और रहने के लिए अन्यत्र चली गई और सूर्य तथा चन्द्रमा पुनः प्रकट हो गए।

कुछ दिनों उपरान्त उसके मन में यह विचार आया, "बच्चों को इस प्रकार त्यागना तो पाप है। इससे उनकी मृत्यु भी हो सकती है।" वह उन बच्चों को देखने उस स्थान पर गई जहाँ उसने उन बच्चों को त्याग दिया था। वे दोनों बच्चे वहाँ उसे खेलते हुए मिले। उसने लड़के का नाम केत-राजी केतरगुमी रखा तथा लड़की का नाम अजेरंग-दिया रखा। जब वे बड़े हुए तो उन्होंने आपस में विवाह कर लिया।

पहाड़ी सौवरा, केराबनी, जिला कोरापुट

पृथ्वी जब बनकर तैयार हो गई, तब किटुंग ने अपने लिए एक घर बनवाया। घर की भित्ती पर उसने सफेद खड़िया गिट्टी से एक पुरुष एवं एक नारी आकृति बनवाई।

मानव के अलावा सभी प्राणी जन्म ले चुके थे। किटुंग मनुष्य को उत्पन्न करना चाहते थे परन्तु यह उनकी शक्ति के परे था। वे उयुंगसुम (सूर्य) के पास गए और उनसे पूछा कि वह इस काम के लिए क्या करे। उयुंगसुम ने कहा, "तुम अपने स्त्री और पुरुष के चित्रों को ताजा हरे पत्तों से ढक दो। सात दिनों के बाद अपनी छोटी अँगुली को काटकर रक्त की दो बूँदें पुरुष आकृति पर तथा तीन बूँदे नारी आकृति पर डाल दो।"

किटुंग ने उन चित्रों का ताजा हरे पत्तों से ढक दिया और अपने रक्त को उन पर प्रवाहित किया। नौ दिनों के पश्चात् नारी चित्र से एक लड़की उत्पन्न हुई और वह रोने लगी। दूसरे दिन पुरुष आकृति से एक लड़का उत्पन्न हुआ। किटुंग ने उनका पालन-पोषण किया और जब वे बड़े हो गए तो उन्होंने सूर्य को उनका विवाह करने हेतु बुलाया।

इन दोनों के मिलन से सम्पूर्ण मानवजाति की उत्पत्ति हुई।

पहाड़ी सौवरा, तुमलू, गंजाम जिला

बहुत पुराने जमाने में जब पृथ्वी जलमग्न थी तब एक तूंबा उसकी सतह पर तैर रहा था। उस तूंबे के अन्दर एक बालक और एक बालिका बन्द थे। उन बच्चों के नेत्र भी नहीं खुले थे और वे देखने में असमर्थ थे। चूँकि उनकी आँखें बन्द थीं और वे तंबू के भीतर थे, जहाँ अन्धकार था, वे तंबू के भीतर रहते हुए ही वयस्क हो गए। इस बीच उनके शरीर में जुंएं पड़ गईं और वे अपने शरीर को खुजलाने लगे। कभी-कभी वे एक-दूसरे के अंगों को भी खुजलाते और इस प्रकार से उनमें प्रेम हो गया और वे साथ में सोने लगे। वीर्य की कुछ बूँदें जल में भी टपक गईं और उससे धरती का निर्माण हो गया। कुछ वीर्य उस लड़की की देह में भी प्रविष्ट हो गया और वह गर्भवती हो गई।

जब धरती निर्मित हो गई तो वह तूंबा भी एक स्थान पर टिक गया। कुछ समय के बाद उस लड़की ने दो जुड़वाँ बच्चों को जन्म दिया। उनके नाम राम्मा तथा भिम्मा थे। जब वे दोनों बच्चे रोने लगे तो उन्होंने घबराकर उन दोनों को तूंबे से बाहर फेंक दिया। उनके इस कृत्य से वह तूंबा एक विशाल शिला में परिवर्तित हो गया और वे दोनों उसमें बन्द हो गए। संसार में अब रम्मा और भिम्मा ही बच गए। हवा तीव्र गति से बहने लगी और वे दोनों तेजी से बढ़ने लगे और वयस्क हो गए। उन्होंने मिट्टी से हाथी, घोड़े, हिरण, मगरमच्छ आदि सभी प्रकार के प्राणी बनाए। राम्मा ने उस चट्टान को तोड़कर उसका चूरा किया जिसमें वे स्त्री-पुरुष बन्द थे और उस चूरे से मनुष्य की प्रतिमा बनाई। उसके पश्चात् उन्होंने उन सभी प्राणियों में प्राणों की प्रतिष्ठा की और उन्हें सजीव बनाया।

धीरे-धीरे वे दोनों भाई कहीं जंगल, कहीं पर्वत कहीं मानव तो कहीं पशुओं आदि की उत्पत्ति करने लगे, और अन्त में ऐसा करते हुए वे उस विशाल शिला तक पहुँच गए।

पहाड़ी सौवरा, रमाईसिंगी, जिला गंजाम

किटुंग ने अपनी पत्नी से पूछा कि मनुष्य की उत्पत्ति कैसे हो। उसने बताया, ''सात स्थानों की मिट्टी खोदकर उन विभिन्न स्थानों की मिट्टियों से मनुष्य की आकृतियाँ बनाओ जिनमें एक राजा की और एक रानी की मूर्ति हो तथा एक पोरोजा और एक पोरोजिन की हो। तब तक मैं छिपकर रहती हूँ। यदि तुम इस निश्चित समय के अन्दर इस कार्य को नहीं करोगे तो मानव की उत्पत्ति नहीं हो सकेगी। किटुंग ने मिट्टी तैयार करके दिन में राजा और रानी की मूर्तियाँ बनाई और संध्या काल के पश्चात् पोरोजा और पोरोजिन की मूर्तियाँ बनाना आरम्भ कर किया। इन्हें उसने आधी रात तक पूरा कर लिया। उस समय बहुत अँधेरा था। एक घड़े में उसने हल्दी घोल रखी थी और दूसरे में काजल। उसने राजा और रानी की मूर्तियों पर हल्दी के घोल का लेप कर दिया। पोरोजा तथा पोरोजिन की मूर्तियों पर भी वह हल्दी का लेप करना चाहता था, परन्तु अँधेरा होने के कारण उसके हाथ में काजल के घोल का पात्र आ गया और उन सभी पर काजल के घोल का लेप हो गया। उन पुतलों में किटुंग ने प्राणों का संचार किया और वे सजीव हो उससे बातें करने लगे।

सुबह होने पर किटुंग ने देखा कि पोरोजा और पोरोजिन काले वर्ण के थे। उसकी पत्नी उन्हें देखकर भौंचक्की रह गई और सोचने लगी कि यदि सभी मनुष्य उस वर्ण के होंगे तो बहुत बुरा होगा।

परन्तु किटुंग ने कहा, ''तुम्हारे कुछ बच्चे गोरे होंगे और कुछ साँवले होंगे। परन्तु वे सबके सब काले नहीं होंगे।''

अध्याय : बीस

मानव शरीर

किसी समय मनुष्य के भी चार पैर हुआ करते थे और जब वे चलते थे तो दो पैरों को पीछे पीठ की ओर बाँध लेते थे और दूसरे दो पैरों पर चलते थे। उस समय देवधारा पर्वत पर एक विशाल गुफा में एक मुरिया अपनी पत्नी के साथ रहता था। उनका एक बेटा था जिसका वयस्क होने पर उन्होंने विवाह कर दिया था और वे लोग छह माह तक तो आनन्दपूर्वक रहे, परन्तु उसके बाद वह लड़का बीमार हो गया। पन्द्रह दिन बाद उसकी मृत्यु हो गई। उसके माता-पिता बहू से बहुत नाराज हुए और आरोप लगाने लगे, 'यदि उसने विवाह नहीं किया होता तो उसकी मृत्यु नहीं होती।' उसे घर से निकालने के लिए वे उसे ऐसा काम करने को कहते जिसमें कठोर परिश्रम करना पड़ता था, और जब वे खेत पर जाते तो उसको सारे दिन के लिए धान कूटने का काम दे जाते। उससे ऊखली में मूसल से प्रतिदिन एक काठा चावल धान कूटकर निकालना पड़ता था।

परन्तु उस लड़की ने चुपचाप एक ढेंकी बना ली थी, जिसके लिए उसने अपने दोनों पिछले पैरों का खम्बे की भाँति प्रयोग किया था और उसके जरिए वह सरलतापूर्वक अतिशीघ्र अपना काम निपटा लेती थी। एक दिन उसके सास-श्वसुर ने छिपकर देखा कि वह निर्वस्त्र होकर अपने दोनों पिछले पैरों का प्रयोग ढेंकी की भाँति करते हुए धान कूट रही थी। वे आकर उसके सामने खड़े हो गए और वह शरमाकर वहाँ से भागकर कपड़े पहनने चली गई। वह इतनी हड़बड़ी में भागी कि उसके पिछले दोनों पाँव ऐंठकर टूट गए और वे लकड़ी के पाए बन गए। तब से मनुष्य के दो ही पैर होने लगे।

●

राहलगुड़ा में पेंगू पोरोजा अपनी पत्नी और एक बेटे के साथ रहता था। लड़के के विवाह होने के तुरन्त बाद पेंगू की वृद्धा पत्नी की मृत्यु हो गई और उसने उसका दाह-संस्कार सम्पन्न किया। इसके बाद वह स्वयं भी बीमार हो गया और उसने एक बैगा को बुलवाया। उस बैगा (गुनिया) ने एक सूअर की बलि चढ़ाई और फिर सब लोगों ने उसका मांसाहार किया।

जब पेंगू की बहू मांस पका रही थी तब वह सिगड़ी के हत्थे से एक पात्र को आग पर से उतारते हुए टकरा गई। सिगड़ी के हत्थे टूट जाने के कारण वह बहुत डर गई

कि वृद्ध पेंगू उस पर क्रोधित होगा अतः उसने वे हत्थे छिपा दिए। परन्तु उन्हें छिपाने योग्य कोई सुरक्षित स्थान उस घर में नहीं था इसलिए उसने उन दोनों को अपनी छाती पर दोनों ओर एक-एक रखकर ऊपर से एक कपड़ा बाँध लिया। जब वह उन्हें फेंकने के लिए बगीचे में गई तो उसने पाया कि वे उसके अंग पर चिपक गए हैं और उन पर त्वचा आ गई है, अतः उन्हें हटा पाना असम्भव हो गया था।

इसीलिए जिस तरह हत्थों का ऊपरी भाग काला होता है उसी प्रकार स्तनों का अग्रभाग भी काले रंग का होता है।

●

पुराने जमाने में स्त्रियों का एक-एक स्तन एक-एक हाथ लम्बा होता था। उन दिनों एक लड़की के दो प्रेमी थे। वे दोनों घोटुम में उससे मिलने आते और खेलते या गीत गाते हुए उसके स्तनों से रातभर खेलते थे। यहाँ तक कि भोजन करते समय भी वे दोनों अपने एक-एक हाथ से उसका एक-एक स्तन थामे रहते थे और दूसरे हाथ से भोजन करते थे। आरम्भ में उस लड़की को इस खेल में खूब मजा आता था, परन्तु बाद में वह इस सबसे इतनी ऊब गई कि उसकी इच्छा आत्मघात करने की होने लगी। एक रात्रि में उसने चाकू उठाकर अपने स्तनों को काट डाला और मर गई।

उसके स्तनों से रिसनेवाले रक्त से उस स्थान पर संतरे का एक वृक्ष उत्पन्न हो गया। तब से स्त्रियों के सुन्दर और सुडौल सन्तरे के सदृश गोल स्तन होने लगे।

●

सृष्टि के आरम्भ में मनुष्य की न तो भौंवें थीं और न ही पलकों की बरोनियाँ। वे अपनी आँखें खुली रखकर सोते थे। यह जान सकना असम्भव ही था कि कोई व्यक्ति सो रहा है या जाग रहा है। एक दिन एक वृद्ध, उसकी पत्नी तथा उनका बेटा और बेटी सो रहे थे। उनसे मिलने के लिए तीनों गंगा बहनें आई थीं। उन्होंने उनको खुली हुई आँखों से लेटे हुए पाया और उन्हें इस बात पर बहुत आश्चर्य हुआ कि उन्होंने उठकर इन तीनों बहनों का आदर सत्कार क्यों नहीं किया। प्रातःकाल भी उन्होंने उनकी आँखें उसी तरह खुली हुई पाई जैसी कि रात्रि में सोती हुई स्थिति में थीं। उन्हें इस बात पर बहुत आश्चर्य हुआ। उन्होंने अपने चेहरे दर्पण में देखे तो पाया कि उनके चेहरों पर भौंवें और बरोनियाँ दोनों हैं। उन्होंने जंगल में जाकर एक मोर पकड़ा। उन्होंने मोरपंखों के किनारे के कोमल पंखों से पलकें बनाकर उस वृद्ध को और उसकी पत्नी तथा दोनों बच्चों की आँखों पर चिपकाईं। उनके लगते ही पलकें झपकने लगीं और आँखें खुलने और मुँदने लगीं और जब वे सोने लगे तो आँखें मूँदकर सोने लगे।

●

पुराने जमाने में स्त्रियाँ भी अंडे देती थीं। एक बार एक स्त्री ने बारह कोरी अंडे दिए और उन पर कुछ दिनों तक बैठकर उन्हें सेती रही और फिर वह उन्हें उसी अवस्था

में छोड़कर जंगल में कन्दमूल लेने चली गई। जब वह कुछ दिनों के बाद जंगल से वापस आई, तब उसने देखा कि सभी अंडों को फोड़कर बच्चे बाहर निकल आए हैं, और उनमें से बारह कोरी लड़के थे और बारह कोरी लड़कियाँ थीं। जब उन्होंने अपनी माँ को देखा तो वे भोजन की माँग करने लगे। परन्तु उस गरीब के पास उन्हें खिलाने के लिए कोई भी वस्तु नहीं थी अतः वे अपनी माँ पर चढ़ बैठे और उसकी देह को पूरा खा गए। यहाँ तक कि एक हड्डी का टुकड़ा तक उन्होंने नहीं छोड़ा। उसके बाद वे चिल्लाने लगे माँ-माँ और रोने लगे।

जब इस्पुर महाप्रभु ने उनके रोने की आवाज सुनी तो वे उनसे पूछने हेतु आए कि क्या बात है। जब उन्होंने उनकी बातें सुनीं तो विचार किया, 'यह बात उचित नहीं कि मनुष्य का जन्म अंडों से हो।' उन्होंने अपनी जंघा से थोड़ा-सा रक्त निकालकर लड़कियों को पिलाया और जब वे वयस्क हुईं, तब उनके स्तन उभर आए और वे बच्चे जनने लगीं जैसे कि वे वर्तमान समय में जनती हैं।

●

आजकल भी सींगवाले मनुष्य एकान्त स्थलों में पर्वतों पर रहते हैं। सुदूरपूर्व में एक पर्वत था जिस पर चढ़ना अत्यन्त कठिन था, क्योंकि उस पर सीधी खड़ी चढ़ाई थी। उस पर्वत पर सींगवाले मानव रहते थे। वे नग्न हैं और उनके शरीर लम्बे-लम्बे बालों से ढँके हुए हैं। उनकी नाक चौड़ी और मस्तक ऊँचे और सिर अत्यन्त विशाल है। यदि उन्हें कोई बिना सींगवाला मानव दिखाई पड़ जाता है, तो वे उसे तुरन्त मारकर खा जाते हैं। उनकी स्त्रियाँ बहुत मोटी हैं। उनके नर और नारी दोनों ही छोटे कद के परन्तु सुघड़ तथा मजबूत होते हैं। वे सब भूमि के भीतर गड्ढों में घर बनाकर रहते हैं। उन्हें खाना पकाना नहीं आता इसलिए वे अपना खाना कच्चा ही खाते हैं।

●

एक कथा ऐसी भी उन लोगों के बारे में प्रचलित है जो बड़े समूह बनाकर विचरण करते थे। वे कभी भी एकाकी नहीं पाए जाते थे। वे बड़े भारी-भारी साफे बाँधते थे और अपने पास सदैव चाकू और फरसे रखते थे। उनकी सबसे अधिक विचित्रता उनकी चौड़ी नाक और बड़े-बड़े नथुनों में थी, जो ऊपर से नीचे की ओर मुड़ी हुई थी। उनके पेट इतने बड़े-बड़े थे जितने बड़े पेट नौ माह की गर्भवती स्त्री के होते हैं। उनके तन पर भालुओं के समान लम्बे-लम्बे बाल थे। वे नरभक्षी थे। वे मराठा कहलाते थे। जब गाँववाले को उनके आने की सूचना मिलती तो वे गाँव छोड़कर पहाड़ों पर भाग जाते थे। वे लुक-छिपकर रात्रि में अपने घर आते थे। मराठों को यदि पता लग जाता था या किसी भी व्यक्ति को वे देख लेते थे तो वे उन्हें मारकर खा जाते थे।

●

जब मध्यलोक (भूलोक) की सृष्टि हुई, तब धर्मोमहाप्रभु ने सभी देवताओं को साथ-साथ नृत्य करने हेतु बुलाया। उन्होंने जब सबको समूह में नृत्य करते हुए देखा तो आनन्द-विभोर होकर कहा, 'कितना मजेदार है यह नृत्य। मैं सभी लोगों को समूह भोज प्रदान करूँगा, जिसमें देवता होंगे, मनुष्य होंगे और पशु सब एक साथ सम्मिलित होंगे।'

जब सब आमन्त्रितजन आने लगे तो उन्होंने उन्हें अलग-अलग पंक्ति में बैठाया, प्रथम पंक्ति में देवताओं को, दूसरी पंक्ति में पशुओं को और तीसरी पंक्ति में मनुष्यों को। गोसिन महाप्रभु ने भोजन परोसा। उन्होंने मांस देवताओं और पशुओं को परोसा, परन्तु मनुष्य को केवल हड्डियाँ ही परोसीं। देवता और पशु सन्तुष्ट थे, परन्तु मनुष्य इस व्यवहार पर अत्यन्त क्रोधित थे कि उन्हें मात्र हड्डियाँ ही खाने हेतु प्रदान की गईं। अतः वे मुँह फुलाए बैठे रहे और उन्होंने भोजन करने से सर्वथा मना कर दिया।

इसी बीच धर्मोमहाप्रभु यह देखने के लिए उठे कि सबको पर्याप्त भोजन दिया गया है अथवा नहीं परन्तु यह देखकर कि मनुष्य कुछ भी नहीं खा रहे हैं उन्हें बहुत दुख हुआ। उनके बीच में बैठते हुए उन्होंने पूछा, 'बन्धुओ आप लोग भोजन क्यों नहीं कर रहे हो?' वे मुँह फुलाए ही बैठे रहे। परन्तु उन्होंने एक शब्द भी उनसे नहीं कहा। इतने में ही एक व्यक्ति ने जम्हाई ली तो महाप्रभु ने देखा कि उसके दाँत ही नहीं हैं। उनके पास खाने को सिर्फ हड्डियाँ ही थीं और काटने के लिए दाँत थे ही नहीं।

जब देवताओं के पेट भर गए, तब वे मनुष्य का उपहास करते हुए उठ खड़े हुए, जो अब तक भूखे ही बैठे थे। इस बात पर महाप्रभु अत्यन्त क्रोधित हुए और उन्होंने देवताओं के दाँत उखाड़कर मनुष्यों को दे दिए। तब से देवताओं के पास दाँत नहीं हैं और मनुष्य के पास हैं। तब से देवता बलि में चढ़ाए गए पशुओं का मांसाहार करने में असमर्थ हैं और उन्हें उनके रक्तपान से ही सन्तोष करना पड़ता है।

●

मनुष्यों को आँखें मिलने के पूर्व वे भी पिल्लों की भाँति एक-दूसरे पर लुढ़कते रहते थे और अपने ही मलमूत्र पर सो जाते थे। एक दिन महाप्रभु ने अपने ही आपसे कहा, 'मैंने अपनी सन्तानों का एक विशाल संसार रच लिया है, मुझे आश्चर्य होता है कि वे किस प्रकार रहते होंगे।' वे अपने हाथ में एक छड़ी लेकर भूलोक में उन्हें देखने के लिए आए। उन्होंने जब मनुष्यों को अपने ही मलमूत्र पर सोते हुए देखा तो उन्हें बहुत क्षोभ हुआ और उन्होंने विचार किया, 'इनकी ऐसी दशा इसलिए है कि उनके पास आँखें नहीं हैं।'

महाप्रभु एक नदी के किनारे गए जहाँ उन्हें एक बहुत विशाल केकड़ा दिखाई पड़ा, जिसकी बहुत बड़ी-बड़ी आँखें थीं। मुझे इन्हीं की आवश्यकता थी, उन्होंने सोचा। उन्होंने केकड़े को पकड़ने की चेष्टा की, तब उसने उन्हें काट लिया और अपने बिल में घुस गया तथा अपनी आँखें भी अपने शरीर में छिपा लीं।

महाप्रभु उसके पश्चात जंगल में गए, जहाँ उन्हें एक बहुत बड़ा उल्लू दिखाई पड़ा जिसकी विशाल आँखें थीं। 'मुझे इसी की तलाश थी,' महाप्रभु ने सोचा। उन्होंने जब

उसे पकड़ने की चेष्टा की तो उसने पंजे से महाप्रभु के चेहरे को नोंच लिया और उड़ गया तथा अपनी आँखों को अपने शरीर में छिपा लिया।

तब महाप्रभु जाकर एक पीपल के वृक्ष के नीचे बैठ गए। समीप ही एक हुरूजा के पेड़ पर बैठकर एक कौवा फल खा रहा था। उसके कुछ बीज महाप्रभु के सामने ही आकर गिरे। 'इनसे अच्छी आँखें बन जाएँगी।' उन्होंने उन बीजों को उठाकर मनुष्य के चेहरों पर चिपका दिया, और फिर उन्हें दिखाई पड़ने लगा।

●

एक दिन धर्मोदेवता अपने खेत में काम करने गए तब बसमोति माँ को घर पर ही छोड़ गए। वे चावल साफ करने बैठ गईं और उस दिन बहुत गर्मी पड़ रही थी, अतः उसे पसीना आ गया। उसने अपने शरीर को रगड़कर थोड़ा-सा मैल उतारा और एक गुड़िया बनाई। उसने एक मन्त्र पढ़ा और वह गुड़िया सजीव हो उठी। बसमोति इस बात से डर गई थी कि उसने यह क्या कर दिया। 'मैं इस बच्चे को कहाँ छिपाऊँ?' उसने सोचा। यदि इसे धर्मो देख लेंगे तो वे मुझे टोन्ही (जादूगरनी) समझेंगे।' उसने उस बालक को एक खाली घड़े में छुपा दिया।

धर्मो भी घर से दूर अपने खेत में काम कर रहे थे। सूर्य की गर्मी बहुत भीषण थी इसलिए उन्हें पसीना आने लगा। उन्होंने भी अपनी देह को रगड़कर मैल उतारा और उससे एक गुड़िया बनाई। वे अपने मन में सोचने लगे, 'यदि मैं इस गुड़िया में प्राण डाल सकता, तो मेरा भी एक बेटा होता।' वे लेट गए और उन्हें नींद आ गई। उनके सोने के पश्चात हवा चलने लगी और वह उस गुड़िया के कान में भी प्रवेश कर गई और वह एक सजीव बालक हो उठा। जब धर्मो नींद से जागे, तब उन्होंने उस बालक को अपनी बगल में बैठा हुआ पाया। धर्मो भी इस बात से भयभीत हो उठे कि उन्होंने यह क्या कर डाला। इस बालक को मैं कहाँ छिपाऊँ? उन्होंने सोचा। 'यदि बसमोति इसे देख लेगी तो वह मुझे जादूगर समझेगी।'

परन्तु फिर भी वे उस बालक को अपने साथ घर ले आए। उस समय घर में कोई नहीं था क्योंकि बसमोति पानी भरने चली गई थी, धर्मो बालक को छुपाने के लिए कोई उपयुक्त स्थान खोज रहे थे। तभी उस बालक ने कहा, 'बाबा, मुझे प्यास लगी है।' धर्मो ने घड़े का ढक्कन हटाया, तो उसमें से वह लड़की बाहर निकल आई। धर्मो को बहुत आश्चर्य हुआ कि आखिरकार यह लड़की घड़े में कहाँ से आई। उन्होंने उस लड़की को वापस घड़े में बन्द कर दिया और लड़के को रास्ते पर बैठा दिया। बसमोति जब नदी से स्नान करके वापस आई तो उसने उस बालक को बैठे हुए देखा और सोचा यह वही बच्चा है, जिसे उसने घड़े में छिपाया था। वह उसे पुनः ले जाकर घड़े में बन्द करने लगी और जैसे ही उसने घड़े का ढक्कन हटाया तो उसमें से वह लड़की बाहर निकल आई। वह बहुत डर गई। 'यदि धर्मो इन्हें देख लेगा, तो वह मुझे टोन्हीं समझकर अवश्य ही मार डालेगा,' उसने सोचा। वह चाकू खोजने लगी, तभी अन्न की कोठी के पीछे

छिपा हुआ धर्मो ठहाका मारकर हँस पड़ा और कहने लगा, 'तुम इन बच्चों को क्यों मारने की सोचती हो? वह बेटा मेरा है। एक दिन तुम्हारी बेटी और मेरे बेटे का विवाह होगा और उन दोनों के संसर्ग से मानव समाज की उत्पत्ति होगी।' उन्होंने उन दोनों को कपड़े पहनाए और उन्हें लेकर धूप में खेलने बाहर चले गए।

परन्तु उन बच्चों के नेत्र तो थे ही नहीं अतः वे पिल्लों की तरह लुढ़कने लगे। धर्मो ने बसमोति से कहा, 'हमें इनकी आँखों के लिए कोई युक्ति सोचनी चाहिए।' वे इसी विचार से आँखों हेतु निकले ही थे कि एक व्यापारी की स्त्री एक टोकरी में कौड़ियाँ भरकर जा रही थी और इनकी भेंट हो गई। 'मुझे इन्हीं की तो आवश्यकता थी,' धर्मो ने सोचा। उन्होंने कुछ कौड़ियाँ खरीदकर दो-दो कौड़ियाँ उन बच्चों के चेहरे पर लगा दीं, और उन्हें दिखाई देने लगा।

●

धर्मोदेवता और माता बसमोति ने निश्चय किया कि वे संसार में मनुष्य को उत्पन्न करेंगे। धर्मो ने मनुष्य की आकृति का ऊपरी हिस्सा बनाया और बसमोति ने नीचे का हिस्सा। दोनों को एक-दूसरे के काम का ध्यान ही नहीं रहा कि वे क्या बना रहे हैं। जब दोनों ने अपना-अपना काम पूरा कर लिया तब धर्मो ने कहा, 'तुमने क्या बनाया है, मुझे दिखाओ और मैं तुम्हें अपनी बनाई हुई आकृति का हिस्सा दिखाऊँगा।' धर्मो बसमोति के बनाए हुए हिस्से को देखकर अत्यन्त प्रसन्न हो गए, परन्तु जब बसमोति ने धर्मो द्वारा बनाया हुआ मनुष्य की आकृति का हिस्सा देखा तो वह ठहाका लगाकर हँस पड़ी।

'तुम किस बात पर हँस रही हो?' धर्मो ने पूछा। बसमोति ने कहा, 'तुमने इस मूर्ति के हाथ, नाक, कान और आँखें तो बहुत सुन्दर बनाई हैं, परन्तु तुमने इस बिचारे के दाँत तो बनाए ही नहीं हैं।' धर्मो ने अपनी देह रगड़कर एक कौवा बनाकर उसे कहीं से दाँतों का पता लगाने के लिए भेजा। वह कौवा उड़ता हुआ पाताललोक जा पहुँचा। वहाँ एक वृद्धा पानी भरने के लिए एक सूखी हुई तूम्बी को साफ कर रही थी, और उसने उसके बीज निकालकर अलग रखे थे। कौवा उन बीजों को लेकर उड़ गया और धर्मो के पास पहुँचा। वह जाकर उनकी दाहिनी भुजा पर बैठ गया और उसने वे बीज धर्मो को सौंप दिए। धर्मो ने उन बीजों को उस मूर्ति के मुँह में लगाया और फिर मूर्ति के दोनों भागों को जोड़ दिया और उसमें प्राण डाल दिए।

●

पुराने जमाने में मनुष्य के कान बहुत बड़े थे। वे इतने बड़े थे कि कोई भी व्यक्ति एक कान को चटाई की तरह बिछाकर सो सकता था और दूसरे कान को कम्बल की तरह ओढ़ सकता था।

एक बार महाप्रभु जब शिकार खेलने गए, तब उन्होंने किसी पशु के धोखे में एक मनुष्य पर ही बाण चलाकर उसे मार डाला। परन्तु जब उन्होंने उसका शव देखकर

पहचाना कि उनके हाथ से एक मनुष्य मारा गया, तो उन्हें अत्यन्त दुख हुआ। उन्होंने उसके कान कुतरकर छोटे किए जिससे कि भविष्य में फिर कभी धोखा न हो और उसे पुनः जीवन प्रदान कर दिया।

तब से मनुष्य के कान छोटे हो गए जैसे वे वर्तमान समय में हैं।

●

जब महाप्रभु ने मनुष्य को बनाया, तब वे उसके सिर और देह पर बाल लगाना तो भूल ही गए। उन्होंने देवताओं की बैठक बुलाकर उनसे पूछा, 'मनुष्यों के बाल नहीं हैं, अतः किस युक्ति से उनके लिए बालों की व्यवस्था करें?' कोई भी देवता कोई सुझाव नहीं दे सका और महाप्रभु वापस चले गए।

जब वे जा रहे थे तो उन्हें रास्ते में सुमपिरी घास दिखाई पड़ी और उन्होंने विचार किया, 'यह घास स्त्रियों के बालों के लिए उपयुक्त है।' वे उस घास को उखाड़कर अपने साथ ले गए। इसके बाद उन्हें बरूनिचार घास दिखाई पड़ी, तब उन्होंने सोचा, 'यह घास स्त्रियों की त्वचा के लिए उपयुक्त होगी और उसमें से कुछ घास उखाड़कर वे अपने साथ ले गए। कुछ समय पश्चात वे सात भाई झोरियाओं के गाँव गए। उस गाँव के सभी पुरुष शिकार पर गए हुए थे, परन्तु स्त्रियाँ सब घरों पर ही थीं। महाप्रभु ने उन सबको घास दी और तुरन्त ही उन सबके सुन्दर बाल उग आए। जब वे अपने बालों को देखकर उसकी प्रशंसा कर रही थीं और अपने सिर के बालों तथा बगल के बालों को प्रसन्नतापूर्वक देख रही थीं, तब महाप्रभु एक घर के पीछे छिप गए थे।

जब पुरुष वापस आए और उन्होंने अपनी स्त्रियों के केश देखे तो वे भयभीत हो गए कि कहीं वे उनका भक्षण न कर लें और वे भाग गए। भागकर वे जंगल में छिप गए जहाँ सुकु घास उगी हुई थी। उस घास के काँटे उनकी देह और सिर पर चुभ गए।

वे सब स्त्रियाँ अपने पुरुषों को खोजती हुई आईं और उनकी भेंट महाप्रभु से हो गई। उन्होंने उन्हें प्रणाम किया और उन्हें बताया, 'आपने हमारा स्वरूप इतना बदल दिया है कि हमारे पुरुष हमें पहचान पाने में भी असमर्थ हैं और वे हमें देखकर डरकर भाग गए। अब हम क्या करें?' 'चिन्ता मत करो, मैं उन्हें ढूँढ़कर तुम्हारे पास पहुँचा दूँगा।' वे उन्हें खोजते हुए जंगल में पहुँचे और अन्त में उन्हें वे लोग सुकु घास में छिपे हुए मिले। उन्होंने उनके सिर और तन पर काँटे चुभे हुए देखे और जादू के द्वारा उन्हें बालों में बदल दिया।

'अरे तुम लोग यहाँ क्यों छिपे हुए हो?' महाप्रभु ने पूछा, 'हमारी स्त्रियाँ सब बालों से ढक गई हैं और वे डायन बन गई हैं। अब निश्चित रूप से वे हमें खा जाएँगी।' 'ऐसी बात है तो तुम अपनी ओर भी जरा देखो,' महाप्रभु ने कहा। जब उन्होंने अपने आप पर ध्यान दिया तो पाया कि उनके तन पर भी बाल हैं। महाप्रभु ने कहा, 'इनमें

कोई बुराई नहीं, यह तो महाप्रभु की देन है। इसलिए उनको केश प्राप्त हुए हैं और उन्हीं ने तुम्हें भी केश प्रदान किए हैं। जाओ, घर जाकर आनन्दपूर्वक रहो।'

●

पुराने जमाने की बात है, एक बार युवक-युवतियाँ मिलकर पूस परब पर नाच रहे थे। एक युवक काजल से दाढ़ी-मूँछ बनाकर नृत्य कर रहा था। इस्पुर महाप्रभु भी एक वृद्ध के रूप में वहाँ आकर नृत्यांगन के समीप एक शिला पर बैठ गए। उस युवक ने, जो नृत्य कर रहा था, महाप्रभु को प्रणाम किया, और महाप्रभु ने प्रसन्न होकर कहा, 'जाओ, आज से तुम्हारी सचमुच की दाढ़ी-मूँछें होंगी।'

●

मालकोंडा ग्राम में मंगल कोया निवास करता था। उसके पाँच बेटे थे और उसके पास बहुत से मवेशी और भैंसे थे। सबसे छोटे लड़के के विवाह के साथ छोटी बहू के आते ही घर में बीमारियाँ भी आ गईं और मवेशी मरने लगे। मंगला बहुत हताश था। इसके उपरान्त उसके बड़े बेटे की मृत्यु हो गई। तब मंगला ने बड्डाई पुजारी को बुलाया और उसने भाव में आकर बताया, 'तुम लोग इस स्थान पर मत रहो, यहाँ से कहीं दूसरे गाँव में चले जाओ।' मंगला ने तुरन्त एक नया घर बनाया और उसमें रहने चला गया। उसने अपना बचा-खुचा सामान और मवेशी वहाँ ले जाकर नए खेत बनाए। उनमें अच्छी फसल उत्पन्न हुई और वह शीघ्र ही फिर से सम्पन्न हो गया। मंगला के सबसे छोटे बेटे की नाक डेढ़ बीता लम्बी थी। मंगला ने अपना चावल रखने के लिए बाँस की बहुत बड़ी कोठी बनवाई, उस लड़के ने उसके चारों ओर एक हरे बाँस की पट्टी लपेट दी। जब वह बनकर तैयार हो गई जैसी कि वह लड़का बनाना चाहता था, तो एकाएक वह बाँस की खपचिल उछटकर उसकी नाक के ऊपर जा लगी। वह दर्द के मारे चीख उठा। देउर ने आकर उसे समझाया, 'अब तुम पहले की अपेक्षा बहुत सुन्दर लगते हो। पहले तुम्हारी नाक बेहद लम्बी थी।'

●

एक कोया के तीन बेटे थे। उसने उन सबका विवाह कर दिया। सबसे बड़े बेटे को एक लड़की उत्पन्न हुई। प्रसव के तुरन्त बाद उसकी पत्नी की मृत्यु हो गई और कुछ समय बाद वह कोया स्वयं दुःख के कारण बीमार पड़ गया और उसकी मृत्यु हो गई।

उसके तीन वर्ष बाद भयानक सूखा पड़ा और उसमें तीन भाई और उनकी स्त्रियों की मृत्यु हो गई। वह नन्ही बच्ची अकेली बच गई। वह भीख माँगकर जीवनयापन करने लगी। धीरे-धीरे वह वयस्क हो गई और एक सुदूर गाँव में रहने चली गई। वहाँ वह एक डोंगर पर एक बड़ी-सी चट्टान के नीचे जाकर रहने लगी। उस पहाड़ी के समीप ही गाँव था, जहाँ जाकर वह भीख माँगा करती थी। एक दिन गाँव से वापस लौटते समय उसे

एक घोड़े की खोपड़ी दिखाई पड़ी। वह उसे उठाकर अपने रहने के स्थान पर ले आई। उसी दिन उस लड़की को पहली बार मासिक धर्म हुआ था। सात दिनों तक वह कहीं भी भीख माँगने नहीं गई। उसके पश्चात जब रक्तस्राव बन्द हो गया, तब वह स्नान करने उस खोपड़ी को साथ लेकर नदी पर गई। उसने उसमें पानी भरा और उसे वापस ले आई। उसने कन्दमूल फल खाए और उस खोपड़ी में से पानी पीया।

उस खोपड़ी के पानी ने उसे गर्भवती बना दिया। तेरह माह तक गर्भधारण करने के उपरान्त उसका प्रसव हुआ जिसका सिर घोड़े का था, तथापि उसका पूरा तन मनुष्य का था। उसने जन्म लेते ही अपनी माँ को मार डाला। इसके उपरान्त वह गाँव में लटकती हुई नाल सहित भाग गया। लोग उसे देखकर अपने घरों में छिप जाते थे और घर के दरवाजे बन्द कर लेते थे। उस दैत्याकार प्राणी ने एक बालक को पकड़कर उसके चिथड़े कर डाले। वह लोगों को आतंकित करता हुआ गाँव में विचरण करता था, परन्तु एक साहसी शिकारी ने अपनी बन्दूक लेकर उसका पीछा किया और वह जंगल में भाग गया। उसकी नाल एक वृक्ष में फँस गई और उस शिकारी ने उसे बन्दूक की गोली का निशाना बनाकर मार डाला।

●

पुराने जमाने में मनुष्य के कान खलिहान जितने बड़े होते थे। एक दिन सुतावाली पर्वत के नीचे से जल का एक स्रोत फूट पड़ा और सम्पूर्ण पृथ्वी को जलमग्न करने लगा। लोग भयभीत होकर बूढ़ा पिन्नू के पास भाग-भागकर पहुँचने लगे और वे तथा उनकी स्त्री पुसुरूली तुरन्त उस स्थान पर पहुँचे और लकड़ी, पत्थर आदि उस गड्ढे में भरने में जुट गए जहाँ से पानी बह रहा था।

बूढ़ा पिन्नू ने उस समय सभी लोगों को अपने पास बुलाकर उनसे कहा कि वे अपने कानों को काट डालें। परन्तु लोगों ने इस बात को मानने से इनकार कर दिया। तब बूढ़ा पिन्नू ने इरपी की मदिरा बनाकर सबको पिलाई। जब वे सब नशे में धुत्त होकर पड़ गए तब बूढ़ा पिन्नू ने मुकुटेरा लोहार को बुलाकर कहा कि वह तुरन्त एक नया चाकू बनाकर सात व्यक्तियों के कान काट ले और जल्दी से चौदह कीलें बनाए। बूढ़ा पिन्नू ने उन सब कानों से उस जलस्रोत को अच्छी तरह से ढँक दिया और उन पर मजबूत कीलें गाड़ दीं। इसके उपरान्त उन पर मिट्टी पाट दी और तब जाकर कहीं पानी का बहना रुक पाया।

तब से मनुष्य के कान छोटे होने लगे जैसे वे वर्तमान समय में हैं।

●

पहले आरम्भिक अवस्था में मनुष्य के माथे पर भी सींग होते थे, जिनमें से स्त्रियों के एक हाथ और दो अंगुल लम्बे होते थे और पुरुषों के डेढ़ हाथ लम्बे होते थे। बच्चों के जन्म के इक्कीस दिनों बाद उनके सींग उगने लगते थे।

जब नरबलि की प्रथा बन्द हो गई और जब हम धरनी पिन्नू को भैंसे की बलि देने लगे तब उसने तीन वर्ष तक उन्हें अपने नूतन आहार के रूप में ग्रहण किया। परन्तु चौथे वर्ष उसने असन्तोष प्रकट करते हुए ताड़ी की भी माँग की।

उन दिनों ताड़ या सल्फी वृक्ष के तने से सींग उत्पन्न नहीं हुआ करता था और किसी को भी इस बात का ज्ञान नहीं था कि देवताओं के लिए ताड़ी या सल्फी कैसे निकालें। धरनी पिन्नू ने उन्हें सुझाया, 'तुम अपने सींग काटकर ताड़ी-सल्फी वृक्षों की जड़ में गाड़ दो, वे सींग ऊपर जाकर वृक्ष के तने पर उग आएँगे।' लोगों ने अपने सींग काटकर तुरन्त उन्हें लन्डू कुटका को सौंप दिए, जिसने उन्हें ताड़ के वृक्ष की जड़ के पास गाड़ दिया। समय आने पर वे सींग इन वृक्षों के तने पर पैदा होने लगे। इन सींगों को काट देने पर उनमें से रस प्रवाहित होने लगा और लोग धरनी पिन्नू को ताड़ी भेंट करने लगे।

●

सृष्टि के आरम्भ में जब पहले-पहल नर और नारियाँ सफगन्ना में उत्पन्न हुईं, तब उनमें सर्वप्रथम उत्पन्न होनेवाले लोग कन्ध थे। उनके बाद साहेब लोग पैदा हुए, निरंताली ने उनके सिर पर राख छिड़क दी इसलिए उनके बाल सफेद हो गए। साहबों ने कहा, 'हमारा रंग गोरा हो गया है इसलिए कन्ध हमें अपने साथ नहीं रहने देंगे, अब हम लोग कहाँ जाएँ?' निरंताली ने उनसे कहा, 'उस स्थान पर जाकर रहो, जहाँ का पानी खारा हो और वहाँ के लोगों की देखभाल करो।' 'हम वहाँ खाएँगे क्या?' 'मछली और नमक,' निरंताली ने उत्तर दिया।

परन्तु जब साहेब लोगों के बच्चे पैदा हुए, तो वे गोरे नहीं थे, वरन काले रंग के थे इसलिए जमदेवता उन्हें ले जा नहीं पाए। जमदेवता ने एक मधुमक्खी को पता लगाने के लिए भेजा, 'जाकर देखो वे लोग किस वर्ण के हैं और लौटकर मुझे बताओ।' वह मधुमक्खी मात्र एक काले रंग का बाल लेकर लौट आई। जमदेवता ने कहा, 'उनके केश भी काले रंग के हैं, मैं उन्हें कैसे ले जा सकता हूँ?' उस मधुमक्खी ने उस बाल को राख में दबा दिया और वह जमदेवता को सफेद दिखाई पड़ा। मधुमक्खी ने उस बाल को ले जाकर किसी व्यक्ति के सिर पर डाल दिया और उसके बाल सफेद हो गए। इस बार वह एक सफेद बाल लेकर आई तब जमदेवता ने कहा, 'अब मैं उन्हें पकड़ सकता हूँ,' और वे अपने चपरासियों को भेजकर साहबों के बच्चों को मृत्यु के हाथों पकड़वाने लगे।

●

पुराने जमाने में स्त्रियों के चार स्तन हुआ करते थे और दो योनियाँ, एक सामने और एक पीछे। परन्तु उसका चेहरा एक ही होता था, जो सामने की ओर ही देखता था। बहुत से पुरुष स्त्रियों से इतने भयभीत रहते थे कि वे विवाह ही नहीं करते थे।

जम राजा की एक बेटी थी। वह वयस्क हो चुकी थी, परन्तु उसके साथ कोई भी व्यक्ति विवाह करने को तैयार नहीं होता था, इसलिए जमदेवता दुःखी रहते थे। जब उस लड़की को इसका कारण पता चल गया तब वह अपने पीछे के स्तनों को सावधानीपूर्वक बाँधने लगी। एक व्यक्ति ने तब उससे विवाह कर लिया और अपने घर ले गया। जब वह व्यक्ति उसके साथ लेटा तो पीछे के स्तन और योनि आपस में बातें करने लगे, 'सामनेवाले अंग तो आनन्द ले रहे हैं, और हम व्यर्थ ही नीचे पिसे जा रहे हैं। उस व्यक्ति ने अपनी पत्नी से पूछा, 'ये कौन हैं जो ऐसी बातें कर रहे हैं?' 'मैंने सब तरफ देख लिया, यहाँ कोई भी नहीं है।' उसकी पत्नी ने कहा, 'मेरी पीठ की ओर पुरुष हैं जो आपस में बातें कर रहे हैं।' उसने कहा, 'मुझे देखने दो।' 'तुम उन्हें नहीं देख सकते, यहाँ तक कि मैं भी उन्हें नहीं देख सकती।'

कुछ दिन बीतने पर जब वे दोनों स्त्री-पुरुष पुनः साथ-साथ लेटे हुए थे, तब पीछेवाले अंग पुनः वैसी ही बातें करने लगे। 'प्रतिदिन ये लोग आनन्द मनाते हैं, परन्तु इससे हमें क्या लाभ? हमें इस व्यक्ति की हत्या कर देनी चाहिए।' जब उस व्यक्ति ने ये बातें सुनीं तो वह घबराकर भाग गया।

वह युवती निराश होकर निरंताली के पास गई और उससे कहा, 'मैं जमदेवता की बेटी हूँ और मुझसे कोई व्यक्ति विवाह नहीं करेगा। यहाँ तक कि जिस एक व्यक्ति ने विवाह किया वह भी डरकर भाग गया।' निरंताली ने पूछा, 'मुझे दिखाओ, क्या समस्या है?' उस लड़की ने उसे अपने पीछे के स्तन और योनि दिखाए। निरंताली ने एक चाकू लेकर उन्हें काट दिया। तब से स्त्रियाँ वैसी ही होने लगीं जैसी वे वर्तमान में हैं।

●

सृष्टि के एकदम आरम्भ में जब निरंताली ने मनुष्य को बनाया तब उसके बकरी के समान छोटी-सी पूँछ भी थी। उसने उसके तीन सिर, तीन आँखें, तीन नाक, एक मुँह जो घोड़े के मुँह जैसा था, और प्रत्येक सिर पर एक-एक कर तीन सींग बनाए।

परमगत्ती, मंगरगत्ती, उरूरेंगन और पेनारेंगन को जब इस बात का पता चला तो उन्होंने निरंताली से जाकर कहा, 'तुमने इस वीभत्स प्राणी को क्यों बनाया है?' 'जब तुम्हारी मृत्यु होगी, तब यह प्राणी तुम्हारा मांसाहार कर लेगा,' 'परन्तु हम लोग नहीं चाहते कि यह हमारा मांसाहार करे,' उन सबने कहा। तब निरंताली ने कहा, 'मैं इसे हर हालत में बचाकर रखूँगी।'

परन्तु उन लोगों ने उसकी हत्या करने की योजना बनाई। उन्होंने एक गड्ढा खोदकर उसमें पैने खूँटे रखकर ऊपर से उसके मुँह को टहनियों और मिट्टी से ढँक दिया। उन्होंने सींगवाले मानव से कहा, 'हमारे साथ शिकार पर चलो, हम जिस किसी प्राणी को भी मारें, तुम उनमें से जिसे चाहो ले लेना।' वे उसे ले गए और उसे खरगोश और अन्य जीव भेंट किए जो उछलते-कूदते हुए उसे नचाते रहे और अन्त में वह उस गड्ढे में गिर पड़ा, जिसमें पैने खूँटे लगे थे।

उन चारों ने निरंताली को जाकर पूरी घटना का वृत्तान्त बताया, परन्तु उन्होंने कहा कि इसमें उनका कोई दोष नहीं है। उसने कहा, 'मैंने उसे अपनी रक्षा के लिए बनाया था, तुम्हारे शवों को ठिकाने लगाने के लिए। परन्तु अब या तो तुम्हारे शव जलाने पड़ेंगे या गाड़ने पड़ेंगे।'

तब से शव या तो जलाए जाने लगे या गाड़े जाने लगे।

●

पुराने जमाने में या समझो सृष्टि के आरम्भिक काल में मनुष्य को हँसना नहीं आता था और न ही उसे सुन्दर और कुरूप का भेद समझ में आता था और न ही भले-बुरे का उसे ज्ञान था। निरंताली ने कहा, 'यह संसार तो बड़ा ही दयनीय और निरीह है जिसमें लोगों को हँसना नहीं आता।' उसने एक व्यक्ति को बुलाकर उसके पेट पर और उसकी बगल में बाँह के नीचे छोटे-छोटे लिंग बनाकर धागे से बाँध दिए। परन्तु वे तीनों लिंग उस व्यक्ति की आँख में जाकर समा गए। उसके पश्चात जब भी वह कोई हास्यप्रद वस्तु देखता, तब वे अंग नाचने लगते और वह व्यक्ति हँसने लगता। इस प्रकार मनुष्य ने हँसना आरम्भ किया।

●

आरम्भिक अवस्था में जब तक मनुष्य में गुदगुदी की संवेदना पैदा नहीं हुई थी, तब तक वे गम्भीर और मर्यादित थे। वे बैठकर अपनी फसल और अपने कर्ज पर चर्चा किया करते थे, परन्तु वे आपस में कभी हँसी-मजाक या छेड़छाड़ नहीं करते थे। जब निरंताली ने देखा तो उसे यह बहुत ही उबाऊ महसूस हुआ। उसने सोचा, 'इस संसार में कुछ हास्यप्रद और मनोरंजन के साधन तो होने ही चाहिए।' वह टिकावली डोंगर पर जाकर वहाँ से मोम लेकर आई और उसने गुदगुदी पैदा करनेवाला एक कीड़ा बनाया। उसे निरंताली ने लड़के-लड़कियों के पेट में भेज दिया। उसने उस मक्खी को समझाया, 'एक बार जब तुम उनकी देह में प्रविष्ट हो जाओ तब तुम उनकी ठुड्डी के नीचे, उनकी बगल में, उनकी पसलियों में रहना और जब भी कोई उन स्थानों की बाहरी त्वचा को स्पर्श करे तब तुम शरीर के भीतर ही भीतर दौड़ लगाना तो उन्हें आनन्द की अनुभूति होगी और वे हँसेंगे।'

वह कीड़ा लड़के-लड़कियों के शरीर में प्रवेश कर गया। उसके आठ दिनों के बाद निरंताली उन लड़के-लड़कियों का हालचाल देखने पहुँची। अब वे कर्ज या फसल की बातें बिलकुल नहीं कर रहे थे। अब तो बस उनमें हँसी-मजाक और चुहलबाजी ही हो रही थी। निरंताली ने एक लड़की की कमर पर हाथ रखा तो वह तुरन्त खिलखिलाकर हँसने लगी। यह मनुष्य के लिए एक सर्वथा नूतन प्रकार के आनन्द का आरम्भ था।

●

आरम्भ में, जब किसी की मृत्यु होती थी या उन्हें कोई चोट आदि लग जाती थी, तब वे रोते नहीं थे। जब उन्हें हँसना आ गया तो वे प्रत्येक बात पर हँसते थे। निरंताली ने सोचा, यह बात उचित नहीं कि ये लोग प्रत्येक बात पर हँसें। जब कोई हास्यजनक बात हो तब ये लोग अवश्य हँसें और जब दुःख की बात हो तो उस पर ये लोग रोएँ। उसने लोगों को बुलाकर यह बात समझाई। उन्होंने पूछा, 'हम किस प्रकार से रोएँ? हमें तो रोना नहीं आता।' निरंताली ने उन्हें एक फल दिया। उन्होंने उसे खा लिया और वह उनके पेट में चला गया। उसके बाद से जब भी कोई व्यक्ति बीमार पड़ता तब वह फल पेट में डोलने लगता और पेट से पानी आँखों में आकर छलक पड़ता।

●

सफगन्ना में जौन्रा पिन्नू का जन्म हुआ। उन दिनों मनुष्य तो थे ही नहीं, अतः देवताओं को अकेले रहना पड़ता था। जब वे अकेले रहते हुए ऊब गए तब उन्होंने मनुष्य को उत्पन्न किया और धीरे-धीरे संसार में वे बस गए और उनकी आबादी बढ़ती चली गई।

उन दिनों गर्मी से बचने का कोई उपाय नहीं था। जब लोग खेतों पर मजदूरी करने जाते थे तो वे गर्मी से इतने व्याकुल हो उठते थे कि बेहोश हो जाते थे या पागल हो जाते थे। जब जौन्रा पिन्नू ने यह देखा, तब उन्होंने सबको एकसाथ बुलाकर उनके शरीर में सुई से बहुत से महीन-महीन छेद कर दिए। उनके शरीर से रक्त रिसने लगा परन्तु उन्होंने जाकर स्नान कर लिया। जौन्रा पिन्नू ने कहा, 'अब इन छिद्रों से रक्त का रिसाव नहीं होगा, परन्तु भविष्य में जब तुम्हें बहुत गर्मी महसूस होगी तब इन छिद्रों में से जल का रिसाव होने लगेगा और तुम्हें गर्मी से राहत मिलेगी।'

●

मनुष्य के शरीर के भीतर बाँस की एक नली थी। उसमें नमकीन जल भरा हुआ था। इसका तात्पर्य यह हुआ कि लोगों को नदियों से जल लाने की आवश्यकता नहीं होती थी। वे उस नली को निकालकर उसके पानी से स्नान कर लिया करते थे। जलकामनि ने सोचा, 'मनुष्य मेरे पास आते ही नहीं, मैं उन्हें किस प्रकार से पकड़कर तंग करूँ? यदि मैं उन्हें सताऊँगी नहीं, तो वे मेरी पूजा नहीं करेंगे।' ऐसा विचार करते हुए वह निरंताली के पास पहुँची और उससे जाकर कहा, 'लोग मेरा उपयोग नहीं करते अतः मैं उन्हें पकड़ नहीं पाती और मुझे आहार हेतु कुछ भी नहीं प्राप्त होता।'

निरंताली ने मनुष्य को बुलाया और उनसे उनकी पानी की नलियाँ वापस माँग लीं। उसने कहा, 'अब तुम नदी के पानी का उपयोग किया करो।' वे कहने लगे, 'यदि हम नग्न होकर स्नान करेंगे तो मक्खियाँ हमारे अंग-प्रत्यंगों को काटेंगी और जलकमली हमें सताएगी।' निरंताली ने कहा, 'तुम लोग पानी के भीतर मत जाओ

अलबत्ता पानी को भरकर अपने ऊपर डालो। नग्न होकर स्नान मत करो वरना तुम्हें खुजली होगी।'

निरंताली ने थोड़ा-सा जल मनुष्यों की देह में छोड़ दिया था, जो पसीना बनकर बाहर निकला।

●

सफगन्ना में मनुष्य के उत्पन्न होने के पाँच वर्ष बाद तक यह नई जाति (मानव जाति) उस स्थान पर रही। उसके पश्चात एक बाँस में से टेंगनीसारन नाम का एक दैत्य पैदा हुआ। विवाह योग्य होने पर उसने विवाह किया और उसकी पत्नी को उससे बच्चे उत्पन्न हुए।

एक दिन कन्ध जाति के बुजुर्ग लोग विचार-विमर्श द्वारा मेरिहा बलि का समय निश्चित करने हेतु सरसेला जंगल में गए। टेंगनीसारन दैत्य भी उनके साथ था। वे सब लोग शिलाओं पर बैठ गए, परन्तु वह दैत्य भूमि पर ही बैठा। भूमि पर बैठने के बावजूद भी वह उन सब लोगों से ऊँचा लग रहा था और कन्ध लोगों ने सोचा, 'यह बहुत ही लम्बा दिखाई पड़ता है और इसके बच्चे भी हम लोगों से लम्बे होंगे और वे सब हमें मार डालेंगे।' उन्होंने निश्चय किया कि पहले इसे ही वे लोग मार डालें। उन्होंने एकाएक उसके असावधान रहते हुए ही उनकी हत्या कर दी और सफगन्ना जाकर उसकी पत्नी को बता दिया कि उसके पति की जंगल में मृत्यु हो गई। वह अपने बच्चों को लेकर सरसेला जंगल में गई जहाँ उसने अपने पति के शव को टुकड़े-टुकड़े किए हुए पाया। वह जोर-जोर से रोने लगी और फिर एक गड्ढा खोदकर शव के सब टुकड़ों को उसमें गाड़ दिया और अपने घर चली गई।

उस गाँव के लोगों ने सोचा कि जब ये बच्चे बड़े होंगे तो अपने पिता की हत्या का बदला लेंगे, अतः उन लोगों ने उनकी भी हत्या कर दी। इसी प्रकार से टेंगनीसारन और उसके बच्चों का सफाया हो गया।

उसके उपरान्त कन्ध लोगों के देश में कोई भी राक्षस नहीं बचा।

●

सृष्टि के आरम्भ में मनुष्यों के पेशाब और शौच करने के अंग नहीं थे। फिर भी वे खेती करते थे और अन्न का आहार करते थे इसलिए उनके पेट फूलते ही जाते थे, फूलते ही जाते थे क्योंकि उन्हें त्यागने का कोई मार्ग ही नहीं था। जब जौनरा पिन्नू ने मनुष्यों के कष्ट को देखा तो उन्होंने सोचा कि इनकी सहायता करनी चाहिए, उन्होंने लोहे की एक कील लेकर पेट में से पानी निकालने के लिए छेद किए। पीछेवाले छिद्र में उन्होंने लौकी के डंठल को पेट तक घुसा दिया जिसके परिणामस्वरूप पेट से मल उस नली से बाहर निकल गया।

●

पुराने जमाने में जब कुछ लोग अमीर थे और कुछ गरीब, तब रानी अरू ने निश्चय किया कि उनके हाथों में रेखाएँ खींच देनी चाहिए जिनसे उनके भाग्य को जाना जा सके। उसने रिंगोना लोहार और उसकी स्त्री बिन्दोना को बुलाकर आज्ञा दी कि लोहे की एक सुई बनाएँ। सुई बनने के पश्चात उसने मनुष्यों को बुलाकर उनकी हथेलियों पर किसी को धन की लकीर, किसी को महानता की लकीर, किसी को बाँझपन की लकीर, किसी को सम्पत्ति की लकीर से तो किसी को गरीबी की लकीर से अंकित किया।

●

हवा मनुष्य के पेट में भर जाती है। पेट के भीतर एक तकुआ लगा है जिससे एक धागा बँधा है, और जब हवा पेट में भरती है तब वह तकुआ नाचने लगता है। इसी कारण से मनुष्य साँस लेते हैं। यदि किसी व्यक्ति की नाक में पानी घुस जाता है, तब तकुआ नाच नहीं पाता और वह व्यक्ति या तो अचेत हो जाता है या उसकी मृत्यु हो जाती है। जब थककर तकुआ नाचना बन्द कर देता है, तब उस व्यक्ति को नींद आ जाती है। कभी-कभी तकुआ नाचते-नाचते यह सोचने के लिए कुछ समय के लिए रुक जाता है कि वह कौन-सा नृत्य करे। तब उस व्यक्ति को स्त्री की चाहत होती है।

●

यह उस समय की बात है जब मनुष्य छींकते नहीं थे, उन दिनों न तो वे शगुन विचार कर पाते थे और न ही वे अपना अच्छा या बुरा भविष्य जान पाते थे और न ही वे पढ़ना-लिखना जानते थे। उन्होंने निरंताली को जाकर अपना कष्ट बताया। हमें इस बात का कभी पता नहीं चल पाता कि हमारे बाजार जाने में हमारी कुशल क्षेम है या बरात में जाने में। इसलिए हम आपके पास आए हैं, आप हमें सौभाग्य और दुर्भाग्य के बारे में सिखाओ। निरंताली ने मिर्च कूटकर उसका चूरा तैयार किया और उन सबकी नाक पर उसे थोड़ा-थोड़ा डाल दिया और वे सब छींकने लगे।

निरंताली ने कहा, 'इस युक्ति के द्वारा तुम सौभाग्य और दुर्भाग्य को जान सकते हो। छींक दो प्रकार की होती है—एक शुभ होती है और दूसरी अशुभ। दाहिनी नाक की छींक शुभ होती है और बाइ ं नाक की छींक अशुभ होती है। यदि कोई कहीं जाता है और उसे अशुभ छींक आ जाती है तो समझो सब कुछ निष्फल और अनिष्टकारी होगा। यदि उसे सौभाग्यशाली छींक आती है तो उसे मनपसन्द भोजन प्राप्त होगा और उसके सभी. कार्य सफल होंगे।'

●

पुराने जमाने में कोई भी व्यक्ति शौच को नहीं जाता था। परन्तु एक दिन करसान और बुरसान जब अपने खेत में पेड़ों को काटकर भूमि समतल बना रहे थे तब उन्हें कोई जंगली दाल मिल गई जिसे उन्होंने खा लिया। उसके कारण उनके पेट फूलने लगे और

वे फूलते ही चले गए और ऐसी स्थिति उत्पन्न हो गई कि वे हिलने-डुलने में भी असमर्थ हो गए। वे अपने खेत में ही जिस स्थान पर थे, वहीं पड़े रहे और तभी निरंताली ने उन्हें उस हालत में देख लिया।

'तुम्हें क्या हुआ है?' निरंताली ने उनमें से एक से पूछा, 'हम लोगों ने जंगली दाल खाकर अपना पेट भरा। अब हमारी ऐसी हालत हो गई है कि हम चल-फिर भी नहीं सकते हैं,' उसने कहा। निरंताली ने खजूर के एक काँटे को तोड़कर उससे एक गुदा सदृश नली बनाई। उसने उसे उसके शरीर में घुसाकर उसे जोर से दबाकर उससे उसकी गुदा बनाई। फिर उसने उस व्यक्ति के पेट को जोर से भींचा तो दाल भर्र-भर्र करती हुई बाहर निकल गई।

'यदि पुनः कभी ऐसी परिस्थिति उत्पन्न हो, और तुम्हारी ब्यालू के उपरान्त तुम्हारा पेट फूलने लगे, तब तुम अपने दाहिने हाथ की छोटी अँगुली से थोड़ी-सी चूल्हे की राख उठाकर उससे पेट की त्वचा पर सात आड़ी लकीरें खींचना तो तुम्हें तुरन्त आराम होगा।' निरंताली ने उनसे कहा।

●

आरम्भ में स्त्रियों को दाढ़ी-मूँछें होती थीं और पुरुष निमुँछे थे, और पुरुषों के सिर पर तथा हाथ-पैरों पर बाल होते थे। एक दिन निरंताली ने अपने गाँव के लोगों को नाचने के लिए बुलाया। लड़कियों को नृत्य करते समय जब उसने उनकी दाढ़ी-मूँछें देखीं तो सोचा कि ये दाढ़ी-मूँछों में कितनी कुरूप लगती हैं। उसने उनके समीप जाकर उनके चेहरों पर हाथ फेरे और इसके कारण उनकी दाढ़ी-मूँछें निकल गईं। वे सब दाढ़ी-मूँछें उसने मंगरगत्ती के चेहरे पर लगा दीं। तब से पुरुषों को दाढ़ी-मूँछें होने लगीं, और जिनके कारण स्त्रियाँ कुरूप लगती थीं, उन्हीं दाढ़ी-मूँछों के कारण पुरुष सुन्दर लगने लगे।

●

सफगन्ना में भगवान के पेट से अन्तकिया कन्ध उत्पन्न हुआ। उस समय जौन्रा पिन्नू एक कुएँ में रहते थे। जब वह कन्ध बड़ा हुआ, तब तक उसके शरीर पर बाल नहीं थे। एक दिन वह जब पानी भरने कुएँ पर गया, तब उसकी भेंट वहाँ जौन्रा पिन्नू से हो गई और वे बहुत समय तक आपस में बातें करते रहे। जौन्रा पिन्नू उसे अपने साथ ले गए और वे दोनों घनिष्ठ मित्र बन गए।

एक दिन जौन्रा पिन्नू ने सोचा कि बिना बालों के उनका मित्र कितना कुरूप लगता है। अतः उसे सुन्दर बनाने के लिए उन्होंने थोड़ी-सी काँस (एक प्रकार की घास) उखाड़कर उस कन्ध के सिर पर लगा दी। घास ने अपनी जड़ें जमा लीं और वे बालों में बदल गईं। उसकी दाढ़ी-मूँछों के लिए उन्होंने दूपी (दूब) घास काटकर उसका प्रयोग किया और उसमें से कुछ दूब उसकी बगल और जाँघों के बीच भी लगा दी।

●

निरंताली को दो पुत्र उत्पन्न हुए, करसन और बरसन। परन्तु उसके स्तन नहीं थे क्योंकि उन दिनों तक किसी भी स्त्री के स्तन नहीं होते थे, इसलिए वे बच्चे बहुत कमजोर और दुबले हो गए थे। उन्हें मात्र गाय का दूध या फिर सल्फी का दूधिया रस की उपलब्ध होता था।

निरंताली ने विचार किया, 'यदि अपने बच्चों को पोषण करने के लिए स्त्रियों की देह पर स्तन नहीं होंगे, तो संसार के सभी लोग मर जाएँगे।' अतः उसने दो तूम्बियाँ सल्फी के रस से भरकर मोम द्वारा अपनी छाती पर चिपका लीं। जब बच्चों को दूध पीने की इच्छा होती, तब वे उन तूम्बियों से रस चूस लेते। वे तूम्बियाँ धीरे-धीरे शरीर पर बढ़ने लगीं और देह का अंग बन गईं और उनमें भरा हुआ सल्फी का रस दूध में परिवर्तित हो गया।

●

पुराने जमाने में स्त्रियों की जीभ पर तीन बाल उगा करते थे। उनके जंगली सूअर जैसे लम्बे-लम्बे दाँत हुआ करते थे और उनकी बातें किसी को भी समझ में नहीं आती थीं। यदि कोई स्त्री अपने पति से रुष्ट हो जाती थी तो वह अपने दाँतों से उसकी हत्या कर देती थी। इसलिए उन दिनों पुरुष अपनी स्त्रियों से उसी तरह डरते थे जिस तरह आजकल स्त्रियाँ अपने पति से डरती हैं।

इस्पुर महाप्रभु ने सोचा, 'स्त्रियों का इस प्रकार से संसार पर आधिपत्य होना उचित प्रतीत नहीं होता।' भूलोक पर आकर उन्होंने देखा कि स्त्री-पुरुष साथ-साथ सो रहे थे। उन्होंने स्त्रियों के दाँत उखाड़ लिए और उनकी जीभ पर से बाल भी उखाड़ लिए और उन्हें दूर फेंक दिया। जंगली सूअर ने उन्हें उठाकर अपने मुँह में लगा दिया और तब से वे उन्हीं के पास हैं। वे तीनों बाल सर्प, छिपकली और इल बन गए। महाप्रभु ने स्त्रियों को दाँतों के रूप में लौकी के बीज प्रदान किए।

जब सुबह पुरुष सोकर उठे, तो वे अपनी स्त्रियों से बेहद डर गए, क्योंकि वे बहुत बदली हुई लग रही थीं। वे डर के मारे गाँव छोड़कर भाग गए कि वे उन्हें मार डालेंगी। परन्तु तभी महाप्रभु एक ब्राह्मण का रूप धारण करके आए और उन्हें समझाया, 'तुम लोग मत डरो, यह सब मैंने किया है। आज से संसार में मनुष्य का आधिपत्य होगा और पति ही घर पर भी शासन करेंगे।'

●

पुराने जमाने में स्त्रियाँ छोटे बाल रखती थीं और पुरुष लम्बे बाल रखते थे। यहाँ तक कि स्त्रियाँ अपने बालों में कंघी तक नहीं करती थीं, हाँ समय-समय पर वे उनका मुंडन अवश्य करती थीं। इस्पुर महाप्रभु ने सोचा, 'यह उचित नहीं प्रतीत होता।' उन्होंने एक दिन वहाँ जाकर कुछ तिल उन पर फेंक दिए जहाँ वे सब लोग सोते थे। वे तिल जूँओं के रूप में परिवर्तित हो गए। वे जूएँ स्त्रियों के ऊपर न

चढ़कर पुरुषों के बालों में चढ़ गईं और उनमें खुजली चलने लगी। वे खुजाते ही रहे खुजाते ही रहे और तब तक खुजाते रहे, जब तक उनके बहुत से बाल उखड़ नहीं गए।

अब पुरुषों और स्त्रियों दोनों के ही बाल छोटे हो गए थे, परन्तु महाप्रभु ने इस बात को पसन्द नहीं किया। उन्होंने उन लोगों को जाकर बताया, 'स्त्रियाँ अपने बाल बढ़ा लें और पुरुष अपनी हजामत करें और बालों को काटकर छोटा रखें।'

●

सृष्टि के आरम्भ में मनुष्य के कान नहीं थे, इसलिए वे सुन नहीं पाते थे और वे प्रत्येक कार्य आँखों द्वारा ही करते थे और जब उन्हें बात करनी होती तो वे अपने हाथों से संकेत करते।

जब मनुष्यों की आबादी बहुत हो गई तब महाप्रभु ने उन्हें खेती करना सिखाया। किसी एक परेंगा ने गुइगुड़ा में एक नाले को बाँधकर उसका जलप्रवाह रोक दिया था, महाप्रभु ने उन्हें सिखाया कि किस प्रकार से वहाँ धान और कोदो मड़िया आदि की खेती करनी चाहिए। जब फसल तैयार हो गई तब उन्होंने फसल काटकर उसकी मिंजाई कर डाली। महाप्रभु तब वहाँ आए और किसानों ने उन्हें बताया, 'हमारे कान नहीं होने के कारण हम एक-दूसरे की बातें नहीं सुन पाते और न ही हमें जंगली जानवरों के आने की आहट मिल पाती इसलिए वे हमें दबोच लेते हैं।'

महाप्रभु ने एक विशाल अजगर को बुलाया जिनके उन दिनों बड़े-बड़े कान हुआ करते थे। जब धान उड़ावनी का कार्य निपट गया तब महाप्रभु ने अजगर से कहा, 'तुम अपने कान मुझे उधार दे दो। मैं उनमें अन्न भरकर घर पहुँच जाऊँगा।' अजगर ने अपने कान पेंगू लोगों को दे दिए और वे उनमें अन्न भर-भरकर घर में पहुँचाने लगे। महाप्रभु ने उनके कान में कहा, 'इस सर्प को मारकर इसके कान चुरा लो।' परन्तु अजगर डरकर अपने कान वहीं छोड़कर भाग गया। महाप्रभु ने उन कानों के छोटे-छोटे टुकड़े करके उन्हें मनुष्य के सिर पर दोनों ओर चिपका दिए। इसके बाद वे जोर-जोर से चिल्लाने लगे और लोग आवाज सुनकर बाहर आ गए। तब से मनुष्य के कान होने लगे और सर्प बिना कान के ही रह गए।

●

जब महाप्रभु ने सर्वप्रथम एक लड़के और एक लड़की को उत्पन्न किया, तो उन्हें बरथगढ़ में ले जाकर रखा और उन्हें बरगद का दूध पिलाकर पाला-पोसा। जब वह आठ-दस वर्ष के हुए, तब उन्हें ज्ञात हुआ कि वे बोल सकने में असमर्थ थे, क्योंकि उनके पेट में कलेजे तो थे ही नहीं।

उसी बीच महाप्रभु उन्हें देखने पहुँचे कि वे किस हालत में हैं। वे सोए हुए थे और महाप्रभु ने उन्हें जगाने के लिए आवाज लगाई। उन्होंने फुसफुसाहट के द्वारा उन्हें उत्तर

दिया, क्योंकि उनके शरीर में कलेजे नहीं थे। महाप्रभु ने कहा, 'मैंने इन्हें कितने परिश्रमपूर्वक बनाया है और ये न बोल पाते हैं और न ही चल पाते हैं।' उन्होंने घर जाकर अपनी पत्नी को उन बच्चों की दशा के बारे में बताया। दूसरे दिन उन दोनों बच्चों को उन्होंने अपनी स्त्री को दिखाया। तब उसने कहा, 'पहले मुझे बीच से काटकर दो हिस्सों में बाँट दो, फिर उन दोनों को भी इसी प्रकार से चीरकर दो हिस्सों में बाँट दो। फिर देखो कि जो-जो अंग मेरे पेट के भीतर हैं, वैसे ही अंग उन दोनों के पेट में हैं अथवा नहीं।' महाप्रभु ने ऐसा ही किया और पहले अपनी पत्नी के पेट में झाँककर देखा और फिर उन बच्चों के पेट में और पाया कि उनकी स्त्री के पेट में कलेजा था, परन्तु बच्चों के पेट में वह नहीं था। उन्हें महाप्रभु ने जिन्दा किया और अपनी पत्नी को बताया कि बच्चों के पेट में कलेजी नहीं थी। तब उसने कहा, 'आप इनके लिए भी कलेजा बनाकर लगाओ।'

एक गूलर के पेड़ से महाप्रभु ने दो फूल तोड़कर बच्चों के पेट में रख दिए। वे फूल कलेजे बन गए और वे दोनों बच्चे बातें करने लगे और चलने-फिरने लगे। इसीलिए मनुष्य के पास कलेजा होता है और गूलर के वृक्ष में पुष्प नहीं होते।

●

पुराने जमाने में मनुष्य के कान नहीं थे इसलिए उनका बोलना-चालना व्यर्थ था और वे अपना सभी काम इशारों के द्वारा करते थे।

काकड़ीगुम्मा में दो महाप्रभुओं का जन्म हुआ। उनका नाम करभंगा और सुकलुभंगा था। वे मनुष्यों को जाकर कहने लगे, 'हमें कुछ खाने के लिए दो।' परन्तु उन लोगों को कुछ भी सुनाई नहीं पड़ा, और उन्होंने उनकी बातों का कोई उत्तर ही नहीं दिया। उन महाप्रभुओं ने सोचा, 'ये बहुत ही निकम्मे लोग हैं, ये न सुन सकते हैं और न ही बोल सकते हैं, हमें इन्हें समाप्त कर देना चाहिए।'

परन्तु करभंगा ने तभी इस बात को ताड़ लिया था कि उनके कान नहीं थे और उसने सुकलुभंगा को इस बात से अवगत किया। 'देखो मनुष्यों के तो कान ही नहीं हैं, इसलिए ये हमारी बातें नहीं सुन पा रहे हैं।' उन्होंने सियारी की पत्तियाँ तोड़कर मनुष्यों के कानों के स्थान पर लगाईं। इसीलिए हम आज भी सियारी के पत्ते नहीं जलाते क्योंकि उन्हें जलाने पर हमारे कानों में घाव हो सकते हैं।

●

मनुष्य को यह ज्ञात नहीं था कि वह रोए कैसे। उन दिनों एक पुरुष और एक स्त्री थे। उनका एक बेटा और एक बेटी थी। एक दिन जब वह व्यक्ति किसी सुदूर यात्रा पर गया हुआ था, तब उसकी बेटी की मृत्यु हो गई। उस लड़की की माँ उसे गाँव से बाहर ले जाकर उसे एक गड्ढे में गाड़ आई और घर आकर चूल्हे के पास आनन्दपूर्वक बैठ गई। उसके चेहरे पर विशाद या रोने का कोई भाव नहीं था।

धर्मोमहाप्रभु ने सोचा, 'यह एक विचित्र बात है। जब किसी की मृत्यु हो तब लोगों को दुख तो होना ही चाहिए। शायद बेटे के मरने पर उसकी माँ को दुख हो, और वह रोए।'

दूसरे दिन महाप्रभु ने गोरू देवता को भेजते हुए कहा, 'तुम उस स्त्री को उसी प्रकार से पीटो, जैसे मवेशियों को मारते-पीटते हो।' गोरू देवता ने बहुत ही क्रूरतापूर्वक उस स्त्री को पीटा, परन्तु फिर भी वह रोई नहीं और पिटने के उपरान्त चूल्हे के पास जाकर आनन्दपूर्वक बैठ गई। उसकी आँखों में न आँसू थे और न ही दुःख का भाव।

अन्त में महाप्रभु ने सिरहा को बुलाया और उससे उस स्त्री को रुलाने का कोई उपाय पूछा। उसने कहा, 'कुछ सूखी मिर्च पीसकर उसकी आँखों में डालो तब वह रोने लगेगी। वह तुरन्त रोने लगेगी।' महाप्रभु ने एक वृद्ध व्यक्ति का रूप धारण किया और जब वह स्त्री सो रही थी, तब उसके घर में पहुँचे और कुछ मिर्च उसकी आँखों में और मुँह में डाल दी। वह जाग गई और जोर-जोर से रोने लगी। जब वह रो रही थी, तभी उसका पति वहाँ पहुँच गया और जब उसने उसे रोते हुए देखा, तो वह भी अपने दोनों बच्चों के मरने के दुख में रोने लगा।

●

आरम्भिक अवस्था में मनुष्य की जीभ नहीं होती थी। एक गाँव में जक्कड़ देवता को गाय की गलि चढ़ाने की तैयारी वहाँ के लोग कर रहे थे। जैसे ही गुनिया ने उस गाय को बलि स्तम्भ से बाँधा, गाय जोर-जोर से रोने लगी, जैसे कि वर्तमान में मनुष्य रोते हैं। घोटखंडी महाप्रभु उसकी आवाज सुनकर यह देखने के लिए वहाँ गए कि क्या समस्या है। उन्हें कोई भी व्यक्ति कुछ भी नहीं बता पाया क्योंकि वे बोलने में असमर्थ थे। अतः उन्होंने गाय से पूछा और गाय ने कहा, 'जक्कड़ देवता मेरा भक्षण करना चाहता है।' घोटखंडी महाप्रभु ने जक्कड़ देवता से पूछा, 'क्या ऐसा करना सचमुच आवश्यक है।' जक्कड़ देवता ने उत्तर दिया, 'हाँ, क्योंकि मैं अन्य कोई वस्तु नहीं खा सकता।' घोटखंडी महाप्रभु ने पूछा, 'ये मनुष्य मुझसे क्यों बातचीत नहीं करते?' 'क्योंकि उनके जीभ नहीं होती।' 'तब हमें उनके लिए जीभ कहाँ से उपलब्ध होगी?' जक्कड़ देवता ने कहा, 'इस गाय की जीभ बहुत लम्बी है। उसका एक टुकड़ा काटकर मनुष्य को दे दो, जिसे पाकर वे बोलने लगेंगे और यह गाय गूँगी हो जाएगी।' महाप्रभु ने गाय की जीभ काटकर मनुष्य को प्रदान कर दी और बची हुई जीभ को ऐंठ दिया और उसे गूँगा बना दिया। उस जीभ को प्राप्त करने के पश्चात मनुष्य बोलने लगे।

●

सृष्टि के आरम्भिक काल में संसार में ऐसी एक ही लड़की थी जो खाँस सकती थी और थूक सकती थी। वह बारह भाइयों में से सबसे बड़े भाई की बेटी थी और सभी के लिए चिन्ता का कारण थी। उसकी विचित्र आदतों और स्वभाव के कारण उसके साथ कोई

भी व्यक्ति विवाह नहीं करता और न ही उसे ग्रामीणजन गाँव में रखने के लिए सहमत होते। उस लड़की को गाँव से बाहर रहना पड़ता था और वे लोग उसके लिए भोजन ले जाकर उससे कुछ दूरी पर रख देते थे। कभी-कभी वे इतना-सा कार्य भी भूल जाते थे।

एक दिन बहुत अधिक ठंड पड़ रही थी, और वह लड़की ठंड के कारण रोने लगी। घोटखंडी महाप्रभु ने जब उसका रुदन सुना तो वे उसके पास यह जानने के लिए आए कि वह क्यों रो रही है। उस लड़की ने उन्हें अपनी व्यथा सुनाई और उसी रात में उसकी मृत्यु हो गई। बारहों भाई मिलकर उसके शव को बहुत दूर ले जाकर उसे गाड़ आए।

उस लड़की के कान से तम्बाकू का एक पौधा उग आया। एक दिन वे सब भाई और उनकी स्त्रियाँ उस रास्ते से शिकार करने निकले, जहाँ उसे उन्होंने दफन किया था। वे उस स्थान को जब देखने गए तो उन्होंने वहाँ एक पौधा उगा हुआ पाया। उन्होंने उस पौधे के पत्तों को पहले तो सूँघकर देखा, फिर उन्हें चूसकर देखा और तुरन्त उन्हें यह प्रतीत होने लगा कि उसके बिना वे लोग रह नहीं सकेंगे। तब से मनुष्य खाँसने और थूकने लगे।

●

यह बहुत पुराने जमाने की बात है, जब महेन्द्रगिरी पर्वत पर एक पानों और उसकी पत्नी निवास करते थे। उनकी देह तो मनुष्यों की ही थीं, परन्तु उनके सिर घोड़ों के थे। लोग उनके घोड़ेवाले सिर देखकर भाग खड़े होते और उन्हें भोजन भी प्राप्त नहीं होता था और न ही उनसे कोई व्यवहार या सम्बन्ध ही रखता था। एक दिन वे किटुंग के पास जाकर रोने लगे। उन्होंने उन दोनों के सिर काट दिए और उनकी मृत्यु हो गई। परन्तु उन्होंने उन दोनों को पुनर्जन्म प्रदान किया और वे सामान्य मनुष्यों की भाँति ही देह प्राप्त कर साँवराजनों को धन उधार देकर साहूकारी करने लगे।

●

पुराने जमाने में मनुष्य को पादना नहीं आता था। वे पशुओं के समान ही झुककर भूमि पर अपने हाथ और घुटने टेककर मल त्याग करते थे। किटुंग ने उन्हें उकडू बैठना सिखाने का बहुत प्रयत्न किया, परन्तु उन्होंने वैसे बैठना सीखा ही नहीं और किटुंग उनसे इस कारण से बहुत नाराज हो गए।

एक दिन किटुंग अपनी बाँसुरी लेकर पर्वतों पर विचरण कर रहे थे। उन्होंने जंगो नामक एक साँवरा को भूमि पर हाथ टेककर पशुओं की भाँति मल त्याग करते हुए पाया। किटुंग को उस पर बहुत क्रोध आया और उन्होंने उसके पीछे जाकर उसकी गुदा में अपनी बाँसुरी घुसेड़कर उस पर जोर से एक लात जमाई जो भीतर तक पूरी घुस गई।

वह व्यक्ति भयभीत होकर दर्द के मारे अपने घर भाग गया। किटुंग ने उस बाँसुरी को अंतड़ियों में परिवर्तित कर दिया और कहा, 'और अब तुम जब भोजन करोगे और वायु तुम्हारे पेट में भोजन के साथ प्रवेश करेगी, तब वह उस बाँसुरी में से होकर गुजरेगी और तब बाँसुरी बज उठेगी और उसमें से एक ध्वनि उत्पन्न होगी।'

●

पुराने जमाने में मनुष्य आहार ग्रहण नहीं करते थे, क्योंकि उनके लिए मल त्याग करने हेतु कोई उपाय ही नहीं था और वे मात्र पानी पीकर ही निर्वाह करते थे। परन्तु पशु अत्यधिक मात्रा में आहार ग्रहण करते थे, क्योंकि वे मल त्याग करने में समर्थ थे।

तब मनुष्य आपस में बातें करते, 'ये पशु हमेशा खाते रहते हैं, अवश्य ही इनका मांस अत्यन्त स्वादिष्ट होना चाहिए। हमें उनका थोड़ा मांस खाकर अनुभव करना चाहिए कि उसका स्वाद कैसा लगता है।' उन्होंने एक घोड़ा पकड़कर उसे खा लिया। चूँकि वे मल त्याग करने में असमर्थ थे, अतः उनके पेट फूलने लगे और उन्हें असह्य कष्ट होने लगा। वे लेट गए और पीड़ा के कारण उनमें से अनेक लोग अचेत हो गए। जब किटुंग ने उन्हें ऐसी हालत में देखा तो उन्हें आशंका हुई कि सभी मनुष्यों की मृत्यु हो जाएगी।

किटुंग ने सैतुंगकुम चूहे को बुलाकर उसे आज्ञा दी, 'तुम किसी भी उपाय से इस समस्या को हल करो।' उस चूहे को एक व्यक्ति अचेतावस्था में पड़ा हुआ मिला। वह उस व्यक्ति के मुँह की ओर से उस व्यक्ति की देह के भीतर प्रविष्ट होकर उसके पेट में पहुँच गया और बिल खोदता हुआ पीछे की ओर से बाहर निकल गया। जैसे ही वह बाहर निकला तो उस व्यक्ति के पेट में से घोड़े का मांस बाहर निकलकर भूमि पर फैल गया। वह व्यक्ति होश में आकर उठ बैठा। उसने उस मांस को उठाकर सूँघा। छि-छि, थू-थू करते हुए चिल्लाते हुए उसने उसे फेंक दिया। ऐसा ही एक के बाद एक सभी व्यक्तियों के साथ हुआ। वे कहने लगे, 'हमने घोड़े का मांसाहार किया, उसने हमारी देह में छिद्र कर दिया और वह बाहर निकल गया।' तब से साँवरा मल त्यागने में समर्थ हो सके, परन्तु उसके पश्चात उन्होंने कभी भी घोड़े का मांस नहीं खाया।

●

बट्टासिंगी ग्राम में सरापू साँवरा रहता था, उसकी पत्नी का नाम सुकरी था, उनकी एक बेटी भी थी। उस लड़की का सामनेवाला दाँत डेढ़ हाथ लम्बा था। जब वह लड़की वयस्क हुई तो कोई भी युवक उससे विवाह करने हेतु उसके लम्बे दाँत के कारण सहमत नहीं होता था। उसने अपने से उम्र में सभी छोटी लड़कियों का विवाह होते देखा और उन्हें अपने-अपने पति के साथ ससुराल जाते हुए देखा, और इस कारण उसे अत्यन्त दुख और एकाकीपन महसूस होता था।

अपने प्रथम मासिक धर्म होने के पश्चात वह निसुर नदी पर स्नान करने के लिए गई। उसने अपने कपड़े धोए, स्नान किया और अपने दाँत साफ किए। हवा का एक तीव्र झोंका उसी समय आया और उसके वहाँ सूखने हेतु फैलाए गए वस्त्रों को उड़ा ले गया। वह लड़की अपने वस्त्रों को पकड़ने के लिए उनके पीछे दौड़ी। उस नदी में बहुत-सी चट्टानें थीं जिनसे फिसलकर वह गिर पड़ी और उसका दाँत एक शिला से टकराकर टूट गया और वह बेहोश हो गई। जब उसे होश आया तो वह रोने लगी, परन्तु जब उसने अपना टूटा हुआ दाँत देखा, तो वह प्रसन्न हो उठी। उसने उस दाँत को कीचड़ में फेंक दिया, जिससे एक झाड़ी उत्पन्न हो गई।

●

जब मनुष्यों की उत्पत्ति हुई, उन दिनों किटुंग चंगरो नदी में स्नान किया करते थे और उन्होंने स्नान हेतु नदी तट पर एक घाट अपने लिए बना लिया था और दूसरे घाट का मनुष्यों हेतु अलग निर्माण किया था। उन्होंने मनुष्यों को इस बात की चेतावनी दी हुई थी कि वे लोग उनके घाट का उपयोग कदापि न करें।

एक दिन दोपहर में जब किटुंग स्नान करने पहुँचे तो उनका वीर्यपात हो गया जिसे उन्होंने एक घोंघे में भरकर नदी के जल में फेंक दिया। उस घोंघे में प्राण उत्पन्न हो गया और वह वैसे ही फूलने लगा जैसे कि गर्भवती स्त्री का पेट बढ़ता है। नौ माह उपरान्त वह घोंघा फट गया और उसमें से एक ऐसे जीव का जन्म हुआ जिसका सिर तो एक कन्या का था और शेष अंग मछली का था। वह जल में ही रहती और उसे जो कुछ भी खाने योग्य प्राप्त हो जाता, उसे खा लेती थी। जब वह बड़ी होकर वयस्क हो गई तो एक दिन वह एक चट्टान पर बैठी हुई थी, उस समय उसका सिर जल के बाहर था और पूँछ जल के भीतर थी। कुछ लोगों ने उसके बारे में जिज्ञासा प्रकट की कि वह कौन है। उसने बताया, 'मैं किटुंग की बेटी हूँ और यही मेरा घर है।' जब लोगों ने उसका आधा अंग मछली का देखा तो उन्होंने सोचा, हो न हो किटुंग ने किसी मछली से संसर्ग किया है। वे उसका उपहास करने लगे और किटुंग को उससे बहुत ही लज्जित होना पड़ता था। रात्रि में नदी में जाकर उन्होंने उस लड़की की हत्या कर दी और उसके शव को पानी में फेंक दिया।

●

आरम्भ में मनुष्य को जीभ नहीं थी और वे बोलने में असमर्थ थे। किटुंग चिन्तित थे कि इस हेतु क्या उपाय किया जाए। वे विचार करते रहते थे परन्तु निरन्तर विचारमग्न रहने पर भी उन्हें कोई युक्ति नहीं सूझी। एक दिन वे स्नान करने गए और जाकर एक चट्टान पर बैठ गए। उस चट्टान के नीचे एक छिद्र था, जिसमें एक मेंढक अपनी मेंढकी के साथ रहता था। उस मेंढक ने अपनी प्रेमिका से कहा, 'कल वर्षा होगी। उसके कारण भीषण बाढ़ आएगी, जिसमें हमारे बच्चे बह जाएँगे।' किटुंग ने मेंढकों का

वार्तालाप सुनकर उन्हें पकड़ लिया। उन्होंने उनकी जीभ की जाँच-पड़ताल की और देखा कि उसे सचमुच उन्हीं की आवश्यकता थी। उसने उन मेंढकों की जीभ काटकर मनुष्य के मुँह में लगा दीं और तब वे बोलने लग गए।

●

एक दिन किटुंग ने अपने मन में विचार किया, 'मैंने सभी प्राणियों को उत्पन्न किया, परन्तु फिर भी वे मुझे दिखाई नहीं पड़ते। एक दिन मैं उन सबको भोज पर आमन्त्रित करूँगा तब मैं अपनी प्रजा को देख सकूँगा।'

अतः उन्होंने एक विशाल भोज का आयोजन किया और उसमें सभी जीवित प्राणियों को बुलाया—बाघ, हाथी, मनुष्य, कीट-पतंगे और पक्षियों आदि सभी जीव-जन्तुओं को। जब वे सब आकर उपस्थित हो गए तो उन्होंने सबको लम्बी कतारों में बैठाकर भोजन परोसा। पशुओं और पक्षियों ने खूब जमकर भोजन किया, परन्तु मनुष्यों ने बस थोड़ा ही भोजन किया क्योंकि तब तक उनके दाँत नहीं होते थे। किटुंग जब यह देखने के लिए आए कि वे इतना कम भोजन क्यों कर रहे थे, तब उन्हें पता चला कि उनके तो दाँत ही नहीं थे।

किटुंग का बेटा उसी समय एक तूम्बी लेकर वहाँ पहुँचा, और उसके हाथ से तूम्बी छूटकर गिर पड़ी। वह तूम्बी फूट गई और उसके सभी बीज भूमि पर फैल गए। किटुंग ने उन्हें उठाकर दाँत बनाए और मनुष्य के मुँह में लगा दिया और तब से वे भी भरपूर भोजन करने लगे।

●

रामा और भीमा के जमाने में प्रत्येक स्त्री के डेढ़-डेढ़ हाथ लम्बे बाल हुआ करते थे जो उनकी जीभ पर उगा करते थे। वे बाल उनके प्रथम मासिक धर्म आरम्भ होने पर उगने लगते थे।

उन्हीं दिनों नीलगिरी पर्वत पर सुब्रो नाम का एक साँवरा रहता था। उसके पाँच बेटे और एक बेटी थी जो सबके सब विवाहित थे। विवाह होने पर सभी लड़कों ने अपने लिए अलग-अलग घर बना लिए और वे उनमें जाकर रहने लगे, और उनकी बहन अपने ससुराल चली गई। बड़े बेटे की स्त्री उचित समय पर गर्भवती हो गई और उसने नौ माह के पश्चात एक पुत्र को जन्म दिया।

इस बच्चे के जन्म लेने के उपरान्त मनुष्यों की आबादी बहुत अधिक बढ़ गई और वे सब पाप कर्म करने लगे। मनुष्य चोरी, व्यभिचार और अन्य पापकर्म में लिप्त होने लगे। उसके परिणामस्वरूप स्त्रियों की जीभ पर बालों का उगना घटता गया। एक दिन सुब्रो की बहू जो सात बच्चों की माँ थी, नदी पर पानी भरने गई और जब वह अपने घड़े धो रही थी तब उसकी जीभ पानी में गिर पड़ी और वह एक मछली बन गई, उस पर उगनेवाले बाल नदी में उगनेवाली घास बन गए, जो

आजकल भी सभी नदियों में वहाँ उगती हैं। तब से स्त्रियों की जीभ पर घास उगना बन्द हो गया।

•

किटुंग ने पशुओं और पक्षियों के लिए तो जीभ बनाई, परन्तु वे मनुष्य के लिए जीभ बनाना भूल गए, जो बोलने में असमर्थ थे और इशारों से ही अपनी बातचीत करते थे। किटुंग ने पशु-पक्षियों को बातें करते तो सुना, परन्तु उन्हें आश्चर्य होता था कि मनुष्य क्यों नहीं बोलते। उन्होंने मनुष्यों को बुलाकर उनके मुख की जाँच की, तब जाकर उन्हें पता चला कि उनके न बोलने का क्या कारण है। उन्होंने उनके मुँह में जीभ के लिए अनेक वस्तुओं का प्रयोग करके देखा, परन्तु वे सब मुँह से निकलकर गिर पड़ती थीं। अन्त में वे एक जंगली गूलर के वृक्ष तक गए जिस पर बहुत से फल लगे हुए थे। उन्होंने सोचा कि गूलर के फलों का उपयोग इस उद्देश्य के लिए किया जा सकता है। उन्होंने गूलर के पाँच फल तोड़े और उन्हें दो स्त्रियों और तीन पुरुषों के मुँह में जीभ के रूप में लगाया। उनके लगाते ही मनुष्य तुरन्त हँसने और बोलने लगे। किटुंग ने कहा, 'हमें ढेर सारे गूलर के फल तोड़कर सभी मनुष्यों को जीभ प्रदान कर देनी चाहिए।' परन्तु जब वे दोबारा उस वृक्ष तक गए तो उन्होंने देखा कि सारे फल सड़ चुके हैं। अतः मात्र उन पाँच लोगों को और उनकी सन्तान को ही जीभ उपलब्ध हो सकीं। और उसके बाद से जंगली गूलर में फल लगना बन्द हो गया।

•

जब मनुष्य की सर्वप्रथम उत्पत्ति हुई, तब उनके सारे अंग पूर्ण थे परन्तु उनके हाथ और पैर की अँगुलियों के नाखून नहीं थे। उस समय तक ऊखली और मूसल का आविष्कार नहीं हुआ था और लोगों को अपने हाथों के द्वारा ही धान कूटकर चावल निकालना पड़ता था। इस कार्य में उन्हें अत्यधिक कष्ट होता था, क्योंकि बिना नाखूनों के उनके हाथों में पर्याप्त शक्ति का अभाव था।

जब किटुंग ने मनुष्य को कष्टपूर्ण अवस्था में देखा तो वे एक कुम्हार के पास जाकर टूटे हुए मिट्टी के बर्तनों के टुकड़े ले आए और उन्हें थूक लगाकर मनुष्यों की अँगुलियों पर चिपका दिया। इस प्रकार से नाखूनों की उत्पत्ति हुई।

•

आरम्भ में पुरुषों की बजाय स्त्रियों के गुप्तांग पर बाल उगा करते थे। वे स्त्रियाँ ढीठ होती थीं और वे पुरुषों के साथ अश्लील मजाक करती थीं और अपने गुप्तांगों के बाल उनकी ओर फेंकती थीं। पुरुषों को उनका ऐसा आचरण जरा भी पसन्द नहीं था।

किटुंग ने भी इन हरकतों को देखा और वे भी स्त्रियों के ऐसे आचरण को बिलकुल भी पसन्द नहीं करते थे। 'मुझे मनुष्य के लिए भी बाल उत्पन्न करने चाहिए,' उन्होंने

निश्चय किया। वे रोडी नदी पर जाकर फूलोंवाली जलबेंत का एक गट्ठड़ ले आए। उन्होंने तीन दिनों तक उन्हें धूप में सुखाया और फिर उन्हें मोंगरी से कूट-कूटकर उनके अत्यन्त बारीक तन्तु बनाए। उन्होंने उस दिन अपने गाँव के सभी लड़के-लड़कियों को बुलाकर उनसे उनके सामान्य खेल खेलने के लिए कहा और वे स्वयं भी उनके साथ खेल में सम्मिलित हो गए। और जब लड़कियाँ अपने गुप्तांग के बालों को युवकों पर फेंकने लगीं, तो उन्होंने थोड़े-थोड़े बेंत के रेशे उनके शिश्न के ऊपरी भाग की त्वचा पर चिपका दिए। तुरन्त ही उस स्थान पर युवकों के भी बाल उग आए जो लड़कियों की अपेक्षा अधिक घने थे। और फिर उन लड़कों ने लड़कियों को भूमि पर पटक दिया और उनके सिर पर तथा मुँह में उन बालों को तब तक डालते रहे जब तक कि उन लड़कियों ने उनसे क्षमायाचना न कर ली।

●

पुराने जमाने में पुरुष एवं स्त्री दोनों के ही सिर को छोड़कर शेष सम्पूर्ण देह पर केश हुआ करते थे जिसके कारण वे कुरूप लगते थे। किटुंग ने निश्चय किया कि लोगों के सिर पर भी देह के साथ ही साथ केश उगने चाहिए और वे इस कार्य हेतु उयुंगसुम सूर्य देवता के पास जाकर पूछने लगे कि इसके लिए क्या उपाय करना चाहिए। उयुंगसुम ने कहा, 'जाओ और जाकर किसी ज्वार के खेत से पाँच अंजली भरकर उसके भुट्टे ले आओ। उन्हें पाँच कुँआरी कन्याओं के सिर पर रखकर एक कपड़े से बाँध दो।' किटुंग ने वैसा ही किया। उन्होंने वापस आकर ज्वार के भुट्टे पाँच कुँवारी कन्याओं के सिर पर बाँध दिए और उन्हें पाँच दिनों तक उसी स्थिति में रखा। पाँच दिनों के बाद जब उन्होंने वह वस्तु सिर पर से खोली तो उनके सिर पर काले लम्बे-लम्बे केश उग आए थे। उन्होंने जिस जल में स्नान किया था, उस जल में जब अन्य लोगों ने भी स्नान किया तो उनके भी सिर पर वैसे ही बाल उग आए।

●

बहुत पुराने जमाने में सीमा रानी ने आकाश में एक बैठक बुलाई जिसमें एक पुरुष और एक स्त्री सम्मिलित हुए। पहले स्त्री ने उन्हें अभिवादन किया और फिर पुरुष ने। सीमा रानी ने पूछा, 'मैं तुम लोगों को किस प्रकार से सम्बोधित करूँ?' क्योंकि वे दोनों एक समान ही दिखाई पड़ते थे। उस पुरुष ने कहा, 'यह मेरी स्त्री है।' सीमा रानी ने सोचा, 'ऐसा क्या कारण था कि मैं उन दोनों में अन्तर नहीं कर पाई?' उन्होंने भोजन पकाने के बर्तन से थोड़ी-सी कालिख लेकर पुरुष के चेहरे पर मल दी और कहा, 'अगली बार मैं तुम्हें पहचान लूँगी।' कुछ समय के पश्चात त्वचा पर जहाँ-जहाँ कालिख लगी थी वहाँ-वहाँ बाल उग आए। चेहरे पर बाल उगने के पश्चात पुरुष और स्त्री दोनों के बीच अन्तर करना आसान हो गया।

●

जब आरम्भ में मनुष्य उत्पन्न हुआ तब उसके शरीर में केवल मांस और हड्डियाँ ही थीं और उनमें रक्त नहीं था। जब सूर्य की धूप उनके ऊपर पड़ती तब उनके शरीर गर्मी के कारण सूखने लगते और वे दुर्बल होकर थक जाते थे। वे किटुंग के पास अपनी फरियाद लेकर पहुँचे।

किटुंग उन्हें अपने साथ लेकर जम्मसुम के पास गए। जम्मसुम ने गेरू को पानी में घोलकर दुर्बल व्यक्तियों को पिलाया। उन्होंने कहा, 'यह घोल तुम्हारे शरीर के भीतर रक्त बनकर रहेगा और यह तुम्हारे शरीर को शुष्क होने से रक्षा करेगा।' इसके उपरान्त मनुष्य मोटा होने लगा, क्योंकि उसके शरीर में पूर्ण रूप से रक्त भरा हुआ था और नमी बनी हुई थी और रक्त के द्वारा ही उनकी सन्तान उत्पन्न हुई।

●

पुराने जमाने में स्त्रियों के स्तन नहीं थे। किटुंग को यह नापसन्द था क्योंकि बिना स्तनों के स्त्रियाँ कुरूप लगती थीं, और उन्होंने अपनी पत्नी से कहा, 'जब उनके बच्चे उत्पन्न होंगे, तो वे उनका पालन-पोषण किस प्रकार से करेंगी।'

उन्होंने कुछ बैंगन लेकर उनसे स्तन बनाए। आरम्भ में स्तनों पर बैंगन के सदृश ही काँटे हुआ करते थे।

किटुंग की पत्नी का नाम रापमसुरी था। उसने एक पुत्र को जन्म दिया और जब वह उसे स्तनपान कराने लगी तो वे काँटे उसके मुँह में चुभ गए और वह रोने लगा। उसने स्तनपान भी नहीं किया। किटुंग ने पूछा, 'तुम बच्चे को क्यों रुला रही हो? तुम उसे अवश्य ही पीटती होगी।' उसने उत्तर दिया, 'नहीं, मैं उसे नहीं पीट रही हूँ।' किटुंग ने कहा, 'तुम स्तन को बच्चे के मुँह में दे दो।' उसने वैसा ही किया और चूची को बच्चे के मुँह में दे दिया और बच्चा रोने लगा। किटुंग ने पूछा, 'आखिर बच्चे के रोने का कारण क्या है? लाओ मुझे प्रयत्न करने दो।' जब किटुंग ने स्तन को मुँह में लिया तो काँटों से उनके ओंठ छिल गए। उन्होंने एक जलती हुई लकड़ी उठाकर उन काँटों को जलाया। परन्तु किटुंग की पत्नी ने उस लकड़ी को लेकर किटुंग की चूचियों को भी जला दिया। इसी कारण से चूची के चारों ओर एक काला वृत्त बना होता है।

●

पुराने जमाने में जिस युग में मनुष्य को भूमि जोतने का ज्ञान नहीं था कि भूमि कैसे जोती जाती है, उस समय पुरुष स्त्रियों के सदृश ही प्रतीत होते थे।

रानीपदर गाँव में साँवलिया नाम का एक डोम रहता था, जो बहुत सम्पन्न था। भूमि जोतनेवाला वह सबसे पहला व्यक्ति था। प्रथम तीन वर्ष उसने धान, ज्वार और मक्का बोई और चौथे वर्ष उसे जब गेहूँ उपलब्ध हुआ, तब उसने दस मील लम्बा और दस मील चौड़ा एक खेत तैयार किया और उसमें गेहूँ बो दिया। गेहूँ की फसल बहुत अच्छी हुई और उसे दस गाँव के लोगों को फसल की कटाई हेतु बुलाना पड़ा। इसके

उपरान्त भी सम्पूर्ण फसल काटने में उन्हें सात दिन लग गए। एक दिन जब साँवलिया ने फसल काटनेवाले लोगों को दोपहर में भोजन करने के लिए छुट्टी दी, तब एक मुरिया युवक ने गेहूँ की एक बाल तोड़कर अपनी ऊपरी होंठ पर अटका ली। वह बाली मूँछ बन गई और तब से पुरुषों को मूँछ उगने लगी और तब से पुरुष और स्त्रियों के स्वरूप में अन्तर दिखाई पड़ने लगा।

●

किसी जमाने में मनुष्य के चार पैर हुआ करते थे, जब वे चलते थे तब वे दो पैरों को पीठ की ओर बाँध लिया करते थे और दो पैरों से चला करते थे। उन दिनों देवधारा पर्वत पर एक विशाल गुफा में एक मुरिया अपनी पत्नी के साथ रहता था। उनका एक बेटा था, वह जब वयस्क हुआ, तब उसका विवाह हो गया। विवाह के उपरान्त दोनों पति-पत्नी छह माह तक तो आनन्दपूर्वक रहे, परन्तु उसके पश्चात वह युवक बीमार पड़ गया। पन्द्रह दिनों के बाद उसकी मृत्यु हो गई। उसकी मृत्यु के कारण उसके माता-पिता उसकी स्त्री पर बहुत क्रोधित होकर उसे कोसने लगे, 'यदि उसने विवाह नहीं किया होता, तो उसकी मृत्यु नहीं होती।'

उस स्त्री को घर से भगाने के लिए उसके सास-श्वसुर उसे यातना पहुँचाने के उद्‌देश्य से कठोर कार्य करने को कहते। उसे मूसल से दिनभर धान कूटकर एक काठा चावल प्रतिदिन तैयार करना पड़ता था।

परन्तु उसने गुपचुप में पैरों से चलनेवाली एक ढेंकी बना ली और उसके निर्माण के लिए उसने अपनी दोनों टाँगों का प्रयोग ढेंकी के पाए के रूप में किया। एक दिन उसके सास स्वसुर ने छिपकर देखा कि वह इतने कठोर कार्य को इतनी आसानी और शीघ्रता से कैसे कर लेती है, तो उन्होंने पाया कि वह नग्न होकर अपने पिछले पैरों से ढेंकी का काम लेकर धान कूट रही है। वे आकर उसके समक्ष खड़े हो गए। वह शरमाकर कुछ वस्त्र पहनने के लिए तेजी से भागी। वह इतनी हड़बड़ी में वहाँ से भागी कि उसके पीछे की दोनों टाँगें उखड़कर उसी स्थान पर रह गईं और वे लकड़ी के खूँटों में परिवर्तित हो गईं। तब से मनुष्य के दो ही पैर होने लगे।

अध्याय : इक्कीस

पुरुष के प्रजनन कार्य

सोमा बोदनायक का जन्म बाली पर्वत पर हुआ था। उन दिनों मनुष्य के शिश्न की लम्बाई कई-कई हाथ की होती थी, और वे उन्हें अपनी कमर पर लपेटकर बाँधते थे।

महाप्रभु ने सोमा को एक पत्नी प्रदान की थी जिसे वह दूसरी खाट पर सुलाता था और उसके साथ दूर से ही सम्भोग करता था। कुछ समय उपरान्त उनके यहाँ एक पुत्र ने जन्म लिया और जब वह वयस्क हो गया तो उसे भी एक पत्नी मिल गई।

एक दिन उसके विवाह के तुरन्त बाद जब सोमा बोदनायक की पत्नी रात्रि का भोजन बना रही थी, उस समय उसका पुत्र और पुत्रवधू उसके समीप ही बैठे हुए थे, और सोमा उस समय परछी में लेटकर चोंगी पी रहा था। उसी समय सोमा ने अपने शिश्न को खोलकर अपनी पत्नी के सम्मुख लहराया। उसकी पत्नी को उसके व्यवहार पर बहुत क्रोध आया और उसने चिल्लाकर कहा, 'तुम्हें बेटे और बहू के सामने ही ऐसा व्यवहार करते हुए शर्म नहीं आती।' उसने लोहे की कड़छुल से उसके शिश्न पर आघात करके उसके टुकड़े-टुकड़े कर दिए, बस उसका उतना ही हिस्सा बच गया जिसे उसके पति ने दोनों हाथों से पकड़ रखा था।

●

डकपाजी का शिश्न साढ़े सात हाथ लम्बा था और डेढ़ हाथ मोटा था। वह सोते समय उसे दूसरी खाट पर लपेट देता था। जब उसकी पत्नी की उसके साथ संसर्ग करने की इच्छा होती, तब वह उस शिश्न को अपनी खाट पर उठाकर ले जाती थी। वे जब भी कहीं जाते, तो उसकी पत्नी उसके शिश्न को लपेटकर अपने सिर पर उठाकर ले जाती और डकपाजी उसके पीछे-पीछे चलता जाता।

एक दिन दोनों पति-पत्नी बूढ़ा पिन्नू से मिलने गए। रास्ते में वे एक बहुत बड़े वृक्ष के नीचे से गुजरे, जिस पर एक चील बैठी हुई थी। जब चील ने उस विशालकाय शिश्न को उस स्त्री के सिर पर रखा हुआ देखा तो वह झपट्टा मारकर उसे लेकर उड़ गई। दोनों पति-पत्नी रास्ते के किनारे बैठकर रोने लगे और फिर उन्होंने बूढ़ा पिन्नू को जाकर उस घटना के बारे में बताया, जो उनके साथ रास्ते में घटित हुई थी। बूढ़ा पिन्नू

ने कहा, 'चिन्ता मत करो। उसी स्थान से एक नया शिश्न उत्पन्न हो जाएगा, जो मात्र सात अंगुल लम्बा होगा, परन्तु वह उतना ही पर्याप्त होगा।'

●

पुराने जमाने में जब मनुष्य का शिश्न बारह हाथ लम्बा होता था, तब लोग उसे अपनी कमर पर करधन के सदृश लपेटकर रखते थे। स्त्रियों की योनि एक हाथ लम्बी हुआ करती थी, जो जाँघों के बीच में थैले की भाँति लटकती रहती थी। जब वे चलती थीं तो थैले सदृश वे योनियाँ इधर-उधर झूलती हुई लटकती थीं और चलने में अड़चन पैदा करती थीं।

एक दिन जब एक कन्ध स्त्री रात्रि भोजन हेतु पेज तैयार कर रही थी, तब गली के पार से एक व्यक्ति की उसके साथ संसर्ग करने की इच्छा हुई और उसने अपने शिश्न को कमर से खोलकर उस स्त्री की रसोई में भेज दिया। परन्तु जब उस स्त्री ने उसे सर्प की भाँति दरवाजे से भीतर घुसते हुए देखा, तो उसने क्रोधित होकर उस पर कड़छुल से आघात किया और वह कटकर वर्तमान आकार का हो गया।

उसके पश्चात उस स्त्री ने निरंताली के पास जाकर कहा, 'मैंने पुरुष के शिश्न को काटकर छोटा कर दिया है, परन्तु मैं अपनी इतनी बड़ी थैली सदृश योनि का क्या करूँ?' निरंताली ने उसे काटकर गुंजिआरू नदी में फेंक दिया, जो कछुए में परिवर्तित हो गई।

●

आरम्भ में योनि का स्थान मस्तक के बीचोंबीच था। उन दिनों स्त्रियाँ वस्त्र के नाम पर एकमात्र वस्त्र साफा बाँधा करती थीं। सोनाअरू और रूपाअरू दोनों ही उन स्त्रियों में से थीं। एक दिन उन्होंने निरंताली से कहा, 'जब तक यह मस्तक में है, तब तक यह खतरा है कि कोई भी पुरुष इसे बाहर खींच सकता है।'

निरंताली ने उसे बगल में लगा दिया। परन्तु वह इतनी प्रकट थी कि लोग उसे देखकर हँसी-ठट्ठा करते थे।

सोनाअरू और रूपाअरू पुनः अपनी माँ के पास गईं और उसको बताया, 'इससे तो कोई लाभ नहीं हुआ। लोग इसे देखकर खिल्ली उड़ाते हैं।' अबकी बार निरंताली ने योनि को उनकी जाँघों के बीच मोम से चिपका दिया और कुछ समय पश्चात वे वहीं स्थापित हो गईं।

●

पुराने जमाने में एक दिन एक भाई और उसकी बहन अपने खेत में अपने बीज फावड़े लेकर बोने के लिए गए। बहन आगे-आगे थी और उसका भाई उसके पीछे-पीछे। जब वह झुककर काम कर रही थी तो उसके भाई ने उसके गुप्तांग को देख लिया और उसके

मन में उसके साथ मैथुन की इच्छा जागृत हो गई। उसने लड़की को पकड़कर उसके साथ बलात्कार किया। चूँकि उस लड़की की उम्र बहुत कम थी, इसलिए बहुत अधिक रक्तस्राव होने के कारण उसकी मृत्यु हो गई।

खेत में जिस स्थान पर रक्तस्राव हुआ था, उस स्थान पर मिर्च का पौधा उग आया। उस लड़के ने जब अपनी बहन के शव को देखा तो उसे अपने कृत्य पर अत्यधिक दुःख हुआ और उसने उस गड्ढे में उतरकर प्राण त्याग दिए जिसमें से जड़ें खोदकर निकाली गई थीं। उसके शव से खाने योग्य प्रथम कन्द की उत्पत्ति हुई।

इसी कारण से जब लोग कन्दमूल खोदने के लिए जाते हैं तो वे सर्वप्रथम उस स्थान को तीन बार प्रणाम करते हैं, उसके पश्चात कन्दमूल खोदते हैं। जब उन्हें कोई कन्द मिल जाता है तो सबसे पहले वह उसका सिर काटकर उसी गड्ढे में फेंक देते हैं, और शेष भाग को घर ले जाते हैं।

इस घटना के पश्चात ही स्त्रियों को मासिक धर्म होने लगा। परन्तु मासिक धर्म तब तक आरम्भ नहीं होता, जब तक कि उसका द्वार किसी पुरुष द्वारा नहीं खोला जाता।

●

आरम्भ में स्त्रियों को मासिक धर्म नहीं होता था और जब बच्चे पैदा होते थे, तब उनके मुँह और आँखें नहीं होती थीं, और उसी दिन उनकी मृत्यु हो जाती थी। इस कारण से संसार में मनुष्यों की आबादी नहीं बढ़ पा रही थी।

एक दिन सुकरा कोया नाम का व्यक्ति देउर के पास गया और उसने सम्पूर्ण वृत्तान्त उन्हें सुनाया। देउर ने पूछा, 'क्या स्त्रियों को नियमित रूप से मासिक धर्म और रक्तस्राव हो रहा है।' सुकरा ने उन्हें बताया, 'नहीं तो, मैंने तो कभी इसके बारे में कभी कुछ सुना ही नहीं।' तब देउर ने विशिष्ट प्रकार के वृक्ष का एक पत्ता उसे देते हुए कहा, 'इस पत्ते को अच्छी तरह कूटकर उस स्थान पर रख दो जहाँ लोग पानी लेने जाते हैं, और तब तुम पाओगे कि सभी कुँवारी लड़कियों को मासिक रक्तस्राव होने लगेगा। वे आरम्भ में तो भयभीत होंगी परन्तु तुम उन्हें इस विषय में समझाओ और उन्हें बताओ कि वे मासिक धर्म के पश्चात अच्छी तरह से स्नान करें और अपने कपड़ों को एक नए घड़े में उबालकर धोएँ।'

आगे देउर ने बताया, 'मासिक धर्म के उपरान्त स्नान करने के तीसरे दिन, लड़कियों को बताओ कि वे घास की एक गुड़िया बनाएँ और उसे कोयले से रंग कर काली कर दें। इसके उपरान्त मुर्गी का एक अंडा और वह गुड़िया ले जाकर चौरास्ते पर गाड़ दें और मुझे एक मुर्गे की बलि चढ़ाएँ।'

वह कोया अपने घर वापस आ गया और उसने देउर के बताए अनुसार सब कार्य सम्पन्न किया। गुरुवारी पहली कन्या थी जिसे सर्वप्रथम मासिक धर्म हुआ और जब वह शुद्ध हो गई तो उसने भगवान की पूजा की। रात्रि में देउर उसके पास आए

और उन्होंने बलि चढ़ाए गए मुर्गे के पंजे से उसके पेट को खरोंचकर चिह्न अंकित किए। देउर अब भी इस कार्य को लड़कियों के प्रथम मासिक धर्म होने पर सम्पन्न करते हैं।

●

संसार में सभी प्राणी युगल रूप में रहते थे। पक्षी, पशु, कीट-पतंगों और रेंगनेवाले जीव–सर्प इत्यादि, तथा पुरुष और स्त्रियाँ सभी। परन्तु एक व्यक्ति ऐसा भी था, जिसका नाम दिनारवेंज था, जिसकी कोई स्त्री नहीं थी। वह अपने लिए स्त्री तब तक खोजता रहा जब तक कि वह पूरी तरह थक नहीं गया और अन्त में वह निरंताली के पास अपनी फरियाद लेकर पहुँचा, 'यहाँ तक कि पक्षियों और पशुओं तक की जोड़ियाँ हैं फिर मेरे लिए कोई जोड़ीदार क्यों नहीं है?'

निरंताली ने उसे समझाया, 'तुम्हारी भी एक अति सुन्दर पत्नी है, परन्तु तुम उसे पहचानते नहीं हो। वह सम्पूर्ण विश्वरूपा जननी हैं।' 'परन्तु मैं सम्पूर्ण संसार को लेकर क्या करूँगा?' दिनारवेंज ने पूछा। निरंताली ने उसे बताया, 'तुम ऐसे पहले व्यक्ति होगे जो संसार में प्रत्येक लड़की के वयस्क होने पर उसका आलिंगन करोगे। तुम उनका आलिंगन करनेवाले सर्वप्रथम व्यक्ति होगे और अन्य लोग तुम्हारे बाद उनका आलिंगन करेंगे।' 'परन्तु उन लड़कियों को इस बात का पता कैसे चलेगा कि मैं उनके संसर्ग में आया था।' 'बाद में होनेवाले रक्तस्राव के कारण उन्हें पता चल जाएगा।'

निरंताली की दो बेटियाँ थीं, रानीअरू और सोनाअरू। वे बड़ी हो गईं परन्तु उनको मासिक धर्म हुआ ही नहीं। दिनारवेंज उनके पास स्वप्न में गए और उन्हें मासिक धर्म होने लगा। उनके रक्तस्राव से सोना और चाँदी की उत्पत्ति हुई। निरंताली ने जब दोनों सुन्दर धातुओं को चिकमिक-चिकमिक चमकते हुए देखा, तब उसने सोनरेंज सुनार को बुलाकर उससे पूछा, 'ये चम्कार वस्तुएँ क्या हैं?' सोनरेंज ने कहा, 'एक सोना है और दूसरी चाँदी है।' निरंताली ने कहा, 'जाओ, और मुझे उनमें से थोड़ा सोना और थोड़ी चाँदी लाकर दो।' सोनरेंज ने कहा, 'परन्तु मैं उन्हें किस प्रकार लेकर आऊँ?' निरंताली ने उसे एक टँगिया प्रदान किया और कहा, 'इससे काटकर ले आओ। यदि तुम भाग्यशाली होगे तो तुम्हें उनके बड़े-बड़े टुकड़े प्राप्त होंगे और यदि तुम्हारा भाग्य अच्छा नहीं होगा, तो तुम्हें उनकी छोटी-छोटी कतरनें ही प्राप्त होंगी। तुम्हें अधिक मात्रा में सोना-चाँदी प्राप्त नहीं होगा।' दिनारवेंज अब भी प्रत्येक लड़की के वयस्क होने पर उससे संसर्ग करते हैं, और उसके संसर्ग से वे रजस्वला होती हैं।

●

स्त्रियों में मासिक धर्म आरम्भ होने के पूर्व उनकी कोई सन्तान उत्पन्न नहीं होती थी। निरंताली ने मन में विचार किया, 'यदि ऐसी ही स्थिति बनी रही तब न तो आबादी ही बढ़ेगी और न मनुष्य की स्थिति में ही कोई परिवर्तन होगा। वह यथावत बनी

रहेगी।' उसने एक कीड़ा बनाया और जब वह बनकर तैयार हो गया, तब उसने परमगत्ती की पत्नी को बुलाकर अपनी बगल में बिठाया। वे बातें करने लगीं तभी एकाएक जब उसका ध्यान कहीं अन्यत्र था, तब निरंताली ने वह कीड़ा उसके पेट के अन्दर छोड़ दिया। फिर उसने परमगत्ती को बुलाकर उसके पेट के भीतर भी वैसा ही एक कीड़ा छोड़ दिया।

उसने स्त्री के पेट के कीड़े से कहा, 'सम्पूर्ण देह का रक्त चूसकर उसे गर्भाशय के भीतर एकत्रित कर दो। उसके पश्चात थैली को फाड़कर रक्तस्राव होने दो और जब सम्पूर्ण रक्तस्राव हो चुके तो गर्भाशय के द्वार पर तीन दिनों तक ठहरो और उसके पश्चात जब पुरुष स्त्री से संसर्ग करेगा तब तुम्हें उसका वीर्य ढँक लेगा और तुम्हारी मृत्यु हो जाएगी। इस प्रकार बच्चों का जन्म होगा।'

●

पुराने जमाने में स्त्रियों को मासिक धर्म नहीं होता था। रानीअरू को इस बात की बहुत अधिक चिन्ता थी और वह सोचती थी, 'यदि उन्हें मासिक धर्म नहीं होगा, तो बच्चे कैसे पैदा हो सकेंगे?' उसने जाओरा पिन्नू को बुलाकर कहा, 'इन लड़कियों के पास स्वप्न में जाकर उनसे रतिकर्म करो। तुम सीधे जाकर किसी भी लड़की को आलिंगन बद्ध कर लो तो उसे मासिक धर्म हो जाएगा। और इसके लिए वे तुम्हें उस दिन एक सूअर उपहार में देंगी, जिस दिन वे स्नान करके शुद्ध होंगी।'

'मैं निश्चित रूप से यह कार्य करूँगा,' जावरा पिन्नू ने कहा, 'परन्तु वे मुझे किस प्रकार से आमन्त्रण देंगी और वे मुझे पहचानेंगी कैसे?' रानीअरू ने उसे समझाया, 'जिस दिन तुम किसी लड़की के पास जाओ, तो उसके पेट पर नाखून से खरोंचकर निशान बना दो।'

प्रथम बार जावोरा पिन्नू जिस लड़की के पास गए उसका नाम पैरी था, जो परमगत्ती की बेटी थी। उसको मासिक धर्म आरम्भ हो गया और पाँच दिनों के पश्चात उसने स्नान किया, सिर और वस्त्र धोए और उसके बाद एक सूअर और एक मुर्गे की बलि चढ़ाई। उस रात्रि जावरा पिन्नू ने पुनः जाकर उस लड़की के पेट और स्तनों को खरोंचा। लड़के-लड़कियों ने जब दूसरे दिन उन अंगों पर नाखूनों से खरोंचे हुए निशान देखे तो वे उस पर हँसने लगे। परन्तु जो भी लड़कियाँ उस पर हँस रही थीं, उन्हें भी तुरन्त ही मासिक धर्म होने लगा और उनके पेट और स्तनों पर भी वैसे ही खरोंच के निशान उभर आए।

●

करिकाती नाम का एक व्यक्ति किसी समय दुप्पी गाँव में रहता था। उसकी पत्नी का नाम कुसुरड्डी था और उनकी एक बेटी भी थी। वह अपने खेत की रखवाली करने हेतु प्रतिदिन जाया करती थी, जहाँ उन्होंने अपना अन्न बोया था और फसल तैयार हो

गई थी। एक दिन उससे लाल सिरवाले एक गिरगिट ने पूछा, 'तुम वयस्क हो चुकी हो या नहीं?' 'अभी नहीं, अभी नहीं।' उसके पश्चात वह उससे प्रतिदिन यही प्रश्न दुहराने लगा। एक दिन उसने एक गिरगिट से पूछा, 'तुम मुझसे प्रतिदिन यह प्रश्न क्यों करते हो कि मैं वयस्क हुई अथवा नहीं?' तब गिरगिट ने कहा, 'तुम उस समय तक वयस्क नहीं हो पाओगी जब तक कि मैं तुम्हारे साथ शयन न करूँ।' इस बात को सुनकर उसे क्रोध हो आया और उसने गिरगिट को गालियाँ देते हुए कहा, 'तुम एक गन्दे गिरगिट हो, तुम मेरे साथ कैसे शयन कर सकते हो?' परन्तु उसी रात्रि में जब वह अपने बिस्तर पर सोने के लिए गई, तब वह गिरगिट चुपचाप आकर उसके साथ लेट गया। उसके लाल सर के प्रभाव से तुरन्त ही उसे मासिक धर्म आरम्भ हो गया। सुबह होते ही वह गिरगिट उठकर बाहर बगीचे में चला गया और वहाँ धूप में बैठकर वह अपना सिर ऊपर-नीचे हिलाने लगा। उस लड़की ने अपने माता-पिता को अपने मासिक धर्म के बारे में बतलाया और उन्होंने उससे कहा कि वह शुद्ध होने तक भोजन न बनाए और न ही पानी भरकर लाए।

आज भी, किसी भी लड़की के मासिक धर्म आरम्भ होने के पूर्व, एक गिरगिट स्वप्न में उसके पास पहुँचकर उसके साथ शयन करता है।

●

पुराने जमाने में स्त्रियों को इस बात का पता ही नहीं चलता था कि उनका ऋतुस्राव कब आएगा। कभी वह प्रति सप्ताह होने लगता तो कभी दस दिनों में, कभी एक माह बीतने पर। इस उलझन के परिणामस्वरूप कोई भी सन्तान उत्पन्न नहीं होती थी।

जब किटुंग की पत्नी ने इस बात को समझ लिया, तब उसने अपने पति से कहा, 'मनुष्य जाति इस संसार में काफी लम्बे समय से विद्यमान है, फिर भी उनकी जनसंख्या में वृद्धि नहीं हो रही है। ऐसा कोई उपाय करो कि स्त्रियों को बच्चे उत्पन्न होने लगे।' किटुंग ने कहा कि तुम पता लगाकर बताओ कि बच्चे पैदा क्यों नहीं हो रहे हैं। उसने बहुत-सी स्त्रियों से पूछताछ की, तब सबने यही बताया कि पेट के भीतर फूल नहीं होने के कारण बच्चे नहीं हो रहे हैं। उसने अपने पति से कहा कि वह ऐसे फूल की व्यवस्था करे और किटुंग ऐसे एक फूल को खोजने जंगल में चले गए। वे खोजते-खोजते बहुत दूर तक चले गए। परन्तु उन्हें ऐसा कोई फूल नहीं मिला जिससे समस्या का हल निकल आता।

अन्त में वे एक तालाब के पास पहुँचे जिसमें कमल के फूल खिले हुए थे, उन्होंने उनमें से एक फूल तोड़कर अपनी पत्नी को ले जाकर दिया। उसने रामा की बेटी को बुलाकर वह फूल उसके सिर पर रखते हुए कहा, 'भविष्य में स्त्रियों को माह में एक ही बार ऋतुस्राव होगा और उनके बच्चे उत्पन्न होंगे।'

रामा की बेटी अपने घर चली गई और उसे एक माह पश्चात ऋतुस्राव होने लगा। जिस लड़की पर भी उसकी छाया पड़ी उन सबको ऋतुस्राव होने लगा। और अब

नियमित रूप से ऋतुस्राव होने लगा और स्त्रियों के बच्चे भी उत्पन्न होने लगे और उनकी आबादी में भी वृद्धि हो गई।

●

किसी एक गाँव में एक वृद्ध और उसकी पत्नी रहा करते थे। वे लोग बहुत सम्पन्न थे। उनकी एक ही बेटी थी और उन्होंने यह दृढ़ निश्चय कर रखा था कि वे उसका विवाह अपने गाँव में ही करेंगे। परन्तु उनके गाँव का कोई भी व्यक्ति उस लड़की से विवाह करने के लिए तैयार नहीं हुआ और उसे दूसरे गाँव से एक युवक को लमसेना बनाकर लाना पड़ा। उस युवक और लड़की दोनों में शीघ्र ही प्रेम हो गया और उचित समय पर दोनों का विवाह हो गया। परन्तु विवाह के दो माह पश्चात ही उस युवक की मृत्यु हो गई। उसे दफना दिया गया और तीसरे दिन अन्तिम संस्कार कर दिया गया। चौथे दिन उस युवक की आत्मा रूमरोक के पास पहुँच गई और उसने उनसे कहा, 'मुझे अपनी पत्नी के साथ अधिक सुख नहीं मिल सका क्योंकि हमें पर्याप्त समय नहीं मिल सका। मुझे अनुमति प्रदान करें कि मैं पुनः जाकर उसके साथ रह सकूँ।'

रूमरोक ने कहा कि 'तुम उस स्थान पर चले जाओ जहाँ तुम्हारा अन्तिम संस्कार हुआ था और तुम लाल सिरवाले गिरगिट बन जाओगे। उसके पश्चात तुम अपनी स्त्री के गाँव में कुएँ के रास्ते के किनारे, एक वृक्ष पर जाकर रहना। जब कभी भी तुम्हें कोई स्त्री मासिक धर्म के पश्चात स्नान करने के लिए जाती हुई दिखाई पड़े, तब तुम वृक्ष पर से कूदकर भूमि पर आ जाना और उनकी छाया के साथ भूमि को खरोंचते हुए संसर्ग करना जहाँ उनकी छाया पड़ती हो।'

सबसे प्रथम दिन उस लड़के की स्वयं की पत्नी ही अपना सिर धोने के लिए उधर से गुजरी और गिरगिट ने वृक्ष से कूदकर उस स्थान को खरोंच दिया, जहाँ पर उस लड़की की छाया पड़ी थी। जब वह लड़की अपने घर पहुँची तो उसे अपने पेट पर खरोंच के निशान दिखाई पड़े। उसके पश्चात वह गिरगिट उसके पास स्वप्न में भी जाने लगा।

●

बूढ़ा पिन्नू और पुसुरूली ने अपनी देह से रगड़कर मैल उतारा और उससे नर और मादा दो गुड़ियाएँ बनाईं और उन्हें बाँस की एक पोंगली में रख दिया। नौ माह पश्चात वह बाँस फट गया और उसमें से एक लड़का और लड़की बाहर निकल आए। बूढ़ा पिन्नू और पुसुरूली ने उन दोनों बच्चों की अच्छी तरह देखभाल की और जब वे बड़े होकर वयस्क हो गए, तब उन दोनों का आपस में विवाह कर दिया। विवाह के बहुत दिनों उपरान्त उस लड़की ने एक बालक को जन्म दिया। जब बूढ़ा पिन्नू और पुसुरूली ने देखा कि विवाह के इतने लम्बे समय बाद उनको बच्चा उत्पन्न हुआ है तो उन्होंने एक-दूसरे से कहा, 'यदि इस गति से ही उन लोगों के बच्चे उत्पन्न होंगे, तब तो पृथ्वी

को आबाद करने में सैकड़ों वर्ष लग जाएँगे।' तब उन्होंने उस लड़के और लड़की से कहा, 'अब से तुम दो-दो बच्चे एकसाथ उत्पन्न करना।' और उसके पश्चात उस लड़की ने कुछ वर्षों तक जुड़वाँ बच्चों को जन्म दिया।

परन्तु बूढ़ा पिन्नू और पुसुरूली ने सोचा यदि इसी गति से बच्चे उत्पन्न होते रहे, तब तो विश्व में उनकी आबादी बहुत अधिक हो जाएगी। तब बूढ़ा पिन्नू ने अपने पैर की थोड़ी-सी धूल उस स्त्री को चटाते हुए कहा, 'अब से तुम्हारे एक-एक बच्चा ही उत्पन्न होगा। परन्तु प्रत्येक पाँच सौ स्त्रियों में से पाँच स्त्रियाँ पाँच वर्ष में एक बार जुड़वाँ बच्चों को जन्म देंगी।'

●

सृष्टि के आरम्भ में निरंताली ने बकरी से कहा कि वह दो-दो बच्चे एक बार में पैदा करे और स्त्री से कहा कि वह एक बार में एक ही बच्चे को जन्म दे। उस जमाने में सभी स्त्रियों को बच्चे पैदा नहीं होते थे। एक गाँव के बीस घरों में से लगभग पाँच स्त्रियों के बच्चे हुआ करते थे। निरंताली ने सोचा कि सभी स्त्रियों के बच्चे उत्पन्न होने चाहिए और यदि सभी के एक-एक ही बच्चा हुआ तो आबादी बहुत ही धीमी गति से बढ़ेगी।

यह सोचकर निरंताली ने परमगत्ती की स्त्री को बुलाकर उसे एक आम और थोड़ी इमली खाने के लिए दीं और उसकी जीभ पर दो आड़ी-तिरछी लकीरें बनाते हुए कहा, 'तुम एक साथ एक लड़के और एक लड़की को जन्म दोगी।' इसके पश्चात उसने लोहार की पत्नी को बुलाकर उसे दो आम खाने के लिए दिए और उसकी जीभ पर मिर्च की आकृति अंकित कर दी। इसके पश्चात उचित समय पर उनके बच्चे उत्पन्न हुए। परमगत्ती की पत्नी ने एक पुत्र और एक कन्या को जन्म दिया और लोहार की पत्नी ने दो बेटों को।

निरंताली ने उनसे कहा, 'सभी स्त्रियाँ तुम्हारे समान नहीं होंगी, परन्तु मात्र वे ही स्त्रियाँ इतने अधिक बच्चों को जन्म दे सकेंगी जिनकी जीभ पर मैंने विशेष चिह्न अंकित किया है।'

●

निरंताली के तीन बच्चे थे, सेकामली नामक एक पुत्र, और सोनाअरू और रूपाअरू नाम की दो पुत्रियाँ। उन दिनों और किसी की भी सन्तानें नहीं थीं। निरंताली एक विशिष्ट प्रकार का फल लेकर आई और उसने सेकामली के खाने हेतु उसे एक ओर रख दिया। परन्तु सोनाअरू और रूपाअरू ने जब उस फल को देखा तो उन्होंने उसे खा लिया। उनके पेट में जाकर वह फल एक छोटे से वृक्ष में उग आया और उससे सुईन का पुष्प प्रस्फुटित हो गया। उसके कारण संसार में बच्चे उत्पन्न होने लगे।

●

पुराने जमाने में जब स्त्रियों के पेट पर किसी प्रकार के चिह्न अंकित नहीं थे, तब उनके बच्चे उत्पन्न नहीं होते थे। किटुंग और उयुंगसुम इस बात को लेकर बहुत चिन्तित थे और उन्होंने स्त्रियों को अनेक प्रकार की औषधियाँ खिलाकर उनका उपचार किया, परन्तु फिर भी उनकी कोई सन्तान उत्पन्न नहीं हुई।

एक रात्रि को उयुंगसुम ने किटुंग को स्वप्न दिया और कहा, 'दरमासुम को बुलाकर उनके कान से थोड़ा-सा मैल निकलवाकर उसे पानी में मिला लो और उसे स्त्रियों के सिर पर छिड़को, तब वे गर्भ धारण करेंगी।'

दूसरे दिन किटुंग दरमासुम के पास गए परन्तु वे अपने कान का मैल देने के लिए सहमत नहीं हुए। किटुंग ने उन्हें किसी प्रकार से समझाया कि वे यदि उदारता दिखाएँगे तो उन्हें अत्यधिक प्रसिद्धि मिलेगी और जब कभी भी कोई बच्चा पैदा होगा तो उसके माता-पिता उन्हें एक मुर्गा भेंट करेंगे।

उयुंगसुम ने उनसे कहा, 'जब भी कोई बच्चा किसी परिवार में उत्पन्न हो तो आप अपने नाखून से खरोंचकर उस शिशु पर चिह्न अंकित कर दें, वे सब बच्चे आपके होंगे।'

दरमासुम ने तब जाकर अपने कान से थोड़ा-सा मैल निकालकर उन्हें दिया जिसे पानी में घोलकर स्त्रियों के सिर पर छिड़कने पर वे गर्भ धारण करने लगीं। जब बच्चे पैदा होते तब दरमासुम उनके पेट पर नाखून से खरोंचकर चिह्न अंकित कर देते थे। कभी-कभी वे उन बच्चों के गालों पर चुम्बन के द्वारा भी चिह्न अंकित कर देते थे।

●

राम्मा और भिम्मा की तीन पत्नियाँ थीं। दोनों बड़ी स्त्रियाँ तो बाँझ थीं, परन्तु सबसे छोटी के गर्भ में बच्चा था। राम्मा और भिम्मा उस पर बहुत प्रसन्न थे। जब प्रसव का समय आया तो दोनों बड़ी स्त्रियों ने सोचा कि, 'यह बच्चा बड़ा होकर सारी सम्पत्ति हड़प लेगा, तब हम क्या करेंगे?' और जब प्रसव पीड़ा होने लगी तब वे दोनों स्त्रियाँ जच्चा को अन्दर कमरे में ले गईं, और उसके हाथ बाँध दिए और आँखों पर भी पट्टी बाँध दी। उन्होंने दो खम्बे गाड़कर उसके पैर भी उनके साथ बाँध दिए। इस प्रकार महान कष्ट पाने के पश्चात उसने एक पुत्र को जन्म दिया। जब वह निढाल होकर वहाँ लेटी हुई थी, तब दोनों बड़ी बहुओं ने एक बिल्ली का बच्चा उसकी बगल में लाकर रख दिया और बच्चे को गाय के कोठे में गोबर के ढेर में छिपा दिया।

उस दिन जब गायें वापस घर आईं, तब एक गाय ने बच्चे को जीवित ही निगल लिया। राम्मा और भिम्मा जब घर पहुँचे तो दोनों बड़ी स्त्रियों ने उन्हें बताया, 'देखो तुम्हारी पत्नी ने एक बिल्ली के बच्चे को जन्म दिया है।' जब उन्होंने वह दृश्य देखा, तो कुपित होकर उसे घर से निकाल दिया।

जिस गाय ने उस बालक को जीवित अपने पेट में निगल लिया था उसने नदी किनारे जाकर गोबर किया और वह बालक जीवित ही गोबर के साथ बाहर आ गया और नदी के जल में गिर पड़ा। वहाँ वह लबोसुम बन गया।

उस बालक की माँ जो जंगल में भटक रही थी, भूख से व्याकुल होकर मछली पकड़ने और खाने के लिए खरपतवार एकत्र करने के उद्‌देश्य से नदी की ओर गई। बच्चे ने अपनी माँ को पहचान लिया और वह चिल्लाया, 'याँग-याँग।' उसकी माँ ने कहा, 'कौन है जो याँग-याँग कहकर पुकार रहा है?' और वह बालक को ढूँढ़ने लगी। उसे वह बालक मिल गया और उसने उस बालक से अपने साथ घर चलने का आग्रह किया परन्तु उस बालक ने कहा, 'मैं अब लबोसुम बन चुका हूँ, अतः अब मुझे यहीं रहना होगा।'

परन्तु जब राम्मा और भिम्मा को वस्तुस्थिति का पता चला तब उन्होंने दोनों बड़ी स्त्रियों को घर से बाहर निकाल दिया और छोटी पत्नी को वापस घर ले गए।

तब से सॉवरा लोग जच्चा के बैठने के लिए एक शिला रखने लगे और उसे एक रस्सी के द्वारा जच्चा के सिर से बाँध देते हैं, जो उसे थामकर रखती है।

अध्याय : बाईस

मानव शरीर में रोगों की उत्पत्ति

किटलीगुड़ा ग्राम में कोई महामारी फैली हुई थी, जिसके कारण बहुत से लोगों की मृत्यु हो गई थी। जो लोग बच गए थे वे गाँव छोड़कर भाग गए, परन्तु कोमटी जाति की एक वृद्धा जो बहुत वृद्ध थी, वहीं छूट गई, क्योंकि वह चल सकने में असमर्थ थी। वह रेंग-रेंगकर एक घर से दूसरे घर जाकर लोगों द्वारा छोड़े गए अन्न को एकत्रित कर और उसे खाकर कई वर्ष तक जीवित रही। एक दिन रात्रि के समय चार चोर उस गाँव में आए। वह गाँव उजड़ा हुआ था और चारों ओर अन्धकार छाया हुआ था, मात्र उस बुढ़िया के घर के जिसमें एक टिमटिमाती हुई रोशनी दिखाई पड़ रही थी। वह सो रही थी और उसके सिरहाने एक घड़े में थोड़ा-सा नमक रखा हुआ था। चारों ने घर को छान मारा परन्तु उन्हें वहाँ कुछ नहीं मिला अतः वे नमक के घड़े को लेकर ही चलते बने।

जब वह बुढ़िया नींद से जागी और उसे अपना घड़ा वहाँ नहीं मिला, तब वह बहुत दुखित हुई और उसे गुस्सा आ गया, 'कहाँ हैं चोर?' वह चिल्लाई। बहुत दूर से उनकी पदचाप उसे सुनाई पड़ रही थी, उसने उन्हें शाप दिया, 'तुमने मेरा नमक चुराया है, अतः तुम्हारे शरीर भी उसी तरह से घुल जाएँ जैसे वर्षा ऋतु में नमक घुल जाता है। जैसे वृद्ध होने के कारण मेरे हाथ-पैर चलने योग्य नहीं हैं वैसे ही तुम भी लँगड़े-लूले हो जाओगे।' जब सुबह हुई तो चोरों ने पाया कि वे कोढ़ी हो गए हैं और कुछ समय बीतने पर उनकी दुखद मृत्यु हो गई।

●

किसी समय एक भतरा था और वह अपनी स्त्री के साथ रहता था। उनकी कोई सन्तान नहीं थी क्योंकि उसकी स्त्री टोन्ही थी। उस भतरा ने सन्तान प्राप्ति हेतु अनेक उपाय किए, अनेक बैगा गुनिया को बुलाया, और प्रत्येक औषधियाँ खाईं, परन्तु उनसे कोई लाभ नहीं हुआ। परन्तु अन्त में जब उसकी स्त्री बहुत वृद्ध हो गई तब उसने गर्भ धारण किया। जब प्रसव का समय हो गया तब उसने जुड़वाँ बच्चों को जन्म दिया—एक लड़का और एक लड़की। शनैः-शनैः वे बड़े होने लगे और जब लड़का विवाह योग्य हो गया, तब उसका पिता जन्नी भतरा के पास अमदौरी गाँव उसकी लड़की की मँगनी हेतु गया।

उसने जाकर उसे मदिरा भेंट की और उसकी लड़की के विषय में बातचीत की। जन्नी तो रिश्ते के लिए तैयार था, परन्तु उसकी पत्नी सहमत नहीं थी और वे उसे तैयार नहीं कर पाए। उस भतरा ने अपने घर वापस जाकर अपनी पत्नी को बताया तो उसे सारी बातें सुनकर बहुत क्रोध आया और उसने सोचा, 'मैं इस लड़की को मिर्गी रोग से ग्रस्त कर दूँगी, तब वह किसी से भी विवाह नहीं कर सकेगी।'

उस भतरा की स्त्री बूथा डोंगर जाकर थोड़ी-सी काँस ले आई। उसका तेल निकालकर वह उसे बंजारी देव के पास ले गई और कहा, 'तुम इस तेल में समा जाओ और मैं इस लड़की पर इसका प्रयोग करूँगी तब तुम उसे मिर्गी का प्रकोप कर देना।' बनजारी देव सहमत हो गए और उस स्त्री ने उन्हें तेल में डाल दिया। उसने जन्नी के घर जाकर उसकी लड़की को बुलाया और उस पर वह तेल छिड़क दिया। वह तुरन्त गिर पड़ी और उसके मुँह से लार और रक्त बहने लगा।

बनजारी देव ने कहा, 'भविष्य में यह रोग मनुष्यों को होने लगेगा, जब किसी को मिर्गी हो जाए तो मुझे एक बकरा, एक नारियल और एक सूअर भेंट चढ़ाना। परन्तु तुम इस लड़की के लिए चाहे कोई भी उपचार करो, परन्तु यह स्वस्थ नहीं होगी।'

●

जब दिदाई लोगों की आबादी बढ़ने लगी तो देवता भी उत्पन्न होने लगे। बारह वर्ष तक देवता गाँवों में भूखे-प्यासे भटकते रहे परन्तु किसी ने भी उनकी ओर ध्यान नहीं दिया और न ही उन्हें भोजन के लिए ही कुछ दिया। अन्त में हताश होकर वे रूमरोक के पास पहुँचे और उनसे शिकायत की, 'हमें जन्म लिए बारह वर्ष हो गए और इस बीच हमें खाने-पीने के लिए कुछ भी नहीं मिला। हमें रहने के लिए स्थान प्रदान करो और हमारे भोजन की व्यवस्था करो।'

रूमरोक ने कहा, 'रानीपदर ग्राम में खंडिया नामक एक दिदाई रहता है। तुम लोग जाकर उसके बच्चों को यातना दो, एक को बुखार, दूसरे को मिर्गी, तीसरे को दस्त और अन्य बच्चों को खुजली से प्रीड़ित कर दो। वह तुरन्त ही तुम्हें तुम्हारी मनचाही वस्तुएँ भोजन हेतु प्रदान करेगा।'

देवतागण तुरन्त रानीपदर गाँव गए और वहाँ उन्होंने खंडिया को खोज लिया जो अपने भरे-पूरे विशाल परिवार के साथ आनन्दपूर्वक शान्ति के साथ रहता था। उसका परिवार सुखी और उन्नतिशील था। उस दिन सबसे छोटे लड़के को बुखार हो गया और बड़े लड़के को दौरा पड़ा। सुबह होने पर सभी को असह्य खुजली होने लगी। एक बच्चा खूनी पेचिश के कारण रोने लगा। खंडिया बहुत डर गया, ऐसा तो उसके साथ कभी भी नहीं हुआ था और वह तुरन्त रूमरोक के पास चला गया। 'मुझे क्या करना चाहिए।'

'यह सब देवताओं की ही करनी है,' रूमरोक ने कहा, 'इस संकट से बचने के लिए उन्हें अच्छी तरह से खिलाओ-पिलाओ।' और फिर उन्होंने दिदाईजनों को ठीक से समझाया कि किस प्रकार से कोंट देव को एक बकरा और लाल मुर्गा चढ़ाओ, धार देव

को सफेद मुर्गा प्रदान करो, पत्री देव को लाल मुर्गा भेंट करो और बिरहुरी देव को अंडे दो। इस प्रकार दिदाई लोगों को देवी-देवताओं के नामों का पता चला और उन्हें तुष्ट करने की विधि का भी ज्ञान हुआ। खंडिया ने घर जाकर सभी देवताओं को बलि चढ़ाई और तब जाकर उसके बच्चे स्वस्थ हुए।

●

भैंरों महाप्रभु की एक बहन थी, जिसका नाम कंकाली मरदी था। वह लड़की तब तक कुँवारी ही थी और एक दिन भैंरों ने क्रोधित होते हुए उससे विवाह करने को कहा। उसने अपने भाई की आज्ञा का पालन करते हुए विवाह कर लिया तत्पश्चात उसके बारह कोरी लड़के और तेरह कोरी लड़कियाँ उत्पन्न हुईं। उसके बहुत से बच्चे थे परन्तु वे सब बहुत छोटे-छोटे थे।

कंकाली मरदी इतने बच्चों को देखकर बहुत डर गई और उसने उन सबको एक घड़े में भरकर ढक्कन से बन्द कर दिया। परन्तु वे सब बच्चे बढ़ने लगे और उन्होंने घड़े को फोड़ दिया। बाहर निकलकर वे अपनी माँ के शरीर को काटने लगे। उसकी माँ ने कहा, 'तुम सब भूलोक में जाओ जहाँ मनुष्य रहते हैं। वहाँ तुम्हें खाने के लिए भरपूर मात्रा में भोजन मिलेगा।' भूलोक में पहुँचकर उन्होंने मनुष्य को हैजा के प्रकोप से पीड़ित कर दिया। उनसे भयभीत होकर मनुष्यों ने उन्हें भोजन भेंट किया।

●

पुराने जमाने में गुनाईपाड़ा नाम का एक बहुत बड़ा गाँव था। एक दिन उस गाँव पर सर्पों की विशाल फौज ने आक्रमण कर दिया और बारह कोरी स्त्रियों को विधवा बना दिया। उसके पश्चात बाघ के झुंड ने उस गाँव पर आक्रमण कर दिया और उन्होंने भी लोगों को मारकर बारह कोरी स्त्रियों को विधवा बना दिया। इसके पश्चात वहाँ चेचक का प्रकोप हुआ और उसके कारण भी अन्य बारह कोरी स्त्रियाँ विधवा हो गईं। उस गाँव में इतनी अधिक विधवाएँ हो गईं कि उनके लिए एक अलग बस्ती बसाना पड़ा। उस बस्ती की प्रमुख एक कोंडाडोरा स्त्री बनी। वह बहुत मोटी थी और उसकी कमर को लपेटने के लिए छह हाथ लम्बे वस्त्र की आवश्यकता पड़ती थी। वह बहुत ही शक्तिशाली थी। सभी लोग उसकी आज्ञा का पालन करते थे।

पर्व के अवसर पर प्रत्येक स्त्री जंगली धान का एक-एक बीज (पसरा का धान) लेकर गाँव के बाहर जाती थी। वह एक अंडा फोड़कर उसकी खोल में चावल पकाती थी। फिर वह चिर घास की एक पत्ती से पका हुआ अन्न बाहर निकालती और उसे अपने पति के नाम पर भेंट चढ़ाती और फिर उसे उठाकर बाद में स्वयं खा लेती थी।

उन दिनों गुनाईपाड़ा के चारों ओर घना जंगल था। एक दिन गुनाईपाड़ा के लोगों का गदबापाड़ा के गुनिया से झगड़ा हो गया और उसने टुपका देव को उन पर आक्रमण करने के लिए बुला लिया। उस देवता ने विधवा स्त्रियों की बस्ती में जाकर सभी स्त्रियों

की हत्या कर दी। टुपका देव की विलक्षण आदत थी कि वह केवल मनुष्य का कलेजा ही खाता था, और उसने उन स्त्रियों के कलेजे को दाँतों से काटकर तथा उनके मल में रक्तस्राव करके उनकी हत्या की थी। अनेक गाँवों से गुनिया सिरहाओं को बुलाया गया परन्तु जिन पर टुपका देव ने आक्रमण किया था उन्हें नहीं बचाया जा सका। बहुत थोड़े-से लोग जो वहाँ से बचकर भाग गए थे, उन्होंने अन्यत्र अपने घर बना लिए।

उस समय से गुनाईपाड़ा एक छोटा-सा गाँव बचा रह गया है, जो अनेक मुहल्लों में बँटा हुआ है।

●

एक देवता का भूत (दुमा) कोढ़ पैदा करनेवाला है। पुराने जमाने में देवताओं में एक ऐसा भी देवता था, जो सब मिलाकर बारह भाई होते थे। सबसे छोटे भाई को छोड़कर वे सब विवाहित थे और सबके दबाव के बाद भी उसने विवाह करने से इनकार कर दिया। बड़े ग्यारह भाई प्रतिदिन देवताओं की सभा में चले जाते थे और सबसे छोटा भाई घर पर ही रह जाता था और वह उनकी सभी स्त्रियों के साथ प्रतिदिन शयन करता था। यह क्रम बहुत दिनों तक चलता रहा और वह युवक बहुत ही कमजोर होता चला गया।

एक दिन अन्य सब भाइयों ने कहा, 'यह लड़का कोई भी काम नहीं करता, फिर भी वह दुबला और कमजोर होता जा रहा है। यह ऐसा क्या करता है?' सबसे बड़े भाई ने कहा, 'तुम सब लोग सभा में जाओ, मैं यहाँ रुककर उस पर निगरानी रखूँगा।' अतः दूसरे दिन जब अन्य सब भाई बाहर चले गए तब बड़ा भाई चुपचाप जाकर अन्न की कोठी के भीतर छिपकर बैठ गया। सबसे छोटे भाई ने यह सोचकर कि प्रतिदिन की भाँति ही सब भाई बाहर चले गए हैं, अपने नित्यप्रतिवाला कार्य आरम्भ कर दिया।

जब सन्ध्या समय अन्य सब भाई वापस घर आए, तब बड़े भाई ने जो कुछ भी देखा था उसका वृत्तान्त उन्हें सुना दिया। वे सब अत्यधिक क्रोधित हो उठे, परन्तु उन्होंने उस समय कुछ भी नहीं कहा। दूसरे दिन वे सब भाई छोटे भाई को भी अपने साथ शिकार पर ले गए और वहाँ उसे बाँधकर उसके हाथ-पैर उन्होंने काट दिए और उसे उसी हालत में जंगल में ही छोड़ दिया। वह कुछ समय वहीं पड़ा रहा और फिर उसकी मृत्यु हो गई।

उस लड़के का भूत कोढ़ी बन गया जो लँगड़ा-लूला था। वह जब भी किसी के पास जाता है तो उसके उस आखेट को उसके संसर्ग से भी कोढ़ हो जाता है।

●

भैरों महाप्रभु की बहन का नाम बुद्धिमाँ था और उसकी तीन बेटियाँ थीं। वे सब भैरों के साथ ही रहती थीं और भैरों ही उनकी देखभाल और पालन-पोषण करता था। एक दिन वे भूलोक में घूमने चले गए और उनके पीछे उनकी बहन और भांजियों के लिए घर में भोजन के लिए कोई भी सामग्री नहीं थी। वे लड़कियाँ तीव्र भूख के कारण रोने

लगीं और वे उतनी अधिक रोईं कि भैरों की बहन इतनी परेशान हुई कि वह दो को अपनी पीठ पर और एक को सिर पर लादकर भैरों का पता लगाने उसके पीछे-पीछे भूलोक चली गई। वह एक गाँव में पहुँचकर एक पुजारी के घर पहुँच गई।

इस बीच बुद्धिमाँ बहुत ही गन्दी हो गई थी और वह जहाँ भी जाती थी, वहीं मक्खियाँ भिनभिनाने लगती थीं। जब वह पुजारी के घर की परछी में बैठी हुई थी, तब वहाँ भी मक्खियाँ भिनभिनाने लगीं। पुजारी और उसकी स्त्री ने उन्हें मारपीटकर घर से भगा दिया। अन्य ग्रामवासियों ने भी उस पर छि-छि, थू-थू कहा और उसे अपने दरवाजे से भगा दिया। जब वह गाँव में घूम रही थी, तब बच्चे उस पर धूल और पत्थर फेंकने लगे। वह केकड़ वृक्ष के समीप पहुँची जहाँ एक छोटा-सा फल उस वृक्ष के नीचे पड़ा था। उसने उस फल को अपने दोनों हाथों से उठाकर उन बच्चों पर फेंका जो उसे परेशान कर रहे थे। एकाएक वे डर गए और वहाँ से भाग गए।

उसके पश्चात वह बुढ़िया जाकर एक शिला पर बैठ गई और उस पर शान्त भाव से काफी समय तक बैठी रही। परन्तु वे बच्चे जो उस पर धूल और पत्थर फेंक रहे थे, वे जब घर पहुँचे तब उन पर चेचक (माता) का प्रकोप हो गया और उनकी सम्पूर्ण देह पर फोड़े निकल आए थे, वैसे ही छोटे-छोटे और गोल आकार के जैसे केकड़ के फल थे।

●

एक कुम्हार और उसकी स्त्री ऊँचा गुड़ा में निवास करते थे। उनकी एक बुद्धि नाम की बेटी थी और जब यह घटना घटित हुई, उस समय तक वह कुँवारी थी। एक दिन वह नदी में स्नान करने के लिए गई जहाँ समीप ही दो झोरिया लड़के मछलियाँ पकड़ रहे थे। जब उन युवकों ने उस लड़की को देखा तो उसे पकड़ लिया और भूमि पर पटककर उसके साथ बलात्कार किया। तुरन्त उसी समय उस लड़की को मासिक धर्म आरम्भ हो गया और उसे अत्यधिक रक्तस्राव हुआ। जो युवक उस समय उसके संसर्ग में था, उसके शरीर पर तुरन्त ही लाल चिकत्ते उभर आए और उसके मूत्र से भी रक्त बहने लगा। वह लड़की स्नान करने के लिए एक शिला पर बैठ गई और फिर अपने घर चली गई। घर जाते समय उसके घर पहुँचने तक सम्पूर्ण मार्ग पर रक्त टपकता गया। जो भी उस रक्त पर से चलकर गया वह रोगग्रस्त हो गया। जिस युवक ने बुद्धि के साथ यह कुकृत्य किया था, उसकी मृत्यु हो गई। मनुष्य जाति पर सभी प्रकार के रोग और व्याधियों का प्रकोप हो गया। यह सब उस लड़की के मासिक धर्म के रक्तस्राव के परिणामस्वरूप हुआ।

●

सृष्टि के आरम्भ में न तो भगवान थे, न ही पुजारी और न ही गुनिया सिरहा थे। मनुष्यों की आबादी बढ़ी और उनमें समृद्धि आई। उस समय देवतागण देउर के साथ रहते थे

और उन्हें उन सबका भार वहन करना पड़ता था। देउर ने सोचा कि 'क्यों न मैं इन देवताओं को मनुष्यों के पास भेज दूँ और वे ही लोग इनके भोजन की व्यवस्था करें।' उन्होंने अपने बालों से ही एक रस्सी बनाई और उन देवताओं को उस रस्सी की सहायता से भूलोक पर उतारते हुए कहा, 'मनुष्यों के पास जाओ, एक पर बुखार का प्रकोप करो, एक के पेट में दर्द उत्पन्न करो, एक को अन्धा बना दो और सबको यातना प्रदान करते हुए उनके लिए संकट उत्पन्न करो, और तब वे तुम्हें खूब खिलाएँगे-पिलाएँगे।'

देवताओं ने भूलोक में उतरकर यातनाएँ देनी शुरू कर दीं और इस विपत्ति को देखकर वे लोग देवताओं के पास गए और उनसे कहा, 'यह सब क्या हो रहा है? हम पर इतनी विपत्ति और भीषण कष्ट क्योंकर हो रहा है?' देउर ने कहा, 'इसमें कोई विशेष बात नहीं है, यह सब तो उन देवताओं की करतूत है, जो तुम्हारे बीच रहने के लिए आ गए हैं। तुम उन्हें खूब खिलाओ-पिलाओ तो वे सन्तुष्ट हो जाएँगे और तुम्हें शान्तिपूर्वक रहने देंगे।' इतना कहने के पश्चात वे एक कोया को गाँव के बाहर ले गए और उसे कर्मकांड एवं शगुन विचार करना सिखाया कि पंख, तूम्बी और दीपक के प्रयोग द्वारा ये कार्य किस प्रकार से किए जाते हैं और देवताओं को किस प्रकार से वचन दिए जाते हैं और किस प्रकार से उन्हें सन्तुष्ट करने हेतु बलि प्रदान की जाती है।

देउर के द्वारा सिखाई गई विधि के अनुसार उस कोया ने सभी लोगों का उपचार किया और देवताओं को पेट भरकर भोजन कराया। वह कोया ही प्रथम सिरहा बना।

●

जब सूर्य देवता पृथ्वी की परिक्रमा करने निकलते थे तो वे बहुत से लोगों को प्रतिदिन सुबह-सुबह शौच करते देखते थे और इस बात ने उन्हें बहुत विचलित कर दिया था। एक दिन उन्हें अत्यधिक क्रोध हुआ, 'मैं तो मनुष्यों को प्रकाश उपलब्ध करता हूँ और ये इतने निर्लज्ज हैं कि मुझे उसके इनाम के रूप में अपने शिश्न दिखाते हैं। मुझे इन लोगों को सबक सिखाना चाहिए।'

दूसरे दिन सूर्य ने एक लाल फूल तोड़ा और उसे लेकर आकाश में चले गए। उस दिन जगतगोंड प्रातःकाल शौच कर रहा था और जब सूर्य ने उसे देखा तब सूर्य ने उसके ऊपर वह फूल फेंकते हुए कहा, 'जाओ और गर्गी (एक यौन रोग) बिच्छू रोग बन जाओ।'

वह फूल जाकर जगत पर गिरा और पन्द्रह दिन बाद वह बीमार हो गया और वह रोग उसके पेट से निकलकर सूजन और घाव बन गया। सूर्य यह देखकर बहुत प्रसन्न हुए और उन्होंने उस व्याधि से कहा, 'तुम मक्खी बनकर बहुत से लोगों के पेट में घुस जाओ। परन्तु यदि कोई व्यक्ति तुम्हें बकरा भेंट करता है तो उसे छोड़ दो और अन्य किसी व्यक्ति के पास चली जाओ।'

●

यह उस काल की घटना है, जब पर्वतों की उत्पत्ति हुई थी, जिनके पास मवेशी थे, वे अपने खेत जोतकर खेती करते थे। जिनके पास मवेशी नहीं थे, वे भूखे मरते थे और जल्द ही रोगग्रस्त हो जाते थे। रानीअरू और रूपाअरू के पास पशु नहीं थे। उन्होंने निरंताली से जाकर कहा, 'हम अपनी खेती कैसे करें? हमें रोग से मुक्ति किस प्रकार मिलेगी?'

निरंताली ने रानीअरू का सिर काटकर दूर फेंक दिया, उसके रक्त की बूँदों से छोटे-छोटे पर्वतों का निर्माण हुआ और जहाँ अधिक रक्त बह गया था वहाँ दिमुल नामक विशाल पर्वत बन गया। उसके पश्चात एक नेवला रानीअरू के सिर को वापस ले आया और उसने उस लड़की को पुनः जीवित कर दिया।

निरंताली ने कहा, 'देखो ये सब पर्वत रक्त से निर्मित हुए हैं। इनकी धुलाई भी रक्त से ही होनी चाहिए। जब कभी भी तुम पर्वतों से कोई वस्तु लेकर आओ—लकड़ी, मिट्टी, पत्ते आदि—तब तुम उन्हें रक्त भेंट करो।'

●

पिज्जुमुंडा सफगन्ना में एक तालाब का नाम था। जौन्रा पिन्नू वहाँ रहता था। उरूरेंगन कन्ध और उसकी पत्नी सिंगेलाजी ने उसके पास जाकर कहा, 'हमें आशीर्वाद प्रदान करो।' जौन्रा पिन्नू ने उनके सिर पर हाथ रखा और जैसे ही उसने हाथ रखा उनके सिर में दर्द होने लगा। उसने उनकी नाक को स्पर्श किया तो उन्हें छींक आने लगी। उन्होंने उनके मुँह खोले और उनको खाँसी होने लगी। उसने उनकी देह को जैसे ही थपथपाया उनको बुखार चढ़ गया। उसने अपनी अँगुलियाँ उनके मांस में जैसे ही चुभाईं, वैसे ही उन स्थानों पर घाव हो गए। उसने उनके गुप्तांगों का जैसे ही स्पर्श किया वैसे ही उनमें सुजाक (एक यौन रोग) हो गया। वे सात दिनों तक गम्भीर रूप से अस्वस्थ रहे, फिर जौन्रा पिन्नू ने उन्हें दवाइयाँ दीं और वे दोनों स्वस्थ हो गए।

●

निरंताली के माथे पर चेचक की एक फुंसी उठी। उसमें से न तो पस ही निकल रहा था और न पानी। निरंताली ने उरूरेंगन और पेनारेंगन से कहा, 'मेरे मस्तक पर यह सूजन देखो, मैं इसका उपचार नहीं कर पा रही हूँ। मुझे कोई औषधि लाकर दो।' उन्होंने कहा, 'इस रोग में औषधि की कोई आवश्यकता नहीं है, नमक-मिर्च, मछली और मांस प्रतिदिन खाओ और फिर इसमें से रिसन होगी और तुम ठीक हो जाएगी।'

अतः अब जब भी किसी व्यक्ति को कोई घाव होता है, तब वह खूब मांस, मछली खाता है और उसके घाव से पस रिसकर निकल जाती है और वह स्वस्थ हो जाता है।

●

परमगत्ती ने कांदाबाड़ा में अपने खेत बनाए और उसने उसमें सभी प्रकार के बीज बो दिए। जब फसल तैयार हो गई तब गोलपाड़ा पर्वत से एक घोड़े और एक हाथी ने आकर उसे नष्ट कर दिया। परमगत्ती ने सहायता के लिए निरंताली को बुलाया और निरंताली ने खेत पर जाकर हाथी और घोड़े को रोकना चाहा, परन्तु उन्हें उसकी परवाह ही नहीं थी। वे जब फसल को चर रहे थे तब निरंताली ने कुपित होकर कहा, 'तुम फसल नष्ट कर रहे हो। इसलिए तुम्हारे सम्पूर्ण शरीर पर ज्वार के दाने जैसी फुंसियाँ हो जाएँगी।'

तुरन्त ही घोड़े और हाथी को खुजली होने लगी, और वे तब तक अपनी त्वचा को खुजलाते रहे जब तक कि उनकी त्वचा ही बाहर नहीं हो गई। वे रोते-रोते निरंताली के पास पहुँचे। उसने उनसे कहा, 'तुम लोग खेत से बाहर निकल जाओ, तभी मैं खुजली को दूर भेजूँगी।' परन्तु खुजली ने कहा, 'तब मैं कहाँ जाऊँगी? तुमने फिर मुझे किसलिए पैदा किया?' 'मैं तुम्हें एक बेहतर घर प्रदान करूँगी, जहाँ तुम्हें इससे भी अच्छा भोजन प्राप्त होगा।'

खुजली ने हाथी और घोड़े को छोड़ दिया और निरंताली ने उसे डोम और गोंडों के पास भेज दिया। 'वे लोग तुम पर तेल और हल्दी चढ़ाएँगे और तुम्हें भरपूर भोजन मिलेगा।'

जब गोंड और डोम लोग कन्ध जनों को वस्तुएँ बेचने लगे, तब उन्हें भी खुजली होने लगी। डोम और गोंड चेचक होने पर उसे उपचार हेतु काला मुर्गा भेंट चढ़ाते हैं, परन्तु कन्ध लोग उसकी जरा भी परवाह नहीं करते।

●

किसी समय एक गाँव में सात भाई रहते थे जिनमें से सबसे छोटे भाई को छोड़कर अन्य सबके सब विवाहित थे। एक दिन सबसे छोटे भाई ने अन्य भाइयों से कहा, 'तुम सब लोगों का विवाह हो गया है, परन्तु मैं कुँवारा ही हूँ।' उन्होंने कहा, 'तुम भी जाकर अपने लिए पत्नी ढूँढ़ लो।' वह युवक गाँव-गाँव जाकर अपने लिए लड़की ढूँढ़ने लगा, परन्तु उसे कोई लड़की मिली ही नहीं। अन्त में हताश होकर वह एक भंगी की सुन्दर कन्या को ले आया।

परन्तु जब उसके भाइयों को इस बात का पता चला कि वह भंगी की लड़की को ले आया है तो वे उस पर बहुत नाराज हुए और उसे उन्होंने घर में नहीं घुसने दिया। यहाँ तक कि उन्होंने उन दोनों को अपने सल्फी वृक्ष को स्पर्श करने से मना कर दिया। परन्तु वह युवक ताकतवर और आक्रामक था, वह वृक्ष पर चढ़ गया और वहाँ से सल्फी का रस उतार लाया। उसने खेत में जाकर फसल भी काट ली और उसे ले गया। उन सब भाइयों का अधिकांश समय उससे अपनी वस्तुएँ बचाने के लिए चौकसी करने पर बीतने लगा।

अन्त में वे इससे थककर ऊब गए। वे अपने छोटे भाई को पकड़कर जंगल में ले गए। वहाँ उन्होंने उसके हाथ-पैरों की अँगुलियाँ काट दीं और उसके पैर तोड़कर उसे

वहीं मरने के लिए छोड़ दिया। उस लड़के के भूत के प्रकोप से ही लोगों को कोढ़ होता है।

●

इन्द्रबन राजा उज्जैन में रहता था। उसके चार बेटे थे। जब वे बड़े हुए तो प्रतिदिन शिकार पर जाने लगे। परन्तु राजा को आशंका हुई कि उनके बेटे लड़कियों के पीछे पड़ गए हैं, और उसने एक दिन बुलाकर भाषण दिया। 'हमेशा उसी रास्ते से वापस लौटा करो जिस पर होकर तुम जाते हो,' उसने समझाया।

एक दिन वे चारों भाई कंतलाबन में गए। वहाँ उन्होंने एक हिरण का पीछा किया और उसे निशाना लगाकर मार डाला। उसी समय तूफानी वर्षा हुई, जिसमें वे फँस गए।

उन भाइयों ने एक लकड़ी पर उस हिरण को बाँधकर लटकाया और उसे लेकर घर के लिए रवाना हो गए। परन्तु सभी नदी-नालों में बाढ़ आ गई थी और वे हिरण के भारी वजन को उठाकर चलते-चलते थक गए थे। छोटे भाई ने कहा, 'यह बहुत भारी है। हमें इसका पेट चीरकर इसकी अंतड़ियाँ निकाल देनी चाहिए जिससे यह हलका हो जाएगा।' उन्होंने उसका पेट चीरकर उसकी अंतड़ियाँ निकाल दीं।

उस हिरण के पेट में सभी प्रकार के रोग भरे हुए थे, एक भाई को बुखार हो गया, दूसरे को खाँसी हो गई और एक को खुजली तथा एक को पेट दर्द और बुखार शुरू हो गया। जब वे उसे उठाकर नदी पार कर रहे थे तब उसका रक्त नदी में टपकता गया और वह पानी के साथ मिलकर नीचेवाले गाँवों में पहुँच गया और वे रोग बहुत से अन्य लोगों को भी लग गए। जब उन भाइयों ने उस हिरण का मांस अपने पड़ोसियों को बाँटा तो वे उन बीमारियों से ग्रस्त हो गए। उन लोगों ने नरसिंह गुरु की प्रार्थना की और उन्होंने आकर सब लोगों का उपचार किया।

●

राजा दशरथ जैतनगर में शासन करते थे। जब कभी भी वे अपनी प्रजा से बातें करते थे तब वे उनकी ओर अँगुलियाँ दिखाया करते थे। उससे प्रजानन क्रोधित होते थे और उन्हें शाप देते थे। 'ये हमें अँगुली दिखाते हैं, इसलिए इनकी अँगुली सड़ जाए।'

दो या चार माह के पश्चात उनकी अँगुली में दर्द होने लगा। उसमें सूजन आ गई और शीघ्र ही उसमें घाव हो गए और उनमें से मवाद रिसने लगा। राजा ने सबसे अच्छे सिरहाओं और चिकित्सकों को बुलाकर उपचार कराया, परन्तु उन्हें कोई लाभ नहीं हुआ।

इसके पश्चात राजा के पंडितों और ज्योतिषियों ने उनकी जन्मपत्री देखी और उनको बताया, 'ओ राजा यदि आप चाहते हो कि आपकी अँगुली का घाव ठीक हो जाए तो अपने दोनों पुत्र राम और लक्ष्मण को निर्वासित कर दो।' परन्तु राजा ने इस सलाह को बेतुकी समझकर बहुत दिनों तक उसकी अवहेलना की और उसे अस्वीकार

कर दिया। परन्तु जब अँगुली किसी भी प्रकार से ठीक नहीं हुई तब राजा ने अपने दोनों बेटों को बुलाकर कहा, 'तुम लोग जंगल में जाकर बारह वर्ष तक औषधि की खोज करो।' वे बारह वर्ष तक जंगल में रहे और जब वापस लौटे तो औषधि लेकर आए और राजा ने उसे अपनी अँगुली पर लगाया। वह घाव भर गया और अच्छा हो गया परन्तु उसके पश्चात कोई भी व्यक्ति जो दूसरे की ओर अँगुली उठाकर बात करता था, वह कोढ़ी हो जाता था।

●

किसी जमाने में सात भाई थे, जिनमें से छह का विवाह हो चुका था और उन सबकी सन्तानें थीं। सबसे छोटा भाई जो कुँवारा था वह एक किटुंग था। एक दिन सबसे बड़े भाई के पुत्र की मृत्यु हो गई और उसे चिता पर लिटा दिया गया। आग में उसकी सम्पूर्ण त्वचा जल गई परन्तु वह आग उसके मांस को भस्म नहीं कर पाई। उन लोगों के पास जितनी भी लकड़ियाँ थीं वे उन्होंने चिता में डाल दीं और अतिरिक्त लकड़ियाँ लेने जंगल में चले गए। जब सब लोग जंगल में गए हुए थे, तब किटुंग ने उस लड़के के शव से थोड़ा-सा मांस काटकर अपनी लँगोटी में छिपा लिया। जंगल से वे लोग बहुत-सी सूखी लकड़ियाँ लेकर आए तब जाकर वह शव पूर्ण रूप से जल पाया। शवयात्रा में आए हुए लोग स्नान करने के उपरान्त घर चले गए। किटुंग ने अपनी माँ से जाकर कहा, 'मुझे भूख लगी है, खाने के लिए पेज दो। मैंने एक चिड़िया पकड़ी है और उसे भी मैं पेज के साथ खाऊँगा।' इस प्रकार किटुंग ने उस मृत लड़के का मांस खाया।

इसके उपरान्त किटुंग ने अपने जादू के प्रभाव से एक के बाद एक भाइयों के बेटों को मार डाला और प्रत्येक मरनेवाले लड़के का थोड़ा-सा मांस चुराकर उसने उसका भक्षण किया। अन्तिम भाई भी जब अपने बेटे की मृत्यु पर उसका दाह-संस्कार करने ले गया, तब भी किटुंग ने सदैव की भाँति ही उसका थोड़ा-सा मांस चुरा लिया। परन्तु किसी कारणवश उसके अन्य भाइयों ने उससे कपड़े बदलने को कहा। किटुंग डर गया और उसने कहा कि वह पहले अपनी माँ के पास जाना चाहता है। उसके भाइयों ने कहा, 'वह किस प्रकार का मांस है जो तुम प्रत्येक दाह-संस्कार के बाद खाते हो?' और उन्होंने उसके कपड़े फाड़कर उनमें छिपाकर रखा हुआ नरमांस ढूँढ़ निकाला। जब उन्होंने उस मांस के टुकड़े को देखा तो वे अत्यधिक उत्तेजित हो उठे और उन्होंने अपने कुल्हाड़े उठाकर उस पर आक्रमण करना चाहा तब वह एक पक्षी बनकर सुदूर आकाश में उड़ गया। बलबोटा नामक एक पानो का विवाह हुए अनेक वर्ष व्यतीत हो चुके थे, परन्तु उसे अपनी स्त्री से कोई सन्तान उत्पन्न नहीं हुई। अन्त में उन्होंने सलाह की और वे दोनों मक्सान पर्वत पर फल्कोसुम के स्थान पर पूजा हेतु गए। उन्होंने फल्कोसुम देवता से प्रार्थना की और उन्होंने प्रसन्न होकर उस स्त्री को एक सतरंगी पुष्प प्रदान किया। उस पुष्प को खाने के पश्चात वह गर्भवती हो गई और उसने एक बालक को जन्म दिया। परन्तु प्रसव के समय उसको जो रक्तस्राव हुआ उसके कारण

सभी प्रकार के रोगों का संसार में प्रादुर्भाव हुआ। उस पानो ने रक्त से सने हुए उसके वस्त्र तथा नाल को ले जाकर जामिर नदी में फेंक दिया। उसके पश्चात जिस किसी ने भी उस नदी में स्नान किया वे सब रोगग्रस्त हो गए और बीमारियाँ सम्पूर्ण जगत में फैल गईं।

●

गंगा मारी पर्वत पर चला गया। उसके भाई उसके पीछे-पीछे चिल्लाते हुए भागे, 'पक्षी को मारो, पक्षी को मारो।'

गंगा मारी पर्वत पर बड़ा किटुंग रहता था। जब उसने पक्षी को मारो-मारो की उन भाइयों की आवाज सुनी तो उसने अपने धनुष से एक बाण चलाकर उस पक्षी पर आक्रमण किया जो उसकी बाईं टाँग में जाकर लगा और वह पक्षी पर्वत पर गिर पड़ा और एक पत्थर बन गया।

●

कन्निसुम के जन्म लेने के पूर्व तक संसार में मिर्गी रोग नहीं था। एक दिन किटुंग जब स्नान करने गए तब उन्होंने अपनी देह का थोड़ा-सा मैल रगड़कर उतारा और उसे एक शिला पर रख दिया। उस मैल से कन्निसुम उत्पन्न हुआ और वह अग्नि की भाँति जलने लगा। किटुंग भयभीत होकर सिर झुकाकर चुपचाप बैठ गए। कन्निसुम ने किटुंग से कहा, 'मैं तुम्हारे शरीर से उत्पन्न हुआ हूँ, मुझे बताओ मैं क्या करूँ और कहाँ जाकर रहूँ?' किटुंग ने उससे कहा, 'किंदाबुल गाँव में जाकर वहाँ के माँझी के सबसे बड़े बेटे को खोजो और उसके सिर में घुसकर उसे पटक दो। जब वह अचेत हो जाए, तब उसके हाथ-पैरों को इस प्रकार से पटकवाओ मानो कि वह कोई मुर्गा था। जब वह ऐसा व्यवहार करेगा तब वे लोग सिरहा को बुलाएँगे और वह तुम्हारे लिए भोजन की व्यवस्था करवाएगा। तब तुम उस लड़के को छोड़ देना।'

●

किन्चायेर लबरना किटुंग पर्वतों का किटुंग है। एक दिन सॉवरा लोग इसी किटुंग वाले डोंगर पर शिकार खेलने गए। जब वे जंगल में लाइन बनाकर खेदा कर रहे थे तभी एक उन्हें एक साँभर दिखाई पड़ा, परन्तु वे न तो उसे मारने के लिए अपनी बन्दूकें ही उठा सके और न ही अपने स्थान से हिल सके। जब वह साँभर चला गया तब वे पुनः पूर्व स्थिति में आ गए और चलने-फिरने लगे।

उनमें से एक व्यक्ति को बहुत प्यास लग आई और वह पानी की खोज में चला गया। उसे गुफा के नीचे एक झरना मिला और वह पानी पीने के लिए उकडू बैठ गया तभी किटुंग उस गुफा से राजा की तरह सुन्दर वस्त्रों में सज-धजकर बाहर आए और उनके पास बन्दूक और तलवार थी। वह बूढ़ा व्यक्ति जैसे ही भागने को तत्पर

हुआ, उसे किटुंग ने पकड़ लिया। 'तुम्हें मेरे डोंगर पर शिकार खेलने की अनुमति किसने दी?' उसने पूछा। वह वृद्ध चुपचाप खड़ा रहा, क्योंकि उसके पास कोई उत्तर ही नहीं था। किटुंग ने उससे कहा, 'मेरे लिए लाल-मटका भरकर मदिरा और एक सूअर लेकर आओ और लकड़ी की बन्दूक भी मुझे भेंट करो और तब तुम जब इच्छा हो यहाँ शिकार खेल सकते हो। और तब तुम्हें कोई न कोई शिकार यहाँ अवश्य ही मिलेगा।'

तब उस साँवरा ने लाल मटका भरकर मदिरा, एक सूअर और लकड़ी की बन्दूक लाकर किटुंग को भेंट की, और उस दिन उन्होंने एक हिरण का शिकार किया और उसे घर ले जाकर उसका मांसाहार किया।

उस रात्रि किटुंग घोड़े पर बैठकर उस गाँव में आए, परन्तु जब लोगों ने घोड़े की पदचाप सुनी तो बहुत से लोग बीमार पड़ गए।

तब से हमने अपने-अपने घरों के सामने छोटे-छोटे खम्बे गाड़ दिए हैं ताकि जब कभी भी किटुंग किसी गाँव में आए तो वह अपने घोड़े को वहाँ बाँध सके।

●

रोगों की उत्पत्ति में हैजे की उत्पत्ति सबके अन्त में हुई। उस जमाने में न तो कोई पूर्वज प्रेत ही थे और न ही डंगनासुम। परन्तु जैसे ही हैजे का दैत्य मारडिसुम पैदा हुआ, वैसे ही भूत-प्रेत और डंगनासुम भी उत्पन्न हो गए और वे सब एकसाथ रहने लगे। परन्तु उन्हें भोजन और पेय प्राप्त करने में अत्यधिक कठिनाई होने लगी और वे अपनी फरियाद लेकर किटुंग के पास पहुँचे। किटुंग ने उनसे कहा, 'तुम लोग बारलुंग जाओ, वहाँ बहुत से साँवरा रहते हैं और उनका गुनिया सिमो है। वहाँ के लोगों को रोगग्रस्त कर दो, भूत उन्हें बुखार से ग्रस्त कर दें और डंगनासुम और मारडिसुम उन पर रोग का प्रकोप करके उनको उल्टी और टट्टी उत्पन्न कर दें। जब लोग मरने लगेंगे, तब गुनिया भयभीत होकर तुम्हारे पास आएगा, तब तुम्हें जो चाहोगे उसे प्राप्त करने का अवसर हाथ लगेगा।'

भूत-प्रेत और दैत्य तुरन्त बारलुंग चले गए और उन्होंने वहाँ के लोगों को हैजे के प्रकोप से ग्रस्त कर दिया और बारह लोगों को मार डाला। जब वहाँ के गुनिया ने ध्यान लगाकर देखा तो उसे भूत और दैत्य दिखाई पड़े। उन भूत और दैत्यों ने उस गुनिया से बकरे और मुर्गे खाने के लिए माँगे, अन्यथा उन्होंने कहा, वे गाँव के सम्पूर्ण लोगों को मार डालेंगे। गुनिया ने उनकी माँग स्वीकार कर ली और तब उन्होंने गाँव के लोगों को अपने प्रकोप से मुक्त किया।

●

दुनिया में बुखार के आगमन के पूर्व लोग बहुत सुखी थे। जब लोगों के मरने की घड़ी आती, तो वे नींद में ही शान्तिपूर्वक प्राण त्याग देते थे।

उन दिनों टिकारा नामक एक साँवरा था, जिसका एक बेटा था। उस लड़के के भी तीन बेटे थे। टिकारा की मृत्यु के उपरान्त उसके बेटे ने उसका अन्तिम संस्कार किया। पाँच वर्ष बीतने पर उसके प्रेत ने आकर कहा, 'उसके पास खाने-पीने के लिए भी नहीं है।' उस प्रेत ने किटुंग के पास जाकर कहा, 'पाँच वर्ष तक मुझे खाने के लिए कुछ भी नहीं मिला। मेरे बच्चे और नाती-पोते कहाँ हैं? मुझे वे कहीं भी दिखाई नहीं पड़ते।' किटुंग ने कहा, 'तुम अपने बेटे के पास जाओ और उसे बुखार से ग्रस्त कर दो और वह डरकर तुम्हें तुम्हारी इच्छानुसार खिलाएगा-पिलाएगा।' भूत ने वैसा ही किया और उसने वायु रूप में वहाँ जाकर अपने बेटे की देह में प्रवेश किया और उस पर बुखार और पीड़ा का प्रकोप कर दिया। उसके बेटे ने सोमरी नामक सिरहा को बुलाया। उसने आकर ध्यान लगाया और प्रेत ने उसके माध्यम से बताया, 'मुझे एक भैंसा, मुर्गे और एक सूअर चाहिए, अन्यथा मैं अपने बेटे को नहीं छोड़ूँगा। 'इस प्रकार से संसार में बुखार का आगमन हुआ।

●

आरम्भ में जम्मा किटुंग पाताललोक में निवास करते थे। सभी देवता उसके मस्तिष्क के पीछे रहते थे। एक दिन उन्होंने पाताललोक पर दृष्टिपात किया और सोचा कि यहाँ अँधेरा और कष्ट है। अतः वे ऊपर भूलोक में आकर उस स्थान पर प्रकट हुए जहाँ काली मिट्टी सूर्य की गर्मी के कारण फट गई थी और उस स्थान पर दरारें पड़ गई थीं। जब वे प्रकट हुए, उस समय वे एक छोटे से गन्दे अनाथ बालक के समान प्रतीत हो रहे थे। वे यत्र-तत्र भटकते हुए अन्त में एक ऐसे गाँव में पहुँचे जहाँ का माँझी एक सम्पन्न व्यक्ति था। उस माँझी की एक कन्या थी जो अत्यन्त सुन्दर थी। जम्मा किटुंग ने उस माँझी के घर पहुँचकर काम माँगा। परन्तु उस माँझी ने अपनी लड़की हेतु उस लड़के को लमसेना बनाकर रखना उचित समझा।

कुछ समय बीतने पर माँझी की लड़की और उस लड़के में प्रेम हो गया। जम्मा किटुंग ने सम्मोहन द्वारा माँझी के पैरों में दर्द उत्पन्न कर उसे बीमार कर दिया। उस लड़की ने पूछा, 'अपने पिता को स्वस्थ करने के लिए हमें क्या करना चाहिए?' 'थोड़ा-सा चावल लेकर सिरहा के पास जाओ, तो वह तुम्हें बता देगा कि क्या समस्या है।' उस लड़के ने थोड़ा-सा चावल लिया, उससे माँझी के सिर पर एक चिह्न बनाया और सिरहा के पास न जाकर वह नदी के किनारे एक गुप्त स्थान पर चला गया। वहाँ जाकर उसने चावल पकाकर स्वयं खाया और वापस घर आ गया।

उस लड़की ने पूछा कि सिरहा ने क्या बताया। तब उस लड़के ने कहा, 'सिरहा ने बताया है कि यह सब लबोसुम की करतूत है जिसने उसे रोगग्रस्त किया है और हमें उसे गाँव के बाहर रास्ते में एक सूअर की बलि देनी होगी।' उस लड़की ने कहा, 'तुम तुरन्त एक सूअर लेकर गाँव से बाहर जाओ और उसकी शीघ्र बलि चढ़ाओ।' वह लड़का

सूअर लेकर गया और उसकी बलि चढ़ाने के बाद उसका सम्पूर्ण मांस स्वयं अकेले ही खा लिया और घर वापस आ गया।

बलि चढ़ाने के कारण उसके पैरों का दर्द तो ठीक हो गया, परन्तु अबकी बार उसके सीने में दर्द होने लगा। उस लड़की ने उसे पुनः सिरहा के पास भेजा और पुनः नदी किनारे जाकर चावल पकाकर स्वयं खाया और घर वापस आकर बताया कि इस बार जो कष्ट हुआ है, वह करणोसुम के प्रकोप से हुआ है। हमें उसके लिए एक काला बकरा बलि के रूप में चढ़ाना होगा और उसका पूजा स्थल अपने घर के सामने बनाना पड़ेगा। एक बार पुनः उसने गाँव के बाहर ले जाकर उसकी बलि चढ़ाई और अकेले ही उसका सम्पूर्ण मांस खा लिया और वापस घर आ गया। दूसरे दिन माँझी के सीने का दर्द तो ठीक हो गया था परन्तु अबकी बार उसके सिर में दर्द होने लगा था। इस प्रकार उस लड़के ने प्रत्येक देवता के लिए पूजा स्थलों का निर्माण करवा दिया और नित्य ही मांसाहार करने लगा। धीरे-धीरे निरन्तर बीमार रहने के कारण माँझी की शक्ति क्षीण होती चली गई और प्रतिदिन की बलि के कारण उसका धन समाप्त होने को आ गया।

परन्तु एक दिन उस लड़की को उस लड़के पर शक हो गया और उसने उसका चुपचाप पीछा किया। जब वह सिरहा के पास जाने का बहाना बनाकर निकला और उसे चावल को पकाकर खाते हुए देखा। जब वह घर वापस आया तब उस लड़की ने उससे कहा, 'हमारा सम्पूर्ण धन तुम्हारी चालाकी के कारण समाप्त हो गया है। तुम मजा उड़ाते हो और कोई भी काम करते नहीं हो। अब जाकर खेत में काम करो और मैं तुम्हें वहाँ खाना पहुँचा दूँगी।'

जब वह लड़का बीच से हट गया और वह लड़की स्वयं ही चावल लेकर सिरहा के पास पहुँची तब उसने बताया, 'यह लड़का वास्तव में जम्मा किटुंग है जो पाताललोक से आया है। जब तक यह लड़का मरेगा नहीं तब तक तुम्हारा बाप रोगग्रस्त ही रहेगा।' उसने उस लड़की को थोड़ा-सा विष देते हुए कहा, 'इसे उस लड़के की मदिरा में मिला देना और जब वह मर जाए तो मुझे बुला लेना।' जब वह लड़का खेत से वापस आया तब उसने वह विष मिली हुई मदिरा उसे दे दी और मदिरापान करके उस लड़के की मृत्यु हो गई। उस सिरहा ने उस युवक की चिता को जादू से उपचारित लकड़ियों से बनाकर उसका दाह-संस्कार किया। उन लकड़ियों से उस लड़के का सिर के अतिरिक्त सम्पूर्ण शव जल गया। उसके पश्चात उन्होंने अनेक बार लकड़ियों का ढेर लगाकर उसके सिर को जलाने का प्रयत्न किया परन्तु वह जलने में ही नहीं आता था। अन्त में उस सिरहा ने एक लकड़ी से शक्तिशाली प्रहार करके उसकी खोपड़ी को तोड़ा। तुरन्त ही वे सब देवता जो उस खोपड़ी में रहते थे, वे निकल-निकलकर अपने-अपने स्थान को भागने लगे तब जाकर कहीं वह खोपड़ी जल पाई परन्तु उस दाह-संस्कार में उपस्थित सभी लोगों की मृत्यु हो गई।

●

जब देवताओं का जन्म हुआ तब वे सब अपने-अपने स्थान पर जाकर रहने लगे और सब अपना-अपना कार्य करने लगे। तमचाया पर्वत पर टुपरू साँवरा रहता था। उसने जंगल साफ करके खेत बनाया और उसमें दलहन बो दी।

रूगाबोई का जन्म दलहन की एक झाड़ी के नीचे हुआ था और जब वह साँवरा अपनी फसल की रखवाली करने गया था तो उसे वह एक वयस्क लड़की के रूप में वहाँ मिली, और वह उसे अपने घर ले गया। वह उसका सब काम करती, उसके लिए पानी भरकर लाती और उसके घर की सफाई करती।

एक दिन वह साँवरा अपनी दाल बाजार ले गया। गाँव के सभी लोग आगे चले जा रहे थे, परन्तु रूगाबोई पिछड़ गई थी। रास्ते में एक साँवरा और डोम ने उसको पकड़कर उसकी दाल चुरा ली जिसे वह बाजार में लेकर जा रही थी। उसे बहुत क्रोध आया और उसका रूप बदलकर एक देवी के रूप में परिवर्तित हो गया। वह साँवरा और डोम अपनी-अपनी टोकरियाँ पटककर जान बचाने के लिए भागे।

रूगाबोई ने किटुंग को जाकर बताया कि उसके साथ क्या बीती है और तब किटुंग ने कहा, 'तुम उनके शरीर पर दाल और मक्का के दानों के सदृश फोड़े-फुंसी उत्पन्न करके उनसे बदला ले सकती हो। वे तुम्हारे लिए बलि चढ़ाएँगे और तुम्हें तुम्हारा आहार प्राप्त होगा।' रूगाबोई ने वापस जाकर उस साँवरा और डोम की देह में प्रवेश किया और उन्हें चेचक के प्रकोप से ग्रस्त कर दिया। उन लोगों ने सिरहा को बुलाकर एक रथ बनाया, उसमें सभी प्रकार के अन्न रखकर उनकी यात्रा निकाली और गाँव के बाहर ले जाकर एक सूअर की बलि चढ़ाई। रूगाबोई सन्तुष्ट हो गई और महामारी चेचक की महामारी शान्त हो गई।

●

तुबुरसिंग में बहुत से साँवरा निवास करते थे। कप्पाड़ साँवरा उन सबका मुखिया था। वहाँ रोयसान नाम की एक सिरहिन रहती थी जो युवती थी और विधवा हो गई थी। रोयसान और मुखिया के सबसे बड़े बेटे में प्रेम सम्बन्ध था। वह लड़का कुँवारा था। रोयसान उससे कहती, 'किसी अन्य से विवाह मत करो, परन्तु मुझे अपनी पत्नी बनाकर रख लो।' परन्तु उसने एक अन्य लड़की से विवाह कर लिया और रोयसान को भूल गया। वह बहुत क्रोधित थी, और उसने सियुरासुम को बुलाकर कहा, 'माँझी के सबसे बड़े लड़के के पास जाओ और उसे विक्षिप्त बना दो। उसे घर से बाहर निकाल दो और जंगल में भटकने दो। उसे तब तक वापस मत आने देना जब तक कि वह तुम्हें एक मोटा-ताजा सूअर न भेंट करे।' सियुरासुम उस रात्रि में वायु रूप में माँझी के घर में गया और उस युवक की देह में प्रविष्ट हो गया और उसे जगा दिया। जब उस लड़के ने बगल में सोई हुई अपनी पत्नी को देखा तो उसने समझा कि वह एक बाघ है और उसने अपनी तलवार उठाकर उसकी हत्या कर दी। वह घर से भागकर जंगल में चला गया और सियुरासुम उसे भगाकर सुदूर जंगल में बहुत दूर तक ले गया। उसके

माता-पिता ने अपने बेटे के उपचार के लिए सिरहिन को बुलवाया परन्तु उसने जाने से इनकार कर दिया।

दो माह के उपरान्त वह सिरहिन उस लड़के के घर पहुँची और उसने सियुरासुम को वापस बुला लिया और वह उस लड़के को वापस ले आया। उन्होंने सियुरासुम को एक मोटा-सा सूअर भेंट चढ़ाया और उस लड़के को छोड़कर चला गया। वह लड़का उसके उपरान्त स्वस्थ हो गया और अन्त में उसने उस सिरहिन से विवाह कर लिया। परन्तु उसके पश्चात सियुरासुम लोगों को अपने भरण-पोषण हेतु पागल बनाने के लिए इधर-उधर घूमने लगा।

●

जब तक मृतकों और देवताओं ने मनुष्य को सताना आरम्भ नहीं किया था, उसके पूर्व तक पुजारी नहीं होते थे। परन्तु जब प्रत्येक जाति के लिए देवताओं की उत्पत्ति हुई, और वे तब मनुष्य को यन्त्रणा देने लगे और लोग रोगग्रस्त होने लगे।

बाओड़ी साँवरा अकेला ही जुंगोड़ पर्वत पर रहता था, उसकी न तो पत्नी ही थी और न ही बच्चे। जब देवतागण मनुष्य को कष्ट प्रदान करने लगे तब किटुंग इस खोज में निकले कि किस व्यक्ति को पुजारी बनाया जा सकता है जो लोगों की सहायता कर सके। कोई भी व्यक्ति इस कार्य के लिए सहमत नहीं होता था तब किटुंग ने बाओड़ी साँवरा से मिलकर कहा, 'मैं तुम्हें मनुष्यों की सहायता और उपचार हेतु पुजारी बनाऊँगा। मेरे साथ चलो।' बाओड़ी ने तब उनसे कहा, 'मैं इस कार्य को कैसे कर पाऊँगा? मैं तो अज्ञानी हूँ।' तब किटुंग ने बाओड़ी को एक नया पंखा दिया और एक नए मटके में मदिरा भरकर प्रदान की और उसे बकरे, मुर्गे, सूअर देकर अंगलूर गाँव भेजा। उसने वहाँ जाकर उन सबकी देवताओं को बलि चढ़ाई और वे सब देवता प्रसन्न हो गए और उन्होंने मनुष्यों को भी वहाँ रहने दिया।

अध्याय : तेईस

स्वप्न और आत्मा

जब तक आत्मा अकेली शरीर के भीतर रहती थी, तब तक मनुष्य को सपने नहीं आते थे। परन्तु एक दिन आत्मा ने इस्पुर महाप्रभु से जाकर कहा, 'मैं नितान्त अकेली हूँ और इसीलिए अकसर मुझे आशंका और भय होने लगता है। कृपया मुझे कोई चौकीदार प्रदान करो जो मेरे साथ रह सके।' इस्पुर महाप्रभु ने उसे सरसों का एक दाना प्रदान किया और कहा, 'यह तुम्हारी रखवाली करेगा।' उस दिन से ऐसा होने लगा, जब आत्मा सो जाती है, तब वह चौकीदार जागता रहता है। वह देह से बाहर निकलकर यत्र-तत्र विचरण करता है, और वापस घर आकर आत्मा को बतलाता है कि उसने क्या-क्या देखा है। उसकी साहसिक कथा ही एक स्वप्न है।

●

बेट्टा पिन्नू एक सुन्दर लड़की के रूप में स्वप्न में आती है और तुम्हारे साथ शयन करती है। यह शुभ है और इस स्वप्न को देखनेवाले व्यक्ति को लाभ होता है, उसके खेतों में अच्छी फसल होती है और आखेट में भाग्यशाली होता है। ऐसे सपने आएँ इसके हेतु कन्धजन बेट्टा पिन्नू को बलि प्रदान करते हैं।

●

किसी समय एक व्यक्ति अपनी पत्नी के साथ रहता था। उनकी कोई सन्तान नहीं थी। फिर उसकी पत्नी की मृत्यु हो गई। उसके पति ने उसे दफना दिया। परन्तु उसके पश्चात वह एक स्त्री के रूप में आकर अपने पति के साथ शयन करने लगी और उसने बच्चों को जन्म दिया। वह प्रातःकाल मुर्गे के बाँग देने के पूर्व ही उठकर अपनी कब्र में चली जाती थी। उसने उसकी सूरत अँधेरे के कारण कभी भी नहीं देखी और उसे विश्वास था कि वह वैसी ही होगी जैसे पहले थी।

जब वह अपने घर से बाहर चला जाता था तो वह स्त्री घर में आकर भोजन तैयार करती, स्वयं खा लेती, परन्तु पर्याप्त मात्रा में उसके लिए भी छोड़ जाती। जब वह घर वापस आता तब उस भोजन को ग्रहण करता। उसकी तीव्र इच्छा होने लगी कि वह

अपनी स्त्री का चेहरा देख सके। वह एक स्थान पर छिपकर देखने लगा, उसके बड़े-बड़े दाँत थे और विशाल आकार के स्तन थे। वह डर गया कि एक दिन वह अवश्य ही उसका भक्षण कर लेगी। उसने थोड़ी-सी लाख गर्म की। उस दिन सन्ध्या समय जब वह आकर खाना बनाने लगी तब उस व्यक्ति ने गर्म लाख को उसकी आँखों में फेंककर उसे अन्धा बना दिया और वह अपनी कब्र में भाग गई। उसने फिर पीछे मुड़कर नहीं देखा और वह साधारण भूतनी बनकर रह गई।

●

जब लोगों की संख्या बढ़ने लगी और आबादी में वृद्धि हुई, तब निरंताली ने व्यवस्था करके सब लोगों को अलग-अलग स्थान पर रहने के लिए भेज दिया। लिंगनताली और जनारताली, कुटिमाई और कबरमाई ने सोचा, 'जब मनुष्य सोते हैं, तब उन्हें कुछ भी ज्ञान नहीं रहता, परन्तु हमें ऐसी कोई युक्ति खोजनी चाहिए कि वे नींद में भी अपने मित्रों और सम्बन्धियों को देख सकें। हम स्वप्न का निर्माण करेंगे।' उन्होंने प्रयास किया, परन्तु उसमें उन्हें सफलता नहीं मिली।

तब निरंताली ने कहा, 'एक छिपकली को मार डालो।' उन्होंने एक छिपकली को मार डाला और इस तरह से रोते हुए उसकी शवयात्रा निकाली मानो वह कोई मनुष्य ही था और उसका दाह-संस्कार किया मानो कि जैसे वह कोई मनुष्य ही था। तीन दिनों के उपरान्त वह छिपकली एक प्रेत बन गई। लिंगनताली और अन्य सभी ने उस प्रेत से कहा, 'तुम रात्रि में जो भी स्वरूप धारण करना चाहो करो, और मनुष्यों के पास जाओ। यदि तुम्हें पता चले कि दूसरे दिन कोई व्यक्ति उसके पास आनेवाला है, तो उसका ही रूप धारण कर लो। यदि तुम्हें पता चले कि किसी की मृत्यु होनेवाली है, तब दो वृक्षों के मिलने का रूप धारण कर लो।' इस प्रकार से स्वप्न का प्रादुर्भाव हुआ।

●

जब किसी कुँवारी लड़की की मृत्यु हो जाती है तब उसका प्रेत अपने माता-पिता के पास नहीं जाता वरन वह दुबला किटुंग के पास जाकर उनसे कहता है, 'मैं कहाँ जाकर रहूँ?' वह किटुंग उसे बताता है, 'रात्रि में जहाँ कहीं भी कुँवारे लड़के सोते हैं उनके सपनों में जाओ, उनके साथ शयन करो और उनसे प्रेम करो।' वह किटुंग उन्हें सुन्दर वस्त्र प्रदान करके उन्हें संसार में भेजता है और रात्रि होने पर वे प्रेत अपना कार्य करते हैं।

इन सपनों से मुक्ति पाने के लिए किसी भी युवक को उस प्रेत के लिए मुर्गा और मदिरा भेंट करनी चाहिए। इन्हें प्रदान करने पर वह प्रेत पाँच-छह माह तक शान्त रहेगा।

अध्याय : चौबीस

मृत्यु का आगमन

एक नगर था जिसमें एक साँवरा अपनी पत्नी के साथ रहता था। उनकी एक बेटी थी। जब उसकी आयु दस वर्ष की थी, तभी उसके माता-पिता की मृत्यु हो गई। वह लड़की अनाथ हो गई। बहुत दिन इसी तरह व्यतीत हो गए और वह वयस्क हो गई। अम्फापुर से एक साँवरा उससे विवाह करने के लिए आया और वह राजी हो गई, परन्तु उसने कहा कि विवाह छह माह पश्चात होगा।

उस युवक के वापस चले जाने पर वह उस स्थान पर गई जहाँ उसके माता-पिता को दफनाया गया था और उसने उनको बुलाया। वे उसी प्रकार मानव स्वरूप प्रकट हो गए जैसे वे अपने जीवनकाल में थे, और उन्होंने पूछा, 'तुमने हमें इतने दिनों बाद क्यों जगाया है?' उस लड़की ने कहा, 'अम्फापुर का एक साँवरा मुझसे विवाह करना चाहता है।' उन्होंने कहा, 'यह तो अच्छी बात है, तुम विवाह कर लो।' और उन्होंने उसे आशीर्वाद दिया, 'जब यमदूत किसी को भी लेने आएँगे, तब तुम उन्हें अपनी आँखों से देख सकोगी और तुम जो कुछ भी कहोगी, वे तुम्हारी प्रत्येक बात सुनेंगे।'

उस लड़की ने अम्फापुर सन्देश भेजकर उस युवक को विवाह हेतु बुलवा लिया। उसने आकर विवाह किया और उस लड़की को अपने साथ लेकर अपने घर चला गया। वह छह माह तक अपनी ससुराल में रह पाई थी कि उसका पति बीमार पड़ गया। यमदूत उसकी आत्मा को लेने आ पहुँचे परन्तु उस लड़की ने उनसे प्रार्थना की कि वे तीन माह के लिए उसे जीवन प्रदान कर दें। उन्होंने कहा, 'यदि हम इसको नहीं ले जाएँगे तो जमराजा हमें सजा देंगे।' उस लड़की ने कहा, 'तुम लोग वापस घर मत जाओ। मैं तुम्हें यहीं कहीं रहने का स्थान दे दूँगी।' उसके पास एक भैंसा था जिसका नाम जकमकलो था। उसके सींग पाँच हाथ लम्बे थे। लड़की ने उससे जाकर कहा, 'इन यमदूतों को तुम अपने सींगों में छिपा लो।' तब भैंसे ने कहा, 'मेरे सींग तोड़कर अलग कर दो, इन दूतों को उन पर बैठाकर पुनः सींगों को यथावत रख दो।' उस लड़की ने वैसा ही किया और भैंसे के सींगों को उखाड़कर उन पर यमदूतों को बैठाया और फिर ऊपर से पुनः सींगों को लगा दिया।

जब दूतों को वापस आने में विलम्ब होने लगा तो जमराजा की जिज्ञासा बढ़ने लगी और उन्होंने उन्हें खोजने का आदेश दिया, परन्तु उनका कोई समाचार ही नहीं मिला।

तब उन्होंने दूसरे दूतों को अम्फापुर भेजकर उस साँवरा की आत्मा को लेने हेतु भेजा और वे उसे ले गए और उसकी मृत्यु हो गई। उसके माता-पिता ने उसका अन्तिम संस्कार किया।

कुछ समय उपरान्त वह लड़की अन्तामोरी डोंगर पर गई और वहाँ से बारह काठा महुआ के फूल ले आई। उसने उन फूलों को मोम की कोठी में भर दिया और गुड़ की एक भट्टी बनाई और उसमें हाथी दाँत को ईंधन की तरह प्रयोग किया। उसने सोने के पात्र में भरा और मोरपंखों से बारीक नली बनाई। उसने इस विधि से साढ़े ग्यारह बोतल मदिरा तैयार की और उसे शवयात्रा में सम्मिलित होनेवाले लोगों को बाँटा।

जब सन्ध्या समय वे सब लोग बैठकर मदिरापान कर रहे थे तब जमराजा अपने पाँच चपरासियों के साथ वहाँ आए और उस रात्रि पूरे एक सौ लोगों ने मदिरापान किया। वे सब नशे में थे और खुलकर बातें कर रहे थे। वह लड़की भी नशे में थी और उसने कहा, 'देखो मैंने किस प्रकार जमराजा के दूतों को भैंसे के सींग में बन्द कर रखा है और किस प्रकार मैंने साढ़े ग्यारह बोतल मदिरापान से ही पूरे एक सौ लोगों को सन्तुष्ट कर रखा है।' जमराजा ने उससे पूछा कि उसने जमदूतों को कैसे छिपाया। वह उन्हें भैंसे के पास ले गई और गर्व के साथ उसके सींग हटा दिए। सींगों के हटते ही यमदूत भाग गए।

जमराजा ने प्रसन्न होकर उससे कहा, 'हमेशा मदिरापान करो, उसके कारण तुम सदैव सच बोलोगी।'

●

महाप्रभु ने अपने बगीचे में आम का एक पेड़ लगाया। उस आम में बारहों महीने फल लगते थे और आकाशवासी ही उन फलों का उपभोग करते थे। महाप्रभु ने जब पृथ्वी पर मनुष्य को उत्पन्न किया और अनेक प्राणियों और जीव-जन्तुओं की सृष्टि की तब कोई भी प्राणी मरता नहीं था, और पृथ्वी पर बहुत भीड़ होने लगी। महाप्रभु ने बहुत सोचा कि किसी प्रकार पृथ्वी पर मृत्यु को भेजा जाए, परन्तु उन्हें समझ में ही नहीं आ रहा था कि यह किया कैसे जाए। उन्होंने तीन दिनों तक भोजन नहीं किया, तब उनकी स्त्री ने उनसे पूछा, 'तुम भोजन क्यों नहीं करते हो?' जब उन्होंने बताया तो उसने कहा, 'भोजन करो, फिर मैं तुम्हें उपाय बता दूँगी।' महाप्रभु यह कहते हुए भोजन करने बैठ गए, 'पहले मुझे बताओ तब मैं अपने मुँह में भोजन लूँगा।' तब उनकी स्त्री ने कहा, 'पाँच आम लेकर उसमें मृत्यु के बीज को रख दो और उन्हें मनुष्य लोक में रोप दो।' महाप्रभु ने स्वीकार किया कि यह युक्ति अच्छी है और फिर मन लगाकर भोजन किया। उन्होंने भिभई के द्वारा बाली पर्वत पर आम भिजवाए। भिभई ने उन आमों को रोप दिया और उनसे वृक्ष उत्पन्न हो गए। बारह वर्ष बाद उनमें फल लगे और महाप्रभु ने एक फल सुकरोसीसा को खाने के लिए दिया और कहा, 'यह

आम है। इसे तुम अपने घर में लगाओ।' जब से मनुष्यों ने आम खाना आरम्भ किया तभी से उनकी मृत्यु होने लगी।

•

आरम्भ में मनुष्य मरते नहीं थे। इसके कारण कलंक नामक देवता को अत्यधिक कठिनाई होने लगी। इस देवता के यहाँ बहुत से छोटे देवता नौकर थे और वे देवता नरमांस के अतिरिक्त कोई भी आहार ग्रहण नहीं करते थे। परन्तु कोई भी व्यक्ति मरता ही नहीं था इसलिए वे कुछ भी नहीं खा पाते थे अतः वे हमेशा भूखे रहते थे। वे काम में लगे रहते थे इसलिए उन्हें और भी अधिक भूख लगती थी।

इस तरह बहुत दिन बीत गए और वे देवता भूख के कारण दिन-प्रतिदिन अधिक कमजोर होते जाते थे। वे भरसक प्रयत्न करते थे, परन्तु अपना काम भलीभाँति नहीं कर पाते थे। कलंक देवता ने उनसे पूछा, 'आजकल तुम काम को बेढंगेपने से कैसे कर रहे हो?' उन्होंने कहा, 'हमें कुछ भी खाने के लिए नहीं मिलता, इसलिए।'

कलंक देवता अपनी बहन हलंगकर के पास गए। उसने उसी समय एक पुत्री को जन्म दिया था और वह प्रसव-पीड़ा और थकान के कारण फर्श पर लेटी हुई थी। कलंक ने उस बच्ची को उठाया और अपने घर ले आए। वहाँ उन्होंने उसे मार डाला और उसकी हड्डियों को पीसकर उसका आटा बनाया और उस आटे की रोटियाँ बनाईं। उन्होंने एक वृद्धा मालन का रूप धारण किया और मनुष्यों को रोटी बेचने निकली। उन लोगों ने उस रोटी को खरीद लिया और जिस किसी ने भी उस रोटी को खाया, उसकी मृत्यु हो गई। इस प्रकार इस जगत में मृत्यु का आगमन हुआ और उसके कारण देवताओं को सन्तोष हुआ।

•

महाप्रभु ने पहले मनुष्य की उत्पत्ति के लिए प्रयास किया और उनकी आबादी तरेपन करोड़ हो गई। उसके पश्चात न तो किसी की मृत्यु हुई और न ही किसी का जन्म हुआ और उनकी जनसंख्या स्थिर हो गई। न तो उनकी संख्या बढ़ती थी और न ही घटती थी। वे सब अमर थे। महाप्रभु ने जीवन प्रदान करनेवाली मक्खी को अमर मक्खी बना दिया था और जब वह मक्खी किसी व्यक्ति को काट लेती थी तब वह अमर हो जाता था।

महाप्रभु ने जमपुर की गद्दी जमराजा (यमराज) को सौंप दी, जिसने बारह वर्ष तक राज्य किया और उस दरम्यान न तो किसी व्यक्ति की मृत्यु हुई और न ही किसी ने जन्म लिया। जमराजा इस बात पर बहुत क्रोधित हुआ, और उसने महाप्रभु के पास जाकर कहा, 'आपने मुझे राजा तो बना दिया परन्तु न तो वहाँ मेरे पास कोई आता है, न कोई मुझे किसी प्रकार की सूचना देता है, यह कैसा राज्य है?' महाप्रभु ने अपने शरीर से थोड़ा मैल उतारकर उससे एक कौवा बनाया और उसे आज्ञा दी, 'मनुष्य लोक

में जाकर जीवन मक्खी का पता लगाओ और उसे मेरे पास लेकर आओ।' कौवा पृथ्वी पर जाकर उड़ने लगा और वह उस मक्खी को पकड़कर ले आया। महाप्रभु ने उसे एक कमरे में बन्द कर दिया।

उसके बाद से जमराजा के दूत मनुष्यों के प्राण लेने के लिए गए, वे उन्हें ले जाने में सफल हो गए। जितने लोगों की मृत्यु होती थी उतने ही लोगों का जन्म होने लगा।

●

संसार में मृत्यु के आगमन के पूर्व मनुष्य थूकते नहीं थे। एक युग ऐसा भी था जिसमें देवताओं और मनुष्यों के बीच युद्ध भी हुआ था। महाप्रभु ने देवताओं को भूलोक में भेजा परन्तु मनुष्यों ने उन्हें मारपीटकर खदेड़ दिया। उसके बाद महाप्रभु ने एक सभा बुलाई और उसमें दोनों पक्षों के लोगों को आमन्त्रित किया। वे एक तूम्बी में अमृत और दूसरी तूम्बी में मारक जल लेकर आए। उस सभा में एक ऐसा वृद्ध भी आया था जिसके कान नहीं थे। वह लड़खड़ाता हुआ गया और उसने अमृतवाली तूम्बी उठा ली। उसने उसमें से एक घूँट अमृत पान कर लिया परन्तु वह उसे निगल पाए इसके पूर्व ही महाप्रभु ने उसके मुँह में घोड़े की पूँछ घुसेड़ दी और वह थूकने लगा। इसके उपरान्त महाप्रभु ने मनुष्यों को मारक जल और देवताओं को अमृत बाँट दिया। इस प्रकार मनुष्य ने थूकना सीखा, परन्तु इसके साथ ही उनकी मृत्यु भी होने लगी।

●

जंगलू साँवरा और उसकी पत्नी सिंगारपल्ली में रहते थे। उनकी दो बेटियाँ थीं। बड़ी बेटी विवाहित थी, परन्तु छोटी कुँवारी थी। परन्तु बड़ी लड़की के पति ने उसे छोड़ दिया था और दूसरे देश में चला गया था और वह उसके वियोग में इतना अधिक रोई की अन्धी हो गई। छोटी लड़की जब वयस्क हो गई तो उसका एक बिंझवार युवक से प्रेम हो गया। उनका प्रेम-प्रसंग बहुत दिनों तक चलता रहा फिर दोनों ने विवाह कर लिया। उन दिनों साँवरा और बिंझवारों में आपस में रोटी-बेटी के सम्बन्ध होते थे।

सिंगारपल्ली के माँझी का बेटा भी उस लड़की से प्रेम करता था, परन्तु उस लड़की ने उसकी उपेक्षा कर दी। अतः माँझी के बेटे ने षड्यन्त्र रचकर उस बिंझवार युवक को गाँव से निकालना चाहा और इस उद्देश्य हेतु वह बार-बार अपने नौकरों को भेजकर उसे पिटवाता था परन्तु वह युवक मरता ही नहीं था क्योंकि उन दिनों मनुष्य अमर थे। अतः माँझी के लड़के ने उस लड़के को गाँववालों के द्वारा उसके श्वसुर के सम्मुख बदनाम करना शुरू किया। 'तुम्हारे दामाद के अपनी स्त्री की बड़ी बहन से भी अनैतिक सम्बन्ध हैं और उनके पाप के परिणामस्वरूप हम सबको भूखा मरना पड़ेगा।' लोग उस युवक पर हँसते, उसकी खिल्ली उड़ाते और उसे गालियाँ बकते थे। जंगली इस बात को सुनकर बहुत क्रोधित हुआ और उसने बड़ी लड़की को जंगल में ले जाकर छोड़ दिया।

उस लड़की ने बिंझबासनी के पास जाकर वह सब कुछ बता दिया जो उसके साथ बीता था। 'जैसे मैं जंगल में लड़खड़ाती हुई भटक रही हूँ, वैसे ही सभी पुरुष मृत्यु के पथ पर ठोकर खाकर गिरते-पड़ते रहें', उसने कहा। बिंझवासनी ने अपने गले से थोड़ा-सा खखार निकालकर उससे एक मारक पक्षी बनाया और उसे आकाश में उड़ा दिया। वह पक्षी उड़ता हुआ सिंगारपल्ली गाँव में पहुँचा और फिर गाँव के बीच एक वृक्ष पर बैठ गया। वृक्ष पर बैठकर वह पक्षी चीखने लगा और जब लोगों ने उसकी आवाज सुनी तो वे बीमार पड़कर मरने लगे। इस प्रकार संसार में मृत्यु का आगमन हुआ।

परन्तु बाघ और भालुओं ने उस लड़की की देखभाल की और कुछ समय बीतने पर उनका अन्धापन भी दूर हो गया। देवतागण उसे आकाशलोक में ले गए और उसके लिए बहुत से आभूषण बनवा दिए। वह अब भी आकाश में ही इन्द्रधनुष बनकर रहती है।

अध्याय : पच्चीस

जाति-जनजातियों का उद्‌गम

किसी समय नरसिंग गोंड नाम का एक व्यक्ति रहता था जिसकी एक कुँवारी कन्या थी। वह एक युवक से प्रेम करती थी इसलिए उसने स्नान करना छोड़ रखा था। सातवें-आठवें माह में उसका पेट बहुत बड़ा लगने लगा और लोग आक्षेप लगाने लगे, 'यह एक अविवाहित लड़की है जिसका पेट इतना भारी है,' और उसे ऐसी बातें सुनकर इतनी लज्जा महसूस होती थी कि उसने दूसरे के सामने घर से बाहर निकलना ही बन्द कर दिया। परन्तु वह प्रातःकाल जल्दी उठकर कन्दमूल लेने जंगल में चली जाती थी और चुपचाप सन्ध्या समय घर वापस आती थी।

जब उस लड़की का समय पूरा हो गया तब भी वह जंगल में कन्दमूल खोदने गई और वहाँ उसने एक पुत्र को जन्म दिया और उसने उस शिशु को उस गड्ढे में छोड़ दिया जिसमें से उसने कन्द खोदकर निकाले थे। उस रात वह उस शिशु को वहीं छोड़कर आ गई। उसी बीच जमदेवता जंगल में आ पहुँचे और उन्हें वह बच्चा दिखाई पड़ा। वे उसे लेकर महाप्रभु के पास चले गए और उनसे कहा, 'मुझे यह कन्द के गड्ढे में मिला है।' महाप्रभु ने कहा, 'इसे ले जाकर नरसिंग गोंड को दे दो और वह बड़े होने तक इस बच्चे की देखभाल करेगा और उसके पश्चात मैं उसकी कोई व्यवस्था करूँगा।' जमदेवता उस बालक को लेकर नरसिंग के पास चले गए। जब बालक बड़ा हो गया तब महाप्रभु ने एक दिन नरसिंग के पास जाकर पूछा, 'इस बालक का पिता है या इसकी माता?' 'नहीं, इसका कोई नहीं है,' उन्होंने कहा। 'यह बालक कन्द के गड्ढे से उत्पन्न हुआ है, इसलिए इसकी जाति भतरा है।' भतरी भाषा में ऐसे गड्ढे को भौट्टोडा कहते हैं।

●

एक बार एक बाघ एक गाँव के सम्पूर्ण बोंडोजनों को खा गया। मात्र एक बालक बचा रह गया था। उस लड़के ने अपने खेत में जाकर एक खम्बा गाड़ दिया और उस खम्बे से एक रस्सी बाँध दी। उस खम्बे से थोड़ी दूर पर उसने एक गड्ढा खोद लिया। वह उस गड्ढे में छिपकर खटर-पटर की आवाज करने लगा। उस बाघ ने आवाज सुनकर सोचा कि वहाँ कोई न कोई होना चाहिए। वह रस्सी का पीछा करता हुआ उस गड्ढे

तक पहुँचा जहाँ वह लड़का छिपा हुआ था और उसने लड़के को खींचकर बाहर निकाला। 'तुम यहाँ क्यों छिपे हो?' 'क्योंकि मैं तुमसे डरता हूँ?' 'तुम्हें डरना ही चाहिए, तुम ठीक करते हो। मैं तुम्हें खाऊँगा, तुम्हें कौन बचाएगा?' लड़के ने कहा, 'बहुत अच्छा, तो मुझे खा लो।' बाघ ने कहा, 'मैं बिना पकाया हुआ भोजन नहीं खाता। मुझे पकाया हुआ भोजन ही मिलना चाहिए।' अतः वह लड़का एक व्यक्ति घर में गया। उस घर में आग तो नहीं थी, परन्तु फिर भी उस लड़के को खाना पकाने की आवाज सुनाई पड़ रही थी। उसने बाघ को जाकर इसके बारे में बताया। बाघ ने कहा, 'अच्छा, तो तुम यहीं ठहरो और मैं जाकर देखता हूँ।'

उस घर में एक स्त्री थी और बाघ ने उसे बाहर निकाला और खा गया। उसने उस लड़के से कहा, 'उस घर में जाकर फिर से देखकर आओ।' उसने जाकर देखा तो उसे अबकी बार कोई आवाज नहीं सुनाई पड़ी और उसने बाघ को आकर बता दिया कि वहाँ कोई भी नहीं है। 'मेरा खाना स्वयं ही मेरे खाने के पूर्व पक जाता है। परन्तु आज मैं तुम्हें बख्श देता हूँ,' बाघ ने उस लड़के से कहा।

इस लड़के से सम्पूर्ण बोंडो जाति उत्पन्न हुई।

गदबा और परेंगा जाति की उत्पत्ति का मिथक

बारह भाई गदबा गोदावरी जिले में पैदा हुए थे। जब वे बड़े हुए तब वे विवाह करने के लिए वधूओं की खोज में जयपुर आ गए। उनका कथन था, 'हमें जहाँ भी पत्नियाँ मिलेंगी, हम उसी स्थान पर रहने लगेंगे।' वे गोदावरी जिले से निकलकर इसकिंधा वन से होते हुए यहाँ आए थे। उस जंगल में एक असुरिन रहती थी। उसके माता-पिता नहीं थे और वह अकेली ही थीं। उसके बड़े-बड़े कान थे, लम्बे-लम्बे दाँत और नाखून थे, बहुत ही विशाल नाक थीं और उसके सिर के बाल लटककर भूमि को स्पर्श करते थे। उसकी जीभ बहुत लम्बी थी और उस पर बाल उगे हुए थे। जब उन गदबा बन्धुओं ने उसे देखा तब वह नग्न होकर भूमि पर सोई हुई थी।

उसे देखकर उन लोगों ने कहा, 'यह कुरूप भले ही हो, परन्तु है तो स्त्री ही। यदि हममें से कोई इसे अपना लेगा, तो अच्छा ही होगा।' सबसे बड़े भाई ने अपने सब भाइयों से एक-एक कर पारी-पारी से पूछा, 'क्या तुम इसे अपनाओगे?' परन्तु सभी ने उत्तर दिया, 'मुझमें साहस नहीं है, यह मुझे खा जाएगी।' तब अन्त में सबसे बड़े भाई ने कहा, 'कोई बात नहीं। मैं स्वयं ही इससे विवाह करूँगा। परन्तु तुम सब लोग इसे पकड़ने में मेरी सहायता करना।'

उन भाइयों ने मिलकर उस असुरिन को पकड़कर लिटा दिया, उन्होंने उसके कानों में छेद करके वृक्ष की छाल के रस्से से उसे बाँध दिया। उन्होंने उसकी कमर पर कुदाल नामक लकड़ी को बाँध दिया और उसके बालों की चोटी कर दी। इस सम्पूर्ण घटना के बीच वह असुरिन सोई हुई थी। इसके उपरान्त उन लोगों ने उसके कान के भीतर

से डाले हुए रस्से को खींचा और वह जाग उठी। जब उसने उन लड़कों को देखा तो वह खुशी के मारे चीख उठी। 'मैं बहुत दिनों से भूखी थी। अब मुझे खाने के लिए कुछ मिला।' जब गदबा बन्धुओं ने यह सुना तो उन्होंने और भी जोर लगाकर रस्से को खींचा और दर्द के कारण असुरिन घबराने लगी। 'मुझे मत मारो, मैं तुम्हें नहीं खाऊँगी,' असुरिन ने कहा।

परन्तु उन लड़कों की हिम्मत नहीं हुई कि वे उसे छोड़ दें और वे उसे घसीटते हुए अपने साथ ले गए। उन्होंने कई दिनों तक उसे खाना नहीं दिया और वह बहुत कमजोर हो गई। उसके पश्चात उन्होंने उसके कान काटे और उन्हें सामान्य आकार का बनाया। उसकी जीभ के ऊपर उगे हुए बालों को खींच-खींचकर उखाड़ा और उसके लम्बे-लम्बे दाँतों को तोड़ा। इसके उपरान्त असुरिन ने पुनः कहा, 'अब मुझे मुक्त कर दो। मैं भागूँगी नहीं।' परन्तु उन लोगों ने उसकी बात नहीं मानी।

बड़े भाई ने उसे पत्नी के रूप में अपना लिया और फिर उसने गर्भ धारण किया और समय आने पर एक लड़के और एक लड़की को जन्म दिया। 'चूँकि अब उसके बच्चे हो गए हैं, इसलिए अब वह भागकर नहीं जाएगी।' उन्होंने उसके कानों में वृक्ष की छाल से बड़ी-बड़ी बालियाँ बनाकर पहनाईं जिससे कि यदि वह भागे भी तो आसानी से पकड़ी जा सके। इसी उद्‌देश्य से उन्होंने उसके बालों को एक मुड़ी हुई लकड़ी से बाँधकर जूड़ा बना दिया। उन्होंने उसकी पीठ पर भी एक लकड़ी का टुकड़ा बाँध दिया।

इसके पश्चात ग्यारह भाइयों ने बड़े भाई से कहा, 'अब तुम्हारी स्त्री और बच्चे हो गए हैं, तुम यहीं रुक जाओ। हम लोग अपने लिए लड़कियाँ खोजेंगे।' ऐसा कहकर वे वहाँ से चले गए।

असुरिन के बच्चे वास्तविक रूप से गदबा थे। सबसे बड़े भाई ने फिर दूसरी स्त्री से विवाह कर लिया और उसके बच्चे परेंगा हुए। इसीलिए हम यह कहते हैं कि हम एक ही पिता की सन्तान हैं, परन्तु हमारी माताएँ अलग-अलग हैं।

राणा गदबा जाति की उत्पत्ति का मिथक

बदुराल गाँव के लोग कहते हैं, 'हम लोग राणा गदबा हैं।' मुसरी गाँव में बहुत समय से सात भाई राणा रहते थे। उनके माता-पिता की मृत्यु हो चुकी थी और वे अकेले रहते थे। एक दिन वे सातों भाई अन्न की मिंजाई कर रहे थे और उनमें से सबसे छोटा भाई बैलों को गोलाकार खलियान में हाँक रहा था। जब काम निपट गया तो उसने बैलों को खोल दिया और चूँकि वह लड़का थका हुआ था, इसलिए जाकर भूसे पर सो गया। दूसरे भाई भूसा एकत्र कर रहे थे, उन्होंने भूसे से उस लड़के को पूर्ण रूप से ढँक दिया। उन्होंने उड़ाकर अन्न एकत्र किया और सम्पूर्ण कार्य समाप्त करके जब वे भोजन करने बैठे तब उन्होंने ध्यान दिया कि उनका सबसे छोटा भाई वहाँ नहीं है।

वे इधर-उधर उसको खोजने लगे और जब वह उन्हें कहीं भी नहीं मिला तब उस भूसे के ढेर में बैलों को हाँकनेवाले अंकुश को घुसा-घुसाकर देखने लगे। परन्तु अन्त में सबसे बड़े भाई ने अंकुश को भूसे के ढेर में घुसाया तब धोखे से वह उस लड़के के पेट में घुस गया और उसकी मृत्यु हो गई।

वे छह भाई बहुत डर गए कि वे पकड़े जाएँगे और वे अपना सारा सामान उसी स्थिति में छोड़कर भागकर बदुराल चले गए। उस समय वह एकदम एकान्त स्थान था, और उसके आसपास एक भी गाँव नहीं था। मात्र एक सिकलिया नाम का वृद्ध अपनी पत्नी के साथ वहाँ स्वेच्छापूर्वक रहता था। वह वृद्ध गदबा जाति का था। जब उन दोनों ने इन छह भाइयों को दयनीय स्थिति में देखा, तब वे दया करके उन्हें अपने घर ले गए।

उस वृद्ध के पास एक भैंस थी। जब वह रात्रि में घर पहुँची तब वह वृद्ध उसका दूध दूहने गया तो उसने पाया कि उसके थनों में तो दूध ही नहीं है। परन्तु दूसरे दिन जब वह भैंस जैपुर की ओर चरने गई तब उसने बहुत अधिक दूध दिया और उसकी पूँछ पर बहुत से झींगा, केकड़े और मछलियाँ लटकी हुई हैं। उसने सोचा कि यदि हम उस स्थान पर जाकर रहने लगें जहाँ यह भैंस चरने गई थी, तो हमें हमारे खाने योग्य सभी वस्तुएँ मिल जाएँगी। दूसरे दिन वह वृद्ध अपनी स्त्री के साथ भैंस को लेकर वहाँ से चला गया और अपना घर उन भाइयों के लिए छोड़ गया।

वे छह भाई गढ़पुट अपने लिए वधू ढूँढ़ने के लिए गए। वहाँ के लोगों ने कहा, 'हम लोग गदबा हैं। यदि तुम हमारे समान ही गोमांस खाने को तैयार हो तो हम तुम्हें अपनी लड़कियाँ देंगे।' उन छह भाइयों ने गोमांस खा लिया और तब से उनके परिवार राणा गदबा हो गए।

●

बारह गदबा भाई गोदावरी नदी के तट पर उत्पन्न हुए थे। एक दिन वे जंगल में शिकार खेलने गए, वहाँ जंगल में बड़े भाई को बहुत प्यास लग आई। सबसे छोटा भाई काँवड़ में मड़िया का पेज लिए हुए था। बड़ा भाई बैठकर पेज पीने लगा। दूसरे दस भाई इन दोनों भाइयों को पीछे छोड़कर आगे निकल गए थे। इसी बीच वे एक सल्फी वृक्ष के पास पहुँच गए और उसकी नीरा पीने लगे।

इसी बीच महाप्रभु द्वारा भेजा हुआ एक घोड़ा उन दोनों भाइयों के पास पहुँचा, परन्तु बड़े भाई ने जैसे ही उस घोड़े को पकड़कर उस पर चढ़ना चाहा तो घोड़े ने उसे दुलत्ती मार दी। उसने अपने छोटे भाई से कहा, 'पेज को थोड़ी देर के लिए रख दो और घोड़े को पकड़कर मुझे उस पर बैठने में सहायता करो। मैं जाकर बाँस की एक सीढ़ी ले आता हूँ और उसकी सहायता से उस पर चढ़ जाऊँगा।' छोटे भाई ने घोड़े को पकड़ लिया और बड़ा भाई बाँस लेने चला गया।

परन्तु उसके पीछे से छोटा भाई घोड़े पर चढ़कर भाग गया। जब बड़ा भाई वापस आया तो वहाँ न तो घोड़ा था और न ही उसका भाई। अतः उसने पेज की काँवड़ उठाई

और घोड़े के पैरों के निशान का पीछा करता हुआ चल पड़ा। अन्य दस भाई भी उसे मिल गए और वे सब मिलकर घोड़े के पैरों के निशान के पीछे-पीछे जैपुर के पर्वत की ओर चले गए। परन्तु सबसे छोटा भाई वहाँ सबसे पहले पहुँचा था, और वह वहाँ का राजा बन गया।

जब अन्य सब भाई भी वहाँ पहुँच गए और लोगों ने उनके साथ बीती घटना का वर्णन सुना तब उन्होंने बड़े भाई को भोई गदबा कहकर पुकारा। सबसे छोटे भाई ने जैपुर के राजा की बेटी से विवाह कर लिया। परन्तु उन्हें बड़े भाई के लिए कोई लड़की ही नहीं मिली। छोटे भाई ने अपने सिपाहियों को बड़े भाई के लिए लड़की ढूँढ़ने भेजा और वे लोग गोदावरी नदी के तट तक पहुँच गए। वहाँ उन्हें ताड़की असुरिन नाम की एक लड़की मिली। उन्होंने उसे पकड़ना चाहा, परन्तु उसने उन्हें काट लिया। अन्त में किसी प्रकार से उन्होंने उसे पकड़कर उसके कानों में छेद करके, सियाड़ी की छाल के लम्बे रस्से बनाकर उसे बाँध लिया और उसे पकड़कर राजा के पास ले गए। बड़े भाई ने उससे विवाह कर लिया और उसके कान से छाल के बाले निकालकर सोने की बालियाँ पहनने को दीं। कुछ समय व्यतीत होने पर उस लड़की का मन जंगल में घूमने के लिए लालायित होने लगा और वह जंगल में भाग गई। बड़ा भाई प्रेम के वशीभूत होकर उसके पीछे भागा। वह प्रथम असुर गदबा बना।

पुराने जमाने में गदबा जन राजा का खाना उठाकर चलते थे इसलिए वे भोई गदबा कहलाए अर्थात जो वजन बोहते थे। उन दिनों एक भी माली, गौर, और ब्राह्मण नहीं थे। परन्तु आजकल राजा अपना भोजन कुलीन जाति के लोगों के हाथ से ही ग्रहण करते हैं अतः वे अब गदबा के हाथ का छूआ हुआ भोजन ग्रहण नहीं करते।

उसके पश्चात बचे हुए दस भाई कन्ध, बोंडो, दिदाई, झोरिया, परेंगा, कन्ध डोरा, होलर, पेंगू, चिलेरी और माड़िया कहलाए।

●

सृष्टि के आरम्भ में न तो मनुष्य थे और न देवता। बड़ापिन्नू पृथ्वी पर आए और उन्होंने सभी स्थानों पर विचरण करके देखा परन्तु उन्हें कहीं भी जीवित प्राणी नहीं दिखाई पड़े। अन्त में वे गुड़िघाट पर्वत पर रहने के लिए चले गए। उस वन में एक जंगली गाय रहती थी। उन्होंने उसे पकड़कर अपने यहाँ बाँध लिया। उस गाय का कोई बछड़ा नहीं था तब भी उसके थनों से दूध टपकता रहता था और वे उस दूध को पीकर ही काम चलाते थे। एक दिन उस गाय के सामने के दोनों पैर एक चट्टान से टकराकर आहत हो गए। बड़ापिन्नू उन दोनों पैरों को प्रतिदिन धोकर उन पर दवाई लगाते थे। एक दिन जब वे उसके पैरों को धो रहे थे तब उसके दाएँ पैर से एक लड़का उत्पन्न हुआ और उसके बाएँ पैर से एक लड़की उत्पन्न हुई। बड़ापिन्नू ने उन दोनों बच्चों की देखभाल की और उन्हें उस गाय का दूध पिलाकर उनका पालन-पोषण किया।

जब वे दोनों बच्चे बड़े होकर वयस्क हो गए तो उन दोनों का आपस में विवाह हो गया और बड़ापिन्नू ने उनसे कहा, 'आज से तुम लोग मुझे भगवान मानकर मेरा आदर करोगे ओर मेरी पूजा करोगे। चूँकि तुम्हारा जन्म गाय के गोड़ (पैरों) से हुआ है, इसलिए तुम लोग गोंड कहलाओगे।'

●

देवगुनी और निरगुनी नाम के दो भाई खुटनीमाला पर्वत पर रहते थे। देवगुनी बाँसुरी बजाता था और निरगुनी चिकारा। वे दोनों कुँवारे थे। दोनों एक पर्वत से दूसरे पर्वत पर अपनी बाँसुरी और चिकारा बजाते हुए विचरण किया करते थे, परन्तु वहाँ उनके संगीत को सुननेवाला कोई भी नहीं था, सिवाय घास और वृक्षों के। उनकी मनुष्य से कभी भी भेंट नहीं हुई थी।

इसी बीच उन दोनों भाइयों के मन में स्त्री प्राप्त करने की इच्छा जागृत हो गई थी। यद्यपि वे अपने संगीत में लगे रहते थे, परन्तु उनका ध्यान निरन्तर स्त्रियों में ही लगा रहता था। एक दिन वे घूमते-फिरते गोड़शिला जा पहुँचे जो चट्टानों से ढँका हुआ एक बहुत ही ऊँचा पर्वत था और जो एक मन्दिर के समान दिखाई पड़ता था।

देवगुनी ने निरगुनी से कहा, 'चलो इस पर्वत की चोटी पर चढ़कर देखते हैं कि हमें कोई मानव दिखाई पड़ता है या नहीं।' जब वे पर्वत की चोटी पर पहुँच गए तब उन्हें जंगल में से अपने नीचे की ओर से धुआँ उठता दिखाई पड़ा। 'वहाँ धुएँ के सिवाय और कुछ भी नहीं है और हमें धुएँ की ओर चलना चाहिए,' देवगुनी ने कहा। वे पहाड़ से नीचे उतरते गए और अन्त में एक बहुत बड़ी चट्टान के पास जा पहुँचे। उन्होंने उसके ऊपर चढ़कर देखा तो उन्हें दो स्त्रियाँ दिखाई पड़ीं। एक स्त्री के दाँत सूअर के दाँतों के बराबर थे और उसके कान सूपे के समान थे। उसकी नाक बहुत लम्बी थी और बाल घुटनों तक लटक रहे थे। दूसरी स्त्री बहुत ही सुन्दर थी, सामान्य स्त्रियों की भाँति।

'आखिर अपने को स्त्रियाँ मिल ही गईं, परन्तु यदि ये अपने को ही निगल गईं तो इनसे अपने को क्या लाभ?' देवगुनी ने कहा। निरगुनी ने कहा, 'तुम बड़े हो और तुम जो कुछ भी मुझे कहोगे, मैं करूँगा। यदि ये हमारा भक्षण नहीं करती हैं तो हम इनसे विवाह कर लेंगे। परन्तु अब हमें अपना संगीत आरम्भ करना चाहिए।' अतः देवगुनी ने अपनी बाँसुरी बजानी आरम्भ की और निरगुनी ने अपना चिकारा। उनके संगीत को सुनकर जंगल के सभी पशु-पक्षी नाचने लगे। जब उन दोनों स्त्रियों ने संगीत की ध्वनि सुनी तो उन्होंने देखना चाहा कि उसे कौन बजा रहे हैं, परन्तु वे केवल इतना ही देख पाईं कि सम्पूर्ण वन उनके चारों ओर नृत्य कर रहा है।

'हमने इसके पहले ऐसा दृश्य कभी भी नहीं देखा था,' उन्होंने कहा और वे दोनों भी नाचने लगीं और वे अपना खाना-पीना सब कुछ भूल गईं। जब उन दोनों ने देखा कि उनके संगीत पर वे दोनों स्त्रियाँ भी नाच रही हैं तो वे अपने वाद्य बजाते हुए उनकी

ओर गए। परन्तु वे दोनों स्त्रियाँ नाचने में इतनी खोई हुई थीं कि उन्हें उनके समीप आने का पता ही नहीं चला। तब देवगुनी ने सियारी की बेल से रस्सी बनाई और उसके कानों में छेद करके बड़ी और कुरूप लड़की को रस्सी से बाँध दिया। उसने उसकी पीठ पर कुदाल की लकड़ी का एक टुकड़ा बाँध दिया और उसके पैरों में भी एक भारी लकड़ी बाँध दी। परन्तु वह नाच में इतनी डूबी हुई थी कि उसे इस बात का फिर भी आभास नहीं हुआ कि उसके साथ वे लोग क्या कर रहे हैं।

तब देवगुनी ने कहा, 'मैं बड़ा हूँ, अतः मैं बड़ी स्त्री से विवाह करूँगा। तुम छोटी स्त्री से विवाह करोगे।' निरगुनी यह सुनकर बहुत खुश हुआ।

नचाते-नचाते वे उन दोनों स्त्रियों को अपने घर तक ले आए और वहाँ पहुँचकर उन्होंने एकाएक अपने वाद्य बन्द कर दिए और उन स्त्रियों का नाचना भी बन्द हो गया। तब जाकर उन्हें पता चला कि उनके साथ दो पुरुष थे। वे डरकर भागने लगीं परन्तु उन दोनों भाइयों ने बड़ी स्त्री को कान की ओर से रस्सी से ऐसा बाँधा हुआ था कि वह भाग नहीं पाई और छोटी स्त्री उसको छोड़कर जानेवाली नहीं थी।

उन दोनों भाइयों ने उन दोनों स्त्रियों को कई दिनों तक भूखा रखा और अन्त में उन्होंने उनकी पत्नी बनना स्वीकार कर लिया। 'तुम क्या खाओगी?' देवगुनी ने पूछा, 'कच्चा मांस,' बड़ी स्त्री ने कहा। उन्होंने उसे कच्चा मांस खिलाया परन्तु छोटी लड़की को उन्होंने कन्द और भाजी खिलाई। बड़ी स्त्री ने देवगुनी पर दबाव डाला कि वह भी उसके साथ कच्चा मांस खाए। 'मैं तुमसे तब तक विवाह नहीं करूँगी जब तक तुम भी वही खाना नहीं खाओगे जो मैं खा रही हूँ,' उसने कहा।

उन दोनों भाइयों ने पुनः अपने वाद्य बजाने आरम्भ किए और उनकी आवाज सुनकर बारह कोरी लड़के और बारह कोरी लड़कियाँ एकत्र होकर नाचने लगे। परन्तु जब बड़ी स्त्री ने उन्हें देखा, तो वह चिल्लाई, 'आखिरकार सचमुच स्वादिष्ट भोजन यहाँ प्राप्त हुआ।' वह उनके लड़के-लड़कियों की ओर अपना विशाल मुँह फाड़कर लपकी। वे सब लोग अपनी जान बचाने के लिए भागने लगे और निरगुनी और उसकी स्त्री भी भाग गई। जब वे दोनों वहाँ बच गए तब देवगुनी ने उसे भूमि पर पटककर उसके बड़े-बड़े कानों को काट डाला और उसके दाँतों को तोड़ दिए। वह उसे लेकर डुड़मा प्रपात की ओर चला गया और वहाँ उनके बहुत से बच्चे उत्पन्न हुए, जो आजकल गदबा और परेंगा कहलाते हैं।

परन्तु निरगुनी और उसकी स्त्री से जो सन्तान उत्पन्न हुई वे सब राजा बनीं, और जैपुर के महाराजा उन्हीं की सन्तान हैं।

●

एक माली और उसकी पत्नी तबरापुट में रहते थे। उनकी कोई सन्तान नहीं थी और वे स्वेच्छा से ही उस जंगल में एक छोटी-सी झोंपड़ी बनाकर रहते थे। परन्तु जब वह बहुत बूढ़ा हो गया तब मालिन ने गर्भ धारण किया। जब उसका प्रसव काल समीप

ही था तब एक दिन मालन नदी में मछली पकड़ने गई और जब वह पानी के भीतर ही थी तभी उसे प्रसव-पीड़ा आरम्भ हो गई और उसने पानी के भीतर ही एक पुत्र को जन्म दे दिया। वह बच्चे को नालसहित घर लेकर आ गई। वह उस बालक को झोड़ियाँ कहने लगी क्योंकि उसका जन्म झोरिया अथवा नदी के अन्दर हुआ था। जब वह बालक आठ-नौ वर्ष का हुआ तभी उसके माता-पिता की मृत्यु हो गई। उसे इस बात की जानकारी थी ही नहीं कि उसकी जाति क्या है, बस उसे इतना ही ज्ञात था कि उसके माता-पिता उसे झोरिया-झोरिया कहकर पुकारा करते थे। वह अकेला ही उस छोटी-सी झोंपड़ी में रहता था, तभी एक गदबा से उसकी भेंट हो गई और वह उसे अपने साथ अपने घर ले गया। उस गदबा के घर में वह पलकर बड़ा हुआ और जब लोग उससे पूछते कि तुम्हारी जाति क्या है, तब वह कहता, 'झोरिया,' और जब लोग उससे पूछते कि तुम्हारा क्या नाम है, तब भी वह उत्तर देता, 'झोरिया।' इस प्रकार से झोरिया जनजाति का आरम्भ हुआ।

जुआंग दरबार की उत्पत्ति का मिथक

पुराने जमाने में सात बहन कन्याएँ रूसी के साथ नृत्य करने भूलोक में आईं। सैन्या बूढ़ा और उनकी पत्नी ने चेरियाटोका नामक एक लड़के को बकरी चराने के लिए रखा हुआ था। सैन्या बूढ़ा ने उस लड़के से कहा, 'मेरे पोते जाओ और उनके साथ नाचो।' चेरियाटोका तैयार होकर अपना तम्बूरा लेकर उनके साथ नाचने गया। परन्तु उन देवकन्याओं ने कहा, 'तुम तो भोजन करनेवाले व्यक्ति हो, तुम हमारे साथ कैसे नाच सकते हो?' 'तब मैं भी भोजन का परित्याग कर दूँगा, यदि तुम मुझे अपने साथ नृत्य करने की स्वीकृति दे दो तो।' वे नृत्य करने लगे और इस प्रकार बहुत से दिन बीत गए। रूसी बहुत प्रसन्न हुआ। उसने कहा, 'अब बहुत दिन नृत्य करते हो गए हैं। मैं यहीं एक घर बनाऊँगा।' उसने पत्तों से उसी स्थान पर एक कटिया बना ली, और वे वहीं रहने लगे और नृत्य करते हुए अपने दिन बिताने लगे।

एक दिन रूसी और सात कन्याएँ और चेरियाटोका स्नान करने गए। स्नान करने के पश्चात रूसी और सात कन्याएँ तो अपनी कुटिया में चले गए और चेरियाटोका सैन्या बूढ़ा के पास चला गया। बूढ़े ने उससे पूछा, 'पौत्र तुम इतने दिनों तक बाहर रहे। तुम इस बीच क्या खाया करते थे? तुम्हें बहुत भूख लगी होगी। आओ थोड़ा-सा चावल खा लो।' उस लड़के ने उत्तर दिया, 'नहीं, मैं नहीं खा सकता। ऐसा ही नियम है। यदि हम भोजन करेंगे तो फिर नृत्य नहीं कर सकते।' उस बूढ़े ने कहा, 'परन्तु उनको कैसे पता चलेगा? थोड़ा-सा खाना खा लो और उनको मत बताओ।' उस लड़के ने भोजन किया और रूसी की कुटिया की ओर चला गया।

जब वह वहाँ पहुँचा तब सात बहन कन्याएँ रूसी के हाथ-पैरों की मालिश कर रही थीं। सबसे छोटी लड़की ने उसे देखा और वह उससे प्रेम करने लगी और उन दोनों

ने भागने की योजना बना डाली। चेरियाटोका जैसे ही रूसी के समक्ष गया उसे डकार आ गई और रूसी ने उससे कहा, 'तुम कुछ खाकर आए हो।' उस लड़के ने कहा, 'नहीं, मैंने कुछ भी नहीं खाया है।' रूसी ने कहा, 'तुम अपना सिर नदी के पानी में डुबाओ और फिर बाहर निकालो।' वे लड़कियाँ उसे पकड़कर नदी पर ले गईं और उसे नदी में जबरदस्ती डुबोया। उसके मुँह में पानी भर गया और जब उसने पानी को कुल्ला किया तब उसके साथ चावल के दाने बाहर निकले। रूसी उसकी हत्या करना चाहता था। उसने सबसे छोटी लड़की से कहा, 'तुम ही मेरी रक्षा कर सकती हो।' तब उस लड़की ने कहा, 'चलो यहाँ से साथ-साथ भाग चलते हैं।' वे बहुत दूर निकल गए, परन्तु रूसी को उनकी आवाज सुनाई पड़ रही थी और वह तलवार हाथ में लेकर उनका पीछा करने लगा। जब उस लड़के को रूसी के पीछा करने की आवाज सुनाई पड़ी, तो वह उस लड़की को छोड़कर तेजी से भागकर आगे निकल गया।

उन सात बहन कन्याओं के चार-चार पैर थे, इसीलिए वे इतना बढ़िया नृत्य कई-कई दिनों तक कर पाती थीं। रूसी ने अपनी तलवार का आक्रमण किया और उसकी एक टाँग कट गई। वह और अधिक नहीं भाग सकी और मलयगिरी पर्वत बन गई। उसका रक्त आकाश में उड़ा और उसके कुछ छींटे उस लड़के पर भी गिरे। वह चेरियाटोका पर्वत बन गया।

इसके पश्चात रूसी ने वापस जाकर अपनी कुटिया में बैठकर एक तम्बूरा बनाया। जब सैन्या बूढ़ा और उसकी स्त्री ने सुना कि रूसी ने उनके पोते की हत्या कर दी है, तब उनके बारह बेटे और बारह बेटियाँ उत्पन्न हुईं। वे भी रूसी के पास आने लगे। रूसी ने लड़कों के लिए तम्बूरा बनाकर उन्हें नाचना सिखाया। परन्तु रूसी को भय था कि कहीं वे लड़के उसे मार न डालें, क्योंकि वे बारहों लड़कियाँ उसके हाथ-पैरों की मालिश किया करती थीं। अतः वह छह लड़कों को अपने साथ लेकर अपने स्वयं के घर वापस चला गया। शेष सब लड़के उन लड़कियों के साथ नृत्य गृह में ही ठहर गए। वे लोग उसे दरबार कहने लगे और तब से वैसा ही एक घर प्रत्येक गाँव में लड़के-लड़कियों के लिए बनाया जाने लगा।

कन्ध जाति की उत्पत्ति का मिथक

अरहान डोंगर पर सिंगारपो नामक एक डोरा रहता था। वह प्रतिदिन कन्दमूल लेने के लिए जंगल में जाता था। वे दोनों पति-पत्नी कन्दमूल खोदते-खोदते बूढ़े हो गए थे और उनकी कोई सन्तान भी नहीं थी। एक दिन वे रकसालटिपली डोंगर पर गए जहाँ बहुत से कन्दमूल थे और उन्हें वहाँ मक्काल काँदा प्राप्त हुआ। जैसे ही उन्होंने उसे खोदा तो उस कन्द के नीचे से एक नाल सहित एक बालक निकला। उसे वे अपने घर ले आए। जब वह लड़का बड़ा हुआ तो वे उसे काँदा कहकर पुकारने लगे। उन्होंने उसका विवाह एक बन्दरी से कर दिया और उसके पश्चात उन दोनों डोकरा-डोकरी की मृत्यु

हो गई। उस लड़के और बन्दरी के एक बेटी और एक बेटा उत्पन्न हुए। उसके पश्चात उस बन्दरिया की मृत्यु हो गई। उनके बच्चों से ही कन्ध जाति की उत्पत्ति हुई।

●

एक बकरी के पेट से एक कन्ध की उत्पत्ति हुई। वह उसका दूध पीकर बड़ा हुआ था। एक दिन जौनरा पिन्नू से उसकी भेंट हो गई और वह उनके साथ रहने के लिए चला गया। इस प्रकार से बहुत दिन व्यतीत हो गए। जौनरा पिन्नू इस बात के लिए बहुत चिन्तित थे कि उस कन्ध लड़के के लिए वधू कहाँ ढूँढ़ी जाए। वे दीमक की बाँबी से मिट्टी लेकर आए और उससे एक गुड़िया बनाई। बेल के फल से उसका सिर बनाया, सरई की लकड़ी से उसकी रीढ़ बनाई, बाँस के टुकड़ों से उसके हाथ बनाए, हल्दी की गाँठों को लेकर उसकी अँगुलियाँ बनाईं, करेले से नाक बनाई, लाल बीजों से उसकी आँखें बनाईं, एक छोटी मछली से जीभ बनाई, कुकुरमुत्ते से उसके कान बनाए और सन्तरे से उसके स्तन बनाए। फिर उन्होंने अपना चिमटा लेकर उससे छेद किया और उसकी योनि बनाई। उन्होंने उसके पेट में हिरण का कलेजा रख दिया और वह गुड़िया जीवन्त हो उठी।

जौनरा पिन्नू ने उस कन्ध लड़के को उसे पत्नी के रूप में प्रदान किया और वह उसके साथ रहने लगी। उस कन्ध का नाम उरूरेंगन था और उसकी पत्नी का नाम पुसारानी। जब उनके बच्चे हुए तो वे अंकिया कन्ध कहलाए।

मानव एवं बीजों की उत्पत्ति का कुटिया कन्ध मिथक

कन्ध लोगों का जन्म सफगन्ना करंजा में हुआ था। पहले निरंताली-कपनताली का जन्म हुआ और फिर परमगत्ती-मंगरपत्ती का जन्म हुआ। उरूरेंगन और पेनारेंगन उनके बाद उत्पन्न हुए और फिर बेरन्दार और कारदार हुए, उनके पश्चात करसान और बुरसान उत्पन्न हुए, फिर हुए आतेसारू और ओतेमारू, बाद में तिमादाली और तिमामेरू हुए, उनके पश्चात बेरलादाकू बेरलामामी पैदा हुए, फिर सरसिक्का और सरनारिंगा हुए, उनके बाद टिमके और नोनरूका हुए, फिर करंजका और भोरिका उत्पन्न हुए, फिर हुए मिरिंगगेरा और सोमिनगिरा—सब नाम गिनाने में तो वैसे सात दिन लग जाएँगे। इस प्रकार से बहुत से लोगों का जन्म हुआ। वे सब बरिंगन्ना चले गए, केवल निरंताली और परमगत्ती सफगन्ना करंजा में रह गए।

वे लोग चारों दिशाओं में फैल गए। उस जमाने में पर्वत बहुत ऊँचे थे और जंगल बहुत घने, सदैव अन्धकार छाया रहता था, सूर्य तो उस समय तक था ही नहीं। यात्रियों को रास्ता दिखाई नहीं पड़ता था, वे अपने-अपने स्थान पर बैठे रहते थे। तब आकाश में सात सूर्य उदय हुए और जंगलों को जलाया गया और तब जाकर पर्वत छोटे हुए, भूमि को समतल बनाया गया और सभी मनुष्यों की मृत्यु हो गई।

परन्तु निरंताली और परमगत्ती बच गईं। एक दिन निरंताली ने परमगत्ती से कहा, 'हमारे साथ कितने मनुष्य उत्पन्न हुए थे! परन्तु अब वे सब लोग कहाँ हैं? चलो चलकर उनकी खोज-खबर लें। तुम पूर्व दिशा में जाओ और मैं पश्चिम दिशा में जाती हूँ। यदि तुम्हें कोई स्त्री मिल जाए तो उसके साथ विवाह कर लेना, यदि मुझे कोई पुरुष मिल जाएगा तो मैं उसके साथ विवाह कर लूँगी।' इस निर्णय के अनुसार वे दोनों दीर्घकाल तक संसार भर में भटकते रहे और फिर किसी जीवित प्राणी से मिले बिना ही आपस में पुनः उनकी भेंट हो गई और चूँकि वे दोनों ही एकाकी थे, अतः उन्होंने आपस में विवाह कर लिया।

तब उन्होंने कहा, 'सुनो, हम लोग पति-पत्नी हैं, परन्तु हम लोग भाई-बहन भी हैं, अतः हम लोग कैसे साथ-साथ शयन कर सकते हैं और हमारे बच्चे कैसे उत्पन्न होंगे?' उन्होंने एक गोह को मारकर जलाया। उसका प्रेत निरंताली के पेट में प्रविष्ट हो गया और उसके गर्भ से एक पुत्र और एक पुत्री का जन्म हुआ। जब वे बड़े हुए तब उन दोनों ने आपस में विवाह कर लिया और सम्पूर्ण मानव जाति की उत्पत्ति उनसे हुई।

उस जमाने में मानव बन्दर के समान दिखाई पड़ता था, वे पहाड़ों पर रहते थे और जंगलों के वृक्षों को मनचाहे जैसे काटते थे। उन दिनों तक तो अन्न था ही नहीं और परमगत्ती ने सभी स्थानों पर थोड़ा-सा अन्न प्राप्त करने का प्रयत्न किया। एक वृक्ष पर उन्हें कोसे का खोल मिला। उसने उस कोसे के खोल को उठा लिया और उसमें लाल तथा नीले रंग के फूल भरकर उसे सात दिनों तक जल के कुंड में रखा और कुछ दिनों के पश्चात जब उसे निकालकर देखा तो वह बीजों से भरा हुआ था। उन्होंने वे बीज कन्ध लोगों को बाँट दिए और उन्होंने उन्हें अपने खेतों में बो दिया।

●

बारंगल में भतराजाति निवास करती थी, उस जमाने में मुरिया नहीं थे। कुछ समय पश्चात भतराजनों ने बारंगल छोड़ने का निश्चय किया और वे मात्र पाँच पेंगू पोरोजा लोगों को वहाँ छोड़कर बाहर निकल गए। उनमें से जुरगु नामक एक व्यक्ति की पत्नी गर्भवती थी और वह अस्वस्थ हो गई। जब उसके प्रसव का समय आया, तो उसकी मृत्यु हो गई और उन्होंने उसका शव ले जाकर फेंक दिया।

पन्द्रह दिनों के उपरान्त उसके सड़ते हुए शव से एक बच्चा उत्पन्न हुआ जो अपने नालसहित उसी स्थान पर पड़ा हुआ था। एक गोंड़ जो वहाँ पशु चरा रहा था, उसने उस बच्चे को देखा और गाँव में जाकर पूछा कि वह किसका बच्चा है। लोग उसे उठाकर गाँव में ले आए और गाय का दूध पिलाकर उसका पालन-पोषण किया। इस प्रकार वह बड़ा हो गया परन्तु लोग उसे न तो अपने घरों के भीतर घुसने देते थे और न ही अपने बर्तन आदि छूने देते थे। वे उसे मुरिया कहकर पुकारते थे क्योंकि उसका जन्म एक मरी हुई औरत से हुआ था। जब वह लड़का बड़ा होकर वयस्क हो

गया तब उसने एक पेंगू लड़की के साथ विवाह कर लिया जिनकी सन्तान से मुरिया जाति बनी।

•

बाँलागढ़ में बोहोरी जतिका सोहरा नामक व्यक्ति रहता था जिसकी दो पत्नियाँ थीं। उस जमाने में संसार में बहुत थोड़े मनुष्य थे। उसकी बड़ी स्त्री का नाम साओलिरान था। सोहरा उससे बहुत प्रेम करता था और उससे वह कोई भी काम नहीं करवाता था, सारा काम उसकी छोटी स्त्री ही करती थी।

एक वर्ष ऐसा हुआ कि उसकी दोनों स्त्रियाँ एक ही समय पर गर्भवती हो गईं और जब नौ माह पूरे हो गए, वह बोहोरी मदिरापान करने के लिए उत्तराखंड चला गया क्योंकि वहाँ एक भट्टी थी। वह सन्ध्या समय तक वापस लौट आया और उसने देखा कि उसकी छोटी पत्नी बहुत अधिक थकी हुई है। उसने खाना नहीं बनाया था और लेटी हुई थी। उसकी बड़ी स्त्री उसके बदले में खाना बनाने में व्यस्त थी। सोहरा ने क्रोधित होते हुए उसे पीटा और धक्का मारकर घर से बाहर निकाल दिया। वह सारी रात चलती गई और प्रातःकाल होते-होते बिंझिगिर पहुँच गई। उसे वहाँ बादा की एक माँद दिखाई पड़ी और वह उसमें छिप गई। बाघ उसको देखकर डर गया और वहाँ से भाग गया। डेढ़ माह पश्चात उसको एक लड़का उत्पन्न हुआ। उसने नाल काटकर समीप ही एक चट्टान पर फेंक दिया और वह माँद एक सुन्दर घर में परिवर्तित हो गई।

जब वह लड़का बड़ा हुआ तब उसका नाना उसे खोजता हुआ वहाँ पहुँचा और उसने देखा कि वह लड़का एक सुन्दर मकान में रह रहा था। वह बहुत प्रसन्न होकर अपने पड़ोसियों को इस खबर को सुनाने गया। उन सब लोगों ने प्रत्यक्ष आकर देखा और उस लड़के को बिंझवार कहकर पुकारा। एक दिन उसने अपने पिता के बारे में पूछा कि वह कौन है, परन्तु उसकी माँ ने उसे नहीं बताया। वह बिंझिगिर का राजा बन गया और उसके द्वारा बिंझवार जाति आरम्भ हुई।

गदबा परेंगा जातियों की उत्पत्ति का मिथक

एक व्यापारी की अत्यन्त सुन्दर कन्या थी। एक दिन वह उसे अपने साथ लेकर अपने बैलों के साथ नन्दपुर गया। राम और लक्ष्मण महाप्रभु भी वहाँ विद्यमान थे। ये दोनों महाप्रभु उस लड़की को देखकर बहुत प्रसन्न हुए और वह लड़की भी प्रसन्न थी। उनमें प्रेम हो गया। दोनों महाप्रभुओं ने उसको सम्मोहित किया और उसके साथ संसर्ग किया और वह गर्भवती हो गई। उसके पश्चात वह अपने डेरे से कभी भी बाहर नहीं निकली। दोनों महाप्रभु डरे हुए थे कि कहीं वह व्यापारी उनकी हत्या न कर दे। परन्तु अपने पिता की अनुपस्थिति में उस लड़की ने दो जुड़वाँ बच्चों को जन्म दिया। लक्ष्मण महाप्रभु ने उसकी साड़ी फाड़कर उसमें दोनों बच्चों को लपेटा और उन्हें जंगल में ले गए। उन्होंने

छोटे बच्चे को पीपल के नीचे और बड़े लड़के को सल्फी वृक्ष के नीचे छोड़ दिया। जब उस लड़की ने देखा कि उसके दोनों बच्चे उसके पास से चले गए, तब उसने भी सोचा कि उसे भी अपने प्राण त्याग देने चाहिए और उसने धरती से प्रार्थना की कि वह फट जाए। उसकी प्रार्थना के बाद धरती में एक दरार निर्मित हो गई और वह उसमें समा गई। महाप्रभु उसे बचाने के लिए लपके, परन्तु वह पृथ्वी के तल में पहुँच गई और कप्पोड़ चूआ पहुँच गई, जहाँ लक्ष्मण ने उसके केश पकड़कर उसे बाहर खींचा। वहाँ उसने उस लड़की को स्नान करवाया और अपने साथ ले गए।

उस जमाने में वहाँ का राजा एक डोम था जिसका सभी लोग सम्मान करते थे। उन्हीं दिनों एक बेंग राजा और बेंग रानी भी थे। उनकी कोई सन्तान नहीं थी। वे एक दिन जंगल में कन्दमूल खोदने के लिए गए थे। वे जब उस पीपल वृक्ष के पास पहुँचे, तो उन्हें वह बालक खेलता हुआ मिला। प्रसन्न होकर वे उसे अपने घर ले आए। जब वह लड़का बड़ा हुआ, तब बेंग राजा के पास कर पटाने के लिए गया। वह बालक भी उसके साथ जाना चाहता था। बेंग राजा ने उसे मना किया, परन्तु उसने बहुत आग्रह किया। बेंग राजा ने उसे हाथ उठाकर नमस्कार किया और लड़के ने उसे पैर दिखाकर। डोम राजा उस लड़के पर बहुत क्रोधित हुआ और वह उसकी हत्या करने पर उद्यत हो गया। उस लड़के ने डोम राजा को उत्तेजित देखकर उसे बाँस के बने हुए अपने धनुष-बाण से मार डाला और उसकी सम्पूर्ण सेना को भी समाप्त करके स्वयं राजा बन बैठा।

एक दिन वह शिकार खेलते हुए उस सल्फी वृक्ष के पास जा पहुँचा, जहाँ उसे उसका भाई मिला और उसने सोचा, 'मैं इसे अपना सामान ढोने के लिए रख लूँगा।' वह उसे अपने घर ले आया। वह लड़का कभी-कभी जंगल में चला जाता था। राजा ने सोचा, 'यह इस प्रकार विक्षिप्त इसलिए हो जाता है, क्योंकि इसकी पत्नी नहीं है।' वह उसके लिए वधू ढूँढ़ने निकल पड़ा।

उधर राम और लक्ष्मण कप्पोड़ चूआ छोड़कर उस लड़की के साथ चले गए। उसने एक बेटी को जन्म दिया था जिसने अपनी माँ को ही खा जाने की चेष्टा की। महाप्रभु ने उस लड़की को पकड़ लिया परन्तु उसने अपने दाँत से उनके हाथ को काटकर तोड़ दिया। वे उस पर इतना अधिक क्रोधित हुए कि उन्होंने उसके कानों में छेद करके सियाड़ी की रस्सी कानों में डालकर उसे एक वृक्ष से बाँध दिया। उसकी कमर में उन्होंने एक भारी पत्थर भी बाँध दिया।

जब राजा उस लड़के लिए पत्नी खोजने निकला तो उसे यह लड़की मिली। उसने इस लड़की को वृक्ष से खोला और अपने साथ ले गया और उन दोनों का विवाह करवा दिया। जब उन्हें सोने के लिए एक घर में भेजा गया तब उस लड़की ने कहा, 'हम यहाँ नहीं रहेंगे। हमें जंगल में जाकर रहना चाहिए।' और वे वहाँ से भाग गए। उन दोनों के संसर्ग से गदबा और परेंगा उत्पन्न हुए, इनमें गदबा बड़ा भाई था और परेंगा छोटा भाई था।

●

किटुंग की पत्नी केतरराजी केतरगमी, अजेरंगदिये अपने सोने-चाँदी के आभूषण मिट्टी की एक गुल्लक में रखती थी और प्रत्येक प्रकार के बीजों को एक बाँस की कोठी में। एक वर्ष जब खेत बोने का समय आया, तब किटुंग और उनकी पत्नी ने परम्परानुसार बीजों की कोठी के सम्मुख बलि प्रदान की। तब अजेरंगदिये ने कोठी से बीज निकालने के लिए उसमें अपना हाथ डाला। परन्तु कोठी के भीतर से एक लड़की ने बीज देते हुए कहा, 'माँ, बीज ग्रहण करो।' जब उसने यह आवाज सुनी तो किटुंग को बुलाया और दोनों ने कोठी पर चढ़कर उस लड़की को बाहर निकाला।

उन्होंने बलि चढ़ाने का काम जारी रखा और जब वह कार्य पूर्ण हो गया, तब अजेरंगदिये नृत्य के लिए शृंगार करने हेतु अपने आभूषण लेने गई। परन्तु उस गुल्लक के भीतर से एक लड़की की आवाज आई, 'माँ, ये गहने ले लो।' जब उसने यह आवाज सुनी तब उसने अपने पति को बुलाया और उस लड़की को गुल्लक से बाहर निकाला। उन्होंने दोनों बच्चों को स्नान करवाया और उन्हें खाना खिलाया। इसके बाद उन्होंने उनका नामकरण किया और जो लड़की अन्न के बीजों की कोठी से निकली थी उसका नाम 'सीताबोई' रखा और आभूषणों की गुल्लक से निकली हुई लड़की का नाम 'रूपनसुरी रानासुरी' रखा। जब वे बड़ी हुईं, तब सीताबोई का विवाह रामा किटुंग से हुआ और दूसरी लड़की का विवाह भीमा किटुंग से हुआ। इसी कारण से साँवराओं के पास, जो रामा किटुंग की सन्तान हैं भरपूर अन्न है, और हिन्दुओं के पास जो भिम्मा की सन्तान हैं, सम्पूर्ण सोना-चाँदी है। जब ब्राह्मणों ने रामा किटुंग की शक्ति को पहचान लिया तो उन्हें ले जाकर ईंटों से बने पक्के मन्दिर में बन्द कर दिया। सीताबोई अकेली रह गई और उसने रानादिपु किटुंग से विवाह कर लिया। वह उन्हें लेकर पहले मंदियाबुर पर्वत पर चला गया और बाद में पुरी ले गया। प्रत्येक बलि के अवसर पर हम सीताबोई का अच्छी फसल की कामना से स्मरण करते हैं क्योंकि वह अन्न की प्रत्येक बाल का निरीक्षण करके उसे उपजाऊ बनाती हैं।

●

रामा और भीमा दोनों भाई थे। एक दिन और एक ही समय दोनों भाइयों की स्त्रियाँ गर्भवती हो गईं और वे दोनों एक साथ ताड़ी पीने चले गए। रामा ताड़ के वृक्ष पर चढ़कर उसकी शाखा पर बैठकर ताड़ी पीने लगे और भीमा वृक्ष पर नहीं चढ़ सका इसलिए वह नीचे खड़े होकर जो बूँदें रामा द्वारा पीते समय छलकती थीं उन्हें ही अपने मुँह में ओट रहा था। एकाएक एक बाघ वहाँ कहीं से आ धमका और वह भीमा को मारकर खा गया।

रामा अकेले अपने घर पहुँचा। कुछ दिनों उपरान्त भीमा की पत्नी ने एक पुत्र को जन्म दिया और रामा की पत्नी ने सात पुत्रों को। बड़े होने पर एक दिन जब वे बच्चे

खेल रहे थे, तब रामा के बेटों ने भीमा के बेटे को चिढ़ाया, 'तुम तो बिना बाप के बेटे हो।' भीमा का बेटा बहुत उत्तेजित हो उठा और उसने कहा, 'यदि मेरी माँ मुझे यह नहीं बताएगी कि मेरे पिता कहाँ हैं, तो मैं उसे मार डालूँगा।'

जब उसकी माँ एक दिन पानी भरने के लिए गई तब वह रास्ते के किनारे छिप गया। उसने उसे पकड़कर मारने के लिए अपना डंडा उठाया ही था कि उसने कहा, 'तुम क्रोध मत करो। पहले मुझे घर तक पानी पहुँचाने दो, तब मैं तुम्हारे पिता के बारे में बताऊँगी।' घर पहुँचकर उसकी माँ ने बताया कि कैसे रामा और भीमा एक बार ताड़ी पीने के लिए एक बड़े ताड़ वृक्ष के पास गए और वृक्ष के नीचे खड़े हुए भीमा को एक बाघ खा गया। उस लड़के ने कहा, 'मुझे एक बन्दूक बनाकर दो।' उसकी माँ ने उसे लकड़ी की एक बन्दूक प्रदान की। उस लड़के ने कहा, 'मैं अब बाघ को मारने जा रहा हूँ।' परन्तु उसकी माँ ने कहा, 'पहले तुम एक हिरण को मारकर दिखाओ फिर बाघ को मारना।' उस लड़के ने बाहर निकलकर एक हिरण को मार डाला। उसके पश्चात उसने अपने घर जाकर कहा, 'अब मैं बाघ को मारने जा रहा हूँ।' तब उसकी माँ ने कहा कि 'पहले एक गौर को मारो, फिर बाघ को मारना।' वह लड़का अपनी माँ की इन बातों से उकताकर एक दिन चुपचाप घर से निकल गया। उसे बाघ मिला और उसने उसे मार डाला। वह उस मृत बाघ को उठाकर रामा के पास ले गया, जो उससे बहुत प्रसन्न हुए और उसको अपनी बेटी के लिए लमसेना बनाकर अपने घर में रख लिया।

उचित समय आने पर भीमा का पुत्र उस देश का राजा बन गया। उसे रामा के सातों बेटों द्वारा किए गए कटाक्ष की याद हो आई और वह उनसे युद्ध करने के लिए निकल पड़ा। वे पहले तो अपने-अपने घरों में छिप गए और फिर जंगल में भाग गए। उसने उनका वहाँ भी पीछा किया, परन्तु उन लोगों ने उसके सैनिकों को मार डाला और उसे पकड़ लिया। उसने उन लोगों से कहा, 'मुझे यहाँ से जाने दो। मैं पहाड़ों पर राज्य करूँगा और तुम लोग मैदानी क्षेत्र पर राज्य करो।' इस प्रकार से साँवरा लोग पर्वतों के राजा बन गए क्योंकि वे रामा के पुत्र थे।

साँवरा जाति की उत्पत्ति का मिथक

प्रलय के समय जब पृथ्वी जल में डूब गई थी, तब चारों ओर जल ही जल फैल गया था और कोई भी मनुष्य या पशु जीवित नहीं बचे थे। इन्द्र राजा के पिता बन्स राजा ने नीचे झाँककर देखा कि पृथ्वी का निर्माण अभी अधूरा है और अभी वह नम तथा दलदली है और उस पर कोई भी प्राणी नहीं रहते हैं। उन्होंने सब कुछ देखकर अपने घर जाकर अपनी रानी सुस्मती को बताया। उसने कहा, 'यदि तुम मनुष्य को उत्पन्न करना चाहते हो तो जाओ और जाकर वैसा ही करो।' जब वे जाने लगे तब उनकी रानी ने उन्हें एक नाव भेंट की जो उसके पिता की खोपड़ी से बनाई गई थी, जिसे उसने

उनकी मृत्यु के पश्चात निकाल लिया था। 'जब तुम मनुष्य को उत्पन्न करो तब उनको इस हड्डी से दो बार मारना और वे जीवित हो उठेंगे।'

राजा बन्स ने पृथ्वी पर जाकर सात दिनों तक अपनी देह को लगातार धोया, तब जाकर उनकी देह से स्वच्छ मैल निकला और उन्होंने उस मैल से दो मूर्तियाँ बनाईं– एक पुरुष की और दूसरी स्त्री की। उसके बाद उन्होंने उस खोपड़ी की हड्डी से उन दोनों को दो-दो बार टकराया और उनमें प्राण उत्पन्न हो गए और वे उनसे बातें करने लगे। वे उन्हें एक स्वर्ण की गुफा में ले गए। वहाँ उन्होंने बारह वर्ष गुजार दिए। उस जमाने में हमेशा सिर्फ रात्रि ही हुआ करती थी। जब सुरा (सूरज) देवता उत्पन्न हुए तब उजाला हुआ। उस दिन वह लड़की गर्भवती हुई और तेरह माह के पश्चात उसने एक पुत्र को जन्म दिया। जब वह बड़ा हुआ तब महाप्रभु उसे देखने आए और उस लड़के को देखकर वे प्रसन्न हो गए। चूँकि उसका जन्म सोने की गुफा में हुआ था, इसलिए वह सोनरा कहलाया। उसके पश्चात दस लड़के और दस लड़कियाँ उत्पन्न हुईं, जिनसे बहुत-सी अन्य जातियों की उत्पत्ति हुई। सोनरा के बच्चे साँवरा कहलाए। वे अपने जन्म स्थान को सिवरी नारायण कहने लगे।

अध्याय : छब्बीस

विवाह पद्धति

महादेव की एक बेटी थी। वह वयस्क होकर एक अति सुन्दर स्त्री बन गई परन्तु फिर भी उसके विवाह का प्रस्ताव लेकर कोई भी नहीं आता था, क्योंकि सभी लोग उसके भयंकर भाई से डरते थे।

एक दिन महादेव ने अपने मन में विचार किया, 'यह लड़की बहुत बड़ी हो गई है, इसका विवाह हो जाना चाहिए। मैं इसे ले जाकर अर्जुन के गले में बाँध दूँगा, तब उसे विवश होकर इससे विवाह करना पड़ेगा।' वे अर्जुन के पास पहुँचे और उससे कहा, 'ओ अर्जुन, मेरी बहन के साथ तुम विवाह कर लो।' अर्जुन ने कहा, 'नहीं, मैं आपकी बहन के साथ विवाह नहीं कर सकता।'

महादेव जाकर एक कमार के घर से एक पंखा और एक विवाह की टोकरी ले आए जिसमें बिठाकर दूल्हा-दुलहन को झुलाते हैं। उन्होंने अपनी बहन को अर्जुन के गले में बाँधकर उन दोनों को टोकरी में बैठा दिया और इस प्रकार उन दोनों का जबरदस्ती से विवाह कर दिया गया।

परन्तु अर्जुन ने उत्तेजित होते हुए कहा, 'मैं इस लड़की के साथ विवाह नहीं करना चाहता।' समीप ही बरगद का एक खोखला पेड़ था और अर्जुन जाकर उसमें छिप गया। महादेव ने वधू की सहेलियों से कहा, 'इस वृक्ष पर हल्दी और तेल चढ़ाओ और इसके खोखल में खूब जल चढ़ाओ और फिर पंखा झलो।' अर्जुन को इतनी ठंड लगने लगी कि उसने कहा, 'बहुत अच्छा, मैं उससे विवाह कर लूँगा, परन्तु मुझ पर और अधिक अत्याचार मत करो।'

उन्होंने बरगद के वृक्ष के सात चक्कर लगाकर विवाह का विधान पूर्णरूप से सम्पन्न किया।

यह विवाह सर्वप्रथम विवाह था उसके पश्चात सम्पूर्ण संसार ने विवाह की पद्धति सीख ली।

•

जब मनुष्यों का जन्म हुआ तब वे अपने साथ सियाड़ी के थोड़े से बीज ले आए थे और रहने के लिए जंगल में चले गए। वे उन दिनों बन्दरों की भाँति रहते थे और

वृक्ष की एक शाखा से दूसरी शाखा पर कूदते हुए और सियाड़ी के बीज खाते हुए जीवनयापन करते थे। वे अपनी माँ-बहनों को भी नहीं पहचानते थे, और प्रत्येक व्यक्ति उसी स्त्री से संसर्ग स्थापित कर लेता था जिसके प्रति वह आकर्षित हो जाता था। एक दिन निरंताली ने उनके मुखिया को बुलाकर कहा, 'यह क्या बात है, जो तुम लोग इस बेढंगेपने से रहते हो? न तुम लोग माँ को पहचानते हो और न बहन को?' उस मुखिया ने कहा, 'हम लोग जंगली बन्दरों के समान रहते हैं। हमारे पास विवाह में लोगों को खिलाने के लिए भोजन सामग्री नहीं है। बिना विवाह के हमारे रिश्तेदार कैसे हो सकते हैं?' तब निरंताली ने कहा, 'चलो मेरे साथ,' और उसे अपने घर ले जाकर उसने चावल का लाँदा (चावल की मदिरा), एक सूअर, एक मुर्गा और कुछ चावल प्रदान किया, 'ऐसी चीजें खाया करो। पहले जंगल में जाओ, वहाँ बलि चढ़ाकर अपने जंगल को काटकर साफ करो। जब तुम्हारी भूमि वृक्षों से खाली हो जाए, तब मैं घोड़े और हाथी से सभी प्रकार के बीज लेकर तुम्हें भेजूँगी। तुम लोग जंगल काटने के समय, जंगल को जलाने के समय और बीज बोने के अवसर पर बलि चढ़ाना, तब तुम पहचान पाओगे कि कौन-सी स्त्री तुम्हारी माँ है और कौन-सी तुम्हारी बहन।'

वह मुखिया निरंताली द्वारा दी गई सभी वस्तुओं को अपने साथ ले गया और उसने बलि चढ़ाकर थोड़ी-थोड़ी वे वस्तुएँ सभी लोगों को प्रदान कीं। जब उन लोगों ने उन वस्तुओं को खाया तब उनमें ज्ञान उत्पन्न हुआ और फिर यह समझने लगे कि कौन-सी स्त्री माँ है, कौन-सी बहन है और कौन-सी पत्नी है। उसके उपरान्त मनुष्य चावल का भोजन करने लगा और अपने सम्बन्धियों को पहचानने लगा।

●

पुराने जमाने में साँवरा लोग विवाह नहीं करते थे, परन्तु यदि दो लोग आपस में प्रेम करने लगते थे, तो वे अपनी स्वेच्छा से एक साथ रहने लगते थे। इस पर अन्य लोगों को क्रोध आता था क्योंकि मुखियों को और माता-पिता को ऐसे सम्बन्ध से कुछ भी प्राप्ति नहीं होती थी। ऐसे प्रकरणों में न तो वधू-मूल्य प्राप्त होता था, न ही सगाई के समय की मदिरा उपहार में मिलती थी और न ही लड़के द्वारा लड़की के अपहरण को समारोहित करने हेतु मदिरापान ही कराया जाता था। किटुंग ने आखिरकार विवाह संस्था आरम्भ करने का निश्चय किया जिससे कि मुखिया और रिश्तेदारों को प्रसन्न किया जा सके। उन्होंने सब लोगों को आज्ञा दी कि अपनी इच्छा से ही कोई भी युवक किसी भी युवती के साथ नहीं रह सकता। उस युवक को तीन-चार वर्ष तक समय-समय पर अपने भावी श्वसुर के घर उपहारस्वरूप मदिरा लेकर जाना पड़ेगा और जब लड़की का पिता प्रसन्न होकर लड़के को उन दोनों को साथ रहने की स्वीकृति

प्रदान करेगा तब जाकर ही वे दोनों साथ-साथ रह सकेंगे। 'इसके अतिरिक्त उस अवसर पर नृत्य एवं भोज का भी आयोजन होना चाहिए जिसमें भरपूर मदिरा की व्यवस्था की जानी चाहिए जिससे कि न केवल लड़का और लड़की ही आनन्द उठा सकें जिनका विवाह हो रहा है, वरन वे सब लोग आनन्द मना सकें जो उस अवसर पर उपस्थित हों। जो कोई भी व्यक्ति इस आज्ञा का उल्लंघन करेगा, उसकी मृत्यु हो जाएगी।'

अध्याय : सत्ताईस

धर्म का प्रचलन

पहले मनुष्य उत्पन्न हुआ उसके पश्चात देवता उत्पन्न हुए। उन दिनों मनुष्य अपनी खेती के कार्य में, संसर्ग में, खाने-पीने में और नाचने में इतने व्यस्त थे कि उनके पास देवताओं के लिए समय ही नहीं था और वे उन्हें बलि भी प्रदान नहीं करते थे। देवतागण जंगलों में फल-फूल खाकर और हवा-पानी पीकर रहते थे। अतः धर्म से निश्चिन्त होकर मनुष्य बहुत धनवान बन गए थे।

परन्तु जब महाप्रभु ने मनुष्य को इस प्रकार से उन्नति करते हुए देखा तो उन्हें चिन्ता होने लगी। 'यदि मनुष्य सदैव इसी भाँति सम्पन्न बने रहेंगे जैसे वे अभी हैं तब तो उन्हें किसी का भी भय नहीं रहेगा। मुझे कोई ऐसी युक्ति सोचनी चाहिए जिसके द्वारा इनका धन ये गँवा बैठें।' महाप्रभु ने सभी देवताओं को अपने पास बुलाकर छह माह तक अपने पास ठहराया और इस बीच उन्हें दूध और शक्कर से बने हुए अत्यन्त स्वादिष्ट पकवान खिलाकर उन्हें प्रसन्न रखा। उसके उपरान्त उन्होंने देवताओं से कहा, 'जाओ और मनुष्यों के बीच जाकर रहो। वहाँ एक सेली सीसा नामक व्यक्ति रहता है, उसके पास चले जाओ, वह मेरा मित्र है। वह तुम्हारे रहने हेतु उचित स्थान की व्यवस्था कर देगा और तुम्हारे खाने-पीने की सम्पूर्ण व्यवस्था कर देगा।

देवतागण सीसा के पास जा पहुँचे, उनका आगमन उसी प्रकार से हुआ जिस प्रकार से किसी हत्या के मामले में तफतीश करने के लिए पुलिस पहुँचती है। उसने उनके ठहरने की उचित व्यवस्था कर दी। उसने उन सभी का नामकरण भी कर दिया। एक को उसने डूम्बर कहकर पुकारा और उसे एक पवित्र वृक्ष कुंज में रहने के लिए भेज दिया और सेली को उसने बाघ देव बनाकर खेतों की सुरक्षा हेतु भेज दिया। एक देवता का नाम संकटा रख दिया और उसे नदी में उस स्थान पर ठहरा दिया जहाँ लोग स्नान किया करते थे। साओरूली को ग्राम के पर्वत पर भेज दिया, बुगाबोर को जंगल में भेज दिया, दगोई और गुरंगपोई को उसने अपने घर में ही ठहरा लिया, और सिंगराज के लिए पत्थर का एक चबूतरा बनाकर उस पर प्रतिष्ठित कर दिया।

इन सब देवताओं को खिलाने-पिलाने के लिए उसने राशन हेतु लगान लगा दिया। अब देवतागण केवल कन्दमूल खाकर ही सन्तुष्ट होनेवाले नहीं थे, वे महाप्रभु के महल में रहकर अत्यन्त कोमल हो चुके थे इसलिए वे मांस और अन्न के आहार की माँग

करने लगे। महाप्रभु की इस व्यवस्था के परिणामस्वरूप मनुष्य थोड़े समय के पश्चात ही निर्धन हो गए।

●

एक बहुत ही सम्पन्न गदबा था जिसका नाम आँगड़ा था, उसके बारह बेटे थे। उसने उन सब लड़कों का विवाह अच्छी-अच्छी लड़कियों से किया और उसके बाद उसकी मृत्यु हो गई। उन लड़कों ने उसका अन्तिम संस्कार किया और वे सामान्य रूप से अपना जीवन व्यतीत करने लगे। परन्तु उस गाँव में पानी का कोई भी साधन नहीं था और पानी लेने के लिए उन्हें बहुत दूर एक नदी तक जाना पड़ता था। उस गाँव के सभी लोग सोदोर के चबूतरे पर एकत्र हुए और उन्होंने एक कुआँ खोदने का निश्चय किया। उन्होंने वह कुआँ ठीक उसी स्थान पर खोदा, जिस स्थान पर आँगड़ा का दाह-संस्कार किया गया था। वे कुआँ खोदते हुए अस्सी हाथ गहराई तक चले गए, परन्तु पानी नहीं निकला। अन्त में वे काली चट्टानों के पास पहुँचे।

उन चट्टानों के नीचे बसमत कन्या रहती थी। वह उस समय गर्भवती थी। बारह भाइयों को उस चट्टान को तोड़ने में सात दिन और सात रात का समय लग गया। परन्तु उनमें से एक भाई के हाथ की सब्बल छूटकर गिर पड़ी और वह जाकर बसमत कन्या के पेट में घुस गई। उसके पेट के फूट जाने के कारण उसमें से देवताओं के साथ इतना अधिक पानी निकला कि कुआँ भर गया। उन देवताओं ने तीन भाइयों को पकड़ लिया और उनका मांसाहार करने लगे। दूसरे भाई भागने लगे और देवता उनका पीछा करने लगे। जब कभी भी कोई व्यक्ति उनकी पकड़ में आ जाता था तो वे बाघ के समान उन्हें कूदकर पकड़ लेते थे और उनका भक्षण कर लेते थे।

जब माछाड़ डोंगर पर रहनेवाले सुकरू गुरु को इन घटनाओं का पता चला, तब वह बारह गाड़ी भरकर मुर्गे, सूअर, नारियल वहाँ से लेकर आए और देवताओं की खोज करने लगे। कुछ समय तक तो उन्हें उनका पता नहीं चला परन्तु फिर वे संकरगढ़ पहुँचे। वहाँ वे देवताओं के चरणों में गिर पड़े और रोते हुए कहने लगे, 'मैं आपके लिए आपकी भोजन सामग्री ले आया हूँ अब आप लोग मनुष्य का वध करना बन्द कर दें।' तब जाकर देवताओं ने मनुष्य को त्यागकर मुर्गे और सूअर खाना आरम्भ किया। सुकरू गुरु ने देवताओं को वचन दिया कि भविष्य में मनुष्य उन्हें ऐसा ही आहार भेंट करते रहेंगे।

गदबा में मृतक को बलि चढ़ाने से सम्बन्धित मिथक

माली डोंगर पर गदबा लोगों के बारह घर थे। एक दिन वहाँ एक विवाह हो रहा था जिसमें सम्मिलित होने के लिए सभी लोग आए हुए थे। मेजबान ने अपने एक पड़ोसी को खाने में एक मेंढक परोसा और उसने वह खा लिया। उसके परिणामस्वरूप उस

व्यक्ति के पेट में बहुत से मेंढक उत्पन्न हो गए और उसका पेट फूलने लगा और उसकी मृत्यु हो गई। उसके रिश्तेदार उसे लेकर बरसी डोंगर पर गए और वहाँ उसे दफना दिया। उन्होंने उसकी कब्र पर एक शिला को रखा जिसके कारण उसका पेट फूट गया। उसके पेट से प्रत्येक प्रकार के दैत्य उत्पन्न हुए। उन्होंने शवयात्रा में आए हुए लोगों पर आक्रमण कर दिया और उन्हें खाँसी, बुखार, दस्त और शीत ज्वर के प्रकोप से अस्वस्थ कर दिया। बुखार और रोगों से ग्रस्त वे काँपते हुए अपने घर पहुँचे। उन्होंने एक सिरहा को बुलाया और उसने बकरा तथा मुर्गे की बलि प्रदान की तब जाकर दैत्यों और प्रेतों ने उन्हें व्याधि से मुक्ति प्रदान की।

दूसरे दिन मृतक के प्रेत ने अपनी विधवा स्त्री को पकड़कर उसके सिर पर प्रहार किया और उसे आहत कर दिया। उस स्त्री ने डोमबुरू को बुलाकर बलि चढ़वाई। तब उस प्रेत ने कहा, 'मैं अपनी स्त्री की पीठ पर बँधी हुई लकड़ी के अतिरिक्त कुछ भी स्वीकार नहीं करूँगा। उसे मेरे आसन की भाँति स्थापित करो और उसके समक्ष भोजन परोसो।' उस सिरहा ने उस काठ के आसन के समक्ष एक मुर्गे की बलि प्रदान की और तब वह प्रेत वहाँ से चला गया। उसके जाने के उपरान्त उस स्त्री के सिर की चोट अच्छी हो गई। इस घटना के उपरान्त गदबा जनों ने मृतकों के प्रति बलि चढ़ाना सीख लिया और वे मृतक की स्त्री के पीछे बँधे हुए काष्ठ का आसन बनाकर, कोई भी अन्य कार्य करने के पूर्व, उसके समक्ष बलि प्रदान करने लगे।

●

बहुत पुराने जमाने में दो भाई रहते थे, जिनके नाम पोरातोसकारो और पोराडोडेंगा थे—और उन्होंने पृथ्वी का निर्माण किया था। उनके हाथों में जल, बीज और पशु थे। वे दल पिन्नू की आराधना किया करते थे। एक दिन वे दोनों भाई अपने धनुष-बाण लिए हुए तोलम्बा नामक कन्ध के स्वप्न में आए। 'हम तुमसे भेंट करने आए हैं। हम गाँव के अन्दर नहीं ठहरेंगे और एक मात्र भोजन जो हम लोग ग्रहण करेंगे वह है बकरे का रक्त और मुर्गी के अंडे। ये हमारे धनुष और बाण हैं इन्हें हम तुम्हें प्रदान कर देंगे। हम लोग रहने के लिए गाँव के बाहर एक आम के पेड़ पर चले जाएँगे।'

तोलम्बा की जब नींद टूटी तब उसने देखा कि उसके हाथ में धनुष और बाण हैं। उसने लोगों से सुबह उठकर कहा कि हम लोगों को चाहिए कि हम उन दोनों भाइयों की पूजा करें, परन्तु लोग उसकी बात की खिल्ली उड़ाने लगे और उन्होंने कुछ भी नहीं किया। फिर लगातार तीन वर्ष तक सूखा पड़ा और फसलें उत्पन्न नहीं हुईं और बहुत से लोग भूख से मर गए। अन्त में तोलम्बा ने अपना सूपा और चावल उठाया और दरनी पिन्नू ने उसकी देह में प्रवेश किया और बताया, 'तुमने उन दोनों भाइयों की आज्ञा का पालन नहीं किया। यह तुम्हारा संसार है, तुम लोग यहाँ नहीं रहोगे तो फिर कहाँ रहोगे?' तोलम्बा ने कहा, 'यदि अगली फसल अच्छी होगी, तो यहाँ के लोग दोनों भाइयों की इच्छा के अनुकूल बलि चढ़ाएँगे।'

उस वर्ष अच्छी फसल उत्पन्न हुई और फसल कटने पर लोगों ने उन दोनों भाइयों के प्रति एक बकरा और मुर्गी के अंडों की बलि चढ़ाई। जब बलि का कार्य सम्पन्न हो गया तब वे सब लोग नाचने लगे और वे दोनों भाई भी मनुष्य रूप धारण करके सबके साथ नाचने लगे। वे धनुष-बाणों को हाथ में लेकर उन लोगों को सिखाने लगे कि उन हथियारों का प्रयोग किस प्रकार से किया जाता है। पुराने जमाने में लोहे के फालवाले तीर लेकर नाचते थे परन्तु जब से मेरिहा बलि की प्रथा समाप्त हुई है तब से उन्होंने भी लोहे के फाल लगाना बन्द कर दिया है।

नृत्य के पहले दिन सब लोग मदहोश थे इसलिए उन दोनों भाइयों को नहीं पहचान सके, परन्तु बाद में जब उन्होंने ध्यान दिया तो उन्हें ज्ञात हुआ कि वे दोनों भाई अन्तर्ध्यान हो गए हैं। तब उन्होंने यह स्पष्ट रूप से जाना कि वे दोनों भाई देवता थे। आजकल हम तीन वर्ष में एक बार आम के वृक्ष के नीचे जहाँ वे दोनों भाई रहते हैं, बलि चढ़ाते हैं और फिर उसके एक सप्ताह बाद हम अपने बीज बोने के लिए निकलते हैं।

●

पुराने जमाने में कोई नियम विधान नहीं था, लोग वृत-उपवास आदि नहीं करते थे, रजस्वला स्त्री के हाथ से भोजन और तम्बाकू ग्रहण कर लेते थे और बलि चढ़ाने के पूर्व ही भोजन कर लेते थे। इस बात पर दरनी पिन्नू बहुत अप्रसन्न थी और उसने अपने गुनिया दिना पण्डेन्ज को बुलाया। उसे स्वप्न में उसने बताया, 'तुम लोग अशुद्ध स्त्री के हाथ का भोजन और तम्बाकू ग्रहण करते हो और जब तुम्हारे यहाँ अतिथि आते हैं, तब भी तुम बिना बलि चढ़ाए ही उनके साथ भोजन कर लेते हो। इसीलिए तुम्हारी फसलें नष्ट हो जाती हैं।' सिरहा ने अपने सपने के बारे में गाँव के लोगों को बताया और आजकल किसी भी गाँव को सिरहा बलि चढ़ाने के अवसर पर चाहे जिसके हाथ का स्पर्श किया हुआ भोजन ग्रहण नहीं करता और बलि चढ़ाने के पूर्व कदापि नहीं खाता।

●

पुराने जमाने में निरंताली ने तारा पिन्नू के लिए बलि चढ़ाने का आयोजन किया। तारा पिन्नू ने कहा, 'मेरे सम्मान में लाल रंग से सजावट करो और तब मुझे प्रसन्नता होगी।' निरंताली गेरू मिट्टी खोजने निकली, उसने जाकर परमगत्ती से कहा, 'मुझे गेरू मिट्टी चाहिए।' उसने अपने दाहिने हाथ की प्रथम अँगुली काटकर उसे देते हुए कहा, इस रक्त को ले जाकर किसी स्थान पर भूमि पर छिड़क दो।' उसने वैसा ही किया और उससे लाल मिट्टी उत्पन्न हुई जिससे उन्होंने दीवारें बनाईं और उनको लाल रंग से चित्रित किया और बलि प्रदान की। उसके पश्चात तारा पिन्नू जल के भीतर प्रविष्ट हो गई और वहीं रहने लगी। बलि के अवसर पर तारा पिन्नू वहीं थी। जब बलि का कार्य सम्पन्न हो गया, वह उठकर बलि चढ़ाए गए भोजन को खाने हेतु गई और जब वह

जल से बाहर निकली तो पहाड़ और भूमि काँपने लगे। जब कभी भी भूकम्प होता है तो उसका अर्थ है कि तारा पिन्नू अपना भोजन ग्रहण करने हेतु गई है।

●

सोरू पिन्नू (पर्वत के देवता) और बाँगो पिन्नू (पृथ्वी के देवता) दोनों मित्र थे। जब कभी भी कन्ध लोग सोरू पिन्नू को बलि में बकरा चढ़ाते थे तब वे उसका एक हिस्सा बाँगो पिन्नू को भी भेजते थे और वे बाँगो पिन्नू को भैंसा की बलि चढ़ाते थे और उसका एक हिस्सा सोरू पिन्नू को भी भेजते थे। जब कभी भी सोरू पिन्नू कहीं जाते थे तब उनके बच्चों की देखभाल बाँगो पिन्नू करते थे।

एक दिन सिरहा ने सोरू पिन्नू और बाँगो पिन्नू के स्वप्न में आकर कहा कि 'वे लोग मांस का वितरण इस प्रकार से क्यों करते हैं?' बाँगो पिन्नू ने कहा, 'यदि तुम मुझे इस बालक की बलि चढ़ाओगे तब मैं तुम्हें बताऊँगा।'

उसने एक बालक की बलि चढ़ाई और तब बाँगो पिन्नू ने उसके स्वप्न में आकर कहा, 'देखो! हम दोनों मित्र हैं, मैं धरती का देवता हूँ और वह पर्वतों का देवता है। तुम्हारे लिए हम दोनों की सेवा करना बहुत भारी पड़ता प्रतीत होता है। सिरहा को चाहिए कि वह देवताओं की सेवा करे और एक माँझी बनाए जो सरकारी कामकाज को देखे।' सिरहा ने उसके पश्चात एक माँझी की नियुक्ति की और तब से वे लोग अपने-अपने कार्य का विभाजन करके गाँव के कार्य को सुचारु रूप से चलाने लगे।

●

किसी समय दो कन्ध थे, एक का नाम था लोंड्रुका और दूसरे का नाम था टिमका। लोंड्रुका का विवाह पुसारी नाम की लड़की से हुआ था और टिमका का भंडीजिला नाम की लड़की के साथ।

वे सब लोग एक ही घर में एकसाथ रहते थे। समय यूँ ही बीतता गया और उनके कुछ वर्षों में ही बहुत से बच्चे उत्पन्न हो गए। परन्तु तभी देवताओं ने उन्हें सताना आरम्भ कर दिया और उनके बहुत से बच्चे बीमार पड़ गए। वे लोग बहुत डर गए और उन्होंने निरंताली से जाकर पूछा कि वे इस संकट में क्या करें। उसने लोंड्रुका को बताया कि उसे गाँव का पुजारी बन जाना चाहिए और टिमका को गाँव का सिरहा। उसने लोंड्रुका से कहा कि वह एक भैंसे की बलि तीन वर्ष में एक बार दरनी पिन्नू को चढ़ाए। उसने टिमका से कहा कि वह रोग एवं व्याधियों से ग्रस्त लोगों का उपचार करे और बाबुराई तथा मावली देवियाँ उसकी देह में आया करेंगी। निरंताली ने उसे यह भी सिखाया कि किस प्रकार से इस कार्य को करना है। इस प्रकार से कन्ध समाज में मुखिया और पुजारी की नियुक्ति हुई और लोंड्रुका और टिमका के वंशज अपने-अपने कार्य को आगे भी करते रहे।

●

डुबला साँवरा पाताललोक में रहता था। उसके चार पुत्र थे और जैसे ही उसने उन चारों का विवाह निपटाया, वह बीमार हो गया और उसकी मृत्यु हो गई। उसके बेटों ने उसके शव को कमल के फूलों से सजाया और उसे वे श्मशान में ले गए और वहाँ उनकी चिता को करंजी की कच्ची लकड़ियों से सजाकर उसका दाह-संस्कार किया। उसकी अस्थियों से सारे देवताओं की उत्पत्ति हुई। उन्होंने डुबला के लड़कों पर सपने में आकर आक्रमण करना आरम्भ कर दिया और एक पर खाँसी का प्रकोप कर दिया, दूसरे को खुजली से ग्रस्त कर दिया। तीसरे लड़के को पतले दस्त होने लगे और चौथे पर चेचक का प्रकोप हो गया। परन्तु सबसे बड़ा लड़का गुनिया था और उसने पता लगा लिया कि इस संकट का क्या कारण है। उसने यथोचित बलि प्रदान कर देवताओं को भूलोक में भिजवा दिया। तब से देवतागण भूलोक में आकर साँवरा लोगों के बीच रहने लगे और उन्हें यातना देने लगे।

●

सरगड़ा किटुंग एक ब्राह्मण थे। पुराने जमाने में संसार में पूरे एक सौ ब्राह्मण थे। उनमें से एक बहुत ही निर्धन था परन्तु शेष सबके सब सम्पन्न थे। वे लोग अपने दीपक तेल से न जलाकर अपने मूत्र से जलाया करते थे।

एक दिन उस निर्धन ब्राह्मण की पत्नी ने अपने पति से कहा, 'अन्य सभी ब्राह्मण अपने-अपने दीपक अपने मूत्र से जलाते हैं, परन्तु तुम्हारे पास न तो दीपक ही है और न ही मूत्र।' उस गरीब ब्राह्मण ने कहा, 'परन्तु मुझमें इतनी शक्ति है कि यदि मैं इस गाँव से साठ कदम बाहर चला जाऊँ तो सम्पूर्ण पृथ्वी जल में समा जाएगी।' उसकी पत्नी ने उसकी बात की तनिक भी परवाह नहीं की और वह ब्राह्मण उस गाँव से निकलकर साठ कदम दूर चला गया। तुरन्त ही सम्पूर्ण पृथ्वी जलप्लावित हो गई और उसकी पत्नी सहित सारे ब्राह्मण उसमें डूब गए। वह स्वयं एक किटुंग बन गया और आज भी वह वृक्ष की शाखा पर अग्निशिखा की भाँति रहता है।

●

वायु की उत्पत्ति जगन्नाथ किटुंग से हुई। वे अपने सात भाइयों में सबसे छोटे थे। उनसे बड़े छह भाइयों के सबका विवाह हो गए थे परन्तु वे अकेले कुँवारे थे। बड़े सब भाई खेत पर काम करने चले जाया करते थे परन्तु वे अकेले घर पर ही रह जाते थे।

जगन्नाथ आकर्षक थे और युवा भी। बड़े भाइयों की स्त्रियाँ उन पर आसक्त हो गईं और एक दिन उन्होंने उनको सम्मोहित करना चाहा। उन्होंने उनके आचरण पर कोई ध्यान नहीं दिया और वे दिन-प्रतिदिन उनको वश में करने का प्रयत्न करने लगीं। अन्त में उन्होंने धमकी दी कि वे उनके पुरुषों को उनके आचरण के बारे में बता देंगे। वे इस बात से बहुत भयभीत हो गईं और उन्होंने अपने वस्त्रों को काँटों से फाड़ डाला तथा अपने-आपको नोंच डाला। इसके पश्चात वे सब भागकर अपने पुरुषों के पास खेत

की ओर चली गईं। वहाँ जाकर उन्होंने उनसे कहा कि जगन्नाथ ने उनकी इज्जत लूटने का प्रयास किया था।

क्रोध से आगबबूला होकर वे सब लोग घर आए और उस युवक को बाँध दिया। उन्होंने उसे बरगद के वृक्ष से बाँधकर उसमें आग लगा दी। परन्तु उसकी देह में से वायु बाहर निकली और अग्नि को दूर उड़ा ले गई और वे पूर्णरूप से बच गए।

उसके पश्चात जगन्नाथ एक किटुंग बन गए।

●

पुराने जमाने में जब किसी व्यक्ति की मृत्यु हो जाती थी, तब उसके पड़ोसी उसके शव को उठाकर फेंक आते थे। इसके कारण ही बच्चे पैदा नहीं होते थे और मृतक पित्रात्मा नहीं बन पाते थे। अतः जनसंख्या घटती जा रही थी। किटुंग ने सोचा, 'चूँकि गिद्ध मृतक व्यक्तियों के शवों का भक्षण कर लेते हैं, इसलिए मेरे पास कोई भी आत्मा नहीं पहुँचती। यदि भविष्य में हम मृतकों का दाह-संस्कार करें तो बेहतर होगा।' उसी बीच लंगसू नाम के एक व्यक्ति की रेसिंग में मृत्यु हो गई। जब किटुंग ने उसकी मृत्यु का समाचार सुना तो उन्होंने सभी लोगों को आदेश दिया कि वे सब लोग लकड़ियाँ ले-लेकर आएँ और उन्हें गाँव के बाहर एकत्र कर दें। उन सब लोगों ने किटुंग की आज्ञा का पालन किया और उन लकड़ियों से मृतक का दाह-संस्कार किया गया।

गुआर के दिन किटुंग ने लोगों से कहा, 'जब कभी किसी भी व्यक्ति की मृत्यु हो, तब उसका शव न फेंककर उसका दाह-संस्कार कर दिया करो। यदि तुम उसे जला नहीं सकते तो उसे दफन कर दो।'

जिन लोगों के शव गाड़े जाते हैं उनके प्रेत धवल रंग के होते हैं और जिनके शव जलाए जाते हैं, उनके शव काले होते हैं।

●

पुराने समय में न तो सिरहा थे और न ही सिरहिन, क्योंकि मनुष्य मरते नहीं थे। बहुत दिन इसी प्रकार व्यतीत होने के उपरान्त उयुंगाडा पर्वत पर सहिबड़ी नामक एक सिरहिन भूमि से निकलकर प्रकट हुई और उसके साथ ही सम्पूर्ण प्रकार के रोग उत्पन्न हो गए। वे रोग घाटियों से नीचे की ओर फैल गए और पर्वतों से सुदूर क्षेत्रों तक फैल गए और मनुष्यों को बुखार, पेटदर्द, चेचक और अन्य सब व्याधियाँ होने लगीं। एक व्यक्ति ने, जिसको पेट में दर्द और बुखार हो गया था उसने सोचा, 'यदि मैं इस गाँव में ही रुकता हूँ, तब तो मेरी स्थिति और अधिक बिगड़ जाएगी। मैं जंगल में जाऊँगा, फिर या तो मैं स्वस्थ हो जाऊँगा या मेरी मृत्यु हो जाएगी।' वह चुपचाप जंगल में चला गया और कुछ समय उपरान्त उस गुफा में पहुँच गया, जहाँ प्रथम सिरहिन रहती थी। उस सिरहिन ने उससे पूछा कि तुम्हारी क्या समस्या है। जब उसने सारी बातें उसे बतलाईं, तो उसने उसका हाथ उठाकर अपने सिर पर रख लिया और वह पूर्ण रूप से स्वस्थ हो गया।

उसने कुछ दिनों सिरहिन के साथ रहकर इस विद्या को सीखा। वे पति-पत्नी बन गए और गाँव-गाँव जाकर लोगों का उपचार करने लगे।

●

बहुत पुरानी बात है जब किटुंग की गाय से बहुत ही घनिष्ट मित्रता थी। वे साथ-साथ खाते थे और एक साथ घूमा करते थे। परन्तु एक दिन जब किटुंग ने अपना बिछौना धूप में सूखने के लिए डाला तो उसे गाय ने खा लिया। किटुंग उस पर बहुत नाराज हुए और उससे अपनी मित्रता तोड़ दी। तुमने जैसे मेरा बिस्तर खाया है उसी प्रकार से सब लोग तुम्हें खाया करेंगे, उसने कहा, 'परन्तु चूँकि हम लोग लम्बे समय तक मित्र रहे हैं, अतः मेरी आराधना करनेवाले गुनिया लोग तुम्हें नहीं खाएँगे।'

इसीलिए गुनिया सिरहा लोग गौमांस नहीं खाते हैं, यदि वे गौमांस खाते हैं तो उन्हें उलटी हो जाती है और वे बीमार हो जाते हैं।

●

पुराने समय में जब साँवरा लोगों की मृत्यु होती थी तब उनके रिश्तेदार उनकी स्मृति में शिलाएँ स्थापित नहीं करते थे और प्रेत जीवित लोगों को अत्यधिक सताते थे क्योंकि उनके पास रहने का अन्य कोई भी स्थान नहीं था और वे यत्र-तत्र भटकते रहते थे। उन्होंने क्रोधवश बहुत से लोगों की हत्या कर दी थी जिसके परिणामस्वरूप आबादी घटने लगी थी।

बाडुंग पर्वत पर उन दिनों तीन किटुंग रहते थे। साँवरा लोगों ने जाकर उनको अपने कष्ट के विषय में बताया। किटुंग के मुखिया ने कहा, 'जब कभी भी किसी व्यक्ति की मृत्यु हो तब तुम लोग उसके गुआर की रस्म किया करो।' 'परन्तु हमने तो इसके विषय में कभी कुछ सुना ही नहीं,' साँवरा लोगों ने कहा। 'गुआर के माध्यम से भूत-प्रेतों को रहने के लिए कोई स्थान प्रदान किया जाता है। उस विशिष्ट दिन एक स्त्री को चावल और एक स्त्री को मदिरा लेने भेजो। जंगल में जाकर एक शिला की खोज करो और उस पर चावल और मदिरा चढ़ाकर उसे खोद लो। उसे एक नए वस्त्र में लपेट लो, और यदि वह स्त्री के प्रेत के लिए है तो उसे एक साड़ी में लपेट लो। उस शिला को गाँव के समीप ले आओ। दूसरे दिन सिरहा को बुलाकर, भूमि में गड्ढा खोदकर उस गड्ढे में चावल और मदिरा चढ़ाकर उस शिला को स्थापित करो। उस शिला के चारों ओर नृत्य करो, तुरही बजाओ और हवा में बन्दूक चलाओ। एक भैंसा मारकर भोज आयोजित करो। तब वह प्रेत उस पत्थर में रहने लगेगा और किसी भी प्रकार का कष्ट नहीं होगा। परन्तु यदि तुम ऐसा नहीं करोगे तो मृतक के परिवार के लोग रोगग्रस्त होकर मर जाएँगे।'

●

जब मुकमान साहिब (मैक्फर्सन) ने कन्ध लोगों को नरबलि देने के लिए रोक लगाई, तब उनके भाई किरमाल साहिब (कम्पबेल) इस बात पर अपने भाई पर बहुत कुपित

हुए। उसने अपने भाई से कहा, 'तुमने इस प्रथा पर क्यों रोक लगाई हैं?' और तब उनके बीच बहुत संघर्ष हुआ।

उस समय मुकमान साहिब के पास एक हाथी था और किरमाल साहिब के पास एक घोड़ा था। उस हाथी के पंख थे और वह उड़ता था। एक दिन मुकमान साहिब ने कन्ध लोगों को बुलाया और उन्हें अपने साथ लेकर शिकार खेलने मारीगढ़ पर्वत पर चले गए, परन्तु किरमाल साहिब अपने भाई को चकित करने और उनकी हत्या करने के लिए वहीं झाड़ियों के पीछे छिप गए। परन्तु मुकमान साहिब ने ठीक समय पर ही उसे देख लिया और दोनों में संघर्ष छिड़ गया। किरमाल साहिब ने अपनी तलवार निकालकर अपने भाई के हाथी के दोनों पंख काट दिए और वह विशालकाय प्राणी भूमि पर गिर पड़ा। मुकमान साहिब ने किसी प्रकार से अपने आपको छुड़ा लिया और अपने घोड़े पर बैठकर भाग गए। उसके पश्चात किरमाल साहिब ने उस हाथी के पंख और पूँछ काटकर उन्हें फेंक दिया।

उस दिन के पश्चात से ही हाथियों की पूँछ छोटी होने लगी और उनका उड़ना भी बन्द हो गया।

●

दरनी पिन्नू ने बलिदान हेतु भोजन माँगा और कन्धजनों ने उन्हें वे सभी वस्तुएँ प्रदान कीं जो भी उनके पास थीं परन्तु उसने वे सब ग्रहण करना अस्वीकार कर दिया। उसने कहा, 'मुझे केवल नरबलि चाहिए।' तब कन्धजनों ने क्रोधित होते हुए कहा, 'हम लोग भले ही मर जाएँगे। परन्तु हम नरबलि नहीं देंगे।' उसके पश्चात वे दरनी पिन्नू के प्रति उदासीन हो गए।

परन्तु उसने कुपित होकर उनको अकाल के प्रकोप से ग्रस्त कर दिया और जो भी बीज वे खेतों में डालते थे वे उगते नहीं थे। थोड़ी भी वर्षा नहीं हुई और यहाँ तक कि जंगलों के कन्दमूल तक सूख गए। लोगों के पास का सम्पूर्ण पुराना अन्न समाप्त हो गया और फिर वे पत्ते और घास खाने के लिए विवश हो गए। उसके पश्चात लोग केवल पानी पीकर रहने लगे, परन्तु दरनी पिन्नू ने नदियों और झीलों को भी सुखा दिया।

तब अन्त में निराश होकर लोग दरनी पिन्नू के पास गए और उसे वचन दिया कि वह जो कुछ भी चाहती हैं, वह उन्हें भेंट करेंगे, यहाँ तक कि यदि उनके स्वयं के बच्चे ही क्यों न हों। 'हम तुमको मानव की बलि प्रदान करेंगे। परन्तु हम उन्हें कैसे पकड़ पाएँगे? यदि तुम उन्हें हमारे पास भेज दो तो हम उनकी बलि चढ़ा देंगे,' उन लोगों ने कहा। दरनी पिन्नू प्रसन्न हो गई और उसने वर्षा को भेज दिया और उसके पश्चात पुनः सर्वत्र हरियाली छा गई और फसल उत्पन्न हो गई। इसके पश्चात उसने पाटावली जाकर एक लोहार के लड़के को चुराया। उसने सिंगबोई नामक एक व्यक्ति को सिरहा नियुक्त किया और उस लड़के को उसको सौंप दिया। सिरहा ने उस लड़के को तीन दिनों तक स्नान करवाया। एक रविवार को उस पर हल्दी-तेल का लेपन किया

और उसे चावल का भोजन करवाया था। उसके पश्चात उसने उस लड़के को एक खम्बे से बाँधकर दरनी पिन्नू के लिए उसे बलि चढ़ा दिया। तब दरनी पिन्नू देवी प्रसन्न हो गई और तब तक अच्छी फसलें होती रहीं जब तक मोकामाल साहिब और किरमाल साहिब ने नरबलि पर रोक नहीं लगाई थी।

कन्धजनों के देश के अन्य हिस्सों में मुकरी साहिब, किरमाल साहिब और टूल साहिब ने नरबलि पर प्रतिबन्ध लगा दिया, क्योंकि उनका कहना था कि संसार में मनुष्यों की संख्या उनके कारण तीव्रगति से घटती जा रही है।

●

कन्ध जाति के टिमक गोत्र के सभी लोग सफगन्ना में नरबलि हेतु एकत्र होते थे। वे नरबलि का आयोजन अपने स्वयं के गाँवों में न करके सफगन्ना में ही करते थे, अपने गाँवों में केवल मेरिहा भैंसे की बलि चढ़ाया करते थे।

दरनी पिन्नू स्वयं ही नरबलि हेतु लड़कों को कालाहाँडी से पकड़कर वर्षा ऋतु में लाया करती थी। लड़का हवा के साथ उड़कर पुजारी के आँगन के सामने काँपता हुआ हाथ जोड़कर खड़ा हो जाता था। पुजारी उस लड़के का हाथ पकड़कर उसे घर के भीतर ले जाता था और उसके लिए स्वयं ही एक अलग चूल्हे पर भोजन तैयार करता था और उसे खिलाता था। इसके उपरान्त वह टिमक गोत्र के सभी लोगों को सूचना भेजता था और वे लोग सफगन्ना में एकत्र होते थे।

वहाँ ले जाकर वे लोग उस लड़के को दरनी पिन्नू के खम्बे से बाँध देते थे और उसे हल्दी के पानी से स्नान करवाते थे। एक बार की घटना है जब पुजारी ने इस अवसर पर लड़के की गर्दन पर प्रहार किया परन्तु वह प्रहार उचित स्थान पर नहीं लग पाया और पीठ का थोड़ा-सा हिस्सा ही कट सका। उस लड़के की मृत्यु हो गई और उन्होंने उसको पूरा का पूरा वहीं गाड़ दिया। वे उसका मांस-हड्डियाँ या रक्त कुछ भी अपने खेतों में डालने के लिए नहीं ले गए क्योंकि सफगन्ना से ऐसी कोई भी चीज ले जाने का निषेध था।

आजकल जब देवी किसी सिरहा की देह में आती है, तब वह पूछती है, 'क्या तुम मुझे प्याज और लहसुन दोगे?' इसका तात्पर्य यह है कि देवताओं की नाक में मानव गन्ध प्याज और लहसुन के समान लगती है। जब देवी यह प्रश्न करती है, तब कन्ध उत्तर देते हैं, 'सरकार आजकल तुम्हें प्याज और लहसुन देने के लिए अनुमति नहीं देती।'

देवी तब कहती है, 'इसीलिए तुम लोग हमेशा बीमार रहते हो और हाथी तथा बाघ तुम्हारी फसलों को नष्ट करते हैं और वन निरीक्षक तुम्हारे जंगल की लकड़ियाँ ले जाते हैं।' कन्ध उन्हें बताते हैं, 'इसमें हमारा कोई दोष नहीं है, उनको इसका पाप लगने दो।' जब देवी यह सुनती है तब उनके द्वारा लाई गई भेंट स्वीकार कर लेती है।

●

आरम्भ में कन्ध लोग अपने देवताओं को सफगन्ना में नारियल चढ़ाया करते थे। परन्तु दरनी पिन्नू इससे सन्तुष्ट नहीं थी और उसने एक दिन कहा, 'मुझे बलि में एक मनुष्य भेंट करो। मुझे गौर जाति (ग्वाला जाति) का एक व्यक्ति लाकर उसकी बलि चढ़ाओ।' तब से कन्ध लोग नरबलि करने लगे।

यह सिलसिला बहुत वर्षों तक चलता रहा। इसके पश्चात एक बार सफगन्ना में बहुत अधिक संघर्ष हुआ, जिसमें बहुत से लोग मारे गए और बहुत से लोग घायल हो गए।

उन्हीं दिनों बेलागड-लाजीगड में मुकमान साहिब का जन्म हुआ। जब वह बीस वर्ष का था, तब उसका विवाह निजुगढ के राजा बिनेंग राजा की बेटी से हो गया। विवाह के छह माह उपरान्त वह सफगन्ना आया।

संयोगवश उसी दिन कन्ध लोग एक नरबलि का आयोजन वहाँ कर रहे थे। मुकमान साहिब और उनकी पत्नी दोनों कन्ध परिधानों में सुसज्जित थे और उन्होंने कहा, 'कुछ देर हमारी प्रतीक्षा करो हम लोग भी वहाँ आना चाहते हैं।' कन्ध लोगों ने उनकी प्रतीक्षा करते हुए नरबलि को रोके रखा। तब मुकमान साहिब और उनकी पत्नी ने आकर कहा, 'यदि तुम आज से नरबलि हमेशा के लिए बन्द नहीं करोगे तो हम तुम सब लोगों को मार डालेंगे। इस व्यक्ति को छोड़ दो, तुम इसकी हत्या नहीं कर सकते।'

उनकी बातें सुनकर कन्ध लोग समझ गए कि ये लोग कन्ध नहीं थे और वे सरकारी अधिकारी थे और उन्होंने कहा, 'यदि हम दरनी पिन्नू को नरबलि नहीं देंगे, तब हम उन्हें क्या देंगे?' मुकमान साहिब ने उन्हें बीस रुपए निकालकर दिए और उनसे कहा, 'एक भैंसा खरीदकर उसकी बलि चढ़ा दो।' कन्धजनों ने वैसा ही किया और रविवार के दिन एक भैंसे की बलि चढ़ाई गई।

मुकमान साहिब उस स्थान पर अपनी पत्नी के साथ दो दिनों तक रुके और बलि पूर्ण होने के पश्चात वापस चले गए। बीस वर्ष के बाद मुकमान साहिब की मृत्यु हो गई। उसके पाँच बेटे और तीन बेटियाँ थीं। उनके बाद उनके लड़कों ने भी कन्ध लोगों को समझाया कि नरबलि मत करो। तब से वहाँ अन्य कोई भी साहिब नहीं आया है।

●

परमगत्ती का जन्म पाताललोक में हुआ था। जन्म के कुछ समय उपरान्त ही उन्होंने बाहर पृथ्वी पर आने की इच्छा की। उनके पश्चात पठानों का जन्म हुआ। प्रथम पठान अलेंजा पितरेंजा और देवलेंज गुब्बालेंज थे। ये सबसे पहले जन्मे हुए मनुष्य थे। वे आपस में बातें करते थे, 'परमगत्ती भूलोक में आने की चेष्टा कर रहे हैं। जब वे यहाँ आ जाएँगे तो वे सब चीजों पर अधिकार जमाकर यहाँ अपना राज्य स्थापित कर लेंगे।' अतः वे पहले भूलोक पर पहुँचकर सफगन्ना में प्रकट हुए। वे स्थान-स्थान पर विचरण करके दरनी पिन्नू के सम्मान में स्तम्भ स्थापित करने लगे। प्रत्येक स्तम्भ के सामने वे अपने मल-मूत्र से यह सोचकर एक चबूतरा भी बनाते थे कि इससे देवी प्रसन्न होंगी।

परन्तु उसने अत्यन्त क्रोधित होकर उन मुसलमानों को भगा दिया। इसके उपरान्त वह स्वयं भी भूलोक त्यागकर पाताललोक में चली गई। वहाँ उसका नाम निरंताली पड़ गया।

जब निरंताली ने देखा कि परमगत्ती भूलोक में जाने के लिए तैयार है, तब वह स्वयं उन्हें लेकर भूलोक में पहुँच गई। उस युग में कन्ध देश में चट्टानों के अतिरिक्त कोई और वस्तु नहीं थी। निरंताली ने उन्हें मिट्टी से ढँक दिया।

इसके बाद परमगत्ती अपनी कुल्हाड़ी और फावड़ा लेकर किसी स्त्री की खोज में निकल पड़े। जब उन्हें कोई स्त्री नहीं मिली, तब उन्होंने एक सर्प, एक बकरी और एक मेंढक को पकड़ लिया और उन्हें ले आए। जब निरंताली ने वह सब देखा तो वह पुनः पाताललोक में गई और वहाँ से एक स्त्री को साथ ले आई। वह अपनी बहन पुसुरूली की बेटी को लेकर आई थी जो अत्यन्त सुन्दर थी और उसका नाम सिंगासुरी मेरूसुरी थी। परमगत्ती उस पर बहुत प्रसन्न था और उन दोनों के संसर्ग में प्रथम कन्ध लोगों की उत्पत्ति हुई। जब उनके बच्चे उत्पन्न हो गए तब निरंताली पुनः दरनी पिन्नू बन गई और एक रात परमगत्ती के सपने में आई और उससे कहा, 'तुम मुझे बलि चढ़ाओ।' परमगत्ती ने पूछा, 'बलि किस स्थान पर चढ़ानी है?' उसे एक स्थान मिला जहाँ मुसलमानों ने एक पत्थर गाड़ दिया था। परमगत्ती ने उस स्थान की सफाई की और उसे गारे से लीपकर स्वच्छ किया और एक कन्द को बलि के रूप में चढ़ा दिया परन्तु दरनी पिन्नू इससे सन्तुष्ट नहीं हुई। दूसरे दिन परमगत्ती ने केले का एक वृक्ष बलि के रूप में चढ़ाया परन्तु वह फिर भी सन्तुष्ट नहीं हुई। इसके पश्चात उसने अगले दिन एक सम्पूर्ण बीजा वृक्ष चढ़ाया, जिसका रस रक्त के सदृश था, क्योंकि दरनी पिन्नू ने कहा था कि उसे रक्त चाहिए। परन्तु वह उसके बाद भी सन्तुष्ट नहीं हुई। उसके उपरान्त एक गिलहरी की बलि चढ़ाई गई परन्तु वह उससे भी प्रसन्न नहीं हुई। अन्त में वे गाय लेकर आए। परन्तु जैसे ही वह उसकी हत्या करने को उद्यत हुए, उस गाय ने अपना मुँह फाड़ा और अपने ऊपर और नीचे के जबड़े दिखा दिए। दरनी पिन्नू भयभीत हो गई कि वह गाय उसे खा जाएगी और वह इस डर से भागने लगी। तब परमगत्ती ने उस गाय को छोड़ दिया।

अन्त में एक लड़की वहाँ आ पहुँची जिसका नाम रंगाडूपो था। उसने कहा, 'मुझे बलि चढ़ा दो,' और परमगत्ती ने उसको मारकर उसका रक्त दरनी पिन्नू को चढ़ा दिया। इसके पश्चात वह देवी सन्तुष्ट हो गई।

इस प्रकार से मानव बलि आरम्भ हुई। इसमें कोई अन्तर नहीं पड़ता था कि बलि दिया जानेवाला व्यक्ति पुरुष है अथवा स्त्री परन्तु सामान्यतः वह लड़का ही होता था जिसे उसके पिता से बारह रुपयों में क्रय किया जाता था। उन दिनों जब बलि का समय आता था, तब वे अपने नंगाड़े कई दिनों पूर्व से ही बजाने लगते थे। जब नंगाड़ों की आवाज उस लड़के के कानों तक पहुँचती थी, तब देवी उसकी देह में उतर आती थी। बलि के दिन वे लोग उस बालक को आभूषणों से सुसज्जित करके और फूलमाला पहनाकर नृत्य करते हुए दरनी पिन्नू के स्तम्भ के पास ले जाते थे। वहाँ उसे भात

खिलाया जाता था। तब वह अपना मस्तिष्क झुकाकर कहता था, 'मुझे मार डालो,' पुजारी उसका सिर काट देता था और उसी समय सब लोग अपने-अपने चाकू लेकर उसकी ओर लपककर उसकी देह के मांस से छोटे-छोटे टुकड़े काट लेते थे, जिन्हें ले जाकर वे अपने खेतों में गाड़ देते थे जिससे कि भूमि उपजाऊ बन जाए।

●

पुराने जमाने में लिंगर, जो सबसे बड़ा पुजारी था और जन्तरा जो बड़ा गुनिया था वे दोनों सफगन्ना में मेरिहा भैंसे की बलि चढ़ाया करते थे। दरनी पिन्नू ने उनसे कहा, 'मुझे मनुष्य की बलि चाहिए।' उन तीनों कन्धों ने कहा, 'हमें इसके लिए मनुष्य कहाँ से प्राप्त होंगे और कौन-सा ऐसा व्यक्ति है जो स्वेच्छा से इसके लिए तैयार होगा।' दरनी पिन्नू ने कहा, 'ठीक है, मैं स्वयं ही इस उद्देश्य के लिए लोगों को लेकर आऊँगी और तब तुम लोग मुझे मेरा भोजन प्रदान कर सकोगे।'

दरनी पिन्नू कालाहाँडी गई, जहाँ उसे एक अविवाहित गौर (ग्वाला) का लड़का मिला। उसने उसकी ओर देखकर कहा, 'यह मेरे खाने हेतु अच्छा रहेगा।' वह लड़का मवेशी और बकरियाँ चराने के लिए जंगल में चला गया। दरनी पिन्नू ने कहा, 'मैं इसे कैसे पकड़ पाऊँगी? वह शोर मचाएगा और पड़ोस के लोग उसे बचाने आ जाएँगे।' अतः उसने एक बवंडर उसके पास भेजा और वह उसे उड़ाकर सफगन्ना ले गया।

तीन लोगों ने उसे पकड़कर लोहे की संकलों से बाँध दिया। तीन दिन के बाद उसे गर्म पानी से स्नान करवाया। इसके उपरान्त उन्होंने सरई का वृक्ष काटकर उसका एक नया स्तम्भ बनाया और उस लड़के को इस स्तम्भ से बाँध दिया। उन्होंने उस युवक के सिर पर एक मुर्गा काटकर चढ़ाया और फिर भात में हल्दी मिलाकर उसे खिलाया। जब उसने वह भात खा लिया तब उन्होंने उससे पूछा, 'इस वर्ष हमारी फसलें कैसी होंगी? बाघ हम पर आक्रमण करेंगे या नहीं?' उस लड़के ने कहा, 'तुम्हें इस वर्ष अच्छी फसल प्राप्त होगी और बाघों से किसी प्रकार की क्षति नहीं होगी।' जैसे उसने यह कहा, उन्होंने उसे कुल्हाड़े के प्रहार से मार डाला। उसका सिर काटकर उस स्तम्भ के पास गाड़ दिया। वहाँ उपस्थित सभी लोगों ने उसकी देह से छोटे-छोटे मांस के टुकड़े काटे और उन्हें लेकर वे अपने-अपने खेतों की ओर भागे और वहाँ ले जाकर उन टुकड़ों को खेतों में गाड़ दिया।

यह प्रथा मुकमान साहिब के आने के पूर्व तक चलती रही और उसके बाद बन्द हो गई।

जादू-टोना व जादुगरी

बिरकम दाई देवी बहुत ही धनाढ्य थी। वे देवताओं और भूत-प्रेतों को धन उधार दिया करती थी। उनमें से बहुत से लोग उसके घर में आकर मजदूरी किया करते थे और वह उन्हें अच्छा वेतन देती थी। वह मानव-रक्त और उनके कलेजे के अतिरिक्त और कोई वस्तु नहीं खाती थी।

जब वह बहुत वृद्ध हो गई और उसकी मृत्यु का समय समीप आ गया तब उसने देवताओं और भूत-प्रेतों को बुलाकर उनसे कहा, 'मेरी मृत्यु होने पर मेरे शव को न तो तुम लोग फेंकना और न ही जलाना। वरन उसके छोटे-छोटे टुकड़े करके उन्हें एक घड़े में भर देना और ऊपर से उसका मुँह ढँक देना और उसे पका लेना। जब वह पककर तैयार हो जाए तो तुम लोग उसे खाना नहीं। उस घड़े को ले जाकर नदी में छोड़ देना और उसे बहने देना।'

इसके तुरन्त बाद बिरकम दाई की मृत्यु हो गई। उन्होंने उसके छोटे-छोटे टुकड़े किए और एक घड़े में भरकर उसका मुख एक ढक्कन से बन्द कर दिया और उसे अच्छी तरह से पकाया। पक जाने पर उस घड़े को ले जाकर उन्होंने नदी के जल में प्रवाहित कर दिया।

नदी के प्रवाह के ढाल की ओर एक गदबा स्त्री रहती थी जो मछलियाँ खाकर अपना भरन-पोषण करती थी। वह प्रत्येक दिन मछली पकड़ने जाया करती थी। उस दिन उसने एक घड़े को अपनी ओर आते देखा और बड़ी कठिनाई से उसने उसको पकड़ा और नदी के तट पर ले आई। वहाँ उसने घड़े को खोलकर देखा तो वह पूरा मांस से भरा हुआ था। उसने उसमें से थोड़ा-सा मांस वहीं खा लिया और शेष को घर ले आई। उसकी सात पोतियाँ थीं। उन सबने उस मांस का आहार किया और उसके परिणामस्वरूप वे सबकी सब पहले पहल टोन्हीं (डायन या चुड़ैल) बन गईं।

●

एक युवक था जिसका नाम चिड़ईमार था, क्योंकि वह अपना अधिकांश समय चिड़ियों को मारने में ही व्यतीत करता था। उसने एक सुन्दर लड़की से विवाह कर लिया, परन्तु जब वह उसके पास शयन हेतु गया, तब उसने उसका यह कहते हुए अपमान किया,

'तुम केवल चिड़ियों को मार सकते हो।' उसने उसको लात मारकर भगा दिया और अपने पास फटकने भी नहीं दिया। वह युवक बाहर आ गया और बहुत ही दयनीय अवस्था में जाकर पड़छी में सो गया। दूसरे दिन भी उस लड़की ने उसके साथ वैसा ही व्यवहार किया और बहुत दिनों तक यही सिलसिला चलता रहा।

एक दिन जब चिड़ईमार, अपनी स्त्री के पास नहीं जा पाया तब वह चिड़ियों की खोज में जंगल में भटक रहा था। वह अपने दुर्भाग्य के बारे में सोचते हुए जोर-जोर से रोने लगा। एक प्रख्यात सिरहा कुंगरू ने उसका रुदन सुना और वह देखने के लिए गया कि क्या मामला है। वह देवताओं का जादूगर था। जब उसने लड़के की कहानी सुनी, तो उससे कहा, 'मैं तुम्हें इसके लिए एक दवा दूँगा।' उसने अपने सिर का एक बाल तोड़ा और अपनी देह का थोड़ा-सा मैल उतारा और उनको दो पीपल के पत्तों में लपेटकर उन्हें जला दिया। उसने दोनों पत्तों की राख उस युवक को दे दी। उसने कहा, 'जब तुम्हारी स्त्री का ध्यान कहीं और हो तब तुम इस राख को उसके भोजन में मिला देना और सब ठीक हो जाएगा।'

चिड़ीमार ने घर जाकर अपनी स्त्री के भोजन में वह राख मिला दी। उसने वह खाना खा लिया और उसके मन में अपने पति के प्रति प्यार उमड़ आया। वह उसके लिए रोने लगी, वह उसे एक पल के लिए भी नहीं छोड़ती थी। जब उस लड़के ने देखा कि वह उपचार कितना सफल सिद्ध हुआ तो वह जाकर उस सिरहा का चेला बन गया।

●

पुराने जमाने में एक गदबा स्त्री अपनी नतनिन के साथ बोरोंडी पर्वत पर निवास करती थी।

एक दिन अगसबुरिया देवता उस बूढ़ी स्त्री से मिलने के लिए आए और वे अपने साथ उसे उपहारस्वरूप भेंट करने के लिए चावल का लाँदा (मदिरा) लेकर आए थे। उसने वह मदिरा जब पीकर समाप्त कर दी तब उससे कहा, 'तुम मेरे लिए मदिरा लेकर क्यों आए हो?' अगसबुरिया देवता ने कहा, 'मैं तुम्हारी नतनिन से विवाह करना चाहता हूँ।' बुढ़िया यह सुनकर क्रोधित हो उठी और उसने झाड़ से अगसबुरिया को पीटा और उसका मदिरा का बर्तन भी तोड़ दिया। 'यदि मैं तुम्हें अपनी नतनिन दे दूँगी, तब मेरी देखभाल कौन करेगा?' वह चिल्लाई।

अगसबुरिया देवता वहाँ से भाग गया, परन्तु जैसे ही वह गया वह लड़की बेहोश हो गई। तब उस बुढ़िया को आभास हुआ कि उसने किसी देवता की पिटाई की थी। उसे आशंका होने लगी कि उस लड़की की मृत्यु हो जाएगी और वह उनके पीछे-पीछे उन्हें वापस बुलाने के लिए भागी। परन्तु उनको वह कहीं भी खोज नहीं पाई। अतः वह काँदा डोकरी के पास गई और उसने उस डोकरी को घटना का पूरा विवरण कह सुनाया। काँदा डोकरी ने कहा, 'यह एक गम्भीर मामला है, जब कोई देवता मानव समाज की किसी लड़की से विवाह करना चाहता है, तब उसे यह प्रस्ताव स्वीकार करना

ही पड़ता है। यदि वे तुम्हें नहीं मिल रहे हैं, तो 'मार्ग विवाह' सम्पन्न कर दो। गाँव से बाहर की ओर जानेवाले रास्ते पर मंडप बनाकर बिना दूल्हे के विवाह की रस्म पूरी कर दो, परन्तु यह सब कार्य उस देवता के नाम पर ही होना चाहिए।'

उस बुढ़िया ने अपने घर जाकर मार्ग विवाह सम्पन्न कर दिया और अपनी नतनिन का विवाह अगसबुरिया देवता के साथ कर दिया। इसके उपरान्त तुरन्त ही वह लड़की एक सिरहिन बन गई और वह लोगों की बीमारियों का उपचार झाड़ू, पंखे और दीपक के माध्यम से करने लगी।

●

आरम्भ में दुनिया में न तो मृत्य थी और नहीं जादू-टोन्हा। महाप्रभु ने सोचा, 'यदि लोग मरेंगे नहीं तो शीघ्र ही ऐसी स्थिति उत्पन्न हो जाएगी जब लोगों को पृथ्वी पर रहने के लिए स्थान नहीं बचेगा।' उन्होंने बहुत से लोगों को बुलाया और उन्हें नृत्य करने के लिए एक कन्ध गाँव में ले गए। उन्होंने कन्धजनों को बताया, 'हम लोग नर्तक हैं और तुम लोगों से मिलने आए हैं।' उसके पश्चात वे जंगल में चले गए और वहाँ नाचने लगे। कन्ध लोग उन्हें देखने के लिए एकत्र हो गए। उसी दिन एक कन्ध स्त्री ने एक शिशु को जन्म दिया और प्रसव के समय उन दोनों पति-पत्नी के अतिरिक्त वहाँ कोई भी नहीं था। नृत्य के प्रति उस व्यक्ति के मन में इतना अधिक उत्साह था कि वह अपनी पत्नी को अकेली छोड़कर घर में बाहर से ताला लगाकर नृत्य देखने के लिए चला गया।

वह नृत्य दो-चार दिनों तक चलता रहा और वह कन्ध वहीं रुककर उसे देखता रहा। इस बीच उसकी स्त्री भूख और प्यास से छटपटाने लगी। उसने घर से बाहर निकलने की चेष्टा की परन्तु घर के दरवाजे पर बाहर से ताला बन्द किया हुआ था और वहाँ अन्य कोई भी व्यक्ति नहीं था। तीव्र भूख के कारण उसने प्रसव के समय अपने ही शरीर से निकली हुई जेर को खा लिया। जब उसका पति घर वापस आया तब उसने अपनी पत्नी के मुँह पर रक्त लगा हुआ देखा और उसकी लाल-लाल आँखें देखीं। उसने अपनी स्त्री से पूछा कि उसने क्या किया है और उसकी स्त्री ने बताया कि उसने जेर को खा लिया है।

इस कृत्य के कारण ही संसार में मृत्यु का आगमन हुआ। कुछ समय के उपरान्त कुछ स्त्रियों ने उस स्त्री की थाली में भोजन किया और वे सब टोन्हीं बन गईं। इसीलिए हम लोग कभी भी किसी भी स्त्री द्वारा प्रसव के समय छोड़े गए नाल या जेर को नहीं खाते। कन्ध लोग जादू-टोन्हा में कुख्यात हैं और उनकी स्त्रियाँ अत्यन्त दुष्ट चुड़ैलें होती हैं।

●

बहुत पहले की बात है, उन दिनों रूसाइन पत्तों से अपना तन ढँकती थी। उसकी जीभ पर बाल उगे हुए थे। उन बालों के कारण वह सदैव अपनी जीभ बाहर निकाले रखती

थी और वे बाल उसके सम्मुख नीचे की ओर लटकते रहते थे। उन बालों के कारण वह कुछ भी नहीं कर पाती थी और दुनियाभर में जा-जाकर लोगों को कोसती रहती थी। उसके लिए मीठी बातें करना तो असम्भव ही था। वह कहा करती थी, 'तुम्हें बाघ खा जाए। तुम्हें कोई सर्प डस ले। तुम्हें बाढ़ बहाकर ले जाए।' उसके कोसने के कारण बहुत से लोगों की मृत्यु हो गई थी।

महाप्रभु ने विचार किया, 'यह रूसाइन शीघ्र ही सबको मार डालेगी।' उन्होंने उसके पास जाकर उसकी जीभ के बालों को उखाड़ने की चेष्टा की। जब वे असफल हो गए तब जंगल में जाकर कोई युक्ति सोचने लगे। उन्हें एक ऐसा कनखजूरा दिखाई पड़ा जो लिपटकर गोल बन जाता था। महाप्रभु ने सोचा, 'यदि उसे मैं यह कनखजूरा किसी प्रकार से खिला सका तो उसकी जीभ के बाल उखड़ आएँगे।' महाप्रभु ने उस कनखजूरे को एक छोटी मछली के साथ पकाया और उसे खिला दिया। तुरन्त ही उसकी जीभ के बाल झड़ गए और उसकी जीभ मुँह के भीतर चली गई। इसके कारण उसे आराम मिल गया परन्तु उनकी पराशक्ति नष्ट हो गई। वह फिर भी लोगों को शाप दिया करती थी, परन्तु अब उससे किसी का कोई भी अनिष्ट नहीं होता था। कुछ समय व्यतीत होने पर उसकी जीभ पर पुनः बाल उग आए और जीभ फिर से बाहर लटकने लगी। वह पुनः पहले के समान ही दुष्ट बन गई।

महाप्रभु ने पुनः उसकी जीभ के बालों को उखाड़ा, परन्तु अबकी बार उसने एक-दो बाल बचा लिए और उन्हें अपनी बेटी को दे दिया और शीघ्र ही उस लड़की की जीभ पर भी बाल उग आए। महाप्रभु ने कहा, 'अब ये दो हो गई हैं, अब मैं इनकी जीभ के बाल ही उखाड़ने में नहीं लगा रह सकता।' अतः उन्होंने सिरहे उत्पन्न किए जो इन चुड़ैलों को वश में कर सकें। उनमें प्रथम सिरहा सिन्धो गुरु था और दूसरा पन्तोगुरु था।

●

रंचापुट के लोगों ने अपने मवेशी चराने के लिए एक गदबा को रखा। एक दिन वह गदबा पशुओं को चराने के लिए सिंगलदार पर्वत पर ले गया जहाँ विद्या झोला देवता रहता था। जब देवता ने उस गदबा को देखा तो उसे आवाज देकर कहा कि उनके लिए थोड़ा-सा दूध ले जाए। उस गदबा ने पूछा, 'ठीक है, यदि मैं तुम्हें दूध दूँगा तो तुम मुझे बदले में क्या दोगे?' देवता ने कहा, 'तुम यहाँ प्रतिदिन आया करो, तब मैं तुम्हें प्रत्येक प्रकार के जादू सिखाऊँगा।' उस गदबा ने उन्हें पाँच गायों का दूध दे दिया और वापस घर चला गया।

दूसरे दिन सुबह वह गदबा उस पर्वत पर पहुँच गया और वह एक माह तक नियमित वहाँ देवता से जादू सीखने जाता रहा। जब वह जादू सीख गया, तब उसने सर्वप्रथम एक पड़ोसी पर उसका प्रयोग किया और उसे सम्मोहित करके उसकी हत्या कर दी। उसके पश्चात उसने मृतक की विधवा पर प्रेम के वशीकरण जादू का प्रयोग

किया और वह दसवें दिन मृतक संस्कार पूरे करके उसके दुख को भूलकर उस गदबा के पास पहुँच गई। वह गदबा विद्या झोला देवता के पास गया जिसने उसे यह कहते हुए आशीर्वाद प्रदान किया, 'मैंने जो विद्या तुम्हें सिखाई है, उसे तुम सम्पूर्ण मानव समाज को सिखाओ।' वह गदबा पहला सिरहा बना।

●

एक गाँव में सात भाई रहते थे। उनके माता-पिता नहीं थे और उनकी देखरेख उनकी नानी किया करती थी।

वहीं एक पर्वत पर पानी का एक ही झरना था और वही एकमात्र पानी का साधन वहाँ उपलब्ध था। सबसे बड़े भाई ने पानी के झरने के समीप ही साँभर का शिकार करने के लिए एक मचान बाँध लिया था क्योंकि बहुत से जंगली जानवर वहाँ पानी पीने आया करते थे। उसने चार दिन तक प्रयत्न किया परन्तु वह प्रत्येक बार विफल रहा। अन्त में उनमें से सबसे छोटे भाई को एक गौर का शिकार करने में सफलता मिली और उसने अपने भाइयों को बुलाया। जब उन्होंने उसके पेट की चीरफाड़ की तब उसमें से मानव शिशु निकला। उस शिशु ने कहा, 'तुमने मेरी माँ को मार डाला है अब मुझे दूध कहाँ से प्राप्त होगा?' उन भाइयों ने कहा, 'हम तुम्हारा पालन-पोषण करेंगे और फिर तुम्हारा विवाह करेंगे। तुम हमारे सबसे छोटे भाई होगे।' परन्तु एकाएक मृत गौर जीवित हो उठा, उसने सबसे छोटे भाई को मार डाला और उसे अपने सींगों पर उठाकर ले गया। एक काली चिड़िया ने उस बालक से कहा, 'गौर ने उस लड़के को मार डाला, चल हम लोग चलकर उस गौर को मारें।' वह चिड़िया उस बच्चे को उठाकर एक वृक्ष पर ले गई और उसने गौर को मार डाला।

एक तालाब में सात लड़कियाँ रहती थीं और उस बालक ने उन भाइयों से कहा, 'चलो इन लड़कियों से विवाह कर लें।' परन्तु उनको देखकर वे लड़कियाँ छिप गईं और वे सब लड़के उन्हें खोजने लगे। उसके पश्चात उस बालक ने अपनी देह को रगड़कर थोड़ा-सा मैल उतारा और उसे उन लड़कियों के शरीर पर फेंका। उसके जादुई सम्मोहन से प्रभावित होकर वे सातों बहन कन्याएँ उन सातों भाइयों से प्रेम करने लगीं। वे सब मिलकर आँखमिचौनी खेलने लगे और अन्त में एक-दूसरे से विवाह कर लिया।

●

जम्मा महाप्रभु की एक लड़की थी, जिसका नाम बिरमदाई था। जब वह बड़ी हुई तब उसका विवाह भूलोक पर बिरकम महाप्रभु के साथ हो गया। उचित समय पर उसने गर्भ धारण किया और जब प्रसव का समय समीप आने लगा, तब उसके पति जम्मा महाप्रभु को बुलाने के लिए गए।

जब वे बाहर थे तभी बिरमदाई ने एक बेटे को जन्म दिया। उसने स्वयं ही नाल को काटकर फेंक दिया। एक चील वहाँ उड़ती हुई आई और उस नाल को उठाकर ले

गई। पड़ोस के घर में ही पुजारी की लड़की आँगन में ही ढेंकी पर धान कूट रही थी। चील ने नाल को वहीं उस लड़की के समीप पटक दिया और उसे लड़की ने उठा लिया। उसने सोचा यह किसी पशु का मांस है और उसे भूनकर खाने बैठ गई। एक डोम स्त्री उसी समय तम्बाकू बेचती हुई वहाँ पहुँची और उसने उस लड़की को जब नाल खाते हुए देखा तो उससे एक टुकड़ा माँगा। इस प्रकार उन दोनों ने वह नाल खा लिया।

जब जम्मा महाप्रभु ने बिरकम महाप्रभु को देखा, तो उसे अपनी पत्नी को अकेला छोड़ने के लिए डाँटा-फटकारा। उन्होंने कहा, 'हमें तुरन्त ही वहाँ चलना चाहिए। यदि उसने नाल को कहीं फेंक दिया तो संसार पर भयानक संकट आ सकता है।' वे अतिशीघ्र घर पहुँचे और वहाँ उन्होंने देखा कि एक नवजात शिशु खेल रहा है, जब उन्होंने पूछा कि इसका नाल कहाँ है। बिरमदाई ने बताया कि उसने तो उसे काटकर फेंक दिया था और एक चील उसे उठाकर ले उड़ी। उन्होंने पूरे गाँव में पूछताछ की कि किसी ने चील को देखा था क्या, और तब पुजारी की लड़की ने बताया कि धोखे से उसने उस नाल को खा लिया है। जम्मा महाप्रभु जोर से चिल्लाने लगे, 'छि! छि! तुमने मानव मांस खाया है। तुम चुड़ैल बनोगी।'

उसके पश्चात हम लोग बच्चा पैदा होते ही उसके नाल और जेर को किसी गुप्त स्थान पर गाड़ देते हैं, जहाँ कोई भी चुड़ैल उसे न खोज सके।

●

राजा गोईबन्धो टिपाली नगर में रहता था। उसकी तीन पत्नियाँ थीं और उनसे उसके सात लड़के थे। एक दिन उनकी बड़ी रानी का बालोद सिंह अपहरण करके अमरपुर ले गया। राजा गोईबन्धो ने अपनी सेना साथ लेकर उस पर चढ़ाई कर दी। उसने अपनी रानी की सभी राज्यों में जाकर खोज की, परन्तु कहीं भी उसका पता नहीं चला। अन्त में वह अमरपुर पहुँचा और उसने एक झील के किनारे पड़ाव डाल दिया। जब सब सैनिक अपना खाना बनाने में लगे हुए थे तभी राजमहल की नाइन उस झील में स्नान करने के लिए आई। राजा ने उसे बुलाया और उसके साथ सहानुभूतिपूर्वक बातें और बहुत-सा इनाम देने का भी वचन दिया। तब उसने राजा को रानी का पता-ठिकाना बता दिया।

जब राजा को यह बात ज्ञात हो गई कि रानी अमरपुर में है तब उसने सैनिकों को तत्काल अपना भोजन समाप्त करके अमरपुर युद्ध के लिए अभियान करने की आज्ञा दी। उसने नगाड़ों की गड़गड़ाहट के साथ नगर में प्रवेश किया और थोड़ी ही देर में वहाँ के आधे लोगों को मार डाला। इसके पश्चात रात्रि भोजन का समय हो गया और उन्होंने युद्ध बन्द कर दिया परन्तु दूसरे दिन प्रातःकाल उन्होंने दोबारा चढ़ाई की और शेष बचे हुए आधे लोगों को भी मार डाला और अपहृत रानी को छुड़ा लिया।

रास्ते में राजा को तीव्र प्यास लग आई। वह एक जादुई झरने पर गए और उसमें से पानी पी लिया। पानी के पीते ही सभी प्रकार के जादू उसके शरीर में प्रविष्ट हो गए और वह झरना सूख गया। अपने घर पहुँचकर उसने अपने सातों बेटों को जादू

सिखाया और वे प्रथम सात गुनिये बने। उसकी मृत्यु के पश्चात उसके बेटों के बहुत से लोग शिष्य बन गए और इस प्रकार से जादू का ज्ञान सम्पूर्ण विश्व में फैल गया।

•

रमेली पर्वत पर एक प्रख्यात जादूगर रहता था जिसका नाम कुरसू साँवरा था। उसकी स्त्री की मृत्यु हो चुकी थी। उसी पर्वत पर भैंसू साँवरा रहता था जिसकी एक सुन्दर और कुँवारी बेटी थी, जिसका नाम मच्चो था। अपनी पत्नी की मृत्यु के उपरान्त कुरसू उस लड़की से प्रेम करने लगा था और उससे अपने साथ रहने के लिए याचना करता था। परन्तु वह उस बुड्ढे से विवाह नहीं करना चाहती थी। इसी प्रकार जब बहुत दिन बीत गए तब करसू ने अपने-आपसे कहा, 'मैं एक इतना बड़ा जादूगर हूँ और मैं इस लड़की को पाने के लिए क्या कुछ भी नहीं कर सकता।' वह कई दिनों तक इसी बात पर मनन करता रहा और अन्त में उसने एक नींबू, एक काला मुर्गा, एक नारियल और एक बोतल शराब ली और मध्यरात्रि में नग्न होकर मुक्की डोंगर पर चला गया। वहाँ उमहान सिंगीसुम की एक बेटी थी। कुरसू ने वहाँ उस देवता को मुर्गा और नारियल चढ़ाया और उस पर मदिरा को छिड़क दिया और उनसे आग्रह किया कि वे नींबू में प्रवेश करें। उसने कहा, 'ओ उमहान सिंगीसुम, जैसे ही मच्चो इस नींबू को खाए, वैसे ही उसे मेरे घर में भेज दो।' इस प्रकार वशीकरण जादू से नींबू को प्रभावित कर वह उसे गाँव के समीप ही एक नींबू के पौधे के पास ले गया और उसकी टहनियों में छिपकर बैठ गया। जब मच्चो उस स्थान पर से नदी से पानी भरने के लिए अपना घड़ा लेकर निकली, तो वैसे ही कुरसू ने वह नींबू उसके पैर के समीप गिरा दिया। उसने उसे उठाया और खा लिया। तुरन्त ही उसके मन में प्रेम जागृत हो उठा और वह प्रेम से व्याकुल हो उठी और मध्यरात्रि में ही उस वृद्ध के घर पहुँच गई। कुरसू उसे पाकर बहुत प्रसन्न हुआ और उसने अपना जादू अनेक लोगों को सिखाया।

अध्याय : उनतीस

सरकार और उसकी वित्तीय व्यवस्था

सरकार आने के पूर्व उत्तेलसाय महाराजा राज करते थे। कोई भी व्यक्ति किसी की भी परवाह नहीं करता था, कोई भी व्यक्ति डाका डाल सकता था, हत्या कर सकता था और धोखाधड़ी कर सकता था, जैसा उसकी जी चाहता था वैसा ही वह कर सकता था।

एक भतरा का एक बेटा था जिसका नाम मनुजा था। एक दिन एक केवट मछली लेकर उसके घर पर आया। उस भतरा की स्त्री ने उसे देखकर कहा, 'मुझे थोड़ी-सी मछली दो।' केवट ने कहा, 'मुझसे प्रेम करो तब मछली मिलेगी।' मछली प्राप्त करने के लिए उस स्त्री ने उस केवट के साथ संसर्ग किया। केवट थोड़ी-सी मछलियाँ उसे देकर चला गया। परन्तु भतरा के लड़के ने यह कृत्य देख लिया।

उसने चावल और मछली पकाई और अपने पति को परोस दी। जब उसने उन्हें खाया तो प्रसन्न होकर कहने लगा, 'मछली बहुत ही स्वादिष्ट बनी है।' परन्तु लड़के ने सारी बातें सच-सच बता दीं कि वे मछलियाँ किस प्रकार प्राप्त की गई हैं। भतरा को सुनकर गुस्सा आया और उसने अपनी स्त्री और बेटे दोनों की पिटाई की।

लड़का भागकर अपनी बुआ (फूफी) के घर में छिप गया। परन्तु उसकी बुआ ने डरते हुए कहा, 'तुम यहाँ मत रहो वरना तुम्हारा बाप आकर मुझे भी पीटेगा।' तब वह लड़का भागकर उत्तेलसाय राजा के यहाँ जाकर उसके तबेले में घास के गट्ठड़ों के नीचे छिप गया। वह अँधेरा होते तक, जब राजा का सईस एक घसिया वहाँ आकर सोने लगा तब तक वह वहीं छिपा रहा। राजा की एक लड़की थी जो उस घसिया से प्रेम करती थी। वह रात्रि में घसिया के पास आई और उस लड़के ने उन दोनों को देख लिया। बहुत देर के बाद वह लड़की वहाँ से चली गई और सईस घोड़ों को घास डालने के लिए उठा। जैसे ही उसने ढेर में से घास खींची, उस लड़के का पैर भी घास के साथ पकड़ में आ गया और उसने उसके पैर को पकड़कर खींच लिया। सईस ने उससे कहा, 'तुम घास चुराने आए हो।'

दूसरे दिन सईस उसको पकड़कर राजा के पास ले गया। राजा ने उस लड़के से पूछा, 'तुम घास किसलिए चोरी करते हो? तुम तो घोड़े नहीं हो, फिर तुम घास का क्या करोगे?'

उस लड़के ने कहा, 'मैं चोर नहीं हूँ। मेरे विचारों को मेरी माँ नहीं समझ पाई। मेरा बाप मेरी माँ के विचारों को नहीं समझ सका। मेरे बाप के दिमाग में क्या है इसका सईस को पता नहीं, आपके सईस के दिमाग में क्या है इसे आपकी बेटी नहीं जानती, आपकी बेटी के मन में क्या है इसका आपको पता नहीं है, आपके दिमाग को मेरा शिश्न नहीं जानता।'

राजा ने यह सुनकर उससे पूछा कि तुम कहना क्या चाहते हो। लड़के ने अपनी माँ के विषय में बताया फिर उसके बाप द्वारा उन दोनों की पिटाई कैसे हुई और कैसे वह घास के नीचे जाकर छिपा और उसने सईस को राजा की बेटी के साथ देखा।

'इसका तात्पर्य यह है कि तुम्हें जरा भी अक्ल नहीं है। और तुम्हारे राज्य में अंधेर है, जिसकी मर्जी में जो कुछ आता है वह वही करता है,' उस लड़के ने कहा।

राजा ने सईस को जिन्दा गड़वा दिया और तुरन्त ही उस लड़के के साथ अपनी बेटी का विवाह कर दिया और वह लड़का दीवान बन गया। उसने प्रत्येक कायदे-कानून बनाए। उसने पुलिस की नियुक्ति की और उसे आज्ञा दी कि जो कोई अपने पड़ोसी को सताए, उसे फाँसी पर लटका दो। उसने वन-निरीक्षक बनाए और उनको आज्ञा दी कि जो भी व्यक्ति अपनी आवश्यकता की पाँच लकड़ियों से अधिक लकड़ियाँ जंगल से लाए उसे जुर्माना करो। उसने आमिन बनाए और उनसे भूमि की पैमाइश करवाई।

●

पुराने जमाने में धन जैसी कोई वस्तु नहीं थी। परन्तु महाप्रभु ने जब सीमापटना का राज्य सीमाराजा और सीमारानी को सौंप दिया तब वहाँ एक सरकारी दफ्तर खोला गया जो सभी कार्यों की देखभाल करता था। परन्तु दीवान को अत्यधिक कठिनाई होती थी, क्योंकि वस्तुओं के क्रय आदि करने या भुगतान हेतु किसी भी प्रकार का साधन ही नहीं था।

एक दिन महाप्रभु सीमारानी को लेकर चाँदी के पर्वत पर गए और उसे उन्होंने चाँदी के बड़े-बड़े ढेर दिखाए। 'यह चाँदी है,' उन्होंने कहा। 'यह ताँबा है,' उन्होंने फिर कहा। इसके पश्चात वे उसे सोने के पर्वत के पास ले गए, जहाँ सोने के ढेर लगे हुए थे। उन्होंने कहा, 'यह सोना है।' जब वे घर वापस आए, तब महाप्रभु ने उसे सोने से सोने की मुद्राएँ बनाना तथा चाँदी से रुपया ढालना सिखाया और ताँबे से एक और दो पैसों के सिक्के बनाने की विधि बतलाई। उन्होंने सलाह दी, 'जब सिक्के बनकर तैयार हो जाएँ तब इस राज्य के प्रत्येक घर के लोगों को दो सौ रुपए दे दो।'

सीमारानी सोना-चाँदी और ताँबा लेकर सीमापटना आ गए और उसके सिक्के ढलवाए। उसके पश्चात उन्होंने चपरासियों के द्वारा राज्य के प्रत्येक घर में दो-दो सौ रुपयों के सिक्के बँटवाए। उसके पश्चात सभी लोग जो वस्तुएँ प्राप्त करना चाहते थे, उनके लिए भुगतान करने की स्थिति में थे।

●

महाप्रभु ने सभी जीव-जन्तुओं को उत्पन्न किया, उनमें से किसी को छोटा बनाया, किसी को बहुत ही बड़ा बनाया। उन्होंने सीमाराजा और सीमारानी को सम्पूर्ण संसार का मालिक बना दिया। राजा और रानी ने पालमस्का में अपना महल बनाया। राजा और रानी को जब गाँवों की यात्रा करनी पड़ती थी, तब उन्हें चट्टानों और काँटों पर से चलना पड़ता था। जब महाप्रभु ने यह स्थिति देखी, तब उन्हें बहुत दुख हुआ और उन्होंने कहा, 'मैंने इन्हें सम्पूर्ण संसार का राजा बनाया और इन्हें यात्रा करने में इतना अधिक कष्ट सहना पड़ता है, यह तो बहुत ही अनुचित है।' उन्होंने टिड्डे को बुलाकर कहा, 'तुम राजा-रानी को अपनी पीठ पर बैठाकर एक स्थान से दूसरे स्थान पर ले जाया करो।' वे इस बात के लिए सहमत हो गए।'

महाप्रभु ने थोड़ा-सा लहसुन लेकर उसकी सफेद त्वचा को हटाकर, उस पर लगा दिया और एक डिब्बा बनाकर उस डिड्डे की पीठ पर बाँध दिया तथा उसे आशीर्वाद प्रदान किया। 'यह पृथ्वी चाहे कितनी भी विशाल हो, तुम इस डिब्बे में अढाई दिन का राशन लेकर यात्रा कर सकते हो।' महाप्रभु ने स्वयं उस पर बैठकर यात्रा की और उसे सीमाराजा और सीमारानी को सौंप दिया। उसके पश्चात राजा हमेशा उसी में यात्रा करने लगा। उनको देखकर उनकी प्रजा ने भी टिड्डों पर बैठकर यात्रा करना सीख लिया और वे भी उसी प्रकार से यहाँ-वहाँ उड़ने लगे।

●

इस्पुर महाप्रभु एक बार एक बूढ़े ब्राह्मण का वेश धारण करके जयपुर महाराज के राजमहल में आए। महाराजा ने उनको बिठाकर उनको भोजन और पेय लाकर परोसा और उनको खिलाया। उन दिनों अन्न नहीं था और लोग सियाड़ी की बेल, जड़ और बाँस्ता (बाँस का कन्द) खाया करते थे। महाराज ने बाँस के गोल-गोल लच्छे काटकर तथा सियाड़ी के भूरे बीजों को ब्राह्मण को अंजली भरकर दिया और महल में वापस चला गया।

उस बूढ़े ब्राह्मण ने बाँस्ता खाया फिर एक बीज खाया फिर बाँस्ता खाया और फिर से एक बीज खाया। उसके पश्चात उसने बचे हुए बाँस और बीजों को एक दोने में भरा और ऊपर से उसको पत्ते से ढँक लिया और वहाँ से चला गया।

महाराजा ने उसी समय जब आकर देखा, तब वह ब्राह्मण जा चुका था। उसने उस दोने को उठाकर देखा तो उसे बड़ा आश्चर्य हुआ, उस दोने में उसने जो बाँस के गोल टुकड़े काटकर परोसे थे वे रुपए बन गए थे और सियाड़ी के बीज ताँबे के पैसे बन गए थे। उसे इस बात का ज्ञान ही नहीं था कि वे क्या थे, उसने सोचा वह ब्राह्मण नाराज होकर चला गया है इसलिए उसका दिया हुआ भोजन बिगड़कर उस प्रकार का हो गया है, और वह उसे फेंकने ही वाला था। परन्तु उस ब्राह्मण ने पीछे से आकर उसका हाथ पकड़ लिया और उससे कहा, 'यह धन है, इसे फेंको मत। इसे अपने पास रखो और इसका उपयोग करो तो तुम सम्पन्न बन जाओगे।'

●

कुछ व्यापारी अपने बैलों पर तिलहन लादकर कलिंग देश की ओर जा रहे थे। उस यात्रा में उनको एक माह लग गया। रास्ते में उन्हें सिलभाटा पर्वत पड़ा, उसके नीचे ही स्वच्छ पानी का एक तालाब था और उन्होंने वहीं डेरा डाल दिया। वह बहुत गर्म था। वे अपने बैलों को पानी पिलाने के लिए नीचे की ओर ले गए। वे बैल पानी के भीतर घुस पड़े परन्तु वह तालाब बहुत ही गहरा था और एक बूढ़े बैल के अलावा सभी बैल उस तालाब में डूब गए। वह बूढ़ा बैल किसी प्रकार से बचकर बाहर निकल आया। जब वह बैल बाहर निकलने के लिए संघर्ष कर रहा था, तब उन व्यापारियों ने देखा कि उस बैल की सम्पूर्ण त्वचा व पूँछ पर सैकड़ों की संख्या में कौड़ियाँ चिपक गई थीं। उन्हें निश्चय हो गया कि अन्य बैलों की हत्या उन्हीं कौड़ियों ने उनकी शक्ति चूसकर की होगी।

उन व्यापारियों ने बैल के शरीर से उन कौड़ियों को छुड़ाया और दो बोरे खाली करके उनमें कौड़ियाँ भर लीं। उसे भरकर वे बाजार ले गए और उनका उपयोग धन (सिक्कों) के रूप में किया, एक कौड़ी का दाम एक आने के बराबर और उन कौड़ियों के बदले में उन्हें जितना धन प्राप्त हुआ, उससे उन्होंने दूसरे बैल खरीद लिए।

●

मानव की उत्पत्ति दादा बुरका से हुई। जब मनुष्यों की जनसंख्या बढ़ गई, तब वे सब अलग-अलग स्थान पर जाकर रहने लगे। दादा बुरका कोया और उसकी पत्नी बहुत बूढ़े हो चुके थे।

एक दिन देउर ने विचार किया, 'अब सभी जातियाँ पृथक-पृथक बन गई हैं और उनके कोई मुखिया माँझी नहीं हैं, उनमें न कोई छोटा है और न कोई बड़ा है और सभी लोग अपनी-अपनी इच्छा के अनुसार काम करते हैं।' अतः देउर ने एक बहुत ही बढ़िया घोड़ा बनाया और उसे दादा बुरका कोया के पास ले गए। उस समय दादा बुरका के साथ दो बेटे और दो बेटियाँ थीं। देउर ने कहा, 'तुम दोनों में से जो भी इस घोड़े की सवारी कर सकेगा वह राजा बनेगा और दूसरा पोरोजा (प्रजा) बनेगा।' इतना कहकर वे वहाँ से चले गए।

बड़े लड़के का नाम सुकरू था और छोटे लड़के का नाम भीमा था। भीमा ने सुकरू से कहा, 'तुम घोड़े पर पहले चढ़ो फिर मैं चढूँगा।' सुकरू ने बहुत प्रयत्न किया परन्तु वह घोड़े पर नहीं चढ़ सका और चढ़ने हेतु सीढ़ी बनाने के लिए बाँस लाने चला गया। उसने वह सीढ़ी घोड़े के पीछे की ओर खड़ी की और चढ़ने लगा, परन्तु घोड़े ने उसे पटक दिया। तब भीमा और उसकी छोटी बहन लक्ष्मी ने कहा, 'तुम घोड़े पर नहीं बैठ सकते और अब हम दोनों भाई-बहन बैठेंगे।' भीमा ने घोड़े को पकड़ लिया और लक्ष्मी और भीमा दोनों घोड़े पर चढ़कर बैठ गए, घोड़े ने खूब उछल-कूद मचाई परन्तु वह उन्हें पटक नहीं सका। भीमा ने कहा, 'तुम मेरी पेटी, बिस्तर, काँवड़ में लेकर पीछे-पीछे आओ। हम लोग पृथ्वी की परिक्रमा लगाकर देखते हैं कि कहाँ पर क्या है।' वे सम्पूर्ण

पृथ्वी का चक्कर लगाकर अन्त में माहुल लक्टा पर्वत पर पहुँचे।' 'हम लोग इसी स्थान पर रहेंगे,' और सुकरू से कहा, 'तुम घर चले जाओ।'

वहाँ उन्होंने अपने रहने के लिए एक विशाल भवन बनवाया और लक्ष्मी और भीमुल उसमें पति-पत्नी बनकर रहने लगे। वे दोनों राजा-रानी बन गए और सुकरू पोरोजा बनने के लिए अपने घर चला गया। भीमा ने आमिन और जंगल गार्ड बनाए और पुलिस की भी नियुक्ति की। पुलिस और आमिनों ने लोगों को सताना आरम्भ कर दिया और सभी लोग उनसे डरने लगे।

●

जब सृष्टि की रचना हुई और मनुष्य उत्पन्न हुआ तब वे अपनी आरम्भिक अवस्था में सब बराबर थे। उनमें न कोई बड़ा था और न कोई छोटा। कोई भी व्यक्ति न तो किसी की परवाह ही करता था और न ही कोई किसी का अभिवादन करता था। न उस समय कोई राजा था और न ही कोई सरकार। जब निरंताली ने यह स्थिति देखी तो उसने सोचा कि यह तो कोई अच्छी बात नहीं है। उसने लोगों को बुलाकर कहा, 'यह तो उचित नहीं लगता कि यहाँ कोई छोटा-बड़ा ही न हो और सब एक बराबर और समान हों।' अतः उसने कुछ लोगों को धनवान बना दिया, कुछ को विद्वान बना दिया, बहुत से लोगों को मूर्ख बना दिया और अधिकांश लोगों को गरीब बना दिया। उसके पश्चात वे सब भयभीत रहने लगे और एक-दूसरे की आज्ञा का पालन करने लगे।

●

एक दिन जमदेवता ने निरंताली को बुलवाया, क्योंकि राजा होने के कारण उसे यह अधिकार था। जब वह पहुँची तब जमदेवता ने उससे कहा, 'तुम अन्य सब देवताओं की देखभाल किया करो और मुझे बलि भी प्रदान किया करो।' निरंताली ने सभी जीवों को एकत्र किया और उन्हें जमदेवता के पास ले गई। उन्होंने सब की ओर देखा, परन्तु उनमें पुष्प नहीं दिखाई पड़े और उन्होंने कहा, 'मुझे मांसाहार पसन्द नहीं है। मुझे पुष्प चाहिए।'

परन्तु उन दिनों पुष्प तो होते ही नहीं थे, तब निरंताली ने कहा, 'मैं पुष्प कहाँ से लेकर आऊँ?' जमदेवता ने कहा, 'एक केले का वृक्ष काटकर उसे नदी के किनारे रोप दो। उसकी जड़ में एक अंडा गाड़ दो और एक टोकरी में थोड़ा-सा चावल भरकर उसी स्थान पर गाड़ दो। उस वृक्ष पर सूत लपेटकर उसे उसी स्थिति में छोड़ दो।'

निरंताली ने जमदेवता के बताए अनुसार सब कार्य किया। जब वह दोबारा वहाँ गई तो उसने केले के वृक्ष पर लाल और सफेद रंग के फूलों को खिला हुआ पाया और उसमें केले के फल भी लगे हुए थे। उसने फूल और फल तोड़कर एक थाली में रखे, उसमें एक अंडा रखा और जमदेवता को भेंट देने के लिए ले गई। उन्होंने जब फल-फूल

देखे तो वे प्रसन्न हो गए। 'यह बहुत अच्छा है,' उन्होंने कहा, 'मैं शासक हूँ, मुझे ये ही वस्तुएँ प्रिय हैं।'

इसीलिए जब भी शासन के उच्च अधिकारी कन्ध लोगों के गाँव में जाएँ, तब उन्हें अंडे, फूल और केले भेंट किए जाने चाहिए।

●

पुराने जमाने में कोई भी राजा नहीं थे। निरंताली ने परमगत्ती और मंगरगत्ती को बुलाकर उनके साथ बहुत अधिक विचार-विमर्श किया। उस जमाने में जब राजा नहीं होते थे, तब लोग जिस लड़की को चाहते थे, उसे पकड़ लेते थे। वे एक-दूसरे का अपमान करते और स्वेच्छाचारिता प्रदर्शित करते थे। उन दिनों किसी प्रकार की सजा का प्रावधान नहीं था, न कोई न्यायाधीश थे। किरपाकेंज और किरासुन्देंज ने निरंताली से जाकर कहा, 'तुमने मनुष्य को जन्म दिया, परन्तु वे अपनी मनमानी करते हैं और वे बलात्कार, चोरी और धोखाधड़ी जैसे अपराधों में संलग्न हैं।' निरंताली ने उनकी शिकायत सुनकर कहा, 'ठीक है, अब मैं एक राजा बनाऊँगी, जो उन पर अंकुश लगाएगा। तुम लोग किसे राजा बनाना चाहेगे?' परमगत्ती और मंगरगत्ती ने कहा, 'हम राजा बनेंगे।' और किरपाकेंज तथा किरासुन्देज ने कहा, 'नहीं, राजा हम बनेंगे।'

उसी समय एक घोड़ा पृथ्वी में से प्रकट हुआ और निरंताली ने कहा, 'झगड़ा मत करो, तुम चारों में से जो भी कोई इस घोड़े की सवारी कर सकेगा वह राजा बनेगा।' परमगत्ती और मंगरगत्ती घोड़े से डरते थे, परन्तु किरपाकेंज और किरासुन्देंज कूदकर उस घोड़े पर चढ़ गए और उसे चारों ओर दौड़ाने लगे। निरंताली ने कहा, 'ये ही लोग राजा हैं।'

किरपाकेंज और किरासुन्देंज ही वास्तव में राजा बने, परन्तु उनकी कोई जरा भी परवाह नहीं करता था। तब कियामोल और मोकमल साहिब वहाँ आए और उन्होंने किरपाकेंज और किरासुन्देंज से कहा, 'तुम भले ही राजा हो परन्तु तुम्हें कोई राजा स्वीकार नहीं करता, इसलिए तुम अपना राज्य हमें दे दो।' उन्होंने कहा, 'आप सच कहते हैं, हमारा राज्य आप ले लो।' तब से एक विदेशी सरकार कन्धजनों पर शासन (राज्य) कर रही है।

अध्याय : तीस

आग की खोज

जब मानव की उत्पत्ति हो गई, तब उन्हें अपना भोजन कच्चा ही खाना पड़ता था क्योंकि उस समय तक अग्नि नहीं थी। देवताओं को इस बात की चिन्ता हो रही थी कि मानव समाज को अग्नि किस प्रकार उपलब्ध करवाएँ। वे लोग इस काम के लिए जनकरूसी के पास गए और उनसे आग्रह किया कि अग्नि पैदा करने के लिए कोई चेष्टा करें। उन्होंने कहा, 'मैं भला इसमें तुम लोगों की क्या सहायता कर सकता हूँ?' देवताओं ने कहा, 'अपने अँगूठे से अपने मस्तिष्क के बीच का भाग दबाओ।' उन्होंने वैसा ही किया और उनके मस्तिष्क से अग्नि उत्पन्न हो गई और आसपास की सभी वस्तुएँ धू-धू करके अग्नि की लपटों में जलने लगीं। देवताओं ने कहा, 'आपने अग्नि को उत्पन्न किया है, अतः यह आपका कर्तव्य है कि उसे शान्त करें।' उन्हें समझ में ही नहीं आया कि क्या किया जाए, अतः अन्त में जनकरूसी रावण के पास गए और उससे कहा कि वह उनके मस्तिष्क के बीच के भाग को अँगूठे से दबा दे। जब रावण ने मस्तिष्क को अँगूठे से दबाया तब जोर से पानी की धार निकलकर अग्नि पर पड़ने लगी। अग्नि लगभग नष्ट होने लगी थी परन्तु जनकरूसी ने उसे सलाह दी कि वह वृक्षों और पत्थरों के भीतर प्रवेश करके छिप जाए।

•

पुराने जमाने में लोग अपना भोजन कच्चा ही खाया करते थे। एक दिन महादेव और पार्वती पृथ्वी पर भ्रमण कर रहे थे। उन्होंने क्या देखा? उन्होंने देखा कि मनुष्य कच्चे मांस और कच्चे अन्न को खा रहे थे। पार्वती को मानव जाति के प्रति बड़ी दया उमड़ आई और उन्होंने महादेव से कहा कि आप इन्हें अग्नि प्रदान करें जिससे कि ये लोग अपना भोजन पका सकें।

महादेव ने अपनी देह को रगड़कर थोड़ा-सा मैल उतारा और उससे एक मक्खी बनाई। उसे उन्होंने भगवान के पास भेजा। भगवान ने मक्खी से पूछा, 'तुम्हें क्या चाहिए?' मक्खी ने कहा, 'मुझे आग चाहिए।' भगवान ने अपनी देह को रगड़कर थोड़ा-सा मैल उतारा और उससे अग्नि उत्पन्न की और उसे मक्खी के कूल्हों पर रख दिया। मक्खी जलती हुई महादेव के पास पहुँची। महादेव ने तुरन्त अग्नि को मक्खी से लेकर मनुष्य को सौंप दिया और उन्हें सिखाया कि उसका उपयोग करके भोजन किस प्रकार से पकाना है।

परन्तु उसमें से थोड़ी-सी आग मक्खी के कूल्हों पर छूट गई थी जिसके कारण से वह मक्खी जुगनू बन गई। वह जुगनू ही प्रथम जुगनू बना।

●

उस जमाने में जब मानव कच्चे मांस और अन्न का आहार करता था, एक दिन महाप्रभु जंगल में भ्रमण कर रहे थे। वे थककर आराम करने के लिए एक बाँस के झुरमुट के नीचे बैठ गए। जब उनकी थकावट मिट गई तब उन्हें भूख लग गई। उनकी इच्छा हुई कि किसी वस्तु को पकाएँ। वे बाँस के दो टुकड़ों को लेकर आपस में रगड़ने लगे और उनसे अग्नि उत्पन्न हो गई। उससे उन्होंने अपना भोजन पकाया और उसे खाकर अपने रास्ते चले गए। परन्तु जो अग्नि चूल्हे में बची रह गई थी उससे सम्पूर्ण जंगल में आग लग गई और जंगल धू-धू करके जलने लगा।

आग बुझने पर बहुत से बोंडो लोग जंगल में गए और उन्हें जंगल में बहुत से जानवर आग में भुने हुए पड़े मिले। उन्होंने उन्हें काटकर खाया। उन्हें भुने हुए मांस का स्वाद प्रियकर लगा और उन्होंने निश्चय किया कि वे भविष्य में अपना भोजन इसी रूप में खाया करेंगे। परन्तु अग्नि लुप्त हो गई। वे रोते हुए उसे खोजने लगे, 'वह कहाँ चली गई, जिसके कारण हमारा भोजन इतना स्वादिष्ट बन गया?' अग्नि एक वृक्ष की टहनियों में छिपी हुई थी। उन्होंने उन टहनियों को तोड़कर आपस में रगड़ा और अग्नि को वे पुनः पकड़ने में सफल हो गए।

●

बहुत से बोंडो बुलगढ़ में रहते थे। उन दिनों तक अग्नि का प्रादुर्भाव नहीं हुआ था। एक दिन उनका मुखिया और उसका सहायक दोनों गाँव के बाहर मुखिया के ताड़ी वृक्ष से ताड़ी पीने के लिए गए। उन्होंने बहुत अधिक ताड़ी पी ली और आपस में झगड़ते हुए घर वापस लौटे। उनके पास उनके धनुष-बाण भी थे और गाँव में पहुँचने पर उन्होंने एक-दूसरे पर बाणों से आक्रमण किया। वे बाण बीच में ही आपस में टकराए और उनसे अग्नि उत्पन्न हुई जिसने एक-दो मकानों को भी जला डाला। गाँव के लोग वहाँ एकत्र हो गए और उन्होंने आग को बुझाने का भी प्रयास किया परन्तु उसके पूर्व उन्होंने कभी आग देखी ही नहीं थी। उस घर के सभी पशु बकरे और मुर्गियाँ आग में जल गईं। बोंडो लोगों ने उन जले हुए पशुओं और मुर्गियों को एकत्र दिया, उनमें से अच्छी गन्ध आ रही थी और वे सब लोग उन्हें खाने के लिए बैठ गए। जब उन्होंने उसको खाया तो यह पाया कि कच्चे मांस से पका हुआ मांस कहीं अधिक स्वादिष्ट था।

उस दिन के पश्चात मानव अपने आहार को पकाने के लिए सदैव अग्नि का उपयोग करने लगा, जो दो बाणों की टक्कर से उत्पन्न हुई थी।

●

पुराने जमाने में न तो पानी था और न ही आग थी। भीमो राजा अपने धनुष से बाण कई कोर्रा मेंढकों के झुंड पर चला रहे थे, परन्तु प्रत्येक बार उनके बाणों का निशाना चूक जाता था, और वे जाकर एक बाँस में जाकर लगते थे। जैसे ही वे बाण बाँस को छेदकर आर-पार निकले तो उनमें से आग की लपटें उत्पन्न हुईं और उससे पर्वतों और जंगलों में आग लग गई। तब इन्द्र ने विचार किया, 'इस आग से पृथ्वी के सम्पूर्ण मानव और पशु जलकर मर जाएँगे।' वे चिन्ता से इतने अधिक उद्विग्न हो उठे और फिर वे बार-बार मुँह फाड़कर जम्हाई लेने लगे, और तब उनके मुँह से लार की कुछ बूँदें टपक पड़ीं। उनसे सात सिंगराज बहनों की उत्पत्ति हुई, वे सातों जल कन्याएँ हैं, जो सात सिन्धु और सात सरोवर हैं। वे सब भूलोक में पहुँचकर अग्नि से संघर्ष में जुट गईं।

जब भारी मूसलाधार वर्षा होने लगी तब अग्नि वृक्षों और पत्थरों में जाकर छुप गई। जब वर्षा बरसते-बरसते थक गई तब अग्नि पुनः निकलकर आ गई और फिर से सब वस्तुओं को जलाने लगी। तब वे सात जल कन्याएँ हाथ जोड़कर अग्नि के समक्ष खड़ी हो गईं और विनयपूर्वक कहने लगीं, 'बन्धु तुमने हमें पराजित कर दिया है, आज से आपको हम अपने से बड़ा मानेंगे।' तब से जल और अग्नि पति-पत्नी बन गए। अग्नि पति है और जल पत्नी।

●

गदबा लोग मूलरूप से अपना भोजन कच्चा ही खाया करते थे। एक दिन जैपुर के महाराजा शिकार खेलने के लिए गए थे, तब वे जैसे ही जंगल में प्रविष्ट हुए कि मद्रास की सीमा पर पहुँच गए। वह स्थान नन्दपुर के समीप था, जहाँ रानीबन्ध नामक एक झील थी। महाराजा ने अपना पड़ाव उस झील के तट पर डाला और अपने लिए भोजन पकाने लगे। उन्होंने एक घड़ा चावल और एक घड़ा भरकर कढ़ी बनाई। उन्होंने उसमें से थोड़ा-सा भोजन ग्रहण किया और जब वे दूसरे दिन पुनः शिकार पर निकले तब बचा भोजन वहीं छोड़ दिया। उसी दिन पाँच गदबा बन्धु भी शिकार खेलते हुए उसी झील पर पहुँचे। उन्होंने जब उन घड़ों को देखा, तब उन्होंने उनमें क्या था यह भी देखा और उनमें चावल आदि पाकर उन्होंने उसे खा लिया। 'यह तो बहुत ही स्वादिष्ट भोजन है,' उन्होंने कहा, 'हमें हमेशा ही ऐसा भोजन करना चाहिए,' वे उन बर्तनों को अपने साथ घर ले गए और फिर वे अपना भोजन पकाकर खाने लगे।

●

धर्मो महाप्रभु की बेटी सुओलदाई पागल थी। परन्तु वह अग्नि की भाँति अत्यधिक सुन्दर थी। उसके लम्बे-लम्बे केश थे जो अग्नि शिखा के समान चमकते थे। महाप्रभु उसे लोहे के घर के भीतर बन्द रखते थे, और उस घर के चारों ओर उन्होंने एक खाई बना दी थी।

जब सुओलदाई बड़ी होकर वयस्क हो गई तब उसके मन में पति के लिए इच्छा उत्पन्न हो गई। परन्तु महाप्रभु किसी भी व्यक्ति को उसके पास नहीं जाने देते थे। इस

बात से क्रोधित होकर उसने लोहे का घर तोड़ दिया और बाहर निकल आई। जब वह खाई के किनारे जाकर खड़ी हुई तो उसका पानी तुरन्त ही सूख गया। वह सम्पूर्ण जगत में एक स्थान से दूसरे स्थान पर विचरण करती हुई अपने लिए वर की खोज करने लगी, परन्तु जो भी कोई उसे देखता वह उससे डरने लगता था।

एक दिन उसके सिर का एक बाल टूटकर काँस में गिर पड़ा और उससे घास में आग लग गई। वह आग इतनी भयानक थी कि उसने देवताओं को भी जला डाला। उन्होंने आग बुझाने का बहुत प्रयत्न किया परन्तु उनके लिए वह बहुत कठिन कार्य था। महाप्रभु ने उसे पकड़ने का प्रयास किया परन्तु वह उनकी पकड़ से निकल भागी। उन्होंने देवताओं से कहा, 'तुम लोग जाकर भीमो महाप्रभु को सूचित करो, वे शायद कुछ करने में सफल हो सकें।' देवतागण भीमो महाप्रभु के पास जाकर रोने लगे। अतः भीमो ने अपनी गदा उठाई और उससे सुओलदाई की हत्या कर दी। वह रक्त भूलोक पर जाकर गिरा और उससे अग्नि का भूलोक में आगमन हुआ।

●

बड़े लोहार और छोटे लोहार दोनों ही ओंजुर पर्वत पर रहते थे। वहाँ ऐसी कोई भी वस्तु नहीं थी जिसे मिट्टी कहा जा सके, वहाँ की प्रत्येक वस्तु काले रंग की चट्टान थी और उसमें लोहा विद्यमान था। लोहा देवता उन चट्टानों में निवास करते थे।

एक दिन लोह-देव ने लोहारों को स्वप्न दिया, 'मुझे इस स्थान से खोदकर निकालो और तुम्हें धन कमाने का साधन प्राप्त होगा।' उन लोहारों ने प्रातःकाल जागकर चट्टानों के बीच खुदाई आरम्भ कर दी। उन दिनों उनके पास लोहे के औजार नहीं थे, परन्तु उन्होंने भारी पत्थरों से ही चट्टानों को तोड़ डाला। जब वे चट्टानों को तोड़ रहे थे तब उनमें से आग की चिंगारियाँ निकलीं और वहीं की घास में उनसे आग लग गई। वह आग दावानल में बदल गई और दूर-दूर तक फैल गई। वह दावानल ही संसार का प्रथम दावानल था और उसने कोरापुट के समीप के जंगल को जलाकर भस्म कर दिया था।

●

पुराने जमाने में लोग कच्चा ही भोजन करते थे। एक दिन एक गाँव के पूजा-स्थल पर देवतागण एकत्र हुए। पुजारी उस स्थान के समीप ही बैठा हुआ था और चुपचाप उनकी बातें सुन रहा था। वे उन्हें चढ़ाई गई बलि से प्रसन्न नहीं थे। हमें कच्चे मांस का आहार करना पड़ता है और कच्चे रक्त को पीना पड़ता है और इनका स्वाद बहुत ही अरुचिकर प्रतीत होता है। यदि पुजारी हमें पका हुआ भोजन नहीं देगा तो हम उसको और उसके बच्चों को मार डालेंगे।

जब पुजारी ने देवताओं की बातें सुनीं तो वह बहुत अधिक आशंकित हो उठा और प्रातःकाल उठकर ही किसी ऐसे व्यक्ति की तलाश में निकल पड़ा जो उसे बता सके

कि भोजन पकाया कैसे जाता है। बहुत दूर चलते हुए मार्ग में उसे दूधजोड़ा पर्वत मिला। वहाँ उसे एक बुढ़िया के वेश में बसोमती माता मिली जो तीन पत्थरों का चूल्हा बनाकर अपना भोजन पका रही थी। उस पुजारी ने पूछा कि वह क्या कर रही है। उसने बताया, 'मैं अपना खाना पका रही हूँ।' मुझे भी दिखाओ कि तुम किस प्रकार खाना पकाती हो और उसने उसे दिखाया।

सन्ध्याकाल होने पर वह पुजारी वापस लौट गया। उसने देवताओं के चबूतरे पर एक गाय की बलि चढ़ाई और थोड़ा-सा मांस और रक्त लेकर उन्हें चावल के साथ मिलाकर पकाया जैसा कि बसोमती ने भी किया था। उसने वह भोजन देवताओं को चढ़ाया और गाँव के लोगों ने और उसने मिलकर बचा हुआ भोजन ग्रहण किया। उन्हें पका हुआ भोजन इतना अधिक स्वादिष्ट लगा कि इसके बाद से वे सब लोग पकाकर ही भोजन करने लगे।

•

रूसी और रूसेन के बारह बेटे थे और तेरह बेटियाँ थीं। एक दिन रूसेन अपनी सबसे छोटी बेटी को साथ लेकर अपने खेत पर गई। उसने उसे वहीं एक वृक्ष के नीचे सुला दिया। जब वह बच्चे से दूर जाकर अपने खेत में काम कर रही थी, तभी एक असुरिन ने आकर उसके बच्चे को चुरा लिया। अब उसकी केवल बारह लड़कियाँ रह गई थीं।

ये बारह लड़कियाँ अपने घर में ही रहती थीं। असुरिन बाहर चरने के लिए जाती थी क्योंकि वह बकरियों के समान ही चरकर अपना पेट भरती थी। एक दिन जब रूसी के बारह लड़के शिकार खेलने निकले तो वे जंगल में भ्रमण करते हुए असुरिन के घर पहुँच गए। रात होने पर उन्होंने छोटे भाई को आग लेने के लिए भेजा। उसने घर में आवाज दी परन्तु उन लड़कियों ने कहा, 'हम नग्न अवस्था में हैं, हम तुम्हें आग कैसे दें?' परन्तु उस लड़के ने छोटी लड़की के गुप्तांग को देख लिया और उसका दिमाग वहीं अटका रह गया। एक-एक करके सभी भाई वहाँ पहुँच गए और उन सबने किसी न किसी बहन के गुप्तांग को देख लिया और वे सब उसके जादू के वशीभूत हो गए। सबसे छोटी लड़की ने अपनी योनि में से अग्नि निकालकर उन लड़कों को प्रदान की। उन्होंने अपना खाना पकाकर खाया। उसके पहले उन्होंने कभी भी पकाया हुआ भोजन नहीं खाया था। वे उस भोजन के स्वाद के प्रभाव से असुरिन के घर अग्नि के विषय में पूछताछ करने गए। तभी असुरिन आ पहुँची और उन लड़कियों ने लड़कों को मक्खियाँ बना दिया। असुरिन चिल्लाई, 'मानव गन्ध, मानव गन्ध।' परन्तु सबसे छोटी लड़की जिसे उसने चुराया था, उसने कहा, 'हाँ यहाँ मानव गन्ध है, क्या मैं मनुष्य नहीं हूँ। अच्छा होता कि तुम मुझे खा लेती।' जब असुरिन सो गई तब उन लड़कियों ने मक्खियों को पुनः लड़कों में परिवर्तित कर दिया। परन्तु वे लड़के डरकर भाग गए। केवल सबसे छोटा वहीं रुक गया। उसने लड़कियों की योनि से अग्नि लेकर गौमांस पकाया और सब उसे खाकर आनन्दित हो उठे। वह लड़की जिससे उसने अग्नि ली थी, जल्दी ही

गर्भवती हो गई और उसे एक लड़का उत्पन्न हुआ। उस लड़के ने उन्हें सिखाया कि जंगल कैसे साफ करें, चट्टान पर पीले चावल फेंककर उसमें से झरना कैसे उत्पन्न करें। वह लड़का ही जुआंग लोगों का आदिपुरुष था और चूँकि उसने उस लड़की के गुप्तांग से अग्नि प्राप्त की थी इसलिए हम अग्नि को पवित्र मानते हैं और उस पर कभी भी पेशाब नहीं करते।

●

अग्नि बिजली से उत्पन्न हुई थी, जो आकाश की कन्या है। बिजली कन्या। वह अपने के साथ आँखमिचौनी खेलती है। जब उसे पकड़ने के लिए पीछा करता है, तब वह लड़खड़ाकर भूमि पर गिर पड़ती है। तब उसकी चमकती हुई देह से अग्नि उत्पन्न होती है।

●

पुराने जमाने में अग्नि नहीं थी। लोग अपना भोजन बिना पकाए ही कच्चा खाते थे। रूसी और रूसेन अग्नि की खोज में निकले। जंगल में उन्हें एक सूखा हुआ अगमूत्री वृक्ष मिला। अन्य सभी वृक्ष हरे-भरे थे। रूसी ने उस वृक्ष की टहनियाँ तोड़ीं तो उनमें से अग्नि उत्पन्न हुई।

●

सृष्टि के आरम्भ में अग्नि नहीं थी। लोग अपना भोजन कच्चा ही खाया करते थे। एक दिन रूसी और रूसेन अपनी कुदाली लेकर जंगल में कन्दमूल खोदने गए। जब वे कन्द खोद रहे थे तभी रूसी की कुदाली एक पत्थर से टकराई। उसमें से अग्नि उत्पन्न हुई और जोरों से जलने लगी। रूसी और रूसेन डरकर भागने लगे। 'यह हमें खा जाएगी,' उन्होंने सोचा। अग्नि ने घास, वृक्ष, पत्तियाँ और फल सबको खा लिया। परन्तु जब उसने रूसी और रूसेन को भागते हुए देखा तब उसने चिल्लाकर उन्हें आवाज दी, 'मैं करिकार देवता हूँ, यदि तुम लोग भागोगे तो मैं सबकुछ खा जाऊँगी।' वे लोग वापस लौट आए और अग्नि ने पुनः कहा, 'तुम अपने बड़े बेटे को लेकर आओ और उसकी मुझे बलि चढ़ाओ और मुझे रहने के लिए कोई स्थान प्रदान करो।'

रूसी-रूसेन अपने बेटे को साथ लेकर रोते हुए आए और उसे अग्नि के सामने मार डाला। करिकार (कारीगर) देवता इससे बहुत प्रसन्न हुए और उन्होंने कहा, 'अब मुझे रहने का स्थान बताओ, मैं कहाँ रहूँगा?' 'तुम वृक्षों में और पत्थरों में रह सकते हो।' उस दिन से अग्नि वृक्षों और पत्थरों में रहती है।

●

राम ने जब लंका पर चढ़ाई की थी, तब हनुमान ने लंका नगरी में आग लगा दी। जब रावण ने उस नगर को जलते हुए देखा तो उसने चिल्लाकर कहा, 'संसार की सम्पूर्ण

अग्नि बुझ जाए।' इसलिए सम्पूर्ण आग बुझ गई और पृथ्वी पर भोजन पकाने के लिए अथवा प्रकाश के लिए कहीं भी अग्नि नहीं बची।

जब हनुमान ने रावण की शक्ति की महानता को देखा, तब वे डरकर समुद्र तट पर भागे और निरंकार स्वामी से कहा, 'यदि दुनिया से अग्नि समाप्त हो गई तो इससे राम का बड़ा अपमान होगा।' निरंकार स्वामी ने कहा, 'तुम अपना मस्तक रगड़ो, उससे अग्नि उत्पन्न होगी। वह अग्नि इतनी भयानक होगी कि उसे रावण का बाप भी नहीं बुझा पाएगा।' हनुमान ने अपने मस्तक को रगड़ा और उसमें से अग्नि उत्पन्न हुई जो आज तक संसार में विद्यमान है।

●

गुलगुड़ा में एक डोरा राजा और उसकी रानी रहते थे। उनकी कोई सन्तान नहीं थी। उस जमाने में अग्नि का प्रादुर्भाव नहीं हुआ था। लोग चावल को पानी में भिगोकर उसे खाया करते थे। इसी प्रकार बहुत से दिन व्यतीत हो गए।

एक दिन राजा ने एक सपना देखा। जंगल में एक स्थान पर बहुत से बन्दर इकट्ठे हुए थे। वे चावल को धो-धोकर बाँस की पोंगलियों में भरकर उसे आग पर पका रहे थे। राजा ने बन्दरों के पास जाकर देखा कि चावल कैसे पकाया जा रहा था। बन्दरों ने उसे बताया कि वे चावल पका रहे हैं। 'हम लोग कच्चा चावल नहीं खा सकते, जैसा मनुष्य खाते हैं।' राजा ने उनसे थोड़ा-सा चावल माँगकर खाया और उसे वह स्वादिष्ट लगा। उसने कहा, 'हमें भी पकाकर ही खाना चाहिए।' उसने अपनी रानी को जगाया और उसे सपने के विषय में बताया।

दूसरे दिन राजा स्वप्न में देखे हुए स्थान पर अग्नि लेने के लिए गया। परन्तु वहाँ न चावल था, न बन्दर थे और न ही अग्नि थी। उसने जंगल में घूम-फिरकर चारों ओर देख लिया, परन्तु उसे कुछ भी नहीं मिला। निराश होकर वह वापस घर आ गया। रास्ते में उसे एक तोता मिला और उसने पूछा कि वह वहाँ क्या करने आया था। राजा ने बताया कि वह आग की खोज में आया था। तब उस तोते ने कहा, 'किसोल का एक वृक्ष काट लो, और उसमें से अग्नि उत्पन्न कर लो।' राजा के पास कुल्हाड़ी नहीं थी इसलिए तोते ने अपनी चोंच से किसोल के वृक्ष में छेद किया और फिर एक डंडी बनाई। इन्हें अपने घर ले जाओ, दो खम्बे जमीन में गाड़ दो फिर इस लकड़ी को उनके बीच लिटाकर तुम और तुम्हारी पत्नी मिलकर इस डंडी को इस लकड़ी पर एक ओर से दूसरी ओर घिसो।

राजा उन लकड़ियों को लेकर अपने घर चला गया और तोते के बताए अनुसार सम्पूर्ण व्यवस्था की। उसके पश्चात राजा और रानी आठ दिनों तक उस डंडी को उस लकड़ी पर रगड़ते रहे और अन्त में उससे अग्नि प्रज्वलित हो उठी। वे और बहुत-सी लकड़ियाँ ले आए और उन्हें जलाने लगे। तब राजा ने उस आग पर थोड़ा-सा चावल पकाकर रानी को दिया। वहाँ बहुत से पड़ोसी भी एकत्र हो गए और वे लोग भी आग

ले जाकर भोजन पकाने लगे। इसी कारण से डोरा जाति के लोग अग्निझाड़ देवता की आराधना करते हैं और उसे सम्मान देते हैं।

●

मनुष्य अन्न को चावल में भिगोकर खाया करते थे। बूढ़ा पिन्नू मनुष्य के लिए अग्नि की उत्पत्ति करना चाहते थे और इस हेतु वे अग्नि की खोज में निकल पड़े। उन्होंने इसके लिए सम्पूर्ण पृथ्वी की परिक्रमा लगा डाली परन्तु उन्हें अग्नि कहीं भी नहीं मिली। उन्होंने वृक्षों को काटकर देखा, परन्तु उनमें से आग नहीं निकली, उन्होंने चट्टानों को तोड़कर देखा परन्तु उनमें से भी आग नहीं निकली।

जब वे वापस घर जा रहे थे तब रास्ते में उन्हें रानीसोरू पर्वत मिला और वे सामान्य रूप से वृक्ष और घास काटने लगे। अन्त में उन्हें एक जंगली कपास के वृक्ष में अग्नि प्राप्त हुई। अग्नि प्रज्वलित हो उठी और उसके बाएँ हाथ की छोटी अँगुली उससे जल गई। उसके पश्चात अग्नि पुनः जाकर वृक्ष में छिप गई और बूढ़ा पिन्नू को वह दोबारा दिखाई नहीं पड़ी। अतः वे सभी वृक्षों को घर ले गए और जब वे सब सूख गए तब वे सूखे पत्तों के ऊपर उन्हें रखकर एक वृक्ष से दूसरे वृक्ष को रगड़ने लगे। उन्होंने अपनी बहन पुसुरोली को भी बुलाया और दोनों ने मिलकर एक बरमा बनाया और सारे दिन उसे घुमाते रहे परन्तु अग्नि उत्पन्न नहीं हुई।

संख्या समय बूढ़ा पिन्नू की पत्नी दरनी पिन्नू जब घर आई, तब वह भी बरमा घुमाने लगी, और तब अग्नि उत्पन्न हुई और पत्तों में आग लग गई और वे जलने लगे। बूढ़ा पिन्नू ने एक चोंगी बनाकर जलाई। उन्होंने घास-फूस और पत्तियाँ एकत्र करके उन्हें अपनी चोंगी से जलाया। इसके उपरान्त उन्होंने लकड़ी के ढेर को आग से जलाया और तब इतनी अधिक आग उनके पास हो गई कि वे सम्पूर्ण संसार को उसे बाँट सकते थे।

●

जिस काल में निरंताली, परमगत्ती और मंगरगत्ती का जन्म हुआ था उस समय अग्नि नहीं थी। जब मनुष्य उत्पन्न हुए, तब वे खेती करने लगे और अन्न उत्पन्न होने लगा। परन्तु उस अन्न को पकाने के लिए अग्नि का प्रादुर्भाव नहीं हुआ था। निरंताली और किटुंग को सदैव चिन्ता बनी रहती थी कि अग्नि कैसे उत्पन्न करें। एक दिन उन्होंने परमगत्ती और मंगरगत्ती से कहा, 'नचीकेड़ी-कुदाकेड़ी जाओ और वृक्षों की उन सब शाखाओं को काट डालो जो तुम्हारे बालों में फँसें।'

वे वहाँ गए तो ऐसी एक भी शाखा नहीं थी जो उनके बालों में अटकती, अतः वे निराश होकर वापस लौटने लगे। परन्तु रास्ते में नचिकम्ब की एक झाड़ी में उनके बाल उलझ गए। उन्होंने उस टहनी को काटकर निरंताली और किटुंग को ले जाकर दे दिया। उन्होंने उस टहनी की छाल को उतारकर उसे धूप में सुखा दिया। उन्होंने उसके

दो टुकड़े किए और एक टुकड़े में एक छेद किया और दूसरे टुकड़े की एक डंडी बनाई। निरंताली और किटुंग ने उन दोनों टुकड़ों को लेकर डंडी को दूसरी लकड़ी के छेद में डालकर तब तक गोल घुमा-घुमाकर घिसा, जब तक कि अग्नि उत्पन्न नहीं हो गई। जब अग्नि उत्पन्न हो गई तब उन्होंने पहले तो उससे सफेद पत्ते जलाए, फिर सूखी हुई लकड़ी के टुकड़े जलाए और जब बहुत-सी लकड़ियाँ जलने लगीं, तब उसे सम्पूर्ण मानव समाज को बाँट दिया।

●

निरंताली जब सर्वप्रथम सफगन्ना में प्रकट हुई थी, तब वह अपने हाथ में अग्नि लेकर आई थी। उसके द्वारा ही प्रकाश पर्वतों और जंगलों में फैला। निरंताली ने परमगत्ती से कहा, 'यह अग्नि अशुद्ध हो गई है। यह बहुत जल्दी ही बुझनेवाली है और यह भविष्य में संसार को आलोकित नहीं कर पाएगी। कोई नई अग्नि उत्पन्न करो।' परमगत्ती बहुत भयभीत हो गए और कहने लगे, 'मुझे अग्नि कहाँ पर मिलेगी?' तब निरंताली ने कहा, 'तुम काँदाबाड़ा पर्वत पर जाओ, वहाँ तुम्हें अग्नि मिलेगी।'

उस पर्वत के बीचोंबीच परमगत्ती को एक विशाल चट्टान मिली और जब उन्होंने उस चट्टान का हटाया तो उसके नीचे उन्हें अग्नि प्राप्त हुई। जब अग्नि ने परमगत्ती को देखा तो छिपने लगी। वह चट्टानों पर कूद पड़ी और वृक्षों पर कूदकर चढ़ गई। परमगत्ती ने उसका पीछा करके उसे पकड़ना चाहा, परन्तु उनके हाथ कुछ चिनगारियाँ ही लग सकीं। उन्हें लेकर वे लौटे और निरंताली को सौंप दिया। निरंताली ने उनसे कहा, 'इनसे आग प्रज्वलित करो।' उन्होंने लकड़ियों का एक बहुत विशाल ढेर बनाया और उसे अग्नि की चिंगारियों से प्रज्वलित किया। उस आग से इतना तीव्र प्रकाश उत्पन्न हुआ कि वह फिर कभी नष्ट नहीं हुआ। और उसके उपरान्त सम्पूर्ण जगत में अग्नि पहुँच गई।

●

जनको राजा गोलकुंडा में राज्य करता था। उनकी एक कन्या थी जिसका नाम बिजली थी। उसके माता-पिता उसे हमेशा घर के भीतर बन्द करके रखते थे और उसे कभी भी घर से बाहर नहीं जाने देते थे। जब वह वयस्क हो गई तब कोई भी राजा उसके लिए विवाह का प्रस्ताव लेकर नहीं आया।

एक दिन बाली राजा का पुत्र सुभाषचन्द्र उस राज्य में आया और आकर जनको राजा के घर में बैठ गया। उन लोगों ने उससे पूछा, 'तुम कहाँ से आए हो और तुम किसके बेटे हो?' सुभाषचन्द्र ने उन लोगों को अपने बारे में बताया और जनको राजा ने उसे कुछ दिन अपने यहाँ ठहरने के लिए कहा क्योंकि वह अपनी बेटी का विवाह उसके साथ करना चाहता था। वह युवक वहाँ रुक गया और कुछ समय के पश्चात ही उसकी सगाई राजा की बेटी से हो गई। जब विवाह की सब तैयारियाँ पूर्ण हो गईं

तब उस लड़के ने अपने माता-पिता को सन्देश भेजा। विवाह के समय उस लड़की को उन्होंने बाँस की एक टोकरी में बन्द कर रखा था और लोगों को आश्चर्य हो रहा था कि उस लड़के का विवाह राजा की बेटी से हो रहा था या कि उस बाँस की टोकरी से।

दूसरे दिन, राजा ने अपने दामाद और बेटी को विदा करते हुए उससे कहा, 'तुम लोग जाओ परन्तु इस टोकरी को रास्ते में मत खोलना।' जब बारात वापस जा रही थी, तब लोगों को उत्सुकता होने लगी और वे कहने लगे, 'टोकरी खोलकर दुल्हन को देखना चाहिए।' उन्होंने जैसे ही टोकरी खोली तो उसमें से वैसे ही लड़की उड़कर आकाश में चली गई। उसका दूल्हा उसके पीछे-पीछे भागा परन्तु वह उसके हाथ नहीं आई। उसने अपने धनुष से बाण चलाया परन्तु निशाना चूक गया और वह बाण जाकर एक सराई के वृक्ष पर लगा और उसमें आग लग गई।

वह सम्पूर्ण जंगल उस आग में जल गया और इस प्रकार अग्नि का संसार में आगमन हुआ।

●

केरतलमामरिगढ़ में केचकेचा साँवरा और बिंझवारों के लिए गोगिया परधान का कार्य करता था। घइसो राजा इन्द्रगढ़ में रहता था। उन दिनों अग्नि का प्रादुर्भाव नहीं हुआ था।

केचकेचा और उसकी स्त्री राजा के घर परम्परानुसार माँगने के लिए गए, वे लोग जिस दिन राजा के यहाँ पहुँचे उसके एक दिन पूर्व ही राजा के पिता की मृत्यु हो गई थी। वे लोग मृतक का दाह-संस्कार करने ही वाले थे कि तभी गोगिया वहाँ पहुँच गया। जब मृतक का संस्कार पूरा हो गया, तब वह मृतक का दान माँगने के लिए बैठ गया।

राजा ने उससे कहा, 'यहाँ सब कुछ है परन्तु अग्नि नहीं है, तुम जाकर अग्नि ले आओ तब मैं तुम्हें तुम्हारा दान दूँगा। यदि तुम नहीं लाओगे तो भविष्य में तुम्हें दान लेने से वंचित कर दिया जाएगा।' इस बात को सुनकर गोगिया हताश हो गया, परन्तु वह समीप ही करताबाली पर्वत पर गया, जहाँ बिंझवारों की बड़ी देवी विन्ध्यवासिनी देवी रहती थीं। वह उनके पास जाकर रोने लगा और उससे देवी ने पूछा, 'तुम क्यों रो रहे हो?' गोगिया ने उनसे अग्नि माँगी। विन्ध्यवासिनी ने कहा, 'मेरे पेट को ताकत के साथ घिसो।' उसने वैसा ही किया और देवी के मुख से चिंगारियाँ निकलने लगीं और वे एक सूखे हुए बाँस पर जा गिरीं और उसमें आग लग गई और थोड़ी ही देर में सम्पूर्ण जंगल में आग लग गई और जंगल जलने लगा। गोगिया ने सराई की एक टहनी जलते हुए देखी और उसे अपने कन्धे पर रखकर राजा के आँगन में पहुँच गया। राजा ने उसे गौ, भैंसें, सोना-चाँदी दान में दिया और उसके लिए स्वयं अपने हाथ से भोजन पकाया।

●

एक दिन रावणगिरी पर्वत पर किटुंग ने एक चट्टान को तोड़ा तब उसमें से अग्नि बाहर निकली। वह चट्टान फट गई और उछलकर उनके सिर के बाईं ओर जाकर उसका एक टुकड़ा लगा। अग्नि इतनी शक्तिशाली थी कि उससे किटुंग के हाथ-पैर भी झुलस गए। उसके घाव इतने भयानक थे कि किटुंग लँगड़ा-लूला होकर रावणगिरी पर्वत पर ही पड़ा रहा। आग फैलकर सम्पूर्ण जंगल में लग गई और बहुत से जंगली जानवर मर गए। जब लोगों को उनके जले हुए कंकाल मिले तो उन्होंने उन्हें खाया। उन्हें उस भुने मांस का स्वाद प्रियकर लगा और वे अग्नि को अपने-अपने घर ले गए। पहले वे कच्चा मांस खाया करते थे, परन्तु अब वे उसे पकाकर खाने लगे। उन्होंने लँगड़े-लूले किटुंग के अब्बा की लकड़ी की मूर्ति बनाई और उसकी पूजा करने लगे।

●

प्रलय के समय जब पृथ्वी जलमग्न हो गई, तब किटुंग और उनकी बहन ने भूमि के भीतर शरण ली थी। जब वे भूमि की सतह के समीप पहुँच गए तब उन्होंने भूमि को तोड़ा और बाहर निकल आए। उन्होंने वृक्षों को खाने के लिए कीड़े-मकोड़े बनाए, सभी लोगों को अस्वस्थ और रोगी बनाने के लिए पानी के भीतर जोंक छोड़ दिए। अन्त में किटुंग ने सोचा कि उसने सभी वस्तुओं में बीमारी डाल दी है, केवल अग्नि बच गई है। उसने अग्नि के लिए भी रोग की व्यवस्था करनी चाही परन्तु वह असम्भव था। उन्होंने एक कच्चा घड़ा लिया और उसमें आग भरकर मुँह से हवा फूँकने लगे। उनकी साँस उस घड़े में प्रविष्ट हो गई। तब उन्होंने मनुष्यों से कहा, 'अपने-अपने घर की आग बुझा दो।' किटुंग अपनी आग को सरगिया वृक्ष के पास ले गया और उसे वहाँ ले जाकर रख दी और मनुष्यों से कहा, 'सरगिया वृक्ष में अग्नि का निवास है उसे काटकर अग्नि प्राप्त कर लो।' उन्होंने उन वृक्षों को काटकर जलाया परन्तु उन लकड़ियों से केवल धुआँ निकलता था, उनसे लपटें तो उठती ही नहीं थीं। तब से अग्नि को भी रोग लग गया क्योंकि धुआँ अग्नि का रोग ही था।

●

कुरेन पर्वत पर रामा और भीमा रहते थे। उन्हें जंगल में कुछ भी ढंग की वस्तु खाने को नहीं मिलती थी, जंगल में केवल पत्तियाँ और कन्दमूल ही खाने के लिए प्राप्त होते थे। उनके पास खाना पकाने के लिए अग्नि भी नहीं थी, इसलिए उन्हें अत्यधिक कठिनाई होती थी।

एक दिन वे सूखी पत्तियाँ और सूखी लकड़ियाँ लेकर आए और उन्हें कूटकर उनका आटा बनाने लगे। जैसे ही उन्होंने लकड़ी को कूटना आरम्भ किया उन सूखे हुए पत्तों में आग लग गई। रामा और भीमा ने आग को सावधानीपूर्वक सँभालकर रखा। उन्होंने एक चट्टान में छेद किया और उसमें उस अग्नि को रख दिया। उस छेद को एक पत्थर से अच्छी तरह से बन्द करके वे किटुंग के पास गए और उन्हें सब कुछ बतला दिया।

किटुंग ने कहा, 'जंगल में जाओ, और जो भी पहला पशु तुम्हें मिले उसे मार डालो। आग लाकर उस पशु को उसमें भून लो और फिर उसे खाकर देखो। तब तुम्हें पता चलेगा कि वह कितना स्वादिष्ट है।' रामा-भीमा ने हिरण को पकड़ लिया और उसे भूनकर उससे बढ़िया भोजन किया।

●

एक लड़का और एक लड़की मिलकर जंगल में कन्दमूल खोदने गए। वहाँ बारह घंटे बीत गए और उन्हें भूख लग आई। उस लड़की ने कहा, 'अग्नि उत्पन्न करो और कुछ पकाओ और जब कुछ खा लेंगे तब घर चलेंगे।' परन्तु उन्हें अग्नि नहीं मिली। वह लड़की भूख से रोने लगी। वह युवक लेट गया और उसे नींद आ गई। सपने में उसे रामा और भीमा ने बताया, 'तुम दोनों साथ सो जाओ।' उसकी नींद टूट गई और उसने जागकर लड़की को बताया। उस लड़की ने कहा, 'हम कैसे साथ सो सकते हैं?' और वह पुनः रोने लगी। लड़के ने उसे विवश किया और उसका वीर्य अग्नि के समान तीव्र गति से बाहर निकला। उसमें से कुछ सूखी लकड़ी पर जा गिरा और उसमें आग की लपटें उठने लगीं। उसके पश्चात पुरुष और स्त्री मिलकर अग्नि उत्पन्न करने लगे। स्त्री के पास भट्टी थी, और पुरुष के पास बरमा।

अध्याय : इकत्तीस

पहला घर और उसकी सज्जा-सामग्री

पुराने जमाने में लोगों को मकान बनाने नहीं आते थे और वे लोग वृक्षों पर रहते थे।

उसी जमाने की बात है। बारह भाई बिंझवार थे। उनके बहुत से बच्चे थे, परन्तु रात में जब वे सब सो जाते थे, तब एक दानव आता और बच्चों को एक-एक करके खा जाता था।

वे निराश होकर जंगल में एक स्थान से दूसरे स्थान पर जाकर रहने लगे। उन्होंने फन्दे भी बाँधकर रखे, उन्होंने रात-रातभर जागकर चौकीदारी भी की, परन्तु इन सबका भी कोई लाभ नहीं हुआ। दानव फिर भी उनके बच्चों को खाता रहा। एक रात उनके घर पर एक साधु आया। उसका गौर वर्ण था, और उसके हाथ में त्रिशूल था। 'तुम लोग सो नहीं रहे हो, क्या बात है?' 'क्योंकि हमारे बच्चों को कोई प्राणी एक-एक कर रात्रि में खा जाता है।' उस साधु ने एक बाँस काटकर उससे धनुष और तीर बनाए। 'इन्हें ले लो, अब तुम्हारे ऊपर कोई भी प्राणी आक्रमण नहीं कर सकेगा। जंगल में जाकर जानवरों का शिकार करो। जिस प्रकार से यह धनुष मुड़ा हुआ है, उसी प्रकार से दोनों ओर ढालवाले छप्पर दीवारों पर बनाते हुए मकान बनाओ। जब तक तुम्हारे हाथों में धनुष रहेंगे तब तक तुम पर किसी प्रकार का संकट नहीं आएगा।'

●

पृथ्वी में से दो भाइयों का जन्म हुआ था। बड़ा भाई कूड़े-करकट को खाकर रहता था और छोटा भाई गोबर खाकर। बड़े भाई की मृत्यु जल्दी हो गई थी परन्तु जो गोबर खाकर रहता था वह जीवित था।

एक दिन महाप्रभु उनके घर गए और उन्होंने उस व्यक्ति से कहा, 'यह अन्न ले लो और गोबर के बजाय इसे खाया करो।' उस व्यक्ति ने वह अन्न ले लिया और उसे बिना कूटे ही उसका छिलका उतारे बिना ही वैसा का वैसा ही खा लिया। एक दिन एक चूहा वहाँ आ गया और उसने अपने पैने दाँतों से धान का छिलका हटा दिया। उस व्यक्ति ने चूहे से पूछा, 'तुम यह क्या कर रहे हो?' चूहे ने कहा, 'छिलका हटा देने पर अन्न खाना एकदम आसान और सुविधाजनक हो जाता है। तुम फर्श पर

एक गड्ढा खोदकर उसे गोबर और मिट्टी से लीप लो और फिर एक मूसल बनाकर उस गड्ढे में अपने अन्न को कूटकर उसका छिलका उतार लो।' वह व्यक्ति बिना छिलकेवाला अन्न खाना तो सीख गया, परन्तु फिर भी उसे धान छड़ना नहीं आया।

एक दिन उसने बाँस की पोली नली में चावल और पानी भर लिया और उसे आग पर रख दिया। जब उसने उस चावल को निकालकर खाया, तो उसे वह बहुत नर्म और स्वादिष्ट लगा।

उसके पश्चात महाप्रभु ने कुम्हारों को जन्म दिया और वे लोगों के लिए भोजन पकाने का बर्तन बनाने लगे।

●

तेलपारूरनी नामक एक बुढ़िया तेलपार पर्वत पर रहती थी। उसने अपना सम्पूर्ण जीवन तेल पेरने में निकाल दिया था। यदि वह किसी पशु या पक्षी को पकड़ लेती थी, तो वह पहले उसका तेल (चर्बी) निकाल लेती थी और फिर उसका मांसाहार करती थी। उसके घर के आसपास की भूमि और चट्टानें सब तेल से चिकने और काले पड़ गए थे–जो आज भी देखे जा सकते हैं।

वहाँ से समीप ही एक गाँव में बारह गोत्र के गदबा लोग रहते थे। उनके नाम तोता परिया, बांडा परिया, गदबा परिया, ओंचल परिया, सिल परिया, मुंडा परिया, गुमाल परिया, सुला परिया, जानी गुरिया, गचपुरिया, सुरगुनिया पुरिया और सुनकेडिया परिया थे। चैत परब के अवसर पर वे खरगोश का शिकार करने निकले थे। जब वे जंगल में घूमते हुए तेलपार पर्वत पर पहुँचे तब वहाँ विश्राम करने के लिए बैठ गए। थोड़ी ही दूरी पर उन्हें धुआँ उठता हुआ दिखाई पड़ा तब वे आपस में बातें करने लगे, 'यहाँ कौन हो सकता है? निश्चित रूप से यहाँ तो कोई रहता नहीं लगता।'

वे लोग उठकर उस ओर चले गए जिधर धुआँ उठ रहा था। वह बुढ़िया वहाँ एक मोटे से खरगोश की चर्बी निकाल रही थी। जब उसने उन गदबाओं को देखा तो वह प्रसन्न हो उठी। 'मुझे आज खूब छककर खाने को मिलेगा,' उसने सोचा। 'परन्तु मुझे बहुत सावधान रहना चाहिए, क्योंकि वे बहुत लोग हैं।' और फिर उसने जोर से चिल्लाकर कहा, 'आओ मेरे बेटो आओ। मैंने बहुत समय से तुम लोगों को नहीं देखा, जब तुम लोग छोटे-छोटे बच्चे थे, तब से नहीं देखा। मैं तुम्हारी बड़ी मौसी हूँ, तुम्हारी माँ की बड़ी बहन। तुम लोग ऐसा क्यों नहीं करते कि रात को यहीं ठहरो और कल यहाँ से चले जाओ।' वे सब भाई आश्चर्यचकित होकर सोचने लगे कि क्या वह बुढ़िया जो कुछ भी कह रही थी वह सच था। वे लोग सशंकित भी थे कि जब वे सो जाएँ तब वह उन्हें खा न ले। उन्होंने पूछा, 'तुम यहाँ क्या काम करती हो? तुम्हें यहाँ खाने के लिए कौन-सी वस्तु मिलती है?' उसने बताया, 'यहाँ मैं अकेली हूँ। मेरे साथ

रहनेवाला कोई भी नहीं है। मैं अपनी आजीविका के लिए तेल पेरती हूँ। जो कुछ भी मुझे मिल जाता है, उसे ही खाकर गुजर-बसर कर लेती हूँ।'

उसके पश्चात उस बुढ़िया ने तेल में थोड़ा-सा मांस पकाकर उन लोगों को खिलाया और वे लोग खुश होकर सोने के लिए लेट गए। मध्यरात्रि में वह बुढ़िया सबसे छोटे भाई को उठाकर ले गई और वह उसे मारकर खाने ही वाली थी कि वह चिल्लाने लगा और उसके अन्य सब भाई जाग उठा। वे उसे घेरकर खड़े हो गए और वे उसे मारने ही वाले थे कि उसने कहा, 'मुझे मत मारो। यह तो केवल एक मजाक था। मुझे अपने साथ घर ले चलो और मैं वहाँ तुम्हारे लिए तेल पेरा करूँगी।'

अतः वे गदबा भाई उसे अपने गाँव में ले आए और वह उस गाँव की स्त्रियों को तेल पेरना सिखाने लगी।

●

ओंकारपुर के बिरसाराजा का एक बेटा था जिसका नाम सुबरो था। जब वह लड़का बड़ा हुआ तब उसके पिता को उसके विवाह की चिन्ता सताने लगी। वह वधू की तलाश में सभी स्थानों पर हो आया, परन्तु उसे एक भी लड़की नहीं मिली और अन्त में वह पाताललोक में यह सोचकर गया कि शायद वहाँ कोई लड़की मिल जाए। मार्ग में उसे विदरनाजिन मिला और उसने पूछा, 'राजा साहेब कहाँ जा रहे हो?' जब उसने उसे सब बताया तो वह कहने लगी, 'मेरी एक बेटी है, चम्पा, यदि तुम उसे पसन्द कर लो तो मैं उसे तुम्हारे लड़के के लिए दे दूँगी।' राजा ने कहा, 'मुझे उसे दिखा दो, तब मैं निर्णय करूँगा।' वह उस नागराज को लेकर अपने घर पर गई, लड़की को देखकर वह अपने घर चला गया। कुछ दिनों के उपरान्त वह अपने लड़के को साथ लेकर उस नागिन के घर गया और दोनों का विवाह कर दिया।

जब दुल्हन बिदा होकर जाने लगी तब उसकी माँ ने उसे अपनी पूँछ काटकर देते हुए कहा, 'तुम अपने घर की झाड़ू इससे लगाना और जब यह घिसकर खराब हो जाए, तब चुपचाप इसे नदी में फेंक देना। उसमें से फूलदार पौधे उत्पन्न होंगे।' उस नागकन्या ने वैसा ही किया जैसा उसकी माँ ने उसे बताया था और इस प्रकार से फूलदार नरसुल की उत्पत्ति संसार में हुई और लोगों ने झाड़ू का उपयोग करना सीखा।

●

गुब्बूपाड़ा में सोभरी नाम का एक परेंगा रहता था। उसकी पाँच बेटियाँ थीं। उन दिनों ऊखल मूसल नहीं थे, लोग अपने हाथों से ही धान के छिलके अलग करते थे। यह कार्य इतना कष्टदायक था कि अँगुलियों से नाखून उखड़कर अलग हो जाते थे। एक दिन सोभरी की पाँचों बेटियों ने उससे कहा, 'दादा, हमें कोई ऐसी वस्तु बनाकर दो जिसके द्वारा हम इस कार्य को कर सकें, हमारे नाखून उखड़ रहे हैं और हमारे हाथ नष्ट हो रहे हैं।'

वह परेंगा एक गाँव से दूसरे गाँव जाकर कोई ऐसी वस्तु खोजने लगा जिसके द्वारा धान झड़ाई का कार्य किया जा सके। अन्त में वह मौनी डोंगर पर पहुँचा। वहाँ उसकी भेंट एक जंगली गाय से हो गई और उसने उससे भी उसके बारे में पूछताछ की। उस गाय ने उसे दिखाया कि खैर की लकड़ी से मूसल किस प्रकार बनाया जाता है। परन्तु सोभरी के पास न तो लकड़ी काटने के लिए कुल्हाड़ी ही थी और न ही वह उसे कुल्हाड़ी के बिना छीलकर मूसल ही बना सकता था। तब गाय ने कहा, 'मेरा बायाँ सींग पकड़कर हिलाओ।' उसने गाय का बायाँ सींग पकड़कर हिलाया और उसमें से एक कुल्हाड़ी, एक छैनी और एक बसूला निकलकर गिर पड़े। जब वह मूसल बनकर तैयार हो गया तब सोभरी उसे अपने घर ले गया और उसकी लड़कियों ने उसको काम में लिया।

अब उन लड़कियों को धान छड़ने में बिलकुल भी कष्ट नहीं होता था और उनके पड़ोसियों ने भी उन्हें देखकर शीघ्र ही उसे अपना लिया।

•

कोकोड़ा गाँव में एक कुम्हार रहता था जिसका नाम कोसलिया था। उस कुम्हार के छह भाई थे और उन सभी के बच्चे थे, परन्तु वह स्वयं निस्सन्तान था, क्योंकि उसकी पत्नी चुड़ैल थी। उसने बहुत से उपचार किए और बहुत से गुनियों को बुलाकर पूछा कि सन्तान-प्राप्ति के लिए क्या करे, परन्तु उन सब प्रयासों से कोई लाभ नहीं हुआ। अतः उसने कुछ समय पश्चात दूसरा विवाह कर लिया और कुछ ही समय के उपरान्त उस लड़की ने गर्भ धारण कर लिया और समय आने पर दो जुड़वाँ लड़कों को जन्म दिया।

वह कुम्हार अपनी छोटी पत्नी को बहुत चाहने लगा और बड़ी पत्नी की उपेक्षा करने लगा जिससे उसे कोई भी सन्तान नहीं हुई। बड़ी स्त्री को उससे ईर्ष्या होने लगी और उसने छोटी स्त्री और उसके बच्चों की हत्या करने का प्रयत्न किया। एक दिन वह काँदा डोंगर पर गई जहाँ मारडी नामक देवता रहता था। वहाँ जाते समय उसने रास्ते में पेशाब किया और उस गीली मिट्टी से एक दीपक बनाया। उसने अपने पेशाब को तेल के रूप में और अपने सिर के बालों की बत्ती बनाकर उनका उपयोग किया। डोंगर पर पहुँचकर उसने अपने वस्त्र उतार दिए और नग्न होकर देवता के सम्मुख नाचने लगे। उसके नृत्य से प्रसन्न होकर उस देवता ने पूछा कि वह क्यों आई है। 'मेरी सौत के दो बेटे हैं। यदि तुम मेरे साथ चलकर उनको मार डालोगे तो मैं उनको तुम्हें खाने के लिए दे दूँगी।' वह देवता इस बात के लिए तैयार हो गया और वे दोनों चल पड़े, और वह स्त्री अपने दीपक द्वारा रास्ते को प्रकाशित करती जा रही थी।

कुम्हार घर के बाहर खड़ा होकर उसकी प्रतीक्षा कर रहा था कि आखिर वह औरत गई कहाँ और जब उसने उसे दीपक हाथ में लेकर आते हुए देखा, तब उसने पूछा कि

उसके हाथ में वह क्या था, क्योंकि उसके पूर्व तक दुनिया में दीपक नहीं थे। उसने कुम्हार से कहा कि तुम ऐसे इक्कीस दीपक बनाओ और उन्हें मारडी के सम्मान में प्रज्वलित करो। उसने उसकी दुष्टता को न भाँपते हुए वैसा ही किया, और उनमें तेल भरकर रुई की बत्तियाँ डालकर उन्हें प्रज्वलित किया। परन्तु मारडी ने उन दीपकों के प्रकाश से सम्मोहित होकर उन दोनों बच्चों की हत्या कर दी और उस चुड़ैल ने उन दोनों बच्चों को उस देवता को भेंट कर दिया।

●

वकटाडोंगर पर चार भाई बोंडो अपनी-अपनी स्त्रियों के साथ रहते थे। चारों के चार-चार बेटे थे। उन दिनों चक्कियाँ नहीं थीं और लोग अपने अन्न को वैसे ही पीसा करते थे जैसे नमक के साथ चटनी पीसते हैं। इस काम में उन्हें बहुत कष्ट होता था।

एक दिन भीमदेव आए तब उन्होंने लोगों को सिल लोढ़े से अन्न पीसते हुए देखकर कहा, 'तुम इतना कष्ट क्यों उठा रहे हो? एक चक्की बना लो तो तुम्हारा काम जल्दी निपट जाएगा।' 'महाप्रभु हमें तो मालूम ही नहीं कि चक्की किस प्रकार से बनाएँ। हम क्या करें?' भीमदेव ने अपने दोनों कूल्हे काटकर चक्की के दोनों पाट बनाए और अपने पैर का एक अँगूठा काटकर उसके बीच की धुरी बनाई और लकड़ी का एक हत्था बनाया। उन्होंने अपने एक कूल्हे को नीचे रखा और उसके ऊपर दूसरे को और लोगों को सिखाया कि चक्की से पिसाई कैसे की जाती है। तब से लोग चक्की का उपयोग करने लगे।

●

आरम्भ में लोग पेड़ों पर, गुफाओं में, गड्ढों में अलग-अलग रहते थे और जब किसी की मृत्यु हो जाती थी, तब उसका शव उसी स्थान पर पड़ा छोड़ देते थे। उन दिनों शवों को जलाने के लिए न तो श्मशान थे और न ही उन्हें गाड़ने के लिए या फेंकने के लिए कोई स्थान था।

एक दिन निरंताली मनुष्यों से मिलने के लिए आई और उसने कहा, 'तुम लोग इतनी दयनीय स्थिति में क्यों रहते हो?' उसने एक गुफा के भीतर जाकर देखा कि एक बच्चा बीमार पड़ा हुआ था जिसके चेहरे पर मक्खियाँ भिनभिना रही थीं। उसके पास खाने के लिए कुछ भी नहीं था। निरंताली ने पूछा, 'इसकी दशा ऐसी क्यों हो गई है?' उस बच्चे ने कहा, 'मेरे माता-पिता नहीं हैं और न ही कोई देखभाल करनेवाला है।'

निरंताली ने लोगों को बुलाकर कहा, 'तुम लोग गड्ढों में, गुफाओं में, वृक्षों पर अलग-अलग रहते हो, इसलिए तुम्हें बाघ खा जाते हैं, सर्प डस लेते हैं, कोई भी अपने पड़ोसी की सहायता नहीं करता। आज से पड़ोसी बनकर रहो। लकड़ियों और पत्तों से

लम्बी कतारों में घर बनाओ।' उन लोगों ने वैसा ही किया और वे एक-दूसरे का सहयोग करने लगे। धीरे-धीरे वे घास-फूस से अपने घर बनाने लगे।

इसके उपरान्त निरंताली ने उन्हें बाँस का उपयोग करना सिखाया और उनसे कहा, 'बाँस का उपयोग मकान बनाने में करो और दो कतारों में अपने मकान बनाओ और बस्ती के बीच में चौपाल (सार्वजनिक स्थल) बनाओ, जहाँ तुम सब लोग बैठ सको।'

●

जब सर्वप्रथम अन्न का उत्पादन हुआ तब निरंताली के पास अन्न पीसकर आटा बनाने के लिए कोई साधन नहीं था। वह सुतीडुकी नदी जाकर एक बड़ी-सी शिला ले आई और उसे काटकर उसके दो टुकड़े किए। उसने छैनी से तराशकर उन्हें चक्की के पाटों का आकार प्रदान किया और जब वे तैयार हो गए तब उनके बीचोंबीच एक छेद किया। इस कार्य में उसे आठ दिन लग गए। वह गोलपाड़ा से धामन की लकड़ी ले आई और उससे एक हत्था बनाया। इसके पश्चात उसने नचिपूजू को बुलाकर उसे दो पायली मक्का पीसने के लिए दी।

●

निरंताली ने सबसे पहले परमगत्ती और उसकी पत्नी नचिपूजू को उत्पन्न किया था। जन्म लेने के उपरान्त उन्होंने अपने लिए एक घर बनाया। जब घर बनकर तैयार हुआ तब तक उसमें बहुत अधिक कूड़ा-करकट इकट्ठा हो चुका था। उस कूड़ा-करकट को साफ करने के लिए कोई भी साधन नहीं था। वे उसे अपने हाथों से ही बुहारने लगे और उससे उनके हाथों में काँटे चुभ गए। अतः निरंताली ने सोचा कि इस काम के लिए वह कोई वस्तु बनाकर उनको दे। उसने इस कार्य के लिए चारों ओर किसी उपयुक्त वस्तु की खोजबीन की और अन्त में उन्हें सुतीडुकी नदी में एक जाति की घास दिखाई पड़ी। उसने वहाँ जाकर वह घास काटी और उसे लाकर अपने छप्पर पर आठ दिन तक सुखाया, फिर उसे पानी डालकर नम किया। उसके एक छोर को कूटकर उन्हें रेशों में परिवर्तित किया और बुहारने योग्य बनाया। इसके पश्चात उन सीकों के गट्टे बाँध-बाँधकर उनसे झाड़ू बनाई। अन्त में झाड़ू बन जाने पर परमगत्ती और उसकी पत्नी को उन्हें सौंप दिया और उनसे उन्होंने अपने घर की सफाई की।

●

आरम्भ में मनुष्य कच्चा अन्न ही खाते थे, क्योंकि उन्हें इस बात की जानकारी ही नहीं थी कि चूल्हा कैसे बनाएँ। फिर उन्होंने बाँस की पोंगलियाँ भरकर अन्न को पकाना सीखा। उसके लिए वे बाँस की खोखली नली में अन्न और चावल भरकर उसको ढक्कन

लगाकर बन्द करके आग में रख दिया करते थे। परन्तु अक्सर इस विधि से भोजन पकाने में अन्न जल जाया करता था।

मनुष्यों ने जाकर निरंताली को अपनी कठिनाई बतलाई और उसने उन्हें वचन दिया कि वह कोई युक्ति खोजकर उस समस्या को सुलझाएगी। वह गुंजीअनो नदी से जाकर कुछ लाल मिट्टी ले आई और उससे एक चूल्हा बनाया। जब चूल्हा बनकर तैयार हो गया तब उसने मनुष्यों को बुलाकर उसको दिखाया तथा उन लोगों को उसका उपयोग करना भी सिखाया।

●

पुराने जमाने में देवतागण भी उनको प्रदत्त भोजन को ग्रहण करने के लिए उसी प्रकार से आया करते थे जिस प्रकार मनुष्य आते हैं। वे मानव वेश में आया करते थे। एक बार चैत परब के अवसर पर पाटदेवता जो देवताओं के राजा थे, वे भी निस्सानी देवता, और अन्य बहुत से देवताओं के साथ अपनी बलि का भोग ग्रहण करने मानव रूप में ही आए। उन्होंने गाँव का एक चक्कर लगाया और गाँव में गन्दगी और कूड़ा-करकट देखकर कहा, 'छि, छि', और वे गाँव से बाहर जाकर एक वृक्ष के नीचे बैठ गए। पुजारी और मुखिया ने उनके पास जाकर हाथ जोड़कर अत्यन्त विनयपूर्वक पूछा, 'क्या बात हो गई है? हमसे ऐसी कौन-सी भूल हो गई है जिससे आप क्रोधित हो गए हैं?' पाटदेवता ने कहा, 'हम लोग क्या इतने गए-गुजरे हैं कि तुम्हारी गन्दगी में बैठें। भविष्य में हमारे लिए बलि चढ़ाने की व्यवस्था गाँव के बाहर होनी चाहिए, क्योंकि हम ऐसे स्थान पर बैठकर नहीं खा सकते जहाँ इतनी गन्दगी हो।'

मुखिया ने कहा, 'हमें भी गन्दगी नापसन्द है, परन्तु हम उसे कैसे साफ करें?' पाटदेवता ने कहा, 'मेरी बहन ठाकुर रानी के पास जाओ, वह तुम्हें बताएगी कि क्या करना चाहिए।' माँझी ने ठाकुर रानी के पास जाकर कहा कि उनके साथ क्या बीती थी। ठाकुर रानी ने अपना सिर खुजलाया तो उसमें से एक बाल निकला। उसने उसे उठाकर भूमि पर फेंक दिया और वह घास बन गया। उसने घास को उखाड़कर उसका एक मुट्ठी भर गट्ठा बनाया और माँझी से कहा, 'लो, यह झाड़ू है, इसके द्वारा अपने घर को और गाँव को स्वच्छ रखो।'

●

पुराने जमाने में रस्सी नहीं थी और न ही ऐसी कोई वस्तु थी जिससे रस्सी बनाई जा सके। परन्तु जब मानव ने कृषि करना आरम्भ किया तब उसे रस्सी की अधिकाधिक आवश्यकता महसूस होने लगी।

एक दिन दो साँवरा बन्धु जंगलो और मंगलो मछली पकड़ने के लिए गए। उन्होंने बड़े-बड़े पाँच केकड़े और बहुत-सी मछलियाँ पकड़ीं और उन्हें शाम को अपने घर ले आए। रास्ते में जंगलो और मंगलो ने सोचा, 'हम लोग केकड़ों को यहाँ जंगल में ही

भूनकर खा लें और मछलियों को घर ले चलें।' उन्होंने आग जलाकर केकड़ों को काटा और उनकी अंतड़ियों को निकालकर फेंक दिया। उनके साथ में पित्त भी था। फिर जंगलो और मंगलो अपने घर चले गए।

वे अंतड़ियाँ और पित्त भूमि के भीतर चली गईं और वर्षा ऋतु में पित्त से सन का एक पौधा उत्पन्न हुआ जो बहुत फैल गया। एक दिन महाप्रभु ने अदु पाइक को सपने में बताया और उसने सन के पौधों को काटकर उनके रेशे निकालने की चेष्टा की, परन्तु वह उसमें पूरी तरह सफल नहीं हो सका। दूसरी रात में महाप्रभु ने उसे पुनः सपने में आकर बताया, 'पौधों को सात दिन तक पानी में डुबोकर रखो, तब तुम्हें सन के रेशे आसानी से प्राप्त हो जाएँगे।'

●

मनुष्य आरम्भ में पेड़ों के नीचे रहते थे, उस समय वे बौने कद के थे, मात्र दो फीट ऊँचे। वर्षा ऋतु में उनका जीवन कष्टमय हो जाता था और उन्होंने निश्चय किया कि भूमि में गड्ढे खोदकर खरगोश की तरह से उनमें रहें। परन्तु भूमि धसकने के कारण बहुत से लोग दबकर मर गए। इस प्रकार उनकी जनसंख्या बहुत घट गई।

तब जंगू साँवरा ने निश्चय किया कि वह एक घर बनाएगा। सर्वप्रथम तो उसने ताड़ी के पत्तों से छत्ते सदृश घर बनाया जैसी आजकल हम पूजा की वेदी बनाते हैं। ऐसे मकानों में मनुष्य अनेक वर्षों तक रहता था। उसके पश्चात उसने ऐसी ही मकान लकड़ियों द्वारा बनाए और ये मकान सूखे और आरामदायक थे। उसके पश्चात एक-दूसरे के समीप रहने के उद्देश्य से कतारों में मकान बनाने लगे।

●

आरम्भ में जब मनुष्य भूमि के भीतर गड्ढे खोदकर उनमें रहता था, उस जमाने में वह पत्ते और बाँस खाया करता था। उसके पश्चात किटुंग ने आकाश पर से कहा, 'तुम लोग मनुष्य हो या कि पशु? तुम लोग बिलों में कैसे रहते हो और पत्तियाँ कैसे खाते हो? बाहर आकर मकान बनाकर ढंग से रहो।' उसके बाद वे अपने-अपने बिल से बाहर निकल आए और उन्होंने पत्तियों से अपने-अपने टीले पर घर बनाए। वर्षा ऋतु में उन घरों में पानी चूने लगा, तब किटुंग ने उन्हें सिखाया कि उन पर मिट्टी को छापकर किस तरह पलस्तर किया जाता है। वे कोदो कुटकी बोते थे, परन्तु उन्हें उसको पीसकर आटा बनाना नहीं आता था, और वे उसे वैसे ही कच्चा खाया करते थे। किटुंग ने उन्हें अन्न को सुखाकर दो पत्थरों के बीच पीसना सिखाया। उसकी रोटी बनाना, उन रोटियों को पत्तों में लपेटकर आग में सेकना और पकाकर खाना भी मनुष्य को किटुंग ने सिखाया। पहले उन्होंने लकड़ी की चक्की बनाई परन्तु उससे काम नहीं बना तब उन्होंने पत्थर की चक्की बनाई। परन्तु खाना पकाने के

लिए तो कोई स्थान था ही नहीं। उन दिनों जब लोगों की मृत्यु होती थी तब उनके पड़ोसी उनके शव गाड़ दिया करते थे, परन्तु उनके सिर कब्रों के बाहर ही रहते थे जिनसे दुर्गन्ध फैलने लगती थी। लोग उन खोपड़ियों को फोड़कर उनसे चूल्हे बनाते थे।

●

शुरू-शुरू में मनुष्य भूमि पर ही सोते थे क्योंकि किसी को भी खाट बनानी नहीं आती थी। वर्षा ऋतु में उन्हें अत्यधिक कष्ट उठाना पड़ता था, उन्हें बिच्छू डंक मार देते थे, कीड़े-मकोड़े उनके कानों में घुस जाते थे। किटुंग ने जब मनुष्य को इस कष्ट में पाया तो उन्हें बहुत दुःख हुआ। उन्होंने निश्चय किया कि लोगों के पास खटिया अवश्य होनी चाहिए, 'यदि उन्हें इसी प्रकार से कष्ट होता रहा तो उनकी मृत्यु हो जाएगी। मनुष्य को यदि बचाना है तो उनको सुखी रहना चाहिए।'

किटुंग ब्रजो साँवरा को साथ लेकर लकड़ी लाने तालामारी डोंगर पर गए और वे वहाँ से लकड़ियाँ और मजबूत लताएँ लेकर आए जिनसे उन्होंने खटिया बनाई। ब्रजो ने अपने परिवार के प्रत्येक व्यक्ति के लिए खटिया बनाई और वे सब उन खाटों पर सोने लगे। परन्तु उन्होंने निश्चय किया कि वे खटिया पर संसर्ग नहीं करेंगे क्योंकि ऐसा करना अनुचित होता।

●

तुम्मल साँवरा मुल्यासिंगी में रहता था। ऊखल और मूसल के प्रादुर्भाव के पूर्व लोग अपने हाथों से धान का छिलका हटाकर चावल निकाला करते थे और यह कार्य अत्यधिक कष्टदायक था। जब गरेजासुम ने यह देखा तो उसने तुम्मल से जाकर कहा, 'तुम मेरे साथ चलो, मैं तुम्हें दिखाता हूँ कि धान को किस प्रकार कूटकर उससे भूसा अलग किया जाता है।' वह देवता उस साँवरा को अपने साथ लेकर मुसन्निया वृक्ष के पास गया और उसे बताया, 'इसकी एक शाखा काटकर उसकी छाल को सावधानीपूर्वक साफ कर लो। उसके एक सिरे पर लोहे का छल्ला डाल दो। उसके बाद तुम्हारी पत्नी आसानी से धान कूटकर उससे चावल निकाल लेगी।' ऐसा कहकर गरेंजासुम वहाँ से चला गया। उसके पश्चात तुम्मल ने वृक्ष की एक शाखा काटकर उसे छीलकर साफ किया और फिर लोहार से लोहे का छल्ला बनवाकर उस लकड़ी में लगाया। तब उसकी पत्नी उससे धान कूटने लगी और उसका कार्य आसानी से और कम समय में ही निपट गया।

●

पुराने जमाने की बात है जब एक छोटा-सा परिवार रहता था, जिसमें चार बहनें थीं और दो भाई। उनके माता-पिता की मृत्यु जब वे छोटे थे तभी हो गई थी और वे अकेले

रहते थे। इस परिवार में सबसे छोटा भाई और सबसे छोटी बहन कोई भी कार्य नहीं करते थे और सम्पूर्ण कार्य बड़े भाई-बहन ही मिलकर करते थे। सबसे छोटे भाई-बहन अच्छे दस्तकार थे और वे दोनों बर्तन बनाने का खेल खेला करते थे। एक दिन बड़ा भाई बहुत क्रोधित था, क्योंकि बहुत-सा घर का काम अधूरा पड़ा हुआ था, और उसने उन दोनों के बनाए हुए सारे खिलौने तोड़ते हुए उन्हें डाँटा-फटकारा कि भविष्य में फिर कभी भी उन्हें नहीं बनाएँगे।

धीरे-धीरे वे दोनों भी बड़े हो गए परन्तु वे फिर भी खेतों में काम करने को तैयार नहीं थे। अन्त में अन्य सब भाई-बहनों ने उनको भोजन न देने और घर से निकाल देने का निश्चय कर लिया। वे दोनों बच्चे घर से निकल करके एक छप्पर में रहने चले गए, और वे वहाँ भी मिट्टी के बर्तन बनाने लगे। एक दिन उनके बड़े भाई ने जाकर पुनः उनके सारे बर्तन तोड़-फोड़ दिए। दोनों बच्चे जोर-जोर से रोने लगे और उनके रोने की आवाज सुनकर उन बर्तनों के टुकड़े अपने आप ही जुड़ गए।

इन्दराइका किटुंग ने जब बच्चों के रोने की आवाज सुनी तो वे देखने के लिए आए कि क्या बात है। बच्चों ने जब उन्हें अपना दुखड़ा सुनाया तब वे उनसे बहुत प्रसन्न हुए और उन्होंने उन बच्चों को सही विधि से मिट्टी के बर्तन बनाना सिखाया।

परन्तु बड़े भाई ने पुनः आकर उनके बर्तन तोड़ दिए, तब किटुंग ने उसे मार डाला और उसका रक्त उन बर्तनों पर छिड़क दिया और उन्हें लाल रंग में रंग दिया। किटुंग ने कहा, 'तुम लोग आज से कुम्हार का कार्य करोगे और उसी से अपनी आजीविका चलाओगे।'

पुराने जमाने में जब कुम्हार अपने बर्तन बनाते थे तब वे नरबलि दिया करते थे, परन्तु बहुत पहले ही उन्होंने यह प्रथा छोड़ दी और तब से वे मुर्गे की बलि देने लगे।

●

पुराने जमाने में स्त्री-पुरुष मिलकर अपने घरों की सफाई अपने हाथों से किया करते थे, परन्तु इससे उनके हाथों में चोट लग जाती थी और उनमें घाव हो जाते थे।

हरदासिंगी गाँव में एक रोकलो गुमांग नामक व्यक्ति रहता था। उसकी एक लड़की थी जिसका नाम रंगीत था, जो उसकी इकलौती बेटी थी, इसलिए उसने उसका विवाह किसी भी व्यक्ति से नहीं किया था। वह उसके लिए एक ऐसे युवक की तलाश में था जो उसके घर में लमसेना बनकर रहने को सहमत हो। परन्तु इस बात के लिए कोई भी युवक सहमत नहीं था।

अन्त में किसी प्रकार से सोपी जो कुकुरदा गाँव का सिरहा था अपने लड़के को लमसेना बनाने के लिए सहमत हो गया और उसका और रंगीत का विवाह हो गया। विवाह के लगभग एक वर्ष बाद एक दिन वह लड़की अपने घर के सामने से

कूड़ा-करकट की सफाई कर रही थी और उसे उस काम में सारा दिन लग गया परन्तु सन्ध्या समय तक वह काम पूरा नहीं हो पाया। वह लड़की रोने लगी तब लबोसुम (धरती माता) ने नीचे से ऊपर की ओर एक झाड़ू धकेली और वह उस लड़की के हाथ में पहुँच गई। उसने उस झाड़ू को लेकर सफाई की और वह स्थान तुरन्त साफ हो गया।

वह लड़की थककर सो गई और लबोसुम ने उसे सपने में बताया, 'जब तुम नदी में स्नान करने जाओ तब इस झाड़ू को तोड़कर उसके तिनके पानी में फेंक देना। उन तिनकों से और बहुत-सी नरसुल अनेक नई झाड़ू बनाने के लिए उग आएँगी।'

अध्याय : बत्तीस

वस्त्र, आभूषण और गोदना

महाप्रभु ने सभी मनुष्यों की उत्पत्ति की और फिर उन्हें अलग-अलग जातियों में विभक्त कर दिया। आरम्भ में मनुष्य नंगे रहते थे। ओरंगल (वारंगल का अपभ्रंश) में कटिया गाँडा नामक व्यक्ति रहता था। उसकी एक वयस्क लड़की और एक वयस्क लड़का—दो सन्तान थीं। वह अपने लड़के का विवाह करने के लिए उत्सुक था और उसके लिए लड़की खोजने निकला था। रास्ते में उसे एक नदी मिली जिसके किनारे बैठकर उसने अपना भोजन पकाया। समीप ही सेमल के दो वृक्ष थे, उसने उसे एक गाना सुनाया :

ओ महाप्रभु, तुमने हमें दुनिया में भेजा है,
फिर भी सभी मानव नंगे विचरण करते हैं।
यदि इस गाँडा को कपास निकालना आता
और आता होता इसे कपास से धागे और कपड़े बुनना,
तब वह मनुष्य को वस्त्र प्रदान करता
और फिर उन्हें लज्जित नहीं होना पड़ता,
और हम वृक्ष भी मनुष्यों के साथ घुल-मिल जाते
उसे धन मिलता और वह सम्पन्न बन जाता।

गाँडा जब खाना पकाते समय वृक्षों का गीत सुना, उसने खाना खाया और फिर सेमल की रुई एकत्र की और अपने घर ले गया। उस रात्रि में महाप्रभु उसके सपने में आए और उन्होंने उसे बताया कि धागे और करघा कैसे बनाए जाते हैं। महाप्रभु ने वस्त्र बनाने के उपकरण लाकर उसके आँगन में रख दिए, उस गाँडा ने सूत कातना और वस्त्र बनाना आरम्भ कर दिया और उन्हें बेच-बेचकर वह धनवान बन गया। उसके पास शीघ्र ही इतना पैसा एकत्र हो गया कि वह अपने बच्चों का विवाह कर सके।

•

मँझली पर्वत पर एक गलूसी नामक डोम अपनी पत्नी के साथ रहता था। एक बार सपने में गलूसी ने कपास का एक पौधा कंलस्सी डोंगर पर देखा। उस वृक्ष ने उससे कहा, 'मुझे अपने घर ले चलो और मेरे रेशों से वस्त्र बनाओ।' उस डोम ने कहा, 'मुझे वस्त्र

कैसे बनाए जाते हैं उसका पता नहीं। मुझे उसके लिए क्या करना होगा?' उस पौधे ने कहा, 'तुम्हें जैसा समझ में आए करो, मैं तुम्हारी सहायता करूँगा।'

दूसरे दिन गलूसी उस डोंगर पर गया और उस पौधे के फूलों को मुँह में भरकर अपने घर ले आया। उसने रेशों को कातकर धागा बनाया, और फिर उनसे वस्त्र बनाए। जब वस्त्र तैयार हो गए तब उन दोनों पति-पत्नी ने उन्हें पहन लिया। उसके बीजों (बिनौले) को उसने घर के आँगन में फेंक दिया और कुछ समय के पश्चात उनसे पौधे उग आए।

एक दिन सुकरी गदबा शिकार खेलता हुआ वहाँ पहुँचा और उसने वस्त्रों को देखकर पूछा कि वे क्या थे। वह डोम उस समय वस्त्र बुन रहा था और उसे देखकर गदबा समझ गया कि उसे क्या करना चाहिए। परन्तु उसे सूत नहीं मिल पाया। अतः उसने केरेंग झाड़ी काटकर उसकी छाल को कातकर धागे बनाए और उनसे वल्कल वस्त्र बनाए।

●

आरम्भ में प्रथम बारह गदबा बन्धु जो आदि गदबा थे, वे और उनकी बहनें सब पूर्ण रूप से नग्न रहते थे। वे सब भाई अपनी बहनों और पत्नियों को घर पर छोड़कर शिकार के लिए जंगल में निकल जाते थे। जब वे सन्ध्या समय वापस घर आते तब उनकी बहन उन्हें उनकी स्त्रियों के किस्से सुनाती थीं कि किस प्रकार से उनमें से एक आलसी थी, दूसरी दुश्चरित्र थी और तीसरी झगड़ालू थी। इन चुगलियों के कारण वे सब भाई अपनी-अपनी स्त्रियों को पीटा करते थे। उनकी स्त्रियों ने प्रतिदिन उनके साथ किए जानेवाले दुर्व्यवहार से तंग आकर यह निश्चय किया कि वे उस ननद से छुटकारा पाने के लिए कोई न कोई उपाय अवश्य करेंगी।

अतः उन्होंने एक दिन उससे कहा, 'चलो जंगल से कन्दमूल खोदकर लाएँगे।' जब वे एक घने जंगल में पहुँचीं, तब उन्होंने उसे वहीं छोड़ दिया और तेजी से भाग गईं। वह रोने लगी और सहायता के लिए चिल्लाने लगी, परन्तु वहाँ उसकी आवाज सुननेवाला कोई नहीं था। वह जंगल में रोते हुए चल पड़ी और चलते-चलते मेड़का डोंगर पर पहुँच गई।

उन दिनों मेड़का डोंगर पर मकरानानी नामक एक बुढ़िया रहा करती थी। वह केरेंग के धागों से वस्त्र बनाकर अपना समय व्यतीत करती थी। उसने जब उस लड़की के रोने की आवाज सुनी तो अपने मन-ही-मन कहा, 'ऐसी आवाज न तो मैंने वर्तमान में सुनी और न ही भूतकाल में कभी सुनी थी। यह किसकी आवाज हो सकती है?' वह यह सोचते हुए उस लड़की को खोजने चल पड़ी। वह उसे अपने घर ले आई और उसे कहने लगी, 'तुम डरो नहीं। मैं तुम्हारी बड़ी मौसी हूँ। यहाँ तुम्हें कोई भी नहीं सताएगा। मैं यहाँ अकेली रहती हूँ। मेरे साथ रहो और तुम यहाँ फिर सुखी रहोगी। बस तुम्हें मेरा एक छोटा-सा काम करना पड़ेगा, पानी भरकर लाने का।'

उस बुढ़िया ने उस लड़की को करेंगे की छाल से रेशे उतारकर उन्हें कातकर धागा बनाना और करघे पर वस्त्र बुनना सिखाया। कुछ समय उपरान्त मकरानानी की मृत्यु हो गई। वह लड़की वहाँ अकेली ही रह गई और वह रोती हुई जंगल में भटकने लगी।

वे बारह गदबा बन्धु जंगल में आखेट के लिए आए हुए थे और उन्होंने किसी के रोने की आवाज सुनी। उन्होंने कहा, 'हमने तो यहाँ कभी किसी के रोने की आवाज सुनी नहीं। चलकर देखना चाहिए कि कौन रो रहा है।' खोजते-खोजते उनकी भेंट उस लड़की से हो गई। जब उन्होंने देखा कि वह तो उनकी ही बहन थी तब वे उसे अपने साथ घर ले आए। उसने अपनी बारहों भाभियों के लिए वस्त्र बनाकर उन्हें दिए और धीरे-धीरे वे सब भी वस्त्र बुनना सीख गईं।

●

एक बूढ़ा शेर और शेरनी जंगल में रहते थे। बुढ़ापे के कारण वे जानवरों को नहीं मार पाते थे इसलिए भूखे रहने लगे थे। एक दिन इसी कारणवश वे एक गाँव में जाकर एक गर्भवती स्त्री को उठा लाए। जब उन्होंने उसके पेट को फाड़ा तो उसमें से एक लड़की उत्पन्न हुई। उन्होंने सोचा, 'हम लोग इस बच्ची को नहीं खाएँगे, केवल इसकी माँ को खाएँगे।' जब शेरनी की मृत्यु का समय आया तब उसने शेर से कहा, 'यदि दूसरे बाघ इस लड़की को देख लेंगे तो वे इसे खा जाएँगे। इसको मेरी खाल से ढँक दो।' जब शेरनी मर गई, तब शेर ने उसकी खाल उतारकर उससे उस लड़की को ढँक दिया, तो वह भी शेरनी के समान दिखाई पड़ने लगी। एक दिन बारह भाई गदबा शिकार खेलने निकले और उन्होंने उस बूढ़े शेर को मार डाला। उस लड़की ने सोचा कि वे लोग उसे भी मार डालेंगे अतः वह छलाँगें लगाकर वहाँ से भागने लगी। उन भाइयों ने उसका पीछा किया और उसे पकड़ लिया। उसने अपने दाँत से उन्हें काट लिया और नाखूनों से नोच लिया परन्तु उन सब भाइयों ने उसे पकड़कर उसके कानों में छेद करके रस्सियाँ डाल दीं और दो-दो भाइयों ने रस्सी को एक-एक ओर से पकड़ लिया, दो भाई उसे सामने से उसकी कमर में रस्सी बाँधकर खींचने लगे और दो भाई उसे धकेलने लगे।

वे उसे पकड़कर अपने घर ले आए और उसका विवाह सबसे बड़े भाई के साथ कर दिया। परन्तु वह क्या करता? सबसे छोटे भाई ने सोचा, 'यदि हम इसकी शेरवाली खाल को जला दें और इसके नाखून काट दें, तब यह नहीं भागेगी।' उन्होंने उसकी खाल जला दी और उसके नाखून काट डाले और उसे विवाह के लिए तैयार किया। तब उस लड़की ने कहा, 'मेरे लिए तुम शेर की त्वचा सदृश कपड़ा लेकर आओ जिसे तुमने जला डाला था, तभी मैं विवाह करूँगी, अन्यथा मैं प्राण त्याग दूँगी।'

उन सब भाइयों ने सोचा, 'यदि यह भाग गई तो हमें दूसरी स्त्री नहीं मिलेगी।' अतः वे वस्त्र खोजने निकले, परन्तु उन्हें बाघ की खाल जैसा तो कोई वस्त्र मिला नहीं, परन्तु बेंगरानी केरेंगे की छाल से वस्त्र बुन रही थी और उन्होंने उससे वस्त्र की माँग की। उस रानी ने वस्त्र देने से मना कर दिया परन्तु अन्त में जब इन भाइयों ने सबसे छोटे भाई

को उसे देना स्वीकार किया तब उसने वस्त्र दिया। उस लड़की ने वस्त्र पहने तब जाकर उसका विवाह बड़े भाई से हुआ और उनके बच्चे भी हुए। उस स्त्री ने मरते समय कहा कि सभी गदबा वैसे ही वस्त्र धारण करें अन्यथा उनकी जाति नष्ट हो जाएगी।

●

पुराने जमाने में सभी लोग नग्न रहा करते थे। उन दिनों दो डोम थे। एक का नाम मोली था और दूसरे का राममोलो। बूढ़ा पिन्नू ने उन्हें कपास के बीज प्रदान करते हुए कहा, 'इन बीजों को अपने बगीचों में बो दो।' उन्होंने वे बीज ले जाकर बो दिए और वे वर्षा ऋतु में उग आए। शरद ऋतु में बूढ़ा पिन्नू ने उन्हें आकर उसकी कपास को कातकर धागा बनाकर उन्हें दिखाया और उन दोनों डोमों को वस्त्र बुनने के लिए कहा। जब उन दोनों ने पूछा, 'हम कपड़ा किस प्रकार बनाएँगे?' बूढ़ा पिन्नू ने एक करघा बनाकर उन्हें वस्त्र बनाना सिखाया। वे इसके उपरान्त नियमित वस्त्र बनाने लगे और जब बहुत सारे वस्त्र बनकर तैयार हो गए, तब वे उन्हें लेकर कन्ध लोगों को बेचने ले गए।

आठ आने में उन्होंने सात हाथ लम्बा वस्त्र बेचा और चार आने में पाँच हाथ लम्बा वस्त्र। कन्ध स्त्रियों द्वारा धारण किया जानेवाला वस्त्र दो हाथ लम्बा था और उसकी कीमत दो आने थी। उसके पश्चात धीरे-धीरे सब लोग वस्त्र पहनना सीख गए।

●

कन्ध लोग सफगन्ना में बारह वर्ष तक नग्न रहे। तब निरंताली ने उनसे कहा, 'केजांग के पत्तों को धारण किया करो।' उन्होंने छह माह तक उन पत्तों को धारण किया। उसके पश्चात उन्होंने धामन की छाल से करधन बनाए। उनको भी उन्होंने छह माह तक धारण किया। परन्तु उस छाल से उनको कष्ट होता था और छाल के कारण कमर पर घाव हो जाते थे।

अतः निरंताली एक डोम को अपने घर बुला लाई। उनके घर के समीप ही सेमल का एक पेड़ था। उसने उस डोम को सेमल की रुई को कातकर धागे बनाना सिखाया, और फिर उन धागों से वस्त्र बुनना सिखाया। पुरुषों के उपयोग हेतु बारह हाथ लम्बे और एक हाथ चौड़े वस्त्र और स्त्रियों के लिए तीन हाथ लम्बे और डेढ़ हाथ चौड़े वस्त्र बनाना सिखाया। उन वस्त्रों की किनारियाँ नीले और पीले रंग में बनाईं।

जब वे वस्त्र बनकर तैयार हो गए तब उस डोम ने उन्हें ले जाकर सफगन्ना में कन्ध लोगों को बेच दिया। पुरुषों के एक वस्त्र की कीमत एक रुपया थी और स्त्रियों के वस्त्र की कीमत चार आने।

●

करंजा गाँव में एक कुटिया कन्ध रहता था। उसका नाम मिरंगो ऐरा था। उसकी पत्नी भी उसके साथ रहती थी। वे बिलकुल नंगे रहते थे और उनके बच्चे भी पूर्ण रूप से नंगे ही रहते थे।

जब बच्चे बड़े हुए तब उनके माता-पिता को लज्जा का अनुभव होने लगा। उन्होंने निरंताली से जाकर कहा, 'हमारे बहुत से बच्चे हैं। हम उनके सामने नंगे कैसे रह सकते हैं। वे हमारे शरीर को और अंगों को देखते हैं और हम उनके शरीर को और हमें लज्जा होती है।'

निरंताली ने उन लोगों को कपास के बीज दिए और उनसे कहा कि उन्हें ले जाकर अपने खेतों में बो दें। उन्होंने बीज ले जाकर बो दिए। उन्होंने एक डोम को बुलाकर उससे अपने लिए वस्त्र बनाने का आग्रह किया। इसके बावजूद भी मात्र इतना ही वस्त्र बन पाया कि उन सबके नितम्ब उससे ढक सकें। शेष सभी अंग नग्न ही रह गए।

●

पुराने जमाने में पुरुष साफे नहीं बाँधते थे और न ही स्त्रियाँ अपने बालों में तेल लगाकर उन्हें कंघी से सँवारती थीं। इसके कारण पुरुष और स्त्रियाँ दोनों ही जंगली और अस्त-व्यस्त दिखाई पड़ते थे।

एक दिन एक माँझी (मुखिया) ने अपने बेटे के विवाह के अवसर पर अनेक लोगों को आमन्त्रित किया था। युवक-युवतियाँ उस अवसर पर एकत्र होकर नाचने लगे। उनकी आवाज सुनकर भैरमदेव और हिंगलाजिन माता भी यह देखने के लिए वहाँ आए कि क्या हो रहा था। परन्तु उनका नृत्य देखकर उन्हें कोई खुशी नहीं हुई क्योंकि वे इतने फूहड़ लग रहे थे, मानो कि भूत हों।

भैरमदेव ने अपने वस्त्र उतारकर उन्हें फाड़-फाड़कर उनकी पट्टियाँ बनाईं और लड़कों को साफे की भाँति बाँधने के लिए बाँट दीं। हिंगलाजिन माता ने अपनी सोने की कंघी से उनके बालों की कंघियाँ कीं और उनमें अपने चाँदी के कलश से तेल निकालकर उनके बालों में लगाया। उसके पश्चात उसने वस्त्र को फाड़कर फीते बनाकर उन्हें जूड़े बाँधना सिखाया। इसके पश्चात युवक-युवतियाँ अत्यन्त आकर्षक लगने लगे और उनका नृत्य देखकर भैरमदेव और हिंगलाजिन माता प्रसन्न हो उठीं। 'हमेशा सावधानीपूर्वक शृंगार करके इसी प्रकार से रहा करो,' उन दोनों ने युवक-युवतियों को सलाह दी।

●

भुईगढ़ में पोचू गाँडा रहता था। पोचू की दो पत्नियाँ थीं। अनेक वर्षों तक वह उस गाँव का चौकीदार भी रह चुका था। एक दिन वह अपनी ससुराल गया। उन दिनों लोग वस्त्रों के बदले वल्कल और पत्ते पहना करते थे। रास्ते में पोचू को मैंनागिर डोंगर पर बहुत से सेमल के वृक्ष दिखाई पड़े। समीप ही कुबेर देवता रहते थे, जिन्होंने उससे पूछा कि वह कहाँ जा रहा है। उन्होंने कहा, 'वहाँ मत जाओ, यहीं रहो। सेमल की रुई एकत्र कर अपने घर ले जाओ और उससे कपड़े बनाओ।' 'परन्तु वस्त्र कैसे बनाएँ मुझे तो आता नहीं', पोचू ने कहा। कुबेर देवता ने उसे सेमल से रुई के कोए एकत्र करना

सिखाया और फिर उसके साथ उसके घर चले गए। उसके घर में उन्होंने छह माह रुककर उसे वस्त्र बनाना सिखाया।

●

पुराने जमाने में एक लड़की अपने खेत में काम करने के लिए गई तब उसके पीछे-पीछे उसका भाई भी खेत पर गया। वे दोनों नग्न थे। जब लड़के ने अपनी बहन को खेत में काम करते हुए देखा तब उसकी इच्छा अपनी बहन के साथ शयन करने की हुई, क्योंकि उसके प्रति प्रेम की इच्छा जागृत हो गई थी। एक मोर चिल्लाया, 'मेंयो, मेंयो।' उस लड़की ने पूछा, 'यह कौन-सा पक्षी है?' उस लड़के ने कहा, 'यह रो नहीं रहा है। यह कह रहा है, अपनी बहन को पकड़ लो।' उस लड़की ने कहा, 'मैं अपने भाई के साथ संसर्ग कैसे कर सकती हूँ?'

उस लड़के ने अपनी बहन के साथ बलात्कार किया। उसका आवेग इतना तीव्र था कि लड़की की योनि का अग्रभाग टूटकर भूमि पर गिर पड़ा और वह लड़की जोर-जोर से रोने लगी। सीमारानी आकाश से यह देखने के लिए वहाँ आई कि वह लड़की क्यों रो रही है। उस लड़की को इतनी शर्म महसूस हो रही थी, कि वह कुछ भी नहीं बता पाई। आखिरकार सीमारानी ने उस लड़की की योनि से रक्तस्राव होते देख लिया और तब उस लड़की ने बताया कि उसके भाई ने किस प्रकार से उसकी योनि के अग्रभाग को तोड़ दिया था।

सीमारानी ने सोचा, 'यदि हमेशा ही इस प्रकार की घटनाएँ होती रहीं तब तो स्त्रियों के लिए अत्यधिक संकटपूर्ण स्थिति उत्पन्न हो जाएगी।' उसने यह सोचकर उस योनि के टूटे हुए अग्रभाग को भूमि में रोप दिया और वह कपास के बीज में परिवर्तित होकर उग आया और एक झाड़ी उस स्थान पर विकसित हो गई। सीमारानी ने लोगों से कहा कि वे उस पौधे से कपास एकत्र करें और उससे सूत कातें और उस सूत को डोम को देकर वस्त्र बनवाएँ।

●

पुराने जमाने में भगवान ने महादेव और पार्वती से कहा, 'संसार में जाकर देखो कि सृष्टि की रचना कैसी हुई है और किसी को किसी वस्तु की कमी तो नहीं है।' महादेव ने पूछा, 'हम लोग वहाँ कैसे जाएँ?' भगवान ने मकड़े से कहा, 'तुम अपना धागा नीचे की ओर पृथ्वी तक लटका दो और इन्हें उसे पकड़कर नीचे उतरने दो।' उस मकड़े ने अपना धागा पृथ्वी तक लटका दिया और महादेव तथा पार्वती उससे उतरकर भूमि की सतह से भी नीचे जा पहुँचे।

वहाँ पाताललोक में उन्हें कटनान और हन्नान पृथ्वी को अपने हाथों में उठाए हुए मिले। उन्होंने एक ददवा नामक विशाल मछली वहाँ देखी जो पृथ्वी के चारों ओर लिपटी हुई थी। उन्हें केकड़ा पांडे वहाँ मिला जो एक विद्वान केकड़ा था, जिसने अपने दो पंजों

पर पृथ्वी को उठा रखा था। वे जब आगे बढ़े तब उन्होंने नागदेव को देखा जो पृथ्वी को अपने फण पर धारण किए हुए थे।

जब नागदेव के समीप महादेव और पार्वती पहुँचे, तब नागदेव उनके चरणों में लिपट गया। महादेव ने कहा, 'देखो यह कौन है, जो मेरे पैरों में लिपट रहा है?' पार्वती ने जैसे ही उसे स्पर्श किया तो वह उनके हाथ और गले में लिपट गया। पार्वती डर के मारे चिल्लाईं, परन्तु महादेव ने कहा, 'यह जीव तुम्हारा आभूषण होगा और तुम इसे अपने गले में और कलाइयों पर आभूषण की तरह सौन्दर्य हेतु धारण करो।'

इस प्रकार से आभूषण पहनने का प्रचलन आरम्भ हुआ।

●

एक विशाल पर्वत था जिसका नाम सईमाड़ी था और उसके नीचे से एक नदी बहती थी। पर्वत के एक ओर एक कोया अपनी पत्नी के साथ रहता था। उनकी एक बेटी थी। जब वे अपने खेत पर जाते थे तब वह अपनी लड़की को घर की सफाई करने और भोजन तैयार करने के लिए वहीं छोड़ जाते थे। उस लड़की के सिर में बहुत जूएँ थीं। जब उसके माता-पिता वहाँ नहीं होते तब वह उन्हें पकड़-पकड़कर चाकू से उनकी गर्दन काटती और उन्हें एक गड्ढे में फेंक देती थी।

एक दिन कोया ने एक जंगली बिल्ली पकड़ी और उसे वह अपने घर ले आया। उस लड़की ने उस बिल्ली को पाल लिया और वे दोनों एक-दूसरे से प्यार करने लगे। प्रतिदिन बिल्ली उस लड़की को जूएँ निकालते देखती। एक दिन उसकी माँ ने वह चाकू देख लिया जिससे वह जूँओं की गर्दन काटा करती थी। उस चाकू पर रक्त लगा हुआ था और रक्त की कुछ बूँदें फर्श पर भी गिरी हुई थीं। उसकी माँ ने सोचा, 'जब हम लोग खेत पर होते हैं तब यह लड़की और बिल्ली मिलकर चिड़िया और गिलहरियाँ पकड़कर मौज उड़ाती है।' उसने लड़की को डाँटा और बिल्ली से पूछा, 'तुम यहाँ क्या करती हो?' बिल्ली ने तब जुँओं के बारे में बताया।

उस लड़की की माँ को इस बात पर विश्वास नहीं हुआ, और दूसरे दिन उसने छिपकर देखने की योजना बनाई। उसने देखा कि खाना खाकर उसकी लड़की और बिल्ली बाहर जाकर बैठ गईं। वे जूएँ पकड़ने लगीं। उसकी माँ ने क्रोधित होकर उसके सिर पर मूसल से तीन बार वार किए। सभी बड़ी-बड़ी जूएँ निकलकर भागने लगीं और चूहे बन गईं। तब उसकी माँ ने कहा, 'तुम इन जूँओं को कहाँ फेंकती रहीं?' उसकी लड़की उसे उस गड्ढे के पास ले गई। उनका मांस सड़ चुका था और केवल हड्डियाँ रह गई थीं। उनकी खोपड़ियाँ कौड़ियों में परिवर्तित हो चुकी थीं।

इसीलिए लड़कियाँ बालों में कौड़ी पहनती हैं क्योंकि कभी उनके सिर में वे जूँओं के रूप में रहती थीं।

●

पुराने जमाने में साँवरा स्त्रियाँ गहने पहनने के बारे में सोच भी नहीं सकती थीं। लुबर गाँव में एक कोमटी रहता था जो बहुत धनाढ्‌य व्यक्ति था। उस गाँव का मुखिया दुज्जू साँवरा था। उस कोमटी की एक बेटी थी और एक बेटा, और उस साँवरा की दो बेटियाँ थीं, जिनमें से बड़ी का विवाह हो गया था। कोमटी के दोनों बच्चे कुँवारे थे। एक दिन अपनी बेटियों के लिए सोने-चाँदी के आभूषण खरीदने के लिए वह कोमटी पटना (परलाककी मेंढी का स्थानीय नाम) गया था। उसकी लड़की ने वे आभूषण धारण किए और सीधी दौड़ती हुई दुज्जू के घर चली गई। जब दुज्जू की छोटी बेटी ने उसे देखा, तब उसकी भी इच्छा आभूषण पहनने की हुई और वह रोते हुए अपने पिता के पास पहुँची। उसने उसे पुचकारकर तसल्ली देना चाही, परन्तु उसे सन्तोष नहीं हुआ। अतः उसने कहा, 'किटुंग के पास जाओ और उसके पास जाकर रोना-धोना करो। जो तुम्हें चाहिए उसे शायद वही दे सकें। मुझे तंग मत करो।'

वह लड़की किटुंग के पास जाकर रोने लगी और उसने भी उसे शान्त करना चाहा। अन्त में, जब वह शान्त नहीं हुई, तब किटुंग ने एक बकरे को मारकर उसकी आँतें निकालकर उनसे गले का हार बनाया। उसने उसके पेट के मांस के टुकड़े-टुकड़े काटकर उनके लाल मणिये बनाए। उसके कलेजे के टुकड़ों को भूनकर काले रंग के मणिये बनाए। उसके बाद उसने उस लड़की को इन आभूषणों से सुसज्जित किया और वह खुश हो गई।

इसके उपरान्त कारीगरों ने मिट्‌टी को पकाकर रंगबिरंगे मणिये बनाना आरम्भ किया और सम्पूर्ण देश में आभूषण पहनने का प्रचलन हो गया।

●

एक बुढ़िया का एक बेटा था। जब वह बड़ा हो गया तब उसने उसका विवाह पड़ोस के गाँव की सुन्दर लड़की के साथ कर दिया। लड़का समय आने पर अपनी पत्नी को लेने के लिए ससुराल गया। जब वे अपने घर आ रहे थे तब रास्ते में उन्हें नदी किनारे एक छायादार झुरमुट दिखाई पड़ा। उस लड़के ने अपनी पत्नी से नदी किनारे ही लेटने को कहा। जब उसने लड़के के शिश्न को देखा तो वह भय से चीख उठी और वह 'बचाओ-बचाओ,' चिल्लाते हुए भागी।

इस्पुर महाप्रभु की पत्नी ने जब उसकी रोने की आवाज सुनी तब वह रास्ते में आकर उस लड़की के सामने खड़ी हो गई और उससे पूछा, 'क्या बात है, तुम क्यों रो रही हो?' 'मुझे उसके शिश्न से डर लग रहा है। वह मुझे उससे मार डालेगा।' इस्पुर की स्त्री हँसने लगी और उसने हँसते हुए कहा, 'चलो मेरे साथ और कुछ समय के लिए वहीं रहो।' उसके पश्चात इस्पुर की पत्नी ने उससे कहा, 'अब जाकर अपने घर में रहो। मुझे याद रखने के लिए अपने साथ कोई वस्तु यहाँ से ले जाओ।' उसने काँटे लेकर उस लड़की के हाथ-पैरों में गोदने गोद दिए। वह लड़की दर्द से कराहने लगी, 'अब तुम उस पीड़ा को सहन कर सकोगी। तुम कुछ देर के लिए सिसकारियाँ भरोगी और तुम्हें

थोड़ी-सी पीड़ा भी होगी। परन्तु जब वह तुम्हारे अंग में अपना काँटा चुभाएगा तो वह पीड़ा अब इतनी दुस्सह नहीं होगी।'

●

पुराने जमाने में जब लोग गोदने नहीं गुदवाते थे तब मृत्यु के उपरान्त जमदेवता यह नहीं बता पाते थे कि वे स्त्री थे या पुरुष। उन्होंने कहा, 'यदि स्त्रियों की देह पर कोई चिह्न अंकित होते तो मैं उन्हें पहचान सकता था।' उन्होंने काजल बनाया और उसने लोहे की सुई से अपनी पुत्रवधू के अंग पर कुछ चिह्न गोद दिए। वे गोदने अत्यन्त आकर्षक लग रहे थे, और जब उसकी पीड़ा शान्त हो गई तब, उन्होंने उसको एक बाना देकर कहा, 'जाओ गाँव-गाँव घूमकर सबको अपना गोदना दिखाओ और उन सब स्त्रियों से कहो कि वे भी अपनी देह पर गोदने गुदवाएँ।' सभी स्त्रियों ने जमदेवता (यम देवता) की आज्ञा का पालन किया।

ये गोदना चिह्न स्त्रियों का धन है, यह ही एकमात्र ऐसा धन है जिसे लेकर वे परलोक में जाती हैं।

●

पुराने जमाने में जब तक कन्ध सफगन्ना में रहते थे, तब तक वे सब एक जैसे ही दिखाई पड़ते थे। इसके पश्चात वे विभक्त हो गए और अलग-अलग रहने लगे। पंगिया और कुटिया एक साथ रहते थे इसलिए वे दोनों एक जैसे ही लगते थे।

एक दिन बूढ़ा पिन्नू और पुसुरूली एक कन्ध गाँव में आ पहुँचे और उन्होंने पंगिया और कुटिया लोगों को बुलाया। पुसुरूली ने लड़कियों को अपने पास बुलाया और वे जाकर उनके चारों ओर बैठ गईं। पुसुरूली ने सोचा, 'ये सभी लड़कियाँ एक जैसी ही दिखाई पड़ती हैं, इन्हें व्यक्तिगत रूप से कोई कैसे पहचानेगा?'

उसने अपनी आँख का थोड़ा चीपड़ लेकर उसे कोयले के चूर्ण के साथ मिलाया और फिर उनको तेल में मिलाकर रंग तैयार किया। उसके पश्चात उसने एक लोहार से जिसका नाम कनुतेरा था लोहे की तीन सूइयाँ लीं और उस काले रंग की सूइयों से पंगिया ने लड़कियों के गालों पर गोदकर चिह्न अंकित कर दिए। उनके गालों पर गोदना गोदने के बाद उसने उन लड़कियों से कहा, 'तुम सब लड़कियाँ ऐसे ही गोदने अपने गालों पर अंकित करवाओ और फिर तुम्हें सभी लोग पंगिया कन्ध के रूप में पहचान लेंगे। ऐसा करने पर दरनी पिन्नू भी तुमसे प्रसन्न रहेंगी।'

●

किसी समय बारह भाई और उनकी पत्नियाँ एक गाँव में रहते थे। उसी गाँव में एक विधवा बुढ़िया रहती थी जिसकी एक बेटी थी। एक दिन वह बुढ़िया अपनी बेटी के अंगों पर गोदने गोद रही थी, तभी वे बारह भाई और उनकी स्त्रियाँ सभी वहाँ पहुँच

गए। उन्होंने उस बुढ़िया से पूछा कि वह क्या कर रही थी और ऐसा क्यों कर रही थी। उस बुढ़िया ने कहा, 'जब मेरी बेटी की मृत्यु होने पर यह इस्पुर महाप्रभु के पास जाएगी, तब वे इससे पूछेंगे कि यह कहाँ रहती थी, और उसके कितने पति थे, और उन सबसे इसके कितने बच्चे उत्पन्न हुए। जब वह उन्हें बताएगी तब वे पूछेंगे कि इतने बच्चों के प्रसव की पीड़ा वह कैसे सहन कर सकी। उसके पश्चात वे अपना बाण इसके ऊपर दागकर इसके कथन की परीक्षा लेंगे। तब ये गोदना चिह्न उसकी रक्षा करेंगे, और वह तीर को त्वचा भेदने से रोक देंगे और कोई नया आघात और चिह्न अंकित नहीं होने देंगे।' उन भाइयों ने उसकी खिल्ली उड़ाई और उनकी स्त्रियों ने भी ऐसी मूखर्तापूर्ण झूठी बातें करने के लिए उसे गालियाँ दीं।

समय आने पर उन सब स्त्रियों की मृत्यु हो गई और वे सब इस्पुर महाप्रभु के समक्ष पहुँचीं और उन्हें ठीक वे ही प्रश्न उनसे पूछे जिनके बारे में उस बुढ़िया ने बताया था। उनके पति भी उनके सामने खड़े कर दिए गए और फिर इस्पुर महाप्रभु ने अपने बाणों से उन पर आक्रमण किया और वे सब लोग उन बाणों से आहत हो गए। 'मैंने तुम लोगों को घायल किया है, क्योंकि तुमने कभी भी नहीं सोचा कि तुम अपनी पत्नियों को कितनी पीड़ा दे रहे थे,' महाप्रभु ने कहा।

उन्होंने उन सब स्त्रियों को पुनः भूलोक में गोदने गुदवाने के लिए वापस भेज दिया।

●

आरम्भ में सभी पुरुष एवं स्त्रियाँ नग्न रहते थे, और सभी लोग एक जैसे और बराबर दिखाई पड़ते थे। किटुंग उन सबमें भेद नहीं कर पाते थे और वे सभी को एक ही प्रकार से सम्बोधित करते थे। वे पानों से इस प्रकार से बातें करते थे मानो कि वह कोई ब्राह्मण हो और साँवरा से ऐसे बातें करते थे मानो कि वह कोई कन्ध हो। इसके पश्चात किटुंग ने उड़िया लोगों को और पाइक लोगों को वस्त्र प्रदान किए।

एक दिन किटुंग की पत्नी ने रूजनो साँवरा की बेटी दुद्दू को कमर में लपेटने के लिए एक वस्त्र देते हुए कहा, 'यह वस्त्र जितना लम्बा है उतना अपनी कमर पर बाँध लो और शेष देह को नग्न रहने दो।' उस लड़की को लोगों के सामने आने में बहुत ही लज्जा अनुभव होती थी। किटुंग की पत्नी चाहती थी कि वह सामान्य व्यवहार करे, अतः उसने तेल में कोयले का चूर्ण मिलाकर उस रंग से उस लड़की के माथे और चेहरे पर काँटे से गोदकर कुछ चिह्न अंकित कर दिए और कहा, 'ये तुम्हारी देह के ऊपरी अंगों के लिए वस्त्र (आवरण) हैं। इनसे अधिक वस्त्रों की आवश्यकता भी नहीं है।' अतः उसके उपरान्त वह लड़की फिर जरा भी नहीं शरमाती थी क्योंकि उसने गोदने धारण कर लिए थे।

अध्याय : तैंतीस

कृषि और उसके उपकरण

बिंझीबन पर्वत पर बाँस के पाँच झुरमुट थे। उनमें से एक झुरमुट में से एक लड़के का जन्म हुआ था। वह बाँस का दूध पीकर ही बड़ा हुआ था। फिर दूसरे झुरमुट से एक कन्या का जन्म हुआ, जिसका नाम बासिन कन्या था। वह भी बाँस का दूध पीकर ही बड़ी हुई थी। वे साथ-साथ शयन करने लगे। उन्होंने किसी अन्य मानव को कभी भी नहीं देखा था और वे वायु और जलपान करके रहते थे।

एक दिन बासिन कन्या की माँ ने उसे स्वप्न में आकर सोने की एक कुल्हाड़ी प्रदान की और कहा, 'इस कुल्हाड़ी से तुम मेरी छोटी बहन (बाँस) को काट लो और उससे पंखे और टोकरियाँ बनाओ और उन्हें गाँवों में ले जाकर बेचो। इस प्रकार से तुम अपनी आजीविका चलाओ।' उसके पश्चात उन्होंने बाँस काट लिया और लड़के ने उससे एक पंखा बनाया और लड़की ने उससे एक टोकरी बनाई। जब वे बनकर तैयार हो गए तब उनकी माँ ने कहा, 'इन्हें लेकर गढ़पोहंडा में सुभरी राजा के पास ले जाओ।' वे जब जा रहे थे तब मार्ग में एक घना जंगल आया। एक चट्टान के नीचे गुरबल देव रहता था। उसने इन दोनों से पूछा, 'तुम लोग कहाँ जा रहे हो?' 'अपने सामान बेचने के लिए।'

गुरबल देव ने उनसे एक पंखा और एक टोकरी ले ली और कहा, 'अब तुम बिंझीबन पर्वत पर वापस मत जाओ, क्योंकि तुम्हारी माँ वहाँ से कहीं अन्यत्र चली गई है।' परन्तु उन्होंने उसकी बात नहीं मानी और बिझींबन पर्वत पर चले गए, और वहाँ पहुँचने पर उन्हें ज्ञात हुआ कि गुरबल देव ने सच ही कहा था। वे वापस गुरबल देव के पास आ गए और वहीं रहने लगे। गुरबल देव ने उनकी जाति का नामकरण महार कर दिया।

●

एक गाँव में दो भाई रहते थे, उनमें से एक भाई पुजारी था और दूसरा भाई उस गाँव का मुखिया था। उन दिनों एक विशाल जंगल था जिससे सभी लोगों को फलफूल और कन्दमूल प्राप्त होते थे। परन्तु लोग जंगल को काटकर उसे जलाने लगे और एक समय ऐसा भी आया जब सारे वृक्ष समाप्त हो गए और लोग भयभीत होकर इस्पुर महाप्रभु

के पास पहुँचे और उनको प्रणाम किया। वे एक वृद्ध व्यक्ति के रूप में प्रकट हुए और उन्होंने पूछा, 'तुम लोगों ने मुझे क्यों बुलाया है?'

उस पुजारी और मुखिया ने कहा, 'सभी वृक्ष नष्ट हो गए हैं, अब हम अपने बच्चों को क्या खिलाएँगे, क्योंकि अब न तो फल ही होंगे और न ही कन्दमूल।' इस्पुर ने कहा, 'तुम लोग लोहारों के पास जाओ। वे तुम्हें लोहे के औजार बनाकर देंगे।' इतना कहकर वे चले गए।

पुजारी और मुखिया लोहार के पास गए और उससे औजार बनाने के लिए कहा। परन्तु उसने कहा, 'मैं बहुत बूढ़ा हो गया हूँ, अब मेरे बस का कुछ भी नहीं है। परन्तु मेरा एक बेटा है। वह शायद तुम्हें लोहा लाकर दे सके, पर वह एकदम अकेला है। यदि तुम उसे अपनी लड़की और एक गाय दे दो तो हो सकता है कि वह इस कार्य को करने के लिए सहमत हो जाए।'

पुजारी और मुखिया अपनी एक लड़की और गाय लेकर उस लोहार के लड़के के पास गए। वह गाय को लेकर ओंझुर पर्वत पर गया और उसकी बलि चढ़ा दी और उसकी खाल से दो धौंकनियाँ बना लीं। उसने उस पर्वत में से खोदकर लोहा निकाला और उसे गलाया। उस लड़की ने धौंकनियाँ चलाईं। तब उसने एक कुदाली और एक टँगिया बनाकर लोगों को दिया।

●

बरवागुड़ा ग्राम के बुरसी बढ़ई का कोई बेटा नहीं था। उन दिनों लोग कुदालियों से काम किया करते थे। एक दिन बुरसी ने जंगल में जाकर मेरिचुल डोंगर पर एक सेमल के वृक्ष को काटा और उसकी लकड़ी से एक हल बनाया और उसे लेकर अपने घर आए। दूसरे दिन उसने रेमारनबेरा में उस हल से भूमि की जुताई की। लोग उसको भूमि जोतते हुए देखने के लिए एकत्र हो गए और उससे पूछने लगे कि वह हल उसे कैसे प्राप्त हुआ। उसने बताया, 'मैंने स्वयं यह हल बनाया है।' गाँव के लोगों ने उससे कहा, 'हम लोग तुम्हारे लिए काम करेंगे, परन्तु तुम हम लोगों के लिए भी हल बना दो।' बुरसी पुनः जंगल में चला गया और उसने वहाँ इक्कीस दिन रुककर बहुत से हल बनाए। उसने अपने पड़ोसियों को बुलाकर प्रत्येक को एक-एक हल प्रदान किया।

●

सर्वप्रथम मनुष्य उत्पन्न हुए और फिर उनकी आबादी बढ़ने लगी। निरंताली ने उन सबको अलग जातियों में बाँटा और उन सबको उनके काम बाँट दिए। निरंताली ने पाइक लोगों से कहा कि वे खेती करें, और विचार किया कि उनके लिए हल किस प्रकार से बनाया जाए। उसने बिन्द्राबाड़ी से एक लोहार को बुलाकर कहा, 'मुझे एक पटासी और एक बसूला बनाकर दो।' उसने पटासी और बसूला बनाकर निरंताली को दिए।

निरंताली जंगल में गई और वहाँ उसने एक सरई का वृक्ष काटकर उससे एक हल बनाया। जड़ू के लिए उसने बान्दो की लकड़ी का उपयोग किया। जब हल बनकर तैयार हो गया तब उसने उसे माँझी गोंड को दे दिया और वह उससे जुताई करने लगा। दूसरे लोगों ने भी उसके हल को देखकर हल बनाना सीख लिया।

●

निरंताली अपने हाथों से धान छड़ाई किया करती थी। वास्तव में उन दिनों सभी लोग ऐसे ही किया करते थे। इस प्रकार धान छड़कर चावल निकालने में बहुत अधिक समय लगता था और यह अत्यधिक कष्टसाध्य कार्य था। निरंताली ने लिब्रू नामक लोहार से जाकर कहा कि वह एक कुल्हाड़ी बना दे। वह कुल्हाड़ी लेकर गोलपाड़ डोंगर पर गई और वहाँ एक सरई का पेड़ काट लिया। उसे अपने घर लाकर उसने उससे दो हाथ लम्बा एक ऊखल तैयार किया। इसके पश्चात उसने बांदो वृक्ष को काटकर उससे तीन हाथ लम्बा और तीन अंगुल मोटा एक मूसल बनाया। इस कार्य में उसे पाँच दिन लग गए। उसने लिब्रू से जाकर लोहे का एक छल्ला बनवाया और मूसल के एक छोर में पहना दिया। छठवें दिन उसने उनसे पाँच पायली चावल और दो पायली कोदो कूटकर साफ किया। कन्ध लोग भी निरंताली को देखकर ऊखल-मूसल और बाद में ढेंकी का प्रयोग करने लगे।

●

जब तक अन्न का प्रादुर्भाव नहीं हुआ था तब तक पंखों की भी कोई आवश्यकता नहीं थी। परन्तु जब खेती होने लगी और अन्न उत्पन्न होने लगा तब लोगों को अन्न साफ करने में अत्यन्त कठिनाई होने लगी। बूढ़ा पिन्नू ने सोचा, 'यह कार्य तो अत्यधिक कष्टदायक है,' और उन्होंने गुड़रा कन्ध को बाँस से एक पंखा बनाने के लिए कहा। गुड़रा ने सर्वप्रथम इक्कीस पंखे बनाए और उन्हें सफगन्ना ले गया। बूढ़ा पिन्नू ने लोगों को बुलाया और प्रत्येक को एक-एक पंखा प्रदान किया।

●

कृषि युग आरम्भ होने के पूर्व एक बार एक युवा सिरहिन का पथ विवाह उसके इष्ट देव के साथ सम्पन्न हो रहा था। विवाह के समय भीमो महाप्रभु उस लड़की की देखने के लिए आए। उन्होंने बेर का एक पेड़ काटकर उससे हल बनाया। इसके पश्चात उन्होंने लकड़ी का ही एक जूड़ा बनाया और उसे दो लड़कों के कन्धों पर रख दिया। फिर उन्होंने विवाह मंडप के चारों ओर उन लड़कों को हल लेकर घुमाते हुए भूमि की जुताई की। उन्होंने सभी प्रकार के अन्न के बीजों को लेकर उन्हें बो दिया। जब यह कार्य पूरा हो गया, तब वे दोनों लड़के बैलों के रूप में परिवर्तित हो गए और वे वहाँ से हल को घसीटते हुए भाग गए।

भीमो महाप्रभु ने लोगों को सलाह दी, 'भूमि जोतकर खेती करो जैसे मैंने तुम्हें करके दिखाया है। इससे तुम्हें बहुत लाभ होगा।'

●

करजीपदरो गाँव में एक वृद्ध अपनी पत्नी के साथ रहता था। उनकी एक कुँवारी बेटी थी जिसका नाम रूमटी था। उस लड़की के पास एक मुर्गा और एक मुर्गी थे जिन्हें वह बहुत चाहती थी। एक दिन उसके माता-पिता एक दूसरे गाँव में एक विवाह में सम्मिलित होने के लिए गए तब वे उस लड़की को मुर्गे-मुर्गी के साथ घर पर ही छोड़ गए। घर में बहुत-सा अन्न चुगने एवं साफ करने के लिए था। उस लड़की ने उस अन्न को अपनी झोली में धूल उड़ाने के लिए भर लिया, और वह उससे धूल उड़ाने लगी। जब मुर्गे और मुर्गी ने उसे अपने कार्य में संलग्न देखा, तब वे आपस में विचार करने लगे कि वे कैसे उस लड़की की सहायता कर सकते हैं। उन्होंने अपने कान क़ाटकर उसे देते हुए उसको बताया कि कैसे उनका उपयोग करके अन्न को साफ किया जाता है। उन्होंने तीन कानों के तो पंखे बना लिए और एक को उठाकर किनारे रख दिया। उन्होंने उस लड़की से कहा, 'जब ये तीनों टूट जाएँ तब चौथे कान को भटिया के पास ले जाकर दिखाना और उससे कहना कि वह उसको देखकर वैसा ही एक पंखा बाँस से बना दे।' जब वे तीनों कान टूट गए, तब उसने वैसा ही किया।

तब से मनुष्य अपना अन्न साफ करने के लिए सूपे का उपयोग करने लगे।

●

बूढ़ा पिन्नू ने कन्ध लोगों को जंगल साफ करके खेत दिए, और उनसे कहा कि वे खेती करें। उन्हें उड़िया और पाइक लोगों को मैदानी क्षेत्र में समतल खेत बनाकर दिए और उनसे कहा कि वे हल बनाएँ। कन्धजनों को उन्होंने कुल्हाड़ियाँ, हँसिया और कुदालियाँ प्रदान कीं और उनसे कहा कि वे जंगल साफ करके भूमि को कुदाली और हँसिए से कुरेदकर बीज बोएँ। अर्जुन नाइक नामक पाइक को वे टिकावली पर्वत पर ले गए। वहाँ उन्हें मुकुटेरा नामक लोहार मिला जिसे उन्होंने एक पटासी, एक आरी और एक रेती बनाने के लिए कहा। उन्होंने अर्जुन नाइक को साल की लकड़ी से हल बनाना सिखाया और धामन की लकड़ी से जूड़ा बनाना। उसके पश्चात उड़िया और पाइक लोग खेती में हल का प्रयोग करने लगे। अर्जुन नाइक पहला बढ़ई था और लोग उसके काम का भुगतान उसे अन्न देकर करते थे।

●

निरंताली ने मनुष्य को अन्न प्रदान किया परन्तु अन्न को साफ करने के लिए सूपे उन दिनों में नहीं थे। लोग उन्हें अपने हाथों में रखकर अन्न को फूँक से उड़ाकर साफ किया करते थे। निरंताली सूपे बनाना चाहती थी, परन्तु उसे सूपे बनाना नहीं आता था। अन्त

में उसने कानड़ागढ़ से कंडरा भीमराज को सहायतार्थ बुलवाया और उससे सूपे बनाने के लिए कहा। वह सफिडोंगर पर टँगिया लेकर गया और वहाँ से बरसात में उगनेवाला बाँस काटकर लाया। उसके बाद उसने बाँस को चीरकर उसकी चार खपचियाँ बनाईं और फिर उनसे एक सूपा बनाकर निरंताली को दिया। निरंताली ने प्रसन्न होकर उस सूपे में अन्न भरकर उसे साफ करके देखा। निरंताली ने कंडरा से कहा कि वह निरंतर बस सूपे बनाने का ही काम किया करे।

●

बाँकागढ़ का बलराम राजा एक बिंझवार था। उसकी दो पत्नियाँ थीं। बड़ी पत्नी के माता-पिता आकाश में रहते थे और उसका पति राजा सुजावल था। बलराम राजा ने अपनी पत्नी को अपने ससुराल भेज दिया था परन्तु छोटी पत्नी उसके साथ ही रहती थी और वह उसको लेकर लाम्फागढ़ में रहने चला गया था। बड़ी स्त्री से उसका एक बेटा था और छोटी स्त्री से उसकी एक बेटी।

बलराम राजा और उसकी पत्नी दोनों बूढ़े हो गए और उनकी बेटी वयस्क हो गई थी। उसका प्रथम मासिक धर्म हुए दो वर्ष हो चुके थे और फिर भी उसकी मँगनी करने कोई भी व्यक्ति नहीं आया था। इसलिए बलराम राजा स्वयं ही उसके लिए वर ढूँढ़ने के लिए निकला। अन्त में उसे एक गरीब अनाथ लड़का मिला जिसके साथ उसने अपनी बेटी का विवाह कर दिया।

उसकी बड़ी स्त्री के बेटे का विवाह अमिलसई के साथ हो गया जो उसके मामा की ही बेटी थी। अब दोनों बच्चों का विवाह हो चुका था, परन्तु फिर भी बलराम राजा चिन्तित था कि किस प्रकार से उनकी आजीविका चलाए। उन दिनों हल नहीं होते थे और लोग अपने खेतों को कुदालियों से कोड़ते थे। राजा सोचा करता था, 'मेरी मृत्यु के उपरान्त इन बच्चों को बहुत कष्ट उठाना पड़ेगा। मुझे इनकी सहायता के लिए कोई न कोई उपाय अवश्य करना चाहिए।'

उसने हरमोली पर्वत पर जाकर हर्रे का एक वृक्ष काटकर उससे दो हल बनाए। उसने उसमें से एक हल अपने दामाद को देकर कहा, 'मेरी मृत्यु के पश्चात इसका उपयोग करना।' दूसरा हल लेकर वह अपने बेटे के पास आकाश में गया। जब राजा सुजावल ने उसे देखा तो उसने सोने का एक हल बनवाया। परन्तु वह उसका उपयोग कभी भी नहीं कर सका और वह अभी भी आकाश में है, जो आकाशगंगा में चमकता हुआ दिखाई पड़ता है।

●

एक दिन गोरजू बसोड़ मंडारान से पंडरानगढ़ अपनी ससुराल जा रहा था। रास्ते में उसे रात हो गई और वह जंगल में ही एक बाँस के झुरमुट के समीप सो गया। बाँस आपस में फुसफुसाकर बातें कर रहे थे, 'यह बंसोड़ हमें काटेगा और हमको सूप बनाकर

बेचेगा।' बंसोड़ यह सब वार्तालाप सुन रहा था परन्तु उसने उस समय कुछ भी नहीं किया और वह अपनी ससुराल चला गया। परन्तु वापसी में उसने उन बाँसों को काट लिया और उनसे सूपे बनाकर बकरोलीगढ़ के नरलुम साँवरा को बेचने के लिए दे दिए।

जब साँवरा स्त्रियों ने वे सूपे देखे तब उन्होंने उस साँवरा से प्रार्थना की कि वह और अधिक सूपे बनाकर लाए और इस प्रकार उन सूपों का प्रचलन सम्पूर्ण जगत में होने लगा।

●

पुराने जमाने में साँवरा लोगों के पास लम्बे अंकुशवाली एक कुदाली ही मात्र एक औजार था। वह पर्याप्त नहीं था और वे हमेशा भूखे रहते थे। तब सीमारानी ने बैल से कहा, 'जाओ और साँवरा लोगों से कहो कि वे केवल कुदाली पर निर्भर न रहें। उन्हें चाहिए कि वे हल बनाएँ और उनमें दो स्त्रियों को जूड़े में बाँधकर भूमि की जुताई करें और पुरुष उन्हें हाँकें। वे दिन में दो जून काम करें और एक बार भोजन करें।' उन दिनों लोग़ दिन में तीन-चार बार भोजन किया करते थे।

बैल सीमारानी का सन्देश लेकर वहाँ से चल पड़ा परन्तु रास्ते में एक तीतर उसके ऊपर उड़ने लगा और वह इतना अधिक घबरा गया कि वह क्या सन्देश पहुँचाना था यह भूल ही गया और उसने वहाँ जाकर कहा, 'गर्मी के दिनों में एक जून काम किया करो, सर्दी के दिनों में दोनों जून और वर्षा ऋतु में एक जून और हमेशा दिन में तीन बार भोजन किया करो।' जब वह वापस लौटकर सीमारानी के पास पहुँचा तब उसने पूछा कि वह क्या सन्देश पहुँचाकर आया है। जब उसने सुना तो बहुत क्रोधित हुई और उसने बैल से कहा, 'जाओ, अब तुम्हें स्वयं ही स्त्रियों के बदले हल खींचना पड़ेगा।'

●

पुराने जमाने में लोग भूमि को खेती के लिए कोड़ने हेतु मोर के पंखों को उनमें चूहे के दाँत चिपकाकर उपयोग में लाते थे। वे साही के काँटों से हल की फाल बनाया करते थे और अपने हल को तोते से खिंचवाया करते थे। वे केवल मड़िया बोया करते थे। परन्तु उन्हें अच्छी फसल प्राप्त नहीं होती थी।

इसी प्रकार से यह क्रम बहुत दिनों तक चलता रहा और फिर किटुंग ने सोचा कि परिस्थितियों में सुधार किया जाए। उन्होंने कुछ बन्दरंग की लकड़ियाँ काटीं और उससे एक हल बनाया और उसे घर ले आए। उन्होंने लोहार को बुलाकर उस हल के लिए लोहे की फाल बनवाई। इसके उपरान्त उन्होंने लोगों को खेत जोतना सिखाया। सबसे पहले हल का उपयोग साँवरा ने आरम्भ किया।

●

रामा और बिम्मा, दोनों भाई पुराने डोंगर पर रहते थे। वे दोनों जंगल काटने और खेतों में बीज बोने के लिए साथ-साथ जाया करते थे। वे अपनी कुदालियों से बहुत थक चुके

थे और एक दिन बिम्मा कोकली पर्वत पर गलबेसुम के पास गए और उनसे कहा, 'कुदालियों से जमीन खोदते-खोदते तो हम लोग थक चुके हैं, हमें भूमि तोड़ने के लिए कोई दूसरा उपाय बताओ।'

गलबेसुम के पास कोई अन्य साधन नहीं था, अतः उन्होंने अपना बायाँ पैर बिम्मा को काटकर दे दिया, 'इस पैर को ले जाकर इससे भूमि को तोड़ो। बाद में तुम इसी आकार का लकड़ी का हल बना सकते हो।' बिम्मा उस पैर को कन्धे पर रखकर अपने घर चले गए। उन्होंने पिस्सरो लकड़ी से एक हल बनाकर रामा को दे दिया। रामा ने उस हल से खेत जोतकर खेती करनी आरम्भ की तब उन्हें देखकर अन्य लोग भी हल से खेती करने लगे।

●

एक बूढ़े दम्पती के पाँच बेटे और दो बेटियाँ थीं। उन्होंने पर्वत के ढलान ऊपर जंगल काटकर अपना खेत बनाया और उसमें अपने बीज ले जाकर बोए। परन्तु चिड़ियों और चींटियों ने वे बीज चुरा लिए। वे बार-बार बीज ले जाकर बोते थे और प्रत्येक बार पक्षी और चींटियाँ बीजों को चुरा लेती थीं। वह वृद्ध बहुत हताश हो गया था और उसे चिन्ता होने लगी थी कि वह अपने बच्चों का पोषण किस प्रकार से कर पाएगा? वह एक रस्सी लेकर जंगल में गया और बरगद के वृक्ष से लटककर फाँसी लगाना चाहता था।

उसी क्षण किटुंग और उसकी पत्नी वहाँ पहुँच गए। उन्होंने देखा कि एक वृद्ध रस्सी हाथ में लिए हुए वृक्ष की शाखा पर बैठा हुआ है और उसने रस्सी अपने गले में बाँध रखी है। किटुंग की पत्नी ने कहा, 'इस वृद्ध की क्या समस्या है?' किटुंग ने उससे आग्रह किया कि वह नीचे उतरकर अपनी समस्या बतलाए।

किटुंग ने उसकी कथा सुनकर एक बाँस उखाड़ा और उससे एक कुदाली बनाई। उन्होंने उस वृद्ध से कहा, 'अपने बीज भूमि में बोने के उपरान्त, भूमि को थोड़ा-सा खोदकर बीजों को मिट्टी से ढँक दो। इसके बाद चिड़ियों से वे बीज बच जाएँगे।' इस प्रकार से कुदाली के उपयोग का प्रचलन हुआ।

अध्याय : चौंतीस

मछली पकड़ने की शुरुआत

जोतसाय राजा कुमारगढ़ में रहता था। उसकी रानी का नाम चिपकेली था। उसकी तीन बेटियाँ थीं। वे सब वयस्क हो चुकी थीं, परन्तु सभी अविवाहित थीं क्योंकि उनकी माँ का आदेश था कि वे जब चालीस वर्ष की हो जाएँ तभी विवाह करें उसके पहले नहीं। यदि वे विवाह के पूर्व किसी पुरुष के संसर्ग में आईं, तो वह उन्हें जंगल में बिना भोजन-पानी दिए त्याग देगी। वे लड़कियाँ अपने पिता से बहुत डरतीं थीं और इस बात के लिए सचेत रहती थीं कि पुरुषों से किसी प्रकार का भी संसर्ग न हो।

उचित समय आने पर बड़ी लड़की को प्रथम मासिक धर्म हुआ। जिस दिन उसने अपना सिर धोया और जब वह नदी में स्नान करके अपने घर आ रही थी, तब उसकी भेंट हद्दी जाति के एक युवक से हो गई। उसकी छाया उस लड़की पर पड़ गई और वह गर्भवती हो गई। सात माह के उपरान्त राजा को इस बात का पता चला और उसे बहुत क्रोध आया। उसने अपने चपरासियों को आदेश दिया कि उस लड़की को एक वृक्ष से बाँध दे जहाँ उसे बाघ खा जाए। चपरासी उसे भूखी-प्यासी ही एक घने जंगल में ले गए। इन्द्रावती नदी के तट पर एक कान्हा वृक्ष था, चपरासियों ने उस लड़की के हाथ-पैर उस वृक्ष से बाँध दिए और उसे अकेली छोड़कर चले गए। वह वहाँ हवा पर भी आश्रित होकर रह गई। वह कुछ भी करने में असमर्थ थी।

कुछ दिनों के पश्चात उसने दो बेटों और एक बेटी को जन्म दिया। परन्तु वह उनके लिए कुछ भी नहीं कर पाई, वह उन्हें दूध भी नहीं पिला सकी, इसलिए बच्चे भी हवा पान करके रहने लगे। जब वे बच्चे बड़े हो गए, तो उन्होंने अपनी माँ की रस्सियाँ खोलीं परन्तु वह इतनी अशक्त हो चुकी थी कि चल भी नहीं पा रही थी और रेंगते हुए इन्द्रावती नदी के किनारे पहुँची और वहाँ उसने विश्राम किया।

उस नदी में एक पुरानी घटिया बहकर आ रही थी, जिसकी रस्सियों में कुछ मछलियाँ फँसी हुई थीं। सबसे बड़ा बालक नदी में कूदकर उन रस्सियों को खींचकर बाहर ले आया और उसने उन मछलियों को पकड़ लिया। उन्होंने आग जलाकर उन मछलियों को भूनकर खा लिया। उसके पश्चात उनकी इच्छा प्रतिदिन मछली खाने की होने लगी। उस लड़के ने वृक्ष की छाल से खटिया के बुनावट के सदृश एक जाल बनाया

और उसे वजनदार बनाने के लिए उसके चारों ओर घोंघे बाँध दिए। उसने उस जाल को नदी में फैलाकर बहुत-सी मछलियाँ पकड़ लीं।

इस तरह मछली पकड़ने की शुरुआत हुई।

●

एक देनाइ मछुवारा अपनी पत्नी के साथ रासगुड़ा में रहता था। उनकी कोई सन्तान नहीं थी। बहुत समय उन्हें वहाँ रहते हुए बीत गया था, और वे बहुत गरीब हो गए थे और अन्त में जब वे भूखे मरने लगे तब उस गाँव को छोड़कर भोजन की तलाश में अन्यत्र चले गए। रास्ते में महाप्रभु से उनकी भेंट हो गई। वे भूख से इतने अशक्त हो चुके थे कि ठीक से चल भी नहीं पा रहे थे। वे महाप्रभु के चरणों में गिर पड़े और कहने लगे, 'हम लोग भूख से मर रहे हैं।' महाप्रभु ने अपना वस्त्र उतारकर उन्हें दे दिया और उन्होंने अपने पैर का अँगूठा काटकर उन्हें देते हुए कहा, 'इस अँगूठे को ले जाकर सरवन झील में फेंक दो और दूसरे दिन उस झील में इस वस्त्र को फैलाकर धीरे-धीरे खींच लेना। उस वस्त्र में जो कुछ भी फँसकर आ जाए उसे बाजार में ले जाकर बेच देना और उस पैसे से अपने लिए अन्न और अन्य भोजन सामग्री खरीद लेना।'

उस मछुआरे ने महाप्रभु के बताए अनुसार ही सब कार्य किया। उसने झील में जो अँगूठा डाला था वह मछली बन गया और उनका वस्त्र जाल बन गया। उन्होंने बहुत-सी मछलियाँ पकड़ लीं और उन्हें ले जाकर बाजार में ले गए। परन्तु लोगों ने उन्हें देखकर पूछा, 'ये क्या चीज हैं?' वह मछुवारा भी नहीं जानता था कि वे क्या हैं, और वह उनके विषय में महाप्रभु से पूछने गया। महाप्रभु ने उसे बताया, 'ये मछलियाँ हैं और इन्हें खाकर तुम लोग जीवनयापन कर सकते हो।'

●

खेती करना सीखने के पूर्व मानव कन्दमूल फल खाकर अपना जीवनयापन करते थे। उस युग में न सूर्य था और न ही चन्द्रमा। पाण्डू ने सबसे पहले खेत बनाया परन्तु उसे कोई जोत नहीं सका। वहाँ एक बाँध बना हुआ था जो वारसेल कहलाता था, जिसमें वह धान बोता था। धान की लुआई के समय उसके परिवार के सभी लोगों ने वहाँ एकत्र होकर उसे सहयोग प्रदान किया। ठीक उसी दिन आकाश पर सूर्य और चन्द्रमा का उदय हुआ। लोग उन्हें देखकर भयभीत हो उठे और चट्टानों के नीचे छिप गए। वे इतना साहस नहीं जुटा पा रहे थे कि बाहर आ सकें, और वे गुफाओं में छिप गए।

सुकरा कोया जंगल में शिकार खेल रहा था। वह जब वारसेल पहुँचा तो उसने देखा कि धान की बालियाँ पककर तैयार हो चुकी हैं और हल और जूड़ा वहीं पड़ा हुआ है। वह उनमें से कुछ बीज और हल अपने घर ले आया और उसने भी उसी प्रकार से अनुकरण करके खेत जोतकर बीज बो दिए।

उसके उपरान्त सभी लोग भूमि को जोतकर बीज बोने लगे और कृषि का प्रचलन सर्वत्र हो गया।

●

निरंताली का एक पुत्र था जो बेटा पिन्नू कहलाता था। जब वह बड़ा हो गया तब उसने कहा, 'माँ, मैं शिकार खेलने के लिए जाना चाहता हूँ।' निरंताली ने कहा, 'तुम्हारे पास धनुष-बाण तो हैं ही नहीं, तुम शिकार कैसे करोगे?' बेटा पिन्नू ने कहा, 'मुझे जल्दी धनुष-बाण बनाकर दो, मैं शिकार पर जाऊँगा।' निरंताली ने लोहार से कहा, 'मेरा बेटा शिकार खेलने जाएगा। तुरन्त धनुष-बाण बनाकर दो।' लोहार ने तुरन्त धनुष-बाण बनाकर उसे दिए और निरंताली ने वे बेटा पिन्नू को देकर कहा, 'शिकार के लिए जाओ, परन्तु उसने वन्य पशुओं के स्थान पर मनुष्यों को मार डाला था। जब बहुत से लोग उसके द्वारा मारे गए, तब मृतकों के रिश्तेदारों ने आकर उसकी माँ से शिकायत की।

निरंताली ने बेटा पिन्नू को बुलाकर कहा कि, 'वह ऐसा कार्य न करे। मैंने तुम्हें यह धनुष-बाण जंगली जानवरों को मारने के लिए दिया है, न कि मानव समुदाय को।' उस दिन के उपरान्त मनुष्य ने आखेट खेलना आरम्भ किया।

●

एक कन्ध अपनी पत्नी के साथ किसी गाँव में रहता था। उसके दो बेटे थे, जिनमें से एक का विवाह हो चुका था। उनकी दादी भी जीवित थी जो उनके साथ ही रहती थी। एक दिन वे सब भूखे थे और वह कन्ध अपनी स्त्री और उसका विवाहित बेटा और बहू सब लोग फूटू (कुकुरमुत्ता) ढूँढ़ने के लिए निकले। जंगल के बीचोंबीच पहुँचकर उन्हें एक कुकुरमुत्ता उगा हुआ दिखाई पड़ा जो एक विकराल सर्प के सिर पर उगा हुआ था। उन्होंने जब उस कुकुरमुत्ते को तोड़ने की चेष्टा की तब उस सर्प ने उन चारों को निगल लिया। उसके पश्चात वह एक नदी में चला गया जहाँ वह सर्प आठ दिनों तक रहा।

दूसरे दिन उस गाँव के लोग उस कन्ध के कुँवारे लड़के को साथ लेकर शिकार खेलने निकले। उस लड़के ने एक साँभर का शिकार किया। दूसरे शिकारियों ने पूछा, 'इस जानवर को किसने मारा?' एक अन्य व्यक्ति ने झूठ बोला, 'इसे मैंने मारा है?' उस लड़के ने कोई प्रतिवाद नहीं किया और वे उसको उठाकर घर ले आए और उसका मांस काटकर बाँट लिया। उन्होंने उस लड़के को कुछ भी नहीं दिया। सात दिनों के बाद उन्होंने मिट्टी से साँभर की एक मूर्ति बनाई और एक मूर्ति मुर्गे की बनाई और उसे उसी लकड़ी में बाँधकर नदी किनारे ले गए जिसमें बाँधकर वे असली साँभर को लाए थे। उन्होंने मिट्टी के साँभर को चावल का भोग चढ़ाया और चावल और फूलों से एक मुर्गा बनाकर उसकी बलि चढ़ाई। उसके उपरान्त उन्होंने कहा, 'हम लोग पुनः आखेट पर निकलेंगे।'

उस लड़के ने अपनी दादी से कहा, 'मैं भी आज शिकार पर जाऊँगा।' 'तुम मत जाओ, क्योंकि तुमने साँभर मारा था और उन्होंने तुम्हें उसमें से थोड़ा-सा भी हिस्सा नहीं दिया। हमारे खेत में पर्याप्त अन्न उत्पन्न हुआ है। हम लोग चलकर उसकी मिंजाई करेंगे।' जब वे अपने खेत जा रहे थे तब लड़का आगे-आगे चल रहा था। जैसे ही वह उस स्थान पर पहुँचा जहाँ टोकरियों में भरकर अन्न रखा हुआ था, तो लड़के ने देखा कि जिन टोकरियों में अन्न भरा था वे सब पीतल के बर्तन बन गई थीं, मूसल बन्दूक बन गया था और सम्पूर्ण अन्न घोड़ी बन गया था। उन सब वस्तुओं और घोड़ी को देखकर वह लड़का डरकर भागने लगा। परन्तु उस घोड़ी ने कहा, 'डरो नहीं। मैंने तुम्हारे माता-पिता और भाई-भौजाई का पता लगा लिया है। यदि तुम मेरे साथ चलने को तैयार हो तो मैं तुम्हें दिखा सकता हूँ कि वे कहाँ हैं।' लड़के ने बन्दूक उठाई और अपनी दादी को कुछ बताए बिना ही वह घोड़ी पर बैठकर चला गया। जैसे ही वह घोड़ी पर बैठा तो उसने देखा कि उसने एक सुन्दर कमीज, पायजामा और कोट पहन रखे हैं।

एक राजा अपनी लड़की को साथ लेकर उसी मार्ग से आ रहा था। जब उसने उस लड़के को सुन्दर वस्त्रों में सुसज्जित देखा तो उसने अपनी बेटी से कहा, 'तुम इस युवक से विवाह क्यों नहीं कर लेतीं?' उस लड़के ने कहा, 'मैं एक राजा की बेटी से कैसे विवाह कर सकता हूँ? मैं तो एक साधारण गरीब कन्ध हूँ।' राजा ने उससे कहा, 'तुम एक राजा के सदृश ही दिखाई पड़ते हो। तुम अपने-आपको कन्ध क्यों कहते हो? तुम निश्चित रूप से मेरी बेटी से विवाह करने के योग्य हो।' तब वह युवक राजा की लड़की से विवाह करने के लिए सहमत हो गया और उनका विवाह हो गया। उस युवक ने अपनी घोड़ी राजा को भेंट कर दी और राजा ने अपना घोड़ा और अपनी बेटी का घोड़ा उस लड़के को भेंट कर दिए। तब उस घोड़ी ने उसे बताया, 'तुम्हारे माता-पिता और भाई-भौजाई नदी के भीतर एक सर्प के पेट में हैं। उस सर्प को मारकर अपने एक तीर से उसका पेट फाड़ डालो।'

एक घोड़े पर वह स्वयं और दूसरे घोड़े पर उसकी दुल्हन बैठकर, वे लोग नदी में उतर गए। उसने अपनी पत्नी से कहा, 'जब मैं उन्हें छुड़ा लाऊँगा, तब हम सब लोग मिलकर छह लोग हो जाएँगे इसलिए तुम तीन सेर चावल पकाओ।' लड़की किनारे पर ही आग जलाकर भोजन बनाने लगी। उस लड़के ने सर्प को देखकर निशाना लगाकर बन्दूक चलाई परन्तु निशाना चूक गया परन्तु उसके पास एक टूटा हुआ तीर था। उसने उससे ही सर्प पर आक्रमण किया और वह सर्प मर गया। उसके पश्चात उसने उस तीर से ही सर्प का पेट काट डाला और उसमें से उसके माता-पिता और भाई-भौजाई बाहर निकल आए। वे लोग पूरी तरह जीवित थे और लड़का उनको बाहर धूप में ले आया। जब उन्हें थोड़ा होश आया तब उस लड़के ने पूछा, 'मैं कौन हूँ, क्या तुम लोगों ने मुझे पहचाना? 'हम तुम्हें कैसे पहचान सकते हैं, तुम तो कोई अफसर या राजा मालूम पड़ते हो।' 'नहीं, मैं तो तुम्हारा ही बेटा हूँ,' और उसने उन्हें पूरा किस्सा कह सुनाया। फिर उन्होंने भोजन ग्रहण किया।

उसके पश्चात वे अपने घर चले गए परन्तु उसकी दादी उन्हें देखकर इतनी डर गई कि वह जाकर बाँसों के झुरमुट में छिप गई।

●

पुराने जमाने में किटुंग ने दो भाइयों को शिकार खेलने के लिए भेजा। उसने कहा, 'कुछ भी मारकर मेरे लिए लेकर आओ, पशु, पक्षी, चींटी या मक्खियाँ।' परन्तु उन्हें कुछ भी हाथ नहीं लगा और वे थककर एक खुले स्थान पर जाकर विश्राम करने लगे। वे एक-दूसरे से थोड़ी-थोड़ी दूरी पर बैठे हुए थे। एक मक्खी आकर बड़े भाई की छाती पर बैठ गई, परन्तु वह इतना सुस्त था कि उसने उस मक्खी को नहीं उड़ाया और उसने सीटी बजाकर दूसरे भाई को संकेत किया। दूसरे भाई ने एक तीर धनुष पर चढ़ाकर उसकी ओर छोड़ा। मक्खी तो वहाँ से उड़ गई परन्तु वह तीर बड़े भाई की छाती में जाकर लगा और उसकी मृत्यु हो गई। सबसे छोटे भाई ने जाकर किटुंग को इस घटना के बारे में बताया। किटुंग ने उसे डाँटा-फटकारा और उससे कहा, 'यह शिकार खेलने का ढंग नहीं है,' और फिर उसे जंगल में ले जाकर सिखाया कि हाँका किस प्रकार से किया जाता है।

अध्याय : पैंतीस

संगीत और नृत्य

एक व्यापारी के सात लड़के थे। उनमें से छह लड़के कामकाज करते थे और सबसे छोटा लड़का खेलने में ही मस्त रहता था। उसका नाम डिंडा नकुल था। वह सारे दिन झूला झूलता रहता था। दूसरे सब भाई उससे नाराज रहते थे और उन्होंने योजना बनाई कि वे उसकी हत्या कर देंगे। एक दिन जब वे खेत पर काम करने के लिए जाने लगे, तब उन्होंने उससे खेत पर पेज पहुँचाने के लिए कहा। उस लड़के ने पेज को मुर्गियाँ के अंडों में भरा और पीने के लिए पानी गौरैया के अंडों में और सब्जी को कबूतर के अंडे में भरा और उन्हें खेत पर ले गया। जब उसके भाइयों ने यह सब देखा तो वे बहुत क्रोधित हो उठे। परन्तु वे जो भी भोजन आया था उसे खाने के लिए खेत की मेड़ पर चले आए। उन्होंने उस लड़के से कहा कि जब तक वे खाना खाते हैं तब तक वह खेत जोते। उसने पहला हल सँभाला और जोतने लगा और बाकी सब हल अपने आप चलने लगे। जब उन भाइयों ने यह दृश्य देखा तो वे क्रोधित होकर उसको डाँटने लगे। उन्होंने उस लड़के को जिन्दा ही भूमि में बड़े-बड़े ढेलों के नीचे गाड़ दिया।

जब सन्ध्या समय वे लोग घर पहुँचे, तब उन सबकी स्त्रियों ने पूछा कि डिंडा नकुल कहाँ है। उन्होंने बताया, 'वह हमें पेज देकर घर चला गया था। हमें तो उसके बारे में कुछ भी मालूम नहीं।'

उस रात उन सब भाइयों की पत्नियाँ उस लड़के की खोज में निकलीं। उन्होंने उसे मिट्टी के नीचे से खोदकर निकाला और उसे जीवित किया और फिर वे उसे घर ले आईं।

उन भाइयों ने सोचा, 'हमारी स्त्रियों ने इसे बचा लिया है, हमें इसे ऐसे स्थान पर ले जाना चाहिए जहाँ ये उसे न खोज सकें।' वहीं एक चुड़ैल डोंगर था जिस पर चुड़ैलें रहती थीं। वहाँ जाने का साहस कोई भी व्यक्ति नहीं करता था और यदि कोई व्यक्ति वहाँ चला भी जाता था तो चुड़ैलें उसे मारकर खा जाती थीं। परन्तु उन छह भाइयों ने मिलकर उस डोंगर का जंगल साफ करके एक खेत बनाया और उसमें धान बो दिया। उन्होंने वहाँ एक पतली-सी लकड़ियों का एक मचान बनाया जो दो फीट ऊँचा था। उन्होंने अपने छोटे भाई से कहा, 'हमने तुम्हारे लिए एक खेत बनाया है, परन्तु वहाँ जंगली सूअर आते हैं, इसलिए तुम जाकर रखवाली करो।' वहाँ तुम्हारे लिए मचान भी

बना दिया है। उस लड़के ने अपना खाना और अपना चिकारा उठाया और वहाँ चला गया, परन्तु जब उसने नीचा-सा और छोटा मचान देखा तब वह डर गया। उसने महाप्रभु से कहा, 'हे महाप्रभु, इस मचान को बारह हाथ ऊँचा बना दो।' वह मचान बारह हाथ ऊँचा होकर वृक्ष की चोटी पर चला गया। वहाँ उसने आग जलाई, अपना भोजन किया और बिस्तर लगाकर अपना चिकारा बजाने लगा। जैसे ही चिकारे के संगीत की ध्वनि चुड़ैलों ने सुनी वे इक्कीस बहनें उस खेत की ओर लपकीं। वे मचान पर चढ़ने लगीं परन्तु चढ़ नहीं सकीं और भूमि पर गिर पड़ीं। वे चिल्लाईं, 'तुम कौन हो?' उस लड़के ने कहा, 'मैं डिंडा नकुल हूँ।' तब उन चुड़ैलों ने कहा, 'परन्तु तुम तो हमारे भाई हो तुम हमसे क्यों डर रहे हो? अच्छी तरह बजाओ, हम सब नाचेंगी।' उसने कहा, 'मैं चिकारा जरूर बजाऊँगा, परन्तु तुम लोग मुझे कुछ गीत सिखाओ।' उन इक्कीस बहनों ने गीत गाकर उसे गाना सिखाया। उसने चिकारा बजाया और वे सब नीचे वृत्ताकार बनाकर नाचने लगे। ऐसा उन्होंने सात रातों तक किया और डिंडा नकुल ने उनके सारे गीत सीख लिए।

इसके उपरान्त उसने अपने गाँव के लड़के-लड़कियों को नाचना-गाना सिखाया और वे सब पूस परब और चैत परब के अवसर पर नृत्य करने लगे।

●

पिता महादेव माँदर (ढोल) बनाने के लिए कजलीबन में गए थे। वे प्रत्येक प्रकार के माँदर, ढोल आदि बनाने में इतने तल्लीन हो गए थे कि अपनी सुध-बुध खो बैठे और उन्हें माता पार्वती का भी ध्यान नहीं रहा। उनका सारा ध्यान अपने काम पर ही केन्द्रित था। परन्तु पार्वती ने अपनी देह को रगड़ थोड़ा-सा मैल उतारकर एक बाघ बनाया और महादेव को डराने के लिए भेजा जिससे कि वे घर वापस आ जाएँ।

जब महादेव ने बाघ को देखा तो उन्होंने अपने सब माँदर एक नदी में फेंक दिए और घर चले आए। वे माँदर बहते हुए किनारे की घास और नरसुल में फँसकर अटक गए। लोगों ने उठा लिया और बजाने लगे। इस प्रकार उनको बजाने का प्रचलन सर्वत्र हो गया।

●

सफगन्ना में परमगत्ती बहुत से कन्ध जनों के बीच में रहते थे। जब वे कन्ध अपने देवताओं को बलि चढ़ाते थे तब भी वे उनसे सन्तुष्ट नहीं होते थे और उनको रोग और व्याधियों से मुक्त नहीं करते थे। परमगत्ती इस समस्या से बहुत अधिक चिन्तित रहते थे, परन्तु अन्त में उन्होंने उन देवी-देवताओं को सन्तुष्ट करने का उपाय खोज निकाला था। इसके लिए वे एक बाँस का टुकड़ा ले आए और उससे उन्होंने एक बाँसुरी बनाई। इसके बाद उन्होंने एक सल्फी वृक्ष को काटकर उस पर गाय का चमड़ा मंढ दिया और एक माँदर बनाया। बरगद का एक वृक्ष काटकर उसके मुँह पर बकरे का चमड़ा मंढ़कर

तम्बूरा बनाया। वे बिंझीबाड़ी जाकर एक लोहार को बुला लाए और उससे लोहे का एक निशान (नंगाड़ा) बनवाया और उसे उस कार्य के लिए दो रुपए पारिश्रमिक के रूप में प्रदान किए। उसके लिए भी उन्होंने गाय की खाल का उपयोग किया। उन्होंने सलेका डोम को राँगाबन्द बाजार भेजकर ढोल बजाने के लिए पीतल की डंडियाँ मँगवाईं। उसे एक जोड़ा डंडी का दो आने के हिसाब से भुगतान करना पड़ा।

इसके उपरान्त उन्होंने तारा पिन्नू और सोरू पिन्नू को बलि भेंट की। कन्धजनों ने मदिरापान किया और अपने ढोल माँदर बजाकर खूब नृत्य किया। सभी लोग बहुत प्रसन्न थे और देवतागण भी उस आयोजन से अत्यन्त प्रसन्न और सन्तुष्ट हुए।

●

पुराने जमाने में चेलिका राजा भारतगढ़ पर राज्य करते थे। कुछ समय के उपरान्त वे औरंगल (वारंगल) चले गए। उनका एक बेटा था। उन्होंने उसका विवाह निश्चित किया परन्तु उन्होंने सोचा, 'इस अवसर पर नाच-गाने के आयोजन के बिना क्या आनन्द आएगा?' उन्होंने अपने कुम्हारों को बुलाकर कहा, 'मिट्टी से माँदर बनाओ।' उन्होंने कुसलू बढ़ई को बुलाकर उसे आदेश दिया, 'तुम बीजा लकड़ी से माँदर बनाओ।' उन्होंने घसिया को बुलाकर उससे कहा, 'पीतल की तोड़ी (तुरही) बनाओ।' ये सब लोग अपने-अपने कार्य में लग गए और जब उन सबके वाद्य तैयार हो गए तब वे उन्हें लेकर चेलिका राजा के पास पहुँचे। इसके पश्चात उन्होंने गंगाधर घसिया को बुलाकर उसे आज्ञा दी कि उन सब ढोल माँदरों पर गाय का चमड़ा मंढ़ दें। घसिया ने वैसा ही किया। उसके पश्चात उन्होंने चिंगू गदबा को बुलाकर उससे कहा कि वह तोड़ी बजाए और भतरा तथा पाइक से कहा कि वे ढोल-माँदर बजाए।

सारे वाद्य बनकर तैयार हो गए थे, परन्तु वहाँ नृत्य करनेवाले तो कोई थे ही नहीं। राजा ने देवलोक से नृत्य करने के लिए नर्तकियों को बुलाया और तब विवाह का उत्सव आरम्भ हुआ। यह एक महान उत्सव और आयोजन था जिसमें सम्मिलित होने के लिए दूर-दूर से अतिथिगण आए थे। तब से संगीत के वाद्यों का उद्भव और प्रचलन हुआ।

●

आरम्भ में लोगों के पास संगीत के कोई भी वाद्य नहीं थे। जब किसी व्यक्ति की मृत्यु होती थी या किसी का विवाह होता था, वह दूसरे गाँवों में उस घटना की सूचना भेजने का कोई भी साधन विद्यमान नहीं था। किटुंग ने सोचा कि इसके लिए कोई उपाय किया जाना चाहिए। 'मैं संगीत का उद्भव करूँगा जिससे कि लोगों को मालूम हो सके कि किसी की शवयात्रा निकल रही है या किसी व्यक्ति का विवाह हो रहा है। उससे उनके उत्साह में भी वृद्धि होगी। यह एक अच्छी बात होगी।' किटुंग ने एक ढोल बनाया और उसको गाय के चमड़े से मंढ़ दिया। उन्होंने पीतल की थाली से एक घंटा बनाया। जब सब वस्तुएँ बनकर तैयार हो गईं तब किटुंग ने रामा को बुलाकर कहा था कि वह

सम्पूर्ण वाद्यों को ले जाए और जब कभी भी किसी व्यक्ति की मृत्यु हो जाए या किसी व्यक्ति का विवाह हो रहा हो, तब उसे चाहिए कि वह मदिरापान करे, नृत्य करे और खूब हल्ला-गुल्ला करे। रामा उन सब वाद्यों को ले गए और जब उसने अगली बार बलि का आयोजन किया, तब पाँच गाँव के साँवरा लोगों को बुलाया और उन्हें मदिरापान करवाया और युवक-युवतियों से नृत्य करवाए। सारे देवी-देवता प्रसन्न हो गए, और यह अच्छी प्रथा सभी गाँवों में प्रचलित हो गई।

●

मंगू साँवरा तेरनागोरजांग में रहता था। वह बहुत सम्पन्न था। एक दिन वह अपनी बड़ी बहन से मिलने लाइसिंग गया और उसने उसकी लड़की के साथ अपने लड़के की मँगनी का प्रस्ताव रखा। वे लोग इस प्रस्ताव के लिए सहमत हो गए। परन्तु मंगू ने जब अपने जीजा से विवाह की तिथि निश्चित करने के लिए कहा तो उसने एक ही उत्तर दिया, 'जब तुम नाचते हुए लड़की ले जाने के लिए आओगे, तभी मैं उसे तुमको सौंप दूँगा।'

मंगू घर पहुँचते-पहुँचते चिन्तित हो उठा कि वह क्या करे, क्योंकि उस जमाने में नृत्य का प्रादुर्भाव नहीं हुआ था। वह इस समस्या के समाधान हेतु किटुंग के पास गया, तब किटुंग ने उसे नृत्य करना सिखाया। जब मंगू को ज्ञात हो गया कि उसे क्या करना है, तब वह अपने भाई के पास पहुँचा और उससे कहने लगा, 'तुम कोई भी नृत्य करने के लिए, हम उसे प्रस्तुत करके दिखाएँगे।' उसके भाई को नृत्य के विषय में जरा भी ज्ञान नहीं था, अतः उसने कहा, 'तुम्हें जो अच्छा लगे, वही करो।' विवाह के दिन वे लोग नाचते हुए वधू को लेने के लिए गए और नाचते हुए ही वे उसे लेकर आए। वे दिनभर मदिरापान करते रहे और नाचते रहे। जब उन्होंने नाचना बन्द किया, तब किटुंग ने अलग-अलग अवसर के नृत्यों के अलग-अलग नाम रखे, उन्होंने विवाह नृत्य का नाम—सिंदरूंग रखा, बड़ी बलि के अवसर के नृत्य का नाम—गुआर रखा, नवा खाई के नृत्य का नाम—अब्दुरन रखा। नृत्य के उद्भव के साथ-साथ ही उनका प्रचलन सम्पूर्ण विश्व में हो गया।

●

किटुंग आकाश (देवलोक) में रहते हैं, उनकी एक कन्या थी, परन्तु उसकी मृत्यु हो गई। उसने उसके शव को गाड़ दिया और तीन वर्ष बीतने पर उसका करजा संस्कार करने की योजना बनाई। उस लड़की के प्रेत ने कहा, 'दादा (पिता) इस अवसर पर नृत्य का एक वृहत् आयोजन करो। इस अवसर पर सभी पड़ोसियों को आमन्त्रित करो, भैंसें खरीद लो और शानदार भोज का आयोजन करो।' किटुंग ने उस अवसर पर नृत्य और भोज का एक विशाल आयोजन किया और वे स्वयं भी मयूर की भाँति नाचे और सभी अतिथियों ने उनका अनुकरण किया।

इस आयोजन के द्वारा नृत्य का आरम्भ हुआ और फिर धीरे-धीरे उसका प्रचलन सर्वत्र हो गया।

●

रामाकिटुंग और सीताबोई की बेटी का नाम मोरबोई था। वह अत्यन्त सुन्दर थी। उसके वक्ष बेल के फल के समान थे और उसके केश बुलबुल के घोंसले के सदृश। देवता और मनुष्य दोनों ही उससे विवाह करने की कामना करते थे, और उसको प्राप्त करने के लिए अनेक लड़ाइयाँ होती रहती थीं।

इस प्रकार की कलहपूर्ण स्थिति ने उस लड़की को दुखी कर दिया था। उसने सोचा, 'इस सौन्दर्य के कारण ही ये लड़ाइयाँ हो रही हैं और इसी के कारण मैं दुखी हो गई हूँ। मुझे समझ में नहीं आ रहा है कि मैं विवाह किसी से भी किस प्रकार करूँ। यदि मैं किसी भी व्यक्ति से विवाह करूँगी, तो ईर्ष्यावश और उन्माद के कारण लोग आपस में संघर्ष करेंगे जिसमें बहुत से लोग मारे जाएँगे।' अतः उसने आम के एक वृक्ष से लटककर आत्महत्या कर ली।

देवता और मनुष्य दोनों ही उसकी शवयात्रा में सम्मिलित हुए और उन्होंने उसकी चिता सजाकर दाह-संस्कार कर दिया। दूसरे दिन उन्होंने उसकी अस्थियाँ और राख को गाड़ दिया। उचित समय पर उन्होंने उसकी गुवार रस्म पूरी की और उस दिन उसके शवस्थल पर सबने ताड़ी पान किया। उस दिन उन्होंने देखा कि जिस स्थान पर उसकी अस्थियाँ गाड़ी गई थीं, वहाँ एक अब्बा वृक्ष उग आया है। देवता तो वहाँ से प्रस्थान कर गए, परन्तु मनुष्यों ने उस वृक्ष के फूलों को तोड़ लिया और अपने साथ ले गए। उन्होंने उन फूलों को खा लिया। उस रात्रि उस वृक्ष ने उस लड़की का रूप धारण किया और उन लोगों से कहा, 'पहले मुझे धूप में सुखा लो, फिर एक घड़े में भर दो, और फिर आग जलाकर उस पर रख दो।' इस प्रकार उसने उन लोगों को मदिरा बनाने की सम्पूर्ण विधि समझाई। लोगों ने उस लड़की के बताए अनुसार ही सब कार्य किया और जब लोगों ने मदिरापान करना सीख लिया तो वे नाचने-गाने भी लग गए।

सभी किटुंग, मृतात्माएँ और देवता उनका नृत्य देखने के लिए आए, परन्तु वे उससे प्रसन्न नहीं हुए। उन्हें लगा कि मानव आवश्यकता से अधिक आनन्द में डूबे हुए हैं और देवताओं को उनका हिस्सा नहीं दे रहे हैं। अतः उन्होंने एक व्यक्ति को बुखार से, दूसरे को चेचक से, तीसरे को हैजे से ग्रस्त कर दिया और उन्हें अपने प्रकोप से तभी मुक्त किया जब उन्होंने देवताओं को बलि प्रदान की।

❑ ❑ ❑